Soldados de la represión
Anticomunismo, seguridad nacional y contrasubversión en las Fuerzas Armadas chilenas, 1970-1975

Soldados de la represión

Anticomunismo, seguridad nacional y contrasubversión en las Fuerzas Armadas chilenas, 1970-1975

Pablo Seguel Gutiérrez

Soldados de la represión
Anticomunismo, seguridad nacional y contrasubversión en las Fuerzas Armadas chilenas, 1970-1975
Pablo Seguel Gutiérrez

Ediciones Universidad Alberto Hurtado
Alameda 1869 - Santiago de Chile
mgarciam@uahurtado.cl – 56-228897726
www.uahurtado.cl

Impreso en Santiago de Chile por CyC Impresores Ltda.
Primera edición marzo 2022

Los libros de Ediciones UAH poseen tres instancias de evaluación: comité científico de la colección, comité editorial multidisciplinario y sistema de referato ciego. Este libro fue sometido a las tres instancias de evaluación.

ISBN libro impreso: 978-956-357-341-1
ISBN libro digital: 978-956-357-342-8

Coordinador colección Historia
Daniel Palma Alvarado

Dirección editorial
Alejandra Stevenson Valdés

Editora ejecutiva
Beatriz García-Huidobro

Diseño interior
Gloria Barrios A.

Diseño de portada
Francisca Toral

Imagen de portada: Fotografía de Chas Garretsen, 29 de junio de 1973. General Benavides, general Pinochet, comandante en jefe del Ejército general Carlos Prats y general Pickering. Con los debidos permisos.

Con las debidas licencias. Todos los derechos reservados. Bajo las sanciones establecidas en las leyes, queda rigurosamente prohibida, sin autorización escrita de los titulares del copyright, la reproducción total o parcial de esta obra por cualquier medio o procedimiento, comprendidos la reprografía y el tratamiento informático, así como la distribución de ejemplares mediante alquiler o préstamos públicos.

Cada generación debe escribir la historia, si no exactamente de nuevo, por lo menos para satisfacer sus propias exigencias del pasado.

IAN KERSHAW

Los crímenes colectivos no son otra cosa que crímenes individuales en el colectivo.

WOLFGANG SOFSKY

Dedicatoria

A la memoria de las víctimas anónimas de la represión que nadie acreditó ante las comisiones de verdad y reconciliación del Estado chileno, asesinadas por las fuerzas armadas y policiales en colaboración con civiles en las más completa impunidad durante los diecisiete años que gobernó la dictadura cívico-militar (1973-1990).

A las 3.227 personas acreditadas como ejecutadas y/o detenidas desaparecidas.

A los 38.254 detenidos y torturados por pensar distinto, en las 1.132 cárceles, campos de prisioneros y centros clandestinos de detención dispuestos en todo el país, de las cuales solo conocemos públicamente 802.

A los 102 niños y niñas que nacieron en las prisiones o que estuvieron detenidos con sus padres durante la dictadura cívico-militar.

A los más de 250.000 chilenos exiliados. En especial a mis tíos Rubén y Santiago Sabioncello Ravanales, quienes tras sufrir los apremios de la detención y la tortura en manos del Servicio de Inteligencia de la Fuerza Aérea (SIFA), partieron al exilio con parte de nuestra familia.

ÍNDICE

Dedicatoria	9
Agradecimientos	13
Introducción	19

Capítulo I
Unas FF. AA. para la seguridad nacional y
la contrasubversión: profesionalismo militar anticomunista   71

Capítulo II
Arquitectura jurídica de la represión y la seguridad nacional:
hacia la militarización de la seguridad interior en el Estado de
Compromiso (1938-1970)   113

Capítulo III
Orden interno y contrasubversión durante la
Unidad Popular (1970-1973)   179

Capítulo IV
La guerra contrasubversiva de las FF. AA. Del copamiento
militar del territorio a la guerra clandestina
(septiembre a noviembre de 1973)   359

Capítulo V
La profundización de la guerra contrasubversiva: de
los servicios de inteligencia en las CAJSI al surgimiento
de la DINA   437

Capítulo VI
La DINA: una policía secreta al servicio de Augusto Pinochet   485

Conclusiones	555
Referencias	583
Bibliografía	589
Anexos	611

Agradecimientos

En primer lugar, quiero agradecer a la Secretaría Técnica del Consejo de Monumentos Nacionales, donde me desempeño como encargado de la Unidad de Memoria y Derechos Humanos desde 2015, por la oportunidad de haber investigado y gestionado treinta casos de los cuarenta y dos sitios de memoria que el Estado de Chile ha reconocido oficialmente como Monumentos Históricos en reparación simbólica a las víctimas de violación a los derechos humanos (DD. HH.) para el período de la dictadura cívico-militar (1973-1990). A todas y a cada una de las agrupaciones de familiares y víctimas de violaciones a los DD. HH. que he conocido en estos años, con las que hemos podido trabajar en diversos aspectos, las cuales han confiado en el trabajo profesional que realizamos y que nos ha permitido conocer sus historias personales y familiares de las atrocidades cometidas por la dictadura militar en contra de ellos. Algunos de los agentes de estos crímenes han sido condenados por sus responsabilidades, pero muchos aún permanecen en la impunidad y el anonimato. Espero que este libro sea un aporte sincero al conocimiento, comprensión y estudio de una problemática pasada y presente.

Esa circunstancia laboral me permitió, a través del estudio de casos, poder disponer de una gran cantidad de información y evidenciar la necesidad de dotar de un marco interpretativo más general de la dinámica de la represión que permitiese darle una explicación a la sistematicidad, articulación y despliegue de la cadena represiva de las Fuerzas Armadas (FF.AA.) y policiales en el período de estudio, así como también sus matices y especificidades regionales. Ahí se fraguó la necesidad e idea de esta investigación que inicialmente presenté como tesis de Magíster en Historia de la Universidad de Santiago de Chile (Usach), la que fue modificada en sus énfasis, ampliada y editada para esta publicación.

Para el desarrollo de la investigación, conté con una beca de magíster nacional otorgada por la Agencia Nacional de Investigación y Desarrollo (ANID) y el patrocinio permanente del Departamento de Historia de la Usach en diversas instancias académicas en las que participé a nivel nacional e internacional, las que me permitieron ir ajustando la hipótesis de investigación ante la opinión de los historiadores nacionales e internacionales. Para la elaboración final de este manuscrito, así como los cambios de enfoque y ampliación de los temas trabajados, no puedo dejar de remarcar la experiencia formativa del programa de doctorado en historia de la Usach, el cual realizo con el financiamiento de la ANID. Las conversaciones y debates de clases con los historiadores Igor Goicovic y Rolando Álvarez, fueron el incentivo intelectual necesario para dar un cierre a esta investigación, incorporando algunos énfasis importantes para el estudio de la represión estatal y los perpetradores de crímenes de lesa humanidad.

En conjunto con Villa Grimaldi y las escuelas de historia y antropología de la Universidad Academia de Humanismo Cristianoen el año 2019, tomando como base mi proyecto de investigación, nos adjudicamos un Fondo Institucional de Investigación y Creación. Ese fondo nos permitió hacer las gestiones con la Jefatura Nacional de Delitos contra los Derechos Humanos y las Personas (Jenadep) de la Policía de Investigaciones (PDI) para poder revisar el archivo de la Brigada Investigadora de Delitos contra los Derechos Humanos (Bridehu), recientemente protegido como Monumento Nacional en la categoría de Monumento Histórico[1]. Este

---

[1] Monumento Nacional, en categoría de Monumento Histórico, Archivo de la Brigada Investigadora de Delitos contra los Derechos Humanos de la Policía de Investigaciones de Chile. Decreto núm. 79 del Ministerio de Educación del 28 de febrero de 2018.

acervo documental, que tuvimos la oportunidad de revisar, constituye a mi juicio el principal archivo para el estudio de la represión y los perpetradores en la historia reciente chilena, donde encontré información relevante para el desarrollo de esta investigación. Esta corresponde al primer trabajo que se realiza en gran parte con los aportes de estos documentos.

En el plano académico, a mi tutora la doctora Cristina Moyano Barahona que, de manera sistemática, acuciosa y constructiva, revisó esta investigación, evidenció vacíos y sugirió modificaciones. Al doctor Rolando Álvarez Vallejos, por su calidad humana y fraternidad, quien me instó a decidirme finalmente por este tema de investigación en un momento de duda respecto al mismo, quien también efectuó una lectura crítica de este manuscrito. A la doctora Gabriela Águila de la Universidad Nacional de Rosario, quien también revisó este trabajo y constantemente me ha invitado a diversas instancias académicas sobre estudios de represión en el cono sur. A la doctora Mariana Joffily, de la Universidad del Estado de Santa Catarina, que me remitió información importante sobre la colaboración entre la dictadura chilena y brasileña en materia represiva.

Me gustaría reconocer a la licenciada Rosa Palau, encargada del "archivo del terror" del Museo de la Justicia, Centro de Documentación y Archivo para la defensa de los Derechos Humanos de Paraguay, quien me remitió una gran cantidad de información de la Dirección de Inteligencia Nacional (DINA) disponible en el fondo "Plan Cóndor". En el mismo plano, a los colegas de la Comisión Provincial por la Memoria de la ciudad de La Plata, Argentina, que hicieron lo mismo con su información.

A los colegas de la Biblioteca Nacional, en particular a la jefa de la sección de prensa y microfilm, Paulina Olivos, que en estos años me ha ayudado a revisar la prensa del período en lo que al comienzo parecía una tarea inabordable. Así también a los funcionarios del Centro de Investigación Diego Barros Arana, que me han facilitado el acceso a información documental que se dispone en la colección *Fuentes para la Historia de la República*.

Al periodista Mauricio Weibel, quien en 2019 me compartió de manera desinteresada una gran cantidad de documentos que en años de investigación ha logrado ir acumulando, además de confrontar mi hipótesis inicial sobre la DINA a raíz de la evaluación crítica que hizo de un adelanto de investigación que publiqué por la *Revista Izquierdas*, núm. 49, titulado "La organización de la represión y la inteligencia en la dictadura militar chilena. Del copamiento militar del territorio al surgimiento de la Dirección de Inteligencia Nacional: Región Metropolitana, 1973-1977".

A mi familia y amigos, por todo lo entregado. A mi abuela, por el cariño dado a lo largo de los años. A mi madre y mi padre, por su incondicionalidad. A mis hermanos, por su compañía.

Finalmente, a mi pareja, Susana González Guzmán, con quien comparto mi vida, el anhelo de justicia social y el compromiso político por hacer de Chile un país más justo. Gracias por tu amor, cariño y cuidado.

AGRADECIMIENTOS

Ilustración 1. Chile: división provincial y departamental, 1932-1974

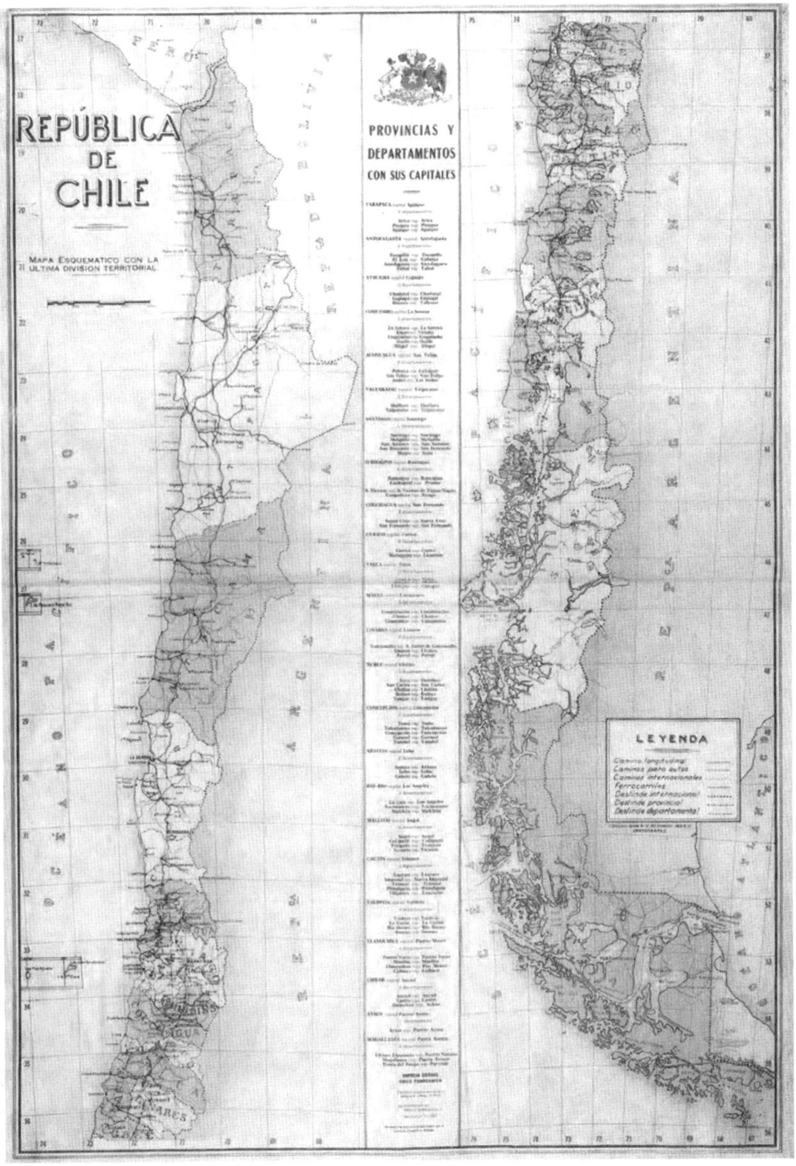

Fuente: Colección Mapoteca, Biblioteca Nacional.

Ilustración 2. Chile: distribución de las CAJSI por provincias, 1973-1975

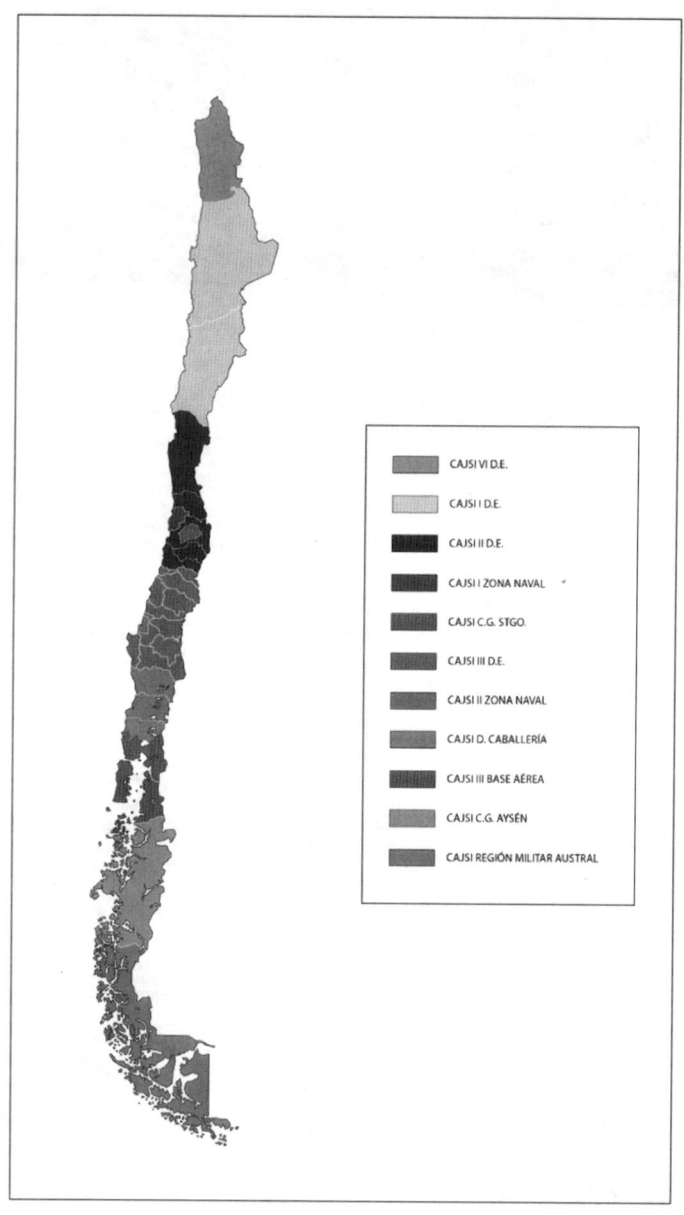

Elaborada por el diseñador Mario Abarca, en base a información de las CAJSI. Tablas 8 y 9.

Introducción

La propuesta de esta investigación tuvo como objeto inicial el análisis de la Dirección de Inteligencia Nacional (DINA), entendida como un organismo burocrático-militar que desarrolló funciones represivas, de control, información e inteligencia estratégica que la perfilaron como una policía política entre 1973 y 1977. El objetivo era situar a la DINA en el proceso de institucionalización de la dictadura permitiendo, a través de su accionar, dar cuenta de cómo las diversas disputas políticas, dentro de la Junta Militar de Gobierno como fuera de ella, fueron incidiendo en el desarrollo de la organización y el derrotero político del presidente de la Junta, general Augusto Pinochet Ugarte. El éxito y desarrollo de la DINA implicaban el desarrollo del personalismo de la dictadura militar en su proceso de institucionalización. Como el mismo Pinochet espetó a los miembros de la Junta Militar en 1974 en una conversación en la que se estaba cuestionando el accionar de la DINA y que grabó el exdirector de inteligencia del Ejército general Augusto Lutz: "¡Señores, la DINA soy yo!". El desarrollo del personalismo del régimen era la cara política de la lógica represiva de la dictadura.

Bajo esta intuición investigativa, suponía que la DINA –como una burocracia de inteligencia política– efectuaba una ruptura con el desarrollo de la racionalidad represiva de los servicios de inteligencia al interior de las fuerzas armadas (FF. AA.) y policiales. Mi argumento para sostener aquello radicaba en que la DINA era un servicio de inteligencia de Gobierno y no una burocracia de inteligencia de una rama específica de las FF. AA. dependiente del alto mando[1]. Otro argumento que reforzaba mi hipótesis inicial era el hecho de que este servicio realizó labores de inteligencia política para la toma de decisiones en diversos ámbitos de las políticas de Estado, además de contrainteligencia y operaciones encubiertas. Finalmente, tomando como base la periodización de las comisiones de verdad y reconciliación, supuse que la emergencia de la DINA rompía con la racionalidad represiva de los primeros meses del golpe de Estado y que con ello marcaba una ruptura con la lógica contrasubversiva de las FF. AA.[2].

Una serie de investigaciones han señalado la relevancia política de la DINA, posicionándola como un recurso de poder personalista de Augusto Pinochet, que le permitió consolidarse en el poder del Ejército y de la Junta Militar de Gobierno[3], señalando que, al contribuir a dicho proceso, la DINA se constituyó en un organismo de carácter represivo que se creó para eliminar a los adversarios políticos del régimen, disuadiendo las críticas internas y, a la vez, disciplinando a la sociedad[4].

Junto con ello, diversas investigaciones han remarcado el carácter represivo de la DINA, esbozando una serie de elementos que permiten identificar su funcionamiento y racionalidad

---

[1] Borrador Informe Policía de Investigaciones de Chile. Departamento V "Asuntos Internos", causa rol 62.994-5, 19 de julio de 2000, p. 2. Archivo Jenadep-PDI.

[2] El *informe de la Comisión Nacional Sobre Prisión Política y Tortura* reconoce los siguientes períodos: período de represión masiva (de septiembre a diciembre de 1973), período de represión selectiva (de enero de 1974 a agosto de 1977) y período de represión institucionalizada (de septiembre de 1977 hasta marzo de 1990). Comisión Nacional Sobre Prisión Política y Tortura. *Informe de la Comisión Nacional Sobre Prisión Política y Tortura*. Santiago: Imprenta La Nación S.A., 2005, pp. 201-222.

[3] Huneeus, Carlos. *El régimen de Pinochet*. Santiago: Taurus, 2016, pp. 177-192; Arriagada, Genaro. *La política militar de Pinochet*. Santiago: Impresor Salesiano, 1985, p. 18. Varas, Augusto. *Los militares en el poder. Régimen y Gobierno Militar en Chile, 1973-1986*. Santiago: Pehuén Editores, 1987. Timmermann, Freddy. *El factor Pinochet. Dispositivos de Poder-Legitimación-Elites. Chile, 1973-1980*. Santiago: Ediciones Universidad Católica Silva Henríquez, 2005.

[4] Riquelme, Pablo. *Profesionalismo militar y represión en Chile: el caso de la Dirección de Inteligencia Nacional (DINA), 1973-1977*. Tesis de Maestría en Estudios Latinoamericanos. Universidad de Leiden, 2011, p. 57. Policzer, Pablo. *Los modelos del horror. Represión e información en Chile bajo la dictadura militar*. Santiago: Lom ediciones, 2014.

burocrática[5]. De la misma manera, las investigaciones habían dado cuenta de ciertos elementos que marcaban rupturas con las tendencias de las dictaduras latinoamericanas desde el punto de vista de la represión y, por ende, de la caracterización política del régimen militar chileno[6]. No obstante, poco se conocía respecto a la manera en cómo se configuró históricamente la inflexión en las estrategias de seguridad e inteligencia dentro de las FF. AA. y policiales y cómo estas repercutieron en las características y dinámicas de la represión de los primeros años de la dictadura militar. Tampoco existía claridad en torno a cómo se fue articulando históricamente este proceso con el fortalecimiento del poder personal de Augusto Pinochet al interior de las filas del Ejército y cómo esto contribuyó a su consolidación en la Junta Militar de Gobierno o viceversa[7]. Finalmente, no existían investigaciones sobre la DINA que relevasen su accionar no represivo, orientado a la coordinación de las políticas de Estado, a la recopilación de información y a la producción de inteligencia para la implementación de planes, programas y estrategias de Gobierno.

A medida que comencé a desarrollar la investigación, me di cuenta de que el énfasis era distinto. Si solo se miraban los datos oficiales de víctimas detenidas por prisión política, ejecutadas y detenidas desaparecidas, parecía razonable sostener que la DINA era el punto de ruptura en el cambio de la dinámica represiva, marcada por un período de represión masiva (de septiembre a diciembre de

---

[5] Amorós, Mario. "La DINA: el puño de Pinochet". Ponencia presentada al 53° Congreso Internacional de Americanistas, julio de 2009, México D.F. Garcés, Magdalena. *Terrorismo de Estado en Chile: la campaña de exterminio de la DINA en contra del MIR*. Tesis doctoral. Madrid: Universidad de Salamanca, 2016. Riquelme, *op. cit.*; Rivas, Pedro y Rey-García, Pablo. "La Dirección de Inteligencia Nacional (DINA) chilena y la *hybris* autoritaria", *Presente, pasado y futuro de la democracia*, 2009, pp. 667-676. Salazar, Gabriel. *Villa Grimaldi (Cuartel Terranova). Vol. I. Historia, testimonio, reflexión*. Santiago: Lom ediciones, 2013. *La sorda justicia. El "Hoyo" de José Domingo Cañas, Cuartel Ollagüe de la DINA*. Santiago: Fundación 1367, 2016.

[6] Huneeus, *op. cit.* Moulian, Tomás. *Chile actual: anatomía de un mito*. Santiago: Lom ediciones, 1998.

[7] Salvo los trabajos de Genaro Arriagada sobre la política militar del régimen y el de Freddy Timmermann centrado en la figura de Augusto Pinochet, no existen trabajos específicos sobre este tema: Arriagada, *op. cit.* Timmermann, *op. cit.*

1973), de ejecuciones sumarias, pasando a un período de detención clandestina y de desaparición forzosa que marcarían el sello del período de represión selectiva (de enero de 1974 a agosto de 1977). Algunos investigadores habían avanzado en esa dirección, indicando que desde la puesta en marcha de la DINA los objetivos de la política represiva pasaron a estar más definidos, modificando el repertorio represivo de un modus operandi masivo y abierto hacia uno más secreto y clandestino, propio de una orientación contrasubversiva[8]. Las propias organizaciones de derechos humanos de la sociedad civil, desde mediados de la década de 1970, también apuntaban en esa dirección y esta interpretación finalmente se institucionalizó en las comisiones de verdad y reconciliación[9]. Si bien es cierto que la emergencia de la DINA marcaba una inflexión desde el punto de vista de la modalidad de la represión del régimen, la explicación por ruptura no entrega suficientes argumentos para dar cuenta de la coherencia interna de la DINA con el desarrollo doctrinario, institucional y estratégico de las propias FF. AA. ¿No era acaso el cambio de la dinámica un ajuste coyuntural dado por las FF. AA. y policiales a una necesidad política desarrollada a partir de las mismas premisas de la lógica represiva que las llevó a dar el golpe de Estado e iniciar una guerra contra su propio pueblo? ¿Qué pasaba con el accionar clandestino del Comando Conjunto surgido al alero del Servicio de Inteligencia de la Fuerza Aérea (SIFA)? Con ello se me abrió la interrogante respecto a si la DINA era la causa del cambio de la dinámica contrasubversiva o bien era la expresión de un proceso más complejo de la que constituía una adaptación coyuntural de las FF. AA. y policiales.

---

[8] Policzer, *Modelos del horror...*, *op. cit.*, p. 29. Timmermann, *El factor Pinochet...*, *op. cit.*, pp. 230-247.

[9] Comité de Cooperación para la Paz en Chile (Copachi). *Servicios de inteligencia del Gobierno Militar*, manuscrito, s/f, 8 pp. Copachi. *Descripción de las acciones de los Servicios de Inteligencia del Gobierno Militar*, manuscrito, febrero de 1975, 16 pp. Copachi. *Un año y medio de Gobierno Militar*. Manuscrito, marzo de 1975, 181 pp. Archivo Funvisol. Este mismo esquema explicativo es el que emerge en el Informe Rettig. Comisión Nacional de Reparación y Reconciliación. *Informe de la Comisión Nacional de Verdad y Reconciliación*. Tomo 2, Santiago: Andros, 1996, pp. 451-458.

La investigación, a través del análisis de documentos de diversa índole, me llevó a constatar que la propia lógica contrasubversiva de las FF. AA. y policiales, concebía la necesidad de llevar la guerra interna hacia otros repertorios, mucho más secretos, encubiertos, selectivos y con fuertes componentes de operaciones psicológicas capaces de confundir a la opinión pública sobre la envergadura de las acciones desarrolladas. El objetivo para ello era construir, tras el período de guerra interna inicial declarado como fundamento del golpe de Estado, una fachada de legalidad que permitiese encubrir la guerra sucia de exterminio llevada a cabo contra la "subversión". Con ello, la construcción del terror de Estado, como desde inicios de la modernidad, se ha denominado al ejercicio represivo de parte de los Estados nacionales en contra de la población civil, desarrollado por la dictadura chilena no parecía radicalmente distinto al caso de otras dictaduras latinoamericanas[10].

En el viraje de mi objeto de investigación, el aporte de los trabajos de las investigadoras e investigadores Gabriela Águila, Mariana Joffily, Esteban Pontoriero, Claudia Field y Pablo Scatizza y, en general, los aportes historiográficos de la Red de Estudios sobre Represión y Violencia Política, me permitieron cambiar el foco, avanzando, desde esta perspectiva, hacia una investigación de las FF. AA. que escrutase la relación histórica entre los dispositivos, organizaciones e instituciones represivas, de control e inteligencia con el desarrollo y consolidación del proceso político chileno entre 1970 y 1975.

Un análisis historiográfico centrado en la organización, los dispositivos y las instituciones represivas de las FF. AA., nos permite tomar a una organización burocrática determinada como un punto de articulación en una coyuntura histórica, cruzada de tensiones, intereses y necesidades que le dan sentido. Al relacionar las

---

[10] La corriente de estudios sobre represión al interior de la historiografía del tiempo reciente ha problematizado la utilización del concepto de terrorismo de Estado. Al respecto, cfr. Águila, Gabriela. "Violencia política y dictadura: historizar y debatir sobre los alcances de un concepto elusivo". En: Águila, Gabriela; Garaño, Santiago y Scatizza, Pablo (coords.). *La represión como política de Estado. Estudios sobre la violencia estatal en el siglo XXI*. Buenos Aires: Imago Mundi, 2020, pp. 83-94.

estructuras de poder del régimen con el desarrollo de sus organizaciones burocráticas de defensa y orden policial, podemos situar históricamente el sentido de las prácticas y racionalidades desarrolladas por las mismas para legitimar el golpe de Estado y poner en marcha la dinámica contrasubversiva a lo largo de la dictadura militar, al mismo tiempo que nos da indicios de su propio funcionamiento y trayectoria, dado su lugar privilegiado como las agencias estatales en materia de inteligencia y seguridad.

Desde ese punto de vista, esta investigación entrega evidencia histórica respecto al proceso de elaboración intelectual de los institutos militares y del desarrollo del profesionalismo militar en materia específica de subversión y contrasubversión entre los años 1970 y 1975. Ese proceso de deliberación interno en el contexto de la Guerra Fría interamericana[11], en la coyuntura política del momento, favorecerá que un sector de la oficialidad desarrolle una concepción de la seguridad nacional vista bajo el prisma de la doctrina de guerra contrasubversiva y de los intereses geoestratégicos norteamericanos que cristalizarán en una concepción sui géneris de la seguridad nacional y la contrasubversión, basada en un arraigado imaginario anticomunista[12]. De modo paralelo, el propio proceso de modernización del Estado en materia represiva y la profesionalización de los cuerpos militares y policiales desde la década de 1940 favorecerá el desarrollo de adaptaciones en una serie de dispositivos burocráticos específicos en materia de orden público y contrasubversión del Estado y de las propias FF. AA., que inserta sus raíces históricas en un proceso de mediana duración de desarrollo de la

---

[11] Harmer, Tania y Riquelme, Alfredo (ed.). *Chile y la Guerra Fría Global*. Santiago: Ril Editores, 2014. Harmer, Tania. *El gobierno de Allende y la Guerra Fría Interamericana*. Santiago: Ediciones Universidad Diego Portales, 2013.

[12] Cristián Garay señala que la matriz donde se desarrolla la doctrina de seguridad nacional de parte de los militares chilenos, puede ser llamada "Doctrina de Soberanía Geoeconómica". Garay, Cristián. "Doctrina Schneider-Prats: la crisis del sistema político y participación militar", *Política. Revista de Ciencia Política*, núm. 10, 2019, pp. 71-177. Cfr.: Garay, Cristián. *Entre la espada y la pared. Allende y los militares. 1970-1973*. Santiago: Centro de Estudios Bicentenario, 2014. Sobre la plasticidad de esta noción de la seguridad nacional: Valdivia, Verónica. *El golpe después del golpe. Leigh vs. Pinochet. Chile, 1960-1980*. Santiago: Lom ediciones, 2003.

militarización de la función del orden policial, como una manera de contener los despuntes de violencia política del movimiento popular chileno en sus demandas[13]. Este marco permite entender cómo en la coyuntura del Gobierno del presidente Salvador Allende dicho proceso se acentuó a medida que la crisis política se transformó en una crisis institucional y diversos actores políticos –por izquierda y derecha– presionaron a la institucionalidad para desbordarla. Ese escenario generó un callejón sin salida, ya que por una parte el Gobierno de Allende buscó controlar el orden público y contener la movilización radical de la derecha rupturista a través de la utilización de la Ley de Seguridad Interior del Estado y la decretación de estado de emergencia –previa sesión y recomendación del Consejo Superior de Seguridad Nacional (Consusena), entregando el poder a las FF. AA. y policiales en los territorios de las respectivas jurisdicciones–. Mientras que, por izquierda, se vio ante la presión política de no criminalizar la protesta social y los procesos de radicalización política de sectores populares, apoyados por partidos con definiciones programáticas revolucionarias que presionaban por desbordar la institucionalidad. Esta tensión entre la búsqueda por reprimir la movilización rupturista de derecha y no criminalizar la movilización popular, generó un espacio político que fue utilizado por los sectores de la oposición política –fundamentalmente, el Partido Demócrata Cristiano (PDC), que impulsó la Ley de Control de Armas y explosivos como un nuevo dispositivo de represión y contrasubversión para contener la supuesta insurgencia armada de izquierda, que sacó a las FF. AA. de la tutela del poder ejecutivo, facultándolas para generar operativos de contrasubversión y allanamientos por decisión de las propias fiscalías militares–. La constante necesidad política de contener los brotes de violencia rupturista de derecha, expresada con fuerza

---

[13] Sobre la tesis general de la militarización de la función policial como un dispositivo complementario al proceso de ampliación del ámbito de incorporación del movimiento popular, en un contexto de crisis de hegemonía: Valdivia, Verónica. *Subversión, coerción y consenso. Creando el Chile del Siglo XX (1918-1938)*. Santiago: Lom ediciones, 2017. Valdivia, Verónica. *Pisagua, 1948. Anticomunismo y militarización política en Chile*. Santiago: Lom ediciones, 2021.

en la paralización de octubre de 1972 llevó a que Allende integrase a los militares en labores de estabilización institucional que los posicionó como actores políticos relevantes y como un recurso para la oposición golpista para contener a las fuerzas de la UP tras la incapacidad de la oposición de derrotarla electoral y organizacionalmente en el mundo popular. En ese contexto, la progresiva utilización de las FF. AA. y policiales en materia de seguridad y orden interno favoreció el crecimiento de los sectores políticos de oposición que leían el problema de la crisis en desarrollo como un problema de subversión y contrasubversión originada por la amenaza marxista.

La intensidad de dicha crisis no ha sido sopesada por la historiografía y las ciencias sociales desde el enfoque de la formación de los dispositivos de represión y control civil sobre los mismos, ya que se ha privilegiado un enfoque sociopolítico para analizar el problema de la inestabilidad y crisis institucional del Estado o, en su defecto, un enfoque centrado en los imaginarios y orientaciones ideológicas de los diversos actores del sistema político como de poder fáctico. Todo ello ha llevado a un vacío analítico desde el punto de vista de la seguridad interior y de la manera en cómo el Estado de Compromiso construido entre 1938 y 1973, por los diversos actores del sistema político, lejos de desplazar a las FF. AA. de su participación estatal en materias de seguridad interior, les fue progresivamente dando más atribuciones y perfeccionando los dispositivos de represión estatal que, al momento del golpe de Estado, se radicalizaron en su utilización. Desde la llegada del Frente Popular al Gobierno en 1938, que inauguró el período de los gobiernos radicales (1938-1952), pasando por el retorno de Carlos Ibáñez del Campo (1952-1958), siguiendo por los gobiernos de Jorge Alessandri Rodríguez (1958-1964) y Eduardo Frei Montalva (1964-1970), se observa un proceso de institucionalización de los dispositivos de represión estatal y de militarización de la función policial, mediante la integración y modificaciones sucesivas de diversos cuerpos legales y facultades de excepción que se le fueron confiriendo al poder ejecutivo, que se institucionalizó como una práctica estatal de represión y como un recurso político, utilizado por los diversas gobiernos para contener y reprimir la movilización popular[14]. Esta tendencia institucional durante el Gobierno de la Unidad Popular (UP) se acentuó, pero en contra de la movilización social rupturista impulsada por las fuerzas de oposición. El presidente Allende se vio forzado a recurrir, en los tres años de su Gobierno, en más de veinte oportunidades a decretar estado de excepción constitucional bajo estado de emergencia, forzando la ficción jurídica de la "calamidad pública" para interpretar la problemática de orden interno policial. Esto llevó a que las FF. AA. no solo se constituyeran como un factor de estabilización del sistema político, en un escenario de equilibrio inestable, sino que desarrollasen ajustes en sus planificaciones de seguridad interior a través de la figura de las Comandancias de Áreas Jurisdiccionales de Seguridad Interior (CAJSI), creadas con anterioridad y reformadas en 1972 por la misma UP a través de un decreto del Ministerio de Defensa Nacional.

Las CAJSI fueron espacios de coordinación operativos de las FF. AA. en el territorio de sus respectivas jurisdicciones, en las cuales se ponía en marcha una serie de facultades especiales desde la declaración de los estados de excepción constitucional, en específico la declaración de Zona de Estado de Emergencia creada en 1942 y, posteriormente, reformada por la Ley de Seguridad Interior del Estado de 1958[15]. En el marco de la Ley de Seguridad Interior del Estado y al alero de las CAJSI con las reformas introducidas por el Gobierno de Allende en 1972, se establecían los jefes de plaza y se subordinaban las diversas fuerzas en el territorio bajo Comandancia de las FF. AA., de ahí el nombre de este dispositivo burocrático.

---

[14] Águila, Ernesto y Maldonado, Carlos. "Orden público en el Chile del siglo XX: Trayectoria de una policía militarizada". Peter Waldman (ed). *Justicia en la calle. Ensayo sobre policía en América Latina*. Buenos Aires: Konrad Adenauer Stiftung, 1996, pp. 73-97.

[15] Cfr. Valdivia, Verónica. "El retorno de la fuerza: Zona de Emergencia, guerra y represión (1938-1949)". *Pisagua, 1948...*, *op. cit.*, pp. 165-225. Para una revisión en detalle de dicho cuerpo legal y sus modificaciones: Loveman, Brian y Lira, Elizabeth. *Arquitectura Política y Seguridad Interior del Estado 1811-1990. Fuentes para la Historia de la República. Vol. XIX*. Santiago: Centro de Investigación Diego Barros Arana, 2002.

Tras la promulgación de la Ley de Control de Armas en octubre de 1972 y su reglamento en el verano de 1973, las FF. AA. estuvieron facultadas legalmente para emprender operativos de allanamientos en búsqueda de armamento por la iniciativa de la autoridad de cada fiscalía militar en las CAJSI respectivas. Como han apuntado diversos estudios, tras el fallido golpe de Estado del 29 de junio de 1973, conocido como el Tanquetazo (o Tancazo), las FF. AA. y policiales comenzaron a desarrollar de manera sistemática hasta el 11 de septiembre de 1973 un proceso de copamiento militar del territorio en el que el control de la población y la suspensión de ciertas libertades y derechos constitucionales, como la de desplazamiento y tránsito, opinión e información, les permitió desarrollar de manera sistemática una serie de allanamientos en los diversos focos considerados por los militares como "subversivos"[16]. La utilización discrecional de este dispositivo por las FF. AA. en contra del movimiento popular se expresó en que no condujeron ningún allanamiento en contra de las fuerzas rupturistas de extrema derecha que desde el Tanquetazo en adelante asolaron al país con atentados terroristas, volando puentes, destruyendo caminos y atemorizando a la población. Estos mismos allanamientos en contra del movimiento popular posibilitaron el desarrollo de un trabajo de inteligencia primordial al interior de los servicios de inteligencia de las FF. AA., que permitió que las acciones represivas del golpe de Estado se desarrollaran en base a las planificaciones de seguridad interior que se ajustaron para el año 1973 para las principales CAJSI.

Por esos motivos, al comenzar el golpe de Estado y ponerse en marcha la maquinaria represiva, la lógica que guio las acciones militares en las primeras semanas fue en base a las planificaciones de seguridad interior y a una estrategia de copamiento militar del

---

[16] Valdivia, Verónica. "Chile: ¿un país de excepción? La Ley de Control de Armas y la máquina represiva puesta en marcha". En: Julio Pinto (ed.). *Fiesta y drama: nuevas historias de la Unidad Popular*. Santiago: Lom ediciones, 2014, pp. 205-230. Magasich, Jorge. *Los que dijeron "No"*. Vol. I. *Historia del movimiento de los marinos antigolpistas de 1973*. Santiago: Lom ediciones, 2008, p. 8. Pérez, David. *La fronda militar: el 11 de septiembre*. Santiago: Universidad de Chile-Departamento de Ciencia Política, Documento de Trabajo núm. 82, septiembre de 2006.

territorio que posibilitaron las CAJSI. Este diseño de la seguridad interior se basó en una planificación centralizada de la misma en base a la zonificación y subdivisión del territorio nacional en diversas provincias y una ejecución descentralizada de la represión en cada área jurisdiccional, como una facultad de cada jefe de CAJSI. Para ello, algunas CAJSI implementaron Centros de Inteligencia Regionales (CIRE) que coordinaron en el territorio a las secciones II (conocidas como S-2) de los estados mayores de las guarniciones militares dedicadas a inteligencia y contrainteligencia. En otras, en las que no existía una presencia militar de todas las ramas, solo operaron las secciones de inteligencia del Estado Mayor de la CAJSI, sin constituirse en CIRE.

Este diseño de la seguridad interior permitió a los militares tomar el control en el territorio a las pocas horas, pero incubó sus propias contradicciones, ya que la repuesta contrasubversiva en las diversas CAJSI no fue homogénea. Si bien estos dispositivos estaban constituidos bajo una óptica contrasubversiva y favorecían el desarrollo y aplicación de prácticas represivas, la virulencia de estas dependió de los mandos de las tropas militares y policiales en el territorio. De ahí que el complemento entre el componente agencial y estructural se constituye en un enfoque necesario de desarrollar en este tipo de investigaciones. Mientras que en algunas zonas la represión fue cruenta desde el inicio de las acciones (como en la guarnición de Santiago), en otros lugares se evidenció una tendencia hacia el restablecimiento de la normalidad previa al golpe de Estado (por ejemplo, en la guarnición de Talca). Como ha reconocido ampliamente la historiografía y las ciencias sociales, la Junta Militar de Gobierno careció de un proyecto político previo que unificara en los propósitos al movimiento golpista[17].

---

[17] Álvarez, Rolando. ¿Represión o integración? La política sindical del Régimen Militar, 1973-1980", Historia, núm. 43, vol. II., junio-diciembre, 2010, p. 331. Valdivia. *El golpe después...*, *op. cit.*, pp. 97-149. Arriagada, *La política militar...*, *op. cit.* Arriagada, Genaro. *El pensamiento político de los militares*. Santiago: Cisec, 1980. Arriagada, Genaro. *Por la razón o la fuerza. Chile bajo Pinochet*. Santiago: Editorial Sudamericana, 1998. Constable, Pamela y Valenzuela, Arturo. *Una nación de enemigos. Chile bajo Pinochet*. Santiago: Ediciones Universidad Diego Portales, 2013. Huneeus, *op. cit.*, p. 3.

Por ello, el carácter propiamente bélico-militar unificó y dotó de coherencia interna a la Junta en los primeros meses hasta la Declaración de Principios de marzo de 1974 y el posterior establecimiento de los estatutos de la Junta Militar en el mes de junio. Fue ese factor bélico-militar el que implicó un esfuerzo de elaboración sobre el tipo de guerra que las FF. AA. y policiales estaban llevando adelante, es decir, una guerra contrasubversiva. Elaboración intelectual que posibilitó leer el conflicto político nacional desde la óptica contrasubversiva en clave neocolonial, opacando los matices propios del proceso político chileno, representándolo como un conflicto permeado por la disputa geoestratégica de la Guerra Fría interamericana, visto desde los intereses de Estados Unidos (EE. UU.) y concebido como un conflicto civilizatorio contra el comunismo[18]. Operación intelectual de desplazamiento que concibió a los militantes de organizaciones sociales como partisanos, a los militantes de los partidos de la izquierda chilena como cuadros militares de un ejército popular comunista y al conjunto de la población como potenciales colaboradores de la subversión.

Al interior del movimiento golpista se instaló la convicción alimentada por la oposición política a la UP, sobre todo del Partido Nacional y el PDC, los medios de comunicación, los sectores de oposición de la sociedad civil y la oficialidad golpista, en torno a la existencia de un supuesto ejército guerrillero clandestino, formado por un contingente de millares de extranjeros y cuadros políticos de los partidos de izquierda, apoyados por las organizaciones gremiales del movimiento popular y armado con equipamiento profesional de guerra, siguiendo el ejemplo revolucionario de otras experiencias internacionales[19]. Dado que prácticamente en

---

[18] Harmer. *El Gobierno de Allende y la Guerra Fría...*, *op. cit.* Cfr. El libro de Greg Grandin y Joseph Gilbert, en específico el capítulo de Peter Winn. Winn, Peter. "The Furies of the Andes: Violence and Terror in the Chilean Revolution and Counterrevolution". En: Grandin, Greg y Joseph, Gilbert (ed.). *Insurgent and Counterinsurgent violence during Latin America's Long Cold War*. Durham y Londres: Duke University Press, 2010, pp. 239-275.

[19] Es la explicación formulada por la propia dictadura en los primeros meses: Secretaría General de Gobierno de la República de Chile. *Libro Blanco del cambio de Gobierno en Chile*. Santiago: Editorial Lord Cochrane, 1973. Cabe resaltar que es la misma explicación sostenida por

ninguna parte hubo una resistencia armada al golpe de Estado ni armamento en las cantidades estimadas por la inteligencia de las FF. AA., como reconoció en secreto la misma Junta Militar en sus actas a mediados de noviembre de 1973, esto reforzó la convicción de que el marxismo estaba en la retaguardia de la población civil y que en cualquier momento daría paso a una guerra clandestina, secreta y subversiva sin cuartel. Para ello, por lo tanto, era necesario alimentar psicológicamente el escenario de guerra interna y reforzar los aparatos de seguridad para ese tipo específico de conflictos, de ahí que de forma paralela a la comitiva del general Sergio Arellano Stark a las diferentes guarniciones y CAJSI bajo jurisdicción del Ejército (VI, I, II, III y IV o División de Caballería del Ejército. Ver Ilustración 2), conocida como Caravana de la Muerte, con la misión de "uniformar los criterios de administración de justicia", se desarrollaron una serie de operaciones de guerra psicológica, se acrecentaron las ejecuciones sumarias en diversas guarniciones militares y se tomó la decisión de crear la DINA. Es decir, ese viraje represivo más que una ruptura con la racionalidad contrasubversiva de las FF. AA. y policiales es la materialización de esta en un escenario de guerra distinto. Por ende, no hay una ruptura histórica con la racionalidad contrasubversiva. Por el contrario, es esta racionalidad llevada hasta sus últimas consecuencias la condición de posibilidad para que se llevase adelante la guerra sucia contrasubversiva que necesitaba la Junta Militar para dotarse de coherencia histórica y razón de ser, en una coyuntura inicial en el que el factor bélico-militar la dotó de cohesión interna ante la falta de un proyecto político definido. Esta es la tesis que se sostiene en esta investigación.

A partir de aquello se puede dimensionar el rol histórico de las CAJSI y la relación con la DINA y el tipo de dinámica

---

lo sectores de la Democracia Cristiana que apoyaron el golpe de Estado: Arriagada, Genaro. *De la "vía chilena a la vía insurreccional"*. Santiago: Editorial del Pacífico S.A., 1974. Por otra parte, a comienzos de la democracia en 1990, el Ejército de Chile sostuvo esta posición institucional. Ejército de Chile. *Presentación del Ejército de Chile a la Comisión Nacional de Verdad y Reconciliación. Tomo I*. Santiago, 1990, 110 pp.

represiva que estructuran y de la cual se complementan. Si bien las CAJSI fueron los dispositivos de seguridad que, en base a una planificación centralizada de la seguridad interior, posibilitaron el desarrollo conjunto de las acciones militares en el territorio en las primeras semanas del golpe de Estado; su propia organización concebía que en el territorio la autoridad de cada CAJSI llevase adelante la represión como estimase conveniente, por encontrarse el país en una situación de estado de emergencia y estado de sitio en "tiempos de guerra"[20]. Esto permitió que al alero de la CAJSI de la II División del Ejército, en el departamento de San Antonio y Melipilla, la autoridad jurisdiccional recayese en el comandante de la Escuela de Ingenieros Militares de Tejas Verdes. En ese lugar, el teniente coronel Juan Manuel Contreras Sepúlveda pondrá a prueba el modelo inicial de contrasubversión que en el mes de noviembre de 1973 formará la comisión DINA y, en junio de 1974, la DINA propiamente tal.

La DINA fue creada con el objetivo de centralizar la inteligencia estatal y coordinar las labores represivas a través de diversas agencias e instituciones del Estado. Pese a ello, en la práctica disputó estas funciones con los diversos servicios de inteligencia de las FF. AA. y policiales y con los aparatos represivos paraestatales con los que sostuvo relaciones de colaboración, disputas y confrontación a lo largo del período, lo que se evidenció sobre todo entre los años 1974 y 1976. No obstante, la DINA no fue el único servicio de inteligencia y contrasubversión que tuvo una faceta operativa. La propia Fuerza Aérea de Chile (FACH), desde agosto de 1973, creó su "Compañía de Contrainsurgencias" en la Escuela de Aviación Capitán Ávalos[21] y desde las primeras horas del golpe, por acuerdo de la Junta Militar de Gobierno, se abocó a través del SIFA, con todas sus fuerzas, al combate de la subversión en

---

[20] Al respecto, véase el aporte investigativo para el caso de la región de Los Lagos que efectuó Sebastián Carreño: Carreño, Sebastián. *Terrorismo de Estado y violaciones a los derechos humanos en la Provincia de Llanquihue. La represión en el Cuartel de la Dirección de investigaciones de Puerto Montt, 1973-1975*. Tesis de pregrado. Universidad Austral de Chile, 2021.

[21] EMG.FA. Reservado núm. 335 del 17 de agosto de 2011.

el "frente interno" a través de la coordinación del general del aire Nicanor Díaz Estrada, comandante del SIFA y subjefe del Estado Mayor de la Defensa Nacional. Es decir, dirigió la acción militar contra la propia población nacional, para lo cual requirió efectuar operaciones de contrainteligencia, detener personas y efectuar interrogatorios de inteligencia bajo tortura, todo con la connivencia e instrucciones dadas por el alto mando y el completo acuerdo de la Junta Militar.

Ese mismo grupo de inteligencia y contrainteligencia, desde 1974 comenzó a disputar a la DINA, los golpes a los blancos de la represión. Primero contra el Movimiento de Izquierda Revolucionaria (MIR), luego el Partido Socialista (PS)[22] y en 1975 contra el Partido Comunista de Chile (PCCH). En una disputa represiva que puede ser leída desde la misma confrontación que se daba al interior de la Junta Militar de Gobierno entre su presidente, comandante en jefe del Ejército, general Augusto Pinochet, y el comandante en jefe de la FACH, general del aire Gustavo Leigh, hasta su destitución en 1978. No obstante, dicha historia de la contrasubversión en Chile dada la envergadura de dicha investigación no será tratada en este trabajo, motivo por el que temporalmente llega hasta inicios de 1975.

En consideración a estos antecedentes, en la presente investigación busco aportar algunos elementos para responder la interrogante por el carácter, organización y racionalidad de las FF. AA. y policiales en materia de seguridad interior y contrasubversión, analizando sus relaciones con el poder ejecutivo del Estado. Metodológicamente indago esta problemática durante el Gobierno del presidente Salvador Allende y luego durante los primeros dos años de la Junta Militar de Gobierno, bajo la óptica de la prevalencia y continuidad de los procesos históricos por sobre un imaginario explicativo de los mismos en torno a quiebres e inflexiones

---

[22] Dirección de Inteligencia Nacional. *Partido Socialista. 1975. Elaborado por: Grupo Tigres y Agrupación Cobra*. Santiago, agosto de 1975, 91 pp.

temporales[23]. Los imaginarios de la catástrofe, la excepcionalidad y la inabarcabilidad de los crímenes cometidos por personas comunes y corrientes en el ejercicio de sus roles institucionales, dificultan la representación histórica de los hechos y de los procesos en cuestión, contribuyendo de manera indirecta al olvido. La represión como política de Estado requiere de estructuras, burocracias y dispositivos legales para su desarrollo, y sus formas de proceder y razonar forman parte de los repertorios de acción y las culturas organizacionales de las instituciones y colectivos en un determinado momento. Los represores, como señala Wolfgang Sofsky, son individuos que cometen crímenes en un colectivo que se los permite o que erige como deseables y necesarias dichas acciones para la consecución de un determinado objetivo[24]. Los represores, si bien son responsables en términos individuales de sus acciones, no nacen de la noche a la mañana, sino que son socializados y formados por instituciones cruzadas por los imaginarios, prejuicios y miedos de una época que conforman sus marcos de acción. Por eso, esta investigación busca atender a esa doble entrada individuo-estructura para escrutar la relación histórica de las estructuras de poder del Estado con el objetivo de analizar su rol y sus implicancias en las transformaciones del ejercicio de la represión, la inteligencia y la contrainteligencia durante el período 1970 y 1975.

En primer lugar, busco dar cuenta de cómo se elaboró intelectualmente por la oficialidad de las FF. AA. la lógica de la guerra contrasubversiva y la seguridad nacional permeada del imaginario anticomunista de la sociedad de la época. En segundo lugar, dar cuenta cómo a partir de estas elaboraciones intelectuales en el

---

[23] Este enfoque ha sido uno de los principales aportes de la investigación comparada, tanto del caso argentino como del nazismo durante el Tercer Reich. En el caso argentino, la corriente de estudio sobre historia reciente ha sido fundamental en este proceso de investigación sistemática de la represión como política de Estado, tanto en los períodos democráticos como dictatoriales. Cfr. Franco, Marina. *Un enemigo para la nación. Orden interno, violencia y "subversión", 1973-1976*. Buenos Aires: Fondo de Cultura Económica, 2012. En el caso del nazismo, una síntesis de esta discusión en: Kershaw, Ian. *La dictadura nazi. Principales controversias en torno a la era de Hitler*. Buenos Aires: Siglo XXI, 2015 [1985].
[24] Sofsky, Wolfgang. *La organización del terror. Los campos de concentración*. Buenos Aires: Prometeo, 2016, pp. 21-22.

marco del desarrollo de la profesión militar, pero sobre todo arrastradas por la coyuntura histórica de la relación entre las FF. AA. y el poder ejecutivo, se va profundizando el proceso de militarización de la función policial que decanta en la creación de las CAJSI y las planificaciones de seguridad interior que allanan el camino en lo bélico-operacional al golpe de Estado. En tercer lugar, busco dar cuenta cómo se configura históricamente el proceso de profundización de la guerra contrasubversiva en los primeros meses del golpe de Estado, entre el desarrollo de los operativos en el marco del copamiento militar territorial en las CAJSI hasta el surgimiento de la "Comisión DINA". En cuarto lugar, cómo se organizó y desarrolló la guerra sucia de las FF. AA., sobre todo desde la conformación legal de la DINA en 1974, en el proceso de institucionalización de la dictadura militar hasta 1975. Finalmente, indagar en la dinámica organizacional propia de la DINA, aproximándome a una caracterización de la policía secreta del poder ejecutivo.

En las últimas décadas se ha avanzado desde las ciencias sociales, la historiografía y el periodismo de investigación en el estudio de la dictadura militar chilena. No obstante, la dimensión represiva y el estudio de los perpetradores de los crímenes públicos, sus vínculos con los sectores civiles que ampararon la comisión de los delitos, sus formas de organización y sus imaginarios, constituyen una deuda pendiente de la sociedad chilena y de la investigación académica[25]. Premunido de esta omisión, con este trabajo busco aportar a la instalación de un enfoque y una agenda de investigación sobre los perpetradores en un sentido amplio y a una historiografía de la represión en el tiempo reciente en su sentido disciplinar. A casi cincuenta años de consumado el golpe de Estado, tres generaciones de chilenos hemos crecido y vivido a la sombra del legado de la dictadura, rodeados de fantasmas,

---

[25] Para una revisión de esta producción intelectual: Valdivia, Verónica. "Gritos, susurros y silencios dictatoriales. La historiografía chilena y la dictadura pinochetista", *Tempo & Argumento*, 10(23), pp. 167-203. Para una ampliación y actualización de esa discusión: Seguel, Pablo. "Historia reciente en el cono sur americano. Aportes teórico-metodológicos para la investigación de la represión en la dictadura cívico-militar en Chile, 1973-1990", *manuscrito*.

monstruos y mitos de legitimación de los hechos que organizan el recuerdo colectivo del período. El desmonte de estas formas de representación del pasado ha sido sobre todo un trabajo de la memoria y de la sociedad civil, a contrapelo de los márgenes de las políticas de reparación del Estado en esta materia[26].

La historiografía, en ese sentido, puede contribuir a esa tarea de conocimiento, comprensión y explicación del pasado. Por ello, creo que la contribución de esta investigación en el campo historiográfico nacional está dado por la adopción de los aportes de la historiografía del tiempo reciente para el análisis de los fenómenos represivos (específicamente, la Red de Estudios sobre Represión y Violencia Política), continuando con las principales hipótesis aportadas por la historiadora Verónica Valdivia respecto al proceso de militarización de la función policial como un mecanismo complementario del desarrollo de las políticas de incorporación institucional del movimiento popular con posterioridad al Gobierno del Frente Popular en 1938[27]. No busco con esta investigación agotar el tema, sino resaltar algunas zonas grises para que otros investigadores tomen estas hipótesis y antecedentes, profundicen las investigaciones regionales e incluso sometan a crítica y revisión las herramientas heurísticas y metodológicas que con este trabajo se proponen.

La escritura de la historia es una tarea eminentemente colectiva. En ese mismo tenor –por mi propia formación profesional, pero también en consideración de los aportes dados por investigadores de otras latitudes–, este trabajo dialoga con las ciencias

---

[26] Stern, Steve. *Luchando por mentes y corazones. Las batallas de la memoria en el Chile de Pinochet*. Santiago: Ediciones Universidad Diego Portales, 2013 [2009]. Collins, Cath; Hite, Katherine y Joignant, Alfredo. *Las políticas de la memoria en Chile: desde Pinochet a Bachelet*. Santiago: Ediciones Universidad Diego Portales, 2013. Seguel, Pablo. *Derechos Humanos y Patrimonio. Historias/memorias de la represión (para) estatal en Chile*. Santiago: Dirección de Investigación Servicio Nacional del Patrimonio Cultural, 2019.

[27] Valdivia, *Pisagua: 1948... op. cit.* Valdivia, *Subversión, coerción y consenso... op. cit.* Valdivia, *El golpe después del golpe..., op. cit.* Valdivia, . "Chile: ¿un país de excepción?... *op. cit.*. Valdivia, Verónica. "Todos juntos seremos la historia: Venceremos" Unidad Popular y fuerzas Armadas". En: Julio Pinto (coord. y ed.). *Cuando hicimos historia. La experiencia de la Unidad Popular*. Santiago: Lom ediciones, 2017, pp. 177-202.

sociales contemporáneas, rompiendo con la distinción taxativa entre disciplinas, buscando complementar los aportes teórico-metodológicos de las ciencias sociales, con el trabajo documental (el momento documental siguiendo a Paul Ricoeur). Por ello, en el plano heurístico, veo en el enfoque teórico y metodológico de la epistemología realista crítica y de la teoría social morfogenética una herramienta que me permite problematizar la constante dicotomía interpretativa entre individuos (agentes) y estructuras, en consideración a las cualidades "emergentes" de ciertos ámbitos de la realidad social que rompen con las formas inductivas de explicación individualistas o generalistas por deducción de un estructuralismo mal avenido[28]. Tanto la dimensión estructural y agencial son términos indispensables de cualquier explicación sociohistórica, sobre todo en los fenómenos institucionales y organizacionales como lo han apuntado desde la sociología y antropología de las FF. AA. y policiales[29]. Todo esto me permite una aproximación a los fenómenos represivos y de inteligencia a partir de un enfoque teórico basado en el dualismo metodológico agente-estructura, que me permite poner el acento en fenómenos emergentes de la realidad social como lo son las organizaciones sociales, las instituciones y la cultura, efectuando una relectura de archivos y corpus documentales conocidos y otros que, por primera vez, son utilizados en una investigación historiográfica.

Finalmente, en el ámbito social, esta investigación constituye un esfuerzo que busca generar conocimiento historiográfico para poder dotar de un marco interpretativo general a la dinámica regional de la represión durante la dictadura militar, a la vez que identificar la relación entre esta y los organismos nacionales de contrasubversión como la DINA. Reitero con ello que este libro no busca agotar la investigación de esta problemática y probablemente tenga errores de interpretación por falta de documentación o de consideración

---

[28] Archer, Margareth. *Teoría social realista: el enfoque morfogenético.* Santiago: Ediciones Universidad Alberto Hurtado, 2009.

[29] Sofsky, Wolfgang. *La organización del terror.* Buenos Aires: Prometeo, 2016. Brodeur, Jean Paul. *Las caras de la policía.* Buenos Aires: Prometeo. 2011.

de matices regionales. Por ello, si bien es una investigación historiográfica para el país, tiene omisiones regionales importantes. Sin renunciar al alcance nacional, metodológicamente procedo con casos tipo para diversas situaciones que buscan darle cierta coherencia y articulación a investigaciones monográficas descriptivas que muchas veces naufragan en el empirismo descriptivo ante la falta de un marco interpretativo más general. La represión en las regiones tiene su especificidad, pero también una relación con la dinámica nacional que es importante resaltar, dado que existen conexiones de racionalidad entre prácticas ancladas en dispositivos institucionales y legales, con una determinada coherencia interna.

Finalmente, busco con este libro entregar elementos de fondo para cuestionar los argumentos negacionistas que han instalado la imagen de que la represión en Chile solo fue el resultado de excesos de mandos intermedios, carentes de responsabilidad institucional y que operaron a las espaldas de la Junta Militar de Gobierno. Por el contrario, la subdivisión del territorio en CAJSI establece una relación institucional con los diversos mandos de las FF. AA. en la jurisdicción bajo su control, con una amplia colaboración de civiles que participaron en las redes de delación y en algunos casos, activamente, en la perpetración de delitos de lesa humanidad como fueron los casos de civiles que participaron en los operativos rurales y los que se incorporaron a los servicios de inteligencia como la DINA y el Comando Conjunto. Esta investigación da cuenta de cómo la guerra clandestina fue llevada adelante por las diversas ramas de las FF. AA. pero, sobre todo, por el Ejército y la FACH. Bajo esa óptica y antecedentes, la figura del general Gustavo Leigh como una suerte de figura "republicana", respetuosa de los DD. HH. y crítico de los métodos de la DINA, expulsado por cuestionar la política represiva de la Junta Militar de Gobierno, constituye una burda mistificación histórica[30]. La evidencia demuestra un completo conocimiento de la cadena de

---

[30] García de Leigh, Gabriela. *Leigh. El general republicano*. Santiago: Salesianos Impresores S.A., 2017.

mando jerárquico del conjunto de las FF. AA., el compromiso institucional de las mismas con la represión, la colaboración por parte de diversas instituciones de Estado con estos hechos y una fuerte participación civil en las redes de espionaje y delación durante el régimen que nos lleva a ampliar la agenda investigativa en torno a la represión y los perpetradores de los crímenes de lesa humanidad en Chile durante el período de la dictadura cívico-militar.

El debate sobre las dictaduras militares, la represión y la contrasubversión en la historia reciente

El golpe de Estado del 11 de septiembre de 1973 constituyó un acontecimiento que impactó al mundo, no solo porque derrocó el experimento político de la "vía chilena al socialismo" mediante elecciones democráticas, sino también porque visibilizó la estrategia de contención directa de EE. UU. en el marco de la Guerra Fría interamericana y puso en discusión la relación entre las FF. AA. como actores intervinientes en los sistemas de Gobierno ante la incapacidad de las derechas políticas de construir hegemonía y contener el ascenso de movimientos izquierdistas de orientación socialista[31]. Si bien el intervencionismo militar en América Latina no constituía una novedad[32], sí lo era para los estudios en la década de 1970 la marcada orientación contrasubversiva y el desarrollo de una política sistemática de represión y desaparición de los opositores de los regímenes llevada adelante sobre todo por las dictaduras de Chile y Argentina[33]. Por ello, desde mediados de la década de

---
[31] Grandin y Joseph, *op. cit.* Harmer, *El gobierno de Allende...*, *op. cit.*
[32] Warren, Dean. "Latin American golpes and economic fluctuations, 1823-1966". *Social Science Quarterly*, vol. 51, núm.1, 1970, pp. 70-80. Roitman, Marcos. *Tiempos de oscuridad. Los Golpes de Estado en América Latina*. Santiago: Ediciones Radio Universidad de Chile, 2016.
[33] Cabe destacar que esta fue la manera cómo se caracterizó la nueva oleada de dictaduras militares iniciadas con el golpe de Estado de 1954 que derrocó al presidente guatemalteco Jacobo Árbenz con intervención directa de la CIA. Pese a ello, las investigaciones recientes han matizado esta afirmación, mostrando cómo la orientación contrasubversiva de las FF. AA. latinoamericanas ha sido una tendencia de larga data. Grandin y Joseph, *op. cit.*

1970, se realizaron una serie de investigaciones que buscaron analizar la dictadura militar chilena, el tipo de régimen construido y las características de la represión llevada adelante por las FF. AA. y policiales, enfatizando los aspectos que marcaban una inflexión con la tradición golpista e intervencionista previa de las FF. AA. en Chile y en el continente[34].

Si bien las ciencias sociales en la década de 1970 identificaron las diferencias de este militarismo en relación a los golpes de Estado efectuados durante el período de prevalencia de la matriz nacional-popular[35], resaltando el carácter defensivo y, en algunos casos, desarrollista de las dictaduras militares iniciadas con el golpe de Estado brasileño de 1964[36], las características de la represión desplegada en contra de la población civil, la fundamentación estratégico-militar de la misma, el tratamiento hacia la oposición política y el carácter sistemático de las violaciones a los derechos humanos, llevaron inicialmente a los investigadores a caracterizar estas dictaduras como (neo)fascistas[37]. Con posterioridad, los estudios sobre las dictaduras militares en curso adoptaron un clivaje analítico, entre un grupo de estudios que colocó el énfasis en el vínculo entre Estado, FF. AA. y burocracia en relación a los procesos de modernizaciones de carácter autoritario impulsado por las mismas[38]; y otro grupo, que reconociendo estos componentes, los

---

[34] Joxe, Alain. *Las fuerzas armadas en el sistema político de Chile*. Santiago: Editorial Universitaria, 1970. Llambías, Jaime. *Chilean Armed Forces and the coup d' Etat in 1973*. Thesis Master of Art. Montreal: Mc Gill University, 1978.

[35] Horowitz, Irving. "El militarismo en América Latina". *Revista de Ciencias Políticas*, 1966, núm.45-46, 1966, pp. 133-178. Johnson, John. *Militares y sociedad en América Latina*. Buenos Aires: Solar-Hachette, 1964.

[36] Sepúlveda, Alberto. "El militarismo desarrollista en América Latina". *Foro Internacional*, XIII, núm. 1, 1972, pp. 45- 65.

[37] Handal, Schafik. "El fascismo en América Latina". *Revista América Latina*, núm. 4, 1976, pp. 121-146. Borón, Atilio. "El fascismo como categoría histórica: en torno al problema de las dictaduras en América Latina". *Revista Mexicana de Sociología*, núm. 39(2), 1977, pp. 481-528.

[38] Carranza, Mario. *Fuerzas Armadas y Estado de Excepción en América Latina*. México DF: Siglo XXI Editores, 1978. O' Donnell, Guillermo. *El Estado burocrático autoritario. Triunfos, derrotas y crisis*. Buenos Aires: Editorial Belgrano. 1996 [1982]. Rouquié, Alain. *El Estado militar en América Latina*. Buenos Aires: Siglo XXI Editores, 1984. Nina, Andrés. "La doctrina de seguridad nacional y la integración latinoamericana". *Nueva Sociedad*, núm.27, 1979, pp. 33-50.

enmarcó en el desarrollo de las orientaciones estratégico-militares de los regímenes autoritarios con la política de seguridad estadounidense para el continente a través del desarrollo de la Doctrina de Seguridad Nacional[39].

La afirmación y reconocimiento del carácter terrorista adoptado por las dictaduras de seguridad nacional en el cono sur[40], así como la existencia de una estructura burocrático-estatal de carácter legal, que convivió y se articuló de modo paralelo con una estructura burocrática de carácter clandestino e ilegal, se constituyó en uno de los elementos centrales de los diagnósticos de las dictaduras de Argentina y de Chile[41]. Ello contribuyó a instalar, para el caso argentino, la idea de una planificación de la represión de carácter centralizada y una ejecución de esta de carácter descentralizada, cuya figura se constituyó en torno al accionar de los grupos de tarea y cuyo espacio de acción fueron los centros clandestinos de detención, tortura y exterminio, estos últimos comprendidos bajo el referente de los campos de concentración y el desarrollo de la denominada experiencia concentracionaria[42]. A este diagnóstico contribuyó el proceso de verdad, justicia y memoria impulsado por el Estado argentino, los juicios a las juntas militares y el proceso de verdad impulsado por las agrupaciones

---

[39] Arriagada, Genaro y Garretón, Manuel Antonio. "Doctrina de Seguridad Nacional y regímenes militares". *Estudios Sociales Centroamericanos*, núm. 20, 1978, pp.129-153; Leal, Francisco. "La Doctrina de Seguridad Nacional: materialización de la Guerra Fría en América del Sur". *Revista de Estudios Sociales*, núm. 15, 2003, 74-87.; Tapia, Jorge. *El Terrorismo de Estado: la Doctrina de Seguridad Nacional en el Cono Sur*. México D.F.: Nueva Imagen-Nueva Sociedad, 1980. Chateau, Jorge. *Seguridad nacional y guerra antisubversiva*. Santiago: Documento de Trabajo. Programa Flacso-Santiago, núm. 185, 1983. Duhalde, Emilio. *El Estado terrorista argentino*. Buenos Aires: Colihue 2013 [1983]. Rivas, Fernando y Elisabeth, Riemann. *Las Fuerzas Armadas de Chile: un caso de penetración imperialista*. La Habana: Editora de Ciencias Sociales, 1976.

[40] Calveiro, Pilar. *Poder y desaparición*. Buenos Aires: Colihue, 2014 [1997]. Feierstein, Daniel. *Terrorismo de Estado y genocidio en América Latina*. Buenos Aires: Prometeo, 2009.

[41] Duhalde, *op. cit*. Tapia, *op. cit*. Slatman, Melisa. "Dictaduras de seguridad nacional en Chile y Argentina. Estudio comparativo y relacional de sus estrategias represivas". *Aletheia*, vol. 7, núm. 13, 2016. Slatman, Melisa. "Contrarrevolución en el cono sur de américa latina. El ciclo de Dictaduras de Seguridad Nacional (1964-1990)". En: Gustavo Guevara (Coord). *Sobre las Revoluciones Latinoamericanas*. Buenos Aires: Newen Mapu, 2013, 15 pp.

[42] Calveiro, *op. cit*. Duhalde, *op. cit*.

de derechos humanos (DD. HH.) en los inicios de la transición democrática[43]. Esto favoreció que, durante los primeros años de la transición Argentina, el análisis de la dictadura militar se centrase sobre todo en el carácter represivo de la dictadura militar visto desde el prisma de la "teoría de los dos demonios"[44], que equiparó las responsabilidades morales de la violencia política de las organizaciones de izquierda insurgente con el accionar represivo y genocida de las FF. AA. y policiales[45].

Para el caso argentino a comienzos del siglo XXI, el surgimiento de la corriente historiográfica de la historia reciente posibilitó una revisión de los procesos represivos llevados adelante por la dictadura militar desde una nueva óptica[46]. El desarrollo de diversos estudios de caso, nuevos tratamientos metodológicos a los archivos e información producida por los tribunales de justicia y las comisiones de verdad y reconciliación, han permitido avanzar en una caracterización más exhaustiva de la represión[47]. Esto ha permitido

---

[43] Alonso, Luciano. "La lucha por los derechos humanos. Logros y perspectivas de sus estudios". En Gabriela Águila, Laura Luciani, Luciana Seminaria y Cristina Viano (comps.). *La historia reciente en Argentina. Balances de una historiografía pionera en América Latina*. Buenos Aires: Imago Mundi, 2018, pp. 109-128. Crenzel, Emilio. *Historia política del nunca más. La memoria de los desaparecidos en la Argentina*. Buenos Aires: Siglo XXI Editores, 2009. Crenzel, Emilio. "Ideas y estrategias de justicia ante la violencia política y las violaciones a los derechos humanos en la transición política argentina (1982-1983)". En Claudia Field y Marina Franco (ed.). *Democracia hora cero. Actores, políticas y debates en los inicios de la posdictadura*. Buenos Aires: Fondo de Cultura Económica, 2015, pp. 81-114; Jelin, Elizabeth. *La lucha por el pasado. Cómo construimos la memoria social*. Buenos Aires: Siglo XXI Editores, 2017.

[44] Franco, Marina. "La "teoría de los dos demonios" en la primera etapa de la posdictadura". En Field y Franco. *Democracia hora cero... op. cit.*, pp. 23-80.

[45] Crenzel, "Ideas y estrategias...", *op. cit.*; Jelin, *op. cit.*

[46] Flier, Patricia (comp.). *Dilemas, apuestas y reflexiones teórico-metodológicas para los abordajes en historia reciente*. La Plata: Universidad Nacional de La Plata, 2014. Franco, Marina y Levin, Florencia. "El pasado cercano en clave historiográfica. En Marina Franco y Florencia Levin (comp.). *Historia reciente. Perspectivas y desafíos para un campo en construcción*. Buenos Aires: Paidós, 2006, pp. 31-65. Levin, 2018.

[47] Ranalletti, Mario. "Contrainsurgencia, catolicismo intransigente y extremismo de derecha en la formación militar argentina. Influencias francesas en los orígenes del terrorismo de Estado (1955-1976)". En Daniel Feierstein (comp.). *Terrorismo de Estado y genocidio en América Latina*. Buenos Aires: Prometeo, 2009, pp. 249-80. Ranalletti, Mario. "Las formas y las lógicas de la represión clandestina: planificación centralizada, autonomía operativa de los grupos de tarea y violencia extrema". *II Jornadas de Trabajo de la Red de Estudios sobre Represión*, 2016.

evidenciar fuertes líneas de continuidad en el uso de dispositivos y mecanismos represivos por los diversos regímenes políticos, dando cuenta del rol coadyuvante del sistema político y el poder judicial. Por otra parte, dar cuenta de la convergencia en el discurso de seguridad nacional, de elementos propios de la cultura militar y de sectores políticos conservadores, en torno a la idea de enemigo interno bajo el prisma del anticomunismo, evidenciando cómo esta idea permeó no solo a sectores militares, sino que también a sectores civiles y políticos[48] e identificar los vínculos de este discurso con el desarrollo de la doctrina de guerra contrainsurgente francesa[49]. Finalmente, cuestionar el carácter excepcional del uso de los mecanismos represivos por parte de la dictadura militar, evidenciando con ello la continuidad entre democracia y dictadura en relación con el uso de la represión como una manera de contener la protesta social, la politización subalterna y la insurgencia armada[50].

Para el caso chileno, el desarrollo historiográfico del pasado reciente en relación con la dictadura militar y las FF. AA. y policiales, ha puesto mayor énfasis en la dimensión política más que en el estudio específico de los dispositivos represivos, los servicios

---

[48] Franco, *Un enemigo para la nación... op. cit.*
[49] Mazzei, Daniel. *Bajo el poder de la caballería. El ejército argentino (1962-1973)*. Buenos Aires: Eudeba, 2012. Mazzei, Daniel. La misión militar francesa en la Escuela Superior de Guerra y los orígenes de la Guerra Sucia, 1957-1962. *Revista de Ciencias Sociales*, 13, 2002, pp. 105-137.
[50] Águila, Gabriela. "La represión en la historia reciente argentina: fases, dispositivos y dinámicas regionales". En Gabriela Águila y Luciano Alonso (comps). *Procesos represivos y actitudes sociales: entre la España franquista y las dictaduras del Cono Sur*. Buenos Aires: Prometeo, 2013, pp. 97-121. Águila, Gabriela. "La represión en la historia reciente argentina: perspectivas de abordaje, conceptualizaciones y matrices explicativas". *Contenciosa*, Año 1, núm. 1, 2013, pp. 2-14. Águila, Gabriela. "Estudiar la represión: entre la historia, la memoria y la justicia. Problemas de conceptualización y método". En Flier (comp.). *Dilemas, apuestas y reflexiones... op. cit.*, pp. 20-55. Águila, Gabriela. "La represión en la historia reciente como objeto de estudio: problemas, novedades y derivas historiográficas". En Gabriela Águila, Laura Luciani, Luciana Seminara y Cristina Viano (comps.). *La historia reciente en Argentina. Balances de una historiografía pionera en América Latina*. Buenos Aires: Imago Mundi, 2018, pp. 55-72. Alonso, Luciano. "Definiciones y tensiones en la formación de una Historiografía sobre el pasado reciente en el campo académico argentino". En Juan Andrés Bresciano (comp.). *El tiempo presente como campo historiográfico: ensayos teóricos y estudios de caso*. Montevideo: Ediciones Cruz del Sur, 2010, pp. 41-64.

de inteligencia y los perpetradores[51]. Los trabajos de la década de 1980 centrados en las FF. AA. y en la dictadura militar, pusieron el foco en el proceso político en curso, tanto desde el punto de vista del impacto de los procesos de modernización autoritaria y su efecto en la subjetividad y conformación de los actores colectivos con capacidad de agencia política[52], como en los actores institucionales que conducirían el proceso de transición democrática: partidos políticos, organizaciones sociales y (FF. AA.)[53]. Esto potenció el desarrollo de estudios sobre las FF. AA., pero más centrados en su trayectoria en el proceso de profesionalización institucional y su rol como actores sociopolíticos en el marco del desarrollo institucional del Estado[54]. Esto ha dificultado establecer la relación y vínculos históricos entre la dinámica represiva y el proceso político, salvo afirmaciones generales respecto al rol de la DINA en el fortalecimiento del poder personal de Augusto Pinochet y de su consolidación al interior de la Junta de Gobierno[55]. Los trabajos de la historiadora Verónica Valdivia, sin desconocer la presencia de los dispositivos represivos en el período de la dictadura militar entre 1973 y 1990, han contribuido a cuestionar el carácter excepcional de los mismos, evidenciando su presencia y utilización en los orígenes de la formación del Estado de Compromiso con posterioridad

---

[51] Monsálvez, Danny. "La historia reciente en Chile: un balance desde la nueva historia política". *Historia 396*, Vol. 6, núm. 1, 2016, pp. 111-139. Goicovic, Igor. "Temas y debates en la historia de la violencia política en Chile". *Contenciosa*, Año II, núm. 3, 2014. Valdivia, *gritos, susurros y silencios... op. cit.*

[52] Martínez, Javier y Tironi, Eugenio. *Las clases sociales en Chile. Cambio y estratificación, 1970-1980*. Santiago: SUR, 1985. Salazar, Gabriel. *La violencia política popular en las "Grandes Alamedas". La violencia en Chile 1947-1987 (una perspectiva histórico popular)*. Santiago de Chile: Lom ediciones, 2006 [1990]. Constable y Valenzuela. *Una nación de enemigos..., op. cit.*

[53] Arriagada. *La Política Militar de Pinochet..., op. cit.*; Baño, Rodrigo. *Lo social y lo político: un dilema clave del movimiento popular*. Santiago: Flacso, 1985; Garcés, Mario y de la Maza, Gonzalo. *La explosión de las mayorías. Protesta Nacional, 1983-1984*. Santiago: Eco, 1985; Garretón, Manuel Antonio. *El proceso político chileno*. Santiago: Flacso, 1983.

[54] Varas, *Los militares en el poder..., op. cit.*; Necochea Ramírez, Hernán. *Las Fuerzas Armadas y la política en Chile*. México: Casa de Chile en México, 1984; Maldonado, Carlos. *Entre reacción civilista y constitucionalismo formal: Las Fuerzas Armadas Chilenas en el período 11931-1938*. Santiago: Flacso, 1988. Valdivia, *El golpe después del golpe..., op. cit.*; Frühling, Hugo; Portales, Carlos y Varas, Augusto. *Estado y Fuerzas Armadas*. Santiago: Flacso, 1982.

[55] Arriagada, *op. cit.*; Huneeus, *op. cit.*; Riquelme, *op. cit.*; Timmermann, *op. cit.*

a 1938, como en el desarrollo de la política estratégica de la UP en relación con las FF. AA. y policiales en el período 1970 y 1973[56]. Por su parte, trabajos recientes han permitido dar cuenta de los componentes de larga data del discurso anticomunista que configuró el imaginario de las FF. AA. chilenas y de sectores de la clase política nacional[57], así como los componentes civiles en el apoyo de la dictadura militar y la orientación político-estratégica de las FF. AA. en términos de seguridad nacional[58]. Otros trabajos recientes han profundizado la dimensión antropológica de los militares, tanto de los conscriptos reclutados para el servicio militar durante la dictadura[59], como de las trayectorias de la generación de militares que condujo el proceso de copamiento militar de Estado, omitiendo, a mi juicio, de manera inexcusable, el rol de esa misma generación en los crímenes de la dictadura, así como la orientación contrasubversiva de los mismos y su responsabilidad individual en los crímenes de lesa humanidad[60].

En torno al carácter de la represión en Chile, algunos trabajos han explorado los vínculos estructurales y de mediano plazo en el desarrollo de la conflictividad popular, así como de la represión estatal[61]. Por otra parte, una serie de trabajos se han abocado al estudio de los vínculos latinoamericanos de los militares chilenos

---

[56] Valdivia, *Subversión, coerción y consenso… op. cit.* Valdivia, "Todos juntos seremos…", *op. cit.*

[57] Casals, Marcelo. *La creación de la amenaza roja. El surgimiento del anticomunismo en Chile a la "campaña del terror" de 1964.* Santiago de Chile: Lom ediciones, 2016.

[58] Álvarez, David. "Fuerzas Armadas en Chile: entre la configuración de nuevos roles y la normalización de las relaciones cívico-militares. Informe final del concurso" En David Álvarez, Juan Carlos Vergara, Loreta Tellería y María Paz Fiuminara. *El papel de las fuerzas armadas en América Latina y el Caribe. Seguridad Interna y Democracia.* Buenos Aires: Clacso, 2012, pp. 63-103. Guerrero, Manuel. "Cuando la población se hace parte de la producción social de la violencia: El caso de la colaboración mediante denuncias". En Ximena Póo (Ed.). *La dictadura de los sumarios, 1973-1985.* Santiago: Editorial Universitaria, 2016, pp. 175-195; Rebolledo, Javier. *El despertar de los cuervos. Tejas Verdes, el origen del exterminio en Chile.* Santiago: Planeta, 2016.

[59] Passmore, Leith. *The War Inside Chile's Barracks. Remembering Military Service Under Pinochet.* Wisconsin: The University of Wisconsin Press, 2017.

[60] Bawden, John. *The Pinochet Generation. The Chilean Military in the Twentieth Century.* Tuscaloosa: The University of Alabama Press, 2017.

[61] Salazar, *La violencia política popular… op. cit.*; Milos, Pedro. *Historia y memoria. 2 de abril de 1957.* Santiago: Lom ediciones, 2007.

con la doctrina de la guerra contrainsurgente francesa[62], así como sus conexiones con la Escuela Superior de Guerra de Brasil, el *Serviço Nacional de Informações*, y la propia política exterior de la dictadura militar brasileña en el apoyo a los preparativos del golpe de Estado y la represión posterior llevada adelante por los militares chilenos, bajo asesoramiento de oficiales de inteligencia[63]. Cabe destacar en ese ámbito la reciente investigación de Roberto Simon que entrega evidencia contundente de las colaboraciones transnacionales sur-sur en el caso de las dictaduras militares, que amplían la agenda de investigación sobre la represión en la escala interamericana más allá de la Operación Cóndor[64].

En particular, en torno al accionar represivo y de inteligencia de las FF. AA. y policiales, así como de aparatos represivos paraestatales y clandestinos, las investigaciones han sido impulsadas con fuerza por el periodismo de investigación y el género testimonial en desmedro de la historiografía[65]. Hacia finales de la década de 1980 y comienzos de la década de 1990 surgió una gran cantidad de investigaciones sobre los principales acontecimientos e hitos represivos de la dictadura, tales como la Caravana de la Muerte, el caso de los hornos de Lonquén, el caso Degollados y otros crímenes[66]. En

---

[62] Gutiérrez, Cristian. *La contrasubversión como política. La doctrina de guerra revolucionaria francesa y su impacto en la FF. AA.. de Chile y Argentina*. Santiago: Lom ediciones, 2018.

[63] McSherry, Patrice. *Los Estados depredadores: la Operación Cóndor y la Guerra encubierta en América Latina*. Santiago: Lom ediciones, 2005; Riquelme, *op. cit.*; Fisher, Eva. *Colaboraciones transnacionales de los Servicios de Inteligencia en el Cono Sur en los años 1970 y 1980. El papel de Brasil en el contexto de la Operación Cóndor*. Santiago: Documento de Trabajo, Museo de la Memoria y los Derechos Humanos, 2015.

[64] Simon, Roberto. *O Brasil contra a democracia. A ditadura, o golpe no Chile e a Guerra Fria na América do Sul*. Editorial Companhias das Letras, 2021.

[65] Salazar, Manuel. Contreras. *Historia de un intocable*. Santiago: Uqbar editores, 2014; González, Mónica y Contreras, Héctor. *Los secretos del comando conjunto*. Santiago: Editorial Ornitorrinco, 1991; Salazar, Manuel. *Las letras del horror. Tomo I. La DINA*. Santiago: Lom ediciones, 2011; Salazar, Manuel. *Las Letras del Horror. Tomo II. La CNI*. Santiago: Lom ediciones, 2012; Villagrán, Fernando. *Disparen a la bandada. Una crónica secreta de la FACH*. Santiago: Planeta, 2002.

[66] Ahumada, Eugenio et al. *Chile la memoria prohibida. 3 Tomos*. Santiago: Pehuén, 1989; Gómez, León. *Que el pueblo juzgue. Historia del Golpe de Estado*. Santiago: Terranova Editores, 1988; Gómez, León. *Tras las huellas de los desaparecidos*. Santiago: Ediciones Caleuche, 1990; Verdugo, Patricia. *Los zarpazos del Puma*. Santiago: CESOC, 1989; Pacheco, Máximo. *Lonquén*. Santiago: Editorial Aconcagua, 1980; Monckeberg, María Olivia; Camus, María

específico, sobre las acciones encubiertas de la DINA en el extranjero, se desarrollaron algunas investigaciones vinculadas a los asesinatos del ex comandante en jefe del Ejército, general Carlos Prats en Argentina, y de Orlando Letelier en Washington, EE. UU., el homicidio frustrado de Bernardo Leighton y su esposa en Italia y el rol de la DINA en la Operación Cóndor[67]. Específicamente sobre los represores, sus formas de organización y lógicas de funcionamiento se han desarrollado algunos estudios de casos de centros clandestinos de detención y campos de prisioneros políticos[68] e investigación centrada en figuras emblemáticas de la represión más que abordajes sistemáticos y reconstructivos de la dinámica represiva[69]. Esto ha propiciado un tipo de investigación de casos, donde prevalece el uso de archivos de prensa y el trabajo con testimonios, en desmedro de otras fuentes de información como archivos judiciales, archivos de la represión y de derechos humanos[70].

Desde la arqueología y la antropología forense, se han desarrollado aportes interesantes para el conocimiento de las dinámicas represivas en los recintos y sitios en los que se organizó y ejecutó la represión[71], como también en los sitios donde se buscó ocultar

---

Eugenia; Jiles, Pamela. *Crimen bajo estado de sitio*. Santiago: Editorial Emisión, 1986; Verdugo, Patricia. *André de La Victoria*. Santiago: Editorial Aconcagua, 1985.

[67] Dinges, John y Landau, Saul. *Asesinato en Washington. El caso Letelier*. México DF: Lasser Press, 1982; Harrington, Edwin y González, Mónica. *Una bomba en una calle de Palermo*. Santiago: Editorial Emisión, 1987; Mayorga, Patricia. *El cóndor negro. El atentado a Bernardo Leighton*. Santiago: El Mercurio-Aguilar, 2003; Dinges, John. *Los años del cóndor. Operaciones internacionales de asesinato en el cono sur*. Santiago: Debate, 2021.

[68] Bonnefoy, Pascal. *Terrorismo de Estadio. Prisioneros de guerra en un campo de deportes*. Santiago: Editorial latinoamericana, 2016; Salazar, *Villa Grimaldi…, op. cit.*; Rebolledo, Javier. *El despertar de los cuervos. Tejas Verdes. El origen del exterminio en Chile*. Santiago: Planeta, 2016 [2013].

[69] Arce, Luz. *El Infierno*. Santiago: Tajamar Ediciones, 2017; Echeverría, Mónica. *Krassnoff: arrastrado por su destino*. Santiago: Catalonia, 2010; Guzmán, Nancy. *Ingrid Olderock. La mujer de los perros*. Santiago: Ceibo Ediciones, 2014; Salazar. *Contreras, op. cit.*; Guzmán, Nancy. *El Fanta. Historia de una traición*. Santiago: Ceibo Ediciones, 2016; Merino, Marcia. *Mi verdad… "Más allá del horror, yo acuso"*. Santiago: A.T.G.S.A., 1993.

[70] VV. AA. *Archivo y memorias de la represión en América Latina (1973-1990)*. Santiago: Lom ediciones, 2015.

[71] Fuenzalida, Nicole. "Cuartel Terranova. Análisis de la configuración espacial en relación con las estrategias de represión y control de los detenidos y torturados". *La Zaranda de Ideas. Revista de Jóvenes Investigadores en Arqueología*, núm. 7, 2011, pp. 49-63; Fuenzalida, Nicole.

las huellas de las víctimas de la represión por parte de los perpetradores[72]. Desde la antropología social y la sociología, se han desarrollado investigaciones sobre sitios de memoria asociados a recintos represivos[73]. Finalmente, desde la psicología social y desde los estudios sobre urbanismo, se han vinculado los procesos de construcción de memoria en los espacios urbanos como forma de construcción de lugares de enunciación[74].

Salvo algunos trabajos de rescate de las historias y memoria de la represión en regiones[75], el grueso de la investigación se ha centrado en las militancias y la represión desatada sobre ellas para los

---

"Apuntes para una arqueología de la dictadura chilena". *Revista Chilena de Antropología*, núm. 35, 2017, pp. 131-147; San Francisco, Alexander; Fuentes, Miguel y Sepúlveda, Jairo. "Hacia una arqueología del Estadio Víctor Jara: campo de detención y tortura masiva de la dictadura en Chile (1973-1974)". *Revista de Arqueología Histórica Argentina y Latinoamericana*, núm. 4, 2014, pp. 91-116.

[72] Cáceres, Iván. *Detenidos desaparecidos en Chile. Arqueología de la muerte negada*. Tesis para optar al Título de Arqueólogo. Santiago: Universidad de Chile, 2011.

[73] López, Loreto. "Lugares de memoria de las violaciones a los derechos humanos: más allá de sus límites". En Universidad de Chile. Centro de Estudios Culturales Latinoamericanos y Fundación Heinrich Böll. *Recordar para pensar, memoria para la democracia*. Santiago: Ediciones Böll Cono Sur, 2010, pp. 57-65; López, Loreto. *Lugares de la memoria de la represión. Contrapunto entre dos ex centros de detención recuperados en Chile y Argentina: Villa Grimaldi y el Olimpo*. Tesis para optar al grado de Magíster en Estudios Latinoamericanos. Santiago: Universidad de Chile, 2013; Ruttlant, Natalia. *(Re) significaciones de un lugar en la ciudad, a partir del caso de la ex Cárcel Pública de San Fernando*. Tesis para optar al grado de Antropóloga Social. Santiago: Universidad Alberto Hurtado, 2018; Suárez, Rodrigo. *Memorias subterráneas: el caso de la Divina Providencia en Antofagasta*. Tesis para optar al título de sociólogo. Santiago: Universidad Alberto Hurtado, 2015.

[74] Aguilera, Carolina. *El retorno del monumento. Forma urbana y espacio vivido de la memoria pública de la violencia política en ciudades posconflicto: el caso de Santiago de Chile*. Tesis para optar al grado de doctora en Arquitectura y en Estudios Urbanos. Santiago: Pontificia Universidad Católica, 2016; Piper, Isabel y Hevia, Evelyn. *Espacio y recuerdo. Archipiélago de memorias en Santiago de Chile*. Santiago: Ocho Libros, 2012.

[75] Cárcamo, Mindy, Castillo, Cristina y Oliva, Yennifer. *Palacio de las sonrisas: preservación de la memoria histórica de los sucesos acaecidos en 1973 en Punta Arenas*. Tesis para optar al título de profesor de historia. Punta Arenas: Universidad de Magallanes, 2013; Delgado, Higinio. *Recuerdos de la guerra que no fue*. Valdivia: Editorial Fértil Provincia, 2016; Real, Joaquín. *Prisionero de guerra en Aysén*. Valdivia: Kultrún Ediciones, 2014; Monsálvez, Danny. "Violencia y represión en un dispositivo local: Concepción, 11 de septiembre de 1973". *Revista Historia y Geografía*, núm. 26, 2012, pp. 57-80; Brevis, Katherine. *Represión política en cuatro comunas rurales de la Provincia de Biobío durante el primer año de la dictadura militar*. Santiago: Instituto Nacional de Derechos Humanos, 2012; Carreño, *op. cit.*

casos del PCCH[76] y el MIR[77]. Desde la óptica de la resistencia de la sociedad civil al régimen, destacan la reciente investigación de Oriana Bernasconi sobre la interacción entre las formas de registro documental de las violaciones a los derechos humanos y su impacto en los agenciamientos sociopolíticos de resistencia al régimen[78]. Desde un enfoque más centrado en las redes de la sociedad civil y la conformación de movimientos sociales, destacan la investigación de Robinson Silva sobre la resistencia a la dictadura, la de Carla Peñaloza sobre las organizaciones de derechos humanos y la de Manuel Bastías sobre las organizaciones de derechos humanos en dictadura[79]. Pese a ello, no existe ningún trabajo sistemático desde las ciencias sociales y la historiografía que se aboque al estudio y análisis de las organizaciones represivas con el desarrollo de la coyuntura política.

Existe cierto consenso en torno a la inflexión generada por la DINA en el desarrollo de las prácticas represivas y de inteligencia en Chile[80], así como de los impactos y el rol protagónico que tuvo en el desarrollo de las coordinaciones regionales con los otros servicios de inteligencia y fuerzas represivas de la región[81]. No obstante, no existe acuerdo en torno a los elementos que incidieron en su desarrollo y funcionamiento en el marco de las dictaduras de

---

[76] Álvarez, Rolando. *Desde las sombras: una historia de la clandestinidad comunista (1973-1980)*. Santiago: Lom ediciones, 2003; Hertz, Carmen; Ramírez, Apolonia, y Salazar, Manuel. *Operación exterminio. La represión contra los comunistas chilenos*. Santiago: Lom ediciones, 2016.

[77] Amorós, Mario. *La memoria rebelde: testimonios sobre el exterminio del MIR: de Pisagua a Malloco: 1973-1975*. Concepción: Escaparate Ediciones, 2008; Garcés, *op. cit.*

[78] Bernasconi, Oriana (ed.). *Documentar la atrocidad. Resistir al terrorismo de Estado*. Santiago: Ediciones Universidad Alberto Hurtado, 2020.

[79] Silva, Robinson. *Resistencia política y origen del movimiento social anti dictatorial en Chile (1973-1988)*. Tesis doctoral. Barcelona: Universitat de Barcelona, 2014. Peñaloza, Carla. *El camino de la memoria. De la represión a la Justicia en Chile, 1973-2013*. Santiago: Cuarto Propio, 2015; Bastías, Manuel. *Sociedad civil en dictadura. Relaciones trasnacionales, organizaciones y socialización política en Chile*. Santiago: Ediciones Universidad Alberto Hurtado, 2013.

[80] Policzer, *op. cit.*; Riquelme, *op. cit.*; Seguel, Pablo. "La organización de la represión y la inteligencia en la dictadura militar chilena. Del copamiento militar del territorio al surgimiento de la Dirección de Inteligencia Nacional: Región Metropolitana, 1973-1977". *Revista Izquierdas*, núm.49, 2020, pp. 767-796.

[81] Dinges, *op. cit.*; McSherry, *op. cit.*

seguridad nacional del cono sur, el impacto de la influencia extranjera en su conformación y de las redes de colaboración de la alta oficialidad militar del continente en el desarrollo del terrorismo de Estado en Chile. Pese a ello, una serie de trabajos ha remarcado la incidencia norteamericana en la formación de la DINA a través de la influencia de la *Central Intelligence Agency* (CIA)[82]. Otras investigaciones han remarcado algunos nexos con el *Serviço Nacional de Informações* de Brasil[83] y otro tipo de trabajos han dado cuenta de las relaciones de colaboración de agentes del Mossad de Israel en el proceso de formación de los agentes de la DINA[84].

Respecto a sus orígenes, el trabajo de Gabriel Salazar ha enfatizado que es el resultado de un necesario ajuste internacional del patrón de acumulación capitalista, lo que implicó la alianza entre sectores mercantiles, (neo)liberales y militares influenciados por la CIA[85]. Otras investigaciones sitúan a la DINA como el resultado lógico del desarrollo de la represión y su profundización con posterioridad al período de represión masiva del año 1973[86]. Por su parte, la tesis de Pablo Riquelme sitúa a la DINA en el marco del proceso de profesionalización militar desarrollado en Chile y de las tendencias propias del funcionamiento de las FF. AA. como un cuerpo burocrático, acentuadas en el contexto de crisis política y económica que las llevó a iniciar una guerra en el frente interno[87].

En síntesis, este conjunto de investigaciones ha remarcado el carácter represivo de la DINA y de la dictadura militar, esbozando una serie de elementos que permiten identificar su funcionamiento y racionalidad burocrática. De la misma manera, han dado cuenta de ciertos elementos que marcan matices con las tendencias de las

---

[82] Corvalán, Luis. *La secreta obscenidad de la historia de Chile contemporáneo*. Santiago: Ceibo Ediciones, 2012; Kornbluh, Peter. *Pinochet. Los archivos secretos*. Barcelona: Crítica, 2013; Salazar, *Villa Grimaldi...*, *op. cit.*; Simon, *op. cit.*

[83] McSherry, *op. cit.*, p. 71; Riquelme, *op. cit.*, pp. 42-43.

[84] Ostrovsky, Víctor y Hoy, Claire. *By way of deception. The making and unmaking of a Mossad officer*. New York: St. Martin's Press, 1990, pp. 217-229.

[85] Salazar, *Villa Grimaldi...*, *op. cit.*

[86] Comisión Nacional Sobre Prisión Política y Tortura, *op. cit.*

[87] Riquelme, *op. cit.* Llambías, *op. cit.*

dictaduras latinoamericanas desde el punto de vista de la represión y, por ende, de la caracterización política del régimen militar. No obstante, poco se conoce respecto a la manera en cómo se van configurando históricamente las estrategias de seguridad e inteligencia dentro de las FF. AA. y policiales y cómo estas repercutieron en las características y dinámicas de la represión en los primeros años de la dictadura militar. Tampoco existe claridad en torno a cómo se fue articulando este proceso con el fortalecimiento del poder personal de Augusto Pinochet al interior de las filas del Ejército y cómo esto contribuyó a su consolidación en la Junta Militar de Gobierno[88]. Finalmente, no existen investigaciones sobre la DINA y las FF. AA. que releven su accionar no represivo, orientado a la coordinación de las políticas de Estado, la recopilación de información y la producción de inteligencia para la implementación de planes, programas y estrategias de Gobierno.

El debate teórico-metodológico sobre la investigación de la represión

El enfoque morfogenético para el análisis de las organizaciones represivas

En términos epistemológicos, esta investigación se posiciona desde el realismo crítico en ciencias sociales y de la teoría social morfogenética. El punto central de la epistemología realista es la afirmación del carácter estratificado de la realidad social. Es decir, el reconocimiento de que tanto los agentes (individuos) como las estructuras sociales tienen propiedades autónomas irreductibles entre sí pese a que son interdependientes; así como los individuos son la condición de posibilidad de la emergencia de las estructuras sociales, el

---

[88] Cabe indicar que la investigación de Freddy Timmermann ha avanzado en ese ámbito, entregando importantes antecedentes sobre el personalismo del régimen y su relación con los dispositivos de poder, pero no ha ahondado en la dimensión represiva propiamente tal. Timmermann, *op. cit.*

comportamiento de estas no es reductible por inferencia causal de las propiedades y atributos individuales. De la misma manera, las estructuras sociales que operan como entorno del agente son fundamentales para el desarrollo y desenvolvimiento del individuo; su intelección no es deducible de los atributos de las estructuras sociales. Esto es lo que lleva a cuestionar tanto la explicación metodológica del individualismo como del colectivismo presente con fuerza en la teoría social y en las humanidades[89].

A partir de la doble entrada analítica agente-estructura, se destaca la centralidad de la temporalidad para el análisis social. La temporalidad implica en lo epistemológico reconocer dos condiciones de posibilidad para el estudio racional de los agentes y las estructuras, que se desprenden de la constatación de que son las estructuras las que crean las condiciones en las que los agentes vivos en el presente que tienen que actuar y a través de las cuales tiene lugar la elaboración social y cultural. La primera de ella es la dependencia de la actividad, que reconoce la mutua dependencia entre individuo y estructuras sociales. La segunda de ellas es el desfase temporal, la que sostiene que las estructuras sociales solo pueden explicarse si se tiene en consideración su interacción con las acciones de los individuos en el pasado interrelacionadas en el presente y que la temporalidad de la estructura es distinta a la de la agencia. Ese reconocimiento le da una importancia capital a la temporalidad para el análisis de la realidad social. Por ello, en términos metodológicos, esta investigación observa la relación entre los agentes, formas y dinámicas de la represión en un período determinado con las organizaciones e instituciones que estas adoptan. Por este motivo, toma como observables la coyuntura, los actores, las instituciones y las organizaciones.

Para los fines de esta investigación, las burocracias como cuerpos normados y organizados del Estado son los agentes que efectúan y

---

[89] Es interesante constatar cómo en los estudios sobre los autoritarismos, la tensión entre la explicación "personalista" y la "estructuralista" ha sido uno de los elementos que ha diferenciado las explicaciones de las dictaduras. Kershaw, *op. cit.*, pp. 101-130.

materializan la represión y la inteligencia[90]. No obstante, dado que históricamente la represión de Estado que se acentúa en contextos dictatoriales y/o autoritarios es un tipo de violencia que combina repertorios legales e ilegales, como fenómeno se expresa en organizaciones normadas legalmente (burocracias) y en organizaciones que adoptan modos de organización clandestino e ilegal. En otras palabras, la represión y la inteligencia de Estado combinan formas de represión de hecho y de derecho, lo que Ernst Fraenkel denomina la existencia de un "Estado prerrogativo" y un "Estado normativo"[91]. La dimensión transversal a ambas es la dimensión organizacional, la cual queda conformada por redes de interacciones y por prácticas. En el plano de las interacciones sociales, las organizaciones son redes de interacción social prescritas, por lo que tomar como herramienta heurística la red tiene rendimientos en términos de expresión de la materialidad de los circuitos de interacción de una cadena organizacional[92].

Esto nos permite entender los vínculos y las relaciones sociales como fenómenos configurados a partir de las cualidades de los actores y sus características. Para ello requiere precisar de una noción en torno al rol, efecto y cualidades del espacio como articulador de una red, tanto para el caso de los espacios formales como los informales. De la misma forma, es interesante introducir los efectos que generan los artefactos en las articulaciones de las redes, en el sentido de que se constituyen en la materialidad misma de la comunicación en una red. Desde nuestra perspectiva, la noción de práctica nos permite introducir una concepción no racional de la racionalidad de los actores, en términos de una caracterización de su comportamiento y relaciones en los espacios y en las redes.

---

[90] Sofky, *op. cit.* Brodeur, *op. cit.*
[91] Fraenkel, Ernst. *The dual state. A contribution to the theory of dictatorship*. Oxford: Oxford University Press, 2017[1941].
[92] Bertrand, Michel y Lemercier, Claire. "Introducción: ¿en qué punto se encuentra el análisis de redes en Historia?". Redes. *Revista hispana para el análisis de redes sociales*, Vol. 21, núm. 1, 2011, pp.1-12. Brandes, Ulrik, Kenis, Patrick y Raab, Jörg. "La explicación a través de la visualización de redes". *Redes. Revista hispana para el análisis de redes sociales*. Vol. 9, núm. 1, 2011, pp. 1-11.

Esta aproximación externa a la racionalidad la proponemos como una alternativa a la noción de subjetivación, que da cuenta del proceso de elaboración interno del sujeto, tanto de la actividad reflexiva (pensamiento) como de sus objetivaciones (relaciones). Por el contrario, la concepción de la racionalidad como una objetivación de las relaciones de un actor permite una aproximación reconstructiva de la acción en función de sus vínculos con otros actores, su disposición en espacios de articulaciones de redes y sus prácticas. En ese sentido, retomamos la noción trabajada por Paul Veyne[93] en torno a la práctica entendida como lo que los actores hacen cuando hablan y actúan. El análisis de la práctica parte de la premisa que su racionalidad no puede ser evaluada por una estructura analítica subyacente a su experiencia, sino que, a partir de su desarrollo propio, su caracterización y de las relaciones que la producen. En ese sentido, el enfoque de la práctica es también un enfoque práctico y permite un análisis en términos pragmáticos, orientado más bien a la semántica y al uso[94].

Red, espacio, artefactos y prácticas se constituyen en elementos claves para un análisis de la racionalidad de determinados actores y fenómenos complejos como la actividad represiva, las operaciones de inteligencia y contrainteligencia de los servicios secretos de las dictaduras de seguridad nacional bajo la constatación de la dualidad entre Estado prerrogativo y normativo identificado por Fraenkel. Estas nociones son claves para la reconstrucción histórica del funcionamiento de la DINA. Por ejemplo, la red corresponde a la estructura de relaciones que permite una caracterización de los procesos de estructuración del mando, como de la toma de decisiones. Un análisis en torno a las cualidades de esta red, así como de vínculos establecidos entre ellos, permitiría una caracterización de los roles y grados de poder, así como de autonomía relativa, de

---

[93] Seguel, Pablo. "Politización, inmunización y excepción de la violación del Estado de derecho. Reflexión teórica a partir de los discursos sobre el quiebre de la democracia en Chile, 1973-1990". *Astrolabio*, núm. 16, 2016, pp. 219-244.
[94] Bourdieu, Pierre. *Razones prácticas*. Barcelona: Anagrama, 1994.

cada uno de los actores. Por su parte, permite trazar los puntos de intersección de actores (nodos) por fuera de la red.

Por su parte, la dimensión del espacio nos permite comprender el lugar donde se efectúan las relaciones de la red y que demarcan los campos de acciones y posibilidades de los actores, a la vez que codifica el sitio en el que se desenvuelven, generando una ocupación funcional del mismo, en relación con los objetivos prácticos y el accionar de la red represiva. En ese sentido, la red y el espacio permiten entender y caracterizar las prácticas y los artefactos, entendidos como los objetos en torno a los cuales se desarrollan las prácticas y se configuran las redes. En una red represiva, los artefactos usados en los contextos de represión dan cuenta de una racionalidad y determinados grados de elaboración en torno al accionar y las prácticas represivas.

Violencia, represión e inteligencia estratégica

En algunos trabajos, la noción de violencia política aparece igualada a la noción de represión y conflicto, enfatizando diversas repercusiones teóricas, éticas y morales. Estas dependerán del ámbito interpretativo, ya sea a nivel simbólico[95], normativo[96], funcional y sistémico[97]. Como experiencia social, tanto la violencia y la represión están encuadradas social e históricamente; como señala Michel Wiewiorka, "la violencia varía de un período a otro en sus formas concretas, esbozando en cada época histórica un repertorio, así como las representaciones en las que se da lugar"[98]. Así como no existe relación de violencia pura, ni ejercicios de represión sin límites (salvo en las experiencias totalitarias), estas dimensiones constituyen relaciones instrumentales sujetas a valoración ética y

---

[95] Bourdieu, *Razones prácticas...* Op. Cit. Bourdieu, Pierre. *Sobre el Estado*. Barcelona: Anagrama, 2014.
[96] Weber, Max. *Economía y sociedad*. México DF: Fondo de Cultura Económico, 2014.
[97] Luhmann, Niklas. *Sociología política*. Barcelona: Trotta editorial, 2014.
[98] Wieviorka, Michel. *La violencia*. Buenos Aires: Prometeo, 2018, p. 23.

moral en torno a sus límites y legitimidad[99]. Esto es lo que ha llevado a diversos grupos étnicos, políticos y culturales a reconocer en contextos de quiebres de la institucionalidad político-estatal o inexistencia de esta, a considerar la violencia política como una herramienta de fundación o disputa de un orden político, sobre todo en el caso de las guerras civiles[100].

Los trabajos de Julio Aróstegui constituyen un aporte importante para pensar una historiografía de la violencia social y política sobre todo en contextos dictatoriales[101]. El primer rasgo distintivo identificado corresponde al reconocimiento de que constituye un tipo específico de acción social, manifiesta o latente, que se genera en el seno de una relación social enmarcada en torno al conflicto. Esto lo lleva a acotar fenomenológicamente la violencia como una realidad social extensiva solo a las sociedades humanas, diferenciándose del ámbito natural y biológico. El segundo rasgo distintivo está dado por la reflexión que abre respecto al conflicto, el cual constituye la condición de necesidad para la emergencia de la violencia, pero no su consecuencia necesaria. El tercer punto dice relación con el carácter y alcance social del desacuerdo en una relación social, que lo lleva a reposicionar la categoría conceptual de la anomia, entendida como la pérdida de vigencia de las reglas y normas que regulan la acción individual y social en una determinada sociedad. Por todo ello, la definición de violencia que acuña Aróstegui la entiende como una forma de regulación no consensuada de acción en un conflicto: "violencia es toda resolución, o intento de resolución, por medios no consensuados de una situación de conflicto entre partes enfrentadas, lo que comporta esencialmente una acción de imposición que puede efectuarse, o no, con presencia manifiesta de fuerza física"[102].

---

[99] González Calleja, Eduardo. *Asalto al poder. La violencia política organizada y las ciencias sociales*. Madrid: Siglo XXI, 2017.

[100] González Calleja, *op. cit.* Kalyvas, Stathis. *La lógica de la violencia en la guerra civil*. Madrid: Akal, 2010.

[101] Aróstegui, Julio (coord.). *Franco, la represión como sistema*. Barcelona: Flor de Viento, 2012.

[102] Aróstegui, Julio. "Violencia, sociedad y política. La definición de la violencia". *Ayer*, núm. 13, 1994, p. 31.

A partir de la conceptualización de la violencia como un mecanismo de regulación no consensuado de un conflicto en torno al horizonte normativo de una sociedad determinada, la conceptualización de la violencia se relaciona con el poder y la autoridad. Esto lo lleva necesariamente hacia una reflexión respecto a la vinculación entre conflicto social, el poder social y el Estado, lo que fundará la distinción entre violencia social y violencia política. A partir de la dicotomía entre sociedad –en la que se expresan relaciones sociales de horizontalidad– y Estado –como ámbito en el que se desarrollan relaciones sociales verticales–, Aróstegui entenderá que la violencia social es la que se expresa entre personas, grupos, instituciones o corporaciones en un conflicto entre partes equiparables, mientras que la violencia política es un conflicto entre personas, actores, instituciones, grupos o corporaciones con poderes y posiciones asimétricas: "La violencia política es siempre una violencia vertical, pero que tiene una doble dirección"[103].

Desde esa perspectiva, la violencia corresponde a un tipo de relación social en el que se desarrolla un tipo de acción orientada que tiene por objetivo el cambio de la voluntad, la decisión o la acción de un individuo, organización o institución acorde a las intenciones e intereses de uno de los actores de dicha relación[104]. La violencia es, por tanto, una forma de coacción, es una acción sobre otra acción que afecta el curso y orientación de esta, tanto a nivel de las disposiciones corporales como simbólicas[105].

Complementando esta entrada analítica de manera coherente con el dualismo metodológico agente-estructura, Eduardo González Calleja nos propone una aproximación a la violencia que vincula al individuo con los contextos sociales y políticos en los que este se desenvuelve. En términos relacionales, la violencia conlleva tres dimensiones analíticas: la ejecución de una acción coactiva, la amenaza o aplicación de esta y una deliberación en torno a la

---

[103] Aróstegui, "Violencia, sociedad…", *op. cit.*, p. 32.
[104] Weber, *op. cit.*
[105] Bourdieu, Pierre. "Violencia simbólica y luchas políticas". *Meditaciones pascalianas*. Barcelona: Anagrama, 1999, p. 225.

intencionalidad y consecuencias de la aplicación de dicha coacción[106]. Por ello, la violencia comporta una virtualidad transgresora de los derechos fundamentales de una persona, en la medida que se constituye en un ataque o agravio en contra de la integridad física o moral. Pero a la vez, también, se constituye en una relación política y de poder, por cuanto que las sociedades contemporáneas quedan estructuradas en sus esferas de acción en el marco del derecho, la violencia como fenómeno de observación se vincula con el Estado, en la medida en que es entendido como la materialización y cristalización de determinados conflictos de las relaciones sociales[107] y se ha definido como el lugar de expresión de la institución de lo político y de la estructuración del marco de la acción política. De ahí la definición clásica del Estado de Max Weber, entendido como aquella comunidad humana que en el marco de un determinado territorio reclama (con éxito) el monopolio legítimo de la violencia física[108] y simbólica[109]. Como órgano instituido de lo político, el Estado pretende para sí la institución de la autoridad de una determinada sociedad, vinculándose con los individuos a través de determinadas instituciones normadas legalmente. Este modo de relación normada por los cuerpos legales posibilita que la interacción entre individuos quede diferenciada entre rol y posición; de este modo, el vínculo de un individuo con otro no solo expresa una interacción corporal, sino que también simbólica en la medida que cumple con un rol en el poder instituido y normado legalmente.

La violencia que ejecuta el Estado para controlar, disciplinar y administrar determinados grupos humanos corresponde a la represión. Siguiendo a González Calleja, la represión es una de las posibles acciones de regulación que los Estados y sus burocracias dirigen en contra de individuos o grupos que desafían las

---

[106] González Calleja, *op. cit.*
[107] Oppenheimer, Franz. *El Estado. Su historia y evolución desde un punto de vista sociológico.* Madrid: Unión Editorial, 2014.
[108] Weber, *op. cit.* Oppenheimer, *op. cit.*
[109] Bourdieu, *op. cit.*

relaciones de poder existentes y los órdenes políticos constituidos de facto. Es, en ese sentido, "(...) el empleo o la amenaza de la coerción en grado variable, que los gobiernos aplican contra los opositores reales o potenciales con vistas a debilitar su resistencia frente a la voluntad de las autoridades"[110]. En la medida en que el Estado reclama para sí el ejercicio legítimo de la violencia física y simbólica, los límites de la utilización de esta, así como las maneras y condiciones bajo las cuales se recurre a ella, quedan normadas legalmente y sujetas a los grados de legitimidad que implican su uso para el conjunto de la sociedad. Por su parte, los grupos sociales que administran los cuerpos e instituciones normadas del Estado, corresponden a las burocracias. Las burocracias son los sectores jurisdiccionales estables, organizados jerárquicamente y normados legalmente para el desarrollo de actividades prescritas por la autoridad constituida del Estado. Dado que el Estado ejerce para sí el monopolio legítimo de la violencia física y simbólica, el ejercicio y materialización de esta se efectúan a través de los órganos burocráticos del que han sido normados como depositarios de las funciones coactivas, de defensa, de administración del delito y de seguridad al interior de una determinada sociedad[111].

La diferencia entre violencia y represión es que la segunda siempre corresponde al uso de los medios coercitivos y coactivos por parte de las burocracias e instituciones del Estado y está dirigida en contra de un determinado objetivo, población y se somete a una evaluación instrumental. Por su parte, la represión sistemática y vinculada con el ejercicio del poder de Estado ha sido desde comienzos de la modernidad denominada como terror de Estado[112]. Se ha entendido por terrorismo de Estado el uso sistemático de la represión a través de la combinación de repertorios legales e ilegales, burocráticos y/o en aparatos organizacionales clandestinos, destinados a efectuar coerción, debilitando, eliminando o erradicando las resistencias de los objetivos de la

---

[110] González Calleja, *op. cit.*, p. 398.
[111] Brodeur, *op. cit.*
[112] González Calleja, *op. cit.*

violencia[113]. Por su parte, González Calleja ha enfatizado el carácter gradacional del terrorismo de Estado que va desde la intimidación coercitiva (por ejemplo, mediante asesinatos selectivos por grupos paraestatales amparados por agentes de Estado), al ejercicio sistemático, extendido y generalizado en contra de tipos específicos de poblaciones (lo que comporta ciertas características de genocidio).

Dado que la coerción y la represión constituyen uno de los rasgos más distintivos de las dictaduras, se torna necesario efectuar algunas consideraciones al respecto. Como señala Pablo Policzer, los gobiernos autoritarios coercitivos –como las dictaduras– se enfrentan necesariamente a la problemática de la creación de organizaciones coercitivas capaces de cumplir con los objetivos políticos del régimen, desde el aspecto más fundamental (la conquista y conservación del poder del Estado), el control sobre la población mediante diversos dispositivos de subjetivación (como lo son las campañas de propaganda y los dispositivos de guerra psicológica), de vigilancia, control, hasta la administración y gestión de sus propios gobiernos. Por otra parte, los Gobiernos dictatoriales sustentados en el uso de la coerción se enfrentan con la propia tensión de disponer de un control sobre las propias burocracias, evitando que se generen cuestionamientos a la concentración del poder[114]. Ello implica necesariamente generar consideraciones sobre las burocracias y los mecanismos de restricción de estas.

Como he indicado en un adelanto de esta investigación[115], las burocracias que legamente se abocan a las labores represivas corresponden a aquellas que tienen mandatos legales de administración del monopolio de la violencia física: las FF. AA. y policiales, las cuales están divididas por una diferenciación funcional en militares y policiales. Las burocracias militares administran las labores de defensa en escenarios de guerra externa e interna; las policías se abocan a la administración y resguardo del orden público. Para el desarrollo de las funciones de las burocracias militares y policiales,

---

[113] Duhalde, *op. cit.* Calveiro, *op. cit.* Feierstein, *op. cit.*
[114] Policzer, *op. cit.*, pp. 19-33.
[115] Seguel, *La organización de la represión…*, *op. cit.*

se contemplan las labores de recopilación de información y de análisis de esta: la inteligencia[116]. Dada la complejización de las sociedades contemporáneas, así como los escenarios de conflicto intra e interestatales, las funciones de inteligencia se formalizan y en determinadas coyunturas se constituyen en servicios diferenciados. Desde este punto de vista, emergen las burocracias de información e inteligencia.

Dado que el ejercicio de la represión y la inteligencia muchas veces está en el límite de la legalidad, una comprensión del desarrollo histórico de las mismas debe prescindir de un criterio formal de análisis para escrutar las formas cómo históricamente se producen las funciones militares, policiales y de inteligencia[117]. Desde este punto de vista, el enfoque de observación más que hacia las orientaciones normativas o los marcos legales que las sustentan (sin perder el foco en estos componentes), debe abocarse a las maneras en cómo, históricamente, se organizan y se vinculan con los dispositivos jurídicos, los aparatos paraestatales y estatales[118]. Es decir, escrutar el punto de articulación en los que las organizaciones burocráticas militares, policiales y de inteligencia ejecutan la represión, conllevando con ello graves violaciones a los derechos humanos.

Por otra parte, dado que la represión constituye una relación social, está sujeta a mecanismos de restricción, los cuales operan al interior del propio Gobierno autoritario (mediante mecanismos de centralización y control de los agentes) y en relación con la población civil (mediante diversos repertorios de denuncia, registro y visibilización)[119].

Todas estas distinciones son fundamentales, ya que nos permiten entender la vinculación entre violencia política y represión, así como la conexión entre represión y producción de subjetividad

---

[116] Brodeur, *op. cit.*
[117] Brodeur, *op. cit.*
[118] Águila. "La represión en la historia reciente argentina: fases...", *op. cit.* Águila. "La represión en la historia reciente argentina: perspectivas...", *op. cit.*
[119] Bernasconi, *op. cit.*

a través de la representación del enemigo. Estudiar y explicar la represión estatal en términos históricos y con un enfoque realista crítico, implica acuñar una concepción teórica que incorpore al menos las siguientes consideraciones:

En primer lugar, la represión estatal es un acontecimiento y un proceso, que no es reducible ni a la voluntad y acción de un individuo en particular, ni a meras disposiciones estructurales e institucionales sin contexto histórico. Es una acción de regulación violenta que pretende para sí la legitimidad instituida en el Estado. Por ende, se encuadra en instituciones, regulaciones y legislaciones estatales. El ejercicio de esta es efectuado por agentes y burocracias que tienen como mandato el cumplimiento de dicha acción con diversos márgenes de discrecionalidad y legalidad.

En segundo lugar, la represión y el consenso son ámbitos y funciones de la estatalidad que inciden en la legitimidad de un determinado régimen y forma de Gobierno; por ende, están sujetos a control político (mecanismos de control interno). Las relaciones sociales institucionalizadas en el Estado en relación con la conflictividad social de la época, inciden en los mecanismos de formación de consenso institucional o de la legitimidad de la represión estatal, dando cuenta de la sociedad y Estado de una determinada época. La existencia de organización de la sociedad civil y contrapesos institucionales inciden en las dinámicas, prácticas y mecanismos de la represión estatal, así como en la discrecionalidad y legitimidad de esta mediante el desarrollo de dispositivos y mecanismos de restricción de la represión (mecanismos de control externo).

En tercer lugar, la represión estatal tiene como objeto un sujeto representado como objetivo. Ello implica la elaboración simbólico-cultural del mismo y, a la vez, su representación legal a través de la tipificación del delito. Dicha representación institucionalizada emerge de las discusiones, debates y luchas sociopolíticas del contexto y está profundamente arraigada a las representaciones de los sujetos sociopolíticos de la época.

Finalmente, los agentes de la represión son las burocracias que, a su vez, están formadas por individuos en contextos sociales permeados de las representaciones y conflictos de la época. Dichos sujetos no están escindidos de sus contextos sociales, los cuales inciden en motivación y representación de estos, que permiten legitimar el accionar represivo. Estudiar la represión y las dictaduras necesariamente implica problematizar el fenómeno de la represión desde diversas consideraciones, partiendo de un enfoque que integre la mutua relación de los individuos y las estructuras en los contextos sociopolíticos de un momento histórico determinado. Sin la pretensión de generar un enfoque rígido para el estudio de la represión estatal, propongo este marco de operacionalización como una grilla analítica para contemplar diversos ámbitos de una problemática compleja (como lo es la represión y lo son las dictaduras), que necesariamente necesita del trabajo sistemático y reflexivo de la historiografía para aportar a generar los elementos que nos permitan comprender sin que ello implique una justificación ético-moral de los hechos.

Tratamiento de los archivos y producción de información

En términos generales, los archivos corresponden a un tipo de información y "verdad" indexada, registrada y organizada bajo una determinada lógica[120]. Esto exige una distinción entre los archivos de represión y los archivos de memoria y derechos humanos[121]. La premisa del trabajo con archivos judiciales es que existe una distinción entre la verdad procesal, enmarcada en condiciones fácticas de producción y demostración encuadrada por los sistemas de verificación y falseamientos de las pruebas normados por el derecho penal, con la noción de verdad histórica, sujeta a la triangulación

---

[120] Ricoeur, Paul. *Fase documental: la memoria archivada. La memoria, la historia, el olvido.* Buenos Aires: Fondo de Cultura Económica, 2004, pp. 208-236.
[121] Da Silva Catela, Luciana. "El mundo de los archivos". En: Luciana da Silva Catela y Elizabeth Jelin. *Los archivos de la represión: documentos, memoria y verdad.* Buenos Aires: Siglo XXI Editores, 2002; Seguel, Pablo. *Derechos humanos y patrimonio. Historias/memoria de la represión (para)estatal en Chile.* Santiago: Subdirección de Investigación Servicio Nacional del Patrimonio Cultural, 2019, pp. 43-84.

de fuentes, el análisis reconstructivo y el juicio moral[122]. En términos de verdad jurídica, los tribunales internacionales (Corte Internacional de la Haya y la Corte Interamericana de Derechos Humanos) establecen como criterio jurisprudencial que, en casos en los cuales la información penal es incompleta, se distinga entre un hecho histórico y una responsabilidad penal castigable. Por ese motivo, la verdad histórica lo es desde el punto de vista de las víctimas de las violaciones a los derechos humanos; es decir, su testimonio tiene estándar probatorio, en la medida que permite la acreditación de hechos[123]. Otra de las premisas con archivos judiciales ha sido desarrollada por la Red de Estudios de Antropología Jurídica Argentina, la que ha desarrollado una adecuación de las metodologías etnográficas para el análisis testimonial[124], sujetas a las condiciones que en el plano ético y moral, Giorgio Agamben y Primo Levi han establecido para los testimonios de ex agentes represivos y víctimas de la represión[125].

Finalmente, en términos prácticos, como señalan John Dinges y Peter Kornbluh[126] al trabajar la reconstrucción histórica de las organizaciones y acciones represivas desde diversos documentos, es necesario atender a las condiciones de producción de dicha

---

[122] Osiel, Mark. "Perder la perspectiva, distorsionar la historia". *Revista Estudios Socio-Jurídicos*, 7, 2005, pp. 43-112; Rincón, Tatiana. "La verdad histórica: una verdad que se establece y legitima desde el punto de vista de las víctimas". *Revista Estudios Socio-Jurídicos*, 7, 2005, pp. 331-354.

[123] Rincón, *op. cit.*

[124] Garaño, Santiago. "Pabellones de la muerte: los límites difusos entre la represión legal y la clandestina". *Revista Entrepasados*, núm. 34, 2008, pp. 33-53. Muzzopappa, Eva y Villalta, Carla. "Los documentos como campo. Reflexiones teórico-metodológicas sobre un enfoque etnográfico de archivos y documentos estatales". *Revista Colombiana de Antropología*, Vol. 47, núm.1, 2011, pp. 13-42. Sarrabayrouse, María José. "Reflexiones metodológicas en torno al trabajo de campo antropológico en el terreno de la historia reciente". *Cuadernos de Antropología Social*, núm. 29, 2009, pp. 61-83. Sarrabayrouse, María José. "El caso de la morgue judicial". En: Juan Pablo Bohoslavsky (ed.). *Ud. también, Doctor? Complicidad judicial durante la dictadura*. Buenos Aires, Siglo XXI, 2015, pp. 147-161. Carnovale, Vera. *El historiador del pasado reciente y los relatos consagrados: empatía, incomodidades y desafíos del campo historiográfico frente a los usos políticos del pasado*. Ciencia e Investigación. Tomo 68, núm. 4, 2018, pp. 19-35.

[125] Agamben, Giorgio. *Lo que queda de Auschwitz. El archivo y el testigo. Homo Sacer III*. Barcelona: Pre-textos, 2002. Ricoeur, *op. cit.*

[126] Dinges, *op. cit.* Kornbluh, *op. cit.*

información, someterlas a evaluación crítica a través de la triangulación de la misma y sostener una afirmación en base a un criterio de saturación; es decir, mantener aquellas informaciones que por credibilidad de la fuente tiendan a reiterarse en documentos de la misma jerarquía de producción de información.

Para la presente investigación, revisé los siguientes centros documentales nacionales: el Archivo Nacional de la Administración (Arnad), Sección prensa y microfilm-Biblioteca Nacional (Prensa-BN); el Archivo del Ministerio de Relaciones Exteriores (Minrel); la Biblioteca del Congreso Nacional (BCN); el Archivo de la Jefatura Nacional de Delitos contra las Personas y los Derechos Humanos de la Policía de Investigaciones (Jenadep-PDI), que contiene la documentación de las pesquisas de la Brigada Investigadora de Delitos Contra los Derechos Humanos (Bridehu); el Centro de Documentación del Museo de la Memoria y Derechos Humanos (Cedoc-MMDH); el Archivo Roberto Montandón del Consejo de Monumentos Nacionales (CMN); el Centro de Documentación de la Fundación de Ayuda Social de las Iglesias Cristianas (Cedoc-Fasic); el Centro de Documentación de la Fundación de Documentación y Archivo Vicaría de la Solidaridad (Cedoc-Funvisol); el Archivo de la Fundación Jaime Guzmán (AFJG); el Archivo de la Fundación Patricio Aylwin; el Centro de Documentación del Parque por la Paz Villa Grimaldi (Cedoc-VG); el Centro de documentación del sitio de memorias Londres 38; el Archivo del Centro Cultural Museo y Memoria Neltume (CCMMN).

En el ámbito internacional, revisé el fondo "Operación Cóndor" del Museo, Centro de Documentación y Archivo para la Defensa de los Derechos Humanos de Paraguay (conocido como el "Archivo del Terror"), el Archivo de la Comisión Provincial por la Memoria de la ciudad de La Plata, Argentina. Finalmente, revisé la documentación de inteligencia de EE. UU. desclasificada por la *Fredom of Information Act* (FOIA), la *Intelligence Authorization Act* y el *National Security Archive* de la Universidad George Washington, que tiene información sobre la acción encubierta norteamericana en Chile.

Panorámica de la investigación

Este libro se organiza en seis capítulos. El primero de ellos aborda la construcción del discurso de la seguridad nacional y la contrasubversión vista desde el proceso de profesionalización del cuerpo de oficiales de las FF. AA. En específico, busco dar cuenta de cómo a lo largo del proceso de profesionalización militar se va desarrollando una institucionalización de valores y representaciones del orden sociopolítico construido sobre una imagen organicista y gremial del Estado y la sociedad, que implicó una evaluación moral de las causas de la conflictividad social. Sobre esta imagen de mundo –como diría Jürgen Habermas–, el proceso de modernización de la organización burocrática de las FF. AA. propio del ejercicio de la profesión militar, construyó un discurso de la seguridad nacional que recepcionó las reflexiones de las FF. AA. francesas y norteamericanas en relación con la Guerra Fría interamericana y los conflictos de liberación nacional de los países del tercer mundo como parte del ejercicio profesional de la guerra contemporánea. Esto implicó la adopción de una serie de premisas neocoloniales y contrasubversivas, que se adoptaron como parte del ejercicio técnico-profesional de las FF. AA., que implicó el desarrollo de un discurso sui géneris de la seguridad nacional y la contrasubversión, que reelaboró el imaginario anticomunista presente en las instituciones militares y potenció una lectura del conflicto sociopolítico de la década de 1960 como un problema originado en causas morales, catalizadas por agentes políticos, cuya ideología marxista buscaba la disolución del orden social. Por ende, visto como un problema de subversión y contrasubversión, el cual fue desarrollado y elaborado por los institutos militares y las burocracias de información, inteligencia y contrasubversión que se fueron creando para tal efecto.

En el capítulo segundo rastreo el dispositivo de la represión previo al Gobierno de la UP, en específico la existencia de las zonas de emergencia y las CAJSI, en términos legales y organizativos, su relación con los estados de excepción constitucional y los dispositivos legales creados por el Estado como una manera de contener y reprimir al movimiento popular. Desde ese punto de vista, muestro cómo las CAJSI se vinculan con los dispositivos de militarización de la función policial y otros instrumentos militares permeados de una concepción contrasubversiva, como las planificaciones de seguridad interior, reglamentos y planes de acción militar. Estos dispositivos, perfeccionados durante el período 1970-1973, son el esquema sobre el que se ajustaron los diversos planes de acción del movimiento golpista, a partir de la aplicación de los dispositivos de excepción constitucional y la información recopilada en los operativos en el marco de la Ley de Control de Armas desde junio de 1973. Específicamente, trato de rastrear alcances e implicancias de estas, pese a las restricciones de acceso a la información sobre seguridad nacional vigente, basándome en los testimonios de oficiales golpistas y la información documental disponible en los archivos judiciales y de la PDI.

En el capítulo tercero reviso cómo durante el Gobierno de la UP ese discurso de la seguridad nacional y la contrasubversión, posibilitado por una creciente militarización de la función policial y el involucramiento de las FF. AA. en labores de orden interno y seguridad interior, en el marco de la crisis político-institucional que se fue generando, las llevó a ajustar los dispositivos de seguridad interior y contrasubversión a través del desarrollo de las CAJSI para la aplicación de los estados de excepción constitucional y los operativos de la Ley de Control de Armas que propiciaron el copamiento militar del territorio semanas antes del golpe de Estado del 11 de septiembre de 1973. Esto implicó que, en un contexto de crisis institucional y de confrontación política rupturista alimentada permanentemente por parte de la oposición política (izquierdista y de derecha) y de la acción encubierta norteamericana, las FF. AA. comenzaron progresivamente a constituirse en un actor preponderante en la resolución de la crisis política que culminó con el golpe de Estado, vista desde una perspectiva de contrasubversión y orden interno.

En el capítulo cuarto, en base a la constatación de que el factor bélico militar constituyó el elemento de coherencia interna del movimiento golpista, indago cómo a partir de la planificación de seguridad de las CAJSI, sus características y limitantes, se puede explicar la dinámica represiva y el desarrollo de la contrasubversión en los primeros meses del golpe de Estado. Junto con ello indago cómo se construyó la legitimación del golpe de Estado en el ámbito jurídico-estatal, civil y político y cómo se institucionalizó la dictadura militar en las primeras semanas de 1973. Muestro cómo lejos de la tesis del caos político, administrativo y militar durante las primeras semanas del golpe de Estado, las acciones de represión descentralizadas a cargo de cada uno de los jefes militares de las CAJSI, lejos de ser un indicador de falta de coherencia, son la expresión político-militar que las contempló como los dispositivos de control territorial y contrasubversión en los territorios. Dentro de este panorama, muestro cómo las masacres perpetradas por operativos cívico-militares complejizan y exceden el marco meramente estratégico-militar y ponen en la agenda investigativa (futura) la problemática de los perpetradores y colaboradores civiles de crímenes de lesa humanidad, que hasta el día de hoy no han sido problematizados historiográficamente ni tematizados públicamente por la sociedad chilena.

En el capítulo quinto me centro en explicar cómo, desde las mismas características de las CAJSI y de la distribución de los esfuerzos militares de la Junta Militar, se puede entender el surgimiento de las principales burocracias contrasubversivas y de inteligencia política de Gobierno, siendo el caso de la DINA un ejemplo de aquello, todo lo cual permite entender que al alero del discurso contrasubversivo de las propias FF. AA. en relación con la guerra contrasubversiva se torna una necesidad política de primer orden el llevar la guerra al ámbito clandestino, ajustando para ello los principales dispositivos legales (modificaciones del Código de Justicia Militar y Ley de Control de Armas) y burocracias represivas.

En el capítulo sexto ahondo en el auge de la DINA en el proceso de institucionalización de la dictadura, marcado por la consolidación de Augusto Pinochet. En específico, pongo el foco en su dinámica organizacional interna y en las necesidades políticas de la coyuntura que permiten entender la prefiguración de los blancos militares de la represión (MIR, PS y PCCH), las disputas entre la DINA y el Comando Conjunto y su ocaso producto de la presión internacional y nacional ante las operaciones de contrainteligencia y la publicidad que comenzó a darse a las masivas y sistemáticas violaciones a los derechos humanos, en los que la desaparición forzosa se tornó en el principal rasgo del período.

Para finalizar, en las conclusiones, sintetizo los principales hallazgos y contribuciones de esta investigación y entrego algunas aportes teórico-metodológicos, así como de agenda de investigación, que pueden contribuir a posicionar un enfoque historiográfico sobre la historia reciente de la represión, que tome como observable la dinámica de los represores y perpetradores de los crímenes de lesa humanidad cometidos.

CAPÍTULO I
Unas FF. AA. para la seguridad nacional y la contrasubversión: profesionalismo militar anticomunista

> Un hecho, como lo fue el cambio de Gobierno el 11 de septiembre de 1973, no habría pasado de ser un simple golpe militar, como muchos anteriores en otras partes del mundo, si no hubiese estado sustentado adecuadamente por una definida posición ideológica de sus gestores (...). No existía un documento que estableciera las bases doctrinarias de un pensamiento político del sector militar. Sin embargo, podemos establecer claramente que existe una notable unidad de doctrina en todo el cuerpo de oficiales, que permite que estos hayan asumido la gestión gubernativa con uniformidad de criterios y acción, que los partidos políticos tradicionales jamás supieron imponer a sus militantes (...). Estos principios conforman un modo de vida y sustentan una posición que el oficial del Ejército mantiene en la estructura social de Chile[1].

La organización del grupo de oficiales y generales conjurados que pusieron en marcha el golpe de Estado de septiembre de 1973, se desarrolló al interior de instituciones y organizaciones burocráticas normadas legalmente. Esto supone entender que los marcos normativos que dotaron de legitimidad interna (ante la propia tropa) y externa (ante la sociedad) su accionar, se construyeron al interior de sus instituciones en contextos históricos específicos y en coyunturas sociopolíticas determinadas. La justificación del golpe de Estado no solo tomó sentido en el interior de los cuerpos armados en la coyuntura producto de la crisis política y social del país, de la debilitación del sistema político y la fragilidad del sistema

---

[1] Neeb Gevert, Richard (teniente coronel). "Ensayo sobre una definición del pensamiento político oficial del Ejército de Chile". *Memorial del Ejército*, núm. 394, enero-abril de 1977, p. 71.

institucional para resolver los conflictos de poder que cruzaban la sociedad chilena a comienzos de la década de 1970, como han sostenido el grueso de las investigaciones historiográficas sobre el quiebre de la democracia en Chile, sino que también producto de dimensiones internas a la propia institución y al desarrollo de dispositivos legales que permitieron ir posicionando a los militares como un factor de poder en diversas labores de seguridad interior y política nacional. Esta situación se materializó a través de cuatro factores. En primer lugar, la decretación del estado de emergencia y zona de catástrofe mediante la ficción jurídica de la "calamidad pública" en el período 1970-1973. En segundo lugar, la adopción de responsabilidades ministeriales en los períodos de crisis política. En tercer lugar, mediante la aplicación de la Ley de Control de Armas en los meses anteriores al golpe de Estado, que permitió una consolidación de la militarización de la función policial, entregando el control del territorio a las FF. AA. a través de las Comandancias de Áreas Jurisdiccionales de Seguridad Interior (CAJSI). Finalmente, mediante el desarrollo de las planificaciones de seguridad interior y el desarrollo de apartados de inteligencia y contrainteligencia que se adjuntaron en cada CAJSI.

Todos estos elementos contribuyeron al perfeccionamiento de la doctrina militar contrasubversiva, entendiendo por doctrina un discurso interno de la institución que estableció los límites normativos de la práctica y profesión militar, de carácter reglamentario y administrativo, que organiza la profesión militar y su ejercicio dentro del Estado[2]. Desde el punto de vista interno a las propias FF. AA., esto implicó el desarrollo de discursos, prácticas y experiencias organizacionales que permitieron ir instalando como un horizonte de posibilidad una intervención militar en el sistema político y en el conjunto del Estado bajo ciertas circunstancias, pese al intento por consolidar una doctrina de profesionalismo militar y no intervención a través de la doctrina Schneider. Como

---

[2] Péries, Gabriel. "La doctrina militar contrainsurgente como fuente normativa de un poder *de facto* exterminador basado sobre la excepcionalidad". En: Daniel Feirstein (comp.). *Terrorismo de Estado y genocidio en América Latina*. Buenos Aires: Prometeo, 2009, pp. 221-247.

señala Jaime Llambías, "un hecho coyuntural (la existencia de militares constitucionalistas o progresistas) no podía explicar otro hecho estructural, el rol de las FF. AA. en el estado burgués (tanto el contenido de clase como la formación del hombre-militar)"[3]. En efecto, esto implicó el desarrollo de una imagen propia en torno al rol y función de los militares en relación con el Estado y la nación –es decir con la sociedad–, construida desde los comienzos de sus procesos de formación, institucionalización y deliberación que fueron modificando el desarrollo de la profesión militar construida a lo largo del siglo XX en lo que Augusto Varas y Felipe Agüero llaman los modos de integración civil-militar[4].

En general, las FF. AA. se presentan a sí mismas como garantes del Estado, lo que puede ser identificado con el pensamiento corporativista. Como señala Llambías, "las Fuerzas Armadas se presentan como los únicos y verdaderos representantes de interés nacional, cuando la ideología corporativa se va transformando en doctrina política, doctrina política que los militares rechazan sostener, pues se consideran a sí mismos neutrales y apolíticos, más tecnócratas y pragmáticos, alejados de toda orientación ideológica"[5]. Un ejemplo de aquello es la construcción del discurso de la doctrina Schneider de parte del alto mando del Ejército y en particular desde el comandante en jefe, general Carlos Prats, quien se posicionó como un factor de contención de las presiones deliberativas internas que buscaban solucionar el conflicto de poder de la sociedad chilena en la década de 1970 a través de un golpe de Estado. No obstante, esta

---

[3] Llambías, Jaime. *The chilean armed forces and the coup d'etat in 1973*. Quebec: Mc Gill University, Master of Arts, 1978, p. 21.

[4] Varas, Augusto. "Ideología y doctrina de las Fuerzas Armadas chilenas: un ensayo de interpretación". En: Augusto Varas y Felipe Agüero. *El Proyecto Político Militar*. Santiago: Flacso, 1984, pp. I-XLIX.

[5] Llambías, *op. cit.*, p. 60. Cabe señalar que en la reciente publicación de Gabriel Salazar sobre el Ejército de Chile se esgrime una idea similar: "este discurso apologético tiende a situar e instalar al Ejército en las funciones trascendentes y superiores de la sociedad, por encima de la política común y del legalizado trajín sociopolítico de la ciudadanía. Sobre todo, en relación a la seguridad nacional, frente a eventuales enemigos externos, como también ante eventuales *hostis* internos (donde, para esto, la Constitución contempla para el Ejército facultades extraordinarias, a través de las "leyes de excepción")". Salazar, Gabriel. *El Ejército de Chile y la soberanía popular. Ensayo histórico*. Santiago: Debate, 2019, p. 38.

se constituye en una construcción doctrinaria tardía, cuya función era evitar la ruptura del profesionalismo y la subordinación de los militares a los poderes constituidos del Estado[6], incapaz de revertir una tendencia institucionalizada y consolidada.

La FF. AA. son organizaciones burocráticas formadas por grupos sociales construidos para la prosecución de objetivos prescritos legalmente. El proceso de profesionalización de estas es un proceso que va aparejado a la constitución de los Estados modernos y al remplazo de los ejércitos de mercenarios y de reclutamiento forzoso, al paso de ejércitos permanentes, remunerados y a cargo del erario[7]. El proceso de organización de este y su modernización da paso al proceso de profesionalización de los cuerpos militares, es decir, la organización de una moderna organización burocrática militar, una transformación del pensamiento militar en base a la influencia de las disciplinas contemporáneas y al desarrollo de una carrera militar[8]. Como señala Genaro Arriagada, "El ejército pasó a ser cada vez más una organización construida sobre fundamentos racionales y normas impersonales que obligan coercitivamente a sus miembros"[9].

Desde una perspectiva sociohistórica, esto supone entender lo militar como una profesión, como una institución y como un estilo de vida. A su vez, supone comprender que las condiciones sociopolíticas de un grupo social que en un determinado momento logra

---

[6] Garay, Cristián. "Doctrina Schneider-Prats: la crisis del sistema político y participación militar". *Política. Revista de Ciencia Política*, núm.10, 2019, pp. 71-177. Garay, Cristián. *Entre la espada y la pared. Allende y los militares. 1970-1973*. Santiago: Centro de Estudios Bicentenario, 2014.

[7] Janowits, Morris. *The profesional soldier. A social and Political Portrait*. New York: The Free Press, 1971. Huntington, Samuel. *The Soldier and the State. The theory and politics of civil-military relations*. New York: Vintage Book, 1957.

[8] Es interesante observar cómo desde Max Weber a Jürgen Habermas se considera que el proceso de modernización social tiene dos núcleos organizativos fundantes: la moderna empresa capitalista y la organización burocrática. De ahí que se sostenga la conexión interna entre los procesos de modernización social, secularización de las imágenes del mundo y de la organización de los Estados a través de la transversalización del discurso científico-técnico, que permite la formación de estructuras sociales organizadas por sistemas lectivos, sobre todo por la formación profesional que permite una distribución del estatus y el prestigio no por criterios adscriptivos. Habermas, Jürgen. *El discurso filosófico de la modernidad*. Madrid: Taurus, 1989.

[9] Arriagada, Genaro. *El pensamiento político de los militares*. Santiago: CISEC, 1981, p. 24.

llevar adelante los procesos de institucionalización de la organización militar, permean las condiciones bajo las cuales se construye la institución determinada. Es decir, las condiciones que permitan objetivar las normas de una institución no están ajenas a las condiciones sociales e influencias políticas de los grupos que logran un proceso de institucionalización en una determinada coyuntura histórica. Esto permite entender cómo los valores, discursos e imaginarios de un determinado grupo social construyen los marcos normativos de una institución a través de los mecanismos de acceso y reproducción internos. En el caso de las FF. AA., esto se refuerza con el tipo de conocimiento (científico-técnico de lo militar y de la guerra) y estilo de vida que desarrollan los miembros de la institución. Como señala Morris Janowits, "la moderna tecnología produce un tan alto nivel de especialización que los hombres tienden a verse a sí mismos como miembros de un grupo de especialistas, y no como partes de una clase social. El crecimiento de la especialización produce profesionalización, la que, a su turno, influye en la conciencia social y política"[10].

La profesión de los oficiales de ejército solo puede ser ejercida al interior de una organización burocrática de carácter público-estatal. Esto implica que la profesión militar más que una ocupación conlleva un completo estilo de vida, que se desarrolla sujeto a un conjunto variado de normas formales y mecanismos informales de promoción, adscripción y desarrollo interno[11]. Este rasgo propio de la interacción social dota a la profesión militar de características organizativas estamentales a diferencia de la lógica de la organización social en estratos y clases sociales. Esto conlleva una serie de características que la sitúan en lo que Erving Goffman llama instituciones totales[12]. Es decir, instituciones en

---

[10] Janowitz, *op. cit.*, p. 7.
[11] Sobre los enfoques de investigación de los militares: Gutiérrez, Omar. *Sociología Militar. La profesión militar en la sociedad democrática*. Santiago: Editorial Universitaria, 2002, pp. 157-187.
[12] Goffman, Erving. "The dissolution of identities. Characteristics of Total Institution". En: Maurice Stein, Arthur Vidich y David White. *Identity and anxiety. Survival of the person in mass society*. New York: The Free Press, 1960.

las que: 1) todos los aspectos de la vida son realizados en el mismo lugar y bajo la misma autoridad; 2) cada actividad del día está programada de manera consecutiva bajo un sistema explícito de reglas formales administradas con grados variables de discreción por un cuerpo de funcionarios jerarquizados; 3) cada fase del día se realiza en compañía de un conjunto de miembros sometidos a las mismas circunstancias y reglas, los que son requeridos y tratados de la misma manera; y finalmente, 4) el conjunto de estas labores programadas es comprendido como parte de un plan general de carácter racional elaborado para el cumplimiento de la misión y objetivos institucionales[13].

En el caso del Ejército, el lugar de trabajo y de residencia tiende a mezclarse. La institución dispone para su personal de una densa red de viviendas, asistencia sanitaria, casinos y espacios de esparcimiento. Esto repercute en que "la vida de los militares no solo consista en trabajar y residir en unos mismos lugares, sino también en emplear en común el tiempo libre"[14]. Este factor refuerza el carácter comunitario y estamental del vínculo profesional desarrollado al interior del Ejército, su identidad y sentido de pertenencia que refuerza la estratificación interna y la estructura disciplinaria de la misma, a la vez que refuerza la distancia entre el estilo de vida militar y la vida del conjunto de la población[15]. La disposición de un cuerpo de conocimiento y educación específico, sumado a mecanismos de promoción en la estratificación social interna regulados por criterios de promoción (el sistema de grados y antigüedad), mérito (juzgado por la autoridad) y calificación (educación formal al interior de la propia institución), favorece la

---

[13] Todos estos rasgos y características se encontrarán con posterioridad en las organizaciones y sistemas concentracionarios: Kogón, Eugen. *The theory and practice of hell. The german concentration camps and the system behind them*. New York: Farrar, Strauss and Giraux, 2006. Sofsky, Wolfgang. *La organización del terror. Los campos de concentración*. Buenos Aires: Prometeo, 2016.

[14] Arriagada. *El pensamiento...*, *op. cit.*, p. 29. Cfr. Vergara, Sergio. *Historia social del Ejército de Chile*. Santiago: Editorial Universitaria, 1994.

[15] Tótoro, Dauno. *La cofradía blindada. Autonomía, negocios e insubordinación de las fuerzas armadas chilenas*. Santiago: Planeta, 2017.

construcción de un tipo específico de disciplina, estratificación y subordinación a la autoridad institucional. Este mecanismo se ve reflejado por valores sociales construidos al alero de la vida militar, en los que se destaca "la disciplina, eficiencia, tradición, espíritu de cuerpo, unidad, etcétera. Además, el autoritarismo con que se maneja la institución prepara a los militares de forma tal que los lleva a aplicar estos mismos principios a la vida civil"[16].

Los puntos anteriores son señalados con claridad por el exgeneral del Ejército Idalicio Téllez en 1942, en la *Revista Memorial del Ejército*, quien indica que "Los oficiales en general, son una extraña mezcla de profesionales y empleados públicos: como profesionales se diferencian de muchos otros, en que necesitan mantenerse en incesante preparación y progreso. Ninguna otra profesión evoluciona y progresa con tanta rapidez como la militar (...)". Si bien reconoce que la profesión militar es similar a la de los profesionales del servicio público, por su carácter normado burocratizado, su modo de vida establece una distinción clara. Sobre ese aspecto resalta que "El empleado público o particular, una vez cumplidas satisfactoriamente sus obligaciones, es un hombre libre que puede ir donde le plazca, vestir como mejor le parezca, vivir donde le convenga, excederse en la bebida (si no perjudica con eso su servicio) y hasta vapulear a su mujer. Nada de eso puede hacer un militar. Hay locales a donde no puede ir y otros, a donde no puede presentarse sino en determinadas condiciones: teatros, trenes, etcétera. Solo puede vestirse de forma correcta y decente y ha de llevar una vida privada intachable y de acuerdo con su categoría"[17].

Todas estas dimensiones intragrupales, propias de la institución militar, contribuyeron a que el desarrollo del golpe de Estado se llevase a cabo en base a la convergencia de una serie de factores que otorgaron legitimidad interna y externa a la acción golpista. Por una parte, el desarrollo de un proceso de profesionalización militar que desde principios del siglo XX desarrolló una concepción

---

[16] Llambías, *op. cit.*, p. 56.
[17] Téllez, Idalicio (general en retiro). "La profesión militar". *Memorial del Ejército*, núm. 179, marzo-abril de 1942, pp. 1139-1140.

organicista del Estado, implicó la construcción de un pensamiento anticomunista que se institucionalizó[18]. Por otra parte, el desarrollo de un discurso político-militar que otorgaba a los militares una función de seguridad en relación con el Estado en el contexto geopolítico de la Guerra Fría interamericana y el escenario geoestratégico latinoamericano permitió reforzar los procesos de recepción doctrinaria de las FF. AA. norteamericanas y aliadas[19]. Por otra parte, a nivel organizacional, la cohesión de las instituciones armadas se vio reforzada por un sistema disciplinario que permitió dotar de mecanismos coercitivos a la estructura organizacional, reforzado por un estilo de vida comunitario y hermético, que dotó de cierta uniformidad al cuerpo de oficiales. Como señaló el teniente coronel Richard Neeb Gevert, en las FF. AA.: "No existía un documento que estableciera las bases doctrinarias de un pensamiento político del sector militar. Sin embargo, podemos establecer claramente que existe una notable unidad de doctrina en todo el cuerpo de oficiales, que permite que estos hayan asumido la gestión gubernativa con uniformidad de criterios y acción, que los partidos políticos tradicionales jamás supieron imponer a sus militantes" (…) "Estos principios conforman un modo de vida y sustentan una posición que el oficial del Ejército mantiene en la estructura social de Chile"[20].

El proceso de insubordinación de la década 1960, evidenciado al interior de las FF. AA., daba cuenta de un proceso más complejo de resistencia al cambio social de un sector de la sociedad, que veía en el proceso de transformación política y social iniciado con el Gobierno del Partido Demócrata Cristiano (PDC) y luego potenciado en el Gobierno de la Unidad Popular (UP) como una

---

[18] Arriagada, *op. cit.*, p. 30 y pp. 169-175. Salazar. *El Ejército de Chile…, op. cit.*, pp. 60-74.

[19] Garay, Cristián. "En un entorno difícil: la existencia de la Academia de Guerra entre 1947 y 1970". Alejandro San Francisco (ed.). *La Academia de Guerra del Ejército de Chile, 1886-2006*. Santiago: Centro de Estudios Bicentenario, 2006, pp. 143-170. Fermandois, Joaquín. "El derecho de veto: las FF. AA. y la política internacional". *La política exterior del Gobierno de la Unidad Popular y el Sistema Internacional*. Santiago: Ediciones Universidad Católica de Chile, 1985, pp. 84-110.

[20] Neeb Gevert, *op. cit.*, p. 71.

amenaza al Estado, a la institución militar y a sus estilos de vida. Desde ese punto de vista, la acción golpista para muchos militares fue entendida como una guerra necesaria y legítima, cuya justificación se extraía del propio discurso profesional de las FF. AA., del rol atribuido a las mismas en relación con el Estado y la nación, es decir, la sociedad.

Estos elementos, por su parte, son los que permiten comprender con posterioridad al golpe del Estado cómo logró institucionalizarse la dictadura como un régimen autoritario, personalista y policial con participación de las mismas FF. AA. Las burocracias de inteligencia y represión creadas para ello, si bien constituyeron una inflexión en las características de las burocracias similares desarrolladas al interior de las FF. AA. en las décadas anteriores, constituyen una exacerbación de la racionalidad organizacional de los cuerpos burocráticos de seguridad, adaptada a un discurso de contrasubversión en el contexto de crisis política, constituyéndose, por tanto, en un punto de llegada de un discurso y práctica de seguridad y contrasubversión que se fue desarrollando con anterioridad a la década de 1960, que se reelaboró y reforzó en el contexto geoestratégico chileno en el marco de la Guerra Fría interamericana y del desarrollo de los acontecimientos políticos internos durante los gobiernos del PDC y la UP.

Los antecedentes de este proceso histórico se desarrollaron al interior de las propias FF. AA. a través de la creación de un discurso y práctica de la seguridad nacional, en los que convergieron elementos del pensamiento y doctrina militar de la guerra contrasubversiva[21], de la doctrina de seguridad hemisférica promovida por la influencia norteamericana[22] y un anticomunismo militante desarrollado desde los orígenes del proceso de profesionalización

---

[21] Gutiérrez, Cristian. *La contrasubversión como política. La doctrina de guerra revolucionaria francesa y su impacto en las FF. AA. de Argentina y Chile*. Santiago: Lom ediciones, 2018.

[22] Garay, Cristián. "En un entorno difícil: la existencia de la Academia de Guerra entre 1947 y 1970". Alejandro San Francisco (ed.). *La Academia de Guerra del Ejército de Chile, 1886-2006*. Santiago: Centro de Estudios Bicentenario, 2006, pp. 143-170.

militar a comienzos del siglo XX[23], todo lo cual se potenció en un marco doctrinario desarrollado por las FF. AA. en un período de relación civil-militar, caracterizado por un repliegue político en el que los procesos de deliberación institucional y las tensiones de la sociedad chilena de la época se escindieron. Por una parte, las FF. AA. avanzaron en su proceso de profesionalización, recepción doctrinaria y elaboración de un discurso propio en torno al rol de los militares en relación con la sociedad y el Estado. Por otra, las problemáticas propias de la sociedad y el sistema político fueron elaborados por los militares bajo una concepción de la seguridad interior y la integridad estatal.

Sobre este discurso y práctica de la seguridad nacional, una serie de dispositivos legales del Estado permitió que las FF. AA. pudiesen ir desarrollando labores de control del territorio y de la seguridad interior a través de los estados de excepción y la aplicación de la Ley de Control de Armas (capítulo II). Esto permitió ir desarrollando una práctica contrasubversiva que se expresó a nivel operativo en planes de seguridad interior y desarrollo de organizaciones burocráticas contrasubversivas (capítulo III). Finalmente, el desarrollo de burocracias de represión e inteligencias específicas para llevar adelante una guerra contra la subversión, con posterioridad se sumarán a las instituciones creadas por la dictadura militar para ello (capítulos posteriores). En este capítulo en particular, nos adentraremos en el proceso de construcción del discurso de seguridad nacional y contrasubversión en las FF. AA. y policiales chilenas, así como de la recepción de la doctrina de seguridad nacional norteamericana y la doctrina de guerra contrasubversiva francesa a través de procesos de elaboración intelectual desarrollados por la oficialidad de las FF. AA. a través de sus revistas, así como de los procesos de colaboración interamericanos y regionales.

---

[23] Quiroga, Patricio y Maldonado, Carlos. *El prusianismo en las FF. AA. Chilenas. Un estudio histórico, 1885-1945*. Santiago: Ediciones Documentas, 1988.

Seguridad nacional y contrasubversión en las Fuerzas Armadas

Patriotismo: anticomunismo y subversión

En el proceso de profesionalización militar del Ejército chileno, el discurso anticomunista se desarrolló en los espacios de difusión intelectual de la oficialidad de las FF. AA., en un contexto político, cultural y social en el que la élite chilena desde finales del siglo XIX y comienzos del siglo XX elaboró de modo paralelo un discurso anticomunista. La sociedad chilena de comienzos del siglo XX posibilitó el desarrollo de lo que Marcelo Casals, en base a la investigación del historiador Rodrigo Pattó Sá Motta, denomina "matrices del anticomunismo"[24]. El Ejército, con posterioridad a las reformas llevadas adelante tras la Guerra Civil de 1891, institucionalizó y adaptó a la profesión militar el imaginario anticomunista de la sociedad oligárquica de la época. Visto desde esa perspectiva, el desarrollo de la matriz anticomunista que permeó y se adaptó al contexto militar tiene diversos discursos desde donde se constituye: por una parte, desde la recepción del pensamiento anticomunista católico; por otra, del nacionalismo propio del discurso conservador que expresa una concepción corporativista y organicista del Estado, la nación y la sociedad[25]. Finalmente, desde el liberalismo económico y político.

Esto posibilitó el desarrollo de una concepción del orden social y el Estado entendidos como un organismo vivo, diferenciado funcionalmente en sus diversos estratos y clases sociales, integrados por lazos de solidaridad y de identidad sociocultural que los dota

---

[24] Casals, Marcelo. *La creación de la amenaza roja. Del surgimiento del anticomunismo en Chile a la "campaña del terror" de 1964*. Santiago: Lom ediciones, 2016, pp. 25-54. Cfr. Patto Sá Motta, Rodrigo. *En guardia contra el peligro rojo. El anticomunismo en Brasil (1917-1964)*. Buenos Aires: Universidad Tres de Febrero, 2019, pp. 53-89.

[25] El pensamiento organicista a finales del siglo XIX estaba presente con fuerza en las ciencias sociales y en las ciencias naturales; por ende, tenía un espacio de desarrollo intelectual amplio. Cfr. Archer, Margaret. *Teoría social realista: el enfoque morfogenético*. Santiago: Ediciones Universidad Alberto Hurtado, 2009, pp. 67-97.

de homogeneidad (la identidad nacional y la idea de "raza chilena"). De este imaginario, se desprende una interpretación moral de los conflictos sociales, que permite una recepción y elaboración del discurso comunista como una amenaza moral para el individuo y la sociedad, provocada por agitadores externos, cuyo objetivo era la destrucción del modo de vida nacional. Visto desde esa óptica, el discurso anticomunista produjo un imaginario presente en conceptos, símbolos y estereotipos modeladores de las representaciones sociales que se tornaron realidad a través de las decisiones de los actores y las instituciones.

Bajo esa óptica, el patriotismo constituye uno de los valores consustanciales del Ejército como organización burocrática del Estado, a la vez que el militarismo, uno de los valores y principios de la oligarquía y élite chilena desde antaño: "el militarismo es la forma más elevada de educación moral para el pueblo. Es la escuela de la democracia, del heroísmo y del sacrificio. La conciencia nacional no es concebible sin conciencia militar [y] un pueblo militar es un pueblo disciplinado que posee dominio de sí mismo"[26].

Las instituciones militares conciben que el fin mismo del Estado nacional es la defensa de su soberanía, entendido como un valor impersonal y trascendente. De ella se desprenden las funciones de sus instituciones armadas y del sistema político en su conjunto. Bajo esta concepción, la subversión es entendida como un problema moral, ajeno a la identidad nacional. Para ello, las FF. AA. se dotan de organización y medios para afrontar la amenaza subversiva y comunista: "La defensa es el fin primordial del Estado que precede a cualquier otra función o fin. La función militar es, por tanto, tan antigua como las organizaciones políticas mismas (…)", agregando que "La defensa nacional es así no solo la defensa física, sino también la defensa de lo permanente y de la esencia de los valores de la Patria"[27].

---

[26] "Editorial", *El Mercurio*, 2 de octubre de 1934.
[27] Estado Mayor del Ejército. *Historia del Ejército de Chile. Tomo X.* Santiago: Impresos Vicuña, 1985, pp. 169-170.

Ello repercutió en que la oficialidad del Ejército manifestó una aversión al comunismo desde temprano, justificando la acción en el escenario político interno como un recurso de mantenimiento del orden interno e integridad del Estado. Así, por ejemplo, previo al proceso constituyente de 1925, el Ejército veía con recelo el pensamiento comunista por cuanto podría amenazar la integridad, unidad y disciplina de la institución: "(...) hay que considerar que entre los acuerdos a que arribó la Tercera Internacional de Moscú, hay uno que nos invita a recapacitar (...)", ya que en aquella importante asamblea del proletariado se sostuvo "que es necesario propagar las doctrinas de su programa, en primer lugar, entre las fuerzas armadas, porque en ellas se encuentra la masa viril de los pueblos"[28].

A comienzos de la década de 1930, los oficiales del Ejército identificaban al comunismo y a los comunistas como agentes externos que engañaban al pueblo: "la prédica malsana con que se pretende explotar la miseria en que la crisis económica ha asumido a una parte de nuestros conciudadanos, exige que todos los hombres patriotas y bien inspirados, abandonen su actitud de egoísta retraimiento y se pongan incondicional y decididamente al servicio de la causa santa de la patria amenazada en las bases mismas de su organización institucional", agregando que, desde un punto de vista doctrinario, el comunismo ha fracasado y fracasará, porque "En la teoría pura sus doctrinas no resisten un análisis filosófico serio; en la práctica, sus fundamentos mismos lo excluyen del triunfo. Parte del error de que el hombre ama desinteresadamente a sus semejantes y que puede, sin necesidad de estímulos, desarrollar el máximum [sic] de esfuerzo e iniciativa (...)"[29].

---

[28] Vásquez, Ángel (capitán). "Algunos procedimientos que conviene adoptar en el Ejército para contrarrestar la propaganda de doctrinas contrarias al orden social. *Memorial del Ejército*. Año XVII, 1er semestre, 1924. En: Augusto Varas y Felipe Agüero. *El proyecto político militar*. Santiago: Flacso, 1984, p. 98.

[29] Montero, René (capitán). "Los principios comunistas frente a las leyes biológicas y la estructura espiritual de la sociedad moderna". *Memorial del Ejército*. Año XXVI, enero de 1932. Varas y Agüero, op. cit., p. 102.

Desde la perspectiva planteada por este oficial de Ejército, el error del comunismo era teórico y moral; por ende, políticamente inviable para el desarrollo del país: "Un país, para ser grande y próspero, necesita que sus hijos sean altivos, progresistas y ambiciosos (...) El comunismo, por el contrario, quiere que cada hombre viva conforme a una pauta que le fija el Estado (...) El comunismo, como sistema de Gobierno y como organización social, hace caso omiso de las desigualdades biológicas entre hombres (...) La igualdad es algo hermoso cuando ella se refiere a los derechos y a las posibilidades. Pero es algo odiosa cuando es impuesta como una obligación y se ajusta a un nivel que está por debajo de la dignidad humana. Es ley de la vida que en la lucha por su conquista ha de triunfar el más apto"[30].

Por su parte, en la Armada, emergía una concepción similar a esta en la década de 1960: "En la hora expectante que está viviendo el mundo occidental, y en particular nuestro hemisferio, en donde los agentes del comunismo internacional, desparramados por toda Latinoamérica e infiltrados en sus instituciones más fundamentales ejercen una acción demoledora, me parece de conveniencia y oportuno tratar sobre la disciplina que debe ser sólida barrera para resistir sus insidiosas embestidas (...)". Ante esta amenaza externa, se identificaba a la disciplina social como el mecanismo de contención ante la penetración subversiva del comunismo en la sociedad. Sin duda, "disciplina es, ni más ni menos, que la sujeción a un control ejercido en bien del conjunto (...) la disciplina es la base de la verdadera democracia. La obediencia a las leyes por parte de los ciudadanos correctos es simplemente una expresión de disciplina (...) la disciplina, por lo tanto, constituye el verdadero espíritu de una democracia ordenada, y cuando se afloja los pueblos caen en el peligro de posibles desgracias y sinsabores"[31].

---

[30] Ídem.
[31] Carvallo, Gustavo (contralmirante (R)), "Reflexiones sobre la disciplina". *Revista de Marina*. Enero-febrero, 1963. Varas y Agüero, *op. cit.*, p. 118.

Recepción de la seguridad nacional y de la guerra contrasubversiva

El problema de la seguridad interior, a la vista del discurso anticomunista y el problema de la subversión, se transformó en una preocupación de las FF. AA. en relación con su rol de defensa del Estado. Como señala Igor Goicovic, en base a la lectura de la investigación de Cristian Gutiérrez, la política anticomunista de la FF. AA. chilenas arranca con el proceso de profesionalización del Ejército desde finales del siglo XIX[32]. En la década de 1920, en el contexto de gran efervescencia social que antecedió al proceso constituyente de 1925, el Ejército a través de su oficialidad justificaba la intervención militar en problemas de seguridad interior. Si bien es cierto que en ese contexto aún no se creaba Carabineros de Chile como institución encargada de los asuntos policiales, la evaluación de conflicto como parte de la subversión provocada por la agitación social generada por agentes externos de ideología comunista, era parte del imaginario de la institución:

> Los problemas militares son los resultantes tanto de la política interior como exterior. Es este un postulado que adquiere los caracteres de un axioma (...) La política interior constituye, a mi juicio, la base de los futuros éxitos de una guerra. Es evidente que el poder militar de un Estado depende, principalmente, de su política interior, que no solo influye en la convicción de la justicia de la causa que se persigue, en el valor, en la constitución del Ejército, en la rápida concentración de las fuerzas, en su equipo i armamento etc. sino que también se hace sentir en el empleo de estos medios, es decir, de la acción misma militar[33].

El problema de la situación interna dentro de los Estados comenzó a tornarse en una preocupación permanente de las

---

[32] Gutiérrez, *op. cit.*, p.17.
[33] Viaux, Ambrosio (mayor). "La política y la guerra". *Memorial del Ejército*, Año XVI, 1er Semestre, 1921. En: Varas y Agüero, *op. cit.*, p. 95.

FF. AA. a nivel internacional. La experiencia de la Primera Guerra Mundial y los procesos revolucionarios, sobre todo en el caso soviético, comenzó a instalar la preocupación de un escenario de guerra en relación con el frente interno y con el sistema político. De ahí que comenzó a acuñarse una concepción de guerra total, atribuida a la influencia de Erich Ludendorff sobre los conflictos internacionales, en tiempos de paz. En nuestro país, en la década de 1940, esta elaboración está presente en la oficialidad de las FF. AA. Así, por ejemplo, el capitán de fragata Luis Andrade resaltaba la importancia de la relación entre la defensa nacional, frente interno y guerra en los siguientes términos: "hoy la guerra es total: combate la nación entera aprovechando todos sus recursos (militares, políticos, diplomáticos, económicos, morales, etc.) (…) La guerra no es hoy una simple cuestión militar (hombres de armas y material correspondiente), sino que envuelve todos los recursos de la nación (fuerzas militares, diplomáticas, políticas, económicas, espirituales, etc.)"[34].

Esta noción de guerra total se modificará con posterioridad a la Segunda Guerra Mundial, generándose una transformación del pensamiento militar, adoptándose nuevas concepciones estratégicas de los conflictos bélicos y del rol de los militares en la sociedad. Esta reelaboración estratégica será fuertemente influenciada por las modalidades de los conflictos adoptados en las guerras de liberación nacional y en los procesos de descolonización, tanto de orientación comunista como nacionalista y la difusión de guerras de baja intensidad. Si bien la guerra no convencional (también referida como guerra de baja intensidad o guerrilla) constituía una modalidad del conflicto bélico desarrollada desde hace siglos, la novedad de los nuevos enfrentamientos con posterioridad a la Segunda Guerra Mundial radicaba en el carácter ideológico atribuido a estos en un contexto internacional caracterizado por los militares por un clivaje geoestratégico entre el occidente liberal, democrático y capitalista,

---

[34] Andrade, Luis (capitán de fragata). "Concepto de "Estrategia de Paz". *Revista de Marina*, mayo-junio, 1940. En: Varas y Agüero, *op. cit.*, p. 214.

y el oriente, comunista, marxista y autoritario. Según el Departamento de Defensa norteamericano, entre 1958 y 1964 los focos de insurgencia mundial crecieron de 28 a 43, pasando desde los enfrentamientos en los campos hacia las zonas urbanas[35].

El concepto de guerra total tenía un desarrollo ya presente a comienzos de la década de 1940, pero el problema de la subversión comunista permitió releerlo desde el "frente interno", transformándolo en un problema de seguridad y defensa nacional. Esto permitió que la oficialidad reelabora la importancia de la participación militar como factor de estabilización del sistema democrático[36], pero desde el punto de vista contrasubversivo. Es decir, al factor moral del discurso anticomunista, se le agregó una apreciación política y militar. En un número de *Revista Memorial del Ejército* de 1949, se comenzó a esbozar esta nueva doctrina, señalando que:

> La "Defensa" de una nación, solo en última instancia, depende de sus Fuerzas Armadas. Su seguridad efectiva, es el fruto de una acción mancomunada en varios campos de actividad, que la terminología militar denomina genéricamente "Frentes" (…). Si se aborda el problema de la "Defensa Nacional", considerando las condiciones que cada frente tiene respecto a ella, quedará en evidencia la necesidad de apreciar que la "Seguridad Nacional" es fundamentalmente un problema de Gobierno, y que solo podrá ser resuelto convenientemente, si se estudia en su aspecto integral y que no corresponde abandonarlo a la responsabilidad exclusiva de las Fuerzas Armadas[37].

Entendida la defensa como un problema de seguridad, la noción de guerra total implicaba una consideración de los diferentes frentes de un conflicto bélico de motivación ideológica.

---

[35] Becket, Ian. *Modern Insurgencies and counter-insurgencies. Guerrillas and their opponents since 1750.* London and New York: Routledge, 2001, p. VIII.

[36] Valenzuela, Luis (mayor). "Misión de las Fuerzas Armadas y su participación en el desenvolvimiento normal de nuestra vida democrática", *Memorial del Ejército*, núm. 284. Mayo-junio de 1958, pp. 22-36.

[37] Estado Mayor del Ejército. "La Seguridad Nacional, función de Gobierno". *Memorial del Ejército*, núm. 230, mayo-junio, 1949. En: Varas y Agüero. *op. cit.*, p. 184.

Esta posición no solo era propia del Ejército y la Fuerza Aérea de Chile (FACH). La Armada manifestaba una aproximación similar al problema de la defensa visto desde la óptica de la guerra total: "hoy la guerra es total: combate la nación entera aprovechando todos sus recursos (militares, políticos, diplomáticos, económicos, morales, etc.) (...) La guerra no es hoy una simple cuestión militar (hombres de armas y material correspondiente), sino que envuelve todos los recursos de la nación (fuerzas militares, diplomáticas, políticas, económicas, espirituales, etc.)"[38]. No obstante, como marco doctrinario de elaboración coyuntural, será la influencia de la doctrina de guerra contrasubversiva francesa la que tendrá un impacto mayor, tanto hacia Estados Unidos (EE. UU.) como hacia los ejércitos latinoamericanos. Como señala Igor Goicovic, "la Escuela Francesa actualizó ese anticomunismo a los requerimientos de la guerra contrasubversiva que exigía el escenario de la guerra fría y lo hizo, en especial, mediante los cursos para oficiales que se impartieron (hasta la década de 1980) en la Escuela Superior de Guerra de París"[39].

Como ha destacado una serie de investigaciones[40], la elaboración de la doctrina de guerra contrasubversiva francesa sistematizó una serie de reflexiones de oficiales del Ejército francés derrotados en la guerra de Indochina (1946-1954) por el Viet Minh, las que con posterioridad fueron aplicadas y desarrolladas por el Ejército francés en contra del Frente de Liberación Nacional de Argelia en la guerra de Independencia de Argelia (1954-1962). Sus principales exponentes fueron Charles Lacheroy, Paul Aussaresses, David Galula, André Beaufre y Roger Trinquier, quienes elaboraron una serie de reflexiones sobre la guerra contrasubversiva en el nuevo contexto y el rol específico de las guerrillas.

---

[38] Andrade, Luis (capitán de fragata). "Concepto de "Estrategia de Paz". *Revista de Marina*, mayo-junio, 1940. En: Varas y Agüero. *op. cit.*, p. 214.

[39] Gutiérrez, *op. cit.*, p.17.

[40] Gutiérrez, *op. cit.* Robin, Marie-Monique. *Escuadrones de la muerte: la escuela francesa*. Buenos Aires: Sudamericana, 2004.

Entre 1954 y 1957, Lacheroy impartió una serie de conferencias sobre la guerra revolucionaria, contrasubversión y análisis militares sobre la derrota francesa en Indochina, algunas de las cuales fueron editadas por el Ministerio de Defensa francés y distribuidas en la Academia de Guerra Superior[41]. El centro de su análisis era que, en la guerra no convencional o guerra revolucionaria, la población civil (el frente interno, en la terminología militar) tiene un rol central. Este factor, sumado a una compleja organización clandestina de parte de los subversivos, dificulta el combate directo y abierto, lo que generaba que el escenario del conflicto fuese psicológico y encubierto: la batalla por el control psicológico y los desplazamientos de la población se tornasen en un elemento central.

Estas reflexiones de la oficialidad del Ejército francés serán sistematizadas por los generales Roger Trinquier, David Galula y André Beaufre. En el año 1961, el general Roger Trinquier escribió la primera obra sistematizada sobre la contrasubversión, que tomó las principales reflexiones entregadas por la oficialidad francesa. Su obra, titulada *La guerra moderna: una mirada francesa de la contrainsurgencia* (editada masivamente en 1964), tendrá un gran impacto en las escuelas de guerra norteamericanas. En el año 1962, el oficial francés David Galula fue destinado en comisión de estudios al Centro de Asuntos Internacionales de la Universidad de Harvard, fundado en 1958, publicando dos trabajos sobre guerra contrasubversiva: *Pacificación en Algeria. 1956-1958*[42], en el año 1963, y *Guerra Contrainsurgente. Teoría y práctica*[43], al año siguiente. No obstante, el principal nexo entre el Ejército francés y el norteamericano será el general Paul Aussaresses, quien en el

---

[41] Las conferencias dadas por Charles Lacheroy fueron las siguientes "Un arma del Vit Minh, las jerarquías paralelas", "La campaña de Indochina o una lección de guerra revolucionaria", "Principios y esquemas de la organización del Viet Minh", "La acción del Viet Minh y el comunismo en Indochina o una lección de guerra revolucionaria", "Principios y esquemas de la organización del Viet Minh", "Guerra Revolucionaria y arma psicológica". Cfr.: Lacheroy. Charles. *Discours et conférences*, Universite Lorraine, 2012.

[42] Galula, David. *Pacification in Algeria, 1956-1958*. California: Rand. Corp., 1963.

[43] Galula, David. *Counterinsurgency Warfare, Theory and Practice*. New York: Prager ed., 1964.

año 1961 fue destinado como agregado militar en EE. UU. y se desempeñó como instructor militar en las escuelas de Fort Bragg en North Carolina (EE. UU.) y como instructor del 10° Grupo de Fuerzas Especiales. Con posterioridad, en el año 1973, Aussaresses fue contratado como asesor militar de la Academia de Guerra Superior brasileña, participando en la Escuela Nacional de Inteligencia, formando un contingente de la Dirección de Inteligencia Nacional chilena[44].

En el año 1962, el teniente coronel Thomas Nicholls Greene editó un número especial de la *Marine Corps Gazette* sobre guerrilla y contrainsurgencia[45]. En julio del año siguiente, la CIA publicó el manual de interrogatorio *Kubark Counterintelligence Interrogation*, que tendrá amplia distribución en los ejércitos latinoamericanos.

La recepción de la doctrina de guerra contrasubversiva francesa de parte de los ejércitos latinoamericanos, tiene en el caso argentino y brasileño referencias importantes. En 1961, Chile junto a trece países de América participaron en el *Primer Curso Interamericano de Guerra Contrasubversiva en Argentina*. El medio *La Nación* informó en su edición del 26 de septiembre "Veintiséis altos oficiales de 13 repúblicas latinoamericanas pasarán cerca de dos meses en la Escuela Superior de Guerra de Argentina, realizando estudios sobre cómo combatir a guerrilleros y saboteadores, según informó hoy el secretario general Rosendo Fraga"[46]. Por su parte, días más tarde *El Mercurio*, en una escueta nota de prensa, replicó:

> Con la presencia del presidente de la República Arturo Frondizi se efectuó esta mañana, en la Escuela Superior de Guerra, el acto de apertura del curso interamericano de guerra contrarrevolucionaria, el primero que se realiza en el hemisferio americano, en el que participarán jefes militares de Bolivia, Colombia, Chile, Ecuador,

---

[44] *Escuadrones de la Muerte*. Dir.: Marie-Monique Robin, 2003, 60 min. Krischke, Jair, "Brasil y la operación cóndor", *Primer encuentro de museos de la memoria del Mercosur*, 2008, p. 1.
[45] Green, Thomas Nicholls (ed.). *The Guerrilla and how to fight him*. New York: Praeger, 1962.
[46] "Sobre guerrillas y sabotajes: curso Político Militar inauguran en Argentina", *La Nación*, 26 de septiembre de 1961. Citado por: Gutiérrez, *op. cit.*, p. 116.

Estados Unidos, Guatemala, Honduras, México, Panamá, Paraguay, Perú, Uruguay y Venezuela y de las fuerzas armadas argentinas[47].

De igual modo existen antecedentes de la formación de oficiales chilenos en la Escuela Superior de Guerra francesa creada en 1947. En particular, en la década de 1950, cuatro oficiales de Ejército fueron destinados a la Escuela Superior de Guerra: el teniente coronel Rafael Valenzuela Verdugo, entre 1954 y 1957; el mayor Juan Emilio Cheyre Toutin, destinado entre 1955 y 1957; el mayor Guillermo Pickering Vásquez entre 1956 y 1957; finalmente, el mayor Manuel Torres de la Cruz entre 1957 y 1958[48].

Pese a estos antecedentes, la principal red de recepción de la doctrina de guerra contrasubversiva se generó de parte de la adaptación que realizó de esta doctrina el Ejército de EE. UU. en el marco de su política de seguridad hemisférica, específicamente hacia América Latina, al enfatizar los factores psicológicos, contrasubversivos y de inteligencia. En efecto, como señalan diversos autores, la convergencia de la práctica y elaboraciones estratégicas de la guerra contrasubversiva francesa con el enfoque se seguridad hemisférico norteamericano es lo que da cuerpo a la Doctrina de Seguridad Nacional (DSN)[49].

En síntesis, la DSN planteaba que no existen posibilidades reales, en el continente americano, de una invasión extranjera en el marco de la Guerra Fría, motivo por el cual la expresión de dicho conflicto se expresaría en el espacio interno de los Estados en base a la penetración comunista a través del sistema político o mediante el desarrollo de focos subversivos que buscarían derrocar los gobiernos constituidos. Bajo la égida de los Estados nacionales,

---

[47] "Curso de Guerra Contrarrevolucionaria", *El Mercurio*, 3 de octubre de 1961, p. 29. Citado por: Cristian Gutiérrez, *op. cit.*, p. 104.
[48] Departamento de Historia Militar, "El Ejército Francés en el Ejército Chileno", *Cuaderno de Historia Militar*, núm. 1, mayo de 2005, pp. 29-56.
[49] Tapia, Jorge. *El Terrorismo de Estado: la Doctrina de Seguridad Nacional en el Cono Sur*. México D.F.: Nueva Imagen-Nueva Sociedad, 1980. Arriagada, Genaro. *La política militar de Pinochet*. Santiago: Salesianos, 1985. Arriagada, Genaro; Balbontín, Ignacio; Daitreaux, Carlos y Wingertter, Rex. *Subversión y contrasubversión*. Santiago: CISEC, 1978.

la DSN enfatizó tres dimensiones importantes: 1) la lucha contra la subversión en el frente interno a través de la influencia de la población, ya sea mediante campañas cívico-militares, acción encubierta o acción psicológica; 2) el desarrollo de una estrategia y táctica específica para contrarrestar la guerra subversiva a través de la contrasubversión; y 3) posicionar a los militares como un elemento central y articulador de desarrollo económico, político y social de los Estados nacionales, en un contexto de crisis institucional y de vacíos de poder.

El desarrollo de la DSN en América Latina permeó hacia los ejércitos latinoamericanos a través de los programas de asistencia militar y convenios bilaterales y multilaterales[50], sobre todo a partir de la construcción del Sistema Interamericano de Defensa. Este comenzó a consolidarse desde la creación de la Junta Interamericana de Defensa en 1942, adoptando un sistema convencional con la suscripción del Tratado Interamericano de Asistencia Recíproca (TIAR) en 1947 y la creación de la Organización de los Estados Americanos en 1948 (OEA)[51]. Con posterioridad a la suscripción del Pacto del Atlántico Norte de 1949 (OTAN), EE. UU. adoptó el Acta de Seguridad Mutua en 1949. Esto permitió al Gobierno de EE. UU. oficializar convenios de asistencia militar para el hemisferio occidental y suscribir convenios de colaboración bilateral con los diversos países[52].

En el caso chileno, desde la aprobación del convenio norteamericano por parte del Parlamento chileno en 1952[53], la influencia

---

[50] Chateau, Jorge. *Seguridad nacional y guerra antisubversiva*. Documento de Trabajo. Santiago: Flacso, 1983.

[51] Krumm, Fernando (mayor). "La Junta Interamericana de Defensa", *Memorial del Ejército*, núm. 294, julio-agosto de 1959, pp. 84-104.

[52] Para un análisis de la relación entre el marco de Tratado Interamericano de Asistencia Recíproca (TIAR) de 1947 y el Sistema Interamericano de Defensa, cfr.: Carrasco, Carlos (capitán de fragata). "Programa de Asistencia Militar y las ventas militares de EE. UU. al exterior". *Revista de Marina*, núm. 718, mayo-junio de 1977, pp. 279-290; Vergara, Rolando. "El TIAR y la defensa contra un ataque armado". *Revista de la Academia de Guerra Naval*, núm. 6, Valparaíso, 1979.

[53] Decreto núm. 328 del 6 de julio de 1952, publicado en el *Diario Oficial* núm. 22.305 del 21 de julio de 1952.

norteamericana creció en las FF. AA. a través de colaboración técnica, de insumos y doctrinaria[54]. En el último aspecto, comenzó a adoptarse de parte de la Academia de Guerra y en el Estado Mayor del Ejército, una concepción de la seguridad nacional que comenzó a problematizar la relación entre el sistema político y el Estado ante eventuales influencias del comunismo en el sistema democrático. Como muestra la investigación de Cristián Garay, esto permeó ideológicamente a la oficialidad del Ejército, comenzando a revisar las nuevas concepciones estratégicas de la guerra contrasubversiva y la guerra total, que permitieron un viraje desde la noción de "defensa nacional" hacia la "seguridad nacional" a partir de la influencia de la noción de guerra total y guerra contrasubversiva[55].

Este proceso de adopción de la DSN se desarrolló con fuerza entre 1945 y 1970, tanto por la influencia norteamericana como por las colaboraciones entre los ejércitos latinoamericanos. Como afirmó el general (R) Horacio Toro, entre 1945 y 1970 se generó una adopción de parte del Ejército chileno de dicha doctrina. "Entre 1945 y 1970 el sistema militar fue asumiendo gradualmente la DSN durante los gobiernos democráticos sin que la sociedad chilena y esos gobiernos tuvieran noción clara de la transformación"[56].

Entre 1946 y 1947 fueron enviados los primeros oficiales a la escuela de comandos y al curso de Estado Mayor en Fort Leavenworth: los tenientes coroneles Carlos Mezano Camino y Raúl Araya Stiglich, el mayor Tulio Marambio Marchant y los capitanes Alfonso Lobos-Gómez, Carlos Soto Asalgado, Germán Hepp Walter, Juan Márquez Huerta, Manuel Campos Campos, Hernán Sepúlveda Cañas y Óscar Hurtado Mendoza[57].

---

[54] Para un detalle de la asistencia militar norteamericana en el período: González, Martín. *La influencia militar de Estados Unidos en la doctrina del Ejército de Chile en el período de la post Segunda Guerra Mundial*. Universidad Adolfo Ibáñez: Magíster de Humanidades, 2004.
[55] Garay señala que la principal vía intelectual de influencia fue la revista *Military* Review, de la cual *Memorial del Ejército* tradujo varios textos. Garay, *op. cit.*, p. 156.
[56] González, Mónica. *La conjura: Los mil y un día del golpe*. Santiago: Ediciones B, 2000, p. 22.
[57] Ejército de Chile. *Historia de la Academia de Guerra fundada en 1886*. Santiago: Instituto Geográfico Nacional, 2006, p. 46.

Al revisar las estadísticas de personal de las FF. AA. chilenas destinadas en comisión de servicio en EE. UU. entre 1951 y 1973, existen registros de 1.297 efectivos militares que se graduaron en las distintas escuelas norteamericanas, con un aumento progresivo de efectivos en los últimos años previo al golpe de Estado. Si en la década de 1950 se destinaron 150 militares, en la década de 1960 ese número aumentó a 490, mientras que, por su parte, solo entre 1970 y 1973 –durante el Gobierno de Salvador Allende– esa cifra llegó a 657 militares, superando los decenios anteriores (Gráfico 1). Por su parte, en los primeros años de la dictadura militar, dicha cifra llegó hasta los 902 efectivos.

Gráfico 1. FF. AA. chilenas en comisión de servicios en EE. UU. años 1951-1975

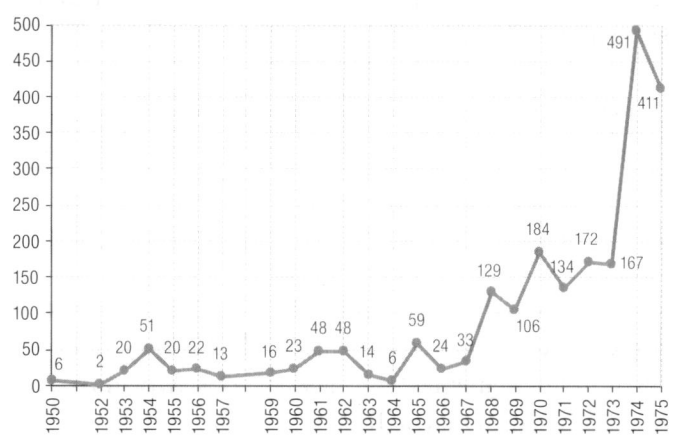

Elaboración propia. Fuente: Estadísticas entregada por el Ejército de EE. UU. a través del Acta de Libertad de Información (FOIA). Recopilada por: www.soa.org

De este contingente militar destinado a cursos y entrenamientos en EE. UU., 89 de ellos se especializaron en cursos de inteligencia, contrasubversión urbana y guerras no convencionales. Entre 1961 y 1970, 21 de ellos cursaron los cursos de inteligencia militar, operaciones de contrainteligencia, operaciones de guerra irregular y operaciones de contrasubversión, mientras que en el período 1970 a 1973, 43 militares efectuaron en su mayoría el curso especial de insurgencia urbana, contrasubversión e inteligencia.

Discursos de seguridad nacional y contrasubversión en las FF. AA. chilenas

Todos estos factores posibilitaran que las FF. AA. chilenas elaborasen una adaptación propia del problema de la seguridad nacional vista desde el problema de la seguridad interior y de la amenaza subversiva comunista, pero en clave reformista y desarrollista, al menos hasta los primeros años de la dictadura militar. Como señaló Julio Canessa Robert, "En las tres ramas de la Defensa Nacional se había desarrollado una sólida doctrina de planificación de seguridad y defensa nacional como consecuencia de cursos seguidos en Estados Unidos y Europa por oficiales especialistas de Estado Mayor y por el estudio e investigación de esos temas realizados en las Academias de Guerra Institucionales. Desde allí se nutría intelectualmente el Estado Mayor de la Defensa Nacional, que afianzaba las conclusiones para la concepción conjunta de la doctrina militar", agregando que "tras la II Guerra Mundial se elaboró un concepto de Seguridad Nacional, sincrónico y complementario al de Desarrollo Nacional, en virtud del cual se le entiende como la necesidad de lograr un estado de cosas que permita la vida y desarrollo del país, libre de amenazas externas e internas"[58].

A través de las páginas de las revistas institucionales de las FF. AA.[59] a lo largo de las décadas de 1950, 1960 y 1970, publicaron una serie de reflexiones sobre seguridad nacional, frente interno, guerra psicológica, subversión y contrasubversión, que daban cuenta de parte del pensamiento de la oficialidad de las FF. AA. en el período.

---

[58] Canessa, Julio. *Quiebre y recuperación del orden institucional en Chile. El factor Militar, 1924.1973*. Santiago: Emérida Ediciones, 2005, p. 179.

[59] Las principales revistas institucionales son *Revista Memorial del Ejército, Revista de Infantería, Revista de Marina* y *Revista Fuerza Aérea*.

En el año 1972, el teniente coronel (R) Roberto Polloni publicó una obra de compendio doctrinario de las FF. AA. que tuvo una amplia difusión. Entre las diversas temáticas que abordó se refirió a la seguridad nacional vista bajo la óptica de la guerra total y contrasubversiva: "todos los medios, incluso el hambre, la astucia y la mentira, se emplean como medios en la guerra total por lo que la preparación de la guerra no solo abarca la preparación del potencial bélico en cuanto a las Fuerzas Armadas, sino en la incorporación de todas las fuerzas vivas del país para este fin, todo lo cual se ha dado en llamar el estudio o preparación de la "Seguridad Nacional"[60]. Para sostener este planteamiento, Polloni se basó en un texto difundido por *Revista Memorial del Ejército*, en la que se publicó una reflexión del capitán Alejandro Medina Lois titulada "Seguridad Nacional. Un concepto que debe difundirse"[61]. Medina Lois, al momento del golpe de Estado, se desempeñaba como comandante de la Escuela de Paracaidistas y Fuerzas Especiales de Peldehue, contingente que conformará la "Brigada Antiguerrillas", que será destinada a la cordillera de Valdivia con posterioridad al golpe de Estado[62].

En este texto, Medina Lois –quien estuvo destinado en comisión de servicios en EE. UU. a mediados de la década de 1950–, diferenciaba la noción de seguridad de defensa nacional, en base a la incorporación de las nociones de guerra total y nación en armas. Este último concepto, desarrollado por el general alemán Colmar van de Goltz, tuvo repercusión en la logia secreta Grupo de Oficiales Unidos que condujo el golpe de Estado en Argentina de 1943, en un intento por frenar el ascenso del movimiento obrero, previniendo la insurgencia comunista y generando una política de reorganización burocrática del Estado. Bajo la idea de que la

---

[60] Polloni, Roberto. *Las fuerzas armadas de Chile en la vida nacional. Compendio cívico-militar.* Santiago: Editorial Andrés Bello, 1972, p. 61.
[61] Medina Lois, Alejandro (capitán). "Seguridad Nacional. Un concepto que debe difundirse". *Memorial del Ejército*, núm. 333, 19 de septiembre de 1966, pp. 81-88.
[62] *La Época*, 2 de septiembre de 1990. Sentencia causa rol 38.483 episodio Peldehue Boinas Negras, dictada por el Ministro Mario Carroza Espinoza, 12 de octubre de 2016.

seguridad nacional correspondía a una temática transversal de la sociedad, pero a la vez de las élites directivas, Medina Lois afirmaba, en primer lugar, la necesidad de afianzar una élite técnica y burocrática permeada de la concepción de la seguridad nacional: "en todo Estado habrá siempre una minoría dirigente que orienta y conduce los destinos de la Nación, y la complejidad del mundo moderno ha acentuado en ellas las exigencias de preparación para poder cumplir adecuadamente sus funciones específicas", agregando que "podría haber un grupo nacional más adecuado hacia el cual dirigir los esfuerzos para difundir el alcance y proyecciones de la Seguridad Nacional"[63].

Esta perspectiva de la seguridad nacional entroncaba con una concepción del desarrollo y la planificación nacional, como una temática transversal al Estado: "la Seguridad Nacional materializa un afán de previsión y debe coordinar todas las actividades de modo que aquellas medidas dirigidas hacia el desarrollo lleven la debida consideración a la seguridad, sea el caso de la construcción de un camino, la instalación de una industria, la discusión de un presupuesto o la formación de determinadas especialidades"[64].

Esta concepción tecnocrática, elitista y desarrollista de la seguridad nacional desarrollada por algunos sectores de la oficialidad de las FF. AA., se articuló con una concepción de la seguridad interna en base a la noción de la contrasubversión, la cual era entendida como una estrategia necesaria de implementar para evitar la amenaza comunista. El mismo autor, en 1975, señalará que la seguridad nacional: "(...) es la capacidad del Estado para garantizar su supervivencia, manteniendo su soberanía e independencia material y espiritual, preservando su modo de vida y posibilitando el logro de sus objetivos fundamentales", enfatizando que "(...) el concepto de Seguridad Nacional no está orientado exclusivamente a su empleo en un conflicto bélico, sino que su labor es previa, buscando fundamentalmente la situación de el o los presuntos

---

[63] Medina Lois, *op. cit.*, p. 83.
[64] Ibid., p. 84.

adversarios y la solución de conflictos por medios pacíficos, con el respaldo potencial suficiente"[65].

Es decir, la seguridad nacional refiere a una planificación del desarrollo de parte de una élite burocrático-técnica que empalma las problemáticas del desarrollo con la seguridad. En la dimensión interna al Estado, busca evitar la acción de la subversión comunista: "la demoledora acción de la subversión, inspirada en el logro del objetivo de poder en forma interna, aunque generalmente con inspiración y apoyo externo, pasa a ser un flagelo de todo Gobierno constituido, precisamente por su contenido ideológico y acción anarquista", agregando que "En la conquista de la mente de los hombres, la Guerra Psicológica extiende sus redes en todo momento, buscando influir sobre grupos de interés y haciendo uso de todos los medios de comunicación social posible"[66].

Esta concepción de la seguridad nacional, que conjuga elementos del desarrollo político y militar hacia el conjunto de la población de un país, la encontramos presente en la oficialidad de la Armada. Así, por ejemplo, el capitán de corbeta Rubén Scheihing –quien fue enviado en comisión de servicio a EE. UU. en 1968– señalaba una concepción sobre la seguridad nacional que enfatizaba los componentes políticos y militares. Estos textos fueron publicados en la *Revista de Marina* en los años 1969 y 1970. En primera instancia afirmaba que la seguridad nacional eran "(...) todas aquellas medidas activas o pasivas que debe tomar una Nación, para prevenirse del peligro de la subyugación de otra Nación"[67], complementando con posterioridad en base al enfoque de seguridad de Robert McNamara, secretario de Defensa de EE. UU. entre 1961 y 1968, que en "una sociedad que se moderniza, seguridad significa desarrollo. La seguridad no es quincallería militar, aunque pueda incluirla; la seguridad no es fuerza militar

---

[65] Medina Lois, Alejandro (coronel). "Seguridad Nacional". *Economía e Inversiones*, julio, 1975. En: Varas y Agüero. *op. cit.*, p. 205.

[66] Ídem.

[67] Scheihing, Rubén. "Prolegómenos sobre Seguridad Nacional", *Revista de Marina*, núm. 679, julio-agosto de 1970, p. 479.

tradicional, aunque pueda abarcarla. Seguridad es desarrollo y sin desarrollo no puede haber seguridad. Una nación en desarrollo que de hecho no se desarrolla, no puede permanecer segura, por la misma razón de que sus propios ciudadanos no pueden desarrollar su naturaleza humana"[68].

Respecto a las influencias contrasubversivas y de guerra total, Scheihing señaló que la defensa nacional involucra a toda la población y que le corresponde a los militares permear con este sentido de urgencia nacionalista a la sociedad ante el riesgo de la amenaza subversiva: "En los tiempos actuales en que la guerra se hace total, exige de los uniformados un esfuerzo superior, que es el de hacer comprender a sus conciudadanos lo que representa esta pesada responsabilidad para la comunidad organizada", enfatizando que una política de seguridad nacional implica una especial atención hacia los factores ideológicos y psicológicos que pueden permear en la población: "(…) exige un esfuerzo importante en la conservación del nacionalismo, tan debilitado en nuestros días por corrientes ideológicas foráneas". Por ello remarcaba que los sistemas políticos en algunos casos pueden representar riesgos para la seguridad nacional: "en países altamente politizados, las divisiones entre ciudadanos pueden llegar a ser un factor de debilidad nacional"[69].

Desde estas perspectivas, la seguridad nacional en las FF. AA. chilenas se constituyó en un discurso flexible, que permitió construir un imaginario en el que la coyuntura política, social y económica del país era concebida bajo una problemática amplia de seguridad. Dicha amplitud posibilitó leer los problemas políticos y sociales de la sociedad chilena de la época, bajo una concepción ideológica permeada del anticomunismo propios de las FF. AA., los intereses de la política hemisférica norteamericana y de las elaboraciones contrasubversivas de la doctrina francesa. Desde ese punto de vista, la seguridad nacional encontraba en el frente interno un espacio de desarrollo central. Uno de los principales rasgos de

---

[68] Scheihing, Rubén. "Hacia una conceptualización de la seguridad nacional", *Revista de Marina*, núm. 679, noviembre- diciembre de 1970, p. 715.

[69] Scheihing. "Hacia una conceptualización…, *op. cit.*, p. 717.

dicho conflicto será el carácter psicológico e ideológico del mismo, vistos como ámbitos de acción por excelencia de la subversión comunista: "La seguridad interna plantea un problema totalmente distinto y cuya esencia es que la lucha se hace por medio de ideas, para conquistar la mente del pueblo. La concientización es practicada integralmente, utilizándose todas sus formas. Si la subversión no es atacada oportunamente con la estrategia adecuada, cuando se haga ya será muy tarde"[70].

Si bien el discurso de seguridad nacional se va desarrollando a lo largo de la década de 1960 y se institucionaliza en la dictadura militar a través de la creación de la Academia Superior de Seguridad Nacional en 1974[71] y la adopción del "Reglamentos de Conducción Táctica" de 1976, la cohesión del discurso de seguridad nacional se va desarrollando desde comienzos de la década de 1960 con una serie de reflexiones sobre la contrasubversión y la guerra psicológica. Esta última tenía en las FF. AA. un desarrollo anterior a las lecturas contrasubversivas, encuadrada en el marco de la noción de guerra total. Así, por ejemplo, hacia finales de la década de 1940, el capitán Raúl Valenzuela señalaba en relación con la guerra psicológica, que esta constituía un factor clave en conflictos de baja intensidad en los que la población civil tiene un rol central: "Existe la convicción, dentro del concepto de guerra total, que la victoria final depende en gran parte de la actividad positiva o favorable de la población civil, para lo cual se debe tratar de inculcar o desarrollar una determinada actitud intelectual y emocional en el público hacia la guerra; es decir, además de preparación militar, debe hacérsele una preparación psicológica previa (....)". Continúa señalando que la Segunda Guerra Mundial marcó una inflexión en la táctica y estrategia convencional de guerra, por cuanto tres nuevos factores entraron en juego: "La invención y perfeccionamiento

---

[70] Cortés Rencoret, Gerardo (coronel). "Introducción a la Seguridad Nacional". *Cuadernos del Instituto de Ciencias Políticas*, Universidad Católica, núm. 2, febrero, 1976. En: Varas y Agüero. *op. cit.*, p. 207.

[71] Decreto Supremo núm.538 del 26 de diciembre de 1974, que modifica el nombre y actualiza el plan de estudios de la Academia de Defensa Nacional creada a través del Decreto Supremo núm. 359 de marzo de 1947.

de nuevas armas; la intervención de la población civil que ha llegado a ser un participante activo y pasivo en la guerra moderna, como consecuencia de la ampliación de la esfera de acción militar; el cambio en los objetivos de la guerra misma"[72].

Anticipando el carácter encubierto y de contrainteligencia de este tipo de conflictos, sugería ya en la década de 1940 que las FF. AA. desarrollaran una labor de infiltración en diversos lugares de la sociedad, para acrecentar conflictos políticos a través del sabotaje: "Para desarrollar este nuevo y moderno tipo de guerra, es necesario enviar agentes especializados, que explotan las rivalidades que dividen a los diversos sectores sociales y a los grupos de minorías, las ambiciones de políticos destacados, las controversias raciales y las desigualdades sociales y económicas; establecen también estrecho contacto con individuos simpatizantes con su causa, practicando además toda clase de sabotaje y espionaje (...)"[73].

Respecto a los objetivos de esta política encubierta, señaló que "El objetivo final de esta campaña es influenciar y confundir a la opinión pública, destruyendo la confianza del pueblo enemigo en su Gobierno y en su poder (...) Aunque estos métodos están en pugna con los sentimientos de honor y de la dignidad, deben señalarse ya que por desgracia son actualmente una absoluta realidad y se hace necesario conocerlos para defenderse de ellos"[74].

La FACH también compartía la importancia del trabajo encubierto y de la guerra psicológica contra el enemigo. En un texto difundido por el comandante de escuadrilla Nicanor Díaz Estrada hacia mediados de 1959, en la *Revista de la Fuerza Aérea*, remarcaba la importancia de la guerra psicológica, la seguridad nacional y el riesgo de la subversión comunista: "El aspecto psicológico de la seguridad e inseguridad es también relativamente nuevo. Las campañas de rumores y el temor engendrado por las "quintas columnas" son las formas más reales y crudas de este aspecto

---

[72] Valenzuela, Raúl (capitán). "La guerra psicológica". *Memorial del Ejército*, núm. 225, julio-agosto, 1948, pp. 33-45.
[73] Ídem, p. 43
[74] Ídem.

psicológico de seguridad nacional. Su más pronunciada manifestación, durante la paz, son los programas de los partidos comunistas de los diferentes países, instruidos y entrenados para desorganizar, confundir y debilitar a la población de un país. La forma de vida y la integridad nacional pueden ser quebrantadas hoy en día a causa de las presiones psicológicas"[75]. El caso de Nicanor Díaz Estrada es importante de destacar, ya que en las primeras semanas del golpe de Estado se desempeñó como jefe del Servicio de Inteligencia de la Fuerza Aérea (SIFA) y subjefe del Estado Mayor de la Defensa Nacional, estando desde esa posición a cargo de la represión en el frente interno, sobre todo en el proceso llevado adelante contra el general del aire Alberto Bachelet por la Fiscalía de Aviación (Consejo de Guerra causa rol 1-73 de la Fiscalía de Aviación).

La conexión entre guerra psicológica y subversión comunista se fue constituyendo como un balance de la nueva estrategia de guerra contrasubversiva. Entre los años 1962 y 1964, la *Revista Memorial del Ejército*, en sintonía con el número especial sobre guerrillas de la *Marine Corps Gazette*, publicó una serie de artículos sobre guerra insurreccional, guerrillas, propaganda comunista y contrasubversión. En el núm. 309 de *Revista Memorial del Ejercito* se publicaron tres trabajos sobre guerra subversiva: un trabajo del mayor Fernando Olea Guldemont, sobre "Guerra psicológica"; una traducción de un trabajo del teniente coronel del ejército brasileño Carlos Neira Mattos, titulado "La guerra insurreccional", y el trabajo del teniente coronel Enrique Blanche Northcote, sobre "La guerra de guerrillas".

En los trabajos sobre guerrillas se destaca el hecho de que la estrategia guerrillera consiste en un recurso de fuerzas inferiores en recursos ante adversarios bien equipados y posicionados. Junto con ello, reconocen que se constituye en una forma de combate desarrollada con anterioridad en la historia. No obstante, como reconoce Neira Mattos, es el carácter del escenario internacional a inicios de la década de 1960, con el desarrollo de la Guerra Fría

---

[75] Díaz Estrada, Nicanor (comandante de escuadrilla). "El problema del desarme latinoamericano". *Revista de la Fuerza Aérea*, abril-mayo-junio, núm.73, 1959.

y el surgimiento de movimientos de liberación nacional de inspiración marxista, lo que ha modificado el escenario de seguridad hemisférica en el área de influencia de EE. UU. y sus aliados: "en la presente situación mundial, la ideología marxista en aquello que ofrece de seductor en el campo de conquistas sociales de las masas, viene siendo intensamente explotada como poderoso factor de atracción y aproximación política con la Unión Soviética"[76]. Ante ese contexto, señala que las principales maneras de combatir una amenaza insurgente tienen en la guerra de Argelia un punto de referencia central, ya que "La guerra insurreccional de los rebeldes argelinos contra los franceses constituye una preciosa fuente de enseñanzas (…)", agregando más adelante que "de Argelia, actual laboratorio de aprendizajes de la fuerza insurreccional, nos llegan constantemente informaciones sobre la aplicación de los procesos tácticos de este tipo peculiar de conflicto armado"[77].

Para combatir la guerra insurreccional, Neira Mattos enfatiza la importancia de la población civil, la cual constituye la retaguardia de las fuerzas insurgentes, el lugar del desarrollo de opiniones favorables hacia los insurgentes y contrarias hacia los poderes constituidos. De ahí que los principales espacios de la estrategia contrasubversiva sean el frente interno, la guerra psicológica y los dispositivos de seguridad y contrainsurgencia. Sobre este último punto señala la importancia de militarizar la función policial y de desarrollar labores policiales por las fuerzas militares, posibilitando el desarrollo de estrategias de copamiento militar del territorio: "sería preciso tener los más poderosos recursos policiales y militares capaces de asegurar el desencadenamiento de un plan de represión cubriendo toda el área de actividades"[78]. Estos recursos militares y policiales permiten el desarrollo de estrategias de copamiento militar del territorio en el que se desarrollan los dispositivos de seguridad. Este dispositivo busca, por su parte:

---

[76] Neira Mattos, Carlos (teniente coronel). "La guerra insurreccional", *Memorial del Ejército*, núm. 309, julio-septiembre de 1962, p. 49.
[77] Neira Mattos, "La guerra…", *op. cit.*, p. 52.
[78] Ibid., p. 53.

"(...) neutralizar los efectos de presión y de la intimidación de la propaganda subversiva sobre la población civil y, al mismo tiempo, amedrentar a los organizadores del movimiento, por la certeza de que todos los actos de violencia serán reprimidos pronta y enérgicamente". Es decir, es de carácter ofensivo, pero a la vez estratégico, por cuanto la presencia militar –dadas las características del conflicto insurreccional irregular– busca controlar áreas críticas de la infraestructura pública y controlar la población: "es de capital importancia la elección de puntos a ser ocupados por las fuerzas de seguridad. Los puntos de pasaje obligatorio (puentes, viaductos, túneles, gargantas, entradas y salidas de ciudades) y los posibles focos de iniciación del movimiento o los sitios más buscados por los saboteadores (fábricas y centros fabriles, vías férreas, refinerías y depósitos de combustibles), los cuales deben estar incluidos en el dispositivo de seguridad"[79].

Finalmente, enfatiza que el dispositivo de seguridad debe ser completado con un plan de represión, atendiendo para ello al objetivo principal del conflicto insurgente: la población. Por ello, la represión debe ser llevada contra la población, en aquellos sectores que pueden dar apoyo a los insurgentes y debe estar orientada a controlar eventuales focos de descontento: "el control de la población civil debe resultar de la adopción de medidas por parte de los organismos de Gobierno encargados de la seguridad pública, principalmente policías civil y militar (...)"[80], enfatizando que uno de las aspectos centrales para el desarrollo de planes represivos lo constituye la contrapropaganda, la que busca "neutralizar los efectos de la propaganda enemiga y conquistar la opinión pública para la causa del Gobierno, incentivando ciertas "pan-ideas" tales como: espíritu del orden, deseo de seguridad social y económica de nación, sentimiento de prestigio nacional, etcétera. De ser necesario, serán tomadas medidas preventivas más enérgicas, como la prisión y confinamiento de los líderes de la insurrección"[81].

---

[79] Ibid., p. 54.
[80] Ibid., p. 55.
[81] Ídem.

Para el combate en el frente interno a la guerrilla y la subversión, se comenzó a desarrollar una concepción de la guerra psicológica, la inteligencia y la contrainteligencia. El mayor Fernando Olea Guldemont, en 1962, definió la guerra psicológica como "Aquella parte deliberadamente planeada de la guerra, que actúa antes durante y después de ella sobre la mente tanto de nuestros adversarios como nuestros amigos, con el fin de, sincronizadamente con las operaciones militares, obtener una baja en la capacidad de lucha del adversario y una fuerte moral en nuestro potencial humano para lograr los objetivos fundamentales de la lucha"[82], proponiendo que las FF. AA. desarrollaran una política de guerra psicológica, al constituirse en un "(...) arma de carácter oculto, sórdido y misterioso, que emplea medios intelectuales y emocionales, tanto contra la población civil, como hacia el combatiente", para lo cual propone la creación de una sección independiente en los Departamentos II de Informaciones del Estado Mayor de FF. AA. abocada a este tipo de combate.

El trabajo político hacia la población se constituyó en un aspecto fundamental de la política de seguridad nacional ante la amenaza subversiva comunista. En un trabajo difundido al año siguiente en *Revista Memorial del Ejército*, el mayor Sergio Fernández Rojas[83] abordaba la problemática de la población civil desde la óptica militar del frente interno y bajo la égida contrasubversiva. La primera distinción que señala en referencia a los anteriores trabajos sobre frente interno y guerra psicológica, es que a comienzos de la década de 1960 en el escenario de profundización de la Guerra Fría interamericana, el principal enemigo de los estados occidentales era la subversión comunista y su trabajo clandestino en la población civil: "actualmente el frente interno no tiene límites territoriales. No hay límites ni divisiones entre el campo de

---

[82] Olea Guldemont, Fernando (mayor). "Guerra psicológica", *Memorial del Ejército*, núm. 309, julio-septiembre de 1962, p. 29.
[83] Sergio Fernández Rojas fue destinado en comisión de servicio en Fort Gullik, en la Escuela de las Américas. En su estancia, realizó los cursos de Información Militar para oficiales y el Curso Especial de Guerra Nuclear y Pedagogía Militar. Se tituló como docente. http://www.soa.org

batalla y el frente interior. Máxime que el concepto marxista de la guerra, es decir la guerra revolucionaria, ha convertido a la población –elemento del frente interno– en el objetivo, el terreno y el medio de su permanente accionar (...)", agregando que "el frente interno tampoco tiene límites de edad para la lucha; allí trabaja el niño, la mujer y el anciano, todos de acuerdo con sus fuerzas y capacidad (...)"[84].

Respecto a la forma que adopta el trabajo comunista en el frente interno, señala que esta se presenta de manera variada, ya que "puede traducirse por el descontento demostrado en reuniones o mítines de carácter político por sectores que se sienten afectados económicamente (...) se presenta en forma de ataques a través de las prensa a ciertas entidades gubernamentales, o a determinadas empresas sindicadas como explotadoras y contrarias a los intereses nacionales, o a determinados personeros de importancia (...). El aparecimiento de huelgas ilegales (...) también se revela por manifiestos estudiantiles y huelgas patrocinadas por dirigentes juveniles: universitarios o secundarios"[85].

Afirma más adelante que "cuando el clima es muy tenso, las masas constituidas en reuniones políticas o gremiales, o de otra índole, con el pretexto de materializar su descontento, son arrastradas a desmanes en la vía pública causando destrozos y perjuicios en la propiedad del Estado o particular (...) el rendimiento en el trabajo de los sectores industriales o agrícolas baja en sus niveles medios; se producen actos de sabotaje en los servicios de utilidad pública y en las máquinas industriales de las grandes fábricas (...) así entonces, se tratará de hacer impopular primero al cuerpo policial de la Nación, mediante violentación [sic] a la fuerza pública para que proceda de hecho y produzca muertes que se transforman en mártires del movimiento. Además, se tratará de hacer impopular a las FF. AA., haciéndolas parecer como contrarias al

---

[84] Fernández Rojas, Sergio (mayor). "Subversión-Propaganda-Rebelión". *Memorial de Ejército*, núm. 311, enero-febrero, 1963, pp. 50-60.
[85] Fernández. "Subversión...", *op. cit.*

movimiento o como contrarias a ciertos preceptos establecidos en la Constitución o las Leyes (...) Todo lo citado va acompañado de una fecunda propaganda de prensa escrita y hablada"[86].

Como conclusión respecto al trabajo subversivo del marxismo en el frente interno, señala otro militar años más tarde: "la población constituye indudablemente el elemento básico fundamental del frente interno y a su vez el objetivo, el medio y el terreno del accionar de las fuerzas marxistas contra el mundo libre (...)", sentenciando que "La conquista del frente interno solo será real después de haber captado ideológicamente a la población"[87].

Cabe destacar que estas concepciones se van reiterando a lo largo de la década de 1960 en una serie de publicaciones, tanto del Ejército, la FACH como de la Armada. Es decir, se transforman en un discurso doctrinario sobre la represión y la contrasubversión del conjunto de las FF. AA. chilenas. Desde mediados de la década de 1960, la revista *Memorial del Ejército* siguió publicando trabajos sobre guerra contrasubversiva. Así, por ejemplo, en 1964 publicó un trabajo del general de división José Hiriart Ariño sobre "Guerra Revolucionaria"[88]. En 1966 publicó un trabajo del mayor Manuel Contreras –futuro director de la Dirección de Inteligencia Nacional (DINA) en la dictadura militar– sobre el desarrollo de la guerra de Vietnam[89]. Al año siguiente, publicaron un trabajo del Dr. Leandro Rubio García, que profundizaba sobre los componentes de este tipo de guerra, en base a las lecciones de la doctrina de guerra contrasubversiva francesa. En 1968, nuevamente publicaron nuevos trabajos sobre guerrillas y guerra contrasubversiva en dos números de la revista *Memorial del Ejército*. En el núm. 344 se publicaron los siguientes trabajos: del teniente coronel Agustín Toro Dávila y del mayor Manuel Contreras Sepúlveda: "Panorama

---

[86] Ibid., pp. 50-60.
[87] Zavalla, Rafael (teniente coronel). "El frente interno en la estrategia general". *Memorial del Ejército*, marzo-abril, 1969.En: Varas y Agüero, *op. cit.*, , pp. 270-278.
[88] Hijar Ariño, José (general de división). "La Guerra Revolucionaria", *Memorial del Ejército*, núm. 318, marzo-abril de 1964, pp. 3-16.
[89] Contreras Sepúlveda, Manuel (mayor). "Estrategia en la Guerra de Vietnam", *Memorial del Ejército*, núm. 331, mayo-junio de 1966, pp. 68-95.

político-estratégico del Asia suroriental"[90]; del teniente coronel Hernán Béjares González, "La guerra de Vietnam"[91]; de Von Gerhart Matthaus, "La guerra es política con derramamiento de sangre"[92] y del capitán Patricio O'Ryan Munita, "Extrañas armas para las guerrillas"[93]. En el núm. 346 se publicó otro trabajo de Agustín Toro Dávila sobre las guerrillas en el desarrollo de las guerras modernas y un trabajo de Wolfram Wette sobre guerra revolucionaria[94]. En el año 1969, en el núm. 349 se publicó un trabajo del coronel Robert Krebs, sobre "Beaufre y la estrategia total"[95].

En el caso de la Armada encontramos referencias hacia la guerra contrasubversiva, la guerra psicológica, alusiones directas a la influencia de la doctrina contrasubversiva francesa y de la política de seguridad hemisférica norteamericana. En la *Revista de Marina*, en su edición núm. 662 de 1968, se publicó un artículo del teniente coronel Luis Sáez de la Escuela Superior de Ejército de España, sobre guerra revolucionaria en el contexto contemporáneo, la cual caracterizó como una guerra civil universal. Al respecto, Sáez definió la guerra revolucionaria, de acuerdo con la definición dada por el Centro Superior de Estudios de la Defensa Nacional ("apuntes para un proyecto de doctrina para el empleo de las Fuerzas Armadas"), entendiéndola como: "la subversión inspirada por la doctrina marxista-leninista que tiene como finalidad la implantación del comunismo"[96]. De acuerdo a

---

[90] Toro Dávila, Agustín (teniente coronel) y Contreras Sepúlveda, Manuel (mayor). "Panorama político-estratégico del aisa suroriental", *Memorial del Ejército*, núm. 344, julio-agosto de 1968 pp. 38-44.
[91] Béjares González, Hernán (teniente coronel). "La guerra de Vietnam", *Memorial del Ejército*, núm. 344, julio-agosto de 1968, pp. 68-103.
[92] Matthaus, Von Gerhart. "La guerra es política con derramamiento de sangre", *Memorial del Ejército*, núm. 344, julio-agosto de 1968, pp. 131-148.
[93] O'Ryan Munita, Patricio (capitán). "Extrañas armas para las guerrillas", *Memorial del Ejército*, núm. 344, julio-agosto de 1968, pp. 149-154.
[94] Toro Dávila, Agustín (teniente coronel). "Las modernas formas de la guerra", *Memorial del Ejército*, núm. 346, noviembre-diciembre de 1968, pp. 3-16. Wette, Wolfram. "Revolución y Guerra", *Memorial del Ejército*, núm. 346, noviembre-diciembre de 1968, pp. 17-45.
[95] Krebs, Robert (coronel). "Beaufre y la estrategia total", *Memorial del Ejército*, núm. 348, marzo-abril de 1969, pp. 24-30.
[96] Sáez, Luis. "Guerra Civil Universal", *Revista de Marina*, núm. 662, enero-febrero de 1968, pp. 57-61.

la reflexión del militar, los ejércitos convencionales de los diversos Estados occidentales han adoptado las concepciones de la guerra contrasubversiva como una manera de combatir la insurgencia comunista: "se estudian la estrategia revolucionaria y las tácticas subversivas; en todos los ejércitos hay reglamentos y manuales sobre guerra psicológica y guerra de guerrillas; todas las organizaciones militares cuentan con unidades de comandos, guerrilleros, fuerzas especiales, etcétera; se escribe sobre la lucha en los núcleos urbanos, la contraguerrilla y la contrasubversión". No obstante, agrega, poco se aborda respecto al verdadero carácter de la guerra revolucionaria: el carácter ideológico y civilizatorio que alienta los conflictos locales en el escenario de Guerra Fría: "un rasgo fundamental de la guerra revolucionaria y, en general, de todas las subversivas: la sustitución de la fuerza material por la fuerza de una ideología"[97].

El número siguiente, publicaron una traducción del teniente coronel de artillería Fernando Frade, profesor de la Escuela de Guerra Especial de EE. UU. En el trabajo, Frade abordó la importancia de la guerra psicológica en el contexto del enfrentamiento de la Guerra Fría, señalando en base al documento "Doctrina, organización y empleo del arma psicológica", del Estado Mayor del Ejército norteamericano, la siguiente definición: "el uso planeado y coordinado –por autoridades civiles y militares– de medidas y medios diferentes destinados a influir en la opinión, los sentimientos, la actitud y el comportamiento y elementos (autoridades, ejércitos, poblaciones, individuos) enemigos, neutrales o amigos con el fin de modificarlos en un sentido favorable para la consecución de los objetivos nacionales (…) la guerra psicológica es total y permanente (…) es una de las principales formas de la Guerra Fría, precediendo y acompañando a la subversión; es parte integrante de la guerra revolucionaria, persiste con la guerra regular y hace sentir su influencia sobre todas las actividades nacionales, tanto políticas

---

[97] Sáez, *op. cit.*, p. 59. La reflexión de este artículo es similar a una que se publicó años más tarde. Cfr: Bueno Rocero, L. F. "La guerra cotidiana", *Revista de Marina*, núm. 694, mayo-junio de 1973, pp. 287-290.

como diplomáticas, económicas, militares, de organización, etcétera. En todo tiempo"[98].

En los números siguientes fue publicada una serie de artículos sobre guerra contrasubversiva y análisis sobre guerrillas. En particular un par de trabajos de análisis político-militar sobre el desarrollo de conflictos en Indochina[99]. En el núm. 666 se publicó una reflexión de Roberto Guidi sobre la estrategia contrasubversiva en base a los trabajos del general André Beaufre titulado "Estrategia directa y estrategia indirecta". Tributario de la concepción de la doctrina de guerra contrasubversiva francesa, parte señalando que tanto la guerra directa –conflicto militar convencional– como la guerra indirecta –conflicto militar de carácter político, psicológico y disuasivo– son dos componentes de la guerra total. Según Guidi, "la estrategia indirecta no se diferencia sustancialmente de lo que tradicionalmente era definido como "política" en consideración de lo que era considerado "guerra"", agregando que esta "distinción sería puramente semántica que tiene, además, la ventaja de poner más en relieve la identidad sustancial del pensamiento que debe presidir el fenómeno político y militar, identidad que en cierto sentido ha sido puesta en evidencia en forma muy particular por la doctrina y el lenguaje comunista como resultado del amplio uso de nomenclaturas militares de parte de los teóricos marxistas en relación con fenómenos de naturaleza típicamente política". En base a esta distinción, señala el militar chileno que las FF. AA. deberían prepararse para implementar operaciones encubiertas que apunten a objetivos políticos determinados y que vayan en sintonía con la política de guerra total, que es identificada como los intereses del Estado nacional: "(…) las fuerzas militares ya no serían concebidas únicamente en relación con los problemas de la defensa, sino también como instrumento que pueden acompañar operaciones

---

[98] Frade, Fernando (teniente coronel). "La guerra psicológica", *Revista de Marina*, núm. 663, marzo-abril de 1968, p. 7.
[99] Venatici, Canis. "La Guerra de Vietnam. Sus proyecciones políticas y económicas", *Revista de Marina*, núm. 691, noviembre-diciembre de 1972, pp. 693-703. Nicolas, Fernando (subteniente Rva.). "Reflexiones sobre la Guerra de Indochina", *Revista de Marina*, núm. 679, noviembre-diciembre de 1970, pp. 719-722.

políticas, ya sea para acelerarlas, o para determinar su carácter o finalmente para dramatizar su desarrollo"[100].

Finalmente, como parte de estas conceptualizaciones, enseñanzas y reflexiones estratégicas y tácticas sobre guerra indirecta y psicológica, destaca la publicación a mediados de 1972 de un trabajo del coronel (R) del Ejército de EE. UU. Virgin Ney sobre tácticas y técnicas de motines. Partiendo de una definición de motín, conceptualizado como "movimiento desordenado de una muchedumbre contra la autoridad constituida"[101]. En el enfoque del militar, permeado de la mirada contrasubversiva, cualquier reunión en el espacio público de grupos de personas congregadas para manifestarse respecto a una demanda son conceptualizados como potenciales focos de motines: "Toda reunión de ciudadanos con el fin de buscar desagravio, contiene el germen de la violencia que se desarrolla al alimentarse con propaganda y rumores", enfatizando que, para ello, "las autoridades a cargo de todas las entidades políticas, desde el Estado hasta el municipio, necesitan saber que las protestas, demostraciones y piquetes de huelga son los indicios peligrosos que significan que entre los que gobiernan y los gobernadores se ha roto la comunicación"[102]. Señala que el principal responsable de los movimientos de huelga y de motivos es el comunismo: "La maquinaria comunista tiene décadas de experiencia en técnicas de motines, y su mayor esfuerzo será hacer que las fuerzas de la ley y el orden parezcan brutales y viciosas en el desempeño de sus deberes"[103]. Finalmente, manifiesta que los principales espacios para la formación de motines son los barrios pobres y las universidades.

En resumen, la recepción de la doctrina de guerra contrasubversiva adaptada a las consideraciones de la política de seguridad

---

[100] Guidi, Roberto. "Estrategia directa y estrategia indirecta", *Revista de Marina*, núm. 666, septiembre-octubre de 1968, pp. 665- 672.
[101] Ney, Virgin. "Táctica y técnica de motines", *Revista de Marina*, núm. 680, enero- febrero de 1971, p. 39.
[102] Ney, *op. cit.*, p. 41.
[103] Ibid., p. 43.

hemisférica norteamericana, bajo el discurso de seguridad nacional, instaló al interior de la oficialidad de las FF. AA. chilenas de mediados de la década de 1960 la necesidad de elaborar una política de seguridad en el ámbito interno, tanto en lo policial como en lo militar. Para un cumplimiento cabal de esta política de seguridad, se ensayarán dispositivos de seguridad basados en la guerra psicológica, contrapropaganda hacia la población civil y operativos conjuntos de seguridad abocados al control territorial del Estado y de la población a través de políticas represivas y del desarrollo de acciones ofensivas en situaciones de inestabilidad política. El resultado de aquello será una tendencia hacia la militarización de la función policial y un desarrollo de funciones policiales de parte de las FF. AA., las cuales comenzarán progresivamente a ser utilizadas bajo situaciones de excepción constitucional. Pero previo a ello, las FF. AA. comenzaron a desarrollar labores de recopilación de información estratégica y desarrollo de inteligencia en el "frente interno".

CAPÍTULO II
ARQUITECTURA JURÍDICA DE LA REPRESIÓN Y LA SEGURIDAD NACIONAL: HACIA LA MILITARIZACIÓN DE LA SEGURIDAD INTERIOR EN EL ESTADO DE COMPROMISO (1938-1970)

> Los mandos superiores del Ejército, desde el advenimiento del Frente Popular, no tuvieron dudas de que el marxismo tendría como objetivo principal la desintegración de la institución. De ahí se derivó la fundamental exigencia que esos mandos hicieran a los Servicios de Información del Ejército, para que se dedicaran a estudiar el marxismo, definir sus métodos en el país y hacia la institución, las acciones en desarrollo y por desarrollar, personalidades comunistas abiertas y encubiertas, compañeros de ruta y simpatizantes y propusiera medidas para todo nivel[1].

Tras las huellas de los dispositivos de excepción y represión política

El golpe de Estado de 1973 implicó una ruptura de la institucionalidad democrática chilena construida sobre los pilares de la Constitución de 1925, tras el período de inestabilidad institucional de comienzos de la década de 1930 y del arribo del Frente Popular al Gobierno en 1938. La constatación de ese hecho por vía de la imagen del quiebre de la institucionalidad democrática, ha reforzado la tesis de la subordinación civil de los militares, la prevalencia de un sistema democrático pragmático, flexible y competitivo, propio de un Estado moderno a la imagen y usanza de las democracias occidentales. Una serie de indicadores de modernización de la sociedad chilena desde el punto de vista del sistema político, contribuyeron

---
[1] Estado Mayor del Ejército de Chile. *Historia del Ejército de Chile.* Tomo IX. Santiago: Vicuña impresores, 1985.

a reforzar la tesis de la estabilidad institucional, de la efectividad del sistema democrático para procesar el desacuerdo político y de la subordinación civil de las fuerzas armadas (FF. AA.): la constatación de la periodicidad de las elecciones democráticas para la elección de los principales cargos del Estado, la división de poderes, la existencia de un moderno sistema de partidos políticos que incorporaba un amplio espectro de partidos de diversas orientaciones ideológicas y el supuesto no involucramiento de las FF. AA. en asuntos civiles y políticos. Por el ámbito del sistema de partidos, la tesis más destacada de este tipo de trabajos fue la de Arturo Valenzuela sobre los motivos que llevaron al quiebre de la democracia en Chile[2]. Desde los estudios de los militares, una serie de investigaciones reforzó la tesis del constitucionalismo formal de las FF. AA., entendida en términos de un retiro como actores del sistema político, condición de posibilidad para el mantenimiento de su posición e influencia de poder en la sociedad, en un contexto de fuertes cuestionamientos de parte de la sociedad civil a la labor desarrollada por los militares. Algunos trabajos previos habían resaltado este aspecto. Así, por ejemplo, Alain Joxe entendía el apoliticismo como una "intervención latente y permanente en el juego político, y no como simple abstención"[3], en el sentido de que las FF. AA. mantenían cierto poder en el Estado. Trabajos posteriores, entre ellos los de Felipe Agüero, Augusto Varas y Carlos Maldonado, enfatizaban la tesis del constitucionalismo formal de las FF. AA. chilenas como resultado de su alejamiento del sistema político en la década de 1930, señalado como un elemento de estabilización del mismo, condición de posibilidad para el desarrollo de un proceso de profesionalización militar que en la década de 1960-1970 las llevará a una recepción sui géneris de la doctrina de seguridad nacional, producto de la influencia norteamericana en materia de seguridad y defensa[4]. Tesis que ha sido complementada

---

[2] Valenzuela, Arturo. *El quiebre de la democracia en Chile*. Santiago: Flacso, 1988.
[3] Joxe, Alain. *Las Fuerzas Armadas en el sistema político chileno*. Santiago: Editorial Universitaria, 1970, p. 41.
[4] Agüero, Felipe y Varas, Augusto. "Ideología y doctrina de las Fuerzas Armadas chilenas: un ensayo de interpretación". *El Proyecto Político Militar*. Santiago: Flacso, 1984, pp. 1-49. Varas,

respecto a las pervivencias de una matriz sociopolítica intervencionista en lo estatal en el interior de las FF. AA., dada la prevalencia de las influencias de la corriente "ibañista" que concebían el rol de los institutos militares como agentes desarrollistas, con capacidad de implementar reformas políticas y sociales en desmedro de una línea represiva de matriz contrasubversiva[5].

Todo estos factores se destacan en desmedro de una serie de consideraciones sobre la participación permanente y activa de los militares en labores de represión política y seguridad nacional, a la que fueron progresivamente incorporándose en las diversas coyunturas políticas de la segunda mitad del siglo XX, posibilitada por una serie de reformas institucionales introducidas por los actores civiles y políticos, como una manera de contener el movimiento popular y criminalizar la emergencia de partidos marxistas, cuyos principales actores fueron el Partido Comunista de Chile (PCCH) y el Partido Socialista (PS). Visto desde la mediana duración, la imagen de la excepcionalidad y estabilidad del régimen democrático chileno y de la subordinación de las FF. AA. al poder civil, tiende a opacar el proceso de construcción de una serie de dispositivos jurídicos y burocráticos que posibilitan el desarrollo de una práctica estatal de represión que dotó a las instituciones militares de una relevancia preponderante en materia de contrasubversión y seguridad nacional. Si bien una serie de trabajos han explorado sobre la óptica contrasubversiva en las FF. AA. chilenas para el período 1938-1973, destacando la recepción de la doctrina de la guerra contrasubversiva[6] y de la doctrina de seguridad nacional[7],

---

Augusto. *Los militares en el poder. Régimen y gobierno militar en Chile, 1973-1986*. Santiago: Pehuén-Flacso, 1987. Maldonado, Carlos. *Entre reacción civilista y constitucionalismo formal: las Fuerzas Armadas Chilenas en el período 1931-1938*. Santiago: Flacso, 1988.

[5] Valdivia, Verónica. *El golpe después del golpe. Leigh versus Pinochet. Chile, 1960-1980*. Santiago: Lom ediciones, 2003.

[6] Gutiérrez, Cristian. *La contrasubversión como política. La doctrina de Guerra Revolucionaria francesa y su impacto en las FF. AA.FF. AA. de Chile y Argentina*. Santiago: Lom ediciones, 2018.

[7] Arriagada, Genaro. *El pensamiento político de los militares*. Santiago: CISEC, 1981.Tapia, Jorge. *El terrorismo de Estado. La Doctrina de Seguridad Nacional en el Cono Sur*. México: Nueva Imagen, 1980.

no se ha resaltado el proceso de implementación efectivo de dispositivos y mecanismos estatales de represión que –sin enmarcarse en estas consideraciones teóricas sobre la contrasubversión– venían relevando y posicionando a las FF. AA. como actores fundamentales en materia de represión, seguridad y contrasubversión[8]. La asimilación de las labores y mecanismos contrasubversivos a la recepción de la influencia doctrinaria de las FF. AA. norteamericanas, tiende a dificultar la identificación de los dispositivos construidos por el Estado para tales efectos, previo a la Guerra Fría interamericana y resta agencia a los actores nacionales en materia de seguridad nacional y contrasubversión.

De manera indirecta, la narrativa explicativa que destaca la retirada institucional de las FF. AA. del sistema político, bajo una subordinación formal al poder civil, sumada a la narrativa de la estabilidad institucional, tiende a dejar en un segundo lugar y restarles protagonismo explicativo a las irrupciones de las FF. AA. en materia de represión política por motivos de orden interno policial en la segunda mitad del siglo XX, así como la utilización de estas, por parte de diversos gobiernos de coaliciones que contaron con el apoyo de los partidos comunista y socialista: los gobiernos de los presidentes del Partido Radical, Pedro Aguirre Cerda, 1938-1941; Juan Antonio Ríos, 1941-1946; Gabriel González Videla, 1946-1952; y el Gobierno de Salvador Allende de la Unidad Popular (UP), entre 1970-1973. Esta herramienta explicativa lleva a considerar los hechos represivos en los que participaron las FF. AA. como una situación anómala en la historia republicana construida sobre los pilares institucionales de la Constitución de 1925. Por otra parte, revisada en perspectiva de mediana duración, la herramienta explicativa de la influencia externa tiende a distorsionar los mecanismos y las pulsiones contrasubversivas de las FF. AA. y de los actores civiles que, desde comienzos del siglo XX, en el

---

[8] Una excepción importante sobre este punto, lo constituye el reciente trabajo de la historiadora Verónica Valdivia sobre el contexto de la creación del campo de prisioneros de Pisagua en 1948. Valdivia, Verónica. *Pisagua, 1948. Anticomunismo y militarización política en Chile.* Santiago: Lom ediciones, 2021.

período de inestabilidad político previo y posterior a la Constitución de 1925, concebían la represión bajo un prisma anticomunista, contrasubversivo y como el complemento necesario para la implementación de reformas políticas y sociales. Como indica John Bawden, "Los soldados chilenos tenían su propio punto de vista arraigado en sus tradiciones, historia y consideración de su lugar en el mundo como un Estado en desarrollo. La influencia militar norteamericana nunca abrumó las tradiciones nacionales o las preocupaciones locales de soldados profesionales que contaban con instalaciones de formación avanzada, sentimientos anticomunistas, y largas tradiciones intelectuales nativas antes de la era de la hegemonía norteamericana"[9].

Concordando con la historiadora Verónica Valdivia respecto de la complementariedad de los dispositivos estatales en materia de construcción de Estado desde los mecanismos coercitivos y de legitimación por la vía de construcción de consensos políticos[10], se torna necesario poder analizar en detenimiento la manera cómo las FF. AA. y policiales se fueron posicionando en roles institucionales de contrasubversión y seguridad nacional.

Al momento de llegar a la presidencia en 1927, el entonces coronel Carlos Ibáñez del Campo premunió a los sectores políticos conservadores y oligárquicos, que de no mediar su accionar, el comunismo provocaría una insurrección social y revolucionaria. A comienzos de la década de 1930, Domingo Melfi Demarco –periodista, ensayista de época y primer presidente de la Sociedad de Escritores de Chile (SECH)– señaló que con ello Ibáñez buscaba asociar comunismo con inestabilidad política y caos social, ya que el concepto comunismo en ese ejercicio demagógico connotaba destrucción: "decir comunismo significa el saqueo, la violación de todas las mujeres, la degollación de los inocentes y el reparto de las propiedades (...) Hablarle de comunismo a una sociedad

---

[9] Bawden, John. *The Pinochet Generation. The chilean military in the twenty century.* Tuscaloosa: The University of Alabama Press, 2016, p. 4.
[10] Valdivia, Verónica. *Subversión, coerción y consenso. Creando el Chile del siglo XX (1918-1938).* Santiago: Lom ediciones, 2017.

conservadora como esta, es ponerle los pelos de punta"[11]. Una de las primeras medidas del Gobierno de Ibáñez devenido en dictadura fue fortalecer los roles y mecanismos represivos del Estado, anunciando públicamente que continuaría "(...) robusteciendo el principio de autoridad, para que termine definitivamente la anarquía que ha reinado en el país. Si una vez en el ejercicio normal de mis nuevas funciones, los elementos anárquicos reapareciesen, propagando sus doctrinas disolventes, no vacilaré en pedir al Congreso las facultades necesarias para reprimirlos y encauzarlos"[12].

La participación de las FF. AA. y otras burocracias policiales en las labores de represión política, tuvo un rol que es necesario resaltar en su relación con el poder civil y el conflicto sociopolítico de la época (la relación civil-militar en la construcción del Estado)[13], ya que lo hicieron al alero de la creación de mecanismos jurídicos y burocráticos que se institucionalizaron previo a la Guerra Fría interamericana y que se fueron perfeccionando antes de la recepción de la doctrina de guerra contrasubversiva y de la política de seguridad hemisférica norteamericana. La Guerra Fría interamericana y la influencia extranjera no crearon las políticas contrasubversivas en el Estado, sino que profundizaron y reactualizaron estos conflictos, así como las representaciones anticomunistas de la sociedad en el marco de la disputa geoestratégica de la época. En ese contexto, si bien la doctrina e influencia extranjeras son factores que permiten explicar los dispositivos represivos y su óptica contrasubversiva, no son suficientes para dar cuenta de la institucionalización y validación de estos ante los actores políticos de la época[14].

---

[11] Melfi, Domingo. *Dictadura y mansedumbre*. Santiago: Editorial Universitaria, 1931, p. 6.
[12] Citado por: Portales, Felipe. *Los mitos de la democracia chilena. vol. II. Desde 1925 a 1938*. Santiago: Catalonia, 2006, pp. 78-79.
[13] Esta es una de las problemáticas de los estudios de ciencias sociales, tanto de ciencia política como de la sociología: Hungtington, Samuel. *The Soldier and the State: teh Theory and Politics of Civil-Military Relations*. Cambridge: Harvard University Press, 2000 [1957].
[14] Grandin, Greg. "Living in Revolutionary Time. Comming Terms with The Violence of Latin America's Long Cold War", en: Greg Grandin y Joseph Gilbert (eds.). *A century of Revolutions. Insurgent and Counterinsurgent Violence During Latin America's Long Cold War*. Durham y Londres: Duke University Press, 2010, pp. 1-42.

Tras la dictadura de Ibáñez del Campo, se van desarrollando una serie de dispositivos de represión para el control del territorio, la construcción jurídica de los enemigos políticos de la seguridad estatal y de identificación, en la coyuntura de 1932 a 1970. Esto nos permite destacar, por ejemplo, cómo la problemática de la formación de los mecanismos de control militar del territorio para escenarios contrasubversivos en el marco del desarrollo de políticas de seguridad interior dentro del Estado, fueron usados por diversos presidentes en el período antes indicado. Son esos mismos mecanismos los que permiten en diversos gobiernos –incluyendo el de Allende– entregar el control del territorio a las FF. AA. para posibilitarles el monopolio del ejercicio de la seguridad interior y la contrasubversión. Esto es lo que llevó al movimiento golpista, pese a constituirse en un núcleo reducido de oficiales conjurados contra el Gobierno, a hacerse con el poder del Estado solo en horas de iniciada la sublevación. Salvo algunos casos de oposición al golpe de parte de oficiales de diversas ramas de las FF. AA. y de las policías (tanto de Carabineros como de Investigaciones), la tropa y la oficialidad cerró filas con la sublevación.

Diversas hipótesis se pueden sostener para dar cuenta del proceso de aceptación de la sublevación y de las posteriores graves violaciones a los derechos humanos cometidas por agentes del Estado apoyados por civiles. En general, las explicaciones metodológicamente oscilan entre el factor individualista (agentes) y el institucionalismo (estructuras), enfatizando aspectos de disposiciones psicosociales, racionalidad limitada o de principio jerárquico y compartimentación de las tareas militares. Si bien el estudio antropológico de los hombres y mujeres que posibilitaron la construcción de organizaciones e instituciones colectivas de asesinato, debe ser un elemento importante para tener en consideración en el análisis de los perpetradores, también lo deben ser los dispositivos institucionales y burocráticos que permiten que dichas personas, en el marco del ejercicio de su profesión, se transformen en verdugos colectivos e individuales ante los ojos de sectores de la sociedad chilena que justificaron los hechos y los respaldaron. El análisis de los cruentos asesinatos en las zonas rurales cometidos por comitivas de carabineros, militares y civiles son ilustrativos en esos puntos. Los militares, carabineros y civiles no solo procedieron con crueldad y sin vilo, llevando hasta el paroxismo su aversión por diversas categorías de personas representadas como enemigos internos que era necesario exterminar en el marco de una guerra, sino que, sobre todo, fueron premunidos para proceder de dicha manera, porque en el marco de sus instituciones militares y policiales dicho escenario era una realidad que superaba las virtualidades de los juegos de guerra de sus respectivas academias y que se hacía realidad en el terreno de sus respectivas jurisdicciones militares en los territorios y provincias de Chile[15].

Visto desde este punto de vista, las formas organizacionales que adoptaron las FF. AA. y policiales con posterioridad al golpe de Estado, si bien no explican los elementos antropológicos, de juicio interno de los funcionarios militares y policiales –objetivo que excede el alcance de esta investigación–[16], sí dotan de un marco de verosimilitud a sus universos simbólico-culturales y permiten comprender la coherencia institucional, el despliegue territorial y la rapidez con la que se procedió a copar militarmente el territorio, llevando adelante la guerra contrasubversiva una vez superadas las oposiciones internas en las respectivas instituciones y los conatos de oposición golpistas de las fuerzas de los partidos de la UP.

El proceso de militarización de la policía y el involucramiento de los militares en labores de orden policial, tienen sus raíces en

---

[15] Es importante notar cómo el debate sobre los perpetradores ha sido uno de los elementos que dinamizó los estudios sobre el nazismo en la década de 1990 a raíz del debate y polémica que se inaugura en torno a la investigación de Daniel Goldhagen. Cfr. Kershaw, Ian. "Cambio generacional y el debate Goldhagen". *La dictadura nazi. Principales controversias en torno a la era de Hitler*. Buenos Aires: Siglo XXI, 2015, pp. 324-338. Browning, Christopher. *Aquellos hombres grises. El batallón 101 y la solución final*. Buenos Aires: Edhasa, 2019. Goldhagen, Daniel. *Los verdugos voluntarios de Hitler. Los alemanes corrientes y el Holocausto*. Madrid: Taurus, 2019.

[16] En ese ámbito de exploración antropológica, cabe destacar la reciente publicación sobre los ex conscriptos del ejército durante la dictadura militar y las trayectorias profesionales de los militares de la generación golpista. Passmore, Leith. *The war inside Chile's Barracks: Remembering Military Service Under Pinochet*. Wisconsin: The University of Wisconsin Press, 2017. Bawden. *The Pinochet Generation... op. cit.*

el período de inestabilidad institucional posterior al proceso de elaboración de la Constitución de 1925; se va desarrollando en diversas coyunturas políticas influenciadas por los acontecimientos internacionales y nacionales y se perfecciona durante el Gobierno de la U.P.[17]. Los turbulentos acontecimientos represivos durante la dictadura de Carlos Ibáñez del Campo (1927-1931), que contó con la activa participación de las FF. AA. y policiales, implicó una serie de restricciones de derechos fundamentales, censura de prensa, detenciones selectivas e ilegales, relegaciones, torturas, desapariciones, ejecuciones, purgas contra el poder judicial y exilios que afectaron a dirigentes sociales y militantes de partidos de un amplio espectro político[18]. Tras la caída del régimen, la sociedad dio paso a una reacción civilista de fuerte crítica a los funcionarios militares y de disputas hegemónicas al interior de los partidos políticos e instituciones públicas por el proyecto de Estado a construir[19]. En el marco de la represión contra el movimiento popular y los movimientos políticos de izquierda, la dictadura de Ibáñez del Campo puso en marcha nuevas burocracias de control y vigilancia policial, creó disposiciones administrativas de restricción de garantías constitucionales –como las facultades para la relegación, la censura previa y la detención por decisión administrativa del poder ejecutivo – y reactualizó antiguos dispositivos de relegación y detención como lo fueron las colonias penitenciarias[20], mediante la utilización de la isla Más Afuera en el archipiélago de Juan Fernández para detener por motivos políticos

---

[17] Valdivia, Verónica. "El retorno de la fuerza: Zonas de Emergencia, guerra y represión (1938-1949)", en: *Pisagua, 1948. Anticomunismo y militarización política en Chile*. Santiago: Lom ediciones, 2021, pp. 170-259.

[18] Loveman, Brian y Lira, Elizabeth. *Los actos de la dictadura. Comisión Investigadora, 1931. Fuentes para la Historia de la República. Volumen XXVII*. Santiago: Centro de Investigaciones Diego Barros, 2006, p. 16.

[19] Maldonado. *Entre el constitucionalismo...*, op. cit. Pinto, Julio. "¡La cuestión social debe terminar! La dictadura de Carlos Ibáñez del Campo en clave populista, 1927-1931". *Historia*, núm. 53, vol. II, pp. 591-630. Portales. *Los mitos de la democracia...*, op. cit.

[20] A lo largo del siglo XIX, Magallanes y las islas del Archipiélago de Juan Fernández fueron utilizadas como colonias penitenciarias. León, Marco Antonio. *Encierro y corrección. La configuración de un sistema de prisiones en Chile (1800-1911). Tomo I*. Santiago: Universidad Central de Chile, 2003.

a dirigentes sociales y militantes de orientación comunista, socialistas y anarcosindicalistas[21].

Durante el ocaso del ibañismo y el retorno de gobiernos democráticos, estos hechos de represión y de vulneración de los derechos humanos fueron tratados por el Parlamento y dieron paso a la creación de una comisión de verdad denominada "Comisión Investigadora de los actos de la Dictadura". Dado que la labor de la comisión no prosiguió por la renuncia de algunos de sus miembros y no culminó un informe oficial, los actos de represión y los diversos delitos cometidos por las FF. AA. y policiales por orden del poder ejecutivo, solo quedaron registrados en la frágil memoria popular y en los archivos administrativos, no siendo traducidos como políticas de reforma estatal[22]. Ello llevó a que, a comienzos de la década de 1930, los principales dispositivos represivos y coercitivos del Estado fueron institucionalizados y no eliminados. Diferentes cuerpos normativos tipificaron delitos de tipo político bajo la figura de la "conductas subversivas" (Decreto Ley 50 de 1932 y la posterior Ley de Seguridad Interior del Estado de 1937), nuevas burocracias de represión policial e identificación fueron creadas (Carabineros y el Servicio de Investigaciones)[23], así como dispositivos de identificación y registro (la cédula de identidad y el rol único nacional) y se buscó legalizar las relaciones laborales a través del Código del Trabajo[24]. Pese a que estos dispositivos buscaban marcar un giro con la represión de la dictadura ibañista, las prácticas represivas y de coerción basadas en estos conllevaron restricciones de derechos consagrados constitucionalmente e implicaron ataques

---

[21] Meza, Roberto. *Los trágicos días de Más Afuera*. Santiago: Lom ediciones, 2006. Fuentes, Pablo. "Los trágicos días del poeta Roberto Meza en isla Más Afuera. Prisionero político durante la dictadura de Carlos Ibáñez". *Izquierdas*, núm. 49, 2020, pp.79-89.

[22] Loveman y Lira. *Los actos de la dictadura...*, op. cit., p. 11.

[23] Tamayo, Jorge. "La modernización de la policía en la dictadura de Ibáñez: funciones y tareas asignadas a la policía a principios del siglo XX". *Revista Divergencias*, año 2, núm. 1, julio-diciembre de 2012, pp. 125-134. Plaza, Camilo. *El servicio de investigaciones y la policía política en Chile*. Manuscrito inédito.

[24] Garcés, Mario. *El movimiento obrero y el Frente Popular (1936-1939)*. Santiago, Lom ediciones, 2018.

a la integridad física y psíquica de las personas[25]. En el período de inestabilidad institucional que va desde la caída de Ibáñez en 1931, la elección de Juan Esteban Montero ese mismo año, la efímera República Socialista de 1932, hasta al segundo Gobierno de Arturo Alessandri Palma (1932-1938), estos dispositivos se mantuvieron y profundizaron. Ello propició el desarrollo de prácticas de represión política que fueron desde las declaraciones de estado de excepción, la censura previa de prensa, las detenciones, relegaciones[26], la represión de la movilización popular rural y urbana, hasta las masacres como lo fueron la sublevación de la escuadra y la matanza de Navidad en 1931, la masacre de Ránquil en 1934 y la del seguro obrero en 1938[27].

Arquitectura represiva: Estado de Excepción, seguridad nacional y control militar del territorio

Estado de Excepción y la Ley de Seguridad Interior del Estado de 1937

Durante los primeros años de la década de 1940, la reincorporación de las FF. AA. a la arquitectura represiva del Estado fue en paralelo al desarrollo de normativas específicas que tipificaban los delitos de índole política contra la seguridad del Estado, sistematizados en la

---

[25] Loveman, Brian y Lira, Elizabeth. *Las ardientes cenizas del olvido: vía chilena de Reconciliación Política, 1932-1994*. Santiago: Lom ediciones, 2000.

[26] Donoso, Karen. "Los zarpazos del León». La censura política contra la prensa en el segundo gobierno de Arturo Alessandri. Chile, 1933-1938". *Revista Tiempo Histórico*, Año 7, núm. 12, 2016, pp. 109-1934. Valdivia, Verónica. *Subversión, coerción y consenso. Creando el Chile del siglo XX (1918-1938)*. Santiago: Lom ediciones, 2017.

[27] Sobre la masacre de Ránquil: Miller, Thomas. "Ránquil: Violence and Peasant Politics on Chile's", en: Greg Grandin y Gilbert Joseph (ed.). *A Century of Revolution. Insurgent and Counterinsurgent violence during Latin America's Long Cold War*. Durham y London: Duke University Press, 2010, pp. 121-162. Sobre la masacre de los jóvenes nacional socialistas: Valenzuela, Emiliano. *La generación fusilada. Memorias del nacismo chileno (1932-1938)*. Santiago: Editorial Universitaria, 2017. Respecto a los hechos de la insurrección de la escuadra: Magasich, Jorge. "Capítulo II. La marina chilena", *Los que dijeron no. Tomo I*. Santiago: Lom ediciones, 2008, pp. 149-187.

Ley de Seguridad Interior de 1937. En el marco de la Constitución Política de la República de 1925, los mecanismos de restricción de derechos con fines represivos estaban estipulados en el artículo 42, núm.13, que facultaba al presidente a restringir una serie de libertades y derechos consagrados constitucionalmente, pero mediante un proceso legislativo (según el artículo 44, núm. 13) o mediante la decretación de un Estado de Excepción Constitucional, establecidos en el artículo 72. El artículo 44, núm. 13, era claro en ello, indicando que solo en virtud de una ley se podía: "(…) Restringir la libertad personal y de imprenta, o suspender o restringir el derecho de reunión, cuando lo reclamare la necesidad imperiosa de la defensa del Estado, de la conservación del régimen constitucional o de la paz interior, y solo por períodos que podrán exceder de seis meses". Por su parte, el artículo 72, núm. 17, señalaba que era una facultad específica del presidente el:

> Declarar en estado de asamblea una o más provincias invadidas o amenazadas en caso de guerra extranjera, y en estado de sitio, uno varios sitios de la República en caso de ataque exterior.
> En caso de conmoción interior, corresponde al Congreso: pero si este no se hallara reunido puede el Presidente hacerlo por un determinado tiempo. Si a la reunión del Congreso no hubiere expirado el tiempo señalado, la declaración que ha hecho el Presidente de la República, se entenderá como una proposición de Ley.
> Por la declaración del estado de sitio, solo se conceden al Presidente de la República la facultad de trasladar a las personas de un departamento a otro y la de arrestarlas en sus propias casas y en lugares que no sean cárceles ni otros que estén destinados a la detención o prisión de reos comunes.
> Las medidas que se tomen a causa del estado de sitio, no tendrán más duración que la de este, pero con ellas no se podrán violar las garantías constitucionales otorgadas a los diputados y senadores[28].

---

[28] *Constitución Política de la República de Chile*. Santiago: Imprenta Universitaria, 1925, p. 31.

Dado que la Constitución establecía un procedimiento normado para el ejercicio de las facultades de excepción, a comienzos de la década de 1930 una serie de decretos leyes estipularon los procedimientos y alcances de algunos delitos que fueron considerados como atentatorios contra el Estado y las leyes. Así lo establecieron diversas normativas como el decreto con fuerza de ley núm.143 del 5 de mayo de 1931, que estipulaba el delito contra la seguridad interior del Estado, señalando que "(...) cometen delito con la seguridad interior del Estado, los que de palabra, por escrito, mediante publicaciones, comunicaciones telegráficas, radiotelegráficas, cablegráficas, telefónicas, radiodifusión, o por cualquier otro medio propaguen o envíen en el interior o exterior, noticias o informaciones tendenciosas o falsas, destinadas a producir desconfianza o perturbaciones en el orden, tranquilidad y seguridad del país, en el régimen monetario o en la estabilidad de los valores y efectos públicos"[29].

Tras los hechos de la sublevación de la escuadra y el motín del norte grande en 1931 en las localidades de Vallenar y Copiapó, donde una decena de militantes comunistas fueron ejecutados por orden de un consejo de guerra tras el fallido intento de asalto del regimiento Esmeralda, se amplió la concepción de delitos políticos contra la seguridad del Estado a los intentos de llamar a las FF. AA. y policiales a la participación política. Mediante la Ley núm. 5.091 del 21 de marzo de 1932, que sancionaba "delitos contra la seguridad interior del Estado", se estableció en su artículo 1 que "(...) sufrirán las penas de reclusión en sus grados mínimo a medio, los que de palabra, por escrito o valiéndose de cualquier otro medio, indujeren a uno o más miembros de las Fuerzas Armadas o Carabineros, a la indisciplina o al desobedecimiento de sus superiores jerárquicos, o de los poderes constituidos de la República"[30]. Meses más tarde se publicó el principal cuerpo legal que tipificó el

---

[29] Decreto con Fuerza Ley del Ministerio de Justicia núm. 143 del 5 de mayo de 1931. Publicado en el *Diario Oficial de la República de Chile*, núm. 15.965 del 6 de mayo de 1931.

[30] Decreto Ley núm. 50 del 21 de junio de 1932. Publicado en el *Diario Oficial de la República de Chile*, núm. 16.307 del 24 de junio de 1932.

delito político contra la seguridad interior hasta la publicación de la Ley de Seguridad Interior del Estado de 1937, que sistematizó y ordenó el cuerpo normativo en esta materia. Mediante el Decreto Ley núm. 50 del 21 de junio de 1932, se establecieron sanciones para estos delitos, señalando en sus considerandos que: "(...) los movimientos de carácter anarquista, terroristas, que han venido azotando al mundo y que amenazan con destruir las instituciones fundamentales del Estado, en su organización y sus leyes, han producido una reacción en casi todos ellos, tendiente a evitar en lo posible y a reprimir y castigar en forma efectiva y ejemplar estos actos que son verdaderos crímenes (...)", agregando más adelante que "(...) el Gobierno tiene la obligación de prevenir, reprimir y castigar en forma efectiva estos desmanes y propagandas, que además de encontrarse al margen de la ley, son contrarias al orden público y, en consecuencia, al bienes y progreso de la República".

Por este marco, el Decreto Ley núm. 50 estableció la construcción jurídica del "enemigo de la república" y los delitos contra el orden público"[31]. Así, en su artículo 1, señaló que: "(...) se considera enemigo de la república a toda persona que propague o fomente, de palabra o de escrito, doctrinas que tiendan a destruir por medio de la violencia, el orden social o la organización política del Estado, ya sea atacando sus instituciones fundamentales o tratando de derribar el Gobierno constituido o fomentando el atropello a las autoridades y a los derechos que consagra la Constitución y las leyes". Para tales efectos, y en colisión con la libertad de opinión y expresión, definió que quienes cometían dichos delitos eran todas aquellas personas que "(...) difunden en público, mediante discursos, conferencias, transmisiones radiofónicas, películas cinematográficas u otros medios análogos, así como los que introduzcan, impriman, publiquen, distribuyan, vendan o mantengan folletos, revistas, periódicos, láminas, proclamas u otros impresos de cualquier género, destinados a la propaganda expresada, y los que importen, impriman, publiquen, distribuyan, vendan o mantengan en depósitos

---

[31] Ídem.

tales medios de difusión" (Artículo 1, letra a). Por su parte, hizo extensivo dicho delito a todas aquellas personas que llamaren a la subversión del orden constituido: "(...) los que incitaren a la subversión del orden público o a la revuelta, o al alzamiento contra el Gobierno constituido, o la ejecución de los delitos de homicidio, robo o incendio, o cualesquiera de los crímenes o simples delitos previstos en el artículo 480 del código penal" (Artículo 1, letra b).

Esta noción de la subversión interna en estos dispositivos de comienzos de la década de 1930, consideraban sobre todo la vinculación con organizaciones extranjeras y "doctrinas contrarias a la chilenidad". En esa línea, la propia disputa sociopolítica de Chile previo a la Guerra Fría interamericana ya contemplaba dispositivos legales para la criminalización de determinadas orientaciones políticas-ideológicas contrarias al orden sociopolítico de la república. El artículo 4 del Decreto Ley núm. 50 tipificaba un amplio espectro de conductas sobre ese punto, destacando sobre todo lo relacionado con la vinculación con organizaciones extranjeras y a la importación, fabricación, almacenamiento y distribución de armamento. Así, dicho artículo indica que se castigará "a los que mantengan relaciones con personas o asociaciones extranjeras a fin de recibir instrucciones o auxilios, de cualquier naturaleza" (...) (letra a); "a los que subvencionen a personas o asociaciones extranjeras para que ejecuten en Chile los delitos indicados en el inciso anterior" letra b); "a los que se inscriban como miembros de algunas de las asociaciones de que tratan los artículos anteriores" (letra c); "a los que inciten a destruir o a inutilizar o de hecho destruyan o inutilicen las instalaciones destinadas a algún servicio público o los medios materiales de comunicación" (letra d); "a los que importen, fabriquen, distribuyan o vendan clandestinamente armas, municiones o explosivos (...)"(letra e); "a los que promuevan, estimulen o sostengan huelgas con violación de las disposiciones legales que las rigen" (letra f); "a los que hagan apología de hechos definidos por las leyes como delito" (letra g).

Estos puntos son importantes de resaltar porque precisamente estas hipótesis de las condiciones de la subversión son las que se desarrollarán con mayor fuerza durante la segunda mitad del siglo XX y durante el Gobierno de la UP llegarán a su paroxismo, fundamentalmente a través de tres argumentos configurados por la oposición a Allende: el primero, la existencia de organizaciones del movimiento popular (rural y urbano) que estaban presionando contra el orden constituido mediante el desarrollo de acciones de violencia política, de carácter ilegal y que buscaban en los hechos instalar una situación contraria al orden legal democrático, identificada en la existencia de las formas de poder paraestatal como los cordones industriales, los comandos y consejos comunales, comandos campesinos, juntas de abastecimiento y control de precios, fábricas y predios rurales recuperados y autogestionados y, en general, todas las expresiones asociadas con formas de poder popular[32]. El segundo, el discurso del desarrollo de formas de organización paramilitares al alero de este movimiento popular, equipado con armamento profesional de guerra. Todo esto reforzado, en tercer lugar, por millares de extranjeros ingresados clandestinamente al país para subvertir el movimiento popular y el orden constituido a través del desarrollo de una guerra contra la república democrática y el orden constitucional[33].

Hacia el término del segundo Gobierno de Arturo Alessandri (1932-1938), la utilización de medidas administrativas para reprimir al movimiento popular y la disidencia política, llegaron a un punto cúlmine en la aprobación de la ley núm. 6.026 de Seguridad Interior del Estado de 1937[34]. Ese fue el primer cuerpo legal que sistematizó las diversas normativas represivas creadas al alero de la

---

[32] Gaudichaud, Franck. *Chile, 1970-1973. Los mil días que estremecieron al mundo. Poder popular, cordones industriales y socialismo durante el gobierno de Salvador Allende*. Santiago: Lom ediciones, 2017. Guadichaud, Franck. *Poder popular y cordones industriales. Testimonios sobre el movimiento popular urbano, 1970-1973*. Santiago: Lom ediciones, 2014. Seguel, Pablo. "Prácticas de poder de las clases subalternas durante el desarrollo del poder popular en Chile, 1967-1973", *Izquierdas*, núm. 27, 2016, pp. 161-199.

[33] Arriagada, Genaro. *De la vía chilena a la vía insurreccional*. Santiago: Editorial del Pacífico, 1974. *Informe de la Comisión Especial de consulta de la Organización de Estados Americanos, sobre seguridad contra la acción subversiva del comunismo internacional: el proceso marxista leninista en Chile*. Washington: EE. UU., 1974.

[34] Donoso, *op. cit.* Valdivia, *Subversión, coerción y consenso…*, *op. cit.*

Constitución Política de 1925. Visto desde el punto de vista del institucionalismo histórico, constituye el mismo cuerpo legal reformado durante el Gobierno de Gabriel González Videla en 1948 para la promulgación de la "Ley de Defensa Permanente de la Democracia" que proscribió al PCCH, es el mismo tronco normativo que en 1958 creó la segunda Ley de Seguridad Interior del Estado, que posibilitó la vuelta a la legalidad del PCCH y es la misma legislación que estuvo vigente hasta las reformas introducidas por la dictadura cívico-militar que derrocó al Gobierno de la UP. Por todo ello, es importante indagar en la historicidad de la dimensión estructural-institucional que constituye los marcos normativos de los actores burocráticos en diversas coyunturas históricas.

La ley retomó las disposiciones, definiciones y penas de los cuerpos legales anteriores, los sistematizó y amplió. Así, en el artículo 1, definió que quienes cometieran delitos contra la seguridad interior del Estado serían castigados con reclusión, relegación o extrañamiento. Dentro de las conductas, tipificadas como delito, señala aquellas que:

1. Induzcan de palabra, por escrito o valiéndose de cualquier otro medio a uno o más miembros de las fuerzas armadas o de policía a la indisciplina o desobedecimiento de sus superiores jerárquicos, o de los poderes constituidos de la República.
2. Inciten a la subversión del orden público o a la revuelta o alzamiento contra el Gobierno constituido, o los que con los mismos fines, inciten a la ejecución de los delitos de homicidio, robo o incendio, o de los crímenes o simples delitos previstos en el artículo núm. 480 del Código Penal (…).
3. Inciten, provoquen o fomenten la rebelión contra las instituciones nacionales o contra la forma de Gobierno de la República; o el atropello, por medios violentos, de los derechos que establece la Constitución Política.
4. Propaguen o fomenten de palabra o escrito o por cualquier otro medio, doctrinas que tiendan a destruir por medio de la violencia, el orden social o la organización política y jurídica de la nación.

5. Se asociaren con el objeto de perpetrar o ejecutar cualquiera de los actos delictuosos contra la seguridad interior del Estado contemplados en la presente ley, sea cual fuere la duración de las asociaciones y número de sus miembros.
6. Mantengan relaciones personales o asociación extranjera, con objeto de recibir instrucción o auxilios de cualquier naturaleza que fueren, con el propósito de llevar a cabo alguno de los actos punibles contemplados en el presente artículo.
7. Subvencionen a personas o asociación extranjera para que ejecuten en Chile los delitos considerados contra la seguridad interior del Estado.
8. Se inscriban como miembros o pertenezcan a alguna de las asociaciones de que tratan los números anteriores.
9. Propaguen de palabra, por escrito, o por cualquier otro medio, en el interior, o envíen al exterior, noticias o informaciones tendenciosas o falsas, destinadas a perturbar el orden, tranquilidad y seguridad del país, el régimen monetario o la estabilidad de los valores y efectos públicos.
10. Proceden con negligencia culpable, siendo funcionario público encargado de la fuerza, a cumplir las leyes, reglamentos o instrucciones que, en circunstancias graves y especiales, impartan el Gobierno legítimamente constituido.
11. Se reúnan, concierten o faciliten reuniones, que tengan por objeto derribar el Gobierno legítimamente constituido.
12. A sabiendas arrienden o faciliten casas o locales para reuniones destinadas a ejecutar actos contra la seguridad interior del Estado, o arrienden o faciliten gratuitamente casas o locales a organizaciones, asociaciones o sociedades que enseñen, propaguen o fomenten doctrinas que trata el núm. 4 del presente artículo[35].

---

[35] Ley núm. 6.026 del 11 de febrero de 1937, publicada en el *Diario Oficial de la República de Chile*, núm. 17.692 del 12 de febrero de 1937.

Por su parte, en el artículo 2 se definió el delito contra el orden público a todos aquellos que: "1. ultrajen públicamente el nombre, la bandera o escudos de la nación; o, en igual forma, cometan delitos de calumnia, injurias, atentados o desacatos en contra del Presidente de la República y de los Ministros de Estado, sea o no con motivo de sus funciones públicas". Agregando en el numeral 2, también a aquellos que "inciten a destruir o inutilizar, o de hecho destruyan o inutilicen, las instalaciones públicas o privadas, destinadas a un servicio público, o los medios materiales de locomoción o comunicación". En el numeral 3 relacionado con las armas y explosivos, a aquellos que "importen, fabriquen, distribuyan o vendan clandestinamente armas, municiones o explosivos. En este caso, se procederá al decomiso de esas armas, municiones o explosivos". Finalmente, en el punto 4 a aquellos que: "Promuevan o estimulen y mantengan, huelgas con violación de las disposiciones legales que las rigen y destinadas a subvertir el orden público. No podrán declararse en huelga ni suspender sus labores, en ningún caso, los empleados u obreros que prestan servicio al Estado, a las Municipalidades, o que, pertenezcan a empresas fiscales o a empresas semifiscales o particulares que tengan a su cargo servicios públicos. Los que promuevan o estimulen y sostengan esta clase de huelgas o suspensión de labores, incurrirán en la misma sanción a que se refiere este artículo"[36].

La Ley de Seguridad Interior del Estado de 1937, construida en el ocaso del alessandrismo, fue a su vez el principal cuerpo legal usado con posterioridad por el Frente Popular para arremeter contra los despuntes de la movilización popular. Como señala Camilo Plaza, a la llegada al Gobierno en 1938 del Frente Popular –formado por partidos de centro izquierda e integrado por el Partido Radical, el Partido Democrático y los partidos socialista y comunista–, la coalición pasó a administrar un Estado que "contaba con un robusto aparato legal y policial encargado de vigilar y reprimir a individuos y organizaciones vistos como posibles amenazas al

---

[36] Ídem.

orden interno"[37]. Esto implicó que gran parte de los actores y organizaciones que fueron objeto de la política represiva durante las últimas décadas, pasaran a administrar el Estado y sus instituciones represivas, generando múltiples fuentes de conflictos internos que llevaron a la disolución del Frente Popular en 1941. Esta situación, de la cual el Gobierno de la UP también se vio inmerso en estas contradicciones, se debe fundamentalmente al hecho de que las instituciones y los dispositivos legales poseen poderes estructurantes sobre la acción instrumental, por cuanto trazan cursos de acción probables que los actores pueden transitar de acuerdo con las necesidades políticas de la coyuntura.

El Consejo Superior de Defensa Nacional (Consudena) y las Zonas de Estado de Emergencia

Los mecanismos represivos estatales fueron profundizados en la década de 1940 en un contexto influenciado en el escenario internacional por la redefinición de las alianzas internacionales, producto de la Segunda Guerra Mundial y el comienzo de la Guerra Fría, y en el escenario nacional, producto de las tensiones políticas al interior del Frente Popular y despuntes de movilización social, que entraron en tensión con los partidos oficialistas[38]. Como señala Verónica Valdivia, en los años cuarenta ocurrió un cambio fundamental en el conflicto político en Chile y "ese fue la reincorporación de las fuerzas armadas a los dispositivos represivos del estado utilizado contra la izquierda y el movimiento obrero, de los que habían sido marginadas en la redefinición estatal de los años veinte y treinta"[39]. Desde el ámbito exterior, el sistema interamericano desde la primera reunión de consulta entre los

---

[37] Plaza, Camilo. "'Gobernar es Sospechar'": La policía política del Frente Popular, 1938-1941". *Meridional. Revista chilena de Estudios Latinoamericanos*, núm. 14, 2020, p.103.

[38] Valdivia, Verónica. "La guerra al comunismo: Huelgas bajo Guerra Fría", *Pisagua, 1948. Anticomunismo y militarización política en Chile*. Santiago: Lom Ediciones, 2021, pp. 207-259.

[39] Ídem, p. 167.

Ministros de Relaciones Exteriores de las Repúblicas Americanas de 1939 comenzó a instalar una modificación de la noción de la defensa nacional hacia la noción de Seguridad Nacional. Este desplazamiento operó primero en el ámbito internacional producto de la Segunda Guerra Mundial, teniendo como objetivo diplomático que los estados americanos adoptaran una posición neutral en el conflicto. La defensa hemisférica del continente revestía de una importancia central para EE. UU. por ello en la primera reunión de ministros se acordó que los estados firmantes "evitarán que en sus respectivos territorios terrestres, marítimo o aéreos, sean utilizados como base de operaciones bélicas". Dado que dicho objetivo en primera instancia constituía una medida preventiva, se recomendó la "coordinación de medidas policiales y judiciales para el mantenimiento de la neutralidad" para la "concertación de reglas y procedimientos que juzguen útiles para facilitar, en forma coordinada entre sí y del modo más oportuno y eficaz, la acción de las autoridades policiales y judiciales de los respectivos países frente a las actividades ilícitas que intentarán realizar los individuos, sen nacionales o extranjeros, en favor de un estado beligerante extranjero"[40].

Esta declaración buscaba sobre todo premunir a que los estados adoptaran medidas judiciales y policiales tendientes a vigilar, perseguir y coordinar acciones para evitar le emergencia de la subversión y el sabotaje de agentes de los estados en conflicto: "Cada uno de los Gobiernos de las Repúblicas Americanas teniendo en cuenta su igual preocupación y responsabilidad en la prosecución de la paz y en la seguridad del Continente, adoptará en su territorio las medidas necesarias de acuerdo con sus poderes constitucionales, para prevenir y suprimir cualquiera clase de actividades dirigidas, ayudadas o instigadas por gobiernos, grupos o individuos extranjeros, que tiendan a subvertir las instituciones nacionales o a fomentar desordenes en su vida política interna, o a modificar por

---

[40] *Acta Final de la Primera Reunión de Consulta entre los Ministros de Relaciones Exteriores de las Repúblicas Americanas de Conformidad con los Acuerdos de Buenos Aires y de Lima.* Panamá, República de Panamá, 23 de septiembre al 3 de octubre de 1939, p. 25.

la presión, la propaganda, la amenaza o cualquier otra manera, el libre y soberano derecho de sus pueblos a regirse por los sistemas democráticos que en ellos prevalecen"[41].

En la tercera reunión comenzó a operar un viraje de la noción objetivo del enemigo, situada desde los estados del Eje hacia la figura del comunismo. Por ello, en el "Memorándum para la Reglamentación de las Actividades Subversivas", anexo al acta de la tercera reunión de 1942, se recomendó entre otras medidas, dos específicas tendientes a controlar y vigilar a los extranjeros peligrosos y "evitar los actos de agresión política" entendidos como ataques y diseminación de propaganda contra los estados aliados y los esfuerzos bélicos. Finalmente, se instó a la reunión de la Conferencia Interamericana sobre coordinación de medidas Policiales y Judiciales que se realizó en 1942 en Buenos Aires, Argentina. Declarando, entre sus objetivos, la ampliación del Convenio Sudamericano de Policía suscrito en Buenos Aires el 29 de febrero de 1920 y apuntalando la creación de un sistema informaciones interamericano, por medio de las cancillerías[42].

Para la cuarta reunión, esta estrategia de seguridad hemisférica que se refundió en el concepto de seguridad nacional en el marco de la Guerra Fría interamericana, fue mucho más clara en la definición de los enemigos subversivos de la seguridad nacional: el comunismo internacional. En dicha reunión, efectuada en Washington en 1951, se señaló como considerando que "las actividades expansionistas del comunismo internacional requieren de la adopción inmediata de medidas para la salvaguardar la paz y la seguridad del continente"[43]. Por ende, los objetivos fueron mucho más diáfano definiéndose tres áreas de la diplomacia interamericana: la cooperación político y militar para la defensa continental

---

[41] *Acta Final de la Segunda Reunión de Consulta entre los Ministros de Relaciones Exteriores de las Repúblicas Americanas.* La Habana, Cuba. 30 de julio de 1940, p.12.

[42] *Acta Final de la Tercera Reunión de Consulta entre los Ministros de Relaciones Exteriores de las Repúblicas Americanas.* Río de Janeiro, Brasil, 15 de febrero de 1942

[43] *Acta Final de la Cuarta Reunión de Consulta entre los Ministros de Relaciones Exteriores de las Repúblicas Americanas.* Washington, Estados Unidos. Del 26 de marzo al 7 de abril de 1951. p. 7.

mediante los Tratados de Asistencia Recíproca y la Junta Interamericana de Defensa. En segundo lugar, la seguridad interna de los estados americano, promoviendo legislaciones de proscripción del comunismo. Finalmente, la cooperación económica.

En el ámbito de las legislaciones anticomunistas y contrasubversivas se recomendó que "cada una de las Repúblicas Americanas examine sus propias leyes y reglamentos adopte aquellas modificaciones que considere necesarias para asegurar que las actividades subversivas de los agentes del comunismo internacional, dirigidas contra cada una de ellas, puedan ser adecuadamente prevenidas y sancionadas"[44].

Como se puede apreciar, el marco interamericano constituye un elemento importante en tener en consideración, porque permite apreciar la manera en cómo a nivel continental fueron instalando en el centro de las preocupaciones represivas la lucha contra el comunismo definido como un movimiento subversivo que amenazaba la seguridad hemisférica. En el caso chileno esto propició el reposicionamiento de los militares operó mediante tres dispositivos legales que contribuyeron a vincular las problemáticas de seguridad exterior e interior bajo el problema de la defensa nacional: La creación del Consejo Superior de Defensa Nacional (Consudena), la creación de la figura de la zona de emergencia que facultó la entrega del control y autoridad jurisdiccional en los territorios y provincias del país a las FF. AA. y mediante la aprobación de la ley de seguridad exterior del Estado.

El Consudena fue creado mediante la Ley núm. 7.144 del 5 de enero de 1942[45], con el objetivo de "asesorar al Gobierno en el estudio y resolución de los problemas que se refieren a la defensa nacional relacionados con la seguridad exterior" (artículo 1). Su composición quedó formada por el ministro de Defensa, quien presidía el órgano, y conformado por los ministros de Hacienda, Relaciones Exteriores, los jefes de los Estados Mayores de las

---

[44] Ídem, p.14.
[45] Publicada en el *Diario Oficial de la República de Chile*, núm. 19.151 del 5 de enero de 1942.

FF. AA. y los subsecretarios de guerra, marina y aviación. Dentro de sus funciones y atribuciones contempló diversas materias relacionadas con el financiamiento y adquisición de materiales de guerra y "(...) estudiar y establecer las necesidades de la Defensa Nacional comprendiendo las medidas necesarias para la protección de las poblaciones civiles contra bombardeos aéreos, asimismo, las normas de protección y de seguridad mínimas que en sus instalaciones deben satisfacer los servicios estimados vitales y de utilidad públicas" (artículo 2, letra a). Meses más tarde fue publicado su reglamento, mediante el decreto núm. 1028 del 19 de junio de 1942, que estableció la figura del secretario y una modalidad de registro y una modalidad de definición de las decisiones por acuerdo de su mayoría absoluta de sus miembros. Este organismo, en sus alcances y objetivos, estaba fundamentalmente dedicado a labores de planificación de la defensa nacional del territorio en casos de conflicto bélico externo.

Por esta razón, el Consudena debe ser entendido como un organismo colegiado de carácter estratégico en el ámbito de la defensa, no como un espacio de aplicación operativa de las políticas en este ámbito. El rol de las FF. AA. estaba abocado, sobre todo, al ámbito externo; por ello, este dispositivo de planificación de la defensa nacional fue complementado por la Ley de Seguridad Exterior del Estado promulgada hacia finales de diciembre de 1942 y publicada a principios del año siguiente[46]. Esta, en su cuerpo normativo, tipificó casi los mismos delitos que la Ley de Seguridad Interior del Estado de 1937, pero enfatizando las alianzas interamericanas y el componente exterior. Así, en su artículo 1, señaló que "(...) comete delito contra la seguridad exterior de la República todo aquel que favorezca a países en guerra con un Estado americano o sus aliados, o perjudique a estos mediante (...)" diversas acciones y conductas similares a la de la Ley de Seguridad Interior del Estado. De ese punto de vista, la novedad de este dispositivo no

---

[46] Ley núm. 7.401 Publicada en el *Diario Oficial de la República de Chile*, núm. 19.449 del 4 de enero de 1943.

radicaba en las conductas que tipificaba como delito, sino en las facultades de excepción –por sobre las condiciones y atribuciones dadas por la Constitución Política de la República de 1925 en los artículos 44, 13 y el 72, núm. 17–. Tres facultades especiales permitían al Presidente de la República restringir la libertad de información y opinión a través de la intervención de las comunicaciones cablegráficas, telefónicas, telegráficas y de onda radial; cancelar los permisos de residencia de extranjeros; y detener en lugares de permanencia forzosa: "señalar lugares de permanencia forzosa para determinados extranjeros o localidades o zonas en que les esté prohibido residir. Las medidas anteriormente señaladas solo podrán adoptarse respecto de las personas que, por cualquier medio, tiendan a favorecer a una potencia en guerra con algún país de América o sus aliados, o perjudicar a estos" (artículo 8, letra d). El subtexto de esta declaración se vinculaba con los intereses geoestratégicos de EE. UU., sobre todo desde el punto de vista del abastecimiento de materias primas necesarias para solventar las necesidades de la economía de guerra.

Al margen de estas disposiciones, el dispositivo que posibilitará la incorporación efectiva de las FF. AA. en las labores de seguridad interior en perspectiva contrasubversiva, operó a través de la figura de la declaración de "zona de emergencia". Fue esta figura la que posibilitó a las FF. AA., por decisión del poder ejecutivo, ejercer tareas de control político y represión. Por ello, este dispositivo propició un involucramiento progresivo de las FF. AA. en asuntos políticos en un contexto de agudización de la conflictividad social y en la búsqueda de la militarización de la represión como una respuesta política de algunos sectores del sistema político, pero la práctica estatal y la decisión de los actores civiles fueron los que finalmente propiciaron su institucionalización e instalación como repertorio de acción legítima para contener el conflicto sociopolítico.

Esta solución político-represiva a la que llegó el Estado a comienzos de la década de 1940 fue el resultado de cambios en el escenario político internacional y de la modernización de los dispositivos represivos dentro del propio Estado y el retorno de las

FF. AA. a las labores de seguridad interior. La figura ideada para ello fue la de zona de emergencia, la que quedó contemplada de manera transitoria en la Ley núm. 7.200 de julio de 1942, que otorgó facultades de excepción y especiales para dictar medidas de carácter administrativo, económico y financiero. Así en los artículos 22 y 23 dicha ley contempló que:

> Autoriza al Presidente de la República para declarar, previo informe del Consejo Superior de Defensa Nacional, Zonas de Emergencia, partes determinadas del territorio en los casos de peligro de ataque exterior o de invasión, o de actos de sabotaje contra la seguridad nacional; casos en los cuales se podrán aplicar las disposiciones del núm. 13 del artículo 44, y 17 del artículo 72 de la Constitución contra las personas u organizaciones que realicen actividades de tal naturaleza.
> Esta última facultad regirá por el plazo de seis meses, a contar desde la vigencia de esta ley.
> Por la declaración de Zona de Emergencia se podrán adoptar, además, las medidas necesarias para mantener el secreto sobre obras y noticias de carácter militar.
> Prohíbanse, mientras dure el actual conflicto, la difusión y publicación de noticias de carácter militar y del movimiento de barcos de nacionalidades extranjeras.
> La declaración de Zona de Emergencia no afectará en modo alguno a los derechos que reconocen a los obreros y empleados, el decreto con fuerza de ley núm.178, de 13 de mayo de 1931 (Código del Trabajo) y, en general, la legislación social[47].

Como se puede apreciar, esta disposición de excepción legislada al alero de la situación militar propiciada por la Segunda Guerra Mundial, permitió que el Consudena pudiese, a través del concepto de "defensa nacional", vincular las situaciones de

---

[47] Énfasis propio. Ley núm. 7.200 de 1942, artículo 23. Publicado en el *Diario Oficial de la República de Chile*, núm. 19.313 del 21 de julio de 1942.

conflicto externo con las internas, a través de la figura del sabotaje y la colaboración con estados aliados en guerra con los Estados americanos. Por otra parte, esta ley otorgó facultades de las que carecía el Consudena, consolidando la reincorporación de las FF. AA. a labores de asesoramiento al poder ejecutivo para la dictación de Estados de Excepción en situaciones de vulnerabilidad de la seguridad interior, creando, en los hechos, una nueva figura de excepción constitucional por fuera de los estados de sitio y de asamblea estipulados en la Constitución Política de la República de 1925, en una zona gris que fue utilizada a discreción del poder ejecutivo del momento y usada en diversas circunstancias contra el movimiento popular. La zona de emergencia como Estado de Excepción Constitucional fue institucionalizada tras la derogación de la Ley de Defensa Permanente de la Democracia a través de la modificación de la Ley de Seguridad Interior del Estado de 1958.

Los trazos contrasubversivos de este nuevo dispositivo de excepción quedaron esbozados con mayor claridad en el reglamento creado por el Ministerio de Defensa Nacional para la dictación de las zonas de emergencia. Mediante el Decreto Fuerza Ley 34/2.245 del 17 de noviembre de 1942[48], definió las zonas de emergencia como: "aquella o aquellas partes del territorio nacional declarado tal por el Presidente de la República, en los casos de peligro de ataque exterior o de invasión, o de acto de sabotaje contra la seguridad nacional" , precisando que "se entiende por sabotaje toda acción encaminada a destruir o perjudicar armamentos, municiones, elementos bélicos o instalaciones de cualquier clase relacionados con algún servicio público, empresas o industrias útiles a la defensa, aprovisionamiento o economía del país, o a los medios de locomoción o comunicación, que tienda a perturbar la defensa nacional" (artículo 1). Acorde con el reglamento, la dictación de la zona de emergencia se efectuaría previo informe y recomendación del Consudena que, como revisamos, estaba integrado en su

---

[48] Publicado en el *Diario Oficial de la República de Chile*, núm. 19.420 del 27 de noviembre de 1942.

mayoría por los oficiales de los Estados Mayores de las FF. AA. Salta a la vista, que mediante esta legislación de emergencia, el Estado entregó a las FF. AA. no solo la atribución de recomendar las circunstancias sociopolíticas que potencialmente atentaban contra la seguridad y la defensa nacional sino que, además, las dotó de una serie de facultades especiales para el ejercicio del poder en las respectivas jurisdicciones bajo su mando.

El artículo 2 del reglamento definió las atribuciones de los jefes militares en el territorio: "Por el hecho de declararse zona de emergencia una o más subdelegaciones, quedan estas bajo la dependencia inmediata del Jefe Militar o Naval de la División o Apostadero correspondiente, quien asume el mando militar y administrativo con los deberes y atribuciones que fija el presente Reglamento. Para el ejercicio de sus funciones en las distintas zonas de emergencia podrá delegar sus facultades en oficiales de cualquiera de las tres instituciones, estén bajo su jurisdicción", enfatizando que inclusive las autoridades civiles y administrativas quedaban bajo el mando de los jefes militares en el territorio: "Las autoridades administrativas de las zonas de emergencia continuarán desempeñando sus cargos y llevando a cabo sus labores ordinarias, sin perjuicio de quedar subordinados al jefe militar correspondiente, para los efectos del presente Reglamento". Dentro de las amplias atribuciones otorgadas a los jefes militares, se señaló que estos poseían las siguientes facultades:

1. Asumir el mando de las fuerzas militares, navales, aéreas, de carabineros u otras que se encuentren o llegue a la zona de emergencia.
2. Dictar las medidas para mantener el secreto sobre existencia o construcción de obras militares.
3. Prohibir la divulgación de noticias de carácter militar, estableciendo la censura de prensa, telegráfica y radiofónica que estime necesario.
4. Reprimir propaganda antipatriótica, ya sea que se haga por medio de prensa, radios, cines, teatros o de cualquier otro medio.

5. Reglamentar el porte, uso y existencia de armas y explosivos en poder de la población civil.
6. Controlar la entrada y salida de la zona de emergencia y el tránsito en ella y someter a la vigilancia de la autoridad a las personas que se consideren peligrosas.
7. Hacer uso de locales fiscales o particulares que sean necesarios para la defensa de la zona de emergencia.
8. Disponer la evacuación total o parcial de los barrios, poblaciones o zonas que estime necesario para la defensa de la población civil y para el mejor éxito de las operaciones militares, dentro de su jurisdicción.
9. Dictar medidas para la protección de las obras de arte y servicios de utilidad pública (agua potable, luz, gas, centros mineros e industriales, etcétera) con el objeto de evitar o reprimir el sabotaje, estableciendo especial vigilancia sobre los armamentos, fuertes, instalaciones, fábricas, e impedir que se divulguen noticias verdaderas o falsas que puedan producir pánico en la población civil o desmoralización de las Fuerzas Armadas.
10. Dictar las órdenes necesarias para requisición, almacenaje y distribución de todos aquellos artículos necesarios para auxilio de la población civil o de utilidad pública.
11. Controlar la entrada o salida de la zona de emergencia de elementos de subsistencia, combustible y material de guerra.
12. Disponer de declaración de stock de elementos de utilidad militar existentes en la zona.
13. Publicar bandos en los cuales se reglamentan los servicios a su cargo y las normas a que deba ceñirse la población civil.
14. Impartir todas las órdenes o instrucciones que estime necesarias para el mantenimiento del orden interno dentro de las zonas.

Además de estas amplias facultades, la zona de emergencia facultó a las FF. AA. a someter a la población a los tribunales militares, señalando que "declarada la zona de emergencia, y nombrado el jefe militar, cuando haya que operar contra enemigo extranjero o contra fuerzas rebeldes organizadas, empezarán a funcionar los Tribunales Militares establecidos para tiempos de guerra" (artículo 4), señalando, a continuación, que mientras prevalezca la zona de emergencia se podrán aplicar por decreto presidencial las disposiciones de excepción contempladas en la Constitución. Las diferencias entre el régimen de excepción del estado de asamblea y la zona de emergencia, en este momento, expresaba ciertos énfasis respecto a eventuales sabotajes que pusiesen en riesgo la soberanía. No obstante, la gran diferencia decía relación con las atribuciones de los jefes militares, ya que se les entregaba en las jurisdicciones sobre su resguardo, amplias facultades para la tutela de los derechos civiles y políticos[49].

La extensión de las facultades estipuladas por el reglamento entregó a las FF. AA. un poder de excepción prácticamente total sobre la población civil, al límite de las garantías constitucionales consagradas e incluso al límite de las restricciones establecidas por la propia Constitución para el ejercicio de los estados de asamblea y sitio. A través de esta arquitectura jurídica de la represión, a comienzos de la década de 1940 se entregó a las FF. AA. la facultad de recomendar al presidente, mediante acuerdo por mayoría simple del Consudena, la dictación de la zona de emergencia para entregarles a las propias FF. AA. el control total sobre el territorio y la población de la jurisdicción, facultándolas para confiscar y expropiar bienes, detener, censurar medios de opinión y someter a juicio en tribunales militares a las personas consideradas enemigas del Estado. Es evidente que, como señala Verónica Valdivia, "la amplitud de las facultades entregadas a los jefes militares impedía un control efectivo de parte de la autoridad civil, de modo que los niveles de coerción y restricción de derechos muchas veces dependía de la persona al mando, sin que se hubiesen definido claramente los límites de acción[50].

---

[49] Frühling, Hugo. "Fuerzas armadas, orden interno y derechos humanos". En: Hugo Frühling, Carlos Portales y Augusto Varas. *Estado y Fuerzas Armadas*. Santiago: Flacso, 1982, p. 42.
[50] Valdivia, *Pisagua...*, *op. cit.*, p. 205.

La entrega del poder a los militares en los territorios necesariamente implicó visualizar el conjunto del territorio nacional por jurisdicciones a cargo de las divisiones militares, bases áreas y apostaderos navales. Pero también el desarrollo de una concepción estratégica general de la defensa del territorio, que se fue expresando en los "planes de defensa general del territorio", diseñados desde la década de 1940 hasta el período de la UP, los que fusionaron la problemática del frente interno y externo como un problema de defensa integral de Estado y el territorio. Sobre dicha concepción se fue ampliando el desarrollo del teatro de operaciones bélico, incorporando tanto los espacios interiores del país (frente interno) como el frente de batalla propiamente tal (frente externo), ya que "en ambos frentes, o sea en todo el teatro de guerra, nadie escapa a los rigores de la lucha, ni a sus exigencias, ni a su contribución de sangre"[51]. Por ello, la incorporación del Consudena –y el organismo que lo sucedió, el Consejo Superior de Seguridad Nacional (Consusena)– tiene un significado político de primer orden en la declaración de los Estados de Excepción constitucional, por cuanto como definió su reglamento, la evaluación de la pertinencia de la declaración de los Estados de Excepción por parte del Presidente de la República, requería del informe favorable de este organismo estatal. Esto necesariamente implicaba un proceso de deliberación y evaluación político, por sobre la mera apreciación militar de la vulneración de la defensa nacional, motivo que implicará una incorporación activa de las FF. AA. en labores de represión política en el país. La amplitud de las causales de "peligro" y "vulneración de la defensa" daba la amplitud necesaria para la instalación de un consenso sociopolítico entre los actores integrantes de estos consejos, para la estimación de una situación de peligro y amenaza. En consideración a esto, una concepción ampliada de la defensa del territorio –entendido como el teatro de operaciones– implicó vincular el problema de la subversión como un problema

---

[51] Salinas Figueroa, Ramón (mayor). "El Plan General de Defensa del Territorio", *Memorial del Ejército*, núm. 177, noviembre-diciembre de 1941, p. 879.

de seguridad y concebir, en lo estratégico, una concepción amplia de una planificación de la defensa del Estado y el territorio.

Como lo señaló en 1941 el mayor Ramón Salinas, el plan general de defensa del Estado es "(...) el esquema preciso de la forma cómo va a defenderse toda aquella otra porción del suelo patrio que, dentro de las fronteras, circunda o se extiende más allá de los frentes donde combaten los ejércitos. Comprende, entonces, las grandes ciudades, los centros industriales, las propias fronteras terrestres y marítimas, las vías férreas y aéreas, los caminos, las obras de arte, etcétera"[52]. Dentro de las características identificadas para dichos planes, se señalan algunos atributos que son importantes a tener en consideración para una rápida implementación de los mismos: deben ser sencillos, dado que "el plan de defensa requiere de una gran sencillez para su ejecución, de acuerdo con la rapidez que deben alistarse los organismos ejecutores"[53]; únicos, en el sentido de que correspondan a un trazado general con variantes regionales; y completos, atendiendo tanto los escenarios externos como internos.

Uno de los primeros planes de defensa general del territorio que se conoce corresponde al año 1943. Este contempló la subdivisión militar del territorio nacional en lo que con posterioridad evolucionarán en 1972 en las Comandancias de Áreas Jurisdiccionales de Seguridad Interior (CAJSI). De acuerdo con las fuerzas en el territorio, la subdivisión se organizó en regiones militares a través de la siguiente estructura (ver tabla 1)[54]:

---

[52] Ídem.
[53] Ibid., p. 880.
[54] Ministerio del Interior. Oficios Confidenciales, vols. 11166 y 11168; documento del 30 de enero de 1943. Citado por: Valdivia, *op. cit.*, p. 195.

Tabla 1. Regiones militares de acuerdo con Plan General de Defensa de 1943

Primera Región Militar	Provincias de Tarapacá a Coquimbo; comandante de la región el Comandante en jefe de la I División de Ejército, con asiento en Antofagasta
Segunda Región Militar	Provincias de Aconcagua a O'Higgins, a excepción de Valparaíso, Quintero y San Antonio. Comandante de la región del comandante en jefe de la II División de Ejército, con asiento en Santiago
Apostadero Naval de Valparaíso	Departamento de Valparaíso, subdelegado de Quintero del Departamento de Quillota, de esta misma provincia y Subdelegación de San Antonio, del Departamento de San Antonio de la provincia de Santiago
Tercera Región Militar	Provincias de Colchagua a Biobío, a excepción de Talcahuano y Coronel, de la provincia de Concepción y provincia de Arauco
Cuarta Región Militar	Provincia de Malleco a Aysén. Comandante de la región el comandante en jefe de la IV División de Ejército, con asiento en Valdivia
Apostadero Naval de Punta Arenas	Provincia de Magallanes. Comandante en jefe de Apostadero con asiento en Punta Arenas

Elaboración propia.

La institucionalización de la represión estatal y la militarización del conflicto sociopolítico

En las décadas posteriores, los dispositivos antes mencionados, así como sus modificaciones, posibilitaron institucionalizar una práctica estatal de represión en dos niveles: en primera instancia, a través de la invocación de la Ley de Seguridad Interior del Estado por el poder ejecutivo a través del Presidente de la República, encomendando a las policías la represión, investigación y al poder judicial la sanción de dichos delitos. En segunda instancia, el convocar el organismo colegiado de defensa –Consudena y, posteriormente, el Consusena–, recomendando al presidente la declaración de zona de emergencia, decretar dicho Estado de Excepción y entregar la atribución a las FF. AA. en el territorio de las jurisdicciones afectadas bajo la medida, facultándolas para reprimir, investigar y juzgar en tribunales militares las conductas penadas. Este último procedimiento institucionalizó una práctica de seguridad interior que concibió el conflicto sociopolítico como una amenaza a la defensa y, posteriormente, a la seguridad del Estado, reincorporando a las

FF. AA. en las labores represivas, pero sobre todo rompiendo con las garantías procesales básicas de un sistema de justicia moderno.

La "Ley Maldita": la Ley de Defensa Permanente de la Democracia

Dos reformas perfeccionaron este dispositivo represivo: por una parte, la Ley núm. 8.987 de 1948, que modificó una serie de legislaciones represivas previas a la Ley de Seguridad Interior de 1937[55], posteriormente publicada de manera refundida y coordinada como Ley de Defensa Permanente de la Democracia[56]. Como es públicamente conocida, esta ley proscribió, por el hecho de existir, al PCCH y estableció una serie de disposiciones represivas, facultades especiales y restricciones de derechos civiles y políticos. La orientación anticomunista explícita de la ley viene a expresar sin ambages las pulsiones anticomunistas de las legislaciones represivas anteriores, señalando de manera expresa en su artículo 1 la prohibición de existencia legal del PCCH: "se prohíbe la existencia, organización, acción y propaganda, de palabra, por escrito o por cualquier otro medio, del Partido Comunista y, en general, de toda asociación, entidad, partido, facción o movimiento, que persiga la implantación en la república de un régimen opuesto a la democracia o que atente contra la soberanía del país. Solo se tendrán como regímenes opuestos a la democracia los que, por doctrina o, de hecho, aspiren a implantar un Gobierno totalitario o de tiranía, que suprima las libertades y derechos inalienables de las minorías y, en general, de la persona humana", agregando: "Las asociaciones ilícitas a que se refieren los incisos anteriores importan un delito que existe por el solo hecho de organizarse. Las personas, asociadas o no, que infrinjan cualquiera de las prohibiciones establecidas en este artículo,

---

[55] Publicada en el *Diario Oficial de la República de Chile*, núm. 21.144 del 3 de septiembre de 1948.

[56] Decreto núm. 5.839 del 30 de septiembre de 1948, publicado en el *Diario Oficial de la República de Chile*, núm. 21.180 del 18 de octubre de 1948.

serán sancionadas con las penas señaladas en el artículo segundo de la presente ley" (artículo 1).

Es importante destacar que esta legislación no fue la que posibilitó la existencia del campo de prisioneros políticos de Pisagua en 1948, anterior a esta legislación. Esta forma parte de una tendencia política desarrollada al interior del sistema político que buscaba la exclusión de los comunistas dentro de la institucionalidad a partir de diversas matrices anticomunistas (tanto conservadoras, liberales y socialistas) que se fueron expresando en los dispositivos represivos anteriormente revisados. De hecho, como señala Verónica Valdivia, la exclusión política de los comunistas responde a un proceso de mediana data que expresa una tendencia conservadora, de rechazo al proceso de modificación del Estado en la década de 1930 y que bregaba por la exclusión de los comunistas del Frente Popular, potenciado por un anticomunismo de izquierda, desarrollado al interior de PS, que acusaba al PCCH de doctrinario, totalitarismo y sectarismo. Esto generó, en las alianzas de los gobiernos radicales, tensiones por izquierda y derecha que afloraron en diversas coyunturas de movilización social y que en los tres gobiernos radicales implicó la retirada de los comunistas del poder ejecutivo y tensiones en los organismos sindicales –el quiebre en 1946 en la Central de Trabajadores de Chile (CTCH) entre socialistas y comunistas–. Esa disputa por la orientación del Estado, en el proceso reformista impulsado por el Frente Popular, implicó potenciar desde los liberales, cuestionamientos a una serie de medidas y organismos del Estado orientados a controlar precios de productos de primera necesidad e intervenir en el mercado mediante la expropiación a través de una institución creada a comienzos de la década de 1930, para paliar las consecuencias de la crisis de 1929, el Comisariato de Subsistencia y Precios[57]. La disputa política por las acciones de esta institución permitió posicionar una trinchera de defensa de la propiedad privada, un posicionamiento contra el

---

[57] Decreto Ley núm. 520 del 30 de agosto de 1932, publicado en el *Diario Oficial de la República de Chile*, núm. 16.363 del 31 de agosto de 1932.

intervencionismo económico y, a la vez, asociar a los comunistas como los principales responsables de las precisiones sociales que buscaban la ampliación de las áreas a intervenir por esta institución. Finalmente, los cambios operados en el ámbito internacional que posibilitaron el perfeccionamiento de los dispositivos represivos anteriormente revisados. La "Ley Maldita", desde ese punto de vista, es un punto de llegada, no de partida[58].

Previo a la promulgación de la ley, la militarización de la represión política tuvo una presencia importante, de carácter defensivo en 1943, asociado al contexto de la Segunda Guerra Mundial. Pero con posterioridad al término de este conflicto internacional, la militarización del conflicto sociopolítico expresó un repertorio de acción estatal de militarización de la represión de huelgas y manifestaciones sociales. Esto quedó expresado con claridad en la movilización de los microbuseros de 1947 y las huelgas del carbón de 1947-1948. En dichas coyunturas, la práctica represiva estatal fue la decretación de zona de emergencia, previa recomendación del Consudena y la entrega del poder a las FF. AA. en el territorio para la aplicación de las disposiciones de excepción estipuladas por el artículo 23 de la Ley núm. 7.200 y su reglamento. Todo ello hace relevante –y excede el objetivo de este trabajo– una investigación sistemática sobre el proceso de militarización de la represión bajo la figura de los delitos contra el orden público y la seguridad interior del Estado. Solo para ilustrar la práctica estatal, que durante la coyuntura del Gobierno de la U.P. será sistemáticamente aplicada, podemos constatar este modo de operación institucional.

El 17 de enero de 1943, el presidente Juan Antonio Ríos decretó zona de emergencia en la mayoría del territorio nacional, fundando su decisión en los dispositivos aludidos anteriormente: "teniendo presente lo dispuesto en el decreto supremo núm. 34-2.245 –correspondiente al reglamento de aplicación del artículo 23 de la Ley núm. 7.200–(...), lo informado por el Consejo Superior de Defensa Nacional y en uso de la facultad que me

---

[58] Valdivia, *op. cit.*, pp. 162-163.

confiere el artículo 23 de la ley 7.200 de 18 de julio de 1942"[59]. La justificación política de la decisión emanaba del escenario de guerra internacional y en la necesidad de mantener la cadena de suministros económicos para el complejo industrial militar norteamericano y atiende a la amenaza de espionaje y sabotaje sobre diversas industrias consideradas estratégicas.

El segundo momento en el que se aplicó la medida fue en 1947 en una movilización que se vinculó en Santiago al transporte público, en un conflicto entre microbuseros y cobradores, que puso en el centro de la discusión la contradicción entre la fijación de precios y las demandas salariales. Dadas las manifestaciones que se generaron y ante la amenaza de la paralización de la ciudad, el presidente Gabriel González Videla decretó zona de emergencia a la provincia de Santiago, de acuerdo con el mismo procedimiento establecido por el dispositivo de represión revisado[60], y designó como jefe de la zona de emergencia al comandante de la II División de Ejército, con asiento en Santiago, general de brigada Rafael Fernández Reyes. Los hechos iniciados en junio se proyectaron hacia los meses siguientes en el norte y el sur del país, sobre todo en la zona minera de Lota y Coronel, motivo por el que fue declarada zona de emergencia en las provincias de Biobío y Arauco[61]. Dada la envergadura de la situación, fue posteriormente decretado estado de sitio y los militares tomaron el control total de las provincias antes aludidas. Las detenciones se extendieron a todo dirigente sindical y político identificado con el PC, habilitándose luego el campo de prisioneros políticos en la ciudad puerto de Pisagua, para trasladar unas 7.000 personas que fueron relegadas y deportadas.

Esta movilización fue la antesala de las medidas de excepción aplicadas en contra de los comunistas y el preludio de la

---

[59] Decreto del Ministerio del Interior núm. 223 del 14 de enero de 1943, publicado en el *Diario Oficial de la República de Chile*, núm.. 19.461 del 18 de enero de 1943.
[60] Decreto del Ministerio de Defensa Nacional núm. 949 del 12 de junio de 1947, publicado en el *Diario Oficial de la República de Chile*, núm. 20.777 del 17 de junio de 1947.
[61] Pavilack, Jody. *Mining for the Nation, The Politics of Chile's Coal Communities from the Popular Front to the Cold War*. United States: Pennsylvania State University Press, 2011.

Ley de Defensa Permanente de la Democracia[62]. Sin pretensión de exhaustividad, los casos anteriormente revisados dan cuenta de una práctica represiva estatal institucionalizada. La Ley de Defensa Permanente de la Democracia no sustituyó la práctica estatal de militarizar la represión. De hecho, al año siguiente, en agosto de 1949, una nueva manifestación social se dirigió contra el transporte público –en la conocida "revuelta de la chaucha"–, generándose fuertes enfrentamientos entre manifestantes y la fuerza pública, siendo decretada Zona de Estado de Emergencia en la provincia de Santiago[63]. En la década siguiente, en el segundo Gobierno de Carlos Ibáñez del Campo, se continuó con la criminalización de la protesta social y la militarización del conflicto mediante el mismo procedimiento, que tuvo sus mayores repercusiones en los acontecimientos y movilizaciones de abril de 1957[64].

La Ley de Seguridad Interior del Estado de 1958 y la creación del Consunsena

El retorno de los comunistas al sistema político vino de la mano de la Ley núm. 12.927 de seguridad interior del Estado de 1958, que derogó la Ley de Defensa Permanente de la Democracia y sistematizó y modificó algunas de las antiguas disposiciones sobre esta materia[65]. En el tronco jurídico central de la nueva ley, se conservaron las definiciones acuñadas por el Estado desde los primeros dispositivos legales sobre seguridad interior, agregando una nueva definición del bien jurídico a proteger "la soberanía nacional" y la "normalidad de las actividades nacionales". En ese

---

[62] Pérez, Francisco y Villalobos, Mauricio. "El movimiento obrero en la encrucijada: la huelga carbonífera de 1947 y el Estado de Sitio en Lota y Coronel (1947-1949)", *manuscrito*.

[63] Palma, Daniel. "La «revolución de la chaucha». Santiago de Chile, 16 y 17 de agosto de 1949", *Revista Trimestral del Instituto de Ciencias Alejandro Lipschutz*, 2005, pp. 49-52.

[64] Milos, Pedro. *Historia y memoria. 2 de abril de 1957*. Santiago: Lom ediciones, 2007.

[65] Artículo núm. 39 de la Ley 12.927 del 2 de agosto de 1958, publicado en el *Diario Oficial de la República de Chile*, núm. 24.114 del 6 de agosto de 1958.

ámbito, la ley dio continuidad a la concepción de la seguridad del Estado que asoció la conflictividad sociopolítica al interior con las problemáticas exteriores. No obstante, uno de los aspectos más relevantes fue la creación de un nuevo Estado de Excepción Constitucional, el estado de emergencia, el cual interpretaba la figura de la zona de emergencia creada por el artículo 23 de la Ley núm. 7.200 de facultades especiales otorgada al Presidente de la República en 1942.

La nueva ley concibió el estado de emergencia como un Estado de Excepción de carácter eminentemente preventivo: "En caso de guerra, de ataque exterior o de invasión, el Presidente de la República podrá declarar todo o parte del territorio nacional, en estado de emergencia, sea que el ataque o invasión se haya producido o existan motivos graves para pensar que se producirá (…)" (artículo 31), agregando que para tales efectos dicho decreto deberá incorporar las firmas de los ministros de defensa e interior. Una vez declarado el estado de emergencia, la zona respectiva pasaba a control jurisdiccional del jefe de la defensa nacional designado por el Gobierno por decreto, quien podría a su vez delegar parte de sus facultades en oficiales de las diversas ramas de las FF. AA.

Dentro de las atribuciones que se le otorgaron al jefe de las FF. AA. en el territorio, se contempló un amplio espectro de atribuciones, similares a las que le otorgó el reglamento del artículo 23 de la Ley núm. 7.200. El Consudena, por su parte, fue modificado en 1960 desde una concepción de la "defensa nacional" a la "seguridad nacional". La modificación da cuenta de la recepción de la influencia del Ejército norteamericano en relación con la concepción de la seguridad y la planificación de la defensa, entre otras consideraciones. Como señala Cristián Garay, en el período 1940-1960, la influencia norteamericana en las FF. AA. pasa a ser preponderante, no solo en términos de alineamiento internacional mediante la suscripción de espacios de coordinación interamericano –como la Junta Interamericana de 1942–, sino que, también, en términos de equipamiento militar y formación profesional a nivel de oficiales –a través del Tratado de Asistencia Recíproca en

1947 y el Pacto de Ayuda Mutua (PAM) de 1952–[66]. En lo militar esto implicó un desplazamiento del modelo de influencia prusiano alemán por el modelo organizacional norteamericano. De ahí que las principales nociones estratégicas introducidas fueron la de "apreciación de la situación"[67] y la noción de "seguridad nacional" por sobre "defensa nacional".

Estas quedaron reflejadas en la creación del Consusena de 1960, cuya misión fue "(…) asesorar al Presidente de la República en todo lo que se refiere a la seguridad de la Nación y al mantenimiento de su integridad territorial" (artículo 1). La composición de este no varió sustantivamente, estando formado por los ministros de Interior, Defensa Nacional, Relaciones Exteriores, Economía, Hacienda, los Comandantes en Jefe de las FF. AA., el jefe del Estado Mayor de la Defensa Nacional y el director de fronteras y límites del Estado. Dentro de las funciones primordiales, se estableció que serían funciones del Consusena:

1. Apreciar las necesidades de la seguridad nacional y hacer cumplir por quienes corresponda, las medidas que haya acordado poner en ejecución el Presidente de la República, destinadas a incrementar el potencial económico defensivo del país; establecer, además, la forma cómo serán empleados, en caso de emergencia, todos los recursos de la nación que afecten la seguridad nacional o la integridad territorial del país.
2. Apreciar las necesidades de la Defensa Nacional y solicitar, a quienes corresponda, los recursos económicos necesarios para crear y mantener el potencial indispensable de las Fuerzas Armadas.
3. Estudiar y aprobar la documentación básica (Documentos Primarios de la Seguridad Nacional).

---

[66] Garay, Cristián. "El sector defensa y su conducción". *La estrategia de la guerra fría. La política internacional y la defensa de González Videla*. Santiago: Idea, 2017, pp. 153-168.

[67] Castillo, Sergio (teniente coronel). "La apreciación de situación norteamericana". *Memorial del Ejército*, núm. 217, marzo-abril de 1956, pp. 21-42. Castro, Mariano (mayor). "Apreciación de Situación". *Memorial del Ejército*, núm. 288, enero-febrero 1959, pp. 21-43.

Además de aquello, creó la "Junta de Comandantes en Jefe de las FF. AA." y estableció obligaciones para los ministerios integrantes del consejo, con miras a poner en marcha las políticas definidas por el organismo. El conjunto de estos dispositivos legales constituyó el marco jurídico de la práctica represiva estatal, que permite entender la militarización de la conflictividad social en las décadas posteriores. Solo para poner un ejemplo, podemos tomar en consideración la huelga de los trabajadores del cobre en la coyuntura 1965-1966, en la que se ejecutó la matanza de trabajadores de El Salvador el 11 de marzo de 1966, perpetrada por soldados del Ejército, en el contexto de estado de emergencia decretado por el Gobierno democratacristiano de Eduardo Frei Montalva[68]. Hacia finales de octubre de 1965 se inició un movimiento huelguístico por reivindicaciones de diversa índole. Para mediados de noviembre, el movimiento sindical seguía en auge –pese a la campaña comunicacional del Gobierno que la calificaba como huelga política e ilegal instigada por los partidos del Frente de Acción Popular (FRAP)–, motivo por el que el Gobierno invocó la Ley de Seguridad Interior del Estado para detener a los dirigentes de la Confederación de Trabajadores del Cobre (CTC) y decretar estado de emergencia.

El presidente Frei Montalva procedió a declarar estado de emergencia en los departamentos de Tocopilla y El Loa, Chañaral y Rancagua de las provincias de Antofagasta, Atacama y O'Higgins. El motivo: "(…) que la huelga ilegal que ha declarado el personal de empleados y obreros de la gran minería del cobre representa para la economía nacional un impacto de tal magnitud que su mantenimiento y prolongación significan para el país una calamidad pública"[69]. En las diversas jurisdicciones afectadas por las medidas de excepción, se nombró a los jefes militares: en Tocopilla

---

[68] Cerda, René. *La masacre de El Salvador. Huelgas, represión y solidaridad obrera en los campamentos mineros del cobre, 1965-1966*. Diego de Almagro: Municipalidad Diego de Almagro, 2014.

[69] Decreto núm. 271 del 15 de noviembre de 1965, publicado en el *Diario Oficial de la República de Chile*, núm. 26.292 del 17 de noviembre de 1965.

y El Loa, las fuerzas militares y de policías quedaron bajo comando del coronel Roberto Viaux Marambio (mismo oficial involucrado en el Tacnazo de 1969), en Chañaral el coronel Manuel Pinochet Sepúlveda y en Rancagua el coronel Rodolfo Abe Ortiz. A continuación, cada uno de los jefes militares, en base a las atribuciones conferidas por la legislación de seguridad, procedió a emitir bandos militares para comunicar sus órdenes a la sociedad civil.

Así, por ejemplo, el coronel Pinochet Sepúlveda emitió el Bando núm. 1 mediante el que se prohibió el porte y uso de armas de fuego y se prohibió toda reunión en el espacio público: "Toda reunión en calles, plazas y demás lugares de uso público deberá ser previamente autorizada por esta Jefatura, debiendo expresarse en la correspondiente solicitud escrita el lugar y hora de su realización como asimismo la individualización de los oradores y temas a tratar"[70]. Este bando es ilustrativo de las restricciones de los derechos civiles y políticos durante el estado de emergencia pero, a su vez, de la facultad de control y evaluación de la peligrosidad de una manifestación, discurso y práctica social de parte de las autoridades militares, lo cual requería una consideración política del potencial riesgo para la seguridad pública de mítines, discursos y manifestaciones. Los manifestantes llegaron a un acuerdo con el Gobierno en diversos puntos, entre los que se contemplaba la liberación de los dirigentes sindicales procesados y detenidos por la Ley de Seguridad Interior del Estado. El incumplimiento de ese punto, sumado a otras demandas salariales y sociales, fue lo que detonó las movilizaciones al año siguiente y los hechos de la masacre de los ocho trabajadores de El Salvador, asesinados el 11 de marzo de 1966 por un contingente de carabineros y soldados del ejército bajo las órdenes del coronel Pinochet Sepúlveda.

Es importante destacar cómo el perfeccionamiento de los dispositivos estatales de seguridad interior en contexto de conflicto sociopolítico, prefigura e institucionaliza una práctica estatal de represión que forma parte del repertorio de acción de los actores

---

[70] Bando núm. 1, citado por: Cerda, *op. cit.*, p. 76.

del sistema político. De hecho, lejos de ser una práctica asociada a una determinada orientación político-ideológica, se constituye en una herramienta a disposición de gobiernos de diversa orientación política. En los hechos, fue utilizada por los gobiernos radicales en la década de 1940, por el segundo Gobierno de Carlos Ibáñez del Campo, durante el Gobierno de Eduardo Frei Montalva y, sobre todo, durante el Gobierno de Salvador Allende en más de veinte oportunidades. Todo ello lleva a posicionar a las FF. AA. como actores estatales con una determinada apreciación sobre las consideraciones de seguridad y la soberanía estatal en tensión con los actores del sistema político y el poder ejecutivo de turno. Ello implica potenciar y reforzar una tensión institucional al interior de las FF. AA., que identifica en el conflicto sociopolítico un elemento de peligro para la seguridad y la soberanía del Estado y los lleva a planificar escenarios de copamiento militar del territorio en las diversas jurisdicciones bajo su control. Es ese aprendizaje institucional de las FF. AA., en materia de represión política, la que las lleva a la modificación de los planes generales de defensa interior y ajustar las características de cada uno de ellos en las jurisdicciones de las diversas zonas militares durante los últimos años del Gobierno de Allende. A la llegada de ese momento, dos modificaciones serán fundamentales para el diseño de la trama burocrático-organizacional al final del golpe de Estado: por una parte, la creación de las Comandancias de Áreas Jurisdiccionales de Seguridad Interior (CAJSI) en 1972, que sustituyó en lo organizacional en el territorio a las regiones militares, y la Ley de Control de Armas y explosivos que sacó de la subordinación del poder ejecutivo a las FF. AA. para el desarrollo de sus operativos, como se mostrará en el capítulo III en extenso.

La subdivisión del territorio en Comandancia de Área Jurisdiccional de Seguridad Interior (CAJSI)

A comienzos de 1970, las funciones de represión, control e inteligencia quedaron escindidas de las labores propias de la inteligencia estratégica[71]. La represión y el control quedaron comprendidos como funciones propias del mantenimiento del orden público propio de la función policial al interior del Estado, mientras que las labores de información e inteligencia estratégicas fueron desarrolladas por las FF. AA. y el servicio de investigaciones. La inteligencia estratégica quedó comprendida en el seno de los diversos servicios de inteligencia de las FF. AA. y su orientación apuntó sobre todo al desarrollo de inteligencia exterior en relación con la defensa nacional en casos de conflicto exterior. No obstante, desde la década de 1960, con fuerza se va desarrollando al interior de las FF. AA. inteligencia para la hipótesis subversiva.

La progresiva militarización de las funciones policiales ante los escenarios de conflictividad social en el período 1940-1973, fue uno de los factores que contribuyó al desarrollo de la inteligencia política al interior de las FF. AA. y la adopción de planificaciones de seguridad interior en las zonas de emergencia en el marco de la hipótesis subversiva. Desde finales de la década de 1940, las FF. AA. progresivamente comenzaron a desarrollar funciones de estabilización política en materia de orden público, a través de dos dispositivos: la Ley de Seguridad Interior del Estado (1958), que facultaba al poder ejecutivo para declarar a través del Ministerio de Defensa Zona de Estado de Emergencia, y la Ley de Control de Armas y Explosivos (1972), que facultó a las autoridades militares en el territorio a efectuar allanamientos en búsqueda de armas y explosivos al margen de la iniciativa del Presidente de la República.

Ambos dispositivos propiciaron que se desarrollara un tipo de inteligencia estratégica y planificación de la acción militar abocada a los escenarios de conflicto interno en casos de situaciones de inestabilidad política y de excepción constitucional. Para ello, las FF. AA., a través del Estado Mayor Conjunto, implementaron

---

[71] "La información o *inteligencia estratégica*, como se le llama, es aquella rama de la inteligencia que busca el conocimiento de las *capacidades, vulnerabilidades* y *probables cursos de acción* o posibilidades de una nación cualquiera, en especial de aquellas con las que se tiene más relaciones o vínculos políticos, económicos, sociales y militares". Canessa, Julio. "Introducción al Estudio de la Información Estratégica". *Memorial del Ejército*, núm. 324, marzo-abril de 1965, p. 14.

desde la década de 1960 planes de seguridad interior para afrontar situaciones de insurgencia y conflicto interno. Hacia finales de 1969, con la actualización del "Plan de Seguridad Interior Ariete", comenzó a diseñarse un dispositivo de coordinación conjunta en el territorio que careció de una regulación clara o al menos públicamente conocida: las Áreas Jurisdiccionales de Seguridad Interior (AJSI) y el establecimiento de Comandancias con Estados Mayores Conjuntos en el territorio entre FF. AA. y policiales: las Comandancias de Área Jurisdiccional de Seguridad Interior (CAJSI).

Las CAJSI fueron contempladas por las FF. AA a partir de las facultades que otorgó la Ley de Seguridad Interior del Estado en situación de estado de emergencia y buscaron dotar de capacidad de previsión ante hipótesis de conflicto interior (ver ilustración 2). En la práctica, las CAJSI permitieron que las FF. AA. planificaran las acciones militares en el territorio, dotándose de un instrumento de coordinación y planificación para tales efectos. Sobre este dispositivo, el movimiento de oficiales conjurados de las FF. AA. puso en marcha la recta final de la trama golpista, ajustando las Planificaciones de Seguridad Interior por el Estado Mayor de la Defensa Nacional en agosto de 1973 a través del Plan Lautaro.

Sobre esta planificación general de la seguridad, se trazaron misiones operativas especiales y acciones de cada rama de las FF. AA. con el objetivo de posibilitar un completo copamiento militar del territorio. No obstante este diseño general, cada CAJSI tuvo que dotar de contenido específico las acciones en su territorio, implementándose planificaciones de seguridad específica en cada CAJSI. Así, en la CAJSI I Zona Naval, la Armada elaboró el Plan Cochayuyo; en la CAJSI de la II División de Ejército en la Guarnición de Santiago, se elaboró el Plan A-1; en la CAJSI de la III División de Ejército, se implementó el Plan Tijera; y en la CAJSI de la Región Militar Austral, el Plan Australis (ver en capítulo III)

Ese proceso de construcción de cada planificación fue la resultante de una serie de acciones en el territorio, siendo la Ley de Control de Armas el dispositivo que propició la recopilación de información estratégica en cada territorio. Como recordó el general

Arturo Yovane Zúñiga[72], la Ley de Control de Armas "(...) era el arma que nosotros necesitábamos porque ella nos dio la oportunidad de allanar y registrar", corroborando con ello la nula capacidad de respuesta y de fuego del movimiento popular en las zonas identificadas como conflictivas pero, a la vez, montando operativos comunicacionales para construir un clima propicio al golpe de Estado: "(...) muchas armas las andábamos trayendo en nuestros propios vehículos y la lucíamos como de la izquierda"[73].

Este proceso de redefinición de la labor profesional de las FF. AA. y policiales que llevará al golpe de Estado, se desarrolló sobre el proceso de militarización de la función policial, contribuyendo a ello el desarrollo de diversos operativos militares-policiales en el marco de la Ley de Control de Armas, la generación de las Planificaciones de Seguridad Interior elaboradas por el Ministerio de Defensa Nacional y el desarrollo del operativo contra los marinos y gente de mar en agosto de 1973. Todos estos procesos favorecieron que en la práctica se generara una suspensión progresiva del régimen democrático a través de la aplicación de los Estados de Excepción constitucional, mediante el uso de los estados de emergencia y la entrega del mando del territorio a las autoridades militares mediante la utilización de las Jefaturas de Plaza. Permitieron, por otra parte, que las FF. AA. desarrollaran y perfeccionaran las labores de recopilación de información estratégica y la producción de inteligencia asociada como corolario de los operativos y allanamientos militares.

Uno de los elementos poco estudiados por la historiografía chilena, parcialmente señalado por el periodismo de investigación[74] y

---

[72] General de Carabineros, efectuó el curso de Policía General en la Academia Internacional de Policía de Washington en 1966.

[73] Entrevista efectuada por David Pérez Carrillo al general (R) de Carabineros Arturo Yovane Zúñiga el 24 de noviembre 1996. Citado en: Pérez Carrillo, David. *La fronda militar: el 11 de septiembre*. Santiago: Universidad de Chile-Departamento de Ciencia Política, Documento de Trabajo núm. 82, septiembre de 2006, p. 157.

[74] González, Mónica. *La conjura: Los mil y un días del golpe*. Santiago: Ediciones B, 2000. Bonnefoy, Pascal. *Terrorismo de Estadio. Prisioneros de guerra en un campo de deportes*. Santiago: Editorial Latinoamericana, 2016. Cavallo, Ascanio y Serrano, Margarita. *Golpe. 11 de septiembre de 173. Las 24 horas más dramáticas del siglo XX*. Santiago: Uqbar, 2013.

la ciencia política[75], dice relación con el desarrollo de las AJSI y las CAJSI elaborado por el Ministerio de Defensa Nacional. Desde el punto de vista del dispositivo burocrático, si bien las CAJSI estaban contempladas para las planificaciones de seguridad desde la década de 1960[76], fue la misma UP la que favoreció el desarrollo de este dispositivo de seguridad e inteligencia a través de una reforma introducida a las Jefaturas de Plaza y las AJSI en 1972, y la aprobación por el Parlamento de la Ley de Control de Armas.

Durante el Gobierno de la UP, las Jefaturas de Plaza fueron ampliadas y, a la vez, precisadas en sus facultades a través del Decreto núm. 245 de la Subsecretaría de Guerra del Ministerio de Defensa Nacional del 24 de junio de 1972. Este decreto creó la figura legal del área jurisdiccional de seguridad interior para las Jefaturas de Plaza, la cual en la práctica se venía implementando hace años y en las cuales se agrupaban varias guarniciones dependientes de una misma autoridad militar en el territorio, designada como Jefe de Plaza: "en la actualidad, dichas Jefaturas deben estar condicionadas al concepto moderno de área jurisdiccional de seguridad interior, en la cual se agrupan varias guarniciones dependientes de una misma alta autoridad de las Fuerzas Armadas"[77].

Desde ese punto de vista, precisó los alcances de la Jefatura de Plaza creada a través del Decreto Supremo núm.1.085 del 20 de agosto de 1940[78], entendiéndola como "Organismos dependientes de las Fuerzas Armadas encargadas de poner en ejecución planes de Seguridad Interior"[79]. En la modificación introducida en 1972, se señaló que "este nuevo concepto no se aviene con el objetivo que se tuvo en cuenta para crear hace 32 años dichas Comandancias de

---

[75] Pérez Carrillo. *La fronda militar...*, op. cit.
[76] Mediante Transparencia Ticket núm.AD022T0002591del 20/12/2019 solicité la información al Ministerio de Defensa respecto a los decretos de designación de Jefaturas de Plaza, la cual fue denegada.
[77] Artículo 2, Decreto núm. 245 del Ministerio de Defensa Nacional del 8 de junio de 1972.
[78] El Decreto de la Subsecretaría de Guerra núm.1.085 sustituyó al Decreto núm. 1.104 del 30 de junio de 1932. Con posterioridad, el Decreto 1.085 fue modificado por el decreto núm. 1.306 del Ministerio de Defensa del 28 de mayo de 1954.
[79] Decreto de la Subsecretaría de Guerra núm. 245 de 8 de junio de 1972.

Guarnición, toda vez que en el decreto supremo núm. 1.085 no se contempla entre las facultades del Jefe de Plaza la de delegar sus funciones en ciertos Jefes de Unidades sometidas a su mando"[80].

Por otra parte, el Decreto núm. 1.085 de 1940 estableció las Jefaturas de Plaza como una figura administrativa que funcionó con los Estados de Excepción constitucional, pero también sin ellos, en situación de "amenaza o riesgo de la seguridad interior del Estado". Así se precisó en el Decreto Supremo núm. 1.085 que "el Gobierno podrá, cuando lo estime conveniente, poner, transitoriamente, todas las fuerzas de la guarnición o de varias guarniciones, próximas unas de otras, bajo el mando del jefe del Ejército, Marina o Aviación, que se denominará Jefe de Plaza".

Respecto a las facultades de los jefes de plaza, se estableció en el artículo 4 que: "el Jefe de la Plaza podrá disponer de todas las fuerzas que taxativamente han sido puestas bajo su autoridad –Ejército, Armada, Aviación y Carabineros–, sin otras restricciones que las contenidas en las instrucciones que se le impartan sobre medidas que se puedan tomar para reglamentar o impedir las reuniones públicas, el uso de armas, etcétera". Esto facultó al jefe de plaza en la práctica para disponer de todas las fuerzas y contingentes de las FF. AA. y policiales en el territorio orientados a adoptar medidas de seguridad interior y control del orden público. La modificación de 1972 permitió que esta facultad del jefe de plaza se delegara en las unidades bajo su comando, permitiendo tener un control total del territorio en una situación de excepción constitucional, según lo indicado por el estado de emergencia o el estado de sitio.

Para el caso del estado de emergencia, sus alcances quedaron contemplados en los artículos 31 al 35 de la Ley núm. 12.927 de Seguridad Interior del Estado, estableciendo una serie de atribuciones a las FF. AA., entre las que se señalan:

1. Asumir el mando de las fuerzas militares, navales, aéreas, de carabineros y otras que se encuentren o lleguen a la zona de emergencia.

---

[80] Artículo 3, Decreto núm. 245 del Ministerio de Defensa Nacional promulgado el 8 de junio de 1972.

2. Dictar medidas para mantener el secreto sobre existencia o construcción de obras militares.
3. Prohibir la divulgación de noticias de carácter militar, estableciendo la censura de prensa, telegráfica y radiotelegráfica, que estime necesaria.
4. Reprimir la propaganda antipatriótica, ya sea que se haga por medio de la prensa, radios, cines, teatros o por cualquier otro medio.
5. Reglamentar el porte, uso y existencia de armas y explosivos en poder de la población civil.
6. Controlar la entrada o salida de la zona de emergencia y el tránsito en ella y someter a la vigilancia de la autoridad a las personas que se consideren peligrosas.
7. Hacer uso de los locales fiscales o particulares que sean necesarios para la defensa de la zona de emergencia.
8. Disponer la evacuación total o parcial de los barrios, poblaciones o zonas que se estimen necesarios para la defensa de la población civil y para el mejor éxito de las operaciones.
9. Dictar medidas para la protección de las obras de arte y servicios de utilidad pública, tales como agua potable, luz, gas, centros mineros e industriales y otros, con el objeto de evitar o reprimir el sabotaje; establecer especial vigilancia sobre los armamentos, fuertes, elementos bélicos, instalaciones y fábricas, e impedir que se divulguen noticias verdaderas o falsas que puedan producir pánico en la población civil o desmoralización en las Fuerzas Armadas.
10. Dictar las órdenes necesarias para la requisición, almacenaje y distribución de todos aquellos artículos necesarios para el auxilio de la población civil o de utilidad militar.
11. Controlar la entrada o salida de la zona de emergencia de elementos de subsistencia, combustible y material de guerra.
12. Disponer la declaración de stock de elementos de utilidad militar existentes en la zona.
13. Publicar bandos en los cuales se reglamenten los servicios a su cargo y las normas a que deba ceñirse la población civil.

14. Impartir todas las órdenes o instrucciones que estime necesarias para el mantenimiento del orden interno dentro de la zona[81].

La institucionalización de las AJSI posibilitó que se desarrollaran las CAJSI. Estos comandos de carácter operativo y estratégico fueron desarrollados y concebidos para situaciones de excepción constitucional por parte de las FF. AA. y contemplaron una distribución política y geográfica del territorio nacional, estableciendo un mando jerárquico y distribución de tropas. El Departamento V de la Policía de Investigaciones los definió como "un organismo de coordinación de inteligencia creado para ejercer las funciones jurisdiccionales, asignadas a los comandantes y almirantes operativos a lo largo del país"[82]. Los periodistas Ascanio Cavallo y Margarita Serrano los definen como "organismos de comando y coordinación de las acciones conjuntas de las Fuerzas Armadas"[83], en la distribución geográfica de las fuerzas sociales afines y sus áreas de influencia.

Cabe destacar que hay algunas contradicciones respecto al acrónimo CAJSI. Algunos los refieren como "Comandos de Agrupación de Seguridad Interior", otros como "Comandancias de Área Jurisdiccional de Situación Interior" y otros como "Comandos de Áreas de Seguridad Interior"[84]. No obstante, la interpretación adecuada del acrónimo es la que se desprende de la norma

---

[81] Artículo 34, Ley núm. 12.927 de Seguridad Interior del Estado, promulgada el 2 de agosto de 1958.

[82] Informe Policial núm. 537 del 5 de noviembre de 2004, causa rol 126.461. Citado por: Garcés, Magdalena. *Terrorismo de Estado en Chile: la campaña de exterminio de la DINA contra el MIR*. Tesis doctoral. Madrid: Universidad de Salamanca, 2016, p. 174.

[83] Cavallo, Ascanio y Serrano, Margarita. *Golpe...*, op. cit., p. 77.

[84] Informe Policial núm. 537 del 5 de noviembre de 2004, causa rol 126.461- MG, sustanciado por el ministro Miguel Vásquez Plaza, foja 5.050 e Informe Policial Brigada de Inteligencia Policial Metropolitana núm. 11 de 29 de abril de 2005. Causa rol 126.461, foja 6225. Informe Policial núm. 846 del 27 de mayo de 2008, causa rol 38.483 "Episodio Boinas Negras", foja 4650. Informe Policial núm. 16 del 15 de diciembre de 2003, causa rol 2182-98, "Charles Horman", foja 2685. Declaración Judicial Joaquín Osorio Lagos, foja 719, sentencia en primera instancia, causa rol 2.182-98, "A" Caravana, episodio Copiapó, del 22 de abril de 2015, ministro en visita Miguel Vásquez.

Decreto núm. 245 de la Subsecretaría de Guerra del Ministerio de Defensa Nacional del 24 de junio de 1972 que crea las AJSI y sus comandancias; es decir, Comandancias de Área Jurisdiccional de Seguridad Interior. Respecto a su alcance, en declaración judicial en el marco de una causa criminal por delitos de tortura y apremios ilegítimos, el ex funcionario de investigaciones Carlos Tapia Galleguillos señaló que estos dispositivos abarcaban al conjunto del territorio nacional: "Los CAJSI existían en todo el país y se formaron con posterioridad al 11 de septiembre de 1973"[85]. Como hemos demostrado a lo largo de la investigación, las CAJSI existían con anterioridad al golpe de Estado (ver ilustración 2). En ese mismo sentido, el ministro en visita Álvaro Meza enfatizó que las CAJSI se constituyeron en las "ciudades capital de provincia, los que estaban conformados por los comandantes de las distintas unidades de las Fuerzas Armadas y de Orden instaladas en la zona, bajo el mando del oficial más antiguo de ellas, quien quedó como la autoridad máxima que ocupaba el cargo de jefe de Zona en Estado de Sitio, ejerciendo las facultades que el estatuto jurídico propio de la época le concedía bajo ese Estado de Excepción"[86]. Como se verá más adelante, esta facultad fue delegada por la Junta Militar a través de bandos militares y finalmente legalizada a través de la declaración de los estados de emergencia y de sitio.

Al tenor de estas definiciones, las CAJSI ejercieron funciones político-administrativas, represivas, de orientación contrasubversiva y acciones de inteligencia en cada localidad. Como espacios de coordinación de las diversas FF. AA., tuvieron un rol preponderante en la planificación y desarrollo de la organización de la represión durante los primeros días del golpe de Estado y permitieron que la planificación de este y el copamiento militar de los principales núcleos urbanos se efectuasen de manera coordinada (ver en capítulo IV).

---

[85] Declaración Judicial Carlos Tapia Galleguillos, causa rol 10.872 del primer Juzgado del Crimen de Puerto Montt- "Episodio Cuartel de la PDI", instruida por el ministro en visita Leopoldo Vera, Tomo I, foja 659.
[86] Sentencia causa rol 44.305 del 2019.

Al momento de materializarse el golpe de Estado, el copamiento militar del territorio siguió la distribución dada por los Planes de Seguridad Interior de las Zonas de Emergencia a través de las CAJSI. Así lo afirmó el general (R) Joaquín Lagos Osorio: "La expresión CAJSI que se emplea significa "Comando de Agrupación Jurisdiccional de Seguridad Interior", nomenclatura que se utilizaba en los planes para dicha Seguridad Interior"[87]. Por ende, la zonificación de las CAJSI fue anterior al golpe de Estado y fue el dispositivo burocrático utilizado para materializar la represión. Desde ese punto de vista, la represión fue el resultado necesario del aseguramiento de la situación interna en el territorio, lo cual implica una concepción de la seguridad interior, cuyo foco es la distribución geográfica y la contrasubversión.

Al respecto, Julio Canessa Robert reconoce que la base operativa del golpe de Estado y de la política de copamiento militar del territorio en los primeros meses de la dictadura militar, se diseñó a partir de las CAJSI de las diversas zonas de emergencia. Esto permitiría, en primer lugar: "desplegar un abanico de acciones coordinadas para tomar el control de país, a base de los ya existentes Planes de las Zonas de Emergencia. A continuación, llevar adelante una acción específica, de la intensidad, magnitud y duración necesaria para asumir el mando político del país"[88].

Las CAJSI se constituyeron en un "organismo estructurado, jerarquizado, y con reglas de funcionamiento definidas por la autoridad central, [que] tenía como misión cumplir las órdenes del CAJSI, relacionadas con la Seguridad Interior, dirigidas a la eliminación, investigación y paralización de cualquier acción delictual contra la seguridad del Estado"[89]. Como indicó el ministro en visita Miguel Vásquez, "Estas órdenes eran ejecutadas al margen de la legalidad, amparando y justificando la comisión de ilícitos,

---

[87] Declaración Judicial Joaquín Osorio Lagos, foja 719, sentencia en primera instancia, causa rol 2.182-98, "A" Caravana, episodio Copiapó, del 22 de abril de 2015, ministro en visita Miguel Vásquez Plaza, de la Corte de Apelaciones de Santiago, pp. 17-8.

[88] Canessa, *op. cit.*, p. 182.

[89] Ídem.

allanamientos de morada, aplicación de rigor innecesario, privaciones de libertad de personas por largos períodos de tiempo y psicológicos, los que eran llevados a cabo sin dejar rastro o pruebas, atendida la materia investigada y las personas involucradas"[90].

Las funciones de las CAJSI estaban orientadas a la administración y seguridad interior del Estado en el territorio bajo su jurisdicción. Esto implicó un modo de relación entre las FF. AA. y policiales y la población civil mediante los bandos militares dados a conocer a la opinión pública a través de los medios de comunicación. Las CAJSI emularon las formas de organización de los Estados Mayores de las FF. AA., contemplando una sección de personal, una de inteligencia, una de operaciones, otra de logística y, en algunos casos, agrupaciones de reserva. Entre sus labores inmediatas se contempló la detención de personas, allanamientos de sus moradas, el desarrollar tareas de inteligencia para identificar áreas de conflicto, coordinar patrullajes y efectuar diligencias operativas con participación de integrantes de las diversas ramas de las FF. AA., fundamentalmente tras la búsqueda de armas y explosivos.

Si bien Ascanio Cavallo y Margarita Serrano señalan que, con posterioridad al golpe de Estado, se constituyeron nueve CAJSI en todo el territorio para el año 1973, la evidencia documental contrastada da cuenta de la existencia de once[91]. Lo más probable es que dos de ellos se crearan durante los primeros años de la dictadura: la CAJSI Cuartel General Santiago y la CAJSI Cuartel General Coyhaique. De las once CAJSI, cinco se crearon al alero de Divisiones del Ejército: VI, I, II, III y la IV o División de Caballería; dos bajo comando de la Armada: la I y la II Zonas Navales; una bajo Comandancia de la III Base Aérea de la FACH.

---

[90] Ídem.
[91] "Relación de prisioneros hombres", del 29 de diciembre de 1973, anexado por Manuel Contreras en su libro auto exculpatorio. Cfr. Contreras, Manuel. *La Verdad Histórica. El Ejército Guerrillero*. Santiago: Ediciones Encina Ltda., 2000, pp. 367-597. Por otra parte, en el Oficio Circular, firmado por el general de división Hernán Brady, ministro de Defensa Nacional: Departamento II/3 núm. 582 /CAJSI, del 16 de mayo de 1975, se lee explícitamente en la distribución la existencia de 11 CAJSI.

Finalmente, tres zonas especiales: CAJSI Cuartel General Santiago, CAJSI Cuartel General Coyhaique y CAJSI Región Militar Austral (ver tabla 2 e ilustración 3).

Tabla 2. CAJSI, 1973-1975

CAJSI	Provincia	Departamento
VI División de Ejército	Tarapacá	Arica, Pisagua, Iquique
I División de Ejército	Antofagasta y Copiapó	Tocopilla, El Loa, Antofagasta, Taltal, Chañaral, Copiapó, Freirina, Huasco
II División de Ejército	Coquimbo, Aconcagua, O'Higgins, Colchagua, Curicó, Talca, Maule, Linares	La Serena, Elqui, Coquimbo, Ovalle, Combarbalá, Illapel, Petorca, San Felipe, Los Andes, Rancagua, Cachapoal, San Vicente de Tagua Tagua, Caupolicán, Santa Cruz, San Fernando, Cardenal Caro, Curicó, Mataquito
Cuartel General Santiago	Santiago	Santiago, Presidente Aguirre Cerda, Puente Alto, Talagante, Melipilla, San Antonio, San Bernardo, Maipo
I Zona Naval	Valparaíso	Valparaíso, Quillota, Isla de Pascua
III División de Ejército	Ñuble, Concepción, Arauco, Biobío	Itata, San Carlos, Chillán, Bulnes, Yungay, Tomé, Talcahuano, Concepción, Coronel, Yumbel, Arauco, Lebu, Cañete, Laja, Nacimiento, Mulchén
II Zona Naval	Talcahuano	Talcahuano y Tomé
División de Caballería	Malleco, Cautín, Valdivia y Osorno	Angol, Collipulli, Traiguén, Victoria, Curacautín, Lautaro, Imperial, Temuco, Pitrufquén, Villarrica, Valdivia, Panguipulli, La Unión, Río Bueno
III Base Aérea	Llanquihue, Chiloé y Palena	Puerto Varas, Maullín, Llanquihue, Calbuco, Ancud, Castro, Quinchao, Palena
Cuartel General Coyhaique	Aysén	Aysén, Coyhaique, General Carrera, Baker
Región Militar Austral	Magallanes	Última Esperanza, Magallanes, Tierra del Fuego

Elaboración propia.

Ilustración 3. Chile: distribución de las CAJSI por provincias, 1973-1977

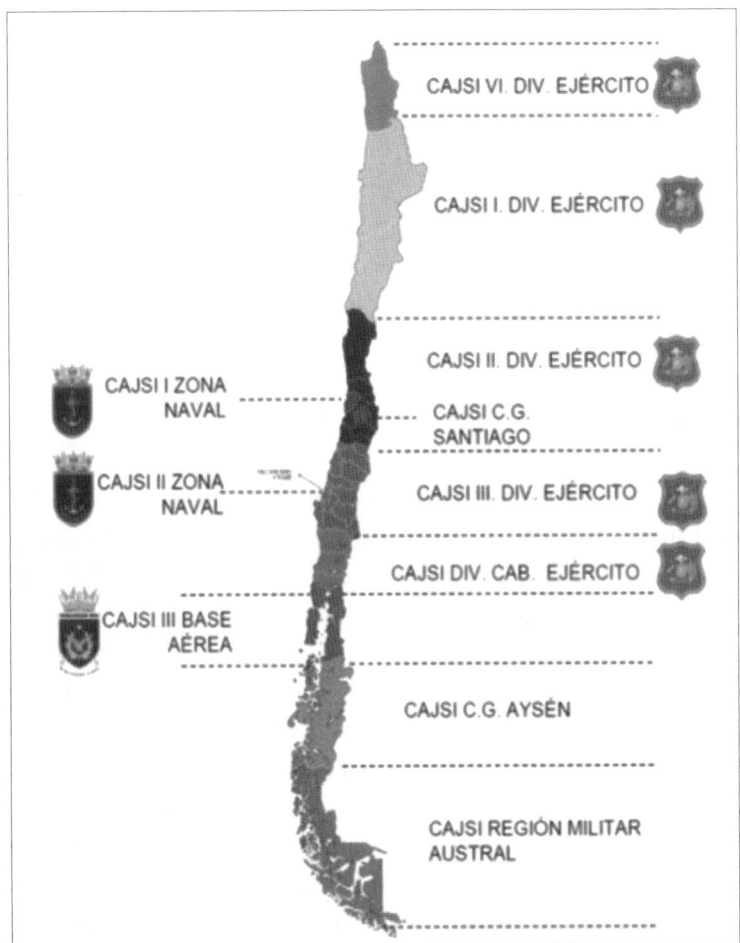

Elaboración propia, en base a información de las CAJSI, Tabla 2.

Según los testimonios de algunos oficiales golpistas, los planes de seguridad interior del Estado fueron creados a lo largo del año 1973 y se desarrollaron en el marco de las CAJSI. Desde ese punto de vista, las CAJSI son los dispositivos burocráticos dentro de un área jurisdiccional que desarrollaron las labores de planificación, seguridad, personal, logística e inteligencia formalizados en Planes de Seguridad Interior. Como manifestó el Estado Mayor Conjunto en respuesta a una solicitud de transparencia, estos planes "contemplan acciones de defensa, seguridad nacional y seguridad interior, que contiene por sí armamento, turnos, diseño de funciones militares de inteligencia, operaciones, logística, personal, vigilancia, patrullajes, de medidas para la protección de la seguridad exterior e interior, emplazamientos geográficos lugares públicos y privados, ubicaciones geográficas de personal y unidades"[92].

La información estratégica y la (contra) inteligencia en las FF. AA.

La recepción de la doctrina de la guerra contrasubversiva bajo la óptica de la seguridad hemisférica norteamericana, posibilitó que las FF. AA. chilenas elaborasen una adaptación propia de la seguridad nacional. Los componentes de esta, como revisamos a nivel discursivo, tienen referencias hacia la necesidad de implementar dispositivos de seguridad, represivos y de información estratégica. Este factor será importante al interior del Alto Mando del Ejército, que implementará una reforma al servicio de informaciones a comienzos de la década de 1960.

El trabajo de inteligencia e informaciones al interior del Ejército tiene un desarrollo desde finales del siglo XIX en el marco de la guerra del Pacífico[93]. No obstante, se institucionalizó con la reorganización del Estado Mayor en 1906, durante la cual se efectuó una homologación al Estado Mayor del Ejército alemán[94]. En el reglamento orgánico de 1924, especificado en su alcance por el reglamento "Atribuciones de los Comandos y Autoridades" del

---

[92] Carta. Emco. OTIP (P) núm. 6803/2701 del 23.12.2019, p. 1.
[93] Álamos, Carlos (teniente coronel, R). "El Servicio Secreto durante la Guerra del Pacífico", *Memorial del Ejército*, núm. 381, septiembre-diciembre de 1974, pp. 36-38.
[94] Dirección de Inteligencia del Ejército (DINE). *La inteligencia militar en Chile. 100 años de la Dirección de Inteligencia del Ejército*. Santiago: Instituto Geográfico Militar, 2001, p. 138.

25 de agosto de 1925, la sección de informaciones quedó contemplada como parte de los departamentos de los subjefatura de Estado Mayor (ver ilustración 4).

Ilustración 4. Estado Mayor del Ejército, 1925

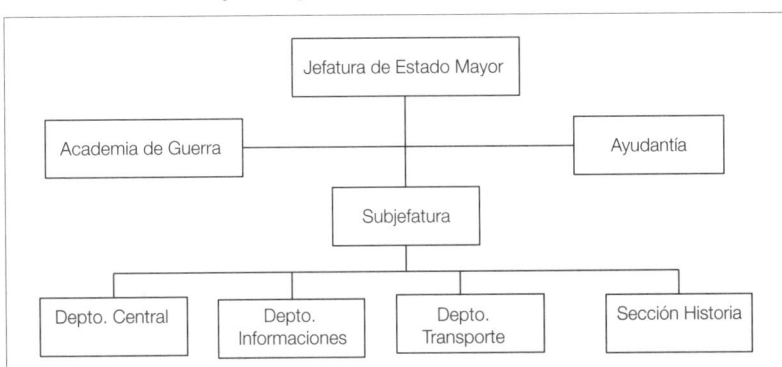

Elaboración propia: Fuente DINE.

El año 1930, durante la Dictadura del general Carlos Ibáñez del Campo, se publicó el reglamento de la serie reservada núm. 3, "Organización y funcionamiento del Estado Mayor del Ejército", que modificó esta repartición y creó el Servicio de Informaciones. A través del Reglamento Serie Secreta núm. 3 De informaciones secretas del 14 de julio de 1931, se consolidó el Servicio Secreto a través de 81 artículos divididos en dos capítulos: principios fundamentales que rigen al servicio y consideraciones que atañen al Servicio de Informaciones en tiempos de paz como de guerra (ilustración 5).

Durante la década de 1930, se generaron las principales directivas de trabajo del Servicio de Informaciones, entre las que destacó en el año 1933 el seguimiento de organizaciones adversarias, fundamentalmente el PCCH. El 8 de abril de 1934, el jefe del Departamento de Informaciones emitió nuevas directivas de trabajo, sobre todo abocadas a evitar la infiltración del Ejército. Junto con ello, dispuso que en todas las divisiones del Ejército se constituyeran servicios de informaciones al interior de sus jurisdicciones en base a tres áreas: Dirección del Servicio (Sección I. B del Cuartel General Divisionario; Centros Principales de Captación de Noticias; Centros Secundarios de Captación de Noticias).

Ilustración 5. Departamento Organizaciones e Informaciones, 1931

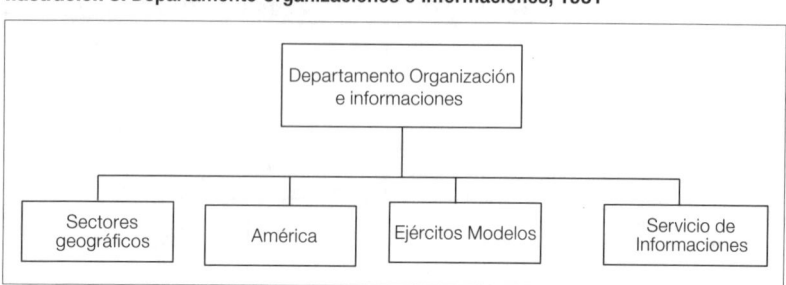

Elaboración propia: Fuente DINE.

En el contexto geoestratégico de la Segunda Guerra Mundial, los servicios de inteligencia tuvieron una importante modificación en el Ejército chileno. En el año 1945 comenzaron a elaborarse los proyectos de reglamento para "La organización y funcionamiento del Servicio de Informaciones Interior y Exterior"[95].

Desde la suscripción de los acuerdos militares de colaboración con el Ejército norteamericano en 1952, la influencia de dicho país en la organización del Ejército aumentó. Este contexto de expansión de la doctrina de seguridad nacional y las enseñanzas de la guerra contrasubversiva, llevó "a que las Fuerzas Armadas tomen en consideración tal forma de lucha y organicen unidades especiales, adiestradas en la lucha antiguerrillera"[96]. En el año 1960, el Ejército envía una comisión de estudios a un curso especializado en inteligencia en Fort Gullik, a la Escuela de las Américas, que

---

[95] DINE, *op. cit.*, p. 143.
[96] Ibid., p. 145.

permitió la titulación de cuatro oficiales con el título de profesor: el mayor Luis Alvarado Torrejón, el capitán Sergio Fernández Rojas, el mayor Gustavo Kunstamann Hameus y el mayor Renato Picón Ruiz.

Esto permitió que, el 21 de junio de 1963, se materializara por orden del Estado Mayor General del Ejército la creación de la especialidad de inteligencia, para lo que se definieron los siguientes cursos: inteligencia militar, contrainteligencia, inteligencia de telecomunicaciones, criptografía y criptoanálisis, guerra especial, grafística y procedimiento y técnicas especiales. Lo interesante de esto es que en el proceso de institucionalización del Servicio de Inteligencia participó personal destinado en comisión de servicio en los ejércitos estadounidense, francés y en los espacios de colaboración regional que se realizaron durante la década de 1960, como fue el caso del "1° Curso de Guerra Contrarrevolucionaria". Es decir, convergieron tanto la influencia norteamericana, la francesa y la relectura neocolonial de los ejércitos del cono sur en el proceso de profesionalización de la inteligencia de las FF. AA. chilenas, en particular la del Ejército. Esto lo podemos identificar en la hoja de vida del mayor René Zúñiga, quien fue destinado por el decreto núm. 208 del 16 de septiembre de 1961 al Curso de Guerra Contrarrevolucionaria en la Escuela Superior de Guerra en la República Argentina. A su retorno, mediante oficio núm. 1418 de la dirección de instrucción, el mayor Zúñiga integró un comité de trabajo para elaborar un "Manual de instrucción sobre guerra subversiva y de contrarresistencia"[97]. Al año siguiente, por oficio secreto núm. 138 del 25 de junio de 16, el Jefe del Estado Mayor del Ejército felicitó al mayor René Zúñiga "por la acuciosidad y resultados concretos obtenidos en el trabajo encomendado sobre la posible creación de guerrillas en el sector jurisdiccional de la unidad. Al respecto, el comando suscrito deja constancia de los beneficios de la inteligencia militar que obtuvo

---

[97] Hoja de calificación institucional del mayor de Ejército René Zúñiga Cáceres. Agradezco a Cristián Gutiérrez, quien compartió esta información en un taller privado que efectuó sobre Contrasubversión durante junio de 2020.

en el Curso Interamericano de Guerra Contrarrevolucionaria, realizado el año pasado en la Escuela Superior de Guerra de la República Argentina"[98].

Estos avances en inteligencia militar y contrasubversión se expresaron en una "Directiva para Organización y Funcionamiento del Servicio de Inteligencia Militar" en los años siguientes (1963-1964). El año 1965, al conformarse la Dirección de Inteligencia del Ejército en el Estado Mayor a cargo del Servicio de Inteligencia Militar, se reorganizó de la siguiente forma (ilustración 6):

Ilustración 6. Estructura Servicio Inteligencia Militar (SIM)

Elaboración propia. Fuente: DINE.

Esta reorganización fue congruente con los discursos elaboraros por el Ejército en torno a la información estratégica y la inteligencia. Siguiendo la definición del mayor Guillermo López, "la información estratégica es el nombre que se da al trabajo de coordinación planificado por los Servicios de Informaciones en los períodos de conflicto como en el tiempo de paz. Su objetivo es la recopilación de antecedentes sobre adversarios (organizaciones de países enemigos, como organizaciones subversivas) en el frente externo y en el frente interno, de modo de disponer de esta información sobre los escenarios de acción, los eventuales cursos que adoptarán para así poder conocer las intenciones para poder

[98] Ídem.

orientar la política exterior, preparar y lograr la seguridad nacional y conducir con éxito las FF. AA. ante el caso inminente de llegar al conflicto armado[99]. Constituye una responsabilidad de los Altos Escalones de la Defensa Nacional". Por su parte, la información militar estratégica o inteligencia propiamente tal "(...) es el resultado o conclusión final, a que se ha llegado después de someter la información estratégica a un proceso técnico especial. La información estratégica, es la materia prima que solo debe llegar a los encargados de trabajarla y la inteligencia es el producto acabado y que debe llegar a conocimiento de quien o quienes deben usarla"[100].

Por su parte, el mayor Julio Canessa –quien se constituirá en la dictadura militar en un importante asesor militar del general Augusto Pinochet Ugarte, vicecomandante en Jefe del Ejército, miembro de la Junta Militar y con posterioridad senador designado entre 1998 y 2006–, define la información estratégica como: "aquella rama de la Inteligencia que busca el conocimiento de las capacidades, vulnerabilidades y probables cursos de acción o posibilidades de una Nación cualquiera, en especial de aquellas con las cuales se tiene más relaciones o vínculos políticos, económicos, sociales o militares" (...), agregando que dicho conocimiento es necesario para el desarrollo de la política exterior del país, la preparación de la defensa y la conducción de la guerra. Por este motivo, la acción de la inteligencia abarca "todos los campos de actividades de los países (que están íntimamente ligados o relacionados) y de los cuales el problema militar no es sino uno"[101].

Esta concepción de la inteligencia, de manera coherente con la concepción general de la defensa de la soberanía nacional como un ámbito en juego en el escenario internacional en una hipótesis de conflicto exterior, está orientada a la recopilación de información de las naciones vecinas: "Esto no quiere decir que aquellas naciones

---

[99] López, Guillermo (mayor). "La información estratégica", *Memorial del Ejército* núm. 295, marzo-abril de 1960, pp. 74-75.

[100] Ídem.

[101] Canessa, Julio (mayor). "Introducción al estudio de la información estratégica", *Memorial del Ejército*, núm. 324, marzo-abril de 1965, p. 14.

de las cuales se obtiene informaciones sean naciones enemigas. Si se logra un conocimiento mayor de las naciones con las que se alterna en el campo internacional ello servirá para tratarlas inteligentemente como amigos, a la vez que estar prevenidos en caso de que pudieran llegar a ser nuestros enemigos. En el mundo de hoy es un complemento indispensable de las actividades nacionales, el intercambio de I. E. [inteligencia estratégica]con los países amigos, el formular planes de desarrollo; asistencia y seguridad, intercambiar programas militares, etcétera"[102].

Pese a ello, contempla espacios de información y de producción de inteligencia en el ámbito nacional. Canessa entenderá por aquel "(…) campo de la política y seguridad nacionales (esta última entendida como la manifestación máxima de la supervivencia de un Estado). Ella concierne a más de un Ministerio o agencia de informaciones, excediendo de sus particulares intereses. Será ella la que guíe todas las actividades de Informaciones y Contrainformaciones del país y proporcione al Gobierno los antecedentes elaborados sobre los cuales pueda basar sus decisiones políticas en el máximo nivel de acción"[103]. En dicho campo, corresponderá a "cada una de las Instituciones de la Defensa Nacional o las FF. AA., en conjunto, Ministerio de Relaciones Exteriores, Economía, etcétera, e incluso el Ministerio del Interior, dentro del propio territorio para prevenir y neutralizar la acción de agitadores, saboteadores, agentes extranjeros, etcétera"[104].

El principal efecto de la recepción de la doctrina contrasubversiva y de la adopción del enfoque de seguridad nacional bajo la óptica de la seguridad hemisférica norteamericana en el ámbito de la información estratégica, es el viraje en torno a los campos de acción de los adversarios. Lo primero que se identifica en dicho plano es que se le atribuye a la subversión marxista una cualidad antiética e ilegal, que horada los pilares de la confianza y la restricción legal del accionar militar para combatirla. Así lo reconocerá el

---

[102] Ibid., p. 15.
[103] Ibid., p. 17.
[104] Ídem.

mayor Juan Hutt, al señalar que: "El devenir de los acontecimientos internacionales de los últimos tiempos, nos permite establecer que el mundo internacional de hoy es antijurídico. Se encuentra más allá del control de la ética internacional, de la moralidad, de la ley, de las organizaciones o de la opinión (...)"[105]. Por eso, para que el Estado sobreviva en un mundo de dicha naturaleza, "los conductores responsables de un Estado deben poseer los antecedentes y el conocimiento de los hechos, las situaciones, actividades, factores, etcétera, propios y de los otros estados, que puedan interferir los Cursos de Acción elaborados y destinados a la consecución del propio Objetivo Político Nacional"[106].

Esto llevará a sostener, institucionalmente, la necesidad de construir organismos de inteligencia que en un contexto de guerra tengan el control total de la información interna o externa, tanto al interior del país mediante un conocimiento acabado de la población, como de un control total de las actividades del Estado y sus agencias: "las informaciones constituyen una forma de poder, mediante la cual un Estado revisa y dirige su conocimiento e información como base para hacer frente a situaciones internas y externas. En sus múltiples ramificaciones, la organización, tanto en su estructura como en sus funciones, debe ser una parte integrante de Gobierno (...)". Por ello, se llegará a la conclusión de que los Servicios de Informaciones son imprescindibles a la vida nacional, toda vez que sus enemigos declarados o encubiertos, no se detienen ante la intriga, la propaganda o la corrupción"[107].

Esta concepción de la seguridad interior bajo la óptica contrasubversiva y anticomunista será vista como una amenaza a la organización social, al Estado y a la civilización occidental. Por ello, por ejemplo, en la *Historia del Ejército de Chile*, publicada en la década de 1980, se analiza en materia doctrinaria el rol del

---

[105] Hutt, Juan (mayor). "El Estado y el Servicio de Informaciones. Su influencia en la conducción política del Estado". *Memorial del Ejército*, mayo-junio, 1966. Augusto Varas y Felipe Agüero. *El proyecto político militar*. Santiago: Flacso, 1984, p. 221.
[106] Ídem.
[107] Ídem.

Ejército en la defensa de la democracia y de la construcción de un sistema político anticomunista:

> El ataque del marxismo internacional contra los más sagrados valores de la Patria y de la nacionalidad ha sido y será siempre implacable. Frente a esto, el Ejército, fiel a su más profunda e intrínseca doctrina no cejará jamás y nunca de aplicar cualquier medida que exista, ni evitará ningún sacrificio, por duro que este sea, para luchar en contra de esta filosofía y de este partido, convirtiéndose de ese modo en el más sincero baluarte de los valores de Chile. Fue así como el Ejército celebró complacido [...] la ley de defensa permanente de la democracia[108].

Desde la década de 1930, como confirma el Ejército en esta misma publicación, el servicio de informaciones del Ejército recabó antecedentes sobre la acción de los partidos de orientación comunista y socialista, a la vez que producía inteligencia estratégica sobre el accionar del mismo y de eventuales infiltraciones en las filas del Ejército. Si bien, como señalé con anterioridad, el Servicio de Inteligencia Militar del Ejército (SIM) se oficializa en el Estado Mayor con posterioridad a la reforma de 1963, en las décadas anteriores desarrolló acción clandestina y secreta orientada a recabar información de esta naturaleza y producir inteligencia:

> Los mandos superiores del Ejército, desde el advenimiento del Frente Popular, no tuvieron dudas de que el marxismo tendría como objetivo principal la desintegración de la Institución. De ahí se derivó la fundamental exigencia que esos mandos hicieran a los Servicios de Información del Ejército, para que se dedicaran a estudiar el marxismo, definir sus métodos en el país y hacia la institución, las acciones en desarrollo y por desarrollar, personalidades comunistas abiertas y encubiertas, compañeros de ruta y simpatizantes y propusiera

---

[108] Estado Mayor del Ejército de Chile. *Historia del Ejército de Chile*. Santiago: Vicuña Impresores, Tomo IX, p. 329.

medidas para todo nivel (...). La organización y funcionamiento de la información se mantenía secreta (...) se pudo conocer bastante al Partido Comunista (...) sin que advirtiera que era permanentemente observado. El Estado Mayor conformó un voluminoso archivo con los antecedentes recibidos (...). Control de las listas de llamados al Servicio Militar con el objeto de evitar el ingreso de elementos adoctrinados por el Partido Comunista. Entrega de conocimiento al personal militar (...) para lograr acercamiento hacia ellos mediante engaños, halagos, a través de familiares, amigos y conocidos[109].

Previo al golpe de Estado, la labor de la inteligencia militar le permitió a las FF. AA. desarrollar una planificación contrasubversiva permanente, la cual se fue actualizando con el desarrollo de la coyuntura política de la época: "el conocimiento, cada día más amplio y profundo que el Servicio de Informaciones del Ejército logró acerca del marxismo en esa época permitió a la institución desarrollar un tiempo más tarde una operación netamente anticomunista. Esta planificación se mantuvo vigente a lo largo de toda la estructura de la Institución y del tiempo, lo que preservó su integridad y unidad"[110].

La crisis orgánica del sistema político chileno, propiciada por la acción encubierta norteamericana y la propia incapacidad de los partidos políticos que formaron la coalición de Gobierno de la Unidad Popular (UP), propiciaron que las FF. AA. se constituyeran en un actor del sistema político como un recurso de estabilización de las relaciones de poder. No obstante aquello, pese al discurso de la profesionalización militar impulsado por el alto mando del Ejército para superar las reiteradas situaciones de insubordinación militar y deliberación generadas desde mediados de la década de 1960, prevaleció la formación contrasubversiva y anticomunista instalada en el mismo discurso profesional de las FF. AA., acelerado con la recepción de la doctrina de guerra contrasubversiva

---

[109] Estado Mayor del Ejército de Chile. *Historia del Ejército de Chile*, op. cit., pp. 47-48.
[110] Ibid., p. 61.

y de seguridad hemisférica norteamericana. Que las FF. AA. se hayan decantado por el anticomunismo y la contrasubversión no supone desconocer que no existiesen tendencias contradictorias al interior de la institución. Por el contrario, el desarrollo de la coyuntura entre 1970 y 1973 muestra cómo las FF. AA. van decantando hacia la óptica de seguridad interior y la contrasubversión como resultado de su progresiva utilización de parte del poder ejecutivo para contener situaciones de orden interno a través de la militarización de la función policial. No obstante, en la coyuntura previa al golpe de Estado, la oficialidad de las FF. AA. decantó su accionar contra el poder ejecutivo fundada en la racionalidad contrasubversiva frente a la constatación –ante los propios institutos armados– de una guerra subversiva en curso.

Visto desde la doble relación agencia-estructura, es interesante destacar cómo la temporalidad de la institucionalidad y los dispositivos legales y burocráticos extraen sus trazos de historicidad en diversas coyunturas políticas, que refuerzan ejes argumentativos sobre una problemática común presente a lo largo del siglo XX. La orientación contrasubversiva de estos cuerpos legales, los diversos acentos y énfasis anticomunistas de los mismos en sus diversas modificaciones, dan cuenta de un fenómeno histórico de mediana duración que coloca una cota, un encuadre a los actores que agencian en las diversas coyunturas políticas. Los marcos normativos encuadran los sentidos y legitimidad de la acción burocrática, pero son los actores en su poder agencial los que finalmente ponen en práctica el poder de transformar la realidad. Los dispositivos y burocracias de la represión son fundamentales para entender las orientaciones contrasubversivas de los actores, pero son insuficientes por sí solas para explicar y/o justificar el accionar represivo. A fin de cuentas, son las personas comunes y corrientes en el ejercicio de sus roles burocráticos, pero también por sus propias decisiones los que llevan adelante las acciones de represión contra determinadas categorías de personas representadas como enemigos del Estado.

CAPÍTULO III
Orden interno y contrasubversión durante la Unidad Popular (1970-1973)

El análisis del desarrollo del proceso político de la Unidad Popular (UP) que culminó con el golpe de Estado del 11 de septiembre de 1973, ha sido objeto de un prolífero campo intelectual, tanto en términos de la conformación de una agenda de investigación específica, como de la instalación de explicaciones sobre el proceso que han tendido a agotar los marcos analíticos[1]. Como he presentado en forma sintética en otras investigaciones[2], las explicaciones en general han oscilado entre aquellas que identifican en el factor externo el elemento crucial, dado por la intervención norteamericana, conjugada a la sedición de la alta oficialidad del Ejército apoyada por la derecha "rupturista" y las clases dominantes[3], y entre las que colocan el foco del análisis en los propios límites y errores de la UP.

---

[1] Del Pozo, José. *Allende: cómo su historia ha sido relatada. Un ensayo de historiografía ampliada*. Santiago: Lom ediciones, 2017. Del Pozo, José; Monsálvez, Danny y Valdés, Mario. Los estudios sobre la Unidad Popular en Chile en el nuevo milenio. ¿Están en deuda los historiadores? *Radical Americas*, Vol. 6 núm. 1, 2021, pp. 1-31.
[2] Seguel, Pablo. "Prácticas de movilización social y subjetivación política en el desarrollo del poder popular en Chile, 1967-1973". *Izquierdas*, núm. 27, abril 2016. Seguel, Pablo. "Politización, inmunización y excepción de la violación del Estado de derecho. Reflexión teórica a partir de la crítica de los discursos sobre el quiebre de la democracia". *Astrolabio*, núm. 16, 2016.
[3] Fermandois, Joaquín. *Chile y el mundo. La política exterior de la UP, 1970-1973*. Santiago: Ediciones Pontificia Universidad Católica de Chile, 1988. Moniz Bandeira, Luis. *Fórmula para el caos. La caída de Salvador Allende (1970-1973)*. Santiago: Debate, 2008. Kornbluh, Peter. *Pinochet. Los archivos secretos*. Barcelona: Crítica, 2013.

Desde ese ámbito, una explicación desarrollada por un gran grupo de investigadores pone el énfasis en que, en la polarización del conflicto político y en la rigidización del sistema de partidos, se contiene el grueso de la explicación del fracaso de la dirección política de la UP, tomando como premisa la constitución del Estado de Compromiso y la configuración del sistema político con posterioridad al Frente Popular[4].

Otro grupo de investigadores, tomando el grueso de esta argumentación, ha enfatizado en las limitantes internas del propio bloque socialista la tensión central, caracterizada por una oposición entre polos con líneas políticas estratégicas en tensión[5], tanto desde el punto de vista de la conformación de las líneas estratégicas al interior de la UP[6], como con los factores propios del desarrollo táctico de los partidos en cada una de las coyunturas del período 1970-1973[7].

Otros han puesto en el centro del problema la historicidad de la sociedad y la subjetividad política, desplazando el análisis desde un tema de dirección política, hacia un problema en las formas de mediación política. Por una parte, identificando una tensión entre las formas de mediación políticas –por arriba y expresada por los partidos del bloque socialista– con las formas de participación desde abajo, expresadas en el protagonismo llevado adelante por las propias dinámicas internas de los trabajadores y el movimiento popular[8];

---

[4] Valenzuela, Arturo. *El quiebre de la democracia en Chile*. Santiago: Flacso, 1989 [1978], p. 27. Foxley, Alejandro. *Para una democracia estable: economía y política*. Aconcagua: Cieplan, 1985. Martínez, Javier y Tironi, Eugenio. *Las clases sociales en Chile*. Santiago: Sur, 1985 p. 54.
[5] Moulian, Tomás. *Fracturas. De Pedro Aguirre Cerda a Salvador Allende (1938-1973)*. Santiago: Lom ediciones, 2006. Moulian, Tomás. "La vía chilena al socialismo: itinerario de la crisis de los discursos estratégicos de la Unidad Popular", en: Julio Pinto (Coord.), *Cuando hicimos Historia. La experiencia de la Unidad Popular*. Santiago: Lom ediciones, 2005, pp. 37-40. Moulian, Tomás. *Contradicciones del desarrollo político chileno*. Santiago: Lom ediciones, 2010, p. 51.
[6] Casals, Marcelo. *El alba de una revolución. La izquierda y el proceso de construcción estratégica de la "vía chilena al socialismo". 1956-1970*. Santiago: Lom ediciones, 2011.
[7] Corvalán, Luis. *Los partidos políticos y el golpe del 11 de septiembre. Contribución al estudio del contexto histórico*. Santiago: Ediciones Usach, 2016.
[8] Winn, Peter. *Los tejedores de la revolución*. Santiago: Lom ediciones, 2004, pp. 21-22.

por otra parte, en términos de autonomía relativa entre movimiento social, sistema político y Estado[9].

Finalmente, el último sector nos plantea el problema de la mediación como un problema de racionalidad política en el marco de las características propias de la formación social chilena; es decir, como un problema estrictamente político desplegado en el marco del análisis socioeconómico, tanto desde una óptica estructuralista como sociopolítica[10]. En particular, destaca en este aspecto el trabajo de Juan Carlos Gómez Leyton, centrado en los conflictos de la propia estructura de poder de la sociedad chilena por sobre sus representaciones político-institucionales[11].

En sintonía con esos trabajos, las investigaciones que se han centrado en los grupos de poder han abordado el rol de los militares en el proceso político en cuestión. Estas, por sus enfoques centrados en actores, tienden a atribuir una causalidad moral y desprende de ello una serie de responsabilidades éticas y políticas como los factores explicativos en una coyuntura determinada. Si bien es cierto que los actores individuales marcan con sus decisiones las instituciones y las organizaciones burocráticas a las que adscriben, no deja de ser un hecho constatable que los repertorios de acción de estas se construyen a partir de una práctica institucionalizada y reiterada en las acciones, cuyos límites son validados por los diversos actores de un sistema institucional como campo de poder. Desde ese punto de vista, la organización militar y policial,

---

[9] Garcés, Mario. "Lo político y lo social". *Revista Punto Final*, núm. 599, 2 de septiembre del 2005. Milos, Pedro y Garcés, Mario. *Cuadernos de historia popular: serie Historia del movimiento obrero*. Santiago: CETRAL/CEAL, núm.1, 1983. Salazar, Gabriel. *La violencia política popular en las grandes alamedas*. Santiago: Lom ediciones, 2006, pp. 27-66. Salazar, Gabriel. *Movimientos sociales en Chile. Trayectoria histórica y proyección política*. Santiago: Uqbar editores, 2006, pp. 17-37.

[10] Marini, Ruy. *¿Transición o Revolución?*, 1973; *Dos estrategias en el proceso chileno*, 1974; *Economía Política de un golpe militar*, 1974; *La pequeña burguesía y el problema del poder*, 1976. [recopilación personal de los textos. Sin edición]. Marín, Juan Carlos. *El ocaso de una ilusión.1967-1973*. Buenos Aires: Picaso/INEDH/Colectivo Ediciones, 2007.

[11] Gómez Leyton, Juan Carlos. "Democracia versus propiedad privada. Los orígenes político-jurídicos de la dictadura militar chilena". En: Caetano, Gerardo (Comp.), *Sujetos sociales y nuevas formas de protesta en la historia reciente de América Latina*. Buenos Aires: Clacso, 2006, pp. 171-212.

constituida como un actor de poder, construyó su repertorio de acción en un proceso que históricamente antecede al golpe de Estado, proceso en el que en las diversas coyunturas sociopolíticas fueron utilizadas como una herramienta de poder de Estado para reprimir hechos delictivos y políticos, estableciendo equilibrios para la seguridad de la nación y la estabilización de un sistema político tensado y en crisis. Este factor de orden burocrático e institucional contribuyó a aumentar el poder efectivo del actor militar y policial ante un escenario de crisis y disputa hegemónico de parte de los actores de la derecha, el centro y de la izquierda política.

En consideración a aquello, en este capítulo efectúo un ejercicio de revisión historiográfica en el que el foco de la observación son las instituciones y los dispositivos burocráticos en relación con la seguridad interior y la defensa nacional en la coyuntura del Gobierno de la UP. Intento con ello rastrear cómo se construyó organizacional y burocráticamente el golpe de Estado, así como los discursos político-militares de su legitimación posterior. Si bien es cierto que las FF. AA. y policiales utilizaron los propios recursos organizacionales y jurisdiccionales para la organización del golpe de Estado, cediendo a las presiones de los grupos de poder empresarial, de extrema derecha y la influencia norteamericana, rompiendo con ello con su mandato constitucional y el profesionalismo militar[12], no deja de ser un hecho destacable que las condiciones de posibilidad del accionar de la cofradía golpista se construyeron sobre los dispositivos organizacionales y las tácticas de copamiento militar desarrolladas durante los tres años de la UP, historia que ha sido omitida de las revisiones historiográficas más sistemáticas sobre el período del Gobierno popular.

---

[12] Esta es la tesis sostenida por: Arriagada, Genaro. *La política militar de Pinochet*. Santiago: Salesianos, 1985. Una hipótesis distinta sostiene Gabriel Salazar, quien señala que en su proceso de profesionalización, las FF. AA., y en particular el Ejército, tienen una orientación contrasubversiva y anticomunista. Salazar, Gabriel. *El Ejército de Chile y la Soberanía Popular. Ensayo Histórico*. Santiago: Debate, 2019, pp. 23-88. Una opinión similar sostienen Augusto Varas y Felipe Agüero, pero enfatizando que dicho proceso fue mediado por la formación militar prusiana de comienzos del siglo XX. Varas, Augusto y Agüero, Felipe. "Ideología y doctrina de las fuerzas armadas chilenas: un ensayo de interpretación". *El proyecto político militar*. Santiago: Flacso, 1984, pp. I-XLIX.

Desde esa óptica, históricamente se identifican cuatro momentos del rol militar y policial en labores de seguridad interior y defensa nacional durante el Gobierno del presidente Salvador Allende: un primer momento de intento de institucionalización y construcción de una doctrina que sintetizara una práctica y discurso de profesionalismo militar que permitiera revertir la percepción represiva de las FF. AA. y de insubordinación, en un contexto de presiones políticas de actores institucionales y de poder por movilizar a las FF. AA. como un recurso de poder político que impidiese la investidura de Salvador Allende como presidente por el Congreso Pleno. Un segundo momento, que se inicia con el desarrollo de la crisis política que implicó el quiebre de la posibilidad política de establecer un diálogo entre el Partido Demócrata Cristiano (PDC) y la UP, iniciado con el asesinato de Edmundo Pérez Zujovic en 1971, que pone en marcha un perfeccionamiento de los dispositivos de seguridad interior y que acentúan la militarización de la función policial. Este segundo momento continúa con la arremetida de masas de la oposición a través de la marcha de las cacerolas vacías en 1971. El tercer momento constituye una inflexión desde el punto de vista de la subordinación política de las FF. AA. en el marco de operativos de seguridad interior, que está cruzado por la aprobación de la Ley de Control de Armas y la grave crisis que azotó al país en el paro de octubre de 1972. Finalmente, un cuarto momento, que va desde el desarrollo de la ofensiva contrasubversiva con posterioridad al fallido golpe de Estado de junio de 1973 (Tanquetazo), para finalizar con el desarrollo del copamiento militar del territorio en el marco de las Comandancias de Áreas Jurisdiccionales de la Seguridad Interior (CAJSI). A lo largo de todo este período, las FF. AA. y policiales fueron perfeccionando su organización, planificación y recursos militares, como también recabando el conjunto de la información de inteligencia y contrainteligencia para dar el golpe de Estado del 11 de septiembre de 1973. El golpe, sostenido como hipótesis de investigación por diversos autores, se configuró desde antes del golpe, pese a que su planificación final es resultado de la trama de un pequeño grupo de conjurados. En este capítulo muestro la evidencia histórica que sostiene esta afirmación.

El profesionalismo militar: entre el golpismo y la doctrina Schneider

De la campaña de 1970 al triunfo de Salvador Allende

El proceso electoral del año 1970 estuvo marcado por una reorganización del sistema político y de la conformación de tres tercios electorales con proyecto propio: el candidato de la UP, senador Salvador Allende; el candidato del PDC, senador Radomiro Tomic, y el candidato de la derecha, el expresidente y empresario Jorge Alessandri Rodríguez. En ese contexto, el debate público sobre el profesionalismo militar y la militarización de la función policial, tuvo un rol relevante en el repertorio de acción de los actores institucionales y extrainstitucionales, en consideración de los hechos represivos contra el movimiento popular y algunos hechos de insubordinación militar ocurridos durante el Gobierno de Arturo Alessandri Rodríguez y Eduardo Frei Montalva. Estos acontecimientos, en el contexto del desarrollo de política de asistencia militar norteamericana, marcaron algunos puntos clave en el discurso de las coaliciones y contribuyeron a polarizar ideológicamente las perspectivas de la seguridad interior y la defensa nacional.

Desde el punto de vista represivo, en este período de ascenso de la movilización popular, se observa una utilización de las FF. AA. en funciones de orden policial y una militarización de la policía bajo una óptica de contrasubversión urbana. En relación con el Ejército, un caso ilustrativo fueron los graves hechos de sangre vinculados a la represión del movimiento sindical en 1966 en el yacimiento minero de El Salvador[13]. Junto con ello, en las FF. AA. se

---

[13] Cerda, René. *La masacre de El Salvador. Huelgas, represión y solidaridad obrera en los campamentos mineros del cobre, 1965-1966.* Diego de Almagro: Municipalidad Diego de Almagro, 2014.

registró una serie de hechos de insubordinación militar que generó serios cuestionamientos al carácter profesional y no deliberante. En la Armada, en 1961 se generó una manifestación y amotinamiento conocido como el "Bandejazo", que fue duramente reprimido[14]. En el caso del Ejército, el hecho más grave se registró en el marco de la sublevación del regimiento Tacna, protagonizada por el general de brigada Roberto Viaux el 21 de octubre de 1969, que generó simpatías en sectores de la Fuerza Aérea de Chile (FACH)[15]. El último de estos hechos ocurrió en un complot militar que fue desactivado por la inteligencia militar durante marzo de 1970, considerado como parte de los resabios del "Tacnazo", que implicó el paso a retiro en enero de 1970 de oficiales involucrados en los hechos de octubre[16]. Los hechos fueron conducidos por el general (R) Horacio Gamboa y la trama golpista fue desactivada por la inteligencia militar el 25 de marzo de 1970[17].

En el caso de Carabineros, la creación del Grupo Móvil en 1963 en el Gobierno de Alessandri formó parte de los programas de asistencia de EE. UU. a Carabineros a través del Programa de Seguridad Pública, la asesoría técnica de la *International Police Academy* de Washington y la participación de Carabineros en el Centro de Guerra Especial norteamericano en Fort Gulick (Panamá) y Fort Bragg (Georgia, EE. UU.)[18]. A partir de 1966, durante el

---

[14] Ponce, Karina. *El bandejazo. Un caso de indisciplina y amotinamiento militar en la Escuela de Ingeniería Naval de Viña del Mar. Mayo de 1961*. Seminario de Título. Valparaíso: Universidad de Playa Ancha, 2012.

[15] Valdivia, Verónica. *El golpe después del golpe. Leigh vs. Pinochet. Chile, 1960-1980*. Santiago: Lom ediciones, 2003, pp. 57-60.

[16] CIA, "Chile adopts hard line toward dissident Army General", 9 de enero de 1970, p. 1.

[17] El departamento de inteligencia norteamericana desde la primera semana de febrero venía siguiendo el complot. Department of Defense Intelligence, *Department of defense Intelligence report*, 5 de marzo de 1970. CIA, "Chilean Government Arrest Plotters", *Weekly Review*, 3 de abril de 1970, p. 29.

[18] Águila, Ernesto y Maldonado, Carlos. "Orden Público en el Chile del siglo XX: *Trayectoria de una policía militarizada*. P. Waldman (Ed.), *Justicia en la calle. Ensayo sobre policías en América Latina*. Buenos Aires: Konrad Adenauer Stiftung, 1996, pp. 73-97. En 1969, la revista *Punto Final* difundió un reportaje que daba cuenta de la elaboración de los manuales del Grupo Móvil en base a textos de contrasubversión urbana norteamericanos. J. C. M. "Embajada Norteamericana adiestra al Grupo Móvil". *Punto Final*, núm. 81, 17 de junio de 1969, pp. 16-19. Uno de estos manuales fue reproducido por la Revista *Causa Marxista Leninista*,

Gobierno de Frei Montalva, el Grupo Móvil mediante esta cooperación mejoró su equipamiento y dotación. Su participación en la represión en contra del movimiento reformista universitario de 1967 y el movimiento de pobladores, en las matanzas del 23 de noviembre de 1967 donde murieron civiles y en los sucesos de Puerto Montt en Pampa Irigoen donde se contabilizaron 9 pobladores muertos y 200 heridos, generó algunos cuestionamientos de varios sectores de la UP y del propio partido de Gobierno, el PDC.

En ese escenario de trasfondo, en la coyuntura electoral de 1970, las coaliciones abordaron la problemática del orden público, el rol de las policías y los militares. La UP, en su programa de Gobierno, se refirió a la seguridad interior y a las FF. AA. Desde el punto de vista de la seguridad interior, se criticó la política de criminalización y represión emprendida por el ejecutivo como una expresión del carácter de las políticas de clases impulsadas por los gobiernos anteriores. La represión como política de seguridad interior fue presentada en la lectura de la UP, como el resultado del rechazo político de las clases dominantes a la presión democratizadora del Estado y la sociedad de parte del movimiento popular: "las formas brutales de la violencia actual, tales como las acciones del Grupo Móvil, el apaleo de campesinos y estudiantes, las matanzas de pobladores y mineros son inseparables de otras no menos brutales que afectan a todos los chilenos"[19]. Desde ese punto de vista, la represión de Estado y la existencia del Grupo Móvil de Carabineros fueron concebidas como una herramienta burocrática del Estado para contener la movilización ascendente del movimiento popular. De ahí que en las primeras cuarenta medidas del Gobierno de la UP se anunciara la disolución del Grupo Móvil de Carabineros (medida 37). Para esta coalición, el problema de la seguridad fue concebido por acción de la delincuencia común,

---

tras los hechos de Puerto Mont en 1969. "Las técnicas de represión (Manual Confidencial del Grupo Móvil de Carabineros)", año I, núm. 6, marzo de 1969, pp. 9-49.

[19] Los acontecimientos aludidos en dicho párrafo son: la matanza de pobladores sin casa en Pampa Irigoen, la matanza de los mineros de El Salvador, la represión contra el Movimiento Universitario reformista del 67. Unidad Popular. *Programa básico de gobierno de la Unidad Popular*. Santiago de Chile, 1969, p. 5.

no del accionar organizado del movimiento popular. Por ello, planteaba que "Carabineros e Investigaciones serán destinados a cumplir una función esencialmente policial contra la delincuencia común. Eliminaremos el Grupo Móvil y sus miembros reforzarán la vigilancia policial"[20].

Por otra parte, las FF. AA. fueron identificadas como un espacio de influencia norteamericana a través de las suscripciones de los convenios establecidos en el marco del Sistema Interamericano de Defensa y los programas de asistencia militar. Vista desde la óptica antiimperialista de la UP, dichas políticas daban cuenta de una penetración ideológica de influencia norteamericana en la oficialidad de las FF. AA.[21]. Todos estos aspectos convergían en un impulso de redefinición de la defensa nacional sobre la base del reconocimiento de la integridad territorial del Estado chileno. En particular, en el programa de la UP se señaló la propuesta de una modernización del cuerpo militar bajo una óptica de patriotismo y soberanía popular que persiguiera, en primer lugar, un "(…) afianzamiento del carácter nacional de todas las ramas de las FF. AA. En este sentido rechazo cualquier empleo de ellas para reprimir al pueblo o participar en acciones que interesen a potencias extrañas". En segundo lugar, la "(…) formación técnica y abierta a todos los aportes de la ciencia militar moderna, y conforme a las conveniencias de Chile, de la independencia nacional, de la paz y de la amistad entre pueblos". En tercer lugar, a través de la "(…) integración y aporte de las Fuerzas Armadas en diversos aspectos de la vida social. El Estado popular se preocupará de posibilitar la contribución de las Fuerzas Armadas al desarrollo económico del país sin perjuicio de su labor esencialmente de defensa de la soberanía"[22].

La candidatura de Jorge Alessandri Rodríguez, respaldada por el Partido Nacional (PN), también se refirió a la seguridad interior, en

---

[20] La Primeras 40 medidas del Gobierno Popular, *El programa que respaldan los trabajadores*. Suplemento de la Edición núm. 113, *Punto Final*, Año V, 15 de septiembre de 1970, pp. 14-15.
[21] Unidad Popular, *op. cit.*, p. 6.
[22] Ibid., pp. 18-19.

sus documentos propagandísticos y en su programa de Gobierno. Desde la óptica del restablecimiento de un poder ejecutivo presidencialista, el programa de Alessandri y su propaganda electoral buscaban fortalecer la seguridad interior del Estado contra dos actores identificados como agentes contrarios al Estado de Derecho y la paz social: la delincuencia y la existencia de grupos paramilitares. Para ello, señala su propaganda que: "el Gobierno de Alessandri reprimirá con energía la ola de delincuencia que azota al país y que tiene en alarma permanente a la población en todo el territorio", agregando que "terminará con la inseguridad que nace de la violencia de grupos irresponsables y que es consecuencia del actual desgobierno y falta de autoridad"[23].

En su programa de Gobierno fue más claro respecto a las orientaciones de la política de seguridad nacional para las FF. AA. En este se señaló el rol de las FF. AA. como un actor activo en el desarrollo y el progreso nacional. Junto con ello, se planteó una política de mejoramiento de sus remuneraciones acorde a la clase media civil de la época y un plan habitacional para tropas y oficiales. Desde el punto de vista de las transformaciones, se planteó "proceder a una reestructuración técnica de las FF. AA., para adecuar su organización a un nuevo concepto de "Seguridad" Nacional". Esto incluye reforma a los sistemas de enseñanza de las Academias de Guerra y Escuelas de Suboficiales". En ese ámbito, se planteó el aumento de la dotación del servicio militar obligatorio, dotar a las FF. AA. de mayores recursos técnicos y facultar a las Academias de Guerra para otorgar grados técnicos y universitarios de acuerdo con "una formulación más amplia para los oficiales, al igual que en las Escuelas de Suboficiales"[24].

Por su parte, el programa del candidato del PDC, el exsenador Radomiro Tomic, se refirió en términos de una concepción desarrollista de la seguridad nacional. En ese sentido, en primer lugar planteó la necesidad de solucionar el problema de equipamiento

---

[23] *Alessandri Volverá*. Santiago: documento sin edición, 1970, p. 28.

[24] González Pino, Miguel. "Cinco proyectos para gobernar a Chile", *Estudios Públicos*, núm. 32, 1988, p. 361.

y pertrechos al igual que Alessandri: "Las Fuerzas Armadas deben participar activamente en el desarrollo del país, para ello debe asegurarse su eficacia suministrando dotación, y equipo adecuado". En segundo lugar, se posicionó respecto a la necesidad de definir una "(...) política de seguridad nacional, que deberá ser tomada en cuenta por todos los organismos y en todas las decisiones fundamentales del país". Finalmente, congruente con esta concepción de la seguridad nacional vista desde el prisma desarrollista, el programa sostuvo la necesidad de la "(...) participación en la planificación nacional, en aquellas áreas económicas de incidencia estratégica, de incorporación efectiva en la planificación"[25].

En estos casos, como ha apuntado la historiadora Verónica Valdivia, la seguridad nacional era vista como una problemática de desarrollo nacional, en la medida que favorecía el crecimiento económico, la reducción de la pobreza, el aumento en la inversión y la asistencia técnica en el conjunto de las FF. AA.[26].

La elección de 1970 causó preocupación en el alto mando del Ejército. En diciembre de 1969 proyectaban, en base a una estimación de los cálculos electorales, que la UP representaba un 38% del electorado, mientras que el PDC el 27% y Alessandri un 35%[27]. En base a aquello, proyectaron en abril de 1970 unas reñidas elecciones para septiembre. En el documento elaborado por los directores de Personal, Operaciones, Inteligencia y el secretario del Estado Mayor del Ejército, titulado *La problemática de las FF. AA. ante los probables resultados del acto eleccionario*", se señaló que:

> Si triunfa el candidato Jorge Alessandri, se podría provocar un recrudecimiento inmediato de la lucha política activista de los sectores de izquierda, especialmente en el agro y en la industria. Se tienen antecedentes de eventuales preparaciones de actos subversivos,

---

[25] Ibid., p. 376.
[26] Valdivia, *op. cit.*, , pp. 21-62.
[27] Estado Mayor de la Defensa Nacional. *Síntesis de la Situación Nacional*. Citado por: González, Mónica. *La conjura: los mil y un días del golpe de Estado*. Santiago: Ediciones B, 2000, p. 27.

especialmente del campesinado y de los obreros, tendientes a imposibilitar el programa de Gobierno de este candidato. Se visualiza que los desbordes populares podrían acarrear serios enfrentamientos y para contenerlos habría que utilizar las Fuerzas Armadas y de Orden. Si triunfa el candidato Salvador Allende, se produciría inicialmente un período de tranquilidad en los sectores antes indicados, pues las fuerzas políticas antagónicas a él no han evidenciado hasta ahora tendencias pronunciadas a provocar la transgresión del orden público. Pero este período, cuya duración no se estima muy prolongada, podría terminar a causa del descontrol por parte del posible Gobierno de los elementos extremistas incluidos en sus fuerzas políticas, en cuyo caso aparecerían dos alternativas de acción: por una parte, el vuelco del futuro Gobierno hacia la búsqueda de apoyo en otros sectores políticos y del empleo represivo de las FF. AA. y de Orden para restablecer la normalidad. Por otra, que el futuro Gobierno actúe tímidamente sin tratar de contener los desbordes populares en forma decidida, debido a sus compromisos políticos, en cuyo caso estos se podrían prolongar indefinidamente. Pero, en cualquier alternativa, las Fuerzas Armadas deberán prever en su planificación de orden interior un empleo largo y costoso[28].

El Servicio de Inteligencia Militar (SIM), dirigido por el general Mario Sepúlveda Squella, tenía una apreciación distinta. Durante los meses previos a agosto de 1970, el SIM infiltró agentes en diversos sectores de la población de Santiago para recabar información sobre los candidatos. En base a este levantamiento de opinión, según un reporte de inteligencia del Departamento Inteligencia Americano (DIA), el SIM creía que Tomic ganaría la elección, siendo secundado por Alessandri y en tercer lugar Allende. En el estudio, el SIM concluyó que "Tomic sería favorecido por la mayoría de las mujeres, mientras que Allende por los hombres. En general, sin embargo, Tomic era el candidato más popular"[29].

---
[28] Ídem.
[29] Department of Defense Intelligence. "Chilean Army pre-electoral Preparation", *Intelligence Information Report*, 6 de agosto de 1970.

Por estos motivos, desde mayo de 1970 el alto mando del Ejército venía evaluando diversos cursos de acción, flanqueados por presiones internas marcadas por el "Tacnazo" y la desactivación del complot del general (R) Gamboa a través de las reuniones del Consejo de Generales y de intervenciones del comandante en jefe en la prensa. En una entrevista efectuada por *El Mercurio* en mayo, se le pregunta al comandante en jefe del Ejército, general Schneider, respecto a la participación de los militares en actividades políticas, a lo que responde de manera categórica que "esa intervención en política está fuera de todas nuestras doctrinas. Somos garantes de un proceso legal en la que se funda toda la vida constitucional del país. Es nuestra doctrina garantizar la estabilidad interna y a ello deben tender todos nuestros esfuerzos y es una razón poderosa por la cual no debemos tener preferencia por ninguna tendencia, candidato o partido"[30].

Al ser preguntado por los recientes hechos de insubordinación militar, el general Schneider reiteró que "pequeñas situaciones locales no implican un síntoma de inestabilidad. Hay solidez institucional", enfatizando que "la disciplina se mantiene inalterable (…) la disciplina se fundamenta en la conciencia de superior y subalterno, en el ascendiente de mando"[31].

En el segundo Consejo de Generales del año 1970, el general Schneider compartió una reflexión en la que aludía al rol que buscarían jugar los sectores golpistas en el escenario electoral. En esta lectura, comienzan a esbozarse los preceptos centrales de lo que, previo a su asesinato en octubre de 1970, se conoció como Doctrina Schneider y que, con posterioridad, el general Carlos Prats buscará institucionalizar. El diagnóstico partía reconociendo el rol de la insubordinación militar en las filas del Ejército y el rol que eventualmente buscarían jugar estos elementos en el escenario electoral:

---

[30] "Entrevista al comandante en jefe del Ejército, General de Ejército René Schneider", *El Mercurio*, 8 de mayo de 1970.
[31] Ídem.

El general (R) Viaux está esperando que se produzca una situación anormal que puede producirse antes de las elecciones, si es que los hechos no se ven claros, o si así lo estima la corriente que él apoya al no ver posibilidades de buen éxito, y proceder a buscar una fórmula de golpe; o bien después de las elecciones si su grupo estima que los resultados no le son favorables, no reconociéndolo, o simplemente imponiéndolo antes de la decisión del Congreso[32].

Sobre el reconocimiento de esta situación, presentó un panorama de crisis social que configuraría un escenario de vacío de poder que, a juicio del golpismo, debería ser llenado por las FF. AA. Ante la constatación de este riesgo, ratificó el hecho de que a las FF. AA. la Constitución "le otorga la misión de garantizar el funcionamiento del régimen legal, y por lo tanto, de respaldar que por la vía normal se elijan los diferentes poderes del Estado, entre ellos al presidente de la República", agregando que "para cumplir con este cometido se ha entregado a las Fuerzas Armadas un poder representado por sus armas que, en cierto modo, pueda servir de árbitro en el cumplimiento de estos preceptos legales", señalando, en este discurso, los espacios de excepción para el accionar militar en caso de quebrantamiento del orden legal: "es conveniente, sin embargo, dejar claramente expresado, el hecho que esta posición y este pensamiento eminentemente legalista, tienen como única limitación el hecho de que el poder de Estado que está sustentado y respaldado, abandonara su propia posición legal"[33].

Anticipando este escenario de crisis, el general Schneider encomendó a la Academia de Guerra del Ejército (Acague) la elaboración de un plan de seguridad para el desarrollo de un escenario de conflictividad con anterioridad y posterioridad a las elecciones de septiembre de 1970. En ese momento, el teniente coronel Juan Manuel Contreras Sepúlveda se desempeñaba como secretario de

---

[32] Acta del Consejo de Generales núm. 2, 23 de julio de 1970. Citado por: Schneider, Víctor. *General Schneider. Un hombre de honor, un crimen impune*. Santiago: Ocho libros editores, 2010, p. 86.
[33] Ibid., p. 90.

estudios y le correspondió participar en la elaboración del plan de defensa. En lo operativo, el plan consistía en la generación de cordones de seguridad concéntricos en torno a La Moneda, plan que finalmente fue objetado por el coronel Guillermo Pickering[34]. Al margen de aquello, el Ejército planificó la seguridad de los comicios de septiembre en base a una reforma introducida por el PDC en la jefatura de la zona de plaza de Santiago de 1968. El centro organizativo del plan fueron las Áreas Jurisdiccionales de Seguridad Interior (AJSI), las que habían sido recientemente reformadas (ver más adelante). En la práctica, previo a la reforma, el comandante de la II División del Ejército ejercía como jefe de zona en la Provincia de Santiago y de su guarnición militar. La reforma modificó esta designación, pasando a dejar como jefe de zona en período electoral o en estado de emergencia al jefe de la guarnición de Santiago en vez del comandante de la II División del Ejército. Como señaló un reporte de inteligencia norteamericano, "la revisión proveía un resguardo contra la consolidación del poder en las manos de un oficial militar durante una situación de crisis"[35]. En base a esta reforma, el general Schneider instruyó el traslado a Santiago de las tropas del Regimiento de Caballería de Quillota y el Regimiento de Coraceros de Viña del Mar, pertenecientes a la II División del Ejército. Por su parte, la fuerza central de seguridad quedaría conformada por el Regimiento Buin, que se distribuiría en las zonas de seguridad concéntricas en torno a La Moneda, para lo cual contaría con el contingente de conscriptos que terminarían su ciclo de entrenamiento el 21 de agosto. Finalmente, la Jefatura de Plaza recaería en el comandante de la guarnición de Santiago, el general Camilo Valenzuela, quien quedaría subordinado en el mando al comandante en jefe del Ejército, general René Schneider

---

[34] La existencia de este Plan de Defensa es sostenida por la periodista Mónica González, *op. cit.*, pp. 107-108. En la revisión de los archivos de inteligencia norteamericanos desclasificados, se hace alusión a un plan de defensa, pero no tengo evidencias para sostener que es el mismo. Departament of Defense. Intelligence Information Report. "Chilean Army pre-electoral Preparation", 6 de agosto de 1970, p. 3.

[35] Department of Defense Intelligence. "Chilean Army pre-electoral Preparation", *Intelligence Information Report*, 6 de agosto de 1970, p. 2.

y, en lo operativo, al jefe de la II División del Ejército, quien dispondría de las tropas bajo el comando de Valenzuela[36].

Las encuestas difundidas en la opinión pública nacional vaticinaban una victoria del candidato de derecha, Jorge Alessandri[37]. El Partido Comunista de Chile (PCCH), por su parte, manifestaba una posición de incertidumbre en su comisión electoral del 22 de agosto, pese a que estimaba que Allende ganaría las elecciones, situación que fue percibida por un cable de inteligencia remitido desde la estación de Santiago, de la CIA[38]. La CIA también se preparaba para unas reñidas elecciones, vaticinando que ningún candidato ganaría en primera vuelta. En ese sentido, en el escenario que Salvador Allende resultase victorioso en primera instancia, estimaban que "tenían muchas chances de ser electo por el Congreso", agregando que, de manifestarse ese escenario, "la hostilidad de Allende y sus aliados hacia EE. UU. está demasiado arraigada para ser fácilmente cambiada", enfatizando que "en una situación internacional clave, que envuelva cualquier confrontación entre este y oeste, la administración de Allende sería abiertamente hostil o neutral a los intereses de EE. UU."[39]. La elección de Allende y un eventual triunfo se transformaban en un problema de seguridad hemisférica sin precedentes y en un ejemplo pernicioso que conjugaba socialismo y democracia, situación que también fue percibida en esos términos por la dictadura brasileña[40].

El triunfo de Salvador Allende el 4 de septiembre con el 36,62% del electorado abrió un escenario de inestabilidad política, que fue percibido por los diversos actores del sistema político y de

---

[36] Cabe destacar que la inteligencia norteamericana calificó la reforma introducida por el PDC en 1968 como un diseño "caótico y confuso". Department of Defense Intelligence. "Chilean Army pre-electoral Preparation", *Intelligence Information Report*, 6 de agosto de 1970, p. 2.

[37] Sobre las encuestas de opinión pública de la época: Navia, Patricio y Osorio, Rodrigo. "Las encuestas de opinión pública en Chile antes de 1973", *Latin American Review*. Vol. 50, núm. 1, 2015, pp. 117-139.

[38] CIA. "PCCH not optimistic about Allende Victory", *Intelligence Information Cable*, 25 de agosto de 1970.

[39] CIA. *National Intelligence Estimate. The outloock for Chile*, 30 de julio de 1970, pp-1-2.

[40] Simon, Roberto. *O Brasil contra a democracia. A ditadura, o golpe no Chile e a Guerra Fría no América do Sul*. Sao Paulo: Companhia das letras, 2021, pp. 57-68.

los grupos de poder (ver tabla 3). Dado que ninguno de los candidatos obtuvo la mayoría absoluta del electorado, el presidente debía ser proclamado por parte del Congreso Pleno entre las dos candidaturas más votadas. Pese a ello, en la tradición republicana chilena, el Congreso ratificaría a la primera mayoría como el presidente electo. En torno a esa posibilidad, se abrió una serie de escenarios políticos de parte de la derecha y de los grupos opositores al proyecto político de la UP.

Tabla 3. Resultados electorales elecciones presidenciales 1970 (votos válidamente emitidos)

Candidato	Votos	Porcentaje
Salvador Allende	1.075.616	36,62%
Radomiro Tomic	824.849	28,08%
Jorge Alessandri	1.036.278	35,28%
Total válidamente emitidos	2.936.743	99,98%

Elaboración propia. Fuente: Ministerio del Interior[41].

La reacción ante el resultado electoral de parte de los actores del sistema político fue diversa, abriendo un margen de incertidumbre que sería explotado por la acción encubierta norteamericana y por los sectores antimarxistas de la oposición. Por una parte, el candidato del PDC, Radomiro Tomic, reconoció la misma noche de las elecciones el triunfo del candidato de la UP, declaración que fue ratificada al día siguiente. El comando electoral de Alessandri, dirigido por el abogado Enrique Ortúzar, por el contrario, abrió la posibilidad de que el Congreso votase por el candidato de derecha. En una declaración emitida el 6 de septiembre, el comando formado por el PN, Democracia Radical (DR) y pequeños "movimientos alessandristas", señalaron que

---

[41] Esta información fue publicada en *Punto Final*, Año V, núm. 113, 15 de septiembre de 1970. También publicada en *El Mercurio*, 5 de septiembre de 1970. En ambos casos, los porcentajes relativos tienen discordancias, ya que no suman el 100 % de los votos válidamente emitidos. En los datos del Ministerio del Interior, los porcentajes son: Allende (36,3%), Alessandri (34,98%) y Tomic (27,84%), lo que suma 99,12%.

"frente a los resultados provisorios entregados por el Ministerio del Interior que, por ahora, arroja una ínfima diferencia de 1,4% en favor del señor Allende, la ciudadanía está consciente de que el proceso electoral no ha terminado"[42]. En esa misma lógica, el derrotado candidato Jorge Alessandri, en una declaración pública del 9 de septiembre, señaló que en caso de ser "(…) elegido en el Congreso Pleno, renunciaría al cargo, lo que daría lugar a una nueva elección", anticipando que a esta elección "(…) de forma categórica no participaría por ningún motivo"[43].

Para cumplir con esta maniobra, requerían del apoyo del PDC y eventualmente de un pronunciamiento o intervención de las FF. AA. No obstante, el PDC en una declaración pública de su Consejo Nacional comenzó a cerrar el camino a esta alternativa. El 7 de septiembre señaló a la opinión pública que el partido reconocía la victoria de Allende y hacía un llamado a "rechazar los conceptos e intenciones que, contenidos en una declaración formulada en el día de ayer por el presidente del comando alessandrista, don Enrique Ortúzar, busca alterar de un modo ilegítimo la conclusión lógica que emana de la consulta popular realizada el 4 de septiembre"[44].

El PDC comenzó a explorar una fórmula constitucional que fortaleciese un marco institucional para un eventual Gobierno de Allende, evaluando para ello la creación de una serie de garantías constitucionales. Se le encomendó realizar gestiones con la UP a un grupo del partido formado por los diversos sectores políticos internos. El grupo quedó formado por Patricio Aylwin del sector conservador, Renán Fuentealba del sector centrista y Luis Maira del ala izquierdista del partido. Para remarcar la posición del partido, el presidente del PDC, Benjamín Prado, en cadena de radios voluntaria del 10 de septiembre, señaló que, si Salvador Allende daba certezas de que en su Gobierno se daría vigencia a los valores de una sociedad pluralista y al Estado de derecho,

---

[42] *Ercilla*, núm. 1835,1970, p. 10.
[43] Citado por: Corvalán Márquez. *Los partidos…*, *op. cit.*, p. 38.
[44] *La Nación*, 8 de septiembre de 1970, p. 1.

"(…) puede esperar una decisión favorable de nuestra parte" en el Congreso Pleno[45].

Ese escenario abierto tras la elección de Allende fue analizado en primera instancia por el comandante en jefe del Ejército, general René Schneider, y el jefe del Estado Mayor de la Defensa Nacional, el general Carlos Prats. En reunión en la mañana del 5 de septiembre, abordaron los posibles escenarios que se abrían entre el triunfo de Salvador Allende y la fecha de votación en el Congreso Pleno, el 24 de octubre, para ratificar a una de las dos primeras mayorías electorales. Al respecto, la opinión de los generales fue la siguiente:

- Votación de la Democracia Cristiana en el Congreso Pleno por Jorge Alessandri, con el compromiso de abdicación de este, para promover una nueva elección. Solución que puede conducir a una inmediata guerra civil.
- Pacto de la Democracia Cristiana con la Unidad Popular, a condición de implantar un régimen con plena vigencia de la actual Constitución. Solución que conduciría a una crisis lenta y reciente gravedad por la inevitable pugna entre los poderes del Estado.
- Proclamación de Allende sin compromiso para este, lo que se traduciría en la gradual implantación de un régimen marxista, que provocaría una crisis a corto plazo con la salida de una dictadura proletaria o de una dictadura militar.
- Golpe de Estado, promovido por Roberto Viaux y sus simpatizantes antes del pronunciamiento del Congreso Pleno, que arrastraría al país a una guerra civil[46].

Para los militares, el curso de acción se fue cerrando en torno al período previo a la ratificación del presidente por el Congreso Pleno el 24 de octubre y su eventual investidura el 4 de noviembre. El 21 de septiembre, en reunión del Consejo de generales, el

---

[45] *La Nación*, 11 de septiembre de 1970, p. 5.
[46] Prats, Carlos. *Memorias. Testimonio de un soldado*. Santiago de Chile: Pehuén, 1985, pp. 165-166.

general Schneider comentó a sus subalternos que desde su perspectiva el escenario comenzaba a decantar en dos grandes alternativas: "una accionada por políticos que tratan de presionar a los mandos regulares para que las FF. AA. se tomen el poder, y otra, de políticos de extrema derecha que directamente muevan a Viaux para que encabece un golpe"[47].

En torno a esta reunión, un agente informante de la CIA del Alto Mando del Ejército que participó de dicha reunión remitió la información a la estación de Santiago. En el reporte, la CIA constató que "Schneider dio al Cuerpo de Generales un reporte en el que expresó que la situación general del país no es tan mala como se la presenta. El general, en duros términos reiteró su posición sobre el rol del Ejército en asuntos políticos o constitucionales, marcando una clara posición sobre la conveniencia de la abstención de las Fuerzas Armadas en asuntos políticos o constitucionales", agregando, más adelante, que si "el país se encuentra en un desastre no es por las Fuerzas Armadas sino por los errores de cálculo de ciertos políticos", por lo que "a esos políticos les corresponde sacar a Chile del desastre". Ante la consulta efectuada por uno de los generales participantes de la reunión, sobre cuál sería el curso de acción del Ejército si es que el Congreso escogía a Salvador Allende, el general Schneider replicó de manera tajante: "nos aseguraremos de que llegue al poder", agregando que él no cree que algo malo vaya a suceder[48].

Acciones encubiertas de EE. UU. y terrorismo político de extrema derecha

El trasfondo de estas maquinaciones fue congruente con las operaciones de contrainteligencia elaboradas por el Gobierno Norteamericano, para el cual el triunfo de Allende representaba un serio

---

[47] Ibid., p. 171.
[48] Cable de Inteligencia de la CIA, 23 de septiembre de 1970.

peligro para Latinoamérica y el mundo al constituirse en una vía alternativa del marxismo al poder a través de elecciones democráticas. Desde el 25 de marzo de 1970, el Comité 40, el grupo formado por altas autoridades del Gobierno de EE. UU. para elaborar planes de acción encubierta en diversas partes del mundo[49], venía desarrollando acciones a través de la embajada norteamericana en Santiago y la CIA para frenar una eventual victoria de Salvador Allende. Previo a la elección de septiembre, sesionó el Comité 40 el 31 de agosto para evaluar los diferentes cursos de acción a tomar por EE. UU. en caso de una victoria de Allende. En los tres cursos de acciones proyectados (no hacer nada, acciones limitadas, amplio abanico de acciones), se contemplaron acciones encubiertas con la colaboración de "(...) el Partido Democracia Radical, el Partido Nacional y posible [tachado] contactos con los militares"[50].

Desde el 8 de septiembre comenzó a sesionar en Washington el Comité 40 y empezaron a requerir información a la estación de Santiago y a la embajada norteamericana en base a un informe de inteligencia remitido por la CIA[51]. Ese mismo día, el Cuartel General de la CIA remitió una consulta a su estación en Santiago preguntando por posibilidades de acción de los militares chilenos. En consideración de la instrucción dada por el Comité 40 que pedía que se considerara "la posibilidad de manipulación del congreso chileno y una acción militar, decidiendo considerar seriamente esta última posibilidad", siendo autorizados a entablar contactos

---

[49] Según la revelación del Senado Norteamericano en 1975, "el comité 40 es un subgabinete del poder ejecutivo mandatado para revisar la mayoría de las acciones encubiertas. El comité ha existido de manera similar desde la década de 1950 bajo una variedad de nombres: Panel 5412, Grupo Especial (hasta 1964), Comité 303 (hasta 1969) y Comité 40 (desde 1969). Usualmente es presidido por el consejero de Seguridad Nacional del presidente. El comité incluye el subsecretario de Estado para Política Exterior, el secretario adjunto de Defensa, el jefe del Gabinete y el Director de la Central de Inteligencia". United Stated Senate. *Cover Action in Chile*. Washington: U.S. Government Printing Office, 1975, p. 2.

[50] The Committee 40. *Option in Chilean Presidential Election Durign the Congressional Run-Off Phase (5 September-24 October 1970)*, 31 de agosto de 1970.

[51] National Security Council. Memorandum for Dr. Kissinger. From Vakey Viron. "40 Committee Meeting, September 8-Chile", 7 de septiembre de 1970.

e incitar a la organización de esta⁵². En respuesta a la misma pregunta, el embajador norteamericano Robert Korry señaló que: "es claro que los militares chilenos no se moverán, excepto en una situación nacional de caos y de violencia generalizada", agregando que "si la maniobra de Alessandri-Frei iba a ser emprendida, los militares no iban a ser parte de esta hasta el final"⁵³.

El presidente Richard Nixon solicitó de manera expresa a la CIA una estrategia ofensiva de contrainteligencia abocada a estudiar todas las acciones posibles para impedir la llegada de Allende a la presidencia, entre ellas un "golpe de Estado preventivo". En reunión de emergencia del 15 de septiembre convocada por el presidente Nixon, en la que participaron Henry Kissinger –secretario de Estado y consejero de Seguridad Nacional–, John Mitchell –fiscal general del Estado– y Richard Helms –director de la CIA–, el presidente dio la orden explícita a la CIA de construir diversos escenarios para impedir la investidura de Allende el 4 de noviembre o promover su derrocamiento una vez electo⁵⁴. En el informe elaborado por el Comité Church⁵⁵ del senado norteamericano, dicho plan quedó consignado en los siguientes términos: "El 15 de septiembre, el presidente Nixon informó al director de la CIA Richard Helms que el régimen de Allende en Chile no sería aceptable para Estados Unidos e instruyó a la CIA a jugar un rol directo en la organización de un golpe de Estado que previniera el ascenso de Allende a la presidencia"⁵⁶.

---

⁵² CIA, *chronology covert action in Chile*, 9 de octubre de 1970, p. 1.
⁵³ Ídem.
⁵⁴ CIA. Notas manuscritas de Richard Helms. "Meeting with the President ton Chile at 1525", 15 de septiembre de 1970. Citado por Kornbluh, *op. cit.*, p. 28. El mismo hecho es reflejado por una investigación publicada en 1979. Cfr.: Powers, Thomas. *The man who kept the secret: Richard Helms and the CIA*. New York: Washington Square Press, 1980.
⁵⁵ Se conoce como Comité Church, al grupo de trabajo constituido por el Senado norteamericano para el estudio de las operaciones y acciones de inteligencia del gobierno en diversas partes del mundo. El comité fue impulsado por el senador demócrata Franck Church, estuvo operativo entre 1975 y 1976 y su nombre oficial fue "Comité Selecto del Senado de los Estados Unidos para el Estudio de las Operaciones Gubernamentales Respecto a las Actividades de Inteligencia".
⁵⁶ "On September 15, President Nixon informed CIA Director Richard Helms that an Allende regime in Chile would not be acceptable to the United Stated and Instructed the CIA top lay

En los días siguientes, la CIA se reunió para establecer un destacamento especial formado por dos unidades operacionales con el fin de llevar a cabo sus planes: una encabezada por el agente David Atlee Phillips, veterano especialista en operaciones encubiertas cuyo objetivo era establecer contacto con militares chilenos para dar un golpe de Estado. Otra, de carácter político, orientada a evitar que Allende asumiese el poder, para lo cual contaba con la colaboración del embajador norteamericano Edward Korry. El nombre en clave de la operación encubierta fue "Proyecto Fubelt"[57] y quedó bajo la responsabilidad de Thomas Karamessines, bajo la supervisión de William Bore, jefe de la División del Hemisferio Occidental del Departamento de Estado de EE. UU.[58].

Ambos caminos fueron conocidos como *Track I* y *Track II* por el Informe de la Comisión Church. El primero de ellos, llamado también el camino político constitucional, buscaba evitar la elección de Allende en el Congreso a través de la elección de Alessandri, quien renunciaría y se convocarían nuevas elecciones a las que se presentaría el presidente Eduardo Frei. Este incluía todas las operaciones políticas, económicas y de propaganda aprobadas por el Comité 40 y "diseñadas para inducir a los opositores de Allende en Chile a que impidieran su ascenso al poder mediante métodos políticos o militares". El *Track II* fue implementado por la CIA en respuesta a las órdenes directas dadas "por el presidente Nixon el 15 de septiembre y se dirigían a promover y estimular en forma activa a los militares chilenos para que se movilizaran contra Allende".[59] Ambas buscaban impedir la llegada de Allende a la presidencia. La diferencia era que el primero requería de la

---

a direct role in organizing a military *coup d'etat* in Chile to prevent Allende's accession to the president". United States Senate. *Op. cit.*, p. 28.

[57] "Fu" era la denominación en clave asignada por la CIA para Chile, y "Belt", cadena en inglés. El significado literal del proyecto era "cadena sobre Chile". El nombre de esta operación encubierta fue difundido por el Senado norteamericano en el Informe de la Comisión Church.

[58] CIA. "Genesis of Project FUBELT", 16 de septiembre de 1970.

[59] United Stated Senate, *op. cit.*, p. 24.

participación de Frei –quien finalmente se negó[60]– y la segunda correspondía a una acción propia de la CIA.

El *Track I* apuntaba a crear las condiciones para que pudiera llevarse a cabo la maniobra Frei. Para efectuarla, la CIA, dirigida por el Comité 40, se movilizó en una campaña simultánea de acción política, económica y de propaganda. Como parte del programa de acción política, la CIA trató directamente de inducir al presidente Frei por lo menos a apoyar la maniobra Frei, o mejor aún, ayudar a su implementación. La agencia creía que la presión de aquellos cuyas opiniones y puntos de vista él valoraba –en combinación con ciertas actividades de propaganda– representaba la única esperanza de hacer cambiar de opinión a Frei. En Europa y Latinoamérica, miembros influyentes del movimiento Demócrata Cristiano y de la Iglesia católica fueron contactados para que visitaran o tomaran contacto con Frei. A pesar de estos esfuerzos, Frei rechazó interferir con el proceso constitucional y la maniobra de la reelección se derrumbó[61].

El *Track II* contemplaba una acción autónoma de la CIA sin colaboración formal del embajador Korry e implicaba el desarrollo de un golpe de Estado preventivo. Esta acción mandatada directamente por Nixon debía llevarse a cabo sin colaboración ni involucramiento de la embajada norteamericana en Chile, ni de los departamentos de Estado y Defensa. Como reveló el informe de la comisión Church: "A los chilenos que se sentían inclinados a ejecutar un golpe de Estado se les aseguró que habría un apoyo decidido, al nivel más alto del Gobierno de los EE. UU., tanto con anterioridad como después del golpe"[62].

En Chile ambos escenarios fueron puestos en marcha con colaboración de sectores civiles de extrema derecha, algunos agentes

---

[60] Cabe señalar que en la coyuntura, Revista *Punto Final* difundió una serie de reportajes y notas alusivas a la influencia de la CIA y el rol de Frei en el complot en marcha. Cfr. "Conspiración en marcha. La CIA apunta a Allende", *Punto Final*, Año V, núm. 114, 29 de septiembre de 1970.

[61] Ídem.

[62] Ibid., p. 26.

informantes de la CIA que militaban en los partidos PDC, PN y una agresiva campaña psicológica. Esta última se llevó a cabo a través de diversos agentes de la CIA en dos niveles y contempló acciones de propaganda y encubiertas. La primera de ellas, de propaganda, se generó en todo el mundo, buscando generar las condiciones psicológicas para rechazar el Gobierno de Allende. En total, entre la elección del 4 de septiembre y el 4 de noviembre, la CIA financió 726 artículos de prensa y radio en contra de Allende[63]. Por su parte, en las acciones encubiertas, se contemplaron operaciones de boicot económico, mediante fuga de capitales y corridas financieras. También dentro de la acción encubierta se contemplaron acciones terroristas a través del financiamiento dado por la CIA al nacionalismo de extrema derecha, entre los que se señala al grupo que con posterioridad formará el Frente Nacionalista Patria y Libertad (PL) en 1971[64], y a militantes del PN, DR y un grupo formado por el general (R) Carlos Gamboa, quien fue pasado a retiro en marzo de 1970.

Desde antes de las elecciones, según un reporte de inteligencia de la Oficina del Agregado Militar de EE. UU. en Chile (USDAO, por sus siglas en inglés), se venían formando pequeños grupos militares con miembros de los partidos DR, PN y algunos de sus hijos: "Estos grupos comenzaron a ser entrenados en el uso de armas y tácticas por personal en retiro del Ejército chileno. Están equipados con pequeñas armas incluyendo armas semiautomáticas y automáticas (metralletas). Estas armas fueron adquiridas por "recursos extranjeros""[65].

Parte de estos grupos recibió entrenamiento y asesoramiento de la CIA, como se reveló en un reporte remitido por la estación de la CIA en Santiago a finales de septiembre al Cuartel Central. En este, un agente encubierto reconoció estar colaborando y "preparando

---

[63] Ibid., p. 25.
[64] Department of State. "Patria y Libertad". *Report from Amembassy of Santiago*, 23 de diciembre de 1971, pp.1-6.
[65] Departament of Defense Intelligence. "Chilean Political Right Forming Guerrilla Bands", 10 de septiembre de 1970.

entrenamientos militares para dos grupos anticomunistas que estaban determinados a prevenir que el comunismo tomara el control de Chile", agregando que estos grupos estaban fundamentalmente formados por civiles que "planean llevar a cabo una serie de actos terroristas en un intento por provocar que las Fuerzas Armadas dieran un golpe de Estado". El mismo agente señaló en su reporte que estos grupos "intentaban dinamitar una torre de línea eléctrica en la noche del 25 de septiembre. Este acto sería seguido por una serie de ataques de dinamita a lo largo de Chile, incluyendo uno contra una estación de radio, para forzar al presidente Eduardo Frei a la declaración de estado de emergencia y así proveer la oportunidad para que los militares tomaran el control del país"[66]. Para cerrar, señaló que estos grupos tenían gran cantidad de dinamita, pero tenían escasez de armas de diverso calibre.

Dicho agente estaba vinculado con el grupo del general (R) Viaux a través del prófugo mayor (R) Arturo Marshall, el cual era buscado por la justicia cuando fue desactivado el complot del general (R) Gamboa en marzo de 1970. Según señaló el exembajador Edward Korry en una entrevista de 1997: "Yo sabía que Marshall estaba planeando asesinar a Allende. Lo supe porque nuestras fuerzas estaban infiltradas en PL. La CIA me lo dijo y yo se lo informé a Frei (…) Yo sabía que se estaba hablando de un golpe de Estado por los contactos que se estaban estableciendo con los militares y yo sabía, por los uniformados chilenos, a través mío, habían pedido el apoyo de Estados Unidos"[67].

El 18 de septiembre se iniciaron los atentados terroristas organizados por los grupos de derecha que formaban parte de las operaciones encubiertas del *Track II*. Ese día, un falso aviso de bomba se registró en el domicilio del empresario textil Carlos Yarur[68]. No obstante, los hechos graves comenzaron a registrarse desde la

---

[66] CIA. "Reported Plans of anti-communist group to carry out acts of terrorism in an attempt to provoke a military coup", 26 de septiembre de 1970, p. 2.
[67] "Entrevista a Edward Korry". *Qué Pasa*, 6 de diciembre de 1997.
[68] "Detenidos autores del petardo lanzado a casa de industrial", *La Tercera de La Hora*, 29 de septiembre de 1970, p. 9.

madrugada del 26 de septiembre, cuando una serie de bombas fueron detonadas en diversas partes de Santiago, tal como lo había informado el agente encubierto de la CIA. Dos de ellas fueron lanzadas desde un automóvil hacia dos supermercados en una zona residencial y la otra, dirigida hacia un cuartel de Investigaciones. En el lugar se dejaron panfletos alusivos a una supuesta facción de la Vanguardia Organizada del Pueblo (VOP), autodenominada Brigada Obrera Campesina (BOC)[69].

Estos grupos, a través de acciones terroristas, buscaban generar las condiciones políticas para que las FF. AA. dieran un golpe de Estado. La declaración de guerra la emitió, el 26 de septiembre, el abogado Pablo Rodríguez, de 32 años, caudillo del futuro movimiento de extrema derecha PL, en una concentración efectuada en el Estadio Chile. En el evento, Rodríguez atizó los ánimos golpistas, señalando que "la democracia está sujeta a un plazo que vence el 24 de octubre. Los que piensan que llevamos a Chile a una guerra civil son los cobardes que tienen miedo a la libertad. Si quieren guerra civil, aquí estamos nosotros, de pie"[70].

Dos días más tarde, el Servicio de Investigaciones detuvo a los extremistas de derecha Enrique Schilling y Luis Abelardo Meza Llancapán, dando cuenta del montaje de la BOC. Ambos tenían militancia en el partido Democracia Radical (DR) –escisión de derecha del Partido Radical, con conexiones con el senador de dicho partido Julio Durán (Schilling era su secretario)–[71]. El 2 de octubre, un nuevo atentado terrorista de mayor gravedad se registró en las instalaciones del Aeropuerto Internacional de Santiago, al hacer estallar una bomba con 120 mil litros de diésel. Ese mismo día, otro comando de extrema derecha intentó volar el paso nivel en Av. Matta con la Panamericana, colocando 42 cartuchos de dinamita. En el lugar fueron detenidos Guido Poli Garay, estudiante de

---

[69] CIA. "Reported Plans of anti-communist group to carry out acts of terrorism in an attempt to provoke a military coup", 26 de septiembre de 1970, p. 2.
[70] "La democracia está sujeta a un plazo que vence el 24 de octubre", *El Mercurio*, 24 de septiembre de 1970, p. 19.
[71] "Terrorismo sin careta", *Punto Final*. Año V, núm. 116, p. 5.

derecho de la Universidad Católica; Erwin Robertson Rodríguez, estudiante de derecho de la Universidad de Chile; y Mario Tapia Salazar, estudiante de Pedagogía en Historia de la misma universidad. Otros tres estudiantes fueron detenidos con posterioridad a un atentado con dinamita al Canal 9 de la Universidad de Chile[72].

Además de estos graves atentados, se registraron los homicidios de escoltas de Carabineros en la embajada de Inglaterra y de un carabinero en Gran Avenida. Pese a que el servicio de investigaciones se infiltró en los comandos de derecha formados por militantes de DR y del núcleo inicial de PL, la investigación quedó a cargo del ministro de la Corte de Apelaciones Abraham Meersohn, quien la trabó[73]. Pese a ello, a través de la captura de Silverio Villanueva, se logró la captura de Enrique Arancibia Clavel –quien con posterioridad estuvo involucrado en el asesinato del edecán naval Arturo Araya Peters–. La investigación la llevó a cabo el cuestionado juez Meersohn, quien dejó en libertad a Arancibia Clavel, Schilling y Villanueva, todos los cuales, con posterioridad, se fueron del país o pasaron a la clandestinidad.

El avance de las negociaciones entre la UP y el PDC para la suscripción del Pacto de Garantías Democráticas que fue ingresado el 8 de octubre al Congreso, sumado a la negativa de Frei a participar en una maniobra que desconociese la elección de septiembre, cerraron las puertas a la acción encubierta del *Track I*, siendo reportado de esa manera por el embajador Robert Korry[74]. Pese a ello, la información de inteligencia de la CIA señalaba que Frei no descartaba no oponerse a un golpe de Estado, sino que él se marginaría de la trama de este: "En esfuerzo por mantener todas las opciones abiertas, el presidente Frei ha dado señales contradictorias a su gabinete y a los militares. Por una parte, él asegura

---

[72] "Intensifican ola terrorista", *La Tercera de La Hora*, domingo 4 de octubre de 1970, p. 9. "Continúa la serie: Hubo otros cuatro atentados terroristas", *La Tercera de La Hora*, lunes 5 de octubre de 1970, p. sin identificar. "Estalló una bomba en una sala de clases de la Escuela de Derecho", *La Tercera de La Hora*, 7 de octubre de 1970, p. 6.
[73] "Los hilos del terrorismo", *Punto Final*. Año V, núm. 115, 13 de octubre de 1970, pp. 2-3.
[74] CIA. "Chronology from DDC Files -1970", p. 11.

una línea dura respecto a una intervención militar como la única solución, pero por otra da soporte a las reservas constitucionales del general Schneider"[75].

En base a estas apreciaciones, las acciones del *Track II* no se detuvieron y avanzaron hasta culminar con el atentado en contra del comandante en jefe del Ejército René Schneider el 22 de octubre. Previo a ello, el escenario se fue cerrando con la suscripción del Pacto de Garantías Democráticas entre el PDC y la UP, ingresado como Reforma Constitucional el 8 de octubre y aprobado en primera instancia el 15 de octubre. En dicha instancia, el diputado informante Luis Maira (PDC) señaló: "Tres son las ideas fundamentales contempladas en la Reforma Constitucional: perfecciona el carácter democrático y pluralista del régimen institucional chileno; consolida el Estado de Derecho, reafirma el carácter profesional e independiente de las Fuerzas Armadas"[76].

Días más tarde, el 20 de octubre, todas las posibilidades del *Track I* se cerraron cuando el ex candidato presidencial Jorge Alessandri pidió en declaración pública que los parlamentarios no votasen por él en el Congreso Pleno: "pido a los sectores parlamentarios que me honraron con su adhesión, que no voten por mi nombre en el Congreso Pleno, lo cual contribuiría a que don Salvador Allende asuma el Mando Supremo en un clima de la mayor tranquilidad que robustezca la confianza, de modo que permita revitalizar la actividad económica, intensificar en la mayor medida el trabajo común y propender así a la grandeza de la República y a la paz y bienestar de todos los chilenos"[77].

---

[75] CIA. Memorándum, 9 de octubre de 1970, p. 1.
[76] "Cámara aprobó en primer trámite la Reforma de la Constitución", *La Nación*, 16 de octubre de 1970.
[77] "Alessandri pide que no se vote por él en el Congreso", *La Tercera de La Hora*, 20 de octubre de 1970.

El Plan Ariete, el asesinato de Schneider y la búsqueda por institucionalizar su doctrina

Para afrontar una eventual situación de crisis política previo a la elección del Congreso del 24 de octubre y la unción del presidente el 4 de noviembre, el Ejército a través del alto mando solicitó a la Acague la elaboración de un plan de contingencia en base a la planificación de seguridad elaborada para los comicios de septiembre (también referido como plan de contingencia). El plan tomaba como soporte institucional la Área Jurisdiccional de Seguridad Interior (AJSI) de Santiago y contemplaba la utilización de 9.000 efectivos de las FF. AA. y policiales bajo el mando del jefe de plaza de Santiago. El nombre en clave asignado fue el Plan Ariete, creado en 1969, y consistía en un diseño de mantención del orden público, contemplando tomar el control de los medios de comunicación y caminos (ver más adelante). Junto con ello, buscaba la protección de áreas estratégicas de Santiago y la infraestructura básica, como el agua potable, telecomunicaciones y las centrales eléctricas. Como señaló la CIA en un reporte de inteligencia, "El plan de la Academia de Guerra se hará en base a los planes de contingencia"[78]. Cabe destacar que este mismo plan con el mismo nombre en clave, adoptado a las circunstancias políticas de septiembre de 1973, será utilizado para tomar el control en la Región Metropolitana previo al golpe de Estado de 1973.

Entre "el 5 y el 20 de octubre de 1970, la CIA tuvo 21 contactos con oficiales claves de los militares y policía (Carabineros) de Chile"[79]. Diariamente el grupo especial de la CIA enviado a Chile reportaba los avances de las operaciones del Proyecto Fubelt (*Track I y II*), tanto al cuartel central de la CIA como al jefe de la División Hemisferio Occidental del Departamento de Estado. Si bien el *Track II* contemplaba un golpe de Estado, las opciones que la CIA barajaba eran amplias. La primera de ella contemplaba al

---

[78] CIA. "Plan Ariete", 17 de octubre de 1970, pp.1-2.
[79] United State Senate, *op. cit.*, p. 26.

presidente Frei, quien haría renunciar a su gabinete ministerial y conformaría un gabinete de seguridad nacional con las FF. AA. y Carabineros para tomar el control del Estado, invalidar elecciones de septiembre y convocar unas nuevas elecciones. Esta alternativa fue rechazada por Frei, por cuanto horadaría su imagen y legado histórico. La segunda, "la solución de los comandantes de regimientos", requería romper la cadena de mando y la obediencia institucional del Ejército, lo cual se evaluaba como complejo por las figuras del comandante en jefe, general René Schneider, y la figura del general Carlos Prats. La tercera solución, "la solución de la Armada y la Fuerza Aérea", se evaluaba como una alternativa riesgosa, ya que tenían pocas posibilidades de acción de manera aislada, sin el Ejército. La cuarta opción, "la solución de Carabineros", se veía como inviable, ya que no tenía la fuerza suficiente para tomar el control de Santiago ante una respuesta del Ejército. Finalmente, la "solución Viaux", la más riesgosa y con menos posibilidades de éxito, fue acogida por descarte de todas las anteriores y en consideración a cuatro factores de fondo: la tradición chilena de no intervención de las FF. AA. en asuntos políticos, la negativa de Frei a dañar su legado histórico, la línea firme del general Schneider en torno a la doctrina de subordinación del Ejército a la Constitución y la falta de liderazgos dentro del Gobierno y las FF. AA, agregando que, "incluso cuando Frei y los militares no son entusiastas con el viraje hacia un Gobierno bajo el marxismo, ellos no están disponibles a buscar una solución para detener a Allende"[80].

En base a estos riesgos, la CIA se preguntaba sobre las capacidades reales de la "solución Viaux", señalando que "él puede dividir las fuerzas armadas, con algunas unidades del Ejército que se alineen con él y otras que se alineen con Schneider, Allende, militantes de las UP con tropas leales del Ejército. Las estimaciones de fuerzas en los campos opuestos son demasiado especulativas para garantizar un esfuerzo serio", agregando que el enfrentamiento podría ser largo y prolongado, decantando en una guerra civil,

---

[80] CIA. Memorándum, 9 de octubre de 1970.

finalizando que, "bajo las mejores circunstancias, las fuerzas armadas podrían quebrarse y crear una situación impredecible"[81]. No obstante aquello, el plan avanzó.

La maniobra finalmente contemplaba el asesinato del general Schneider, la declaración del estado de emergencia por parte del presidente Frei y la designación del general Camilo Valenzuela en la jefatura de plaza de Santiago. Desde esa posición, Valenzuela presionaría a Frei para que su gabinete renunciara y se formara uno en su reemplazo con altas autoridades militares. En respuesta a aquello, Frei partiría al extranjero y el poder se lo entregaría a una Junta Militar formada por las FF. AA. y Carabineros[82]. Según la propia confesión posterior dada por Roberto Viaux, el plan "consistía en conminar al presidente Frei a abandonar el país dejando el poder en manos de una Junta Militar presidida por el almirante Tirados. Como ministros estarían incluidos el general Vicente Huerta y yo, que tendría la cartera de Defensa. La operación primera se planeó para la noche del 19 de octubre. El que dio la idea y proporcionó los antecedentes fue el general Camilo Valenzuela"[83].

Para materializar la acción se dispuso de dos grupos operativos, el primero bajo el mando del general Camilo Valenzuela y el segundo bajo el general (R) Viaux[84]. Los primeros intentos de secuestro fueron llevados adelante por los grupos de Valenzuela. La noche del 19 de octubre, los generales de la Guarnición de Santiago organizaron una cena de honor al comandante en jefe del Ejército, general Schneider, en las dependencias de la casa oficial del comandante en jefe, la cual era utilizada solo en algunas ocasiones. Al término de la velada, dos comandos procederían a interceptar a los generales Prats y Schneider para ser secuestrados en un domicilio particular ubicado en calle Traiguén 2348, comuna de Providencia. No obstante, la maniobra fue abortada, ya que ambos

---

[81] CIA. "Viaux solution", 10 de octubre de 1970.
[82] CIA. "Report on CIA Chilean Task Force Activities, 15 de september to 3 november 1970", 18 de noviembre de 1970, p. 20.
[83] Varas, Florencia. *Conversaciones con Viaux*. Santiago: s.n., 1972.
[84] CIA. "Contacts with Chileam Military" and "Station Feelers & Contacts with Viaux Group", 28 de octubre de 1970.

se dirigían en sus vehículos particulares y no en los automóviles fiscales como se había planificado inicialmente, lo que confundió a los conspirados[85]. La segunda, al día siguiente, también fracasó. La última acción del atentado quedó planificada para el 22 de octubre, siendo ejecutada por el grupo de Viaux a las 8:15 am. en la intersección de las calles Martín de Zamora con Américo Vespucio, donde fue abordado por varios vehículos que procedieron a cerrarle el paso, romper las ventanas del automóvil y descargar ocho proyectiles de plomo calibre 38 sobre el general Schneider. El general moribundo fue trasladado hasta las dependencias del Hospital Militar por su chofer, falleciendo el 25 de octubre. En esa mañana, el general venía trabajando en su agenda en la que alcanzó a escribir las instrucciones para la puesta en marcha del Plan Ariete ante un escenario de enfrentamiento e insurgencia previo a la elección del 24 de octubre: "Disponer a los CAJSI ante un eventual estallido de insurgencia"[86].

El atentado causó conmoción inmediata y rechazo público. El presidente Frei, junto a su ministro de Defensa, Sergio Ossa, procedieron a decretar estado de emergencia a través del Decreto Supremo núm. 249 del 22 de octubre. El general Carlos Prats asumió la Comandancia en Jefe del Ejército y se puso en marcha el Plan Ariete. El general complotado, Camilo Valenzuela, jefe de la Guarnición Militar de Santiago, asumió la jefatura de la plaza y quedó a la cabeza de las FF. AA. y policiales en la provincia. Se restringieron los medios de comunicación, se instauró toque de queda y vigencia de la ley marcial. El general (R) Emilio Cheyre Toutin asumió la jefatura del Servicio de Investigaciones, siendo secundado por el socialista y futuro director de dicho servicio, Eduardo Paredes ("coco Paredes"). Al día siguiente, el grupo del general Viaux y PL complotados fueron detenidos.

---

[85] Fallo Justicia Militar, suscrito por el general de división Orlando Urbina y el coronel de Justicia Francisco Saavedra, p. 140. Para un recuento sobre el proceso contra Roberto Viaux: Faride Zerán, "Viaux y sus cortes. Bitácora de un conspirador", *Chile Hoy*, año II, núm. 54, del 22 al 28 de junio de 1973, p. 90.

[86] La fotografía de la agenda de Schneider disponible en: *El caso Schneider. Documentos Especiales*. Santiago: Quimantú, octubre de 1972.

Hasta ese momento, la cadena de hechos se ciñó a la planificación golpista del general Valenzuela. En el reporte de la fuerza especial de la CIA encargada del Proyecto Fubelt en Santiago y de las gestiones del *Track II*, informó el 23 de octubre al cuartel general:

> El ataque al general Schneider ha producido un desarrollo de hechos ceñido al plan de Valenzuela: Schneider ha sido removido, el estado de emergencia ha sido declarado, el general Prats ha reemplazado al general Schneider, los radicales [en alusión al grupo de Viaux y Patria y Libertad] han sido arrestados y el general Valenzuela ha asumido el control de la Provincia de Santiago [información tachada]. Aunque los conspiradores puedan haber pensado un segundo golpe, están sin embargo irrevocablemente comprometidos con ejecutar el golpe –incluso si Frei se niega a renunciar–, ya que no se puede suponer que su conspiración pueda eventualmente surgir bajo el Gobierno de Allende. Por lo tanto, no tienen otra alternativa que avanzar.
>
> El estado de emergencia y el establecimiento de la Ley Marcial dan una posición significativamente óptima a los complotados: un clima golpista prevalece ahora en Chile, y los oficiales militares han reemplazado a los civiles a nivel provincial. Esta condición inhibe cualquier esfuerzo futuro de Allende de contraatacar el golpe. El siguiente paso en el Plan de Valenzuela es el más importante, llamar a la renuncia de Frei y su gabinete. Hasta ahora, el presidente Frei no muestra indicios de intentar renunciar. Si Valenzuela ha anunciado a Frei su plan y Frei ha consentido, entonces Frei ciertamente será compelido a renunciar. Si Frei no ha sido avisado –como parece ser el caso– una confrontación entre los complotados y Frei se puede esperar antes de la reunión del Congreso de mañana[87].

No obstante, el plan no se puso en marcha. En parte por la férrea condena pública del presidente Frei y de los Comandantes en Jefe de las FF. AA. en un comunicado público difundido el

---

[87] CIA. "Track II, 23 de octubre de 1970.

mismo 23 de octubre[88]. También pudo haber sido producto de la denuncia pública efectuada por la UP y Salvador Allende. Con posterioridad se supo que Allende fundó sus denuncias en base a un informe de contrainteligencia efectuado por el MIR, que logró infiltrarse en las fuerzas del núcleo inicial dePL y remitió un completo informe con los detalles de la acción golpista en curso[89].

El 24 de octubre, Allende fue electo por el Congreso Pleno, contando para ello con los votos del PDC. El acuerdo quedó cerrado con la negociación que llevó a la suscripción de la Reforma Constitucional sobre garantías constitucionales que fue presentada el 8 de octubre de 1970, aprobada en primea instancia el 16. El 4 de noviembre, Salvador Allende fue ungido Presidente de la República, transformándose en el primer presidente socialista, respaldado por una coalición de marxistas, laicos, cristianos y socialdemócratas, en llegar al poder a través de elecciones democráticas[90].

En esos días, el nuevo comandante en jefe del Ejército, general Carlos Prats González, difundió en el Ejército una circular interna denominada *Definición Doctrinaria Institucional*. En ella, a través de siete puntos, reiteró los pilares del profesionalismo militar y lo que con posterioridad se denominó la Doctrina Schneider. Visto desde esa perspectiva, lo que comenzó a referirse como la Doctrina Schneider fue una elaboración discursiva del alto mando del Ejército, especialmente del general Carlos Prats, que tomó los principales elementos del profesionalismo militar esbozado por Schneider: la concepción de las FF. AA. como garantes de la Constitución

---

[88] CIA. "Report on CIA Chilean Task Force Activities, 15 September to 3 November 1970", p. 22.

[89] Sobre la acción de contrainteligencia del MIR en *Patria y Libertad*: CIA, "The Leftist Revolutionary Movement (MIR) has provided information to the new chilean ocunterespionage organization relating to the participation of an american in the abortive coup plot to prevent the ascendency of Salvador Allende to the presidency", 2 de diciembre de 1970. En la sección documentos de Revista *Punto Final*, se publicó el comunicado del MIR con la información recopilada: "El MIR denuncia a los verdaderos culpables del asesinato del General Schneider", *Documentos. Suplemento de la edición Nnúmero 117 Punto Final*, martes 10 de noviembre de 1970.

[90] "Cámara aprobó en primer trámite la Reforma de la Constitución", *La Nación*, 16 de octubre de 1970.

de 1925 normados por su artículo 22; la unidad organizacional y doctrinaria en torno a la cadena de mando, reforzada por una férrea disciplina militar, el apoliticismo y el no intervencionismo en asuntos políticos contingentes.

En la circular, en su punto núm. 1, señaló respecto al profesionalismo militar que: "la función del Ejército es exclusivamente profesional; es la misma mantenida con firmeza en el pasado, ratificada por el general Schneider en momentos críticos del acaecer nacional y confirmada taxativamente por el comandante en jefe infrascrito, desde que asumió su cargo", agregando que "El sentido profesional de nuestro Ejército ha sido su mayor virtud cívica y una garantía inobjetable de la vigencia del mandato popular. La confianza nacional descansa en esta digna tradición sesquicentenaria. En consecuencia, todos los miembros de la Institución tienen en el profesionalismo militar el único cauce legítimo de sus inquietudes y realizaciones". En relación con el rol de los militares en asuntos de seguridad nacional, señaló en su punto núm. 3 que "La misión permanente de la Institución –de garantizar la soberanía nacional ante amenazas externas e internas– se mantiene invariable". Señala que, "en el presente, el resguardo de la integridad de la comunidad nacional impone al Ejército la responsabilidad prioritaria de acrecentar vigorosamente su poder coercitivo". Respecto al carácter no deliberante y garante del orden legal, el general Prats enfatizó que "como fuerza armada en un Estado de Derecho, el Ejército conoce y cumple la premisa de que le está vedado deliberar frente a las alternativas políticas nacionales; por lo tanto, no le compete calificar aquellos actos de los Poderes del Estado que resultan conflictivos en el libre juego de una democracia, puesto que cada uno de ellos tiene atribuciones y responsabilidades constitucionales, exclusivas y definidas". Finalmente, respecto a la disciplina institucional, señaló en su punto núm. 6 que "La disciplina y cohesión institucional son el factor fundamental para que el Ejército cumpla el rol superior que le compete dentro de la sociedad chilena"[91].

---

[91] Prats, *op. cit.*, pp. 195-196.

Al fragor de la trama golpista y los recientes hechos de sangre presenciados, la construcción de la Doctrina Schneider fue la respuesta institucional ante las presiones de los actores del sistema político y de grupos de poder de la sociedad, para que evitasen el arribo del Gobierno de Salvador Allende. Con posterioridad, dicho discurso se fue reforzando como una manera de responder institucionalmente a las diversas presiones de los diferentes actores a lo largo de la coyuntura, para evitar el quiebre de la democracia, la vulneración de la Constitución de 1925 y una eventual guerra civil. Pero convivió al interior de las FF. AA. con los discursos contrasubversivos desarrollados al alero del proceso de profesionalización. Por ello, en los próximos años, este discurso se fue profundizando en los diversos momentos de crisis política y en aquellos momentos en los que las FF. AA. tuvieron que cumplir roles de seguridad nacional y control de orden público, a través de las Declaraciones de Estados de Emergencia, la designación de Jefaturas de Plaza en las AJSI y sus respectivas Comandancias (CAJSI). Junto con estas medidas, el involucramiento en labores de inteligencia de parte de las FF. AA. también comenzó a ser requerido con mayor frecuencia ante los hechos de terrorismo político, que decantó en la creación de comisiones de inteligencia y el constante aumento en la opinión pública sobre la existencia de grupos guerrilleros paramilitares fustigados sobre todo por el PDC, el PN y DR

Entre el perfeccionamiento de los dispositivos de seguridad interior y la militarización de las funciones policiales

Existe un consenso en la historiografía respecto a que los primeros meses de la administración del presidente Allende estuvieron marcados por una ofensiva de la UP, que fue posibilitada por la desarticulación de la oposición rupturista representada por el PN, DR y una apertura al diálogo del PDC como una oposición moderada. Este escenario político fue propiciado por el rechazo público que generó el asesinato del general Schneider, así como la constatación de la implicación de sectores alessandristas y la CIA en la trama golpista. Por su parte, la reciente suscripción del Estatuto de Garantías Constitucionales le otorgó al PDC elementos de fondo para sostener una política de oposición democrática a las medidas impulsadas por el programa del Gobierno de la UP, en parte porque muchas de ellas eran coherentes con el programa de su excandidato, Radomiro Tomic y, a la vez, porque el sector izquierdista del partido propiciaba esos puentes. No obstante, hubo dos flancos por los cuales la oposición comenzó a rearticularse: el primero, en torno al ascenso de la movilización en los sectores rurales, tanto de campesinos como obreros forestales; el segundo, sobre la supuesta existencia de grupos guerrilleros que estaban actuando e incitando hechos de violencia en los espacios rurales y urbanos.

Una de las primeras medidas del presidente Allende fue el desistimiento de una serie de procesos por infracción a la Ley de Seguridad Interior del Estado, que benefició a cerca de treinta personas –en su mayoría militantes del MIR–[92]. Luego de ello, el presidente Allende en enero de 1971, a través del Decreto Presidencial núm. 2071 del 4 de enero de 1971, concedió amnistía para otro grupo de militantes del MIR y la VOP que estaban presos por ataques y robos en diversas partes de Chile. Esto gatilló una férrea respuesta de la oposición expresada en el PN, que presentó una acusación constitucional contra el ministro de Justicia, Lisandro Cruz Ponce[93]. El PDC anunció públicamente que se abstendría de dicha acusación. No obstante, el apoyo del PDC al Gobierno a este tipo de acciones cambiaría con posterioridad al asesinato de un connotado demócrata cristiano, ex vicepresidente y ministro del Interior, Edmundo Pérez Zujovic, en junio de 1971.

Desde noviembre de 1970, los movimientos sociales de las zonas rurales del sur del país comenzaron un ofensivo proceso

---

[92] "Desistimiento del Gobierno a procesados por Ley de Seguridad Interior del Estado", *La Prensa*, 12 de noviembre de 1970.
[93] "Momios presentaron acusación contra ministro de Justicia", *El Siglo*, 22 de enero de 1971.

de ocupación de fundos y de corridas de cerco, sobre todo en las zonas de Cautín y en la precordillera de Valdivia[94]. Un explosivo proceso político que cruzaba la condición histórica de exclusión y marginalidad de los pueblos mapuches y huilliches, con una situación de precariedad laboral, existencia de relaciones labores informales y pre-salariales y una situación histórica de inexistencia de la presencia del Estado. Todo esto posibilitó que en el escenario de apertura política creado con el triunfo de la UP estos antagonismos propiciaran un ascendente proceso de tomas y ocupaciones de fundos no prevista por el programa de Gobierno y que llevaban al límite de la legalidad el proceso de expropiación contemplado en el programa de reforma agraria de la UP.

Como respuesta política de la élite criolla y las oligarquías locales, las responsabilidades de dichas movilizaciones fueron atribuidas a agentes agitadores externos. Por la prensa local (fundamentalmente el caso de *El Correo de Valdivia*, en dicha provincia), se fustigó respecto a la responsabilidad política de los partidos amnistiados y se denunció la existencia de supuestas escuelas de guerrillas en la zona por parte de diputados y senadores del PDC. Así, por ejemplo, a finales de diciembre, la diputada Pabla Toledo denunciaba la existencia de grupos del MIR que estaban azuzando las tomas en la precordillera[95]. La misma situación ocurría semanas más tarde, cuando el senador del PDC Narciso Irureta denunciaba que:

(…) en Liquiñe grupos de guerrilleros detuvieron al senador Ferrando y que en la televisión argentina se ha mostrado a mapuches

---

[94] Sobre la zona de Valdivia: Morales, José Luis. *El MIR en las movilizaciones de obreros agrícola-forestales en la precordillera de la provincia de Valdivia*. Tesis para optar al título de profesor de Historia y Ciencias Sociales". Valdivia: Universidad Austral de Chile, 2015, pp. 46-55. Bize, Cristóbal. *El otoño de los raulíes. Poder popular en el Complejo Forestal y Maderero Panguipulli (Neltume, 2017)*. Santiago: Tiempo Robado Editoras, 2017. Sobre la zona de Cautín: Navarrete, Jaime. *Movimientos Campesinos Revolucionarios*. Concepción: Escaparate Ediciones, 2018.

[95] "Flota de chascones se adueña de las tomas y establece el terror. Denuncian campesinos a diputada Pabla Toledo", *El Correo de Valdivia*, 20 de diciembre de 1970, p. 7.

de Cautín armados a ocho kilómetros de la frontera. Agregó que en el fundo Carranco en la provincia de Valdivia, donde está el Comandante "Pepe" con 75 guerrilleros, INDAP hizo un préstamo a este grupo de esforzados campesinos para que sigan haciendo sus labores agrícolas con metralleta en mano (...)[96].

Todos estos elementos venían configurando una oposición dentro de los sectores conservadores del PDC, los cuales presionaban por cambiar la estrategia partidaria frente a la UP. Pese a ello, la posición del partido solo comenzó a cambiar respecto al problema de la seguridad interior y los grupos guerrilleros cuando fue ejecutado, en un acto de terrorismo político, Edmundo Pérez Zujovic por un comando de la VOP en junio de 1971.

Entre el asesinato de Edmundo Pérez Zujovic y la visita de Fidel Castro (junio-noviembre de 1971)

En la mañana del 8 de junio, un comando de la VOP emboscó el vehículo en el que se trasladaba Edmundo Pérez Zujovic. En la intercepción de calles Hernando de Aguirre, entre Carlos Antúnez y Carmen Silva, comuna de Providencia, el grupo formado por Heriberto Salazar y los hermanos Ronald y Arturo Rivera Calderón, ejecutaron a tiros al ex ministro, quien viajaba en su automóvil en compañía de su hija.

La supuesta motivación del crimen fue el ajusticiamiento por la responsabilidad política del ministro en la masacre de Puerto Montt, en la localidad de Pampa Irigoen, donde murieron diez pobladores en el desalojo instruido por la autoridad local en el marco de una ocupación de terrenos por un grupo de cien familias sin casa el 9 de marzo de 1969. Pese a que la orden fue dada por la

---

[96] "Grave denuncia del Senador Irureta: FER mantiene campamentos de guerrilleros en Liquiñe", *El Correo de Valdivia*, 17 de febrero de 1971, pp. 1 y 6. "Senador Irureta: Funciona un centro guerrillero en Liquiñe. Pocas informaciones por temor a represalias", *El Correo de Valdivia*, 4 de febrero de 1971, pp. 1 y 6.

autoridad local, el costo político de dicha acción fue asumido por el entonces ministro del Interior Pérez Zujovic[97]. Esta situación generó una fuerte controversia en la opinión pública y en el campo político, tensando las relaciones entre el PDC y la UP, y a la postre marcó el inicio del quiebre en las relaciones[98]. También implicó la puesta en marcha de un modo de afrontar las situaciones de inestabilidad política que afectaban la seguridad nacional que, con posterioridad, se replicará en otras coyunturas, a saber: la declaración de Zona de Estado de Emergencia, arguyendo una situación de "calamidad pública"; la conformación de comisiones de seguridad e inteligencia de los diversos servicios de inteligencia de las FF. AA., y el desarrollo de operativos de seguridad conjuntos entre Carabineros, Dirección de Investigaciones y FF. AA.

Apenas horas de transcurridos los hechos, el presidente Salvador Allende anunció en cadena nacional para las radioemisoras del país, que el ex ministro Pérez Zujovic había sido asesinado, señalando que "(...) el Gobierno, junto con lamentar tan desgraciado suceso, ha dispuesto todas las medidas necesarias para acelera la investigación"[99]. Ello se expresó en la Declaración de Zona de Estado de Emergencia en la Provincia de Santiago a través del Decreto núm. 146, señalando de manera explícita que el asesinato de Pérez Zujovic "constituye un recrudecimiento de los actos de violencia que sufrió el país durante el mes de octubre de 1970"[100]. El general Augusto Pinochet Ugarte fue designado jefe militar en la Provincia de Santiago y como primera medida de seguridad fue instaurado el toque de queda, la prohibición de todos los viajes aerotransportados y un férreo control de las vías de comunicación terrestre.

---

[97] Cofré, Loreto; Larenas, María Dolores; Oraeguí, María Teresa; y Romero, Carolina. *Asesinato de Edmundo Pérez Zujovic. Una barrera de sangre y hierro*. Tesis para optar al grado de licenciado en Comunicación Social. Santiago: Universidad Diego Portales, 2001, p. 13.
[98] Corvalán Márquez, *op. cit.*, pp. 127-130.
[99] "En operación tipo comando asesinaron a Pérez Zujovic", *Última hora*, 9 de junio de 1971.
[100] Decreto Ministerio de Defensa núm. 146 del 8 de junio de 1971, *Diario Oficial de la República de Chile*, núm. 27.957 del 9 de junio de 1971, p. 2065.

En lo político, el PDC fustigó para que la investigación no recayese en la Dirección de Investigaciones, sino que en el Servicio de Inteligencia del Ejército. Para ello arguyeron que: "el desempeño de la Jefatura de la Dirección de Investigaciones no ofrece las condiciones que el país espera sean puestas al servicio de esta investigación; tanto es así que el propio señor Presidente de la República ha prescindido de la colaboración de esta Jefatura en lo relacionado con su seguridad personal"[101] –en alusión al cuestionamiento de que el Grupo de Amigos Personales (GAP), constituido por un grupo de cuadros socialistas entrenados en Punta Cero, Cuba, se constituyeran en la escolta presidencial. Por estos cuestionamientos, la escolta fue formalizado hacia finales de 1971 como el Departamento de Seguridad de la Presidencia de la República[102]. En esa misma línea, el PN presionó señalando que diversos hechos delictuales hacían que Investigaciones fuese una institución poco confiable, señalando en una declaración oficial que "este crimen es la culminación de una serie de atentados cometidos últimamente por bandas marxistas armadas que pretenden imponerse por la violencia y el terrorismo, y cuya acción ha sido tolerada por las autoridades de Gobierno"[103].

Como respuesta, el Gobierno anunció la creación de una comisión especial presidida por Salvador Allende y formada por el ministro del Interior, José Tohá; el ministro de Defensa, Alejandro Ríos Valdivia; el subsecretario de Justicia, Antonio Viera Gallo; el general director de Carabineros, José María Sepúlveda; el director general de Investigaciones, Eduardo "Coco" Paredes, y los jefes de los servicios de inteligencia de las FF. AA.[104]

---

[101] Cámara de Diputados. *Sesiones Ordinarias*, 8 de junio de 1971, p. 88.
[102] Quiroga, Patricio. *Compañeros. El GAP: la escolta de Allende*. Santiago: Aguilar, 2001.
[103] Cámara de Diputados, *op. cit.*
[104] "Allende: fracasará intento por llevar el país a la anarquía", *Última Hora*, 13 de junio de 1971, p. 20. Augusto Pinochet recordará dicha experiencia en los siguientes términos: "El Servicio de Inteligencia del Ejército estaba obligado a trabajar en íntimo contacto con Investigaciones, lo que significaba quedar sometido a control del Gobierno". Pinochet, Augusto. *El día decisivo. 11 de septiembre de 1973*. Santiago: Empresa Periodística La Nación, 1979, p. 61.

En lo policial, la investigación fue encomendada al prefecto Hernán Romero en conjunto con el jefe de la brigada de homicidios, el comisario Carlos Oyarzún. Los análisis dactilográficos periciados en el automóvil de Pérez Zujovic lograron identificar a Ronald Rivera Calderón, militante de la VOP. Esto permitió cerrar el cerco en torno a la organización. En las diligencias fueron apoyados por las redes del PS, los cuales a través de informantes lograron dar con un domicilio en la zona norte de Santiago. El 13 de junio de 1971, seis efectivos de Investigaciones llegaron hasta la puerta del domicilio en calle coronel Alvarado 2711, en la comuna de Independencia, siendo recibidos por una ráfaga de ametralladora[105].

Horas más tarde, el jefe de plaza, el general Augusto Pinochet, trasladó un contingente de cien soldados del Regimiento Buin, que cercaron las manzanas del lugar, los cuales fueron apoyados por efectivos de Investigaciones y Carabineros. Como resultado de los enfrentamientos, murieron en el lugar los hermanos Ronald y Arturo Rivera Calderón. El resto de los ocupantes del inmueble fue detenido y trasladado al cuartel general de Investigaciones en calle General Mackenna, comuna de Santiago. Al día siguiente, el jefe de plaza, general Augusto Pinochet, explicó que el operativo de la VOP no había concluido, motivo por el cual mantuvo por 24 horas el acuartelamiento en grado 1 de las FF. AA. y policiales y el toque de queda para la Provincia de Santiago[106]. Señaló, de manera explícita, que la responsabilidad del operativo recayó en el ejecutivo, ya que fue llevado adelante ajustado a las "Instrucciones generales impartidas por el Supremo Gobierno"[107].

El 16 de junio, el ex carabinero y militante de la VOP, Heriberto Salazar (alias "el Viejo"), llegó hasta el cuartel general de calle General Mackenna, disparando en contra de efectivos de Investigaciones y muriendo al explotar un cinturón de dinamita que portaba, acabando con las vidas de tres policías de Investigaciones. Ese

---

[105] Plaza, Camilo. *El Servicio de Investigaciones y la Policía Política en Chile (1933-1970)*, manuscrito, p. 370.
[106] Amorós, Mario. *Pinochet. Biografía militar y política*. Santiago: Ediciones B, 2019, p. 167.
[107] *El Mercurio*, 15 de junio de 1971, p. 17.

mismo día, Salvador Allende presentó en una concentración de la Central Única de Trabajadores CUT) su *Informe del Pueblo*. Inició la actividad solicitando un minuto de silencio por las víctimas de Investigaciones y anunció un duelo nacional de tres días[108].

El crimen de Pérez Zujovic fue condenado de manera transversal, tanto desde la UP como desde la oposición[109], incluso desde sectores de izquierda no alineados con el oficialismo. Como indicó el periodista Manuel Cabieses, cercano al MIR: "quizá hasta el nombre que escogieron para su grupo terrorista (Vanguardia Organizada del Pueblo) revela el absoluto menosprecio que tenían los dirigentes de la VOP. En casi dos años de actividades pusieron en primer plano un estilo donde se perdía el sello revolucionario, sobrepasando por la marca ominosa de los delincuentes"[110]. Desde sectores del PS se esbozó una posible infiltración extranjera y de conexión con la CIA, duda que ha sido historiográficamente sostenida por algunos investigadores en la actualidad[111].

La sospecha sobre la autoría del atentado motivó a que la estación de Santiago de la CIA remitiera un informe al Cuartel General en Washington el 9 de junio. En el reporte, se señaló que el ministro del Interior, José Tohá, le comentó a un tercero (información tachada) que uno de los asesinos de Zujovic había sido identificado como "un miembro de una sección de la Vanguardia Organizada del Pueblo (VOP), quien es dirigida por la derecha chilena y la CIA (...)". No obstante estas acusaciones, agrega el reporte de inteligencia que:

---

[108] Thielemann, Luis. "Donde se mezcla la esquizofrenia con el crimen y el extremismo": Caracterización y crítica comunista a la izquierda rupturista en la coyuntura del asesinato de Pérez Zujovic (1971)". *Izquierdas*, ISSN 0718-5049, IDEA/USACH, Santiago, número 16, agosto 2013, pp. 156-167.

[109] *Vea*, núm. 1667, 10 de junio de 1971, pp. 3-4.

[110] "Terrorismo a control remoto", Revista *Punto Final*, núm. 133, 22 de junio de 1971, pp. 2-5.

[111] Plaza, *El Servicio de...*, *op. cit.*, p. 374. Quiroga,. *Compañeros... op. cit.*, pp. 118-119. Salazar, Manuel. *Roberto Thieme: el rebelde de Patria y Libertad*, Santiago: Mare Nostrum, 2007, p. 82. *VEA*, núm. 1668, 17 de junio de 1971, pp. 12-18. Corvalán Márquez, Luis. *La secreta obscenidad de la historia de Chile contemporáneo. Lo que dicen los documentos norteamericanos y otras fuentes documentales, 1962-1976*. Santiago: Ceibo Ediciones, 2012, p. 140.

La reacción de los oficiales de más alto rango de las FF. AA. era de calma. La mayoría de estos oficiales tendió a descartar cualquier posibilidad de que el asesinato hubiera sido cometido por elementos de derecha y culpan al MIR, VOP o incluso al Movimiento de Acción Popular Unido (MAPU) [sic]). Ningún oficial de alto rango expresó alguna noción de que los militares debían aprovecharse del Estado de Emergencia para hacer algún movimiento en contra del Gobierno. El general Augusto Pinochet, comandante de la Guarnición Militar de Santiago y oficial a cargo de la provincia de Santiago bajo el Estado de Emergencia, es un destacado oficial subordinado, quien cumple explícitamente sus órdenes. Es improbable que tome acciones voluntarias[112].

Los efectos políticos del asesinato de Pérez Zujovic fueron diversos y marcó el inicio del quiebre de las relaciones entre el PDC y la UP, y el endurecimiento de la táctica de ofensiva en contra del Gobierno. Implicó, por una parte, un reordenamiento al interior de la propia DC, el que se manifestó con claridad en las elecciones complementarias de diputado de la Provincia de Valparaíso de julio de 1971, en las cuales el PN apoyó al candidato del PDC Óscar Marín y derrotó al candidato de la UP, Hernán del Canto, secretario general de la Central Única de Trabajadores (CUT) y militante socialista. El apoyo de la derecha al PDC implicó el quiebre con el partido de la fracción "tercerista" el 31 de julio, los cuales con posterioridad conformaron la Izquierda Cristiana (IC) en octubre de ese mismo año. Como consecuencia, en el Parlamento se rompió el acuerdo entre el PDC y la UP en torno a la distribución de las presidencias de las Cámaras de Senadores (PDC) y Diputados (UP), pasando ambas a ser presididas por el PDC, para la cual contó con el apoyo del PN.

Como consecuencia intra-partidaria, esto permitió el reordenamiento político del PDC en torno a la táctica de los "mariscales rusos", como la definió Claudio Orrego con posterioridad,

---

[112] CIA. "Local press of 9 june identified Ronald Rivera (...)", 9 de junio de 1971.

entendiendo por ello una política flexible de defensa irrestricta de la Constitución de 1925, del principio de la propiedad privada y de sabotaje económico que distanciasen a las FF. AA. del Gobierno[113]. Desde el punto de vista constitucional, esta se expresó en la reforma de los senadores del PDC Juan Hamilton y Renán Fuentealba presentada en octubre de 1971 (Reforma Hamilton-Fuentealba), la que fue aprobada en primera instancia en febrero de 1972 y que a larga constituyó uno de los principales flancos de disputa institucional entre el poder legislativo y el ejecutivo[114].

Por otra parte, el asesinato del exministro y vicepresidente implicó la puesta en marcha de un procedimiento burocrático de los dispositivos policiales y de defensa en materia de seguridad interior del propio Estado, ensayado durante octubre de 1970 cuando fue asesinado René Schneider y que venía desarrollándose por el Estado desde la década de 1940. Dispositivo que comenzó a delinear el proceso de militarización de las funciones policiales y que se fue consolidando a través de su utilización por diversos gobiernos. Este *modus operandi* del Estado fue el resultado de la articulación del mecanismo de excepción constitucional a través de la declaración del estado de emergencia y de la designación de las Jefaturas de Plaza en las AJSI. Esto permitió entregar el mando de la seguridad interior en un marco de excepción constitucional a las guarniciones militares destinadas para tal efecto y subordinar al conjunto del contingente militar y policial bajo el comando de la autoridad del jefe de plaza. En ese sentido, bajo esta figura se desplegó un tipo específico de operaciones de control de la seguridad interior que combinó el trabajo de la Dirección General de Investigaciones, Carabineros, FACH, Armada y Ejército. Bajo esta articulación, la responsabilidad política de los operativos de seguridad recayó en el ministro de Defensa y, por ende, en el ejecutivo, que delegaba estas atribuciones en las FF. AA. y policiales.

---

[113] Orrego, Claudio. "La elección presidencial de 1970", *Política y Espíritu*, núm. 332, mayo de 1972, p. 7.
[114] Magasich, Jorge. "Dos hitos decisivos en las relaciones de la UP con la DC", *Le Monde Diplomatique*, año XVIII, núm. 195.

No obstante, la constatación en los hechos de la existencia de grupos armados con capacidad operativa permitió a la oposición fustigar al ejecutivo en torno a sus responsabilidades en relación con el resguardo de la seguridad interior, en particular a la formación de cuerpos armados paralelos a las burocracias de seguridad y policiales. En la noche del mismo día del crimen, el presidente Allende anunció un proyecto de Ley sobre Control de Armas y Explosivos, el cual estuvo en discusión en el Congreso hasta octubre de 1972, cuando será retomado por la oposición en la coyuntura del paro de octubre, siendo finalmente aprobado como la Ley de Control de Armas[115].

Entre la marcha de las cacerolas vacías y la Reforma Hamilton-Fuentealba (diciembre de 1971-marzo de 1972)

Entre el espacio de tiempo que transcurrió entre el asesinato de Pérez Zujovic y el paro de octubre de 1972, el ejecutivo recurrió en siete oportunidades a la utilización de la Declaración de Zona de Estado de Emergencia, cuatro de las cuales se justificaron por un terremoto que azotó a la zona centro del país el 8 de julio de 1971 con epicentro en Illapel (anexo tabla de decretos de zonas de emergencia). Las otras tres fueron en la marcha de las cacerolas vacías y en los fallidos intentos de golpes de Estado llevados adelante por un grupo liderado por el general Alfredo Canales, PL y sectores civiles de la oposición, financiado por la CIA entre agosto y septiembre de 1972, denunciado por la UP como "Plan Septiembre"[116].

---

[115] Valdivia, Verónica. "Chile: ¿un país de excepción? La Ley de Control de Armas y la máquina represiva puesta en marcha". En: Julio Pinto (ed.), *Fiesta y drama: nuevas historias de la Unidad Popular*. Santiago: Lom ediciones, 2014, pp. 205-230.

[116] CIA. "Chile: conciliation, confrontation or Coup?, 4 de abril de 1972, 9 pp. CIA. "Effort by Patria y Libertad (P&L) and business leaders to provoke a coup within 60 days; attempt by business leaders to establish contact with general Canales", 29 de agosto de 1972, 8 pp. CIA. cable de inteligencia, 2 de noviembre de 1972, 2 pp. También: "El sórdido mundo del fascismo". Documentos, *Punto Final*, núm. 169, martes 2 de octubre de 1972, pp. 1-8.

La última vez que en 1971 se utilizó dicho recurso fue en diciembre, con la marcha de las cacerolas vacías en el contexto del término de la visita de Fidel Castro en Chile, que aglutinó a las fuerzas de oposición en torno al copamiento del espacio público y que a la postre repercutirá en la acusación constitucional en contra del ministro del Interior José Tohá. En noviembre de 1971, visitó Chile Fidel Castro, el líder de la revolución cubana, en lo que fue su primera gira latinoamericana. Ese acontecimiento posibilitó la generación de una coyuntura política que permitió agrupar a la oposición del PN, el PDR y el PDC en torno a un cuestionamiento ideológico al carácter socialista del proceso político chileno y la intromisión de los países de la órbita socialista[117]. Además de aquello, tensó a los sectores del PDC afines a la política de diálogo con el Gobierno y favoreció delinear un giro táctico hacia la ofensiva en contra de Allende[118]. En otras palabras, la visita de Fidel Castro abrió una coyuntura política en la que la oposición logró converger a los sectores del PN que fustigaban el proceso político chileno por su componente comunista y sectores del PDC que cuestionaban la imposición por vía de hechos administrativos del Programa de Gobierno al filo de la constitucionalidad vigente.

Ese viraje táctico fue articulado en torno a la "marcha de las cacerolas vacías", la cual comenzó a ser organizada por los diversos departamentos femeninos de los partidos de oposición, siguiendo el ejemplo brasileño en torno a las marchas femeninas contra el Gobierno progresista de João Goulart, que culminó con el golpe de Estado de 1964[119]. El 26 de noviembre, Sylvia Alessandri, diputada del PN, solicitó la autorización a la intendencia de Santiago para la realización de una "Marcha de la Mujer Chilena". Días más tarde,

---

[117] *El Mercurio*, "Editorial", 10 de noviembre de 1971.
[118] Harnecker, Marta. "Fuerzas en Pugna", *Chile Hoy*, año 1, núm. 21, del 3 al 9 de noviembre, 1972, p. 15.
[119] Power, Margaret. "De la campaña del terror a la marcha de las cacerolas vacías", *La mujer de derecha. El poder femenino y la lucha contra Salvador Allende, 1964-1973*. Santiago: Centro de Investigaciones Diego Barros Arana, 2008, pp. 151-192. Cabe destacar que el ex Patria y Libertad Manuel Fuentes señala que la iniciativa fue de dicho movimiento. Fuentes, Manuel. *Memorias secretas de Patria y Libertad*. Santiago: Grijalbo, 1999, pp. 97-103.

el 29 de noviembre, los periódicos de oposición *El Mercurio* y *Tribuna* convocaron a la marcha apelando a su carácter independiente, espontáneo, apolítico por carecer de vínculos con partidos políticos, y por constituirse en un movimiento pluriclasista[120]. Esto con un claro objetivo de presentar un movimiento gremial transversal, como señala Margaret Power, "que abarca a todas las mujeres chilenas, que no contaba con patrocinio alguno de tendencias políticas ni se limitaba a ella, ni representaba ni excluía ninguna clase"[121].

En los hechos los vínculos con la oposición fueron evidentes, como lo fue también el giro de la táctica y el estreno de fuego de la agrupación nacionalista de extrema derecha PL, que logró una mayor visibilidad. El mismo 29 de noviembre, las secciones femeninas del PN, el PDC y el PIR en conferencia de prensa, dada en la Cámara de Diputados, invitaron a participar en la marcha del 1 de diciembre. Al día siguiente, Carmen Sáenz, militante del PN, delineó el carácter del movimiento al declarar a la prensa que "las mujeres nacionales, como chilenas y madres, no podemos permanecer impasibles ante el angustioso momento que vive Chile y conscientes de que Chile está siendo destruido por la división criminal de clases y grupos enemigos fabricados por el comunismo para destruir la familia chilena"[122].

El 1 de diciembre se desarrolló la "marcha de las cacerolas vacías", un día antes de la concentración en el Estadio Nacional que se realizó para despedir a Fidel Castro. En el desarrollo de la marcha se registraron serios incidentes en diversos puntos de su recorrido, en los que se generaron fuertes enfrentamientos entre militantes y simpatizantes de los partidos de la UP y el grupo de choque nacionalista de extrema derecha, PL[123]. El centro se transformó en escenario de escaramuzas y enfrentamientos en diversos puntos, incluyendo

---

[120] *El Mercurio*, 29 de noviembre de 1971. *Tribuna*, 29 de noviembre de 1971.
[121] Power, *op. cit.*, p. 174.
[122] *El Mercurio*, 30 de noviembre de 1971.
[123] Garay, Cristián y Díaz, José. "Frente Nacionalista Patria y Libertad (1970-1973). Caracterización de una identidad política", *Amérique Latine Histoire et Mémoire. Les Cahiers ALHIM* [En línea], 32 | 2016, publicado el 09 diciembre 2016, consultado el 04 febrero 2020. URL: http://journals.openedition.org/alhim/5589

saqueos y ataques a las sedes del Partido Radical y de las Juventudes Comunistas (JJCC). Al anochecer, los enfrentamientos se desplazaron hacia los barrios de las comunas de mayor poder adquisitivo, en particular Las Condes, La Reina y Providencia. Se generaron caceroleos y, en Providencia, fuertes enfrentamientos entre jóvenes nacionales de extrema derecha y el Servicio de Investigaciones. Como consecuencia de la jornada fueron detenidas 187 personas y se registraron 97 personas heridas, de las cuales cuatro lo fueron de gravedad.

Al día siguiente sesionó el Consejo Superior de Seguridad Nacional (Consusena) y se acordó la necesidad de declarar Zona de Estado de Emergencia para controlar el orden público y evitar nuevos enfrentamientos. Ese mismo día, el ejecutivo decretó el estado de emergencia en la Provincia de Santiago con excepción del departamento de San Antonio, dejando en consideración que la motivación de la excepción constitucional se originaba en la violencia política, al señalar que "los actos de violencia ocurridos en la ciudad de Santiago y sus graves consecuencias constituyen calamidad pública"[124]. Fue designado jefe de plaza, nuevamente, el jefe de la guarnición militar de Santiago, general de brigada Augusto Pinochet Ugarte. A primera hora del 2 de diciembre, el general Pinochet convocó a una conferencia de prensa en su despacho del Ministerio de Defensa, donde informó de las diversas medidas a adoptar. Dentro de las primeras acciones instruidas se prohibieron todas las manifestaciones, las noticias que pudieran incitar a la alteración del orden público y el porte de armas de fuego. Además de aquello, anunció que Carabineros e Investigaciones realizarían patrullajes y controles de tránsito. Finalmente señaló de manera taxativa que

> La jefatura de la Zona de Emergencia espera de la ciudadanía el máximo de comprensión y colaboración con las delicadas funciones

---

[124] Decreto núm. 246 del Ministerio de Defensa, Subsecretaría de Guerra, *Diario Oficial de la República de Chile*, núm. 28.116, 3 de diciembre de 1971, p. 5.

de las Fuerzas Armadas y policiales, que no tienen otro propósito que asegurar el orden y tranquilidad de las personas, sin distinción de credos e ideologías (...). El suscrito y los medios a sus órdenes serán inflexibles en el uso de sus atribuciones legales para exigir el cumplimiento de las normas indicadas[125].

En el período de excepción constitucional, la censura del derecho de libertad de expresión fue aplicada en al menos tres oportunidades. El 4 de diciembre, Pinochet citó a los medios de prensa para informar que se querellaría contra el periódico *Tribuna*, vinculado y financiado por el PN, por injurias contra el Ejército por un extracto del día anterior en el que se acusaba a la institución castrense de haberse entregado al Gobierno a cambio de regalías[126]. Días más tarde, el Gobierno inició acciones judiciales en contra del diario *Las Últimas Noticias*, por afirmar que "los días del actual Gobierno están contados y que pronto estallará una guerra civil en país". También fue clausurada por 48 horas radio Balmaceda, perteneciente al PDC, por comentarios sediciosos que involucraban a las FF. AA.[127].

El trasfondo de las presiones de la oposición era forzar a las FF. AA. a que interviniesen en las funciones policiales, es decir, la racionalidad política de fondo apelaba al intervencionismo militar. Pero para 1971 no estaban las condiciones políticas y militares para una acción de dicha envergadura. Hacia finales de 1971, las FF. AA. sostuvieron la distinción clara entre lo policial y lo militar. Así, por ejemplo, en la declaración de prensa dada el 2 de diciembre por el general Pinochet, al ser emplazado respecto a la necesidad de que los militares tomasen el control del orden público, este señaló de manera premonitoria que "el control de las calles seguirá en manos de Carabineros, porque si el Ejército sale a la calle, sale a matar"[128]. Por su parte y en el mismo tenor, el comandante en

---

[125] *El Siglo*, 3 de diciembre de 1971, p. 6. Citado por: Amorós, *Pinochet...,op. cit.*, p. 174.
[126] *Tribuna*, 3 de diciembre de 1971.
[127] Prats, *op. cit.*, p. 232.
[128] *El Mercurio*, 4 de diciembre de 1971.

jefe del Ejército en una entrevista dada con motivo de su viaje a la zona lacustre el 10 de diciembre de 1971, señaló que el problema de orden público era un problema eminentemente policial[129]. De hecho, en sus memorias, el general Prats fue más enfático y señaló en dicha entrevista que

> hablar de "grupos armados" es un concepto ambiguo, que requiere especificación, pues los palos y las piedras no definen a la "guerrilla". Esta constituye una organización paramilitar, provista de armas de fuego –por lo menos livianas– de potencialidad similar a las Fuerzas Armadas, para la obtención de un fin político que requiere de la derrota previa de las fuerzas regulares. Visto el problema de esta forma, no podría afirmarse que, en el momento, existieran en Chile "organizaciones guerrilleras". Grupos urbanos, con cascos, palos y cadenas requieren una acción policial y judicial, ya que se ubican en el campo de la delincuencia"[130].

Podemos sostener que los efectos de la "marcha de las cacerolas vacías" fueron en diversas temporalidades. Al corto plazo, implicaron el viraje de la táctica de la oposición, que pasó a la ofensiva en contra del ejecutivo y a tomarse las calles, lo que inauguró –en palabras de Eugenia Pallieraki– "un período durante el cual la violencia en las calles de Santiago fue utilizada de forma recurrente y sistemática con fines políticos"[131]. A mediano plazo, permitió un reordenamiento al interior de la propia oposición, donde los sectores más duros y reacios a las negociaciones con la UP, encabezadas por el expresidente Eduardo Frei Montalva y por el senador y presidente del Senado Patricio Aylwin, ganaron terreno. En esa misma temporalidad, la marcha marcó un hito desde el punto de

---

[129] Acusación Constitucional contra el ministro del Interior José Tohá. Cámara de Diputados. Cuenta en sesión 32. Legislación extraordinaria 1971-1972. 28 de diciembre de 1971. Prats recuerda dicha intervención en los mismos términos.

[130] Prats, *op. cit.*, p. 231.

[131] Pallieraki, Eugenia. "Las manifestaciones callejeras y la experiencia de la Unidad Popular (1970-1973), *Pensamiento Crítico. Revista electrónica de historia*, núm. 3, 2003, p. 17.

vista de la irrupción de una modalidad de acción política en el que el copamiento del espacio público, el enfrentamiento callejero y la violencia política propiciada por el sector de oposición fueron utilizados como un argumento para sostener una crisis de autoridad desde el punto de vista del orden público, fustigando la existencia de grupos paramilitares a través de la opinión pública y el Congreso, como una manera de presionar a las FF. AA. para actuar en contra del Gobierno.

Todos estos aspectos se evidenciarán de manera clara en la acusación constitucional en contra del ministro del Interior, José Tohá. El 28 de diciembre, el PDC presentó una acusación por la eventual responsabilidad política del ministro Tohá por "las continuas, reiteradas y graves infracciones a las garantías constitucionales"[132]. La argumentación tras la acusación se agrupó en cinco capítulos correspondientes a la existencia de grupos armados ilegales, infracciones del artículo 10 núm. 4 de la Constitución Política de la República, detenciones arbitrarias y otros procedimientos ilegales, infracciones contra el derecho de libertad de información y atropello y vulneración de las juntas de vecinos. Desde el punto de vista político, los capítulos primero y tercero fueron los que fustigaron directamente a la supuesta existencia de grupos armados, la práctica de detenciones arbitrarias y la comisión de tratos crueles por parte de personal de la Dirección General de Investigaciones.

Dentro de los hechos de violencia política organizada, el PDC señaló la responsabilidad del ejecutivo a través del Ministerio del Interior en la tolerancia hacia los grupos armados organizados, constituyéndose desde este punto de vista en...

(...) un hecho político, notorio y que ha producido y produce gran alarma pública hasta el extremo de que consideramos que es el principal problema político que tiene hoy el país, la existencia de movimientos, brigadas, grupos o cuerpos que, teniendo armas de toda clase, presionan a la opinión nacional, suplantan o interfieren

---

[132] Cámara de Diputados. *Cuenta en sesión 32*, Legislatura Extraordinaria 1971-1972.

a la fuerza pública y actúan, con diversos pretextos, impidiendo el correcto ejercicio de los derechos y de las garantías que ofrece nuestra Constitución Política a los habitantes del país[133].

Bajo esta óptica, el asesinato del comandante en jefe del Ejército René Schneider, cometido por un grupo de extrema derecha financiado por la CIA y el asesinato del ex ministro y vicepresidente democratacristiano Edmundo Pérez Zujovic, fueron indicados como los hechos centrales de la apreciación. A estos agregaron la muerte de los funcionarios de Investigaciones en el atentado de Heriberto Salazar en junio de 1971 en el Cuartel General del Servicio de Investigaciones en calle General Mackenna[134]; carabineros en ejercicio y civiles muertos en enfrentamientos en asaltos a bancos y centros comerciales[135], y la muerte de civiles en enfrentamientos con el movimiento campesino en el proceso de ocupación de fundos en las provincias de O'Higgins, Cautín, Valdivia y Osorno[136]. En ese último ámbito, de relevancia nacional fueron los casos del militante nacionalista Rolando Matus (que con posterioridad dará nombre al grupo de choque del Partido Nacional "Comando Rolando Matus"), muerto producto de enfrentamientos en el fundo Carén, en Villarrica y de los jóvenes mapuche Juan Milipán, en el fundo Brasil Sur, en Lautaro, y Moisés Huentelaf, en el fundo Chesques de Cautín en los procesos de retomas de fundos, así como el caso del estudiante universitario y militante del MIR Jorge Fernández Moreno, quien murió en la ocupación del fundo Moncul, en Cautín[137].

---

[133] Ídem.

[134] Subinspector Mario Marín Silva y los detectives Carlos Pérez Bretti y Gerardo Enrique Romero Infante.

[135] Los carabineros cabo Tomás Gutiérrez Urrutia, Luis Cofré López y Luis Fuentes Pineda y el caso del comerciante Raúl Méndez Espinoza, asesinatos atribuidos a asaltos practicados por la VOP.

[136] El caso del enólogo don Gilberto González, en el fundo Santa Blanca, de la provincia de O'Higgins, y el de Teresa Weil Martínez, cerca de La Unión.

[137] Sánchez, Felipe. "Violencia Política en la Provincia de Llanquihue durante la Reforma Agraria de la Unidad Popular, 1970-1973, *Atenea*, núm. 518, dic. de 2018, pp. 75-95. Navarrete, *op. cit.*, pp. 97-133.

A estos hechos agregaron los incidentes ocurridos en la Universidad de Concepción entre la Brigada Ramona Parra (BRP), del PCCH, y el MIR, que resultó con la muerte del estudiante del MIR Arnoldo Ríos en diciembre de 1970. Pero, sobre todo, fustigaron la responsabilidad del Gobierno en relación con la tolerancia a la existencia de grupos organizados de la izquierda radical que, en el discurso, promovían un proceso de enfrentamiento político con los cuerpos policiales y de defensa nacional. En ese ámbito, la acusación se dirigía a las diversas organizaciones de masas vinculadas al MIR, como el Frente Trabajadores Revolucionarios (FTR), el Movimiento de Campesinos Revolucionarios (MCR), el Frente de Estudiantes Revolucionarios (FER), el Movimiento Universitario de Izquierda (MUI) y en contra de la Brigada Elmo Catalán del PS[138]. La retórica rupturista de estas agrupaciones, contrastada con la existencia de algunos procesos al filo de la legalidad –como el de radicalización de las ocupaciones de fundos en las zonas de Cautín, Valdivia y Osorno–, permitió dar una justificación que en la práctica distorsionó los procesos de ocupación en curso en diversos sectores del movimiento popular.

Un caso paradigmático al respecto tuvo lugar en la localidad de Panguipulli, donde desde noviembre de 1970 se desarrolló un proceso de ocupación de fundos que implicó a la postre la mayor expropiación de tierras y la construcción de un inédito proceso industrial bajo cogestión de sus propios trabajadores en el desarrollo del Complejo Forestal y Maderero Panguipulli (Cofomap)[139]. En este caso, la existencia del trabajo partidario del MIR a través del grupo de José Gregorio Liendo Vera, conocido por la prensa opositora como el "Comandante Pepe", permitió instalar en la opinión pública la supuesta existencia de un trabajo planificado de desarrollo guerrillero en el sector, el que será denunciado con

---

[138] Sobre las diversas organizaciones del MIR, cfr.: Leiva, Sebastián. *Revolución Socialista y Poder Popular. Los casos del MIR y el PRT-ERP, 1970-1976*. Concepción: Escaparate Ediciones, 2010.

[139] Bize, Cristóbal. *El otoño de los raulíes. Poder popular en el Complejo Forestal y Maderero Panguipulli (Neltume, 1967-1973)*. Santiago: Tiempo Robado Editoras, 2017.

posterioridad por el PDC como expresión de una "dictadura marxista"[140]. Si bien en la cordillera el MIR desarrolló una retórica rupturistas y revolucionaria, la realidad contrastó con las intenciones y en la práctica nunca se constituyeron en una fuerza de choque, ni de desarrollo de espacios de poder, ni de escuelas de entrenamiento paramilitar en el Cofomap[141].

Finalmente, argumentaron que el Gobierno no solo toleraba la existencia de estos grupos, sino que los promovía, sobre todo a través de la figura del GAP, al señalar:

> Es un hecho público y notorio, del cual incluso se hace alarde, la existencia de un "dispositivo de seguridad" en la propia Presidencia de la República, cuyos componentes, que tienen armas y las usan, conocidos como Grupos de Amigos Personales –GAP– no son ni policías civiles ni uniformados, sino personas cuya identidad se desconoce y cuyos empleos no han sido autorizados por ley alguna, como lo dispone categóricamente el artículo 44, núm. 5, de la Constitución Política del Estado[142].

A juicio de los acusadores, todos estos hechos configuraban y probaban la existencia de "verdaderos cuerpos armados que existen y actúan al margen de la Constitución y la Ley". Si bien es cierto que cada una de estas situaciones existentes daba cuenta de hechos que quedaban bajo el amparo de las facultades jurisdiccionales de la Ley de Seguridad Interior del Estado, por ende, de una utilización restrictiva del poder ejecutivo, el PDC de manera oportuna las utilizó en contra del Gobierno para marcar un clivaje político en torno al carácter inconstitucional de la acción del ejecutivo al tolerar estos grupos que en la retórica y en los hechos amenazaban

---

[140] En febrero de 1973, la diputada democratacristiana Pabla Rodríguez visitó la zona en el marco de la campaña electoral de las elecciones legislativas de marzo. Cfr.: *El Correo de Valdivia*, 28 de febrero de 1973, 2 de marzo de 1973 y 13 de marzo de 1973.

[141] Así lo han reconocido sobrevivientes de dicha experiencia. Cfr. Bravo Aguilera, José. *De Carranco a Carrán. Las tomas que cambiaron la historia*. Santiago: Lom ediciones, 2012.

[142] Cámara de Diputados. *Cuenta en sesión 32*, Legislatura Extraordinaria 1971-1972.

la institucionalidad. Esto, en la medida en que cada una de estas situaciones antes descritas ameritaba la invocación de la Ley de Seguridad Interior del Estado. No obstante, como dicha prerrogativa era una facultad del Ministerio del Interior, se configuraba desde el argumento del libelo acusador la responsabilidad política del ministro Tohá. Desde el punto de vista del resguardo del orden público, los enfrentamientos ocurridos en la "marcha de las cacerolas vacías" y una serie de incidentes en manifestaciones de masas vinculadas a la oposición, reforzaban la tesis de la responsabilidad del Ministerio del Interior.

En la votación en la Cámara de Diputados del 6 de enero de 1972 fue acogida la acusación del ministro Tohá, por lo que el libelo pasó a la Cámara de Senadores, la que ratificó la acusación en sus cinco capítulos el 22 de enero por 26 votos y ninguno en contra, ya que toda la bancada de la UP abandonó el hemiciclo[143]. El ministro Tohá, uno de los colaboradores más cercanos del presidente fue destituido.

Dos días más tarde, el presidente anunció que "En conflicto con la Constitución Política, en contradicción con la esencia misma del régimen presidencial que ella consagra, el Congreso acaba de enjuiciar políticamente al ministro del Interior, compañero y amigo José Tohá González", siendo respaldado por el Comité Político de la UP, que enfatizó que "la mayoría del Senado, al pronunciarse sobre la acusación deducida por la Cámara de Diputados en contra del Ministro del Interior, compañero José Tohá González, violó abiertamente la Constitución Política del Estado". El 28 enero, en una jugada política ofensiva en contra de la alianza configurada en los hechos entre el PDC y el PN, Salvador Allende anunció un cambio de gabinete, posicionando en el cargo de ministro de Interior a Hernán del Canto (PS, secretario general de la CUT, derrotado en las elecciones complementarias de Linares) y en Defensa Nacional, al reciente destituido ministro José Tohá.

---

[143] Senado. Legislatura extraordinaria 1971-1972. Sesión 56, 22 de enero de 1971.

Esto permitió abrir un escenario complejo para el ejecutivo, por cuanto el PDC y el PN en los hechos configuraron un frente opositor desde dos flancos, como señalamos con anterioridad. Estos argumentos en el contexto de la aprobación en febrero de la Reforma constitucional impulsada por los senadores Hamilton y Fuentealba (Reforma Hamilton-Fuentealba), marcaron un conflicto entre los poderes ejecutivo y legislativo, que terminó fisurando a los partidos de la UP, favoreciendo el alineamiento opositor (PDC-PN-DR) y generando un escenario de enfrentamiento entre el poder ejecutivo, la Contraloría General de la República (CGR) y el Parlamento.

La reforma fue ingresada como moción parlamentaria el 20 de octubre de 1971[144] y apuntaba contra el proceso de conformación del Área de Propiedad Social (APS), el cual había sido llevado adelante mediante procedimientos administrativos, sobre todo a través de las figuras de la "expropiación", "requisición" e "intervención", las cuales no estaban reguladas en su procedimiento por una ley específica, a pesar de que la Constitución de 1925 contemplaba la institución de la expropiación y la requisición como restricciones del derecho de propiedad privada y, en la historia republicana del país, había sido utilizada de manera previa por diversos gobiernos en situaciones específicas[145]. Por ese motivo, en el contexto de la disputa al interior de la oposición entre la táctica del PDC de oposición democrática y del PN de una oposición rupturista, dicho proyecto venía a llenar un vacío legal, generando un espacio de posicionamiento de defensa de la Constitución desde el Parlamento en lo discursivo –por ende, desde la posición legalista del PDC y contribuyendo a la instalación en el discurso político de la ilegalidad de la acción del poder ejecutivo–. La moción de los senadores Fuentealba y Hamilton buscaba regular esta materia a

---

[144] República de Chile. *Diario de Sesiones del Senados. Legislatura 314ª*, extraordinaria, sesión 5ª, 20 de octubre de 1971, pp. 231-233.

[145] Durán, Cristina. *La requisición de la industria durante la Unidad Popular en relación a un concepto republicano de propiedad*. Memoria para optar al grado de licenciada en Ciencias Jurídicas y Sociales. Santiago: Facultad de Derecho, Universidad de Chile, 2014, p. 49.

través de una reforma constitucional a los artículos 10 y 44 de la Constitución Política de la República, incorporando como inciso al artículo 10 una regulación específica para la incorporación del área social de la economía[146], la participación de los trabajadores, y a través de un inciso del artículo 44 para la adquisición y nacionalización de empresas a través de la compra de acciones[147].

Pese a que estos puntos concitaban un apoyo en general dentro de los partidos de la UP, el artículo transitorio que declaraba nulos todos los actos o convenios ejecutados o celebrados por el Estado, municipalidades y organismos o empresas del sector público desde el 14 de octubre de 1971 en adelante, generó una férrea oposición de parte de la UP. La reforma tramitada en el contexto de la acusación constitucional contra el ministro Tohá, terminó transformándose en un espacio de enfrentamiento de la oposición con la UP, abriendo uno de los principales conflictos políticos del Gobierno.

Tras la aprobación de la reforma, el 19 de febrero de 1972, el ejecutivo siguiendo el trámite constitucional formuló un veto a los artículos en torno a los que no había confluencia programática desde la UP. En torno a este procedimiento, se generó un conflicto de hermenéutica jurídica, ya que por una parte el ejecutivo sostuvo que el Parlamento necesitaba un quórum de dos tercios para rechazar los vetos presidenciales y la oposición señaló que solo necesitaban mayoría simple. El argumento del ejecutivo se sostenía en que al tratarse de una materia constitucional aplicaba el artículo 54 de la Constitución Política de la República[148], motivo por el que se

---

[146] "La ley determinará los medios o bienes de producción que se podrán incorporar al área de propiedad social de la economía y de los cuales será dueño exclusivo el Estado, como representante de la comunidad nacional y los que formarán parte del área mixta, que pertenecerán en conjunto al Estado y particulares. Los demás integrarán el área privada, de dominio de los particulares", República de Chile. *Diario de Sesiones del Senado. Legislatura 314ª*, extraordinaria, sesión 5ª, 20 de octubre de 1971, p. 233.

[147] "Autorizar al Estado, a las Municipalidades y a los organismos o empresas del sector público para adquirir acciones o derechos de o en personas jurídicas de derecho privado, con el fin de nacionalizar o estatizar los bienes y medios de producción u otros, determinando la participación que corresponderá a los trabajadores de dichas empresas y fijar la indemnización que corresponda a sus propietarios y las modalidades para su pago". *Idem.*

[148] Artículo 54 señalaba: "Si las dos Cámaras aprobaren las observaciones, el proyecto tendrá fuerza de ley y se devolverá al presidente para su promulgación. Si las dos Cámaras desecharen

requería dos tercios de quórum para vetar al presidente. El argumento de la oposición, contraviniendo la lógica de la jerarquía constitucional, era que dado que el artículo 44 solo trataba de leyes simples y no de reformas constitucionales, solo se requería mayoría simple en materia de reformas constitucionales y no dos tercios como prescribía dicho artículo[149].

Para evitar el impasse, Salvador Allende solicitó al ministro de Justicia, Manuel Sanhueza, militante del PIR, que llevase adelante las negociaciones con el PDC para destrabar este conflicto jurídico y político. A mediados de marzo de 1972, el ministro Sanhueza llegó a acuerdo con el PDC. No obstante, los términos de los vetos presidenciales negociados fueron rechazados por el Comité Político de la UP y con ello se quebraron las relaciones con el PDC y el PIR, que se retiró de la UP y del Gobierno, pasando a engrosar las filas de la oposición.

Esto permitió que, en el mes de abril, la oposición se fuese agrupando nuevamente en torno al supuesto carácter inconstitucional y antidemocrático del Gobierno, expresado con fuerza en el argumento de la tolerancia a la acción de los grupos armados de extrema izquierda de parte del ejecutivo. Por otra parte, esto reforzó la instalación de la idea de la "desobediencia civil" ante la ilegitimidad del Gobierno. Si bien esta tesis será levantada con fuerza por parte del PN desde agosto en adelante, al interior del PDC algunos sectores comenzaron a instalar en marzo esta política[150].

---

todas o algunas de las observaciones e insistieren por los dos tercios de sus miembros presentes, en la totalidad o parte del proyecto aprobado por ellas, se devolverá al presidente para su promulgación". Constitución Política de la República de 1925. Santiago: Imprenta Universitaria, 1925, p. 25.

[149] Márquez, *op. cit.*, p. 208. Para revisar un balance desde la coyuntura: Pascual, Dana. "Radiografía de la Reforma Constitucional", *Punto Final*. Año VI, núm. 154, martes 28 de marzo de 1972, pp. 26-32. Sobre la perspectiva del PC al respecto: Sergio Insunza. "La reacción en el parlamento; cómo atenta contra el pueblo", *Principios*. núm. 149, enero-febrero de 1973, pp. 42-60.

[150] En particular, el senador Juan de Dios Carmona. "Los que están detrás del golpe", *Punto Final*. Año VI, núm. 155, martes 11 de abril de 1972, pp. 2-4.

Entre la iniciativa de la Ley de Control de Armas y Explosivos y el intento de golpe frustrado: el "Plan Septiembre" (de abril a septiembre de 1972)

En ese contexto, el senador del PDC Juan de Dios Carmona impulsó la Ley de Control de Armas, instalando la idea de un vacío de poder de parte del ejecutivo en relación con el control de la seguridad interior, reiterando los términos de la acusación constitucional formulada en contra del exministro del Interior José Tohá. Por ello, la apelación en ese contexto a la autoridad de las FF. AA. permitía destrabar dicho vacío de poder. Así lo explicitó el senador Carmona en entrevista a *El Mercurio* el 2 de abril, al señalar que "Cuando la autoridad no actúa, el control de las armas debe entregarse a las Fuerzas Armadas"[151]. Tres días más tarde, el senador Carmona ingresó a la Cámara de Senadores una moción legislativa que modificaba la Ley 12.927 de Seguridad Interior del Estado[152] y que, a la postre, permitió la aprobación de la Ley 17.798 de Control de Armas en el marco del paro de octubre de 1972.

En el mensaje del primer trámite constitucional, el senador Carmona, en el mismo tenor que la acusación constitucional contra el exministro Tohá, señaló que en el país se estaba registrando una serie de acontecimientos "político-delictuales" en contra de la legalidad y que horadaba "ese mínimo de convivencia nacional"[153], señalando que los casos de los asesinatos del ex comandante en jefe del Ejército René Schneider, el asesinato del exvicepresidente y ministro de Interior Edmundo Pérez Zujovic y de los funcionarios del Servicio de Investigaciones asesinados por el vopista Heriberto Salazar en el atentado de calle General Mackenna, en Santiago, agregando que para la comisión de estos delitos operaron con "(...) una fuerte organización y con toda clase de disponibilidades en dinero y armamento", insistiendo en que estos grupos constituían

---

[151] *El Mercurio*, 2 de abril de 1972, p. 23.
[152] 5 de abril de 1972. Cuenta en Sesión 6. Legislatura Extraordinaria 1971-1972.
[153] Ídem.

"(...) verdaderos cuerpos armados que existen y actúan al margen de la Constitución y de la Ley"[154].

Desde el punto de vista legal, la iniciativa apuntaba a reformar la Ley 12.927 de Seguridad Interior del Estado del 6 de agosto de 1958, creada con posterioridad a la derogación de la "Ley de Defensa de la Democracia" de 1948, que proscribió al PCCH[155]. Si bien esta en sus artículos 4, 6 y 10 disponía de materias relativas a los delitos de alzamiento y enfrentamiento contra el Gobierno constituido y penaba la fabricación, distribución, venta, compra de distintos tipos de armamentos y el uso de estos, a juicio del senador Carmona, el mecanismo para que se pusiese en práctica la Ley no era eficiente. Esto en la medida en que "(...) solo puede iniciarse a requerimiento o por denuncia del Ministerio del Interior o de los intendentes y el conocimiento de las causas respectivas está entregado a la Justicia Ordinaria".

Junto con ello, recalcó que los requirentes en cualquier momento podían desistir de sus denuncias, extinguiendo con ella la acción y la pena, debiendo el tribunal ordenar inmediatamente la libertad de los detenidos o reos y poner término a la investigación. Por estos motivos, concluía:

(...) se debe entregar al control de las Fuerzas Armadas todo lo relacionado con la tenencia, porte, uso, fabricación, introducción al país, almacenamiento, transporte, distribución, venta, etc. de las armas –cualquiera sea su naturaleza–, como asimismo, la investigación y disolución de los grupos armados de tipo inconstitucional, y poner bajo la jurisdicción y competencia de los Tribunales Militares, el conocimiento de las causas que se relacionen con las materias indicadas[156].

Específicamente, la reforma legal contemplaba estos elementos, redefiniendo la noción de armas al contemplar que:

---

[154] Ídem.
[155] Casals. *La creación de la amenaza roja...*, op. cit., pp. 137-190.
[156] 5 de abril de 1972. Cuenta en Sesión 6. Legislatura Extraordinaria 1971-1972.

(...) se comprenderá bajo la denominación de armas, las metralletas, fusiles, carabinas, revólveres, pistolas, municiones, proyectiles, granadas, explosivos, gases asfixiantes venenosos o lacrimógenos, aparatos o elementos para su proyección y fabricación, objetos cortantes, punzantes y contundentes y, en general, cualquiera otra máquina, dispositivo o instrumento idóneo para matar, herir, golpear o destruir[157].

La posición del ejecutivo fue esbozada por el ministro de Defensa, previa aprobación del Alto Mando de las FF. AA. en el informe que remitieron a la Comisión de Constitución durante mayo y junio de 1972. La posición del ejecutivo, junto con concordar con algún énfasis con la propuesta del senador Juan de Dios Carmona, colocó algunos matices respecto al alcance de los objetos sujetos a control y planteó serios reparos al involucramiento de las FF. AA. en materias policiales. En ese sentido, destacó que "(...) tanto los Altos Mandos Institucionales como el presidente de la República, estiman perjudicial que sean los integrantes de las Fuerzas Armadas quienes, asumiendo funciones netamente policiales, se mezclen en la disolución de grupos armados constituidos al margen de la ley", ya que se corría el riesgo de "(...) involucrar a las Fuerzas Armadas en problemas de política contingente"[158], agregando que la opinión del Gobierno es que "(...) debe entregarse a las Fuerzas Armadas la misión de desarmar a los grupos armados, pero no la de disolverlos, debido a que en el ejercicio de esta última facultad dichos institutos estarían obligados a considerar aspectos de política contingente, como por ejemplo, juzgar si el programa de un determinado grupo político es o no constitutivo de delito"[159]. Pese a estos reparos, avanzó el proyecto a finales de julio hacia la Cámara de Diputados para su discusión durante el mes de agosto, siendo despachado a su tercer trámite constitucional durante el mes de septiembre.

---

[157] Ídem.
[158] Biblioteca del Congreso Nacional. "Informe Comisión de Constitución", *Historia de la Ley 17.798. Establece control de armas*, p. 13.
[159] Ibid., p. 15.

Desde julio y agosto de 1972 se evidenció un ascenso de la UP en el movimiento de masas (tras las victorias en las elecciones de la CUT, las federaciones de estudiantes de la Universidad de Chile y de la Universidad Técnica del Estado, UTE) y la victoria parcial en las elecciones complementarias de diputados por Coquimbo. Esta última, disputada el 16 de julio, marcó un punto importante en el cierre del escenario de disputa electoral de la oposición, que se verá ratificado en las elecciones de marzo de 1973, al no conseguir los dos tercios del Parlamento para impulsar la estrategia de la destitución del presidente.

Para la elección complementaria de Coquimbo, tras la muerte del diputado comunista Cipriano Pontigio en mayo de 1972, se constituyó el 6 de julio la coalición electoral Confederación Democrática (CODE.)[160], formada por dos federaciones: la Federación de Oposición Democrática, que agrupó al PDC, al PIR y al Partido Democrático Nacional (PADENA)[161]; y la Federación Nacional-Democrática, que agrupó al PN y al DR. La CODE se agrupó tras la candidatura de Orlando Poblete González, militante del PIR. Por su parte, la UP se agrupó tras Amanda Labarca, militante del PCCH. Tras las votaciones, se impuso la candidata comunista con 50.482 votos (54,4%) versus los 42.309 (45,6%) del candidato de la CODE.

El contexto en el que se tramitó a discusión sobre la Ley de Control de Armas, entre junio y octubre, estuvo marcado por algunos incidentes al interior de la coalición de Gobierno (a finales de julio la realización de una Asamblea Popular en la comuna de Concepción y el allanamiento de una población en Lo Hermida que terminó con la muerte de un poblador[162]) y el alineamiento

---

[160] La federación fue legalizada oficialmente en el Registro Electoral el 6 de octubre de 1972. *Diario Oficial de la República de Chile*, núm. 28.373, 9 de octubre de 1972, p. 4071.

[161] El Partido Democrático Nacional fue un partido político de centro, de tintes populistas, que agrupó diversas escisiones del Partido Radical y de la social democracia. Biblioteca del Congreso Nacional (BCN).

[162] "Polémica en la Izquierda. La Asamblea Popular de Concepción", *Chile Hoy*, año I, núm. 8, del 4 al 10 de agosto de 1972, pp. 5-6. Cayuela, José. "El enfrentamiento de lo Hermida", *Chile Hoy*, año I, núm. 9, del 11 al 17 de agosto de 1972, pp. 6-7. "A propósito de Lo Hermida", *Chile Hoy*, año I, núm. 10, 18 al 24 de agosto de 1972, pp. 4-5.

de la oposición a través de la suscripción de una declaración conjunta de la oposición durante el mes de agosto. En ese marco político, se llevó adelante la asonada golpista tramada por sectores empresariales, la extrema derecha y un sector del ejército acaudillado por el general Alfredo Canales, que buscaba generar las condiciones para dar un golpe de Estado en septiembre de 1972. La extrema derecha, representada por el Comando Rolando Matus y PL, llevó adelante una serie de atentados en diversas ciudades y predios rurales, que culminó con la vida de varios campesinos. Por su parte, desde el 17 de agosto en adelante, se desarrolló una serie de enfrentamientos y movilizaciones gremiales que culminó con la declaración de estado de emergencia en las Provincias de Santiago y Magallanes y enfrentamientos durante los meses de agosto y septiembre.

Para poner en marcha el plan se debían generar las condiciones políticas que legitimaran las acciones de desobediencia civil y sabotaje económico. A comienzos de agosto, los presidentes del PDC, PN, PIR, DR y el PADENA emitieron una declaración conjunta que dotó de legitimidad y de un marco político la asonada gremial llevada con fuerza desde agosto hasta su punto más alto en el mes de octubre de 1972. La declaración sostenía que, en primer lugar, en Chile: "ya no existe verdadera democracia, porque sobrepasado el imperio de la Constitución y de la Ley, se está conduciendo al país, en forma cada vez más acelerada, hacia una dictadura totalitaria, mediante el ataque permanente a los poderes del Estado (…) desconociendo las prerrogativas y deberes que les competen y las consecuencias que de su ejercicio se derivan"[163], agregando que la responsabilidad del escenario de conflictividad recaía exclusivamente en el poder ejecutivo. Para finalizar, enfatizaron que, en ese marco, hacían un llamado a "(…) luchar por las vías que consagra la Constitución para mantener vigentes en nuestra patria las libertades políticas y los derechos democráticos chilenos"[164]. Como

---

[163] *Política y Espíritu*, agosto de 1972, p. 75. Citado por: Corvalán Márquez, *op. cit.*, p. 262.
[164] Ibid., p. 263.

bien señala el historiador Luis Corvalán Márquez, la trascendencia política de dicha declaración fue la de demarcar una confluencia opositora, más que definir una estrategia política al interior de las diversas fuerzas. Esto en la práctica supuso que las diversas iniciativas de los gremios y referentes políticos tuvieron un punto de convergencia en torno al cuestionamiento del carácter "antidemocrático e inconstitucional" del Gobierno, lo que facultaba la política del PN y de sectores del PDC de promover "la desobediencia civil" contra el ejecutivo.

El día 17 de agosto, en Punta Arenas, en un hecho fortuito falleció de un infarto al corazón el comerciante Manuel Aguilar al momento en que carabineros allanaba el lugar en cumplimiento de una orden de requisamiento. La muerte del comerciante fue utilizada como un símbolo de descontento del comercio local. Al día siguiente, cuarenta y cuatro instituciones gremiales locales formaron el "Frente de Defensa de Magallanes", entre los que se encontraban la Cámara Central de Comercio y Sindicato de Comerciantes (Sideco) y la Confederación del Comercio Detallista. El día 21 la "Confederación de Comercio Detallista y la Pequeña Industria" y la "Cámara Central del Comercio" declararon un paro nacional, cuyo epicentro fue la ciudad austral de Punta Arenas. En respuesta, el Gobierno decretó estado de emergencia en la Provincia de Magallanes, por "la negativa del comercio de la provincia de Magallanes para llegar a un entendimiento con los delegados de Gobierno, agravada por el cierre total de esta actividad y rechazo a retirar mercaderías de la Aduana, hechos que configuran una situación de calamidad pública al estarse produciendo un desabastecimiento total en la provincia"[165]. A través de dicho acto, fue designado el general de División Manuel Torres de la Cruz como jefe del estado de emergencia y, por ende, jefe de plaza. Junto con esta medida de excepción, se trasladó a la región el subsecretario de Economía y Hacienda, Óscar Garretón,

---

[165] Decreto Ministerio de Defensa Nacional núm. 196 de 21 de agosto de 1972. *Diario Oficial de la República de Chile*, núm. 28.334, 22 de agosto de 1972, p. 3420.

y Patricio Morales, a entrevistarse con los dirigentes gremiales de Magallanes[166]. La designación de Manuel Torres de la Cruz tuvo una especial relevancia en los hechos posteriores, contribuyendo a la lectura contrasubversiva del conflicto político en curso. De la Cruz no solo era un oficial activo de alto rango con mando de tropas y uno de los pocos oficiales que durante la década de 1950 cursó las especializaciones en guerra especial y contrasubversión en la Academia de Guerra Superior de París, sino que también se constituyó en uno de los oficiales conjurados de primera línea que operó en paralelo y de modo autónomo al grupo de los 15 (ver más adelante), organizando a civiles de extrema derecha y militares en acciones de desestabilización del Gobierno de Allende, teniendo un rol importante con posterioridad en la aplicación de la Ley de Control de Armas y en el diseño de la planificación de seguridad interior utilizada para el golpe de Estado en la región militar austral: el Plan Australis.

Ese mismo día, en Santiago hubo un pliegue parcial del paro del comercio detallista, motivo por el que funcionarios de Dirección de Industria y Comercio (Dirinco) se dispusieron a abrir los comercios cerrados. En las comunas del barrio alto, fueron repelidos por las fuerzas de choque de PL, resultando varios inspectores heridos. En la noche del 21, grupos de choque del PL y del PN levantaron barricadas en Providencia, asaltaron e incendiaron buses de locomoción colectiva. Además de aquello, se trasladaron hasta los domicilios de diversas autoridades de Gobierno, siendo atacados con diversos elementos. Entre ellos se contó el caso de la ministra del Trabajo, Mireya Baltra; el suspendido director de Investigaciones, Eduardo Paredes; el diputado Mario Palestro, y el ministro de Economía, Carlos Matus[167].

---

[166] "Un duelo que terminó en asonada", *Chile Hoy*, año I, núm. 11, 25 al 31 de agosto de1972, p. 5.
[167] "Fascismo verdadero", *Chile Hoy*, I, núm. 11, 25 al 31 de agosto de1972, p. 3.

Ante la gravedad de estos hechos, el ejecutivo decretó estado de emergencia en la Provincia de Santiago (a excepción del departamento de San Antonio), a través del Decreto núm. 197 del Ministerio de Defensa, señalando que "la actitud asumida por el comercio local en el sentido de mantener cerradas sus puertas en el día de hoy, además de significar un desconocimiento de la autoridad pública constituye un factor que dificulta el abastecimiento de la población", indicando que estos hechos configuraban "(...) una situación de calamidad pública y obliga al Ejecutivo a hacer uso de todas las atribuciones que le confiere la ley, a fin de poner término a este estado de cosas y de los desórdenes y atentados en contra de autoridades de Gobierno"[168]. Acto seguido fue designado jefe de la Zona de Emergencia, el general de brigada Héctor Bravo Muñoz.

Durante el 21 de agosto, las grandes asociaciones empresariales brindaron su apoyo al comercio detallista, suscribiendo una declaración conjunta entre la Confederación del Comercio y la Producción (CPC), la Sociedad Nacional de Agricultura (SNA), la Cámara Chilena de la Construcción(CCHC), la Sociedad de Fomento Fabril (Sofofa) y la Confederación Nacional Unida de la Pequeña y Mediana Industria y Artesanado (Conupia), en la que solidarizaban con los huelguistas, a la vez que amenazaron al ejecutivo al señalar que las acciones ejercidas contra el comercio detallista serían entendidas como agresiones contra ellas mismas[169]. Desde el ámbito político, el PDC, el PN y DR emitieron declaraciones de apoyo y llamaron a más movilizaciones en el resto del mes[170]. Se configuraba así una coalición entre la oposición política, el gran, mediano y pequeño empresariado y los grupos paramilitares de extrema derecha.

Los hechos de mayor gravedad se registraron en las provincias del sur del país. Pese a que en el discurso del PDC y de la

---

[168] Decreto núm. 197 del 21 de agosto de 1972. *Diario Oficial de la República de Chile*, núm. 28.335, 23 de agosto de 1972, p. 3447.

[169] *El Mercurio*, 22 de agosto de 1972, p. 16.

[170] *Política y Espíritu*, agosto de 1972, pp. 75-76.

oposición los "cuerpos armados al margen de la legalidad" eran identificados como izquierdistas, en la práctica fueron los grupos paramilitares de la extrema derecha que en diversos acontecimientos asesinaron a dirigentes políticos y sociales vinculados a la UP. Así, por ejemplo, en la noche del 22 de agosto como parte de las manifestaciones nacionales de la oposición se efectuó una concentración en la que participó el PN, el PDC y PL. Un grupo de sesenta vehículos copó el centro de la ciudad de Los Ángeles, entre la Plaza de Armas y la Intendencia. Un grupo de dirigentes y simpatizantes de la UP se les opuso, generándose un enfrentamiento. En los hechos fue brutalmente golpeado el dirigente campesino José Ramón Lara, de 56 años, muriendo a las horas de traumatismo encéfalo-craneano. Otros dos trabajadores cayeron heridos y dos quedaron seriamente lesionados. En el funeral, el secretario Regional del PS manifestó que Lara "cayó en defensa del orden, la constitucionalidad y la legalidad, por impedir que los ultrarreaccionarios ejecutaran actos en contra de los edificios públicos y de las personas"[171].

En Frutillar, dos días más tarde, un grupo de 45 latifundistas ultimó a tiros a dos campesinos del Asentamiento Diego Portales (ex fundo El Mirador) e hirieron de bala a cinco, uno de los cuales falleció producto de las heridas horas más tarde. Murió en el lugar Luis Hernán Rivas González, de 16 años, campesino y militante de las JJCC. Su padre, Juan de la Cruz Rivas Rivas, militante PCCH de 54 años, murió horas más tarde en el hospital de Osorno. La última víctima de la violencia patronal fue Roberto Almonacid Asenjo, campesino de 56 años y también militante del PCCH. La investigación llevada adelante en el 2° Juzgado del Crimen de Puerto Varas por triple homicidio, robo con violencia e infracción a la Ley de Seguridad Interior del Estado, logró encargar reos a doce personas y detuvo a dieciocho, los cuales eran militantes de

---

[171] Suárez, Héctor. "La burguesía en armas", *Punto Final*, Año VII, núm. 166, 12 de septiembre de 1972, pp. 2- 5. Cayuela, José. "Los campesinos mueren como los Pájaros", *Chile Hoy*, Año I, núm. 12, 1 al 7 de septiembre de 1972, pp. 7-8.

PL[172]. En el allanamiento de sus domicilios, fueron encontrados escopetas, revólveres y un fusil Mauser.

Además de estos hechos, se registró una serie de retomas de fundos en las localidades de Santa Bárbara, en el Biobío, voladuras de puentes con dinamita en las comunas de Nacimiento y Rarinco, disparos contra carabineros de la Intendencia de Biobío y destrucción con dinamita de automóviles de la Corporación de Reforma Agraria (CORA) de la zona[173].

Los hechos de violencia política impulsados por la oposición no se acabaron ahí. El mismo 21 de agosto el PDC hizo un llamado a su base sindical y campesina a movilizarse contra el Gobierno contra el alza del costo de la vida: "a los dirigentes DC, de las confederaciones campesinas y de la CUT para discutir en la base sindical la difícil situación económica por la que atraviesa el país e impulsar la movilización activa de los sindicatos contra la política de alzas". El objetivo era generar mayores concentraciones de repudio contra el Gobierno, por lo que llamaba a la militancia del partido y a la ciudadanía en general a "realizar una gigantesca concentración de repudio al Gobierno y a su nefasta política económica"[174]. Estos hechos tuvieron eco en Santiago, Valparaíso y Concepción, donde se registraron concentraciones de protesta contra el Gobierno y constantes movilizaciones de la Federación de Estudiantes Secundarios (Feses), que pasaron a formar parte de la cotidianidad de la ciudad en una suerte de naturalización de la violencia política.

La gravedad de todos estos acontecimientos fue evidenciada por el Gobierno y los partidos de la UP. En particular, el PCCH

---

[172] Los latifundistas encargados reos fueron Ludolfo Neumann Appel, Rolando Nanning Winker, Óscar Germán Komearztai Moreno, Ricardo Alfredo Held Klocker, Eduvno Daniel Nanning Follert, Jorge Fernández Rioseco, Violabando Catalán Moyano, Hugo Prambs Casanova, Rubén Munzenmeyer Held, Horst Hemlmuth Hoffman, Gastón Domínguez Aburto, Alfredo Kimpel Nanning, Julio Cárcamo Pérez, Raúl Horlik Nannig, Santiago Siebert, Guido Cárcamo Pérez, Alberto Albino Hoffman Krush y Helmuth Daetz Hoffman. Suárez,"La burguesía....", op. cit

[173] Gedda, Máximo. "Galería de pistoleros derechistas en Biobío", *Punto Final*, Año VII, núm. 166, 12 de septiembre de 1972, pp. 10-11.

[174] *Política y Espíritu*, agosto de 1972, pp. 75-76.

bajo el prisma del escenario "fascista y sedicioso" como preámbulo de un golpe de Estado, aludió a la existencia de un plan golpista. En la edición del 28 de agosto de *El Siglo*, el PCCH anunció la existencia de "El Plan Septiembre", que contemplaba la colaboración de la CIA, las empresas monopolistas norteamericanas estatizadas como la *Kennecott Co.* y la *International Telephone & Telegraph* (ITT), y la concurrencia política de la oposición a través de los financiamientos norteamericanos a las acciones sediciosas del PDC y el PN[175].

En los archivos desclasificados norteamericanos, también hay evidencia de la existencia del "Plan Septiembre" bajo el nombre "Programa Septiembre". El plan consistía en generar un clima de inestabilidad, inseguridad nacional y de desbordes de violencia que gatillaran la acción de los militares que dieran un golpe de Estado. Para ello se buscaba generar una escalada de conflictos gremiales en diferentes partes del país, que cortaran los suministros del país y los caminos en ocho regiones. La Armada detendría el soporte de alimentos y Argentina buscaría detener la exportación de comida y alimentos a Chile. Los estudiantes iniciarían una serie de disturbios en diferentes partes del país. Como señaló un informe de inteligencia de la CIA, "La idea era detener la distribución nacional de comida y forzar al Ejército a hacerse cargo del Gobierno"[176].

Desde mediados de agosto, la estación de la CIA en Santiago remitió una serie de informes respecto a reuniones sostenidas con líderes empresariales con sectores militares. En un reporte del 29 de agosto, la central informaba que "Patria y Libertad, un movimiento antigubernamental de extrema derecha, y un sector significativo de la comunidad empresarial están emprendiendo acciones para aumentar incidentes de violencia y descontento en orden de crear una atmósfera en Chile que fuese propicia para un golpe militar. Los líderes empresariales involucrados están tratando de

---

[175] Sobre el "Plan Septiembre": Carranza, Mario. "El "Plan Septiembre" y la destitución del general Canales", *Fuerzas Armadas y Estados de Excepción en América Latina*. México: Siglo XXI, 1978, pp. 140-143.
[176] CIA. Cable de inteligencia, 2 de noviembre de 1972.

fomentar los enfrentamientos y las huelgas, mientras PL intenta provocar incidentes de violencia"[177]. En el punto número uno del informe, señala el documento que los líderes empresariales están "intentando establecer contacto con el general Alfredo Canales, director de instrucción del Ejército, y un conocido opositor del Gobierno actual, a fin de coordinar acciones subversivas"[178] en los próximos sesenta días.

Las negociaciones con PL de parte del empresariado eran conducidas por Arturo Fontaine Aldunate:

> Arturo Fontaine, uno de los principales líderes empresariales en Chile, está trabajando de cerca con Patria y Libertad en estos esfuerzos. El plan de Patria y Libertad es generar desórdenes y fomentar el descontento, donde sea posible, pero especialmente en Santiago, en un intento de construir una atmósfera política que sea propicia para un golpe militar. Como parte de este plan, Patria y Libertad está emplazando a los residentes de Santiago a continuar con los cacerolazos todas las noches a las 10:00 pm. El propósito de esto es intentar provocar a las brigadas de la Unidad Popular (UP) a actos de violencia en un intento por silenciar estas formas de protesta anti-gobierno[179].

Por su parte, los contactos con los militares estaban siendo articulados por Moisés Guzmán, presidente de Frente Nacional del Sector Privado (Frenap), en representación del mundo empresarial. En una reunión sostenida en agosto, Guzmán señaló al general Canales que: "la comunidad empresarial siente que no puede depender de los partidos políticos, este es el momento de seguir

---

[177] CIA. "Effort by Patria y Libertad (P&L) and business leaders to provoke a coup within 60 days; attempt by business leaders to establish contact with general Canales", 29 de agosto de 1972.

[178] Ibid., p. 2.

[179] Nota de traducción: en el reporte señala "Bangign of pots", que puede ser traducido como "golpes de macetas". Pero en el contexto chileno se refiere a los golpes a las cacerolas (cacerolazos), inaugurados como repertorios de acción en las movilizaciones contra Allende en diciembre de 1971. Ibid., pp. 2-3.

con coordinaciones de ser necesario entre la comunidad empresarial y el general Canales"[180]. El general Canales preguntó sobre qué es lo que la comunidad empresarial puede hacer por los militares, a lo que Guzmán respondió: "los líderes empresariales están intentando fomentar los conflictos y las huelgas, agregando que la comunidad empresarial "quiere coordinar sus planes con él y ofrecerle cualquier apoyo que pueda desear"[181].

El complot del general Canales fue desactivado por el alto mando del Ejército en septiembre de 1972, pese a que existe evidencia del conocimiento de esta información por el general Augusto Pinochet desde el 27 de junio de 1972[182], por lo que es probable que la información sobre los preparativos del golpe del general Canales haya estado en conocimiento de algunos generales del Ejército. La información fue remitida al comandante en jefe del Ejército, general Carlos Prats, por la Armada, ya que Canales había informado a un grupo de almirantes sobre sus intenciones en un evento social[183].

Como demuestra la información desclasificada, los informes de inteligencia norteamericana daban cuenta desde abril de 1972 de las dificultades que deberían sortear los militares para romper con el profesionalismo militar, la tradición de subordinación militar a la Constitución y la capacidad del sistema político para generar acuerdos[184]. Bajo esas premisas, una situación propicia para el golpe de Estado podría generarse a través de un aumento progresivo de la conflictividad social, episodios de violencia y una polarización política que debilitase la capacidad de suscribir acuerdos por el sistema político. En base a estas proyecciones, durante el año 1972 se inició un programa de financiamiento al conjunto de

---

[180] Ibid., p. 5.
[181] Ibid., p. 6.
[182] El rol de Pinochet en estos hechos no está esclarecido. En el documento desclasificado, el general Augusto Pinochet es el remitente de la información "Involver with coup preparations of General Alfredo Canales Marquez army chief of staff". Esta información fue remitida con fecha 8 de marzo de 1972 y luego reiterada el 27 de junio. No obstante, no está claro el destinatario de la misma.
[183] CIA. Cable de inteligencia, 2 de noviembre de 1972.
[184] CIA. *Chile: Conciliation, Confrontation or Coup?*, 4 de abril de 1972.

la oposición política, grupos civiles y gremiales para movilizarse contra el Gobierno de la UP. Según el Informe Church del Senado norteamericano, "en una serie de decisiones desde 1971 hasta 1973, el Comité 40 autorizó casi cuatro millones de dólares para partidos políticos de la oposición chilena. La mayor parte de ese dinero fue al Partido Demócrata Cristiano (PDC), pero una parte sustancial fue destinada al Partido Nacional (PN)"[185], agregando de manera explícita que "(...) la mayor parte del apoyo clandestino norteamericano a partidos políticos chilenos fue entregada como parte de esfuerzos específicos que se llevaron a cabo para influir en el resultado de elecciones (...)". En particular, el Informe Church señala: "(...) las elecciones municipales de abril de 1971 y de la elección parlamentaria de julio se entregó dinero a todos los partidos de oposición. En noviembre de 1971 fueron aprobados fondos para fortalecer al PDC, PN y grupos disidentes". Finalmente, remarca que las acciones no solo estaban orientadas en lo electoral, sino que "(...) el dinero entregado a los partidos no solo sirvió para apoyar a candidatos durante las elecciones, sino que permitió también que los partidos mantuvieran una campaña antigubernamental durante los años del Gobierno de Allende, alentando a los ciudadanos a manifestar su oposición de distintos modos"[186].

En lo político, las denuncias del complot tuvieron repercusiones en los partidos ejes de la UP. Así el PCCH llamó al ejecutivo a utilizar todas las herramientas legales en contra de los sediciosos y deslizó la posibilidad de que los partidarios de la UP organizasen la autodefensa cuadra por cuadra. En el mismo tenor, el PS hizo un llamado similar a conformar comités contra la sedición a través de la creación de "unidades de lucha activa contra el fascismo, en barrios y centros de trabajo"[187]. Pese a estas medidas defensivas más de carácter táctico y discursivo, en lo político estratégico no

---

[185] United State Senate. *Covert Action in Chile. 1963-1973*. Washington: U.S. Government Printing Office, 1975, 28.

[186] Ibid.., pp. 28-33. Sobre un recuento general de la acción encubierta norteamericana en Chile: Corvalán Márquez. *La secreta obscenidad...*, *op. cit.* Kornbluh, *op. cit.*, pp. 15-111.

[187] *La Nación*, 3 de septiembre de 1972, p. 5.

hubo convergencia en torno a la manera cómo salir del escenario de crisis de legitimidad institucional, más allá de los llamados a la defensa del Gobierno –tanto desde la UP como desde el MIR–[188] y de los llamados a paros generales y concentraciones en apoyo al Gobierno[189].

Ante ese escenario de inercia política y enfrentamiento, la respuesta estatal ante la situación de ingobernabilidad fue el profundizar la participación militar en funciones policiales y del poder ejecutivo. Visto desde este punto de vista, la incapacidad de destrabar el escenario político para consolidar las posiciones de la UP llevó a que el ejecutivo tuviese que recurrir con mayor frecuencia a los militares como factor de estabilización del sistema político. Para ello el recurso inicial utilizado en diversas oportunidades fue la declaración de estado de emergencia que permitió asumir el control en diversas AJSI a los militares. No obstante, este mecanismo comenzó a modificar las condiciones bajo las cuales se generó su utilización: comenzó a ser utilizado desde la figura de la "conmoción pública" ante casos de atentados político-delictuales como lo fue en los casos de los asesinatos del comandante en jefe del Ejército René Schneider y el exvicepresidente y ministro del Interior Edmundo Pérez Zujovic, de carácter más bien excepcionales; hacia la figura de "calamidad pública" como resultado de enfrentamientos políticos como lo fue en los casos de la marcha de las cacerolas vacías en diciembre de 1971 y en las manifestaciones patronales de agosto en Magallanes y Santiago.

Este recurso de seguridad pública utilizado por el ejecutivo permitió posicionar a los militares como un actor político en el escenario, en un contexto de naturalización de la violencia política y una escalada de manifestaciones y operativos político-delictuales de parte de la extrema derecha. No obstante, será la Ley de Control de Armas, aprobada días antes del "paro de octubre", la que

---

[188] "Entrevista a Miguel Enríquez: defensa irrestricta de la estabilidad del gobierno", *Chile Hoy*, año I, núm. 11, 25 al 31 de agosto de 1972, pp. 32, 29-30.
[189] *El Siglo*, 3 de septiembre de 1972, p. 5.

romperá con la subordinación militar al ejecutivo y permitirá en la práctica a los militares tener la iniciativa del desarrollo de operativos militares en casos de seguridad interior a los jefes de plaza de las AJSI, consolidando la militarización de la función policial y permitiendo el desarrollo de operativos de copamiento militar del territorio desde junio de 1973 hasta el golpe de Estado del 11 de septiembre de 1973. Desde esta perspectiva, los mecanismos burocráticos que permitieron avanzar en el diseño operativo del golpe de Estado y desplegar el control militar sobre el territorio y la población en los primeros años de la dictadura militar, fueron creados por el sistema político y sus actores, como un recurso de excepción que fue progresivamente utilizado por el ejecutivo como una medida de emergencia para contener el desbande de la movilización de masas opositora, la violencia política-delictual y los atentados paramilitares de grupos de extrema derecha y de izquierda.

Entre el paro de octubre, la aprobación de la Ley de Control de Armas y Explosivos y la doctrina Schneider (octubre- noviembre de 1973)

Las semanas previas a las movilizaciones de octubre estuvieron marcadas por un emplazamiento de parte de la oposición hacia la sociedad civil, para iniciar un proceso de "resistencia civil" contra el Gobierno en diversos mítines y actividades de masas, en particular una realizada por el PN el 28 de septiembre, donde habló el presidente del partido Sergio Onofre Jarpa y el coronel (R) Alberto Labbé, quien fue llamado a retiro a finales de 1971 por emitir juicios políticos contra el Gobierno. En la actividad, Labbé señaló que se incorporaba a las filas del PN para constituirse en el "primer soldado de la resistencia civil"[190]. Bajo esta táctica, los sectores rupturistas al interior de la oposición buscaban cercar a la UP, generando un escenario de crisis política, económica y social que

---

[190] *El Mercurio*, 2 de octubre de 1972, p. 23.

hiciese ineludible la participación de las FF. AA. como un actor que rompiera el equilibrio de fuerzas entre Gobierno y oposición[191]. Bajo esta premisa, durante las primeras semanas de octubre, diversas agrupaciones sociales, gremiales y empresariales se movilizaron con demandas propias y en solidaridad con los manifestantes en contra del Gobierno. La articulación de estas se consiguió a través del "Pliego de Chile", el cual reunió el conjunto de las demandas gremiales y contó con el respaldo de todos los partidos de la oposición articulados en la CODE. El carácter transversal desde el ámbito empresarial y gremial fue articulado por la Confederación de la Producción y el Comercio y el Frente Nacional de la Actividad Privada[192]. Desde ese punto de vista, como señala Corvalán Márquez, la movilización gremial dio cuenta de la radicalización de diversos sectores empresariales, así como de las capas medias profesionales.

En ese contexto de movilización social, se tramitó la votación final de la Ley de Control de Armas y Explosivos, en contraposición con las observaciones dadas por las FF. AA. en las sesiones de la Comisión de Defensa del Senado. Con ello fue creado un nuevo dispositivo legal que dotó de autonomía de los jefes de plaza de las diversas Áreas Jurisdiccionales de Seguridad Interior –como autoridades militares en el territorio– para iniciar de oficio investigaciones por eventuales delitos contemplados en la Ley y efectuar, previa autorización del fiscal militar correspondiente, allanamientos en inmuebles, detenciones y controles carreteros. Este factor es la clave que permite entender cómo emerge con fuerza el discurso contrasubversivo de la oficialidad del Ejército, como veremos más adelante, ya que la decisión de emprender un operativo contrasubversivo de allanamiento en búsqueda de armamento pasó a ser una facultad del jefe de plaza de la CAJSI y no del comandante en jefe de las respectivas FF. AA.

---

[191] Corvalán Márquez. *Los partidos políticos...*, op. cit., p. 280.
[192] Ibid., p. 285.

Pese a ello, en la coyuntura del "paro de octubre", dicho dispositivo no fue puesto en marcha, sino con posterioridad a la aprobación de su reglamento durante el mes de febrero de 1973. Desde esa perspectiva, atendiendo al contexto en el que se generó la movilización de la oposición, el ejecutivo recurrió a las FF. AA. con motivo de seguridad interior en dos dimensiones: la primera, a través de la Declaración de los Estados de Emergencia en diversos departamentos del país; la segunda, a través de la incorporación del alto mando de las FF. AA. como ministros de Estado, cerrando con ello la posibilidad de que las FF. AA. interviniesen a favor de la oposición y en contra del Gobierno en la coyuntura.

Los primeros días de octubre, la directiva la Feses (PDC) inició un paro de estudiantes secundarios bajo la consigna de obtener una "verdadera democratización de la educación", provocando disturbios y escaramuzas en Santiago y en diversas provincias del país, las cuales no tuvieron mayor repercusión.

El movimiento gremial propiamente tal se originó en la provincia de Aysén con una paralización llamada por los transportistas de la región en contra de la propuesta del ejecutivo de generar una empresa estatal de transporte en la región. Al día siguiente, los partidos de oposición junto a PL realizaron una marcha en Santiago. El principal orador, el senador Alberto Baltra (PIR), señaló que "ha llegado la hora de actuar". Al día siguiente, la Confederación Nacional de Dueños de Camiones decretó un paro nacional indefinido del transporte, bloqueando los accesos a Santiago y a las provincias del sur del país[193].

El 13 de octubre se inició el paro del comercio detallista y se anunciaron llamados a plegarse al movimiento de grandes industriales y comerciantes. El 16 se fueron a huelga los microbuseros de Valparaíso. Al día siguiente se plegó el Colegio Médico, la Feses y algunas directivas de empleados bancarios. Finalmente, los dirigentes patronales de la locomoción colectiva anuncian paro indefinido.

---

[193] Taufic, Camilo. "La huelga-chantaje del transporte", *Chile Hoy*, año I, núm. 9, del 20 al 26 de octubre de 1972, p. 7.

En respuesta, el ejecutivo decretó estado de emergencia en diversas provincias del país. A través del Decreto núm. 231 del 11 de octubre, se estableció el estado de emergencia en las provincias de Curicó y Talca, designando como jefe de plaza al teniente coronel Rafael Ortiz Navarro. En el decreto se señaló que "Las consecuencias derivadas del injustificado e ilegal paro dispuesto por la Confederación Nacional del Transporte Terrestre, entre otras, el bloqueo de caminos públicos, con lo que se ha obstaculizado seriamente el normal desarrollo de actividades laborales en las provincias de Curicó y Talca, ocasionando, además, agudos problemas de abastecimiento de productos esenciales en las zonas del país"[194]. Al día siguiente, en los mismos términos fueron decretados estados de emergencia en las provincias de Linares y el Maule, Valparaíso y departamento de San Antonio, Santiago, O'Higgins y Colchagua, Ñuble, Arauco, Cautín y Biobío (véase tabla 4); finalmente, el 19 de octubre en Aysén donde paradojalmente se iniciaron las movilizaciones (Decreto núm. 248). Desde el punto de vista de la seguridad interior, la zona donde se inició el conflicto fue la menos conflictiva en la primera semana de movilización, teniendo su epicentro en la zona central del país.

Tabla 4. Estados de Emergencia decretados con motivo del paro transportista

Decreto / Fecha	Motivo	Provincias y departamento	Jefe de Estado Emergencia
231 / 11/10/1972	- Paro ilegal de la Confederación Nacional Transporte Terrestre - Corte de rutas y caminos - Desabastecimiento	Provincias de Curicó y Talca	Teniente coronel Rafael Ortiz Navarro
232 / 12/10/1972	- Paro ilegal de la Confederación Nacional Transporte Terrestre - Corte de rutas y caminos - Desabastecimiento	Provincias de Linares y Maule	Coronel José Ramos Albornoz
234 / 12/10/1972	- Paro ilegal de la Confederación Nacional Transporte Terrestre - Corte de rutas y caminos - Desabastecimiento	Provincia de Valparaíso y Depto. de San Antonio	Vicealmirante José Merino Castro

[194] *Diario Oficial de la República de Chile*, núm. 28.373, 13 de octubre de 1972, p. 5.

Decreto / Fecha	Motivo	Provincias y departamento	Jefe de Estado Emergencia
235 / 12/10/1972	- Paro ilegal de la Confederación Nacional Transporte Terrestre - Corte de rutas y caminos - Desabastecimiento	Provincia de Santiago	General de brigada Héctor Bravo Muñoz
236 / 12/10/1972	- Paro ilegal de la Confederación Nacional Transporte Terrestre - Corte de rutas y caminos - Desabastecimiento	Provincias de O'Higgins y Colchagua	Coronel Enrique Morel Donoso
237 / 12/10/1972	- Paro ilegal de la Confederación Nacional Transporte Terrestre - Corte de rutas y caminos - Desabastecimiento	Provincia de Ñuble	Coronel Luciano Díaz Neira
238 / 12/10/1972	- Paro ilegal de la Confederación Nacional Transporte Terrestre - Corte de rutas y caminos - Desabastecimiento	Provincias de Concepción, Arauco y Cautín	General de brigada Ervaldo Rodríguez Theodor
239 / 12/10/1972	- Paro ilegal de la Confederación Nacional Transporte Terrestre - Corte de rutas y caminos - Desabastecimiento	Departamentos de Tomé y Talcahuano	Contraalmirante Carlos Chubretovich
240 / 12/10/1972	- Paro ilegal de la Confederación Nacional Transporte Terrestre - Corte de rutas y caminos - Desabastecimiento	Provincia del Biobío	Coronel Alfredo Rehren Pulido
241 / 13/10/1972	- Paro ilegal de la Confederación Nacional Transporte Terrestre - Corte de rutas y caminos - Desabastecimiento	Provincia de Valdivia, Osorno	Coronel Guillermo López Vargas
242 / 13/10/1972	- Paro ilegal de la Confederación Nacional Transporte Terrestre - Corte de rutas y caminos - Desabastecimiento	Provincia de Llanquihue y Chiloé	Coronel de Aviación Sergio Leigh Guzmán
245 / 16/10/1972	- Paro ilegal de la Confederación Nacional Transporte Terrestre - Corte de rutas y caminos - Desabastecimiento	Provincia Aconcagua	Coronel Orlando Ibáñez Álvarez
246 / 17/10/1972	- Paro ilegal de la Confederación Nacional Transporte Terrestre - Corte de rutas y caminos - Desabastecimiento	Provincia de Malleco	Teniente coronel Elio Bacigalupo Soracco
248 / 19/10/1972	- Paro ilegal de la Confederación Nacional Transporte Terrestre - Corte de rutas y caminos - Desabastecimiento	Provincia de Aysén	Coronel Jaime Díaz Donoso

Elaboración propia. Fuente: *Diario Oficial de la República de Chile*.

Pese a estas medidas de control en el territorio, el ejecutivo ofreció una negociación con los transportistas a través de los microbuseros, la cual fue rechazada. En este contexto, comenzaron a generarse mayores incidentes, motivo por el que los jefes de plaza comenzaron a decretar toques de queda. En Santiago, dicha medida fue anunciada el 15 de octubre por el general de brigada Héctor Bravo Muñoz.

La situación de excepción constitucional, a través de la figura del estado de emergencia, permitía que los jefes de plaza del AJSI correspondiente, subordinaran al contingente policial y militar del área de su jurisdicción bajo sus órdenes. En el caso de Santiago, la CIA observó la relación entre Carabineros y Ejército en un intento por estimar y proyectar eventuales enfrentamientos o insubordinaciones: "El alto mando de Carabineros y el Gobierno están conscientes que los capitanes y mayores dentro de la fuerza policial son los opositores más fuertes a la Unidad Popular (UP). Por esta razón, las patrullas en las calles están siendo dirigidas por tenientes en lugar de capitanes. Los tenientes son también opositores de la UP, pero ellos tienen mayor miedo a rechazar las órdenes", agregando que Carabineros continuarán prestando apoyo al Gobierno tanto como el Ejército lo haga. Señala que "Los Carabineros no iniciarán ningún movimiento para expulsar la UP, mientras ellos vayan a estar en confrontación con el Ejército, ya que saben que perderán en un eventual enfrentamiento"[195].

En relación con los hechos en la coyuntura, Camilo Taufic, en reportaje para el semanario *Chile Hoy*, comentó: "La ausencia de motivos concretos para la huelga, unido a su carácter de indefinida, al rechazo de la mediación de los autobuseros, a la decisión de León Vilarín y el ex detective López Opazo y los otros dirigentes de seguir en la cárcel sin solicitar una fácil excarcelación bajo firma: todos estos motivos en conjunto ponen en evidencia que el móvil del paro no podía ser sino político y esencialmente antidemocrático, tendiendo

---

[195] CIA. "Relation between Carabineros (National Police) and military personnel in the streets os Santiago are Good", 20 de octubre de 1972.

a crear tales dificultades en el país que se hicieran imprescindibles las soluciones de fuerza"[196]. Esto con el objetivo de destrabar el equilibrio de poder generado por la aplicación del programa de Gobierno de la UP, sobre todo en el ámbito de la constitución del Área de Propiedad Social (APS)[197].

La oposición no tenía ánimo de buscar una solución al conflicto, por cuanto la movilización estaba pensada como una manera de generar una atmósfera propicia para que los militares tomasen el poder. No obstante, no estaban las condiciones políticas para ello, por cuanto el complot del general Canales, parte del "Plan Septiembre", fue desbaratado a tiempo por el Alto Mando del Ejército y por la férrea oposición del comandante en jefe del Ejército, el general Prats. Bajo ese escenario, el presidente Allende buscó cerrar las puertas al golpismo a través de un cambio de gabinete y de la incorporación de los Comandantes en Jefe de las FF. AA. y del director general de Carabineros al Gobierno.

Las primeras gestiones para ello comenzaron el 20 de octubre en una reunión sostenida por el presidente Allende, el ministro de Defensa José Tohá, el general Prats, el general César Ruiz (FACH), el almirante Raúl Montero y el general de Carabineros César Ruiz. El 1° de noviembre, vuelve a reiterarse la solicitud en la que el presidente plantea la impostergable necesidad de formar un gabinete cívico-militar, con representantes de las cuatro ramas de las FF. AA. y Carabineros.

Al día siguiente asumió el gabinete cívico-militar, con la participación del almirante Ismael Huerta como ministro de Obras Públicas y Transportes, el general de brigada aérea Claudio Sepúlveda como ministro de Minería y el general Carlos Prats como ministro del Interior y vicepresidente. En declaración de prensa, el general Prats señaló que los objetivos prioritarios de la presencia militar en el gabinete serían restablecer el orden y seguridad

---

[196] Taufic, Camilo. "La huelga-chantaje del transporte", *Chile Hoy*, año I, núm. 9, 20 al 26 de octubre de 1972, p. 7.

[197] Maira, Luis. "El golpe de los empresarios", *Chile Hoy*, año I, núm. 9, 20 al 26 de octubre de 1972, p. 6.

interna, asegurar una correcta realización de las elecciones de marzo de 1973 y garantizar la continuidad del Gobierno constitucional[198]. Tras una nueva propuesta del Gobierno presentada el sábado 4 de noviembre, el lunes 6 se da por terminada la movilización nacional de los transportistas.

Ilustración 7. Militares patrullando las calles de Santiago

Fuente: *Punto Final.* Año VII, núm. 170, 7 de noviembre de 1972, p. 7.

La incorporación de los militares al gabinete del presidente Allende inclinó la balanza de poder entre el ejecutivo y la oposición hacia las fuerzas de Gobierno[199], lo que generó reacciones opuestas entre los actores del sistema político, los cuales en términos generales evaluaron que se cerraba la posibilidad de que las FF. AA. dieran un golpe de Estado. Desde la oposición, para el PN la presencia de los militares en el gabinete fue leído como un

---

[198] Prats, *op. cit.*, p. 310.
[199] Department of State, "Chile: cabinet changes should end confrontation", 6 de noviembre de 1972.

acto de involucramiento de los militares en política partidaria. De ahí que plantearon que la presencia militar en el gabinete deberían responder a tres objetivos: "restablecer la paz social, volver el Gobierno a la legalidad y asegurar las elecciones de marzo y el proceso que debe precederlas se realicen dentro del imperio irrestricto de las libertades cívicas"[200]. Por su parte, el PDC, a través de Renán Fuentealba, manifestó que "el señor general don Carlos Prats reúne las condiciones requeridas para el desempeño de las delicadas funciones del Ministro del Interior. Más aún por tratarse de un hombre de armas, creemos que está en inmejorables condiciones de dar seguridad de una actuación imparcial"[201].

Como respuesta a ello, desde el oficialismo, el PCCH identificó como una medida que inclinaba la balanza de poder hacia el Gobierno y que se constituía en una garantía de seguridad interna en el país. La confianza en el constitucionalismo de los militares era un pilar de la manera en cómo el PCCH leía la coyuntura del momento. Por ello la incorporación de los militares era una "necesidad derivada de la situación política del país (...)", agregando que "con el nuevo gabinete los enemigos de Chile y de los cambios no podrán llevar adelante sus planes sediciosos e inconstitucionales. La entrada en funciones del nuevo Ministerio es una garantía firme en la defensa del Estado de Derecho y para el normal desarrollo de la vida política e institucional del país"[202]. El PS, por su parte, creía que la incorporación de los militares debía subordinarse a no retroceder en los avances del programa de Gobierno. Entendía, en ese sentido, que la participación de los militares debería garantizar el "(...) cumplimiento íntegro del Programa de la UP, haciendo irreversible la construcción del socialismo"[203], agregando que las empresas requisadas durante el paro de octubre no deberían ser devueltas a sus dueños y, por el contrario, ser incorporadas al APS. Finalmente, señalaron que el Gobierno tendría que apoyarse

---

[200] *El Mercurio*, 4 de noviembre de 1972, p. 19.
[201] *El Mercurio*, 4 de noviembre de 1972, p. 18.
[202] *El Siglo*, 3 de noviembre de 1972, p. 1.
[203] *La Nación*, 3 de noviembre de 1972, p. 1.

y fortalecer las organizaciones populares surgidas en ese contexto como los Comandos Comunales y los Cordones Industriales, bajo el entendido de que se constituirían a la postre en "(...) el mejor soporte del proceso revolucionario".

En un artículo del general Prats publicado el 5 de noviembre por *El Mercurio*, y que tuvo amplia repercusión política, señaló de manera clara la posición del Ejército frente al conflicto de octubre y deslindó cualquier posibilidad de intervenir en el sistema político al margen de las prerrogativas dadas por la Constitución de 1925 a las FF. AA. El artículo fue la respuesta a una interpretación que difundió el senador del PDC Patricio Aylwin en *El Mercurio* respecto a la Doctrina Schneider. El artículo de Prats parte efectuando un análisis del contexto histórico que propició la institucionalización del "profesionalismo militar" en los años posteriores a la caída del Gobierno del general Carlos Ibáñez del Campo por cerca de cuarenta años. A partir de aquello, reconoce que la presión política sobre el Ejército aumentó en el año 1969 y sobre todo en la elección presidencial de 1970 (entre la votación del 4 de septiembre y la ratificación del 24 por el Congreso Pleno). En ese contexto, señaló que "las presiones políticas amenazaban con derrumbar los muros del compartimento estanco en que, durante años, había vivido sumergido el Ejército"[204].

Desde ese punto de vista, la Doctrina Schneider fue una repuesta institucional que reafirmó los pilares del profesionalismo militar en un contexto de presión de diversos grupos de poder ante el Ejército, para que interviniese en el sistema político. Al respecto, Prats es claro en señalar que "en lo fundamental se trata de la interpretación del concepto de subordinación de las FF. AA. al poder civil, en un Estado de Derecho. En lo literal, así lo entiende el militar chileno, en función de que las instituciones armadas "son profesionales, jerarquizadas, disciplinadas, obedientes y no deliberantes"" (Artículo 22, Constitución Política de la República), agregando:

---
[204] *El Mercurio*, 5 de noviembre de 1972, p. 9.

Mientras subsista el Estado de Derecho la fuerza pública debe respetar la Constitución, y no compete a ella calificar "a priori" si los poderes del Estado la respetan o la infringen; hacerlo, empleando el poder de la fuerza para afirmar su opinión, o sustituir a los órganos constitucionales llamados a decidir controversia, significaría paradojalmente "echarse la Constitución al bolsillo". En cambio, es claro que la fuerza pública es el instrumento legítimo que el presidente de la República puede emplear para hacer que respeten la Constitución quienes atentan contra el orden público, ya sea mediante actos sediciosos o subversivos o buscando coercitivamente la paralización del país[205].

No obstante este esfuerzo por remarcar la Doctrina Schneider, desde el punto de vista de la seguridad interior, el proceso de octubre marcó un punto de inflexión en los dispositivos burocráticos utilizados por el ejecutivo para contrarrestar la movilización de masas opositora. El mecanismo del estado de emergencia y el control militar en el territorio se agotó como medida de contención y fue creado el dispositivo de la Ley de Control de Armas como una manera de investigar la fabricación, comercialización, tenencia y uso de armas de fuego y explosivos.

El general Prats señaló al respecto en sus memorias que la declaración sucesiva de los Estados de Emergencia no tuvo desde el punto de vista operativo la capacidad de anticipación desde el Alto Mando: "Ese mismo día (el 12 de octubre), el Gobierno decide extender el Estado de Zona de Emergencia a (…) [diversas provincias] (…) lo que obliga a suspender el Consejo de Generales, pues varios de estos deben asumir responsabilidades jurisdiccionales o directivas en relación con el problema creado. Este caso es insólito en Chile, y frente a él no hay preparados planes específicos de las FF. AA., ni experiencia acumulada"[206]. Es decir, si bien las planificaciones generales de seguridad interior contemplaban situaciones

---

[205] Ídem.
[206] Prats, *op. cit.*, p. 297.

de insurgencia y emergencia, la dinámica de la coyuntura política exigía una reelaboración de dichos planes para las FF. AA.

El nuevo mecanismo de la Ley de Control de Armas, sumado a la existencia de organizaciones de extrema derecha y de izquierda que desarrollaron acciones armadas y posicionaron discursos de ruptura con el orden institucional, permitió justificar el accionar en contra de esta y, a la vez, llevó a las FF. AA. a perfeccionar las planificaciones de seguridad interior para un escenario de conflicto político interno.

Previo a su utilización masiva, fue despachado durante el verano de 1973 el reglamento que normó su aplicación[207]. Los operativos desarrollados con fuerza con posterioridad al Tanquetazo, permitieron desarrollar la capacidad operativa de las FF. AA. en el territorio, en el desarrollo de una suerte de campaña contrasubversiva llevada adelante desde julio hasta el golpe de Estado[208]. En lo político, las FF. AA. se vieron involucradas en labores de seguridad interior con mayor regularidad, sujetas a presiones de diversos actores políticos y gremiales. En lo militar, a través de estos operativos, pudieron recopilar y producir información estratégica respecto a la capacidad real de respuesta del movimiento popular ante una situación de enfrentamiento, ajustando las planificaciones de seguridad interior a la situación real en cada AJSI.

Presencia militar en el gabinete: de las elecciones parlamentarias a la huelga minera de El Teniente (enero-mayo de 1973)

La situación de equilibrio de poder que se generó con los militares en el gabinete del presidente Allende, se constituyó en una garantía política de aseguramiento de condiciones mínimas para la seguridad interior del país de manera transitoria, previo al desarrollo de las elecciones parlamentarias de 1973. Según manifestó el propio

---

[207] Decreto de Ministerio de Defensa Nacional núm. 50 del 28 de febrero de 1973.
[208] Department State Intelligence, "Anti-insurgent campaign", *DIA Intelligence Sumary*, 23 de julio de 1973.

general Prats, la situación de octubre generó un enfrentamiento que arrastró al país al borde de una guerra civil:

> Estoy convencido de que en octubre último estuvimos al borde de la guerra civil. De prolongarse esta situación, el país habría llegado a un enfrentamiento armado (...). Para las FF. AA., el paro significó un vuelco completo, un nuevo esquema. Fue un paro mayoritariamente empresarial y profesional. No quiero decir con esto que no hubo sectores de trabajadores que se plegaron. Pero en los gobiernos anteriores, los paros los realizaban trabajadores contra patrones: los trabajadores del carbón contra la empresa, los del cobre contra las compañías, los ferroviarios contra la empresa. Ahora se invirtió el esquema, la mayoría parlamentaria solidarizó con el paro, lo que no había pasado antes. Los medios más influyentes de comunicación en su mayoría también. En las Fuerzas Armadas estábamos preparados para la paralización de los servicios vitales, como la luz, el gas, los ferrocarriles; pero estos no fueron afectados. Hubo sí problemas de combustible (...).
> Si el presidente no hubiera tenido el poder de control sobre los trabajadores y si a la vez los trabajadores no hubiesen dado un ejemplo de disciplina social, pudo producirse el enfrentamiento. Piensen lo que sucedía a veinte días del paro, cuando en los hogares había angustioso desabastecimiento, cuando las industrias ya no recibían las materias primas para seguir trabajando, cuando el clima de tensión crecía; bastaba un fósforo. El Gobierno, a todo esto, hacía uso solo de los mecanismos legales: Zona de Emergencia, toque de queda, etc. ¿Qué habría pasado si en Santiago, en Valparaíso o en Concepción empiezan a salir pobladas y comienza el saqueo, primero en los centros urbanos y luego en los sectores residenciales? ¿Qué hace la fuerza pública? Salir a restablecer el orden. Ante cincuenta mil o cien mil personas tiene que hacer uso de las armas. Roto el esquema, ya los bandos se colocan al margen de la Zona de Emergencia y del toque de queda. Comienza la guerrilla urbana, la guerra rural (...)[209].

---

[209] Entrevista al general Carlos Prats publicada en Revista *Ercilla*. Reproducida en las Memorias del General Prats. Carlos Prats, *op. cit.*, pp. 326-327.

Con posterioridad, al general Prats le preguntan sobre la existencia de grupos armados a lo que señala de manera tajante que no existen, ya que "mientras ello no se manifiesta fehacientemente, no se puede decir que existan". Finalmente, la revista *Ercilla* le pregunta si es que no se evaluó una posibilidad de un rol más fuerte de las FF. AA. a lo que respondió:

> Hay algunos chilenos, no muchos por suerte, que piensan que las soluciones deben ser de fuerza. Ya les dije que cada país tiene sus propias características. En Chile, esa es una solución sin destino ¿A qué conduciría? A una dictadura. Tendría que ser implacablemente represiva. Para ello, las FF. AA. tendrían que transformarse en una policía especializada y refinada y significará convertir al pueblo en tupamaros. A la semana siguiente de los aplausos del dictador, los políticos de los bandos más encontrados estarían unidos, gritando "Gorilas" y pidiendo elecciones. Este no es un país de borregos (...). Nosotros los militares no acariciamos la idea de reemplazar al poder civil, ni es nuestra misión[210].

Como consecuencia del paro de octubre, al corto plazo hubo dos grandes situaciones que tensaron la labor del ejecutivo: la situación de las casi sesenta y cinco empresas abandonadas por los patrones durante el paro y tomadas bajo control obrero de los trabajadores y la grave situación de desabastecimiento. Para la primera situación, el ejecutivo elaboró el "Plan Millas" y para la segunda el "Plan Flores".

El "Plan Millas" fue concebido por los ministros Orlando Millas (economía) y el ministro general Carlos Prats. El proyecto contemplaba la devolución de las empresas pequeñas y medianas a sus propietarios y la transferencia al APS de las empresas grandes y estratégicas. Para resolver aquello, se conformaría una comisión presidida por la Contraloría General de la República, que evaluaría cada uno de los casos y establecería los montos de

---

[210] Ibid., p. 329.

las indemnizaciones. El proyecto estaba concebido para tender un puente hacia el sector moderado del PDC y poder dotar de mayor gobernabilidad el proceso de conformación del APS. No obstante, generó en la UP una férrea oposición del PS, la IC y el MAPU, así como las críticas del MIR.

Por su parte, el "Plan Flores", elaborado por el ministro de Hacienda Fernando Flores, buscaba solucionar el problema del desabastecimiento con las consecuencias macroeconómicas que de ello se desprendía. Dado que la existencia de stock y oferta no permitía responder al conjunto de la demanda de insumos y productos básicos, la presión inflacionaria sobre los bienes de primera necesidad se constituyó en un problema a solucionar. Por ello, el Plan Flores buscaba entregar el control del abastecimiento a organizaciones como las Juntas de Abastecimientos y Precios (JAP) para combatir la especulación y el acaparamiento. Para ello se creó la Secretaría Nacional de Distribución y Comercialización, la cual quedó a cargo del general de aviación Alberto Bachelet Martínez, siendo apoyado por el capitán de navío Alfonso Parodi, el coronel Patricio Torres Rojas, el teniente coronel Manuel Barros Recabarren y el coronel (R) Omar Blanchalt[211].

Estas problemáticas de la coyuntura repercutieron en que las elecciones del 4 de marzo de 1973 se transformaran a ojos de los actores de la época en un evento democrático de carácter plebiscitario, como señalaron diversos analistas y partidos políticos. Desde el punto de vista político, la CODE a través de sus dos listas internas buscaba obtener los dos tercios del Parlamento para proceder a una acusación constitucional contra el presidente Allende y destituirlo. Para ello requerían obtener 2/3 de la Cámara de Diputados (100 de los 150 diputados) y de la Cámara de Senadores (20 de los 30 senadores). Por su parte, la UP buscaba mantener y consolidar su votación electoral obtenida en las elecciones municipales del 4 de abril de 1971, en las que obtuvo el 49,74% del electorado. En

---

[211] González, Gustavo. "Los militares en la distribución", *Chile Hoy*, Año I, núm. 33, del 25 de enero al 1 de febrero de 1973, p. 5.

definitiva, la incapacidad política de la oposición para destituir a Allende a través de la movilización gremial ante el rechazo de los altos oficiales del Ejército a romper con la subordinación militar al ejecutivo, llevó a que la estrategia institucional de destitución de Allende se transformara en el camino político de los diversos actores de la oposición.

La campaña estuvo marcada por la generación de nuevas alianzas electorales al interior de la UP (sobre todo la alianza entre el PS, la IC y MAPU, que contó además con el apoyo indirecto del MIR), el constante asedio de los medios de comunicación de oposición por las problemáticas propias del desabastecimiento[212] y el millonario programa de financiamiento norteamericano dado a los partidos de oposición y a sectores civiles. Según un reporte de Inteligencia de la CIA, entre el 26 de octubre de 1972 y marzo de 1973, el Comité 40 aprobó la entrega de $1.627.666 US destinados a financiar las actividades de los partidos de oposición con miras a las elecciones parlamentarias del 4 de marzo de 1973[213].

Los resultados electorales no fueron los esperados por la oposición. Pese a que la CODE ganó en términos globales las elecciones, perdió diputados y senadores. La UP, si bien ganó espacios en la Cámara de Diputados y Senadores, retrocedió un 6% en términos electorales en comparación con las elecciones municipales de abril de 1971, en las que obtuvo el 49,7% del electorado. Al margen de ello, presentaron los resultados electorales como un triunfo para la UP y una derrota de la sedición y el golpismo puesto en marcha en el "Plan Septiembre" y la huelga de octubre de 1972[214].

En las elecciones de diputados, la CODE obtuvo el 54,7% de los votos (2.003.047) en relación con el 43,39% de la UP (1.589.025). Con ello la CODE obtuvo 87 diputados, en relación con los 63

---

[212] Zerán, Faride. "Dinac y CONCI: las dos caras de una campaña derechista", *Chile Hoy*, año I, núm. 36, del 16 al 22 de febrero de 1973, pp. 5-7.
[213] Director of Central Intelligence, "Outcome of 4 March 1973 Chilean Congressional Election, 29 de marzo de 1973, p. 2.
[214] "4 de marzo: Triunfo de los Trabajadores", *Chile Hoy*, año I, núm. 39, 9 al 15 de marzo de 1973, pp. 5-6.

obtenidos por la UP (tabla 5). Mientras que, en la Cámara de Senadores, la CODE obtuvo el 56,23% del electorado (1.238.692 votos) en comparación con el 42,05% de la UP (926.302 votos). A pesar de aquello, la CODE perdió dos senadores (tabla 6). Pese a estos resultados, la oposición acusó fraude electoral y solicitó una comisión especial en el Parlamento para investigar esta situación.

Tabla 5. Resultados electorales Cámara de Diputados (marzo de 1973)

CODE		UP	
PDC	50 (ganó 3)	PS	28 (ganó 14)
PN	34 (ganó 1)	PCCH	25 (ganó 3)
PDR	2 (perdió 2)	PR	5 (perdió 7)
PIR	1 (perdió 8)	MAPU	2 (ganó 2)
		IC	1 (perdió 8)
		API	2 (ganó 2)
Total	87	Total	63

Elaboración propia. Fuente: Comité 40 y CIA.

Tabla 6. Resultados electorales Cámara de Senadores (marzo de 1973)

CODE		UP	
PDC	10 (perdió 1)	PS	5 (ganó 2)
PN	4 (3 senadores más)	PCCH	5 (ganó 3)
PDR	0 (perdió 2)	PR	1 (perdió 1)
PIR	0 (perdió 2)	MAPU	0
		IC	0 (perdió 1)
		API	0
Total	30	Total	20

Elaboración propia. Fuente: Comité 40 y CIA.

En el análisis de estos resultados electorales, se observó una tendencia evidente al vaciamiento electoral de los partidos moderados de ambas coaliciones y un crecimiento significativo de los sectores rupturistas (PN y PS). Al interior de la UP, los resultados electorales del PS lo posicionaron como el principal partido de Gobierno, lo que por su parte tendió a reforzar su lectura del proceso político de avance en las medidas del programa de Gobierno y de rechazo al establecimiento de espacios de diálogo con el PDC, que implicasen renunciar a los planteamientos del programa de Gobierno.

La CIA, en ese mismo sentido, creía que este era el factor determinante en la coyuntura que se abría tras el proceso electoral: "el término del periodo electoral y la salida de los militares del Gobierno de Allende marca el comienzo de una nueva era política. Todavía no está claro de si Allende y su nuevo gabinete adoptarán una política de moderación y conciliación, como recomienda el PCCH y los líderes militares como el general Prats, o si ahora sintiéndose fuerte impulsará una aceleración del proceso revolucionario como es exigido por pequeños partidos de extrema izquierda, así como un segmento sustantivo del propio PS de Allende", agregando que "las propias políticas adoptadas por el Gobierno serán un factor determinado de curso futuro de la acción de la oposición"[215].

En las semanas posteriores se generó un reordenamiento de la oposición y el despunte de los sectores rupturistas, como PL, que anunciaron una ofensiva contra el Gobierno. En el encuentro del PN de mediados de marzo, se acordó buscar una unidad de la oposición y fomentar las movilizaciones gremiales contra el Gobierno. Por su parte el PDC, en base a los resultados electorales, abrió la posibilidad para alcanzar acuerdos con la UP, estudiar y despachar algunas iniciativas en el Parlamento[216]. PL, por su parte, previo a las alecciones de marzo había señalado, en una entrevista dada por su secretario, Roberto Thieme, que "(...) Chile vota el 4 de marzo a favor o en contra del marxismo (...)", agregando que, a su juicio, "(...) el sistema democrático muere para nosotros el 4 de marzo. O sea, hay un plebiscito, hay mucha gente que se va a defraudar y que va a decir que aquí no hay solución. Nosotros como lo he dicho, vemos que no hay solución política; nosotros sabemos que la solución no se va a dar por los cauces tradicionales de los partidos

---

[215] Director of Central Intelligence, "Outcome of 4 March 1973 Chilean Congressional Election, 29 de marzo de 1973, p. 15.

[216] Vaccaro, Víctor. "La derecha clausura la vía pacífica", *Chile hoy*, , Año I, núm. 41 23 al 29 de marzo de 1973, p. 5.

políticos. Se va a dar por los cauces de las Fuerzas Armadas". Finalmente, señaló que en los próximos sesenta días con posterioridad a la elección de marzo impulsarán un paro a través de los gremios[217].

En las primeras semanas de abril, la CIA señaló que las elecciones de marzo indicaron que una porción considerable de la población respaldaba el programa del Gobierno y el proceso político del presidente Allende, enfatizando que "El resultado electoral otorgó un triunfo psicológico para la UP, la cual ahora se siente fuerte para presionar por una aceleración del proceso revolucionario", agregando en base a la información recopilada por agentes informantes en Chile que

> el sector privado y los líderes del PN creen que solo una intervención de las Fuerzas Armadas puede prevenir la imposición irrevocable del marxismo y ellos están activamente buscando los medios adecuados para proveer soporte a una intervención". Finalmente, señala que "el sector privado/gremialista y el PN están determinados a crear un clima de violencia creciente. La violencia se puede esperar de los grupos revolucionarios de extrema izquierda como el Movimiento de Izquierda Revolucionaria (MIR), quienes pueden continuar con sus acciones ilegales para acelerar la revolución [censurado] (…) y desde la organización paramilitar de extrema derecha PL, el aumento de las tensiones políticas junto con un dramático quiebre del orden público pueden provocar a los militares a actuar[218].

Durante las primeras semanas de abril se comenzó a articular un conflicto gremial en el sector minero, originado por la interpretación de la Ley núm. 17.713 de reajuste de los salarios de los trabajadores, promulgada el 1 de septiembre de 1972 a causa de la inflación. La ley otorgaba un reajuste del 100% del sueldo acorde al alza del costo de la vida. No obstante, desde la década de 1943, los trabajadores mineros consiguieron a través de conflictos sindicales

---

[217] "Un nuevo paro dentro de 60 días. La última entrevista a Roberto Thieme", *Chile Hoy*, Año I, núm. 39, del 9 al 15 de marzo de 1973, p. 9.

[218] CIA. "The Agency Involment in Chile since 1970", 10 de abril de 1973, p. 7.

un reajuste móvil por el costo total del encarecimiento del costo de la vida. Por ende, a juicio de un sector de trabajadores, esta ley no era emulable al reajuste al 100% que percibía el sector minero por motivos de alza del costo de la vida. En octubre de 1972, la empresa estatal pagó el reajuste, descontando el porcentaje de reajuste que pagaban por motivo de la inflación. Esta situación generó un conflicto de interpretación que fue trasladado a la Contraloría General de la República, la cual en febrero de 1972 se declaró incompetente.

Por este motivo, un sector de los trabajadores del El Teniente inició un conflicto con el Gobierno por el pago de este beneficio, el cual estalló el 18 de abril y que se prolongó hasta el Tanquetazo el 29 de junio, en casi setenta días de movilización en lo que ha sido la mayor huelga minera de la historia en Chile[219]. La situación que inicialmente se constituyó en un conflicto local, con el paso de las semanas comenzó a transformarse en un conflicto del conjunto del sector minero estatal y amenazó con paralizar las explotaciones mineras, dañando gravemente la economía nacional. Esta situación hizo que el Gobierno tomara con especial recelo y cuidado las negociaciones para solucionar el conflicto de El Teniente[220]. Pese a ello, se evidenció una fisura entre los sindicatos profesionales e industriales, ya que parte de los últimos accedió a la propuesta del Gobierno[221].

Con el paso de los días, el conflicto comenzó a escalar en violencia y la oposición comenzó a fustigar con la idea de un accionar ilegal del Gobierno. El 9 de mayo se anunció la visita del presidente Allende a Rancagua para dialogar con los mineros movilizados. En respuesta, sectores radicalizados de los mineros se toman las dependencias de Codelco en Rancagua y se generan fuertes

---

[219] Bitar, Sergio y Pizarro, Crisóstomo. *La caída de Allende y la huelga de El Teniente*. Santiago: Ediciones el Ornitorrinco, 1987.

[220] "Declaración del gobierno ante el conflicto de los empleados de El Teniente", *Chile Hoy*, Año I, núm. 50, del 15 al 31 de mayo de 1973, p. 10.

[221] "El Teniente: un conflicto deformado", *Chile Hoy*, Año I, núm. 49, del 18 al 24 de mayo de 1973, pp. 2-7, 29 y 32.

enfrentamientos con carabineros en el centro de la ciudad[222]. Estos enfrentamientos y las graves consecuencias económicas que estaba generando el paro, llevaron a que el Gobierno declarara estado de emergencia en la provincia de Rancagua, siendo designado jefe de plaza el teniente coronel Cristián Ackerknecht San Martín a través del Decreto núm. 151 del 10 de mayo de 1973. En los considerandos de este decreto se estableció que la motivación del Estado de Excepción Constitucional se originaba por la situación económica y por el problema de orden público que se estaba generando. La situación siguió escalando, ya que un sector de los empleados profesionales se negó a retomar las faenas y el conflicto gremial escaló al Parlamento. El PDC y el PN presentaron acusaciones constitucionales contra los ministros del Trabajo, Luis Figueroa, y de Minería, Sergio Bitar.

En respuesta, la CUT y la UP convocaron una masiva concentración el 21 de junio en respuesta a la escalada sediciosa en curso. De manera paralela, el presidente Allende venía haciendo gestiones para lograr la incorporación de las FF. AA. al gabinete para restaurar el "principio de autoridad" y poder generar un acuerdo mínimo con el PDC[223]. Pese a ello, el conflicto de El Teniente no se resolvió y se acopló a los graves hechos del Tanquetazo ocurrido el 29 de junio de 1973.

Previo a los hechos, editoriales de periódicos, políticos de oposición y dirigentes del grupo de extrema derecha PL, llamaban abiertamente a dar un golpe de Estado. Así, por ejemplo, desde el PDC el senador Juan de Dios Carmona manifestaba que "no puede exigir obediencia un Gobierno no constitucionalista"[224]. Por su parte, desde el PN, el senador Francisco Bulnes en una declaración por Canal 13 difundida por *Tribuna*, señalaba que

---

[222] Vaccaro, Víctor. "El fascismo anticipa su invierno", *Chile Hoy*, Año I, núm. 47, del 4 al 11 de mayo de 1973, p. 5; Vaccaro, Víctor. "La derecha refuerza su Comando único", *Chile Hoy*, Año I, núm. 46, del 27 de abril al 3 de mayo de 1973, núm. 46, pp. 5-6. López, Luis. "La dura lección de El Teniente", *Chile Hoy*, Año I, núm. 48, del 11 al 17 de mayo de 1973, p. 7.

[223] Prats, *op. cit.*, p. 403-410.

[224] "No puede exigir obediencia un gobierno no constitucionalista", *La Segunda*, 15 de junio de 1973.

"(...) el cúmulo de ilegalidades cometidas por este Gobierno, que la forma sistemática y planificada que viola la Ley ha convertido a este Gobierno en ilegítimo"[225]. Benjamín Matte, dirigente de PL, señalaba en un artículo a un llamado abierto a las FF. AA. a que dieran un golpe de Estado: "(...) el país no tiene una salida político-tradicional. La única fuerza capaz de superar este trance está constituida por el poder moral y militar de las FF. AA. (...) el nacionalismo como manifestación revolucionaria, no considera posible diferir este conflicto hasta las elecciones presidenciales de 1976"[226]. En *El Mercurio* un texto publicado el 27 de junio señalaba que: "la democracia es un mito y una aberración y seguramente la fuente más copiosa del trastorno político que estamos padeciendo. Los consejeros del poder militar deberán proponerle nombres de ciudadanos eminentes a quienes hayan de entregar el Gobierno superior de la República (...) Para llevar a cabo esta empresa político-salvadora hay que renunciar a los partidos, a la mascarada electoral y entregar a un corto número de militares escogidos la tarea de poner fin a la anarquía política (...)"[227].

Del Tanquetazo a la ofensiva contrasubversiva: entre los allanamientos y el copamiento militar del territorio (julio a septiembre de 1973)

El miércoles 27 de junio, en la tercera sesión del Consejo de Generales de esa semana, el general Mario Sepúlveda Squella, comandante de la Guarnición de Santiago y de la II División del Ejército, informó que la inteligencia del Ejército había detectado actividades sospechosas del Regimiento Blindado núm. 2, motivo por el que había detenido e incomunicado al capitán Sergio Rocha y algunos suboficiales del regimiento. Los hechos fueron que un camión de

---

[225] *Tribuna*, 23 de junio de 1973.
[226] Declaración de Temuco, *Patria y Libertad*, núm. 48, 31 de mayo de 1973.
[227] Vicuña Fuentes, Carlos. "Llamamiento a la gente sensata", *El Mercurio*, 27 de junio de 1973.

unidades del Ejército se había trasladado a una población militar, para traer al cuartel a varios suboficiales conductores y mecánicos de tanques en uniforme de combate. El movimiento no estaba previsto en las acciones del regimiento, lo que levantó la sospecha del SIM. En el Consejo de Generales, se comunicó esta información y se informó que el viernes 29 se relevaría del regimiento al teniente coronel Roberto Souper, por petición del general Prats.

En la madrugada del viernes 29, elementos de PL robaron ametralladoras pesadas del polvorín del regimiento Blindado núm. 2, ubicado en avenida Santa Rosa con calle Porvenir. En los preparativos participaron los tenientes Mario Garay, Carlos Martínez, Edwin Dimter, Antonio Bustamante, René López, Raúl Jofré y José Gasset Ojeda. A primeras horas de la mañana, una columna de catorce tanques se dirigió hacia el Palacio de La Moneda y hacia las dependencias del Ministerio de Defensa para liberar al detenido capitán Sergio Rocha, abriendo fuego y matando a tres personas, entre ellas el camarógrafo argentino Leonardo Henrichsen[228].

La respuesta del Ejército se puso en marcha a las horas de haberse generado la sublevación. Se dispuso del traslado de cuatro columnas que convergieron en el centro cívico. La columna oeste, formada por el contingente de la Escuela de Suboficiales, comandada por el comandante en jefe del Ejército, general Carlos Prats. La columna norte, formada por efectivos del Regimiento Buin y comandada por el jefe del Estado Mayor general del ejército, el general Augusto Pinochet. La columna este, comandada por el general Guillermo Pickering, comandante de Institutos Militares. La columna sur, formada por la Escuela de Infantería de San Bernardo, completó el dispositivo de seguridad en la línea de Av. Matta. Por su parte, el Regimiento Tacna fue destinado a copar militarmente el cuartel del Regimiento Blindado núm. 2, para evitar que los tanques volviesen[229] (ver ilustración 8).

---

[228] En total resultaron cinco personas muertas y dieciocho heridos. "Cinco muertos y 18 heridos en la Posta Central", *El Siglo*, sábado 30 de junio de 1973.

[229] Canessa, Julio. *Quiebre y recuperación del orden institucional en Chile. El factor militar, 1924-1973*. Santiago: Emérida Ediciones, 1995, pp. 153-155.

Ilustración 8. El movimiento de tropas constitucionalistas y sublevadas durante el Tanquetazo

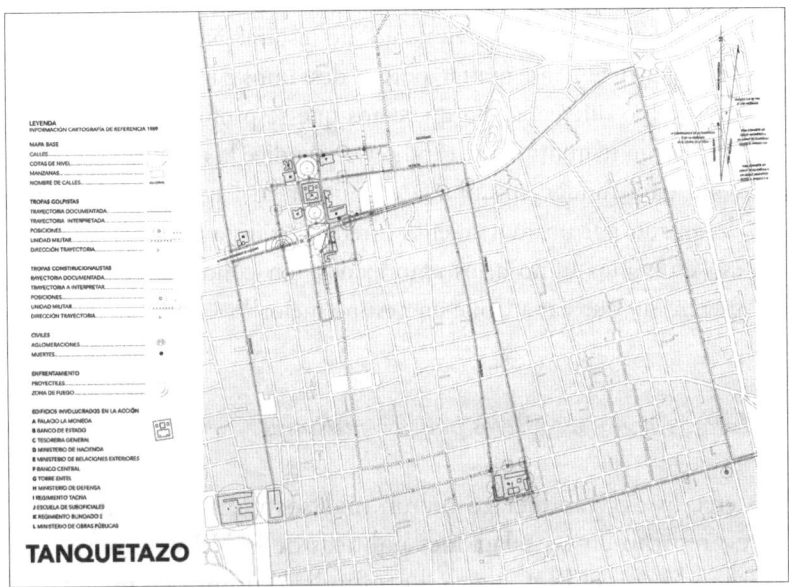

Elaborado por: Cartografías de la Memoria.

Los sublevados depusieron su actitud tras una mediación del general Prats, quien premunido de su arma se aproximó a los tanques y dialogó con los amotinados. No obstante, el capitán Rocha se trasladó hacia el Regimiento Blindado y se batió a fuego con los efectivos del Tacna que cercaban el cuartel. Por su parte, el tanque del teniente coronel Souper rompió el cerco y se trasladó hasta el Regimiento, siendo finalmente apresado en ese lugar.

Tras el fracaso del golpe, cinco dirigentes de PL –Pablo Rodríguez, John Schaeffer, Benjamín Matte, Manuel Fuentes y Juan Hurtado– se asilaron en la Embajada de Paraguay, reconociéndose como promotores de la sublevación y acusando que habían sido "traicionados".

Con posterioridad, en una declaración de prensa insertada en *La Tercera*, del 12 de julio, señalaron:

El (…) viernes 29 de junio, intentamos, en unión a una heroica Unidad de nuestro Ejército, derrocar el Gobierno marxista de Chile. Nos adherimos a ese movimiento, de inspiración nacionalista y de origen estrictamente militar, porque deseamos para nuestra PATRIA un destino diferente. No queremos que se profundice la lucha de clases, que se multiplique el odio y se agudice la miseria, como pretexto para fundar una tiranía en nombre del pueblo sojuzgado y dominado por un movimiento internacionalista y antichileno. Por eso estuvimos junto a los amotinados, sin condiciones y sin otra pretensión que dar a Chile un destino mejor[230].

El Tanquetazo y sus efectos político-militares

Los efectos del Tanquetazo fueron diversos y marcaron un punto de no retorno en las relaciones políticas de la UP y la oposición, sobre todo con el PDC, la cual profundizó su línea de no colaboración con el Gobierno. Desde el punto de vista de los preparativos de la trama golpista, los efectos prácticos del Tanquetazo abrieron una nueva coyuntura para el involucramiento de las FF. AA. en las labores de seguridad interior en el ámbito psicológico, de inteligencia y táctico-militar. Como señala el historiador Jorge Magasich, "la ola de allanamientos a fábricas y locales de izquierda será una de las principales medidas preparatorias del golpe, como lo han confirmado sus autores, ya que, entre otras cosas, oponen a soldados con trabajadores"[231].

Desde el punto de vista del Ejército, Augusto Pinochet señaló en retrospectiva que el fracaso del Tanquetazo fue "una excelente acción de exploración que nos ofrecía el destino, pues los marxistas habían mostrado sus dispositivos, sus ubicaciones en los edificios, los cordones industriales que cerraban la ciudad. Así también

---

[230] Patria y Libertad, "A los soldados, a los hombres y mujeres libres de Chile", *La Tercera de La Hora*, 12 de julio de 1973.
[231] Magasich, *op. cit.*, p. 8.

se detectó la organización que estos grupos tenían y cuál sería la forma de actuar de los extremistas ante otro caso similar"[232]. Por su parte, el almirante José Toribio Merino manifestó que el fracaso de esa iniciativa permitió identificar al interior de las propias filas los niveles de respuesta y percepciones de la oficialidad frente a una acción sediciosa[233]. El contralmirante Sergio Huidobro manifestó una apreciación similar, enfatizando los aspectos de la verticalidad del mando: una iniciativa no conducida por sus más altas autoridades militares corría el riesgo de un quiebre en la verticalidad del mando y podría hacer fracasar un eventual movimiento golpista: "Lo confuso de la situación, la sorpresa que producía ver surgir esta aventura descabellada, una unidad del Ejército que se sublevaba sin que respondiera a una mínima planificación y otras diferentes y lógicas opiniones, desembocaban en un corolario común: la creciente dificultad para mantener la efectividad del mando vertical y por ende, calmar a la oficialidad, consciente de que los graves problemas que estaban ocurriendo en el país, podrían conducir en cualquier momento a otra sublevación"[234].

Al margen de aquellas apreciaciones y de la fidelidad con los hechos, lo cierto es que con posterioridad a este suceso el rol de los militares aumentaría progresivamente en la política nacional. Por otra parte, la información de la respuesta del movimiento popular al conato golpista fue difundida por la propia prensa oficialista y partidaria de la UP, identificando de manera pública todas las organizaciones, cordones industriales y comités ad hoc levantados en respuesta al golpe[235]. De modo paralelo, fueron ocupadas cerca de 300 industrias y diversos medios fustigaron con la conformación de poder popular y de un Ejército Popular, lo que permitirá

---

[232] Pinochet. *El día decisivo...*, *op. cit.*, p. 104.

[233] "Volviendo al *tancazo* su conclusión más importante fue que permitió apreciar, a los oficiales y personal de todas las instituciones de la Defensa Nacional y Carabineros, que había coincidencia de ideas e intenciones". Merino, José. *Bitácora de un Almirante*. Santiago: Editorial Andrés Bello, 1999 [1998], p. 206.

[234] Huidobro, Sergio. *Decisión Naval*. Valparaíso: Imprenta de la Armada, 1998, p. 133.

[235] "Alerta en los cuarteles del pueblo. Respuesta de cordones industriales y comandos comunales", *Chile Hoy*, Año II, núm. 56, del 6 al 12 de julio de 1973, pp. 32, 29, 6, 7 y 9.

con posterioridad justificar los allanamientos en el marco de la Ley de Control de Armas[236].

Una vez amagado el conato golpista, el mismo 29 de junio el ejecutivo se apresuró en decretar Zona de Estado de Emergencia a través del Decreto del Ministerio de Defensa núm. 284 en base a tres considerandos. Por una parte, ante la constatación de "Los graves hechos que se iniciaron en la mañana de hoy por miembros de una Unidad de Ejército de la Guarnición de Santiago". En segundo lugar, que las consecuencias en el orden constitucional eran de difícil estimación: "este hecho aún difícil de conocer en toda su magnitud están amenazando la normalidad constitucional en todo el país". Finalmente, la presunción de la figura de la "calamidad pública". En el mismo decreto, se activaron las AJSI, distribuyendo todo el territorio nacional en zonas a cargo de una autoridad militar que ejercía el título de jefe de plaza. A lo largo de todo el país se constituyó la siguiente estructura (Véase tabla 7):

No obstante, el ejecutivo en el marco del artículo 72 núm. 17 de la Constitución Política de la República de 1925, despachó al día siguiente una iniciativa que buscaba decretar estado de sitio en todo el territorio nacional por una duración de noventa días. El PN y el PDC se opusieron a dicha iniciativa con vehemencia y las negociaciones al final del día 30 de junio quedaron en punto muerto[237], para posteriormente ser rechazada en la Cámara de Senadores el 3 de julio por 23 votos contra 11 y dos pareos[238].

---

[236] "Con tomas de industrias se quiere afianzar "poder popular"", *La Tercera de La Hora*, 8 de julio de 1973, p. 10. "A 300 sube el número de industrias tomadas", *La Tercera de La Hora*, 8 de julio de 1973, p. 15.

[237] "Cámara se pronunciará mañana sobre proyecto de estado de sitio", *La Tercera de La Hora*, 1 de julio de 1973, p. 4.

[238] Senado. *Diario de Sesión 28ª*, 3 de julio de 1973, p. 1151.

Tabla 7. Jefaturas de Plaza de Zona de Emergencia en base a los AJSIS

Área Jurisdiccional de Seguridad Interior	Jefatura de plaza
Provincia de Tarapacá (excepto depto. de Arica)	General de Brigada Carlos Foresier Haensgen
Depto. de Arica	Coronel Odlanier Mena Salinas
Provincia de Antofagasta (excepto depto. El Loa)	General de Brigada Joaquín Lagos Osorio
Departamento El Loa	Coronel Eugenio Rivera Desgroux
Provincia de Atacama (exc. depto. Huasco y Freirina)	Teniente coronel Óscar Haag Blanschke
Provincia de Coquimbo y depto. Huasco y Freirina	Teniente coronel Ariosto Lapostol
Provincia de Aconcagua	Coronel Héctor Orozco Sepúlveda
Provincia de Valparaíso	Vicealmirante José Merino Castro
Provincia de Santiago	General de Brigada Mario Sepúlveda Squella
Provincia de O'Higgins	Coronel Orlando Ibáñez Álvarez
Provincia de Colchagua	Teniente coronel Hernán Brantes Martínez
Provincias de Curicó y Talca	Teniente coronel Efraín Jaña Girón
Provincias de Linares y Maule	Coronel Gabriel del Río Espinoza
Provincia de Ñuble	Coronel Juan Toro Dávila
Provincias de Concepción y Arauco (exc. deptos. Talcahuano y Tomé)	General de Brigada Washington Carrasco Fernández
Deptos. Talcahuano y Tomé	Contraalmirante Jorge Paredes Wetzer
Provincia de Biobío	Coronel Alfredo Reheren Pulido
Provincia de Malleco	Coronel Elios Bacigalupo Soracco
Provincias de Cautín, Valdivia y Osorno	General de Brigada Héctor Bravo Muñoz
Llanquihue y Chiloé	Coronel de Aviación Sergio Leigh Guzmán
Provincia de Aysén	Coronel Humberto Gordon Rubio
Provincia de Magallanes	General de División Manuel Torres de la Cruz

Elaboración propia. Fuente: Decreto N° 284 del 29/06/1973.

El punto de inflexión se constituyó en torno a quien recaía la autoridad en el escenario de excepción constitucional. En el estado de emergencia, decretado en respuesta al frustrado golpe de Estado, la facultad de su designación recaía en el presidente, quien delegaba su autoridad en la autoridad militar, designado como jefe de plaza del área jurisdiccional afecta a la medida, siendo facultados para restringir el derecho de asociación, información y de reunión. Por el contrario, en el estado de sitio, la jefatura recaía en el Presidente de la República, quien estaba facultado para restringir derechos individuales, en particular, la facultad de trasladar personas de un departamento a otro, de arrestarlas en sus propias casas y en lugares que no fuesen cárceles ni otros recintos destinados a la detención y prisión de reos comunes[239].

Esta diferencia a juicio de la oposición allanaba el camino a una dictadura proletaria[240]. Así, por ejemplo, el PIR señaló que la iniciativa del ejecutivo era inconstitucional, por cuanto aplicaba la facultad del estado de sitio al conjunto del territorio nacional y no solo en Santiago, que había sido el espacio del conato golpista, agregando, además, que la restricción de los derechos y libertades constitucionales implicarían facultades especiales que permitirían al Gobierno "(...) trasladar a personas dentro del país y arrestarlas, aunque no hubieran delinquido", enfatizando que para los fines de asegurar el orden y la seguridad interior del Estado la figura adecuada era la "Zona de Emergencia"[241].

La negativa de la oposición a la aprobación de la figura del estado de sitio tuvo otra lectura política. Por ejemplo, para Claudio Orrego, miembro de la comisión política del PDC, el proyecto del estado de sitio "(...) no puede sino explicarse como el intento de perseguir a los opositores y a los dirigentes sindicales y periodistas, hasta el límite de instaurar una verdadera dictadura en Chile mediante la aplicación de facultades legales de excepción"[242]. Pese a que los diversos sectores políticos reconocieron que el país estaba siendo arrastrado a un escenario de posible guerra civil[243], la ofensiva de la derecha sobre la UP se efectuó en contra de la respuesta de los trabajadores organizados en los cordones industriales y en la existencia de supuestas milicias de izquierda, desarrollándose al alero de las expresiones de poder popular surgidas en respuesta al

---

[239] Constitución Política de la República de Chile, *op. cit.*, p. 32.
[240] "La dictadura legal, ¡Jamás! Proyecto gubernativo sobre Estado de Sitio suprime todas las libertades", *La Segunda*, 2 de julio de 1973, p. 1.
[241] "PIR rechaza Estado de Sitio", *La Tercera de La Hora*, 2 de julio de 1973, p. 5.
[242] "Extremismo armado queda con las manos libres". *La Tercera de la Hora*, 5 de julio de 1973, p. 4.
[243] "Chile al borde de la guerra civil", *La Tercera de La Hora*, 2 de julio de 1973, p. 2.

Tanquetazo. El contexto para ello fue apelar al quebrantamiento de la legalidad por parte de los trabajadores que efectuaron ocupaciones masivas de las fábricas[244] en respuesta a la intentona golpista y la existencia de vínculos internacionales con países de la órbita socialista, específicamente Cuba[245].

Este escenario tensó las relaciones entre las FF. AA. y el ejecutivo, que en lo inmediato implicó un cambio de gabinete sin la participación de los militares y la creación de un Plan de Emergencia. El presidente Allende argumentó que la decisión buscaba "evitar que [las FF. AA.] se vean envueltas en la contingencia política y para preservar su unidad y que no sean utilizadas como pretexto"[246]. Pese a ello, el proceso deliberativo al interior de los institutos armados ya estaba en marcha y se situaba en un punto de no retorno al ser autorizada, por parte del general Carlos Prats, la designación de cinco oficiales del Ejército a reunirse con sus pares de la Armada y la FACH que, con posterioridad, fue conocido como "el comité de los quince".

El comité de los quince: la base de la trama golpista

El grupo formado por cinco generales y almirantes de la Fuerza Aérea, el Ejército y la Armada fue convocado a instancias del Estado Mayor de la Defensa Nacional, encabezados por el almirante Patricio Carvajal y el general del aire Nicanor Díaz Estrada.

---

[244] "Un total de 45 industrias del sector imprentas y editoriales habían sido tomadas hasta la tarde de ayer por sus trabajadores, obedeciendo a llamados formulados por la CUT. Las ocupaciones recrudecieron luego de que el ministro de Hacienda, Fernando Flores, formulara una declaración, expresando que todas las industrias que fuesen tomadas serían requisadas a través de un decreto general". "Se han tomado 45 industrias", *La Tercera de La Hora*, 5 de julio de 1973, p. 2. En total, según *La Tercera de La Hora*, eran más de 300 empresas las que estaban tomadas. "Con toma de Industrias se quiere afianzar el poder popular", *La Tercera de La Hora*, 8 de julio de 1973, p. 10.

[245] Según el diputado Daniel Vergara, Cuba estaba proveyendo de armas a los trabajadores y a la izquierda. "Cuba envió armas, denunció diputado", *La Tercera de La Hora*, 5 de julio de 1973, p. 4.

[246] "Gabinete sin militares jura hoy", *La Tercera de La Hora*, 4 de julio de 1973, p. 2.

La primera reunión se convocó para el sábado 30 de junio. Por el Ejército participaron en dicha reunión los generales Augusto Pinochet, Óscar Bonilla, Sergio Nuño, Sergio Arellano y el comandante en jefe, general Carlos Prats. Por su parte, la Armada fue representada por su almirante Raúl Montero, los vicealmirantes José Toribio Merino, Patricio Carvajal y los contralmirantes Ismael Huerta, Daniel Arellano y Ricardo León. Finalmente, la FACH encabezó la reunión con el general César Ruiz, Gustavo Leigh, Agustín Rodríguez, Claudio Sepúlveda, José Martínez, Nicanor Díaz y Francisco Herrera Latoja[247].

Entre los diversos temas discutidos por altos oficiales surgió el problema de la inestabilidad política, los constantes enfrentamientos callejeros y la pérdida de peso de la autoridad estatal. La posibilidad del golpe estaba siendo evaluada por diversos oficiales de las FF. AA., pero la sublevación del Regimiento Tacna fue una situación no prevista por los oficiales conspirados. Según un reporte de inteligencia de la CIA, el mismo 29 de junio se reunieron en el Ministerio de Defensa el almirante Montero y el comandante en jefe de la FACH, general César Ruiz, acompañados de otros almirantes y generales de la FACH para analizar la posibilidad de un golpe de Estado contra Allende, concluyendo que no sería posible sin el Ejército y que este todavía no estaba preparado para aquello[248]. Por ende, la situación y la posibilidad de articular un golpe de Estado entre el grupo conspirador de la FACH, la Armada y algunos oficiales del Ejército, requería sondear esta posibilidad ante el general Prats, quien se negó tajantemente. Si bien el general Prats no fue emplazado de manera directa, ya que los oficiales conjurados presentes no confiaban en la complicidad total de todos los

---

[247] González. *La conjura...*, *op. cit.*, p. 182. CIA, s/n, 9 de julio de 1973, 8 pp.

[248] *"Durign the evening of 29 june admiral Raul Montero commander in chief of the Navy, asked the Air Force generals in the Ministry of Defense to meet with the admirals present in the city, while me and general Cesar Ruiz, Air Force commander in chief went the presidential palace to see the president. At this meeting, the admirals and air force general openly talked about the need to overthow de UP goverment, but they came to the conclusion that nothing could be done without the army and that the army not prepared at that time for such action"*. CIA, s/n, 9 de julio de 1973, p. 4.

asistentes a la reunión, Prats tomó la palabra y despejó toda posible duda de una participación del Ejército en un golpe de Estado bajo su mandato[249]. El general Prats dejó testimonio de la reunión en sus memorias póstumas, manifestando el riesgo de arrastrar a las FF. AA. a la insubordinación con el inevitable derramamiento de sangre que implicaría el escenario golpista: "Les expreso que el grave momento que vive el país es un problema "político" que deben resolver los políticos a través de un acuerdo entre los Poderes del Estado, que posibilite una tregua para evitar el enfrentamiento armado. Señalo los peligros de una presión militar. Cualquier forma que adopte ella, arrastraría a las Fuerzas Armadas, sin retroceso posible, a imponer una tiranía con gran derramamiento de sangre"[250]. Pese a estos reparos de Prats, en la reunión se acordó que dicho comité se reuniría de manera periódica con el objetivo de elaborar una minuta que sería entregada al presidente Allende sobre problemáticas de seguridad nacional. Para ello, cada rama dispondría de dos oficiales de enlace para consolidar la propuesta de memorándum. La CIA, que monitoreaba de cerca la situación en su estación de Santiago, informó a su cuartel general sobre este memorándum, puntualizando que la propuesta de la FACH estaba más avanzada al respecto y se tomó como base para la consolidación de la minuta que se entregaría al presidente Allende[251]. El memorando presentado el 2 de julio por los oficiales no generó consenso y hubo dos puntos que fueron objetados por los Comandantes en Jefe de la Armada y la FACH. El primer punto decía relación con que el presidente Allende debería entregar todos los ministerios a los militares. El segundo, con la necesidad de expulsar 15.000 extremistas extranjeros que se estimaba estaban en Chile. El 2 de julio, los Comandantes en Jefe de las FF. AA. se reunieron con el presidente Allende y

---

[249] *"During the 30 june meeting no plotting discusion were held because the admirals and air force general did not have confidence in all the army general present. At the meeting it was agreed that each of the services would prepare a memorandum on the present situation in Chile and its bearing on national security"*. CIA, s/n, 9 de julio de 1973, p. 5.

[250] Prats, *op. cit.*, p. 423.

[251] CIA. s/n, 9 de julio de 1973, p. 5.

el ministro de Defensa José Tohá, los cuales habían sido puestos al tanto de la minuta por el general Prats, incluyendo los dos párrafos que Montero y Ruiz habían objetado.

El memorándum contenía diagnósticos en cinco puntos: inteligencia, situación de las FF. AA., economía, política y social[252], seguido de una serie de recomendaciones en el ámbito económico, externo e interno. Entre ese ámbito uno de los puntos prioritarios decía relación con la aplicación de la Ley de Control de Armas: "Aplicación irrestricta e indiscriminada de la Ley de Control de Armas, para terminar en forma definitiva con los armados o paramilitares ilegales". Este punto será precisamente el que en las semanas siguientes posibilitará que las FF. AA. lleven adelante una campaña contrasubversiva contra el movimiento popular organizado y que, a la vez, permita ajustar las "Planificaciones de Seguridad Interior" tomadas como la base operacional de la política de copamiento militar del territorio y posterior golpe de Estado (ver más adelante).

En la coyuntura, el memorando y la radicalización de la postura del PDC cerró las puertas a cualquier participación de las FF. AA. en labores ministeriales y generó mayores recelos de parte de altos oficiales hacia el ejecutivo[253]. La salida de los militares del gabinete ministerial favoreció que se generaran mayores presiones desde la oposición del PN, el PDC y el PIR sobre las FF. AA., ya que se erigía a estas como un actor neutral, garante del Estado de derecho y no como un actor influenciado por el ejecutivo. La ofensiva fue generada a partir de una fuerte presión desde el poder legislativo sobre la oficialidad de las FF. AA. para utilizar el dispositivo de la Ley de Control de Armas aprobada en octubre de 1972 y cuyo reglamento complementario entró en vigor en febrero de 1973. Esto fue posibilitado por la generación de un escenario en la opinión pública en el que se posicionó la existencia de grupos armados que buscaban conformar un ejército popular apoyado por grupos extranjeros al

---

[252] González, *op. cit.*, pp. 501-507.

[253] DIA, Western Division, *"Recent events have apparently strengthened the conviction of some senior air force and navy officers taht president Allende must be removed"*, DIA Intelligence Summary, 10 de julio de 1973.

alero de las expresiones de poder popular desarrolladas[254]. Este discurso que se instaló en la opinión pública fue favorecido por las posiciones rupturistas del PS y del MIR. Así, por ejemplo, de los sectores vinculados al MIR, la coyuntura fue leída como un escenario proclive para avanzar por la vía de los hechos en la instauración de una dictadura popular, lo que desde la perspectiva política justificaba los temores de la oposición: "En la instauración de una dictadura popular, donde los sindicatos, la CUT, los Comandos Comunales de Trabajadores, las JAP, los Cordones Industriales, y demás órganos de poder popular, desarrollen toda su capacidad de conducción, juegan un importante papel los soldados"[255].

Esto generó que las posiciones golpistas crecieran dentro de la oposición bajo el discurso del quebrantamiento del orden legal por parte de la UP. En esa misma línea, militantes del PDC informantes de la CIA señalaron que para ello buscarían favorecer la línea golpista al interior del partido, para generar las condiciones políticas y sociales que justificaran un golpe de Estado contra Allende[256]. En una declaración de diversos gremios patronales, se ratificó este discurso del quebrantamiento del orden legal por existencia de grupos paramilitares de izquierda: "como antesala de la guerrilla y al amparo de estas instrucciones, los extremistas organizan desembozadamente, con asesoría extranjera, grupos paramilitares, reparten armas e instruyen sobre su fabricación en los propios establecimientos industriales tomados con gravísimos perjuicios de la seguridad nacional[257]. Tanto los presidentes de la

---

[254] Seguel, Prácticas de poder..., *op. cit.*
[255] Cabieses, Manuel. "Una dictadura popular necesaria", *Punto Final*, Año VII, núm. 187, 3 de julio de 1973, pp. 2-5.
[256] *"Consistent with the party's hardened line toward the UP government, the has been an increasing acceptance on the part of PDC leaders that a military coup of intervention ios probably essential, to prevent a complete marxist takeover in Chile".* Chief of Station Santiago to Western Hemisphere Division. 9 de julio 1973, p. 2.
[257] "Que cada uno asuma su responsabilidad", declaración suscrita por la Confederación de la Producción y el Comercio, la Cámara Chilena de la Construcción, la Cámara Central del Comercio de Chile, la Sociedad Nacional de Agricultura, la Sociedad de Fomento Fabril, la Confederación de Sindicatos de Agricultores de Chile y el Consorcio de Sociedad Agrícola del Sur.

Cámara de Diputados y Senadores, Luis Pareto y Eduardo Frei, señalaron que "existe la certeza de que se reparten armas" y que "se adoptan posiciones como si Chile estuviera al borde de una guerra interior", para lo cual la UP buscaba fortalecer "el Poder Popular" y desarrollar "un ejército paralelo"[258].

Los allanamientos en el marco de la Ley de Control de Armas y Explosivos

En las semanas posteriores se efectuó una serie de allanamientos en las principales ciudades del país. Las condiciones políticas fueron generadas a partir de las denuncias efectuadas por un grupo de parlamentarios, diputados y senadores del PDC, previas denuncias realizadas por la Sofofa. El jueves 5 julio, el presidente de la Sofofa Raúl Sahil denunció ante el senador Eduardo Frei que, en el marco de las ocupaciones de fábricas efectuadas por los trabajadores con posterioridad al Tanquetazo, en las dependencias de las fábricas se estaba acumulando gran cantidad de armamento. Ese mismo día, la denuncia fue remitida al comandante en jefe del Ejército[259].

Sobre estos antecedentes, al día siguiente, la oposición de ambas cámaras del Congreso emitió un comunicado, señalando:

> Una vez más la institucionalidad del país se ha quebrado como consecuencia de las "tomas" de establecimientos fabriles y el reparto de armas a elementos extremistas, la mayoría extranjeros, hecho que es público y notorio y del cual no han hecho reserva los dirigentes de los partidos de Gobierno.
> Es de gravedad extrema que S.E. el Presidente de la República haya dado su respaldo a los organizadores de estos atentados al nombrar ministro del Trabajo al principal incitador de los hechos denunciados.

---

[258] "Grupos armados", *La Tercera de La Hora*, 8 de julio de 1973, p. 2.
[259] "Denuncia SFF: acumulan armas", *El Mercurio*, 6 de julio de 1973, p. 21.

Esta situación incompatible con nuestro régimen republicano y democrático, hace necesario que las Fuerzas Armadas hagan cumplir la Ley de Control de Armas, para evitar la formación de un ejército extremista, en gran parte formado por extranjeros y paralelo a las Fuerzas Armadas Constitucionales.

El jefe de Estado no solo ha permitido y ratificado lo anterior, sino que, además, al no promulgar la Reforma Constitucional recién despachada por el Congreso Pleno, en la forma en que lo ha indicado la Contraloría General de la República, se está colocando a sí mismo, al margen del sistema institucional chileno[260].

En la tarde del sábado 7 de julio, un grupo de parlamentarios formado por José Monares, Arturo Frei, Valdemar Carrasco, Carlos Dupré y Enrique Kraus, llegó hasta las dependencias del coronel Orlando Ibáñez, jefe del Estado Mayor de la Segunda División del Ejército correspondiente a la guarnición de Santiago. En el encuentro, los parlamentarios entregaron una serie de planos con información de sedes sindicales, locales de partidos políticos y dependencias públicas en las que "supuestamente" se encontraban armas y explosivos. Según la denuncia, el expresidente Eduardo Frei señaló que "los hechos denunciados son comprobatorios de que se mantiene un reparto de armas entre civiles que es extremadamente peligroso"[261].

La oposición y, en particular, el PDC entregaron información estratégica sobre la composición del movimiento popular de la época, la cual con posterioridad permitirá a las FF. AA. reforzar las planificaciones de seguridad interior en cada CAJSI[262]. La prensa de oposición aprovechó para señalar que la respuesta de la UP y la iniciativa del pueblo a través de los órganos de poder popular como los cordones industriales y los comandos comunales, estaban siendo

---

[260] "Llamado de la Mayoría Parlamentaria a que se cumpla Control de Armas", *El Mercurio*, 7 de julio, p. 1.
[261] "Denunciada al Ejército Distribución de Armas", *El Mercurio*, domingo 8 de julio de 1973, p. 35.
[262] Canessa, *Quiebre...*, *op. cit.*, p. 171.

utilizados como plataformas para la constitución de un ejército popular paralelo, señalando, según las denuncias de los parlamentarios de oposición, que el Gobierno estaba repartiendo armas en los puestos de trabajo. El mismo domingo 8 de julio, cuando comenzaron los allanamientos, *La Tercera de La Hora*, publicó la siguiente editorial:

> Las reiteradas denuncias de sectores de oposición respecto de la organización de un "ejército popular", integrado por civiles que han estado recibiendo armas en los últimos días, no pueden ser ignoradas ni tratadas como un episodio más del acontecer político nacional, en ellas está en juego la base central de nuestra institucionalidad (...). A raíz del fracasado intento golpista del 19 de junio, los trabajadores controlados por la Central Única ocuparon las fábricas e industrias. Al término de la Zona de Emergencia se les instruyó para mantener su actitud. Este fue el primer elemento de inquietud entre la población (...) el elemento más delicado se produce cuando parlamentarios y partidos de oposición denunciaron que se estaban entregando armas a elementos partidarios de Gobierno. Se vinculó este hecho al anterior, concluyéndose que no solo se trata de formar un Poder Popular, sino también un grupo armado al margen de la Ley[263].

Proferida la justificación política para los operativos de seguridad interior, los primeros allanamientos fueron practicados por la FACH en Santiago y por la Armada en Valparaíso, en virtud de las facultades dispuestas por la Ley de Control de Armas. El primero fue realizado por efectivos de la FACH de la Base Aérea del Bosque en el Cementerio Metropolitano en la madrugada del 8 de julio. Esta orden fue instruida por la Segunda Fiscalía Militar y se utilizaron cerca de doscientos efectivos militares movilizados en dos camiones, cuatro microbuses y dos furgonetas, los cuales fueron

---

[263] "Grupos Armados", *La Tercera de La Hora*, 8 de julio de 1973, p. 2.

apoyados por tres helicópteros[264]. El modo de operar utilizado fue el mismo que, con posterioridad, se repitió en otros allanamientos: acordonamiento de efectivos militares del territorio, detenciones de las personas y revisiones de los lugares denunciados[265]. Según la información revisada en el archivo de la Policía de Investigaciones (PDI), lo más probable es que dicho operativo fuese llevado adelante por los efectivos que con posterioridad formarían parte de la Compañía Antinsurgencias creada en agosto de 1973 en las dependencias de la Guarnición de la Base Aérea El Bosque[266].

La Armada, por su parte, efectuó un allanamiento en las bodegas de la empresa Distribuidora Nacional (Dinac) de Valparaíso, ubicada en calle Chacabuco y Errázuriz. El lugar fue acordonado, aislado por la infantería de la Armada y revisado por los efectivos de la CAJSI de la I Zona Naval. Por instrucción de la Fiscalía Naval fueron detenidos los tres cuidadores de las dependencias de Dinac, Aldo Messina, Julio Díaz y Carlos Villarroel, los cuales con posterioridad fueron dejados en libertad, previa cancelación de una fianza[267]. En el sur, efectivos militares y de Carabineros, por orden de la Fiscalía Militar de Valdivia, procedieron a allanar el 9 de julio las dependencias de la Dirección de Vialidad del Ministerio de Obras Públicas de Puerto Montt, en la cual encontraron cinco cajones de dinamita, cinco cajas de pólvora negra y quinientos detonadores[268]. Luego, Daniel Vergara, subsecretario del Interior, desmintió la presunta utilización de estos explosivos con fines subversivos, señalando que dichos elementos eran utilizados en las obras de apertura de caminos y rutas[269].

---

[264] "Espectacular acción de la FACH: Allanado Cementerio en busca de armamento", *El Mercurio*, 9 de julio de 1973, p. 1. Cayuela, José. "Un control brutal", *Chile Hoy*, Año II, núm. 57, 13 al 19 de julio de 1973, p. 10.

[265] "Espectacular "operación comando" de la FACH en Cementerio Metropolitano", *La Tercera de La Hora*, 8 de julio de 1973, pp. 4-5.

[266] Estado Mayor General Fuerza Aérea. Oficio Reservado núm. 335 del 17 de agosto de 2011.

[267] "Armada investiga denuncias sobre armas", *La Tercera de La Hora*, 11 de julio de 1973, p. 2.

[268] "Militares descubrieron arsenal en oficina fiscal", *La Tercera de La Hora*, 10 de julio de 1973, p. 17.

[269] "Ejército encontró gran cantidad de explosivos", *El Mercurio*, 11 de julio de 1973, p. 1.

En todos estos casos, no se encontró indicio alguno de armamento vinculado al accionar de grupos armados, según la información entregada por Carabineros y las intendencias. Esto llevó al subsecretario del Interior a afirmar que las denuncias de existencia de armamentos carentes de antecedentes formaban parte de una actitud "intencionada, tendenciosa y alarmista destinada a producir desasosiego en la opinión pública"[270]. La oposición, por el contrario, calificó este nuevo escenario como "el comienzo de una nueva etapa de acción directa de las instituciones castrenses, destinada a contrarrestar el evidente e ilegal proceso de armamentismo civil que vive el país"[271].

En respuesta a las afirmaciones del subsecretario del Interior, la Armada de Chile emitió un comunicado oficial el 10 de julio a través del jefe de la CAJSI de la I Zona Naval, el vicealmirante José Toribio Merino, señalando que en el allanamiento practicado en Dinac fueron encontrados "elementos que contravienen la Ley de Control de Armas"[272], remarcando además que los efectivos de la marina de guerra no rompieron la mercadería ni las instalaciones. No se entregaron mayores detalles de las acciones, ni de los supuestos elementos encontrados, por estar sujeto a sumario[273]. El Comité Ejecutivo de Dinac cuestionó esta versión de los hechos, señalando en un comunicado ejecutivo que "como resultado del allanamiento y pesquisa no se encontró ningún tipo de armamento o elementos que la ley somete a su control, como tampoco ningún otro elemento ofensivo que pudiera justificar diligencia de tal naturaleza"[274], agregando que, pese a esto, se destruyeron puertas, bodegas y se procedió a detener a tres funcionarios sin justificación alguna.

---

[270] "Denuncias sobre armas son irresponsables y alarmistas", *La Tercera de La Hora*, 9 de julio de 1973, p. 2.
[271] "En busca de armas", *La Tercera de La Hora*, 9 de julio de 1973, p. 3.
[272] "Se encontraron elementos que contravienen la ley en Dinac", *La Tercera de La Hora*, 11 de julio de 1973, p. 18.
[273] "Detenidos en allanamientos de la Marina a oficinas de Dinac", *El Mercurio*, 10 de julio de 1973, p. 1.
[274] "Declaración de Dinac SA ante allanamientos de sus bodegas en Valparaíso", *El Mercurio*, 12 de julio, p. 18.

Esta situación es ilustrativa de los límites legales de los operativos llevados adelante, así como de las falencias de la Ley de Control de Armas. Esta situación generó malestar dentro de los trabajadores y partidos de Gobierno, en un contexto de aumento de los operativos militares y de enfrentamientos producidos por comandos de PL. Este último grupo, con posterioridad al fracaso del Tanquetazo, se definió por una línea de confrontación insurreccional en contra del Gobierno, organizando y desarrollando una serie de atentados a lo largo y ancho del país, los cuales llegarán a su clímax en agosto en el marco del paro de transportistas iniciado hacia finales de julio[275]. Pese a ello, la prensa de oposición de la época fustigó con la existencia de grupos de guerrilleros de extrema izquierda a quienes se les atribuyeron dichas acciones, pese a los esfuerzos desplegados por partidos, como el comunista, en desmentirlo[276].

La apertura de este escenario en la primera quincena de julio de 1973 propició que se generaran nuevas denuncias sobre existencia de grupos paramilitares y bodegas con armamentos desde los sectores opositores al Gobierno, tanto de partidos políticos como de agrupaciones gremiales y sindicales. Así, por ejemplo, trabajadores de Endesa denunciaron la existencia de grupos externos a la empresa que internaron armas exigiendo la intervención de las FF. AA.[277]. En el mismo tenor, el Colegio de Médicos de Chile denunció la existencia de grupos militares en las dependencias de los hospitales de Santiago, como el Hospital Sótero del Río en la comuna de Puente Alto y en el Hospital José Joaquín Aguirre en la comuna de Santiago, amenazando con paralizar los servicios de atención médica si no se investigaban estas denuncias (ver ilustraciones 9, 10 y 11 sobre las formas de poder popular en Santiago)[278].

---

[275] "Continúa ola de atentados", *El Mercurio*, 1 de agosto de 1973, p. 22. "235 atentados en solo dos semanas", *La Tercera de La Hora*, 14 de agosto de 1973, p. 7. "Aumentan atentados a través de todo Chile", *La Tercera de La hora*, 18 de agosto 1973, p. 6.

[276] "Ola de terrorismo desatada por fascistas se agudiza", *El Siglo*, 2 de agosto de 1973, p. 9.

[277] "Control de Endesa por parte de FF. AA.", *La Tercera de La Hora*, 12 de julio de 1973, p. 2.

[278] "Denunciaron grupos armados en hospitales", *La Tercera de La Hora*, 11 de julio, p. 4. "Grupos Armados en Hospitales", *El Mercurio*, miércoles 11 de julio de 1973, Tercer Cuerpo, p. 17.

Ilustración 9. Mapa de zonas industriales y cordones industriales en Santiago

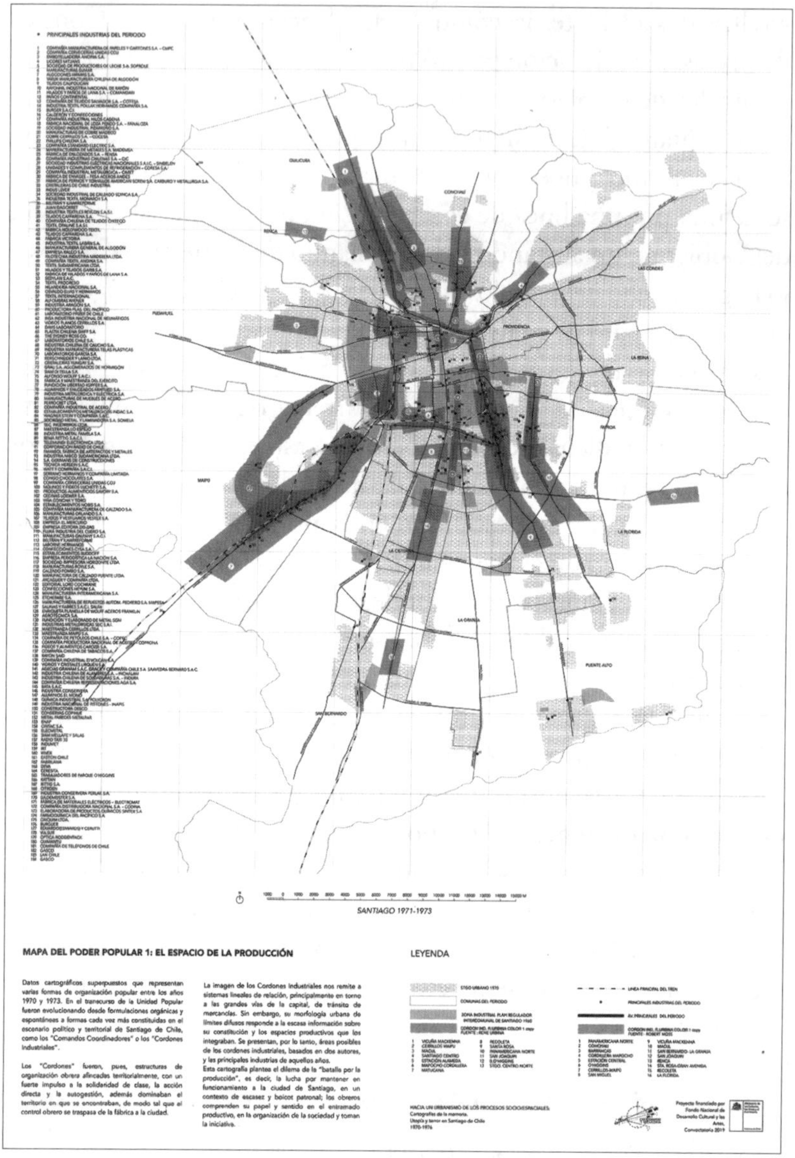

Elaborado por: Cartografías de la Memoria.

Orden interno y contrasubversión durante la Unidad Popular

Ilustración 10. Mapa de las poblaciones y campamentos en Santiago en 1973

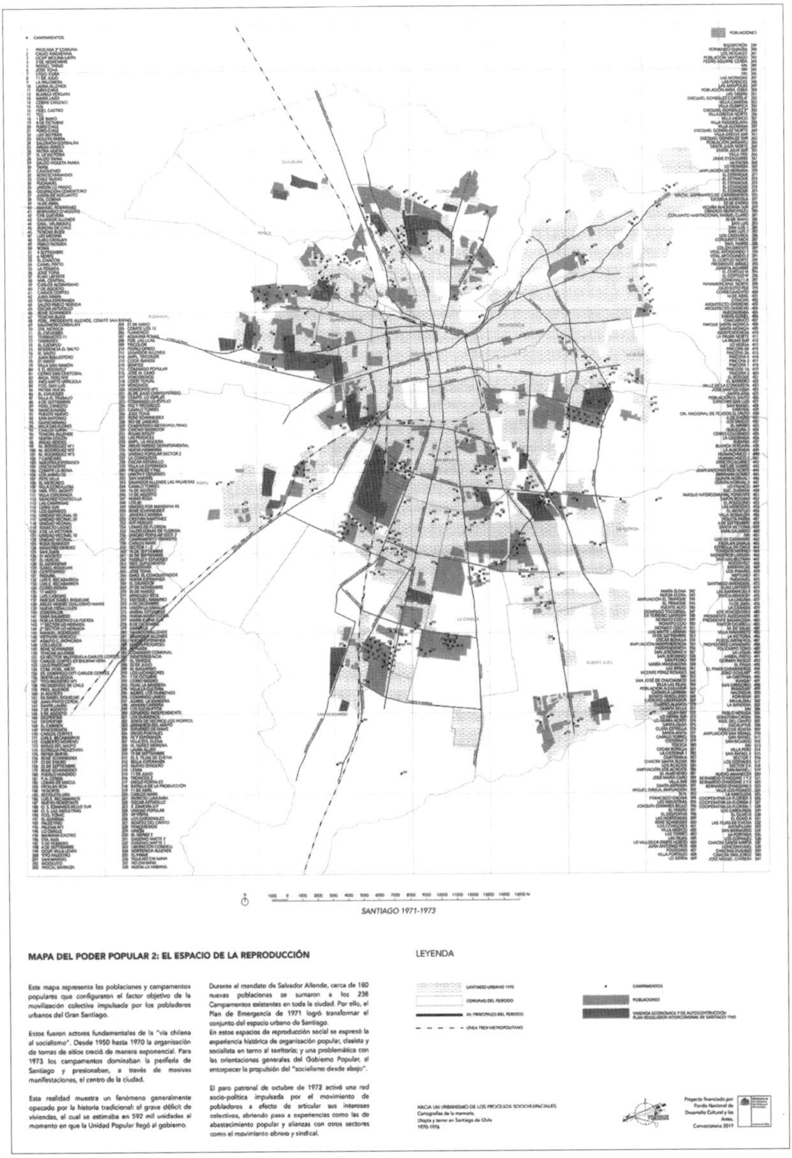

Elaborado por: Cartografías de la Memoria.

Ilustración 11. Mapas del poder popular: espacio de acción del movimiento popular

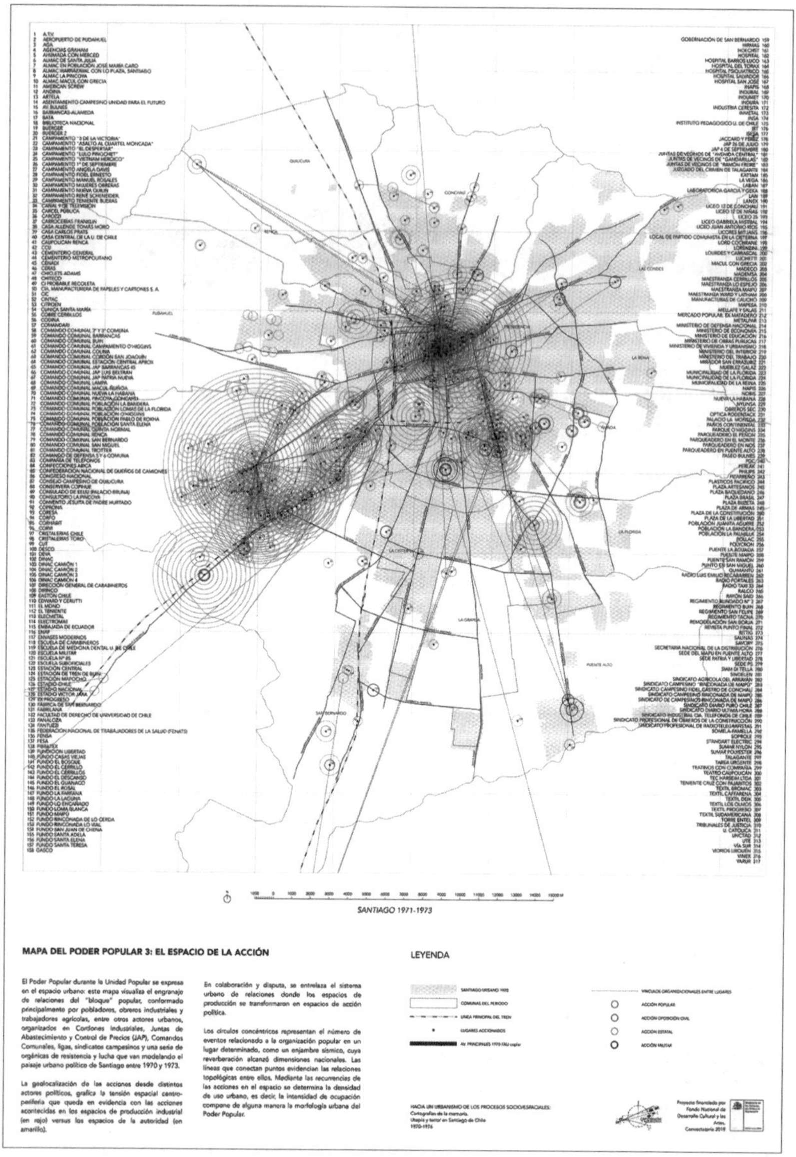

Elaborado por: Cartografías de la Memoria.

La oposición fustigó a la opinión pública, señalando la existencia de diversos focos de resistencia armada y afirmando, en palabras del senador Américo Acuña (PIR), que al menos quince mil extranjeros habían ingresado al país en veinticinco provincias y que estaban abocados al desarrollo de un plan de guerrilla urbana en el Gran Santiago[279].

Esta línea discursiva fue ratificada por el vicepresidente del Senado, Humberto Aguirre Doolan (PIR), quien señaló que "las armas son importadas de países donde hay representantes de Chile que están ligados al marxismo-leninismo. También se traen con la intervención de diplomáticos que han llegado recientemente a Santiago"[280]. Por su parte, el diputado por Curicó Rodolfo Ramírez señaló que en las dependencias de IANSA el Gobierno repartió "más de 35 metralletas"[281].

Este escenario fue visibilizado por la Comisión de Defensa Nacional de la Cámara de Senadores, la cual en sesión especial trató la materia y decidió remitir el acta íntegra al alto mando de las FF. AA. el 11 de julio[282]. En el desarrollo de la sesión, el senador Patricio Aylwin, presidente del PDC, acusó al Gobierno de "pretender reforzar un poder armado paralelo y de intentar descabezar y politizar a las FF. AA."[283]. En esa misma línea y sin ningún antecedente, el senador Francisco Bulnes (PN) acusó que "(...) en la nueva ofensiva del Gobierno se está ahora entregando armas de todos los calibres a grupos que hay no solo en las poblaciones, sino también en las industrias y otros sectores"[284]. Para rematar su intervención señaló que correspondía a una labor de las FF. AA. el

---

[279] "Terroristas extranjeros están actuando en Chile", *La Tercera de La Hora*, 10 de julio de 1973, p. 5.

[280] "Detenidos en allanamientos de la Marina a Oficinas de Dinac", *El Mercurio*, 10 de julio de 1973, Primer Cuerpo, p. 8.

[281] "Diputado denunció un reparto de armamento", *La Tercera de La Hora*, 14 de julio de 1973, p. 2.

[282] "Documento sobre control de armas envían a militares", *La Tercera de La Hora*, 12 de julio, p. 4.

[283] "No habrá dictadura militar ni tampoco del proletariado dijo ministro del Interior en el Senado", *La Tercera de La Hora*, 12 de julio, p. 5.

[284] Ídem.

asegurar la soberanía interior del Estado ante situaciones internas de peligro, para lo cual deben continuar en la tarea de desarmar a los grupos armados para lograr la paz interna.

En respuesta, el Ministerio del Interior señaló que la campaña emprendida por la oposición sobre los "supuestos hallazgos de arsenales", así como la "irresponsable afirmación de que estarían operando en el país miles de extranjeros dotados de todo tipo de armamento", constituían afirmaciones "irreflexivas y carentes de veracidad", cuyos efectos "contribuyen a formar una atmósfera de opinión distorsionada y alarmista"[285].

Hacia mediados de julio de 1973, la campaña de la oposición en contra de la supuesta existencia de grupos paramilitares y depósitos de armas se agudizó. En ese contexto el senador del PDC, Juan de Dios Carmona, hizo un llamado a la opinión pública a denunciar la existencia de armamentos y explosivos en todos los lugares del país: "llamamos a toda la comunidad nacional para que, en cumplimiento a la ley, colabore con las Fuerzas Armadas. No hay fábrica, taller, oficina, establecimiento, colegio, casa o local donde se puedan ocultar armas ilícitas en que no pueda haber, a la vez, una persona que por sobre todas las cosas, quiera servir en esta hora a la causa de Chile", enfatizando que el país atraviesa una crisis moral, económica y de seguridad nacional, por el hecho de que "(…) en el país se está organizando, con la iniciativa, el beneplácito y la cooperación del Gobierno un mal llamado "poder popular" que usurpa industrias y establecimientos, reparte armas y forma milicias armadas"[286].

En el mismo tenor, el senador Patricio Aylwin manifestó que la existencia de diversos organismos vinculados al desarrollo del poder popular iba en directa oposición a la legalidad del régimen garantizado a través del Estatuto de Garantías Constitucionales, por cuanto al alero de estos organismos se desarrollaron "organizaciones

---

[285] "Ministro de Interior dice que el hallazgo de armas carece de veracidad", *La Tercera de La Hora*, 14 de julio de 1973, p. 2.

[286] "Llaman a denunciar ocultamiento de armas", *La Tercera de La Hora*, 15 de julio de 1973, p. 2.

armadas paralelas a las Fuerzas Armadas y Carabineros", agregando que el Gobierno del presidente Allende debe instruir el "inmediato desarme de los grupos armados al margen de la ley y [proceder] a la devolución de las industrias y demás establecimientos usurpados en los últimos días"[287]. Desde el ámbito sindical, trabajadores democratacristianos involucrados en la larga paralización del yacimiento de El Teniente denunciaron que, supuestamente, el Gobierno había entregado dos mil armas a trabajadores del régimen, además de haberse robado doce camiones para transportar tropas[288].

Pese a estas graves denuncias, en ninguno de los casos se entregaron mayores detalles, ni los nombres de los implicados. No obstante, esto contribuyó a profundizar el escenario de enfrentamiento. La respuesta de las FF. AA. fue la profundización de los allanamientos en diversas partes del país, los cuales se efectuaron de manera coordinada y simultánea. El jueves 19 de julio en la ciudad de Quillota, a las 3:30 h. de la madrugada, un contingente militar de la Escuela de Caballería, al mando del subdirector teniente coronel Armando Paredes, se constituyó en la sede de la planta de la Compañía de Cervecerías Unidas (CCU), procediendo a la revisión de las dependencias. Por su parte, la infantería de marina de la I Zona Naval a cargo del vicealmirante José Toribio Merino, a las 5:40 h. de la madrugada, procedió a allanar las instalaciones de la fábrica Barón, dependiente de la Empresa Nacional de Distribución (Enadi), en la Avenida Argentina en Valparaíso. Horas más tarde, la I Zona Naval emitió un breve comunicado, informando que "se siguen los procedimientos indicados en el Código Penal" y que "se comprobaron Infracciones a la Ley de Control de Armas"[289].

En la ciudad de Talcahuano, el Servicio de Inteligencia de la II Zona Naval allanó las dependencias de la fábrica Sigdo Koppers

---

[287] "Gobierno no puede girar a cuenta de devoción democrática de la Democracia Cristiana", *La Tercera de La Hora*, 15 de julio de 1973, p. 18.
[288] "Distribuyeron dos mil armas en "El Teniente", *La Tercera de La Hora*, 20 de julio de 1973, p. 7.
[289] "Espectaculares allanamientos de FF. AA. en busca de armas", *La Tercera de La Hora*, 20 de julio de 1973, p. 2.

en las proximidades del Puerto de San Vicente, señalando en un comunicado que "el control de los polvorines es de responsabilidad de la autoridad fiscalizadora de armas y explosivos del departamento de Talcahuano, dependiente de la Comandancia en Jefe de la Segunda Zona Naval, de acuerdo con las normas establecidas por la Ley núm. 17.798". Los explosivos encontrados estaban siendo utilizados por la empresa en las obras de construcción del futuro puerto"[290]. Pese a ello y según consignó *La Tercera de La Hora*, los informes de inteligencia de la Armada daban cuenta de un supuesto intento de trabajadores de los cordones industriales de dicha ciudad de sustraer dichos elementos, lo cual no fue ratificado por otras fuentes de información.

En la comuna portuaria de Penco, en la ciudad de Concepción, el viernes 20 de julio, un operativo conjunto entre fuerzas del Ejército y la Armada realizó un allanamiento en las dependencias de la planta de la Compañía Sudamericana de Fosfato (Cosaf). El operativo duró una hora y media, sin entregarse mayores antecedentes del procedimiento por estar sujeto a secreto de sumario[291].

En San Antonio, por la tarde, se efectuó un operativo de seguridad a cargo de unos cincuenta efectivos de la Escuela de Ingenieros Militares de Tejas Verdes, comandados por el teniente coronel Juan Manuel Contreras, los cuales procedieron a registrar un restorán abandonado en avenida Los Suspiros 524 y 526, en una parcela camino a Cartagena. Según la información entregada por los militares, en el lugar fueron detenidos los tres hijos de Rebeca Agüero (propietaria del recinto). Al respecto, Manuel Contreras señaló: "Estamos preocupados por hacer cumplir la Ley de Control de Armas al pie de la letra y en base a eso es que hemos efectuado durante el presente mes cuatro allanamientos, tres de los cuales han tenido resultados positivos"[292].

---

[290] "Extremistas iban a asaltar polvorín en Concepción", *La Tercera de La Hora*, 21 de julio de 1973 p. 2.
[291] "Ejército y Armada allanaron una industria de fosfato en Penco", *La Tercera de La Hora*, 22 de julio de 1973, p. 2.
[292] "Enorme hallazgo de armas y municiones en San Antonio", *La Tercera de La Hora*, 22 de julio de 1973, p. 2.

Por estos hechos, al día siguiente, una serie de organizaciones sociales, sindicales, poblaciones y los regionales de la CUT, el PS y el MIR, emitió un comunicado público denunciando la ocupación militar del territorio llevada adelante por el teniente coronel Juan Manuel Contreras, comandante de la Escuela de Ingenieros Militares de Tejas Verdes en la comuna de San Antonio y posterior jefe de la DINA, que fue calificado de "persona non grata"[293].

En el detalle de la denuncia, suscrita por un centenar de organizaciones, se acusó atropellos a organizaciones populares, amenazas a pequeños comerciantes, allanamientos y violaciones de domicilios, usurpación de funciones y atribuciones de organismos públicos, responsabilidades en la muerte de un menor, boicot de la producción agraria, boicot de la organización sindical, expulsión de militantes de izquierda, persecución de la prensa y proferir discursos reaccionarios en el regimiento en contra del Gobierno. Por todos estos graves hechos, un centenar de agrupaciones y cerca de 700 dirigentes comunales decidieron:

> Acusar públicamente al Comandante de Tejas Verdes, teniente coronel Manuel Contreras Sepúlveda, por tomarse atribuciones sobre la población de esta comuna que no le competen, ya que estas corresponden a los trabajadores o a autoridades civiles.
> Exigimos al compañero gobernador de San Antonio, al ministro de Defensa, Clodomiro Almeyda, y a las autoridades militares que corresponda que se remueva y sancione a este oficial reaccionario por sus actitudes y acciones contra el pueblo.
> Exigimos que el Gobierno no se deje atropellar en sus atribuciones, que el Ministerio de Defensa, de Interior, las Intendencias y Gobernaciones exijan fuertemente la subordinación de todos los Institutos Armados a su autoridad, que el Gobierno procese de inmediato por insubordinación a todo oficial que utilice fuerza armada sin la orden de la autoridad civil[294].

---

[293] "Expectación en San Antonio por allanamientos de las FF. AA.", *La Tercera de La Hora*, 23 de julio de 1973, p. 2.
[294] "Arbitrariedades de oficial reaccionario", *Punto Final*, Año VII, núm. 189, martes 31 de julio de 1973, pp. 10-11.

En la ciudad de Osorno, el 19 de julio efectivos del Ejército por instrucción de la Fiscalía Militar de dicha AJSI procedieron a allanar las instalaciones de la CUT, lo que generó duras críticas de parte de la Directiva Nacional de la central sindical. La multigremial solicitó al ministro del Interior que se reformara la Ley, ya que, a juicio de Luis Figueroa (PCCH), presidente del organismo, cualquier persona puede hacer una denuncia sin mayores antecedentes y sin ninguna consecuencia al respecto[295].

En respuesta a estas afirmaciones, el PDC emitió un comunicado en que cuestionó las afirmaciones del dirigente del PCCH, señalando que en "el país se ha impuesto con estupor de la insólita petición hecha por el presidente de la CUT, exministro del Trabajo y alto dirigente del Partido Comunista para que se modifique la Ley de Control de Armas", agregando que "ello es la demostración más evidente del juego del presidente de la República y sus aliados que suscriben llamados a la paz civil del episcopado católico chileno, pero al mismo tiempo arman a sus militantes y pretenden entrabar la acción de las Fuerzas Armadas en el cumplimiento de la tarea de superar el orden y la paz entre los chilenos", rematando el comunicado, al señalar que "la Democracia Cristiana insiste en la imperiosa necesidad de desarmar a todos los grupos civiles armados, cualesquiera que sean y respalda plenamente a las Fuerzas Armadas en la patriótica tarea en que están empeñados para garantizar la seguridad de los hogares chilenos. La paz civil pasa por el desarme"[296].

Días más tarde, la CUT criticó estas declaraciones, manifestando que lo que perseguían era enfrentar a los trabajadores con las FF. AA., señalando que "se ha pretendido establecer que la CUT está creando un ejército paralelo". Por el contrario, Luis Figueroa remarcó que "el poder popular se asienta en la defensa de la

---

[295] "CUT pide al Gobierno reforma de la Ley de Control de Armas", *La Tercera de La Hora*, 22 de julio de 1973, p. 2.

[296] "Declaración entregó la DC. Critican a la CUT por su actitud frente a la ley de control de armas", *La Tercera de La Hora*, 24 de julio de 1973, p. 5.

legalidad, la Constitución y la Ley"[297]. Desde ese momento, y pese a las intenciones del Arzobispado de Santiago de mediar en este conflicto, las relaciones entre el PCCH y el PDC entraron en un punto de no retorno, ya que al interior de las filas democratacristianas se consolidó una línea de desconocimiento de la legalidad de la acción del Gobierno, acusando públicamente al PCCH de promover un enfrentamiento armado.

En un documento partidario elaborado por el diputado Gustavo Ramírez y suscrito a finales de julio por la bancada democratacristiana, se acusó que el PCCH solo pretendía ganar tiempo para generar las condiciones políticas y militares para un "enfrentamiento total", señalando que en esta táctica el transcurso del tiempo contribuía a dichos planes, puesto que permitía: "1.-El disponer de un mayor tiempo les permite organizarse y armarse para enfrentar la guerra civil. 2.- Cuentan en actualidad con no menos de 20.000 extranjeros especialmente venidos al país con el preciso objeto de entregar su experiencia en el control absoluto del poder y todos ellos cuentan con entrenamiento adecuado para desarrollar la guerrilla en Chile, tanto en los sectores rurales", enfatizando que esta política no constituye solo una estrategia del PCCH, sino que del conjunto de la UP: "Es evidente que la UP ha continuado armando a todo el mundo y de este modo, dentro de corto plazo, su poder armado será tan poderoso que el ejército regular no será capaz de detenerlo prontamente. Las denuncias y las actuaciones de las propias fuerzas militares están confirmando la gravedad que reviste el armamentismo en este país"[298].

Estos operativos llevados adelante en el marco de la aplicación de la Ley de Control de Armas y contemplados en la campaña contrasubversiva del grupo de oficiales conspirados en las FF.AA y la oposición, tuvieron varios efectos prácticos y contribuyeron a la generación de un clima en la opinión pública favorable hacia las

---

[297] "La CUT respeta a las instituciones armadas", *La Tercera de La Hora*, 26 de julio de 1973, p. 2.
[298] "Comunistas solo están ganando tiempo para el enfrentamiento", *La Tercera de La Hora*, 26 de julio de 1973, p. 5.

intervenciones de los militares en la política en materias de seguridad interior. Desde el punto de vista militar, los allanamientos contribuyeron a potenciar un clima de deliberación al interior de los Institutos Castrenses, por cuanto la iniciativa de los operativos fue una atribución discrecional de las autoridades militares de cada CAJSI, previa evaluación de una denuncia efectuada por terceros. En los allanamientos, a su vez, se pudo recopilar información de inteligencia por las secciones II de inteligencia de los Estados Mayores de las respectivas AJSI, lo que permitió perfeccionar los planes de defensa de las diversas áreas, como se verá más adelante. Por otra parte, el progreso de operativos conjuntos favoreció las coordinaciones de las diversas ramas de las FF. AA., lo que les permitió desarrollar en lo táctico aprendizajes organizacionales para el desarrollo de operativos conjuntos de seguridad interior.

Desde el punto de vista político, la campaña de guerra contrasubversiva permitió generar en las FF. AA. la idea de una amenaza política para la seguridad interior del Estado y, por ende, para la soberanía nacional. Por otra parte, la militarización del enfrentamiento político propiciado con fuerza por el PDC y el PN, abrió el camino para que los profesionales de la guerra deliberaran sobre la envergadura de la amenaza para el Estado y la nación. Una serie de acontecimientos profundizaron el escenario del control militar del territorio y la población, en el marco de la Ley de Control de Armas y de las declaraciones de estado de emergencia. Por una parte, el paro transportista iniciado el 26 de julio y desarrollado con fuerza en agosto, que en algunas localidades devino en un paro provincial multigremial; por otra, el asesinato del edecán Arturo Araya Peeters por un comando de extrema derecha el 27 de julio; finalmente, el proceso por subversión y sedición en contra de los marinos constitucionalistas iniciado por la Armada las primeras semanas de agosto.

Sobre este escenario, se profundizó el desarrollo del copamiento militar del territorio, la suspensión de facto de los derechos constitucionales, el desarrollo de allanamientos, detenciones selectivas y la práctica de torturas de parte de las FF. AA. y policiales.

Con todos estos antecedentes, desde el punto de vista represivo y de vulneración de los derechos fundamentales, agosto de 1973 puede ser considerado como el inicio de la represión en un contexto de confrontación de los poderes del Estado (confrontación entre el poder judicial, el ejecutivo, el Parlamento y la Contraloría General de la República), quiebre de la institucionalidad democrática (declaración de ilegitimidad del Gobierno suscrito por el Parlamento el 23 de agosto) y de libre curso de la asonada golpista por parte de las FF. AA. (aumento de los operativos militares y allanamientos). El copamiento militar del territorio, el proceso contra los marinos y los allanamientos en el marco de la Ley de Control de Armas, permitirán recopilar la información estratégica necesaria para ajustar las planificaciones de seguridad de las AJSI, la creación de batallones y agrupaciones de combate específicas para combatir la subversión y formar las planificaciones de seguridad y operativas para las distintas CAJSI: el "Plan Cochayuyo" para la CAJSI de la I Zona Naval, el "Plan Trueno" para la FACH, el "Plan Lautaro" para el Ejército, el "Plan Australis" para la CAJSI de la Región Militar Austral, el "Plan Tijera" para la CAJSI III División de Ejército.

Asesinato del edecán presidencial Arturo Araya Peeters

En la madrugada del viernes 27 de julio, un comando conjunto formado por militantes de PL y del Comando Rolando Matus detonaron una bomba que destrozó un automóvil en la intersección de Carlos Antúnez con Fidel Oteíza, en la comuna de Providencia, a dos cuadras del domicilio del edecán. Con posterioridad, el grupo procedió a disparar contra el domicilio de Araya Peters, quien salió al balcón con su arma de servicio, lugar en el que fue asesinado por un francotirador desde otra posición de tiro y con un arma diferente a las que estaba usando el grupo de extrema derecha en el lugar – situación que a la fecha genera la sospecha de la participación de terceros en el asesinato político de Araya.

El mismo día del atentado, Daniel Guimpert Corvalán, agente del Servicio de Inteligencia Naval (SIN) junto al capitán del Servicio de Inteligencia de Carabineros (SICAR) Germán Esquivel Caballero, recorrieron diversas comisarías de la capital buscando una persona a quien inculpar[299]. En esas circunstancias encontraron en el interior de una comisaría a Luis Riquelme Bascuñán, un electricista de 34 años, trabajador del Servicio de Equipos Agrícolas Mecanizados (SEAM) de la Corporación de Fomento (Corfo), quien estaba detenido por ebriedad.

El obrero fue torturado para obligarlo a autoinculparse y entregarse a la policía. La prensa opositora de la época no dudó en atribuirle la responsabilidad de los hechos[300]. Así, *La Segunda* tituló el 28 de julio: "Se habría entregado a Carabineros. Cayó asesino del Edecán"[301]. Por su parte, *La Tercera de La Hora* replicó el domingo 29 una nota en la que señaló que el caso estaría resuelto. En la información difundida de manera fraudulenta se identificó a Riquelme como simpatizante del Frente de Trabajadores Revolucionarios del MIR. Junto con ello, se señaló que había sido contratado por un militante del MAPU de apellido Blanco por 12 mil escudos para provocar disturbios cerca de la casa del edecán y que, producto de estos hechos, disparó en contra de Araya. Se señaló, además, que el operativo había contado con la colaboración de tres cubanos[302]. Con posterioridad, se precisó la identidad de los supuestos autores del crimen, indicando que en los hechos Riquelme había participado con Domingo Blanco Torres y Cristián Mayol Comandari[303].

Pese al esfuerzo de la contrapropaganda opositora, el montaje ese mismo fin de semana comenzó a desmoronarse. El viernes 27, el presidente Allende convocó al Consusena, acordando la creación

---

[299] Muñoz, Arturo. "El asesinato del comandante Arturo Araya Peeters", *G-80*, 27 de junio de 2012.

[300] Magasich. *Los que dijeron no…*, op. cit., pp. 25-27.

[301] *La Segunda*, 28 de julio de 1973, p. 1.

[302] "Estaría aclarado crimen del comandante Araya. Sería comando de extrema izquierda, *La Tercera de La Hora*, 29 de julio de 1973, p. 2.

[303] "Incomunicado presunto miembro del comando asesino del capitán Araya", *La Tercera de La Hora*, 30 de julio de 1973, p. 5.

de una comisión investigadora *ad hoc* con la participación de los servicios de inteligencia de las FF. AA., Investigaciones y Carabineros. El objetivo: centralizar la mayor cantidad de información y antecedentes respecto de la hipótesis de la investigación. Como era de esperarse, la hipótesis de un atentado de extrema izquierda con colaboración extranjera fue una de las que se evaluó. Por estos hechos, ante una denuncia de que en un avión de la aerolínea Cubana de Aviación había unos sujetos aparentemente heridos, se movilizaron al anochecer efectivos militares, carabineros y de investigaciones. El avión fue allanado sin encontrar mayores indicios. Esta situación generó molestia en la embajada cubana, quienes acusaron el hecho como una maniobra inculpatoria[304].

Con posterioridad, Investigaciones salió a aclarar la información indicando que de acuerdo a los antecedentes dispuestos en la comisión investigadora "(…) se constituyó en el aeropuerto de Pudahuel, la noche del 27 con el fin de constatar la veracidad de lo informado en torno a la supuesta evasión de tres sospechosos, presumiblemente vinculados a los hechos que se investigan. Practicadas las diligencias del caso, se comprobó que la información no era efectiva"[305]. Este fue el comienzo de las tensiones entre la inteligencia de la policía civil, Carabineros y las FF. AA.

El sábado por la mañana se reunió la comisión en el Cuartel General de Investigaciones en calle General Mackenna, Santiago. Pese a que la prensa y la oposición fustigaron responsabilizando a la izquierda del atentado, la hipótesis de los hechos apuntaba hacia otro horizonte. En un comunicado público difundido por Carabineros en la tarde del sábado, se desmintió la versión opositora, señalando: "En la primera página del diario *La Segunda* de esta misma fecha y bajo el título: "Se habría entregado a Carabineros. Cayó asesino del Edecán", se da publicidad a una información a grandes titulares de acuerdo con la cual, como en ella se señala, habría sido detenido por carabineros el autor del homicidio perpetrado en la

---

[304] "Fuerzas de seguridad allanaron avión cubano", *La Tercera de La Hora*, 29 de julio de 1973.
[305] "Aclaran allanamiento en Pudahuel", *La Tercera de La Hora*, 30 de julio de 1973, p. 5.

persona del edecán naval", enfatizando que "La Dirección General de Carabineros aclara que la detención del ciudadano José Luis Riquelme Bascuñán, quien aparece sindicado en el citado órgano de prensa como autor del atentado, no tiene relación con este y que su detención provisional se debió a razones de índole muy diversa, encontrándose en estado de intemperancia alcohólica"[306].

La tensión se expresó entre los diversos ámbitos de la justicia, ya que el proceso judicial fue llevado adelante por tres instancias distintas. Por una parte, en el caso de la Justicia Militar, el caso fue llevado por el auditor de justicia de la Armada, capitán de fragata Aldo Montagna. Esto puesto que el comandante en jefe de la II División del Ejército, el general de División Mario Sepúlveda Squella, quien inicialmente había tomado el caso se declaró incompetente para efectuar la investigación, remitiendo el expediente a su par de la Armada en la I Zona Naval[307]. Por otra parte, la justicia ordinaria inició una investigación a través del juez del Sexto Juzgado del Crimen Alberto Albónico. Finalmente, fue designado Abraham Meersohn como ministro en visita de la Corte de Apelaciones para la investigación del caso[308].

Esto repercutió en que se generaron hipótesis distintas. Pese a ello, la prensa opositora siguió insistiendo en la responsabilidad de Riquelme y de personeros vinculados a la directiva de SEAM-Corfo. En respuesta, la empresa emitió un comunicado cuestionando el tratamiento del caso por parte de la oposición, así como desmintiendo la supuesta militancia de Riquelme y las responsabilidades de sus ejecutivos. Así señalaron de manera clara:

> Ante esta situación de abierta trasgresión al respeto de las personas que se ha querido involucrar y a la seriedad y veracidad con que deben actuar los medios de información ante la opinión pública, la

---

[306] "Desmentido de Carabineros", *La Tercera de La Hora*, 29 de julio de 1973, p. 2.
[307] "Fiscal Naval inicia proceso", *El Mercurio*, 1 de agosto de 1973, p.1. "Un fiscal naval investiga crimen del Edecán", *La Tercera de La Hora*, 1 de agosto de 1973, p. 37.
[308] "Secretas reuniones por crimen del edecán en cuartel policial", *La Tercera de La Hora*, 4 de agosto de 1973, p. 31.

gerencia general y ejecutivos de SEAM estudian la presentación de una querella criminal por injurias contra los responsables directos de estas maquinaciones publicitarias, cuyo fin evidente es desviar la atención nacional, creando un clima antipopular hacia el Gobierno que entorpezca el diálogo conducente a evitar el enfrentamiento, que perjudican la investigación judicial de los organismos competentes en torno a estos repudiables acontecimientos[309].

Al cumplirse casi una semana, la Dirección de Investigaciones, dirigida por Alfredo Joignant (PS), emitió una conferencia de prensa en la que se informó que, a raíz de la detención del estudiante universitario Mario Rojas Zegers (vinculado a los sectores nacionalistas de extrema derecha), se pudo identificar a los presuntos autores del crimen: René Guillermo Claverie Barbet, Eduardo Enríquez Sebastián Quiroz Ruiz, Guillermo Necochea Aspillaga, Guillermo Bunster Pies, Juan Antonio Zacconi Quiroz, Miguel Víctor Sepúlveda Campos y Carlos Fernando Farías Corrales. Todos ellos, miembros de la juventud nacionalista del PN, PL y del Comando Rolando Matus[310]. En la declaración enfatizó, además, que las diligencias habían sido llevadas adelante por el Servicio de Investigaciones, sin la colaboración de los servicios de inteligencia de Carabineros y FF. AA.

En el marco de la ofensiva militar en el contexto de la aplicación de la Ley de Control de Armas, la posición de diversos actores estaba tensada y en abierta confrontación. Esto se cruzó con algunos cuestionamientos efectuados por dirigentes gremiales y políticos de la UP a la discrecionalidad de dicha normativa –como fue el caso de Luis Figueroa, presidente de la CUT y militante del PCCH–. El asesinato del edecán Araya fue interpretado de manera tendenciosa como una respuesta ante la aplicación de la Ley de

---

[309] "Jefes del sospechoso encargado reo entregan declaración oficial", *La Tercera de La Hora*, 5 de agosto de 1973, p. 10.

[310] "El caso está resuelto: solo falta identificar al autor", *La Tercera de La Hora*, 5 de agosto de 1973, p. 10. La militancia de los detenidos fue denunciada en la Cámara de Senadores a comienzos de agosto por el senador del PCCH. Alejandro Toro Herrera. República de Chile. *Diario de sesiones del Senado*. Sesión 56, 8 de agosto de 1973, pp. 2375-2376.

Control de Armas y Explosivos de parte de algunos generales y almirantes en Retiro. En una declaración suscrita con fecha 30 de julio de 1973, señalaron que "tales hechos, así como los virulentos ataques de que han sido objeto los cuerpos armados y los altos mandos respectivos, guardan directa relación con la dinámica de la aplicación de la Ley núm. 17.798 de control de armamentos"[311]. Por su parte, la Armada, en la I Zona Naval, emitió una evaluación en la que manifestó su preocupación con este hecho y sus repercusiones en la institución que repercutirían eventualmente en su unidad[312]. También, el general Augusto Pinochet en retrospectiva señaló que "el Servicio de Inteligencia del Ejército detectó una posible participación de tres cubanos en el asesinato del comandante Araya", señalando que "Pese a las teatrales declaraciones del Gobierno de que se ubicaría al asesino, el asunto fue archivado pronto"[313]. No obstante, esta información dada por Pinochet en 1979 es falsa.

Con posterioridad al golpe de Estado, la hipótesis del Servicio de Investigaciones fue ratificada, ya que el grupo denunciado en su momento por Investigaciones correspondía efectivamente al grupo del atentado contra el edecán Araya[314]. El 24 de septiembre se entregaron los reos a la Fiscalía Naval[315]. Por estos hechos fueron detenidos y procesados un grupo de cerca de treinta personas. En la investigación llevada adelante por la fiscalía naval, el grupo de Guillermo Claverie señaló que el 27 de julio fueron avisados por un nexo del SIN, que "ese día a la medianoche se produciría un golpe de Estado propiciado por la Armada Nacional y la Fuerza Aérea y, por esta razón, estimaron necesario colaborar con la acción militar". De esta forma, el grupo entendía que "actuando

---

[311] "Declaración de los Generales y Almirantes en Retiro", *El Mercurio*, 1 de agosto de 1973, p. 2.
[312] "Resumen Informe Prizona del día 27 de julio de 1973" En: Merino. *Bitácora de un almirante...*, op. cit., p. 199.
[313] Pinochet, *op. cit.*, p. 104.
[314] Plaza. *El Servicio de Investigaciones...*, op. cit., p. 403.
[315] "Se presentaron prófugos en caso de Edecán Naval", *La Tercera de La Hora*, 25 de septiembre de 1973, p. 20.

de este modo, el grupo entendía que se daría una excusa a las Fuerzas Armadas para justificar el derrocamiento del Gobierno"[316].
El grupo afirmó que la entrega del armamento fue proveída por el oficial (R) de la Armada Jorge Ehlers[317]. Pese a ello, en el desarrollo de la investigación seguida con posterioridad, no fue formalizado. Tras una serie de gestiones, la Corte Marcial de la Marina de Guerra encontró culpable a Claverie, dictando condena de tres años y un día como autor material del crimen. La Corte Suprema ratificó la condena y Claverie ingresó a la cárcel en 1980[318]. Pese a ello, el 3 de diciembre solicitó el indulto presidencial en una carta dirigida al general Augusto Pinochet indicando:

> Los hechos que me tocó protagonizar son para la mayoría de los chilenos solamente un oscuro recuerdo en el tiempo, pero para mí, un anónimo protagonista de los hechos que hoy hacen que nuestra Patria sea uno de los escasos remanentes de paz en el mundo, tales hechos cobran dramática vigencia" (…). Confiando enteramente en la comprensión y sentido de equidad de V.E. para con el que fue uno de los colaboradores para lograr la paz actual, me permito solicitar la gracia del indulto[319].

Por "estos servicios a la patria", Claverie fue indultado a finales de 1980 por Augusto Pinochet Ugarte, José Toribio Merino y Enrique Montero Marx.

---

[316] Informe Especial. *Quienes asesinaron…, op. cit.,* p. 26.

[317] Tras reabrirse la investigación en contra de Jorge Ehlers por los hijos del edecán naval, este partió al extranjero en 2006. "Oficial (R) naval dice que crimen de edecán fue "en defensa propia", *La Nación,* 7 de febrero de 2006.

[318] Cabe destacar que en la investigación de Jorge Magasich en base a un reportaje del diario *La Nación,* señala que Claverie ingresó a la cárcel en 1981, lo que se contradice con la investigación de Revista *Cauce.* Dado que las investigaciones posteriores utilizan como referencia el trabajo periodístico del equipo de Revista *Cauce,* se tomará como referencia el año 1980 de dicha fuente.

[319] Informe Especial. *Quienes asesinaron…, op. cit.,* p. 27.

Hacia el copamiento militar del territorio en las Comandancias de Áreas Jurisdiccionales de Seguridad Interior (CAJSI)

Una serie de factores se conjugaron para acelerar la planificación final del golpe de Estado. Desde el punto de vista militar, desde finales de junio comenzó a constituirse formalmente un comité formado por cinco representantes de cada una de las ramas de las FF. AA. conocido como "comité de los 15"[320] que, en primera instancia, elaboró una minuta sobre la posición de las FF. AA. ante la crisis, para ser entregada al alto mando y al presidente. Junto con ello, en el marco de ese mismo grupo comenzó la elaboración de un plan anti-insurgencia que diversas evidencias documentales señalan como la base operativa del golpe de Estado del 11 de septiembre de 1973[321]. Para ello, se generaron coordinaciones desde el 12 de julio entre las FF. AA. para llevar adelante una campaña contrasubversiva en busca de armas y grupos paramilitares[322]. Los archivos desclasificados de inteligencia norteamericanos dan cuenta de aquello. El 25 de julio en un reporte del Departamento de Inteligencia Americana (DIA), se señalaba que el comité de los 15 estaba preparando un Plan de Contingencia antisubversivo, que constituye una preparación para un golpe de Estado.

Desde el punto de vista político, las diversas fuerzas de oposición comenzaron una campaña para buscar declarar la ilegalidad del Gobierno de la UP, que se materializó en la declaración de ilegalidad del Gobierno del 21 de agosto. Junto con ello, como señala la inteligencia norteamericana, Roberto Thieme, secretario de PL, retornaría a Santiago en la clandestinidad para desatar una campaña de atentados de explosivos y sabotaje en diversas partes del país[323]. Finalmente, a nivel gremial, la Confederación de Dueños

---

[320] González. *La conjura...*, *op. cit.*, pp. 181-208.

[321] CIA. "Situation report on abortive uprising by military unit", 25 de julio de 1973, 27 pp. Department Defense Intelligence, DIA Intelligence Sumary, 23 de julio de 1973.

[322] Prats, *op. cit.*, p. 435.

[323] CIA. "Situation report on abortive uprising by military unit", 25 de julio de 1973, pp. 16-17.

de Camiones, sindicatos bancarios, estudiantes secundarios y diversos gremios profesionales, llevaron adelante una movilización con miras a generar las condiciones políticas para una intervención militar o un golpe de Estado.

Esta situación era el punto de articulación que requerían los militares golpistas y la oposición, como lo registró la inteligencia norteamericana:

> Los oficiales complotados de las FF. AA. esperan que la huelga de los dueños de camiones programada para el 26 de julio sea postergada hasta que el comité de los 15 tenga oportunidad de completar su "plan anti-insurgencia", el que podría emplearse como base de un golpe de Estado. Por esta razón, el almirante Patricio Carvajal trató de persuadir a León Vilarín, presidente de la Federación de Dueños de Camiones, de que postergue la huelga hasta que el plan esté terminado... Los complotados de la Armada y la FACH continúan trabajando juntos en los preparativos de un Golpe de Estado y nadie está planteando una acción unilateral. Los oficiales complotados no saben de ningún plan de oficiales de inferior graduación[324].

El control miliar del territorio se profundizó en la coyuntura de la paralización llevada adelante por la Confederación Nacional de Dueños de Camiones iniciada a las 00.00 h. del jueves 26 de julio[325], presidida por Raúl Vilarín. Las motivaciones del gremio se fundaban en la supuesta inseguridad de las rutas carreteras, el incumplimiento de parte del Gobierno del acta de acuerdo del 2 de noviembre suscrita con posterioridad al paro de octubre de 1972 y por la denuncia de que el Gobierno pretendía sustituir al gremio privado a través de la conformación de una empresa estatal de transportes a partir del Movimiento Patriótico de Renovación (Mopare) –el movimiento gremial de transportistas formado en respuesta al paro patronal de octubre de 1972 para dar continuidad

---

[324] Citado por González, *op. cit.*, p. 188.
[325] "Paralizan 50 mil camiones", *La Tercera de La Hora*, 26 de julio de 1973, p. 2.

a la cadena logística del transportes y abastecimiento en el país–. La Confederación de Transporte Terrestre evaluó la posibilidad de plegarse a dicha paralización, la cual hizo efectiva en los primeros días de agosto.

No obstante, como demuestra la documentación desclasificada de la inteligencia norteamericana, la motivación real del paro formaba parte de un diseño político orientado a acrecentar las condiciones políticas para dar un golpe de Estado:

> Información reciente indica que la Confederación Privada de Dueños de Camiones llamará a una huelga en el futuro cercano. Los microbuseros, taxistas, trabajadores bancarios, estudiantes y colegios profesionales y técnicos se han comprometido a unirse a la huelga. Esta huelga está diseñada para provocar una intervención militar masiva en el Gobierno o un golpe (...) si los militares no hacen nada durante el peak de las movilizaciones, el momento no podrá ser mantenido por más de un periodo acotado de tiempo y la huelga puede quebrarse (...) por esta razón, los planes de la huelga incluyen en algunos casos bajo extrema seguridad, incluir el uso de violencia para generar el mayor impacto posible[326].

Operativos de copamiento militar del territorio en el contexto del paro de la Confederación de Dueños de Camiones (julio-agosto, 1973)

En ese contexto de efervescencia política tras el asesinato del edecán naval y el paro de transportistas en ciernes, desde finales de julio y comienzos de agosto se reiniciaron los operativos militares en el marco del dispositivo de la Ley de Control de Armas. El 27 de julio fueron allanadas por efectivos de la infantería de marina de la Armada las instalaciones de las Pesqueras Sarquis y la Empresa Pesquera Marcos Limitada, ubicadas en la Avenida

---

[326] CIA. "Situation report on abortive uprising by military unit", 25 de julio de 1973, p. 16.

La Marina en el Puerto de San Vicente, Talcahuano[327]. La orden de allanamiento provino del fiscal de la Segunda Zona Naval, Fernando Jiménez. El operativo en contra de la empresa estatal controlada por obreros vinculados al Frente de Trabajadores Revolucionarios (FTR), estuvo a cargo del capitán Luis Coller, quien procedió con el contingente militar a acordonar el sector y revisar el galpón de las empresas Marcos Limitada y Sarquis. En el acto fueron detenidas cuatro personas y no fueron remitidos mayores antecedentes.

Días más tarde, el 31 de julio en la madrugada, cerca de mil efectivos militares del Regimiento Maipo y de Carabineros efectuaron dos allanamientos en depósitos de camiones en Reñaca, en la provincia de Valparaíso, donde se encontraban cerca de 4.000 vehículos[328]. Por la mañana, efectivos militares de la Escuela de Infantería de San Bernardo allanaron dos industrias pertenecientes al cordón industrial de Av. Portales, en la localidad de Nos, en la Provincia de Santiago. Cerca de las 9:00 h. tres buses con militares acordonaron y procedieron a revisar las dependencias de la Industria Aceros Andes, perteneciente al Área de Propiedad Social y en la que trabajaban cerca de 450 obreros. También allanaron la industria Carburo y Metalurgia, en la que trabajaban 500 obreros. El operativo duró hasta las 12:00 h. y no se entregaron informaciones posteriores sobre los procedimientos efectuados en el marco de la Ley de Control de Armas [329].

Por la tarde, se registraron enfrentamientos en esa localidad, en el depósito de los camiones de la Confederación del Transporte –según la denuncia efectuada por el gremio– por miembros de Dirinco. La disputa se originó ante un decreto de la presidencia

---

[327] "Marina allanó una pesquera estatizada", *El Mercurio*, 1 de agosto de 1973, p. 19. "Armas buscaron en 2 empresas pesqueras", *La Tercera de La Hora*, 1 de agosto de 1973, pp. 4-5.

[328] "Buscaron armas en campamentos de camioneros en Valparaíso", *La Tercera de La Hora*, 1 de agosto de 1973, p. 13. "Allanado Parqueadero de Camiones en Reñaca", *El Mercurio*, 1 de agosto de 1973, p. 20.

[329] "En busca de armamento el Ejército allanó industrias", *La Tercera de La Hora*, 1 de agosto, p. 2.

que facultaba a la requisición de los camiones y microbuses involucrados en el paro de transportistas. A través de la resolución núm. 574 de Dirinco de la Subsecretaría de Economía, Fomento y Reconstrucción del Ministerio de Economía, se designó como interventores a los intendentes de todo el país como una medida de combatir el paro de los transportistas, con excepción del intendente de Santiago[330]. Esta situación implicó en la práctica un aumento de la presión del ejecutivo al sector transportes, quienes en reuniones sostenidas durante el 31 de julio acusaron la ilegalidad del decreto y exigieron la salida del subsecretario de Transportes Jaime Faivovich[331].

Durante los primeros días de agosto, continuaron los operativos de las FF. AA. en el marco de la Ley de Control de Armas. El 1 de agosto la prensa de oposición señaló que la UP había intentado introducir armamento en la Empresa Papelera de Puente Alto, Santiago[332]. Por estos hechos se efectuó una denuncia a la Fiscalía Militar y fueron detenidas dos personas por Carabineros en el marco de la Ley de Control de Armas.

El 3 de agosto efectivos del grupo 7 de la FACH efectuaron un allanamiento en la industria Cobre Cerrillos, por orden del fiscal de aviación comandante Cristián Rodríguez. El operativo estuvo a cargo de Gabriel Van Schouwen, comandante del Comando de Combate de la FACH, quien efectuó el operativo. Cobre Cerrillos, con posterioridad al Tanquetazo, fue ocupada por sus trabajadores, integrándose al Cordón Cerrillos[333]. Para el operativo se dispuso de un helicóptero que sobrevoló las instalaciones en un férreo control a través de un acordonamiento del sector. Los trabajadores, por su parte, fueron reunidos en el patio de la fábrica, siendo revisados.

---

[330] *Diario Oficial de la República de Chile*, 31 de julio de 1973, p. 2.

[331] "La salida inmediata del Subsecretario Faivovich piden gremios del transporte", *La Tercera de La Hora*, 1 de agosto de 1973, pp. 4-5.

[332] "Individuos armados intentaron penetrar en Papelera de P. Alto", *La Tercera de La Hora*, 2 de agosto de 1973, p. 2.

[333] "Allanado Cobre Cerrillos por efectivos de la FACH", *El Mercurio*, 4 de agosto de 1973, p. 1.

La discrecionalidad de los operativos y la incidencia de los servicios de inteligencia en las labores de seguridad interior, fueron evidenciadas por el mismo comandante Van Schouwen, quien señaló: "normalmente llegan cientos de denuncias, por cada una de estas se evalúa y solo se trabaja aquellas que aparecen verdaderamente importantes o en aquellas en las que se encuentra trabajando el servicio de inteligencia"[334].

Las figuras de las AJSI ajustadas en 1972 permitieron que las FF. AA. desarrollaran y ajustaran sus planificaciones de seguridad interior por las labores de control, patrullaje y medidas de seguridad interior en el contexto político del momento. Esto les permitió y justificó el desarrollo de labores de recopilación de información estratégica sobre los escenarios en curso y, a la vez, la producción de inteligencia política a través de los Servicios de Inteligencia institucionales (ver apartado siguiente).

En el caso de Valparaíso, el paro transportista cambió de cariz en la antesala del golpe de Estado. El intendente de Valparaíso facultó el 1 de agosto al almirante José Toribio Merino a ejercer sus atribuciones como jefe de plaza para efectuar control carretero, de transporte ferroviario y patrullaje con el fin de colaborar en esa labor con Carabineros[335]. El almirante Merino fue designado jefe de plaza a través de Decreto Supremo núm. 133 del 24 de abril de 1972, siendo facultado en algunas circunstancias para ejercer este rol. En el caso en cuestión, esta situación se generó por una escalada de los atentados y de sabotaje contra la infraestructura pública, industrias, locales de partidos políticos de Gobierno y universidades[336]. Esta designación le permitió a Merino efectuar el control del territorio y la subordinación de las guarniciones, permitiéndole desarrollar labores de control de la red húmeda, la

---

[334] "Allanado Cobre Cerrillos por efectivos de la FACH", *El Mercurio*, 4 de agosto de 1973, p.1.

[335] "FF. AA. toman control caminero en Valparaíso", *La Tercera de La Hora*, 2 de agosto de 1973, p. 2.

[336] "Más dinamita contra ferrocarriles", *La Tercera de La Hora*, 2 de agosto de 1973, p. 5.

electricidad y la distribución de bencinas[337]. Así también, conducir operativos en el marco de la Ley de Control de Armas como el realizado por esos días en el Hospital Van Buren[338].

Ilustración 12. Militares patrullan las calles

Fuente: Militares en allanamiento en Cobre Cerrillos. *El Mercurio*, 4 de agosto 1973.

El rol de las CAJSI será preponderante durante el mes de agosto a medida que el involucramiento de los militares en las labores de seguridad interior aumentó progresivamente, lo que permitió ir desarrollando un copamiento militar del territorio en varias zonas del país, a la vez que desarrollar las medidas de información estratégicas e inteligencia previa al golpe de Estado. Las condiciones políticas para ello fueron dadas por el fracaso de las negociaciones entre el PDC y el Gobierno mediadas por el

---

[337] "Valparaíso bajo vigilancia de Fuerzas Armadas", *El Mercurio*, 3 de agosto de 1983, p. 17. "Distribución del agua en Valparaíso", *El Mercurio*, 3 de agosto de 1983, p. 21.

[338] "FF. AA. intensifican su acción en busca de armas y explosivos", *La Tercera de La Hora*, 4 de agosto de 1973, contraportada. "Marina invadió las salas del Hospital "Van Buren", *La Tercera de La Hora*, 4 de agosto de 1973, p. 2. "La Armada allanó Hospital van Buren", *El Mercurio*, 3 de agosto, p. 22.

cardenal Raúl Silva Henríquez, la vuelta de los militares al gabinete a comienzos de agosto, el aumento explosivo de los atentados de sabotaje de parte de la oposición y la agudización del conflicto con los camioneros. En una conferencia de prensa dada por el ejecutivo el 12 de agosto por cadena nacional, fue designado una serie de interventores militares en todo el país, señalando:

> Hoy venció el plazo dado por el Gobierno para que los sectores paralizados reanudaran sus actividades.
> No obstante, el paro ha continuado y han recrudecidos los actos de violencia y terrorismo, en abierto desafío de la autoridad. Desde la iniciación del paro hasta la fecha, se han cometido 253 atentados que han significado cinco muertos, más de un centenar de heridos y cuantiosos daños a la economía nacional. Todo esto demuestra fehacientemente que este paro lejos de perseguir el logro de legítimas aspiraciones gremiales, busca finalidades políticas, encaminadas a socavar las bases del sistema democrático, valiéndose para ello de cualquier clase de pretexto. Esto ha quedado de manifiesto una vez más con las declaraciones formuladas por algunos dirigentes de los sectores en paro, que no reclaman por la solución de sus problemas gremiales, sino que hacen abiertos llamados para extender el movimiento a otras agrupaciones empresariales y profesionales que se unirían en base a una plataforma de carácter netamente político[339].

Esta situación permitió dar un contexto político al desarrollo de los operativos contrasubversivos y entregó la iniciativa política a las FF. AA. en diversas localidades, fortaleciendo las CAJSI. Los jefes de plaza, al ejercer de autoridades en las zonas jurisdiccionales respectivas, tuvieron amplias facultades para controlar la circulación de la población y resguardar áreas consideradas como críticas por las autoridades militares. Esta dinámica propia del copamiento militar del territorio se profundizará con los paros

---

[339] "Interventores militares en todo el país", *El Mercurio*, 13 de agosto de 1973, p. 15.

regionales adoptados en la segunda quincena de agosto. Pese a ello, desde el punto de vista militar, hubo algunas zonas como Temuco, Osorno (CAJSI División de Caballería del Ejército), Llanquihue (CAJSI III Base Aérea de la F.A.CH.) y Magallanes (CAJSI Región Militar Austral) donde esta dinámica comenzó a ilustrarse con fuerza ya desde principios de mes.

Uno de los operativos de mayor repercusión mediática en el marco de la Ley de Control de Armas se desarrolló en la ciudad de Punta Arenas en la Lanera Austral el 4 de agosto en la CAJSI de la Región Militar Austral[340]. Esta fue la culminación de una serie de operativos militares practicados en la región en respuesta a la ocupación de fábricas impulsada con posterioridad al Tanquetazo y ante el surgimiento de cordones industriales en la ciudad. Por este motivo, el Ejército en conjunto con la Armada y la FACH procedieron a hacer una ocupación militar del territorio austral.

A mediados de julio, el jefe de plaza y comandante en jefe de la V División del Ejército, el general Manuel Torres de la Cruz –quien fue uno de los pocos oficiales destinados al curso de contrasubversión de la Escuela Superior de Guerra de París, Francia– informó de los allanamientos practicados, enfatizando que "los cordones industriales no tienen fundamentos legales alguno para existir y que el Ejército está resguardando las industrias para su normal funcionamiento"[341]. Días más tarde, el 25 de julio, el general Torres de la Cruz, a raíz del hallazgo de un folleto del MIR, anunció en un comunicado conjunto de las tres ramas de las FF. AA. que el movimiento izquierdista, "Junto con llamar a la organización del poder del pueblo, invita a los miembros de las Fuerzas Armadas a participar en estas actividades, lo que constituye una abierta violación de las disposiciones legales vigentes". Asimismo, señaló a la ciudadanía que se adoptarían las más severas medidas, aplicando todo el rigor de la ley contra aquellos ciudadanos que

---

[340] "Cumplimos con la Ley de Control de Armas", *El Mercurio*, 7 de agosto de 1973, p. 19.
[341] "Espectaculares allanamientos de FF. AA. en busca de armas", *La Tercera de La Hora*, 20 de julio de 1973, p. 2.

intenten distribuir dichos folletos y otros similares salvaguardando así el orden interno y la disciplina de las FF. AA."[342]. Todos estos elementos incidieron en la polarización del territorio magallánico, tanto desde el punto de vista de la organización popular como desde la oposición nacionalista, los cuales a comienzos de agosto anunciaron la creación de un Frente de Defensa Magallánico[343].

El operativo de Lanera Austral del 4 de agosto se enmarcó en este contexto. Se inició a las 07:15 h. de la mañana por efectivos de la FACH por orden del jefe de plaza y comandante de la CAJSI, el general Manuel Torres de la Cruz. Los efectivos procedieron a acordonar la fábrica, allanando las dependencias e interrogando y revisando a cada trabajador. Producto de estos hechos, fueron heridos los obreros Guillermo Calixto y Manuel González, este último de bala, producto de lo cual fallecerá en las horas posteriores en el Hospital Naval.

Ante estos graves hechos, los trabajadores de la región emitieron fuertes pronunciamientos. El Sindicato Único de Lanera Austral señaló que "aquí hay un ejecutor directo y responsable de este crimen. Usted señor general Manuel Torres de la Cruz, usted ha manchado sus manos con la sangre nuestra. Usted es el autor intelectual. Usted que se escuda tras el uniforme que diera gloria a nuestros padres de la Patria. Usted y nadie más que usted; nosotros los trabajadores de Lanera Austral le decimos váyase y no actúe cobardemente asesinando trabajadores"[344]. Esto impulsó a la CUT provincial a la creación de un cordón industrial norte y de un comando sectorial Barrio Prat y a convocar a una paralización regional[345].

Todos los operativos realizados en Magallanes utilizando los dispositivos de las CAJSI y la Ley de Control de Armas como marco de acción inmediato, permitieron construir la planificación

---

[342] "En Punta Arenas severa advertencia de las FF. AA. al MIR", *La Tercera de La Hora*, 25 de julio de 1973, p. 2.
[343] "En Formación el Frente de Defensa Magallánico", *El Mercurio*, 2 de agosto de 1973, p. 9.
[344] *El Magallanes*, 6 de agosto de 1973, p. 15.
[345] *El Magallanes*, 9 de agosto de 1973, p. 4. *La Prensa Austral*, 10 de agosto de 1973, p. 3.

de seguridad interior y el desarrollo de la inteligencia previo al golpe de Estado. Pese a que inicialmente el general Manuel Torres de la Cruz desconoció estos hechos[346], el año 2002 reconoció la relación entre el desarrollo de los operativos represivos y la formación de los planes de seguridad interior[347].

Los hechos de la Lanera Austral gatillaron serios cuestionamientos por parte de los partidos políticos de izquierda, quienes instalaron la necesidad de efectuar modificaciones a la Ley de Control de Armas[348]; no obstante, para agosto de 1973, a semanas del golpe de Estado, no había ningún margen político para aquello. En una declaración conjunta de las comisiones políticas del PCCH y del PS, se enfatizó la necesidad de modificar la Ley de Control de Armas y Explosivos para evitar los excesos que conllevó la muerte del obrero de Lanera Austral[349]. En respuesta a esto, el Ejército comunicó que se querellaría en contra del MIR y el senador Julio Palestro, quienes habían sumado a los cuestionamientos al operativo de la FACH en Magallanes[350].

Por su parte, en la ciudad de Temuco, el comandante del Regimiento de Infantería de Montaña núm. 8 Tucapel, el teniente coronel Pablo Iturriaga, condujo los operativos de copamiento militar del territorio de la CAJSI IV División del Ejército o División de Caballería. A comienzos de agosto, la ciudad fue prácticamente sitiada por efectivos militares, controlándose todos los accesos, asentando contingentes militares en todos los edificios e infraestructuras públicas consideradas críticas y realizando controles a todos los transportes en las vías de entrada y salida de la ciudad, en el marco de la aplicación de la Ley de Control de Armas y

---

[346] González, María Yolanda. "El General Torres de la Cruz y las actividades de V División", *El Mercurio*, 29 de agosto de 1973, p. 2.

[347] "Entrevista al General Manuel Torres de la Cruz", *El Magallanes*, 31 de diciembre de 2002.

[348] "La Ley Maldita", *Punto Final*, Año VIII, núm. 190, martes 14 de agosto de 1973, p. 1. Navasal, Joaquín. "La Ley Maldita, flagelo para la clase obrera", *Documentos, Punto Final*, Año VIII, núm. 191, 28 de agosto de 1973.

[349] "PC y PS piden reforma a Ley de Control de Armas", *El Mercurio*, 12 de agosto de 1973, p. 31.

[350] "Ejército se querella contra MIR y Palestro", *El Mercurio*, 8 de agosto de 1973, p. 15.

Explosivos[351]. Este operativo iniciado el 1 de agosto se originó en el marco de un proceso judicial en contra del MIR por orden del fiscal militar Alejandro Cabezas[352], por infracción del artículo 284 del Código de Justicia Militar, por estimar que un programa de radio transmitido el 22 de julio por Radio Cooperativa fue atentatorio y lesivo contra las FF. AA.

El trasfondo fueron las denuncias del aumento de las ocupaciones de fundos que se aceleraron desde el Tanquetazo, el temor ante la conformación de un "cordón agrario" que cercara la ciudad y el temor a la conformación de espacios de resistencia armada por parte del MIR[353]. Si bien desde comienzos de 1971 el PDC llevó adelante una férrea campaña en contra de la existencia de "guerrillas" en la zona de la precordillera de Valdivia, donde se desarrolló el Cofomap, desde mediados de julio de 1973, la prensa opositora comenzó a asediar comunicacionalmente en otros sectores rurales donde la organización campesina empezó a desarrollarse con mayor intensidad.

El foco de atención se trasladó hacia la zona costera de Cautín, donde se denunció la formación de un "cordón agrario": "Alarma existe entre los pequeños propietarios agrícolas de la provincia de Cautín, frente a una maniobra que ha sido detectada y ha sido destinada a crear un "Cordón Agrario" en las puertas mismas de Temuco"[354]. Si bien el foco de las denuncias se colocó en las políticas de expropiación desarrolladas por la CORA y el Instituto Nacional de Desarrollo Agropecuario (Indap), el trasfondo apuntaba al desarrollo de articulaciones sindicales y campesinas de parte de trabajadores rurales en una serie de Comandos Campesinos[355].

---

[351] "Severos Patrullajes Realizan Fuerzas Armadas en Temuco", *El Mercurio*, 3 de agosto de 1973, p. 23.

[352] "Proceso Militar en contra del MIR se inició en Temuco", *El Mercurio*, 2 de agosto de 1973, p. 19.

[353] "MIR amenaza tomas de fundos y caminos", *El Mercurio*. 12 de agosto de 1973, p. 37.

[354] "Cordón Agrario en Temuco", *El Mercurio*, 13 de julio de 1973, p. 11.

[355] Navarrete, Jaime. *Movimiento Campesino Revolucionario: entre la reivindicación territorial y el Proyecto Socialista (Cautín, 1970-1973)*. Tesis para optar al grado de Magíster en Historia. Universidad de Chile, 2017, pp. 78-111.

En particular, una fuerte atención mediática se desarrolló en torno a la zona costera de Cautín, donde trabajadores campesinos e indígenas articulados con presencia del MIR, a través del Movimiento de Campesinos Revolucionarios (MCR), venían hace unos meses desarrollando ocupaciones de terrenos y formaciones de asentamientos campesinos en las localidades de Lautaro y Cautín. Esto propició que se generara una fuerte asociación entre la izquierda extraparlamentaria, identificada con la vía armada, y estas organizaciones sociales.

El 8 de agosto en la CAJSI VI División de Ejército, correspondiente a la provincia norteña de Arica, se registraron allanamientos en la fábrica Enatat por efectivos del Ejército. En un comunicado oficial, el comandante del Regimiento Rancagua, el coronel Odlanier Mena Salinas –quien posteriormente se desempeñó como director de la Central Nacional de Informaciones, CNI– enumeró los explosivos hallados, señalando que fueron incautados 850 cartuchos de dinamita, 105 detonadores y una ballesta artesanal[356].

Ese mismo día se anunció el cambio de gabinete y la conformación de un Gabinete de Seguridad Nacional. El general Carlos Prats, comandante en jefe del Ejército, asumió la cartera de Defensa. El almirante Raúl Montero, comandante en jefe de la Armada, asumió el Ministerio de Hacienda. El general de aire César Ruiz, el Ministerio de Obras Públicas. Finalmente, el director general de Carabineros, general José María Sepúlveda, asumió la cartera de Tierras y Colonización. En la ceremonia, el presidente Allende fustigó contra la existencia de un plan sedicioso en el que el paro gremial de los camioneros se vinculaba con el asesinado del edecán Arturo Araya Peeters. Por otra parte, apuntó en contra de las acciones terroristas de extrema izquierda y derecha, y se manifestó en oposición a la formación de un ejército paralelo, acción de insubordinación en contra de la jerarquía de las FF. AA. y frente a eventuales infiltraciones de estas, señalando que "mi Gobierno rechazará toda tentativa de infiltración política y

---

[356] "Depósitos de Explosivos descubren en fábrica", *El Mercurio*, 9 de agosto de 1973, p. 18.

subversiva tanto en el Ejército como en la Marina, Aviación, Carabineros e investigaciones"[357]. El trasfondo de las palabras del presidente era el proceso iniciado en contra del personal de la marinería y trabajadores de la empresa pública Astilleros y Maestranzas de la Armada (Asmar), que entablaron contactos con partidos políticos de izquierda, para denunciar los movimientos de las tropas de la Armada, como se verá más adelante. Por otra parte, la designación de las máximas autoridades en las carteras de Gobierno implicó dejar en la subrogancia de los mandos a las cabezas conspirativas del golpe de Estado: la Armada quedó comandada por el vicealmirante José Toribio Merino, el Ejército por el general Augusto Pinochet Ugarte y la Aviación por el general de brigada aérea Gustavo Leigh[358]. En la práctica, desde mediados de agosto, el "grupo de los quince" quedó a la cabeza de las instituciones de la Defensa Nacional con todos los recursos institucionales y logísticos para urdir el tramo final de la asonada golpista.

Pese a las medidas anunciadas por Salvador Allende para combatir el paro de los transportistas, con el correr del mes se fueron sumando gremios de profesionales y en algunas zonas se efectuaron paralizaciones regionales. Estas comenzaron en Osorno el 3 de agosto con una movilización convocada por el Comando Multigremial de dicha ciudad[359]. En las semanas siguientes se efectuaron paralizaciones en una serie de provincias, impulsadas por el comercio y pequeños industriales[360]. En algunos casos, como en la Provincia del Biobío, se fue generando una situación de escasez de alimentos progresiva[361]. La movilización se fue extendiendo

---

[357] "Jefes de FF. AA. y Carabineros juraron el nuevo Gabinete", *La Tercera de La Hora*, 10 de agosto de 1973, pp. 4-5.

[358] "Nombran a subrogantes de los comandantes en jefe", *La Tercera de La Hora*, 10 de agosto de 1973, p.4.

[359] "Comando Multigremial de Osorno acordó paro en apoyo a Transportistas", *El Mercurio*, 4 de agosto de 1973, p. 22.

[360] "Pequeños Industriales apoyan Paro Gremial de Transportistas", *El Mercurio*. 15 de agosto de 1973, p. 23.

[361] "Paro total en el Biobío por el desabastecimiento", *El Mercurio*, 17 de agosto de 1973, p. 17.

a los días siguientes hacia otras provincias[362], llegando el 21 a la convocatoria de un paro multigremial en las provincias de Cautín, Malleco, Osorno y Llanquihue[363].

El 12 de agosto, en el Instituto Nacional de Capacitación (Inacap) de la ciudad de San Fernando, se efectuó un allanamiento por efectivos del Ejército. El oficial de relaciones públicas del Regimiento Infantería de Montaña núm. 9 Colchagua, de la II División del Ejército, emitió un comunicado a nombre de la jefatura de plaza; señaló que con motivo del operativo: "(...) se procedió a la detención de algunos individuos por infracción de la Ley 17.798 sobre Control de Armas, los que pasaron a disposición de la Fiscalía Militar conjuntamente con los elementos probatorios del caso"[364]. Pese a ello, no se entregaron mayores antecedentes sobre la identidad y número de detenidos.

En la semana siguiente, en Valparaíso se registraron algunos allanamientos. El día 18 de agosto un contingente de la Armada allanó la fábrica Costa en la ciudad de Valparaíso[365]. Al día siguiente, efectivos del Regimiento núm. 2 Quillota realizaron un allanamiento en la fábrica de cemento Melón en la ciudad de La Calera. El operativo estuvo a cargo del comandante de la guarnición, coronel Jorge Paredes y contó con la participación de cincuenta efectivos militares, no encontrándose armas ni explosivos[366].

Con posterioridad a estos hechos se materializó el proyecto de acuerdo del Congreso que declaró la ilegalidad del Gobierno el 22 de agosto. Dicha iniciativa comenzó a fraguarse desde mediados de julio, cuando Patricio Aylwin, presidente del PDC, dio un discurso el 11 de julio en donde señaló que la UP había quebrantado el estatuto de garantías constitucionales suscrito en octubre

---

[362] "Paralización Zona Sur", *El Mercurio*, 18 de agosto de 1973, p. 1.

[363] "Paro multigremial cumplen trabajadores de la Zona Sur", *El Mercurio*, 21 de agosto de 1973, p. 18.

[364] "Allanamiento Positivo en INACAP de San Fernando hicieron militares", *El Mercurio*, 12 de agosto de 1973, p. 23.

[365] "No había armas", *El Mercurio*, 19 de agosto de 1973, p. 39.

[366] "Militares allanaron Cemento Melón en busca de armamento", *La Tercera de La Hora*, 20 de agosto de 1973.

de 1970[367]. Por su parte, el senador Luis Bossay (PIR) secundó esta posición, señalando que la UP buscaba construir un ejército paralelo y superar a las FF. AA.[368]. Desde comienzos de agosto a nivel gremial, el Colegio de Abogados en una declaración suscrita por su directorio nacional acusó al Gobierno de incurrir en un accionar ilegal[369]. El 14 de agosto, en una declaración suscrita por un grupo de senadores democratacristianos, formado por Juan Hamilton, José Muslero, Andrés Zaldívar, Juan de Dios Carmona, Eugenio Ballesteros, Luis Papic, Alfredo Lorca, José Foncea y Jorge Lavandero[370], calificaron el accionar del gobierno de ilegal: "el Gobierno de la Unidad Popular se mantiene en la ilegalidad y en abierta violación de la Constitución Política al no promulgar la reforma aprobada que exige someter a la ley la formación del área de propiedad social y consagra la participación de los trabajadores; y al insistir, a través de "resquicios" o simples acciones de hecho, en la extensión de la estatización en contravención a las disposiciones contenidas en la reforma"(…) "Todas las promesas y anuncios del Gobierno en relación con el restablecimiento del orden institucional y el respeto al Estado de Derecho carecen de valor y sin seriedad en tanto persistan en sus acciones de hecho y no promulgue la reforma aprobada. Mientras el Gobierno se mantenga al margen del orden legal, solo puede sostenerse en la fuerza"[371].

El 21 de agosto se anunció, a través del parlamentario Gustavo Lorca (PN), la convocatoria a una sesión especial para tratar la inhabilidad moral del presidente Allende para ejercer el poder ejecutivo por suscitarse de manera reiterada actos de ilegalidad[372]. Al día siguiente, en un proyecto de resolución suscrito por los partidos de oposición (PDC, PN, DR, PSD), se acusó al Gobierno

---

[367] "Aylwin: La institucionalidad democrática está quebrantada", *El Mercurio*, 12 de julio de 1973, p. 1.
[368] "UP se propone superar a las Fuerzas Armadas", *El Mercurio*, 12 de julio de 1973, p. 19.
[369] "Ordenamiento Jurídico del país está quebrado", *El Mercurio*, 9 de agosto de 1973, p. 19.
[370] "Gobierno de UP se mantiene en la ilegalidad", *El Mercurio*, 15 de agosto de 1973, p. 21.
[371] "El gobierno de la UP se mantiene en la ilegalidad", *La Tercera de La Hora*, 15 de agosto de 1973, p. 7.
[372] "Sesión parlamentaria para tratar la "Ilegitimidad del gobierno", *La Tercera de La Hora*, 22 de agosto de 1973, p. 5.

de ilegitimidad, usurpación de poderes, utilización política de las FF. AA. y de infringir la Constitución Política a través de la generación de organismos paralelos al Estado a través de las organizaciones de poder popular. Al respecto, señaló que el Gobierno:

> (...) ha hecho de ellas un sistema permanente de conducta, llegando a los extremos de desconocer y atropellar sistemáticamente las atribuciones de los demás Poderes del Estado; de violar habitualmente las garantías que la Constitución asegura a todos los habitantes de la República y de permitir y amparar la creación de poderes paralelos, ilegítimos, que constituyen gravísimo peligro para la nación; con todo lo cual ha destruido elementos esenciales de la institucionalidad y del Estado de Derecho[373].

Finalmente, respecto a la relación entre las FF. AA. y el ejecutivo se enfatizó:

> Las Fuerzas Armadas y Carabineros son y deben ser, por su propia naturaleza, garantía para todos los chilenos y no solo para un sector de la nación o para una combinación política. Por consiguiente, su presencia en el Gobierno no puede prestarse para que cubran con su aval determinada política partidista y minoritaria, sino que debe encaminarse a restablecer las condiciones de pleno imperio de la Constitución y las leyes y de convivencia democrática, indispensables para garantizar a Chile su estabilidad institucional, paz civil, seguridad y desarrollo[374].

En medio de una sesión cruzada por conflictos y altercados entre los parlamentarios de Gobierno y oposición, el proyecto fue aprobado cerca de las 22:00 h. por 81 votos a favor (PDC, PN, DR y PSD) y 47 en contra (PCCH, PS, PR, MAPU, IC y API)[375].

---

[373] "Hay grave quebrantamiento del orden institucional en Chile", *La Tercera de La Hora*, 23 de agosto de 1973, pp. 4-5.
[374] Ídem.
[375] Cámara de Diputados. *Diario de Sesión*, del 22 de agosto de 1973.

Los diputados del oficialismo manifestaron que dicha resolución era jurídicamente no vinculante, motivo por el cual solo buscaba generar las condiciones políticas para la justificación de un golpe de Estado y del desarrollo posterior de una guerra civil. En esa misma línea, el ejecutivo en una declaración pública del día siguiente manifestó: "Desde el punto de vista jurídico, tal acuerdo no produce ningún efecto. Así lo reconoce el mismo texto aprobado, cuya parte resolutiva no contiene ninguna conclusión práctica", agregando que "la explicación de esta actitud debe encontrarse, por consiguiente, en la decisión política de encubrir, consciente o inconscientemente, con un manto de falsa legalidad, posteriores intentos de alterar la convicción democrática y de derrocar al Gobierno legítimamente constituido"[376].

Las semanas que siguieron fueron la antesala del golpe de Estado. Hacia finales de agosto de 1973, los operativos represivos en el marco de la seguridad interior por parte de las FF. AA. van cambiando de cariz, consolidado una dinámica agresiva de copamiento militar del territorio en los casos en que las correlaciones de fuerza eran favorables (en Cautín, Magallanes, Osorno y Llanquihue) o en el marco de operativos acotados a un sector específico en el marco de la aplicación de las disposiciones de la Ley de Control de Armas.

El 21 de agosto, en la CAJSI de la IV División de Ejército de la Provincia de Osorno, en el marco de una concentración de trabajadores en la ciudad en apoyo del jefe provincial de Dirinco, una compañía militar del Regimiento núm. 4 Arauco procedió a acordonar el territorio y a efectuar una serie de allanamiento en el marco del dispositivo de la Ley de Control de Armas. La situación de Osorno revestía una situación de excepción en el marco del paro de transportistas, motivo por el cual el teniente coronel Lizardo Abarca Maggi, comandante del regimiento, disponía de mayores atribuciones. Al día siguiente, por orden del fiscal militar de la zona, son dictadas órdenes de detención en contra de los

---

[376] "Acuerdo de Cámara de Diputados es inconcebible", *La Tercera de La Hora*, 24 de agosto de 1973, p. 2. "El acuerdo no tiene validez Jurídica", *La Tercera de La Hora*, 25 de agosto de 1973, p. 12.

regionales del MIR, el MAPU, la Juventud Radical Revolucionaria (JRR) y la IC, dirigentes sindicales como el secretario Regional de la CUT y dirigentes de la construcción. Los operativos de copamiento militar fueron masivos y procedieron a un completo control de la población mediante un empadronamiento del territorio[377]. Según el testimonio de un dirigente sindical del Cordón Industrial de Osorno: "En estos días empiezan los patrullajes militares y la revisión a los peatones, de casi todos trabajadores que van a sus lugares de trabajo"[378].

Ilustración 13. Militares controlan población

Militares deteniendo y registrando a personas en Concepción. En fotografía, según *El Mercurio*, fueron detenidos 200 simpatizantes del MIR por orden del jefe de plaza, general Washington Carrasco. Fuente: *El Mercurio*, 23 de agosto de 1973, p. 1.

---

[377] Vega, Héctor, "Osorno bajo la boca del fusil", *Punto Final*, Año VIII, núm. 192, 11 de septiembre de 1973, pp. 12-13.

[378] Zerán, Faride. "Represión Militar en Osorno", *Chile Hoy*, Año II, núm. 65, del 7 al 13 de septiembre de 1973, p. 9.

La última semana de agosto fue particularmente agitada desde el punto de vista de los operativos de la Ley de Control de Armas. El 28 de agosto efectivos de la Escuela de Ingenieros de Tejas Verdes, comandados por el teniente coronel Manuel Contreras, allanaron el predio "Las brisas" a unos 7 km. de la comuna de San Antonio. En el lugar fue detenido Luis Medina, militante de la organización Poder Campesino vinculada al MAPU, siendo entregado al fiscal militar del segundo juzgado[379].

El 30 de agosto se registraron enfrentamientos entre el Comando Unido de Centros de Alumnos de Quillota y militantes del PCCH, cerca de la sede partidaria en Freire núm. 20. Producto de los enfrentamientos, que culminaron con un estudiante herido, el recinto fue allanado por Carabineros y militares de la Escuela de Caballería de Quillota, siendo detenidos cuatro militantes comunistas[380]. Al día siguiente, la Infantería de Marina realizó un operativo en cumplimiento de órdenes de la Fiscalía Naval de Valparaíso y allanó otro local del PCCH en dicha ciudad, deteniendo a treinta y dos personas[381].

Entre el 30 y el 31 de agosto se registraron nuevos operativos en zona de Cautín, en la Araucanía y en Santiago, en la industria Indugas de la comuna de Estación Central[382]. En el caso de Indugas, el operativo se debió a que el 29 de agosto fue asesinado el subteniente de Ejército Héctor Lacamprette en la comuna de Las Condes[383]. Por este hecho fue detenido José Soza Gil, ciudadano mexicano y jefe de la empresa Indugas. La oposición de inmediato fustigó con el trasfondo de la contratación de Soza,

---

[379] "Descubren un campamento de entrenamiento de extremistas", *La Tercera de La Hora*, 30 de agosto de 1973, p. 2.

[380] "Desde sede del PC disparan contra grupos de jóvenes", *El Mercurio*, 31 de agosto de 1973, p. 17.

[381] "Allanado local del PC en Quillota", *La Tercera de La Hora*, 31 de agosto de 1973, p. 4. "Allanado PC de Valpo. Hubo 32 detenidos", *La Tercera de La Hora*, 1 de septiembre de 1973, p. 4.

[382] Zerán, Faride. "Una toma que terminó en guerra", *Chile Hoy*, Año II, núm. 65, del 7 al 13 de septiembre de 1973, p. 6.

[383] "Asesinado oficial del ejército", *El Mercurio*, 30 de agosto de 1973, p. 1.

señalando que este se desempeñaba como instructor paramilitar recientemente llegado al país junto a otros 10.000 extranjeros que se desempeñaban como parte de un "Ejército paralelo" en formación –como denunciaron los diputados del PDC Carlos Dupré y Juana Dipp–[384]. Por este motivo, el 31 fue allanada Indugas por diez camiones con efectivos militares del Regimiento Tacna, que procedieron a allanar las dependencias de la fábrica por cuatro horas, deteniendo a dos obreros de la fábrica por supuesta tenencia de armas –pese a no tener ninguna en su poder al momento de registrarse el allanamiento–.

Ilustración 14. Militares durante el allanamiento de Indugas

Fuente: *La Tercera*, 1 de septiembre de 1973.

---

[384] "Diez mil extranjeros contrató el gobierno", *La Tercera de La Hora*, 29 de junio de 1973, p. 5.

En el caso del operativo militar en Cautín de la CAJSI de IV División de Ejército[385], efectuado desde el jueves 30 en adelante, se movilizó un contingente mayor, adoptando las modalidades de un copamiento militar del territorio. Durante una serie de días se registró una serie de allanamientos en comunidades huilliches, poblaciones e industrias por efectivos del Ejército y de la FACH. La zona era emblemática por dos grandes motivos, los que nos permiten dar cuenta del rol de los operativos militares en el marco de la Ley de Control de Armas y Explosivos. Por una parte, la zona de Cautín desde comienzos de la política de expropiación de tierras llevada adelante por el Gobierno de la UP, se había transformado en una de las zonas más álgidas de la movilización campesina, registrando una gran cantidad de ocupaciones de fundos solo superada por la provincia de Valdivia (ver tabla 8). En ese mismo sentido, la zona registraba una gran cantidad de expropiaciones con 1.378 fundos hacia finales de 1971. Este proceso de ocupación sistemático de fundos desde el comienzo del Gobierno de la UP en el sector fue bautizado como "cautinazo"[386]. Por otra parte, fue el lugar en el que la violencia política organizada por los patrones en los "comités de retoma", comenzó a visibilizarse tras la muerte del militante del PN Rolando Matus Castillo, que le dará el nombre al comando de extrema derecha vinculado a dicho partido: el Comando Rolando Matus.

Tabla 8. Ocupaciones de fundos en cinco provincias

Provincia	1968	1969	1970	1971
Cautín	1	2	54	112
Valdivia	3	81	31	158
Osorno	2	4	41	66
Llanquihue	1	1	52	134

Fuente: Klein, Emilio. *Antecedentes para el estudio de conflictos colectivos en el campo, 1967-1971*. Santiago: ICIRA, 1972.

---

[385] "Cautín: un nuevo montaje de la derecha", *Chile Hoy*, Año II, núm. 65, del 7 al 13 de septiembre de 1973, pp. 32 y 29.

[386] Navarrete, *op. cit.*, p. 107. Redondo, Jesús Ángel. "Las tomas de fundos en la provincia de Cautín (Chile), 1967-1973", *Cuadernos de Historia*, núm. 42, Santiago, junio 2015.

Esto propició una escalada de violencia, tanto desde los campesinos organizados que impulsaron la práctica de las corridas de cerco y, desde los patrones, al alero del PN a través de los comités de retomas. En ambos casos, el repertorio político quedó constituido por el ejercicio de la violencia política, con costos de vidas como fue el caso del campesino Juan Huilipán[387]. Este escenario con posterioridad al Tanquetazo se agudizó, lo que generó las condiciones políticas para el desarrollo del copamiento militar del territorio por parte de las FF. AA. y policiales. En particular, este fue propiciado por la huelga de los transportistas, los paros regionales de las provincias del sur y el operativo militar en contra del MIR iniciado a comienzos de agosto. La oposición, por su parte, denunció la existencia de campos de entrenamiento de guerrilleros en la zona y el supuesto desembarco de un buque cubano con armamentos y explosivos.

Ilustración 15. Operativo policial y de infantes de Marina en Valparaíso en calle Rawson

Contexto: enfrentamiento por la toma y retoma por la Universidad Católica de Valparaíso, que dejó 20 heridos y 188 detenidos: Fuente: *La Tercera*, 2 de septiembre de 1973.

---

[387] Para el caso de la violencia política popular: Cancino, Hugo. *La problemática del Poder Popular en el Proceso de la vía chilena al socialismo, 1970-1973*. Denmark: Arthur University Press, 1988. pp. 172-189.

En el contexto de la huelga del transporte, el Gobierno decretó estado de emergencia en las Provincias de Temuco y Cautín, entregando el control del territorio al jefe de plaza Pablo Iturriaga de la CAJSI de la IV División del Ejército[388]. En la ciudad de Temuco, ello lo facultó para restringir el derecho de reunión, efectuar patrullajes y toque de queda en el territorio jurisdiccional bajo su jefatura. Para ello se asentó un contingente de uniformados de caballería en cada manzana de la ciudad. Las concentraciones de trabajadores fueron cercadas por uniformados, siendo sobrevolados por helicópteros y apuntados con ametralladoras montadas a sus costados. Desde las 10 de la noche eran revisados todos los vehículos que circulaban por las calles y resguardados todos los accesos a la ciudad, así como todo el flujo vehicular en el ingreso y salida del aeropuerto de Maquehue[389].

El jueves 30 de agosto efectivos a cargo de la Comandancia de la Guarnición de la provincia de Cautín, dirigidos por el comandante del Regimiento de Infantería núm. 8 Tucapel Pablo Iturriaga, con el apoyo del comandante del Grupo 3 de Helicópteros Andrés Pacheco y el subprefecto de Carabineros, Enrique González González, procedieron en el marco de la Ley de Control de Armas a ocupar militarmente una serie de asentamientos de la localidad de Nehuentúe y Moncul, en Cautín. Específicamente, fueron allanados el centro de producción Jorge Fernández, el asentamiento campesino Santa Lucía de Moncul, el Centro de Reforma Agraria (CERA) Lobería y Arnoldo Ríos, en la localidad de Nehuentúe, Cautín[390]. Para ello dispusieron de tres helicópteros, ochenta soldados del Regimiento Tucapel y un amplio contingente de carabineros. La Comandancia de la Guarnición emitió un comunicado en el que señaló que:

---

[388] No pude tener acceso al Decreto de estado de emergencia, ya que el *Diario Oficial* desde mediados de agosto quedó descontinuado. La referencia al Estado de Excepción está en la prensa de la época.

[389] *El Austral*, 17 de mayo de 1972, p. 2,

[390] Sepúlveda, Lucía. "El sur bajo régimen militar", *Punto Final*, Año VIII, núm. 192, martes 11 de septiembre de 1973, pp. 2-3.

En operación de allanamiento ordenada por la Fiscalía de Cautín al Asentamiento José Fernández, ex fundo expropiado a don Miguel Laruleuche, a dos kilómetros de Nehuentúe, comuna de Puerto Saavedra, fue ubicada y descubierta una fábrica de granadas y una escuela de guerrilleros y de adiestramiento de líderes para guerrilla. Se capturaron veinte individuos los que serán trasladados a la cárcel de Temuco estrictamente incomunicados, algunas armas, granadas, bombas, dinamita y elementos de construcción[391].

Los miembros de las comunidades allanadas denunciaron que estos operativos fueron llevados adelante con inusitada violencia, siendo torturados e interrogados en las instalaciones del centro de producción José Fernández. En esas instalaciones, según el testimonio de Margarita Paillao, encargada de la posta del centro de producción,

> Eran tres helicópteros que bajaron a las nueve de la mañana. La gente estaba cada cual por su trabajo, todos desparramados por el campo. Pusieron camiones para cortar la entrada al Centro de Producción y encerraron la casa patronal (hoy posta) y la mía. A mí me plantaron fuera de la casa y me allegaron a la pared con la guagua en los brazos mientras rebuscaban adentro y quebraban todas mis cosas (...) No daban ninguna explicación, nos ponían a todos puerta afuera, hasta que llegó uno que hacía de jefe y nos hizo reunirnos en la casa patronal. Para que sepan, nos dijo, traigo una orden presidencial para hacer un allanamiento y para interrogar algunas personas. Y entonces empezó a leer nombres de compañeros y detuvieron a los primeros tres, los dirigentes del Centro de Producción y el hijo de uno de ellos[392].

---

[391] "Gigantesco operativo descubrió escuela de guerrillas en Cautín", *La Tercera de La Hora*, 2 de septiembre de 1973, p. 2.
[392] Sepúlveda, *op. cit.*, p. 2.

Los primeros trabajadores detenidos en dicho operativo fueron Silverio Fernández, vicepresidente del centro de producción; Mario Santander, José Ponce y Orlando Bertrán, presidente del centro y, además, del Comando Común al de Puerto Saavedra. Según el testimonio de Margarita Paillao, los trabajadores fueron llevados al segundo piso de la casa patronal, siendo sometidos a torturas mientras eran interrogados por la existencia de armamento y conexiones con partidos políticos de izquierda, específicamente con el MCR y el MIR.

En respuesta a estos hechos, el Comando Comunal de Trabajadores de Puerto Saavedra declaró públicamente que: "Esta acción tiene por objeto despejar el camino al golpe de Estado, amedrentar a los trabajadores y lanzar contra obreros y campesinos a los suboficiales, clases, soldados y oficiales honestos", agregando que, después del operativo militar sobre la Lanera Austral en Punta Arenas, este era el más grande a nivel nacional. En el operativo fueron detenidas y trasladadas a la cárcel de Temuco veintiocho personas[393]. A los días fue presentado con una amplia cobertura mediática el "armamento" encontrado, consistente en su mayoría de literatura marxista y propaganda del MIR y sus frentes de masas[394].

El 7 de septiembre un nuevo operativo de la CAJSI, dirigido por Pablo Iturriaga, se efectuó en un sector fronterizo de Pucón. El operativo aeromóvil contó nuevamente con el apoyo del grupo 3 de Maquehue, efectivos policiales y militares del Regimiento Tucapel. El operativo concluyó con la detención de trece personas en el sector de laguna Quillelhue. Los detenidos fueron llevados a las dependencias del Grupo de Instrucción de Carabineros de Temuco, ante el fiscal militar, coronel de Carabineros subprefecto de Cautín, Gonzalo Enríquez[395].

---

[393] "A Temuco trasladan a los 20 guerrilleros", *La Tercera de La Hora*, 5 de septiembre de 1973, p. 5. "A 27 subió el número de los detenidos por guerrilleros", *La Tercera de La Hora*, 4 de septiembre de 1973, p. 2.
[394] "Militares mostraron arsenal que tenían en escuela de guerrilleros", *La Tercera de La Hora*, 5 de septiembre de 1973, p. 2.
[395] "Detenido grupo guerrillero en Pucón", *La Tercera de La Hora*, 9 de septiembre de 1973, p. 10.

Los días previos al golpe de Estado se acentuó la ocupación militar del territorio por parte de las FF. AA. y Carabineros, siendo controlados todos los accesos a las principales ciudades, aeropuertos, infraestructura como puertos, centrales hidroeléctricas y líneas férreas. La escalada de atentados terroristas por parte de los grupos de extrema derecha desde la segunda quincena de agosto, creció exponencialmente (registrándose más de 200 atentados explosivos en una semana)[396]. Se recrudecieron los operativos en el marco de la Ley de Control de Armas y Explosivos y algunos departamentos se encontraban bajo Zona de Estado de Emergencia, operando en la práctica las CAJSI, implementándose en los hechos las planificaciones de seguridad y la recopilación de inteligencia estratégica. El 6 de septiembre, bajo la excusa de dar con "arsenales ambulantes", los efectivos militares y de Carabineros de las guarniciones bajo la Comandancia de los jefes de plaza procedieron a instalar patrullas de militares conformadas por cincuenta soldados, para revisar manzana por manzana las principales ciudades del país (Ver ilustración 16)[397].

Dos días más tarde, en el marco de un allanamiento en un domicilio particular cercano a la Industria SUMAR en la comuna de San Joaquín, se registró un enfrentamiento armado entre efectivos de la FACH y civiles asentados en el techo de la industria, siendo posteriormente detenidas veintidós personas[398].

---

[396] "235 atentados en solo dos semanas", *La Tercera de La Hora*, 14 de agosto de 1973, p. 7.
"Aumentan atentados a través de todo Chile", *La Tercera de La Hora*, 18 de agosto 1973, p. 6.
"235 atentados en solo dos semanas", *La Tercera de La Hora*, 14 de agosto de 1973, p. 7.
"Crece la ola de terrorismo", *La Tercera de La Hora*, 20 de agosto de 1973, p. 7. "Más actos terroristas se registraron en vía férrea", *La Tercera de La Hora*, 22 de agosto de 1973, p. 6.
"Recrudecen atentados terroristas", *La Tercera de La Hora*, 21 de agosto de 1973, p. 9. "Récord de atentados a lo largo del país", *La Tercera de La Hora*, 23 de agosto de 1973, p. 6.

[397] "Intensos patrullajes de las FF. AA. en busca de armas", *La Tercera de La Hora*, 7 de septiembre de 1973, p. 4.

[398] "Informe oficial. Personal de SUMAR está armado", *La Tercera de La Hora*, 9 de septiembre de 1973, p. 2.

Ilustración 16. Patrullaje militar y control carretero

Patrullaje militar, control carretero y allanamientos en el marco de la Ley de Control de Armas y Explosivos en los accesos al aeropuerto de Pudahuel realizados el 6 de septiembre de 1973. Fuente: *La Tercera de La Hora*, 7 de septiembre de 1973.

El camino del golpe desde el punto de vista militar estaba pavimentado en la instalación por los hechos de un Estado de Excepción Constitucional, que facultó a los militares a ejercer el control de la seguridad interior del Estado en diversas partes del territorio nacional, en un contexto democrático que propició una militarización de las funciones policiales ante la incapacidad del sistema político de procesar los antagonismos políticos de los diversos grupos y partidos políticos de la época. La entrega del control del orden público y del resguardo del Estado de Derecho por los militares, favoreció que creciera en su interior un movimiento de oficiales golpistas, cuya visión del conflicto social de la época estuvo permeado por una lectura contrasubversiva, para lo cual, en la trama final del golpe de Estado, montaron sobre los dispositivos de seguridad interior desarrollados en el período (1970-1973) las acciones finales que posibilitaron que el 11 de septiembre de 1973 fuese derrocado el régimen constitucional chileno y el Gobierno del presidente Salvador Allende Gossens.

Las FF. AA. y la trama final del golpe de Estado: planificaciones de seguridad interior en las CAJSI

Las Planificaciones de Seguridad Interior se desarrollaron por las FF. AA. en cada una de las CAJSI. Si bien la información sobre la misma existe en los archivos del Ministerio de Defensa y Seguridad Nacional, y fue solicitada por transparencia, reviste el carácter de información secreta y su divulgación afecta la seguridad y soberanía del Estado. En la respuesta del Estado Mayor Conjunto, se indicó que:

> Es necesario precisar que dicha documentación corresponde a información asociada a los procesos y métodos de formulación de planificación de nivel político y estratégico del ámbito de la defensa, cuya naturaleza y contenidos son de clasificación secreta, lo que hace altamente inconveniente su difusión, que como se indicó, si bien se trata de documentos antiguos, de su simple lectura se pueden inferir los fundamentos, procedimientos y trabajo de inteligencia requeridos para dichas materias, lo cual evidencia capacidades que se recomienda no difundir a la opinión pública[399].

Pese a ello, conocemos algunas planificaciones que han sido reveladas por ciertos procesos judiciales y los propios testimonios de los oficiales golpistas. Las planificaciones de seguridad interior se desarrollaron acotadas a la CAJSI de las diversas comandancias en las que el territorio fue subdividido. En base a la interpretación de los testimonios de oficiales golpistas, podemos distinguir dos dimensiones de las Planificaciones de Seguridad Interior: por una parte, la dimensión política a través del discurso de seguridad nacional y de la generación de las condiciones de posibilidad para asegurar el quiebre de la institucionalidad democrática propiciada por los partidos de oposición y los errores propios de la UP. Por otra, a través del desarrollo de la dimensión propiamente militar

---

[399] Carta. Emco. OTIP (P) núm. 6803/2701 del 23 de diciembre de 2019, p. 2.

que se fue desarrollando a través del copamiento militar del territorio y la puesta en práctica la doctrina de la contrasubversión. Como señaló Julio Canessa Robert, "la planificación existente sobre seguridad externa, seguridad interna y catástrofes naturales fue la base para estructurar la acción coordinada, decidida y eficaz" del golpe de Estado[400]. Fueron las Jefaturas de Plaza y su posterior perfeccionamiento en las CAJSI, utilizadas por diversos gobiernos democráticos para afrontar situaciones de calamidad naturales, huelgas y desórdenes públicos, el dispositivo jurídico-burocrático utilizado para planificar el golpe de Estado y poner en marcha la represión por parte de las FF. AA.

Como señaló el general Augusto Pinochet Ugarte, para preparar sus acciones golpistas se elaboraron las planificaciones de seguridad interior[401], consistentes en el desarrollo de "planes, órdenes, disposiciones y una completa preparación militar" (...). "Todo se encubrió bajo un juego de guerra"[402]. En ese sentido, esto posibilitó llevar las preparaciones de seguridad interna de las FF. AA. desde una estrategia defensiva hacia una estrategia ofensiva, de copamiento efectivo del territorio y de los puestos de mando en el Estado[403].

Cada CAJSI dispuso de un respectivo Plan de Zonas de Emergencia, que adaptaban al territorio las planificaciones de seguridad interior. En síntesis, siguiendo la información entregada por Julio Canessa, cada planificación disponía de lo siguiente:

- **Informaciones (en anexos) de las organizaciones subversivas en el área. Antecedentes:**
  - Grupos evidenciados. Sus filiaciones políticas. Antecedentes presumibles de relaciones recíprocas. Fuerza, organización, medios logísticos disponibles. Principales líderes.

---

[400] Canessa *op. cit.*, p. 171.
[401] Ibid., p. 179.
[402] Correa, Raquel y Subercaseaux, Elizabeth. *Ego sum Pinochet*. Santiago: Zig-Zag, 1989, pp. 87-92. Pinochet Ugarte. Augusto *El día decisivo*. Santiago: La Nación, 1979, p. 84.
[403] Constable, Pamela y Valenzuela, Arturo. *Una nación de enemigos. Chile bajo Pinochet*. Santiago: Ediciones Universidad Diego Portales, 2013, p. 54.

– Desglose por áreas. Cordones industriales. Agentes extranjeros. Apoyo de otros grupos sociales.
– Posibilidades de acción de los grupos subversivos y efectos de su materialización. Fortalezas y debilidades.
- **Fuerzas propias existentes en el área.** De las Fuerzas Armadas. De las Fuerzas de Orden. Integración de estas últimas a los medios del jefe de la Zona de Emergencia. Otras fuerzas en presencia, pertenecientes a otros niveles. Autoridades civiles, jurisdiccionales y administrativas.
- **Presunciones básicas.** Condiciones que se dan por válidas, pues su efectividad no ha sido comprobada. Por ejemplo, lealtad de todos los medios militares y de las fuerzas de orden o posibilidades de que simultáneamente ocurra una agresión externa, etcétera. Si las presunciones no se cumplen, amerita otro plan.
- **Misión e intención.** Concepto general. Determinación clara, más allá de toda duda, del objetivo perseguido y articulación del mismo en objetivos parciales o sucesivos.
– La intención para cumplir la misión supone establecer una idea de maniobra o concepción del empleo de los medios. Lo anterior hay que traducirlo en la determinación de centros de gravedad, áreas de protección, vigilancia, reservas, etcétera, según la situación concreta.
– Determinación de tareas por cumplir para alcanzar las misiones u objetivos estableciendo para una de ellas, el jefe responsable, los medios y el área jurisdiccional en que debe actuar. Entre ellas deben quedar establecidas las tareas que se impartan para la mantención del orden y seguridad pública, la protección de la propiedad pública y privada y la seguridad que garantice el adecuado funcionamiento de los servicios de utilidad pública, en especial aquellos vitales para la comunidad.
– Medidas restrictivas que sean de prever, deducidas de las características propias de cada Estado de Excepción en particular, sitio, asamblea, emergencia o catástrofe.
– Medidas de carácter administrativo y logístico en un doble sentido.

- Para las tropas que estén materializando las misiones establecidas en los planes correspondientes.
- Las que se deduzcan para la población civil como fruto de la situación que se viva.
– Medidas de coordinación de las fuerzas, para el manejo y control de la población civil. Medidas que se pondrán en ejecución entre los diferentes niveles de acción. Ubicación de las diferentes autoridades[404].

Plan Ariete

Desde finales de 1969 comenzaron a ajustarse las planificaciones de seguridad interior de las FF. AA. para situaciones de contrasubversión, como reveló el proceso contra el general de Aviación Alberto Bachelet y otros: "en la planificación de Seguridad Interior y a partir del año 1969 hay una clara reorientación para afrontar situaciones subversivas"[405]. En ese sentido, el primer plan general para el área de Santiago es el Plan Ariete, oficializado el 2 de julio de 1969 como: "Plan General de Contrainsurgencia "Ariete", de fecha 2 de julio de 1969; consecuentemente lo expuesto, se ha hecho necesario elaborar un nuevo plan, acorde con la nueva realidad nacional y que contiene las medidas aplicables para el caso de una insurgencia interna, en la que se presumen acciones violentas, actos de sabotaje, terrorismo, guerrilla, atentados contra la propiedad pública y privada, acciones de hecho contra las Fuerzas Armadas"[406]. Esta es la planificación de seguridad que se puso en marcha para las elecciones de septiembre de 1970, tras el asesinato de Schneider y previo a la ratificación de Salvador Allende como presidente por el Congreso. Es la misma orden que quedó escrita y manchada con sangre en la agenda personal del comandante en

---

[404] Canessa, *op. cit.*, pp. 183-184.
[405] Oficio jefe del Estado Mayor de la Fuerza Aérea, fojas 3567- 3570, causa rol 1- 73 Fiscalía de Aviación, Fuerza Aérea contra Bachelet, Alberto y otros.
[406] Ídem.

jefe del Ejército René Schneider al momento de ser ejecutado por el comando terrorista del general Roberto Viaux y PL: "Disponer a las CAJSI ante un eventual estallido de insurgencia" (ver ilustración 17).

Este plan tendrá una importancia fundamental, por cuando sobre esta planificación se diseñará el Plan de Seguridad Interior Lautaro (Plan Lautaro), que será el plan articulador de las planificaciones de cada CAJSI previo al golpe de Estado.

Ilustración 17. Fotografía de la agenda personal general René Schneider

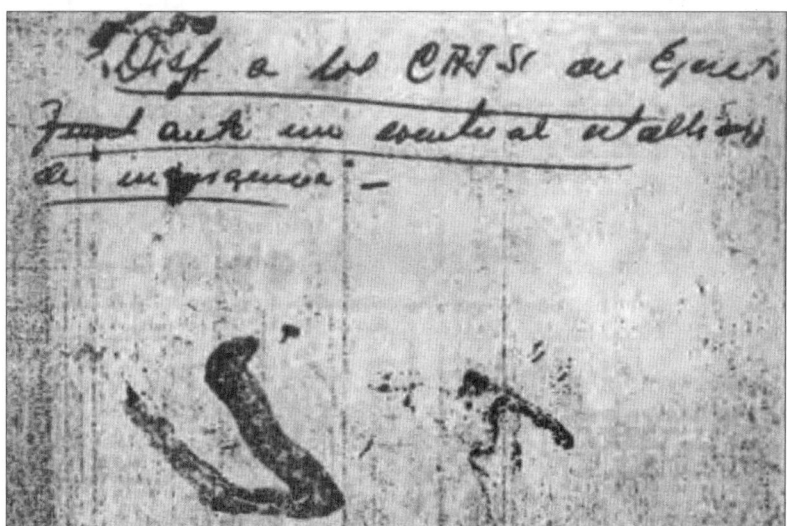

Fuente. Quimantú. *Documentos Especiales. El Caso Schneider.* Santiago: Quimantú, 1972, p. 185.

De la defensa al derrocamiento del Gobierno: del Plan Lautaro al Plan Hércules

El plan de defensa interior fue elaborado por el Estado Mayor de la Defensa Nacional (EMDN) desde marzo de 1973, estando a cargo del vicealmirante Patricio Carvajal, quien se desempeñaba como jefe del EMDN. Desde esa posición clave en el Ministerio, Carvajal podrá establecer nexos con los diversos oficiales de las FF. AA. y, a la vez, actualizar los planes de defensa interior a partir de la elaboración de inteligencia conocida como "Estado de situación interna" o "apreciación de situación"[407]. El Estado de situación interna es un producto de inteligencia estratégica que identifica el conjunto del territorio nacional en sus diversos componentes físicos y sociales (geográficos, económicos, sociales, infraestructura, organización, etcétera)[408] y que permita formar una apreciación sobre "el frente interno"[409].

Por la naturaleza general del plan no ahonda en detalles, ya que establece los objetivos generales de la planificación. Como señaló el coronel Pedro Guerrero, oficial de operaciones del EMDN, las Planificaciones de Seguridad no pueden entrar en detalles de las acciones que emprenderán las diversas ramas de las FF. AA. que ejecuten la operación, ni de los planes específicos de cada guarnición en la CAJSI[410]. Según el mismo testimonio del oficial, el Plan Lautaro no tuvo más de dos carillas.

En agosto de 1973, la planificación de seguridad interior rotulada bajo el nombre de Plan Lautaro fue presentada por EMDN al ministro de Defensa Jaime Tohá, siendo aprobada. Previo a ello, el general Carlos Prats firmó un anexo del Plan de Seguridad, que quedó registrado en los siguientes términos: "El Jefe del EMDN me trae para mi firma un plan de telecomunicaciones anexo al Plan de Defensa Interior de las FF. AA. de carácter preventivo "frente a la insurgencia" (…). Comprendo el "doble filo" del documento, pero lo firmo, ante la necesidad de extremar el alistamiento frente a la sedición en marcha"[411]. El documento anexo constituyó el grueso de la "Operación Silencio", construida por el Comando de Comunicaciones de las FF. AA. (COFFAA), pensada para el

---

[407] Pinochet, *op. cit.*, p. 73.

[408] Canessa, *La información estratégica…, op. cit.*

[409] Al respecto pueden consultarse los pasos analíticos de este producto de información estratégica: "Castro, Mariano (mayor). "Apreciación de la situación", *Memorial del Ejército*, núm. 288. Enero-febrero de 1959, pp. 21-43.

[410] Entrevista efectuada por David Pérez Carrillo al coronel Pedro Guerrero, efectuada el 24 de enero de 1997. Referida en: Guerrero, *op. cit.*, p. 145.

[411] Prats, *op. cit.*, p. 469.

día de las acciones del golpe de Estado, sacar del aire las estaciones radiales afines a la UP y al presidente Salvador Allende.

Las características secretas del Plan Lautaro también están esbozadas en la causa rol 1-73 de la Fiscalía de Aviación, en la que se señala: "consta a fs. 3528, tiene el carácter de secreto y contiene medidas generales para la aplicación por parte de las instituciones armadas, destinada a contrarrestar la acción de extremistas"[412].

Sobre la transformación del Plan Lautaro concebido para la defensa del Gobierno constitucional y la seguridad interior del Estado a un objetivo ofensivo, existen algunas referencias que permiten afirmar la factibilidad del viraje. El general Pinochet señala, al respecto, que el viraje del objetivo defensivo al ofensivo se contempló sobre el mismo diseño de las planificaciones de seguridad interior: "con este paso se iniciaba prácticamente un cambio total de actitud en los planes de seguridad, pues de una posición defensiva y de control, pasábamos ahora a una de carácter ofensivo para ocupar y actuar, no solo en la capital, sino hacia cualquier zona a lo largo de Chile"[413]. Como han mostrado diversas investigaciones, Pinochet no formó parte de la cofradía golpista sino hasta unos días previos al 11 de septiembre de 1973. Por ende, el nivel de conocimiento de las planificaciones golpistas solo se desprendía de los planes de seguridad interior y no tenía conocimiento de las modificaciones en secreto que un sector del EMDN estaba efectuando en el Plan Lautaro bajo el nombre en clave de "Plan Hércules". Como señaló el coronel Pedro Guerrero, oficial de operaciones del EMDN: "se creó un plan operativo paralelo en el EMDN que no fue conocido por el ministro de Defensa y los comandantes en jefe". Dicho plan fue el Plan Hércules, que en el Ejército estuvo bajo conocimiento de los generales Óscar Bonilla y Sergio Arellano Stark[414].

Todos los planes de seguridad de las guarniciones en el territorio según la subdivisión territorial, los elaboraron las CAJSI, salvo

---

[412] Causa rol 1-73 Fiscalía de Avicación, Fuerza Aérea contra Bachelet, Alberto y otros, foja 3528.
[413] Pinochet, *op. cit.*, p. 78.
[414] Pérez, *op. cit.*, p. 146.

las acciones sobre la Guarnición de Santiago, donde se concentraron todos los esfuerzos por la envergadura de la capital y el temor a una eventual respuesta armada desde los cordones industriales de la capital y de los campamentos y poblaciones del país. Por esto, los allanamientos en el marco de la Ley de Control de Armas se centraron sobre ellos, como una manera de testear la capacidad de respuesta del movimiento popular, recabar información de inteligencia y, a la vez, provocar los enfrentamientos con las fuerzas del movimiento de la UP y calentar los ánimos. La instrucción de los militares fue practicar allanamientos "(...) para buscarles el odio" a las fuerzas de la UP y al movimiento popular, como afirmó el general Gustavo Leigh[415].

Para tales efectos, la principal planificación de seguridad y contrasubversión que adoptaron las FF. AA. en Santiago es el Plan A-1. No obstante, cronológicamente, las acciones se iniciaron con la "Operación Silencio" ideada por el COFFAA en Santiago para sacar del aire las señales de radios afines a la UP y con el Plan Cochayuyo en la CAJSI de la I Zona Naval.

Operación Silencio del COFFAA

La primera de las operaciones del golpe se inició en la madrugada del 11 de septiembre y correspondió al plan de telecomunicaciones de la COFFAA, anexado al Plan Lautaro. El nombre clave de la acción: Operación Silencio. Como señala el general Francisco Herrera Latoja, el plan inicialmente se concibió para mantener a las FF. AA. comunicadas en un eventual escenario de insurgencia interna: "(...) Llegado el momento se vieron en la necesidad de contar con un plan anexo de telecomunicaciones para mantener a las FF. AA. conectadas"[416]. En ese sentido, su objetivo inicial era

---

[415] Esta afirmación fue registrada por el vicealmirante Ismael Huerta. Huerta, Ismael. *Volvería a ser marino*. Santiago: Editorial Andrés Bello, 1988, p. 78.
[416] Entrevista efectuada por David Pérez Carrillo al general de la FACH Francisco Herrera Latoja. 14 de enero de 1997. Citada por Pérez, *op. cit.*, p. 147.

impedir el sabotaje de las FF. AA. al operar y mantener comunicaciones entre las distintas fuerzas para una defensa del Gobierno. La misión de la Operación Silencio fue asumida por el conjunto de las FF. AA., quedando a cargo del entonces director de Comunicaciones de la FACH, general Francisco Herrera Latoja, el capitán de fragata Ramón Aragay Boada de la Armada y el coronel de telecomunicaciones del Ejército Julio Polloni Pérez[417]. Para poner en marcha la acción, como señala el general Herrera Latoja "(...) se realizó un estudio en profundidad de las radioemisoras a intervenir. Se hicieron bosquejos de ellas con la intención de conocer el lugar donde se encontraban ubicada su sala de transmisión", así como "(...) un estudio aéreo de ellas con la finalidad de precisar la ubicación de sus antenas para posteriormente intervenirlas aéreamente"[418].

Para recabar la información de cada una de las instalaciones radiales, el grupo contó con la colaboración de los civiles Álvaro Puga, Sergio Arellano Iturriaga –hijo del general Arellano Stark–, Federico Willoughby y Eduardo Müller, los cuales, aparentando ser vendedores, ingresaron a las dependencias e hicieron bosquejos con las distribuciones de las plantas. De modo paralelo, el COFFAA dispuso de la colaboración de las Radios Agricultura y Radio Balmaceda, para dar a conocer las proclamas de los golpistas y establecer las comunicaciones entre las FF. AA. y la población a través de los Bandos Militares (ver capítulo siguiente).

Las acciones de sabotaje en contra de las radios afines de la UP quedaron a cargo de un comando de la FACH y del destacamento de Infantería de Marina de la Armada con sede en la comuna de Quinta Normal[419], a un costado del Internado Nacional Barros Arana (INBA).

---

[417] Cavallo, Ascanio y Serrano, Margarita. *Golpe. 11 de septiembre de 1973. Las 24 horas más dramáticas del siglo XX.* Santiago: Uqbar editores, 2013, p. 123. Cita12.

[418] Entrevista efectuada por David Pérez Carrillo al general de la FACH Francisco Herrera Latoja. 14 de enero de 1997. Citada por Pérez, *op. cit.*, p. 147.

[419] Cavallo y Serrano, *op. cit.*

Plan Cochayuyo de la CAJSI I Zona Naval

En el caso de la CAJSI I Zona Naval (CAJSI I ZN) se ha logrado acreditar la existencia del Plan Cochayuyo desarrollado por la Armada, el que estuvo a cargo del almirante José Toribio Merino[420]. En ese sentido, el ministro en visita, ministro extraordinario Jaime Arancibia Pinto, estableció que: "en el marco de la activación del Plan de Seguridad Interior para la Región de Valparaíso, más comúnmente denominado "Plan Cochayuyo", y que comenzó en la madrugada del 11 de septiembre de 1973, el Estado Mayor del comandante en jefe de la Primera Zona Naval asumió la obligación de su implementación, teniendo a su disposición para tal efecto al personal de las FF. AA., de Carabineros y dependientes de la CAJSI I ZN".

El Plan Cochayuyo fue ideado por la Academia de Guerra Naval y utilizó como coartada para su puesta en marcha el proceso de desafuero que se discutiría el martes 11 de septiembre en la fiscalía naval en contra de los diputados Carlos Altamirano (PS) y Óscar Guillermo Garretón (MAPU), en el marco del proceso iniciado por la Armada en contra de la marinería por subversión y sedición[421]. Esto les permitió acuartelar la infantería de marina y hacer los movimientos necesarios de las tropas, sin llamar la atención de las fuerzas de la UP.

El Plan Cochayuyo tuvo dos partes: una distractiva y marítima a cargo de la Escuadra Nacional; otra terrestre y ofensiva, a cargo de la Infantería de Marina. La distractiva quedó a cargo del jefe de la Escuadra Nacional, del vicealmirante Pablo Weber Munnich, quien entregó el comando de las acciones marítimas al capitán de fragata Christian Storaker Pozo y Mauricio Posson[422]. La primera parte consistía en llevar la Escuadra Nacional con rumbo hacia la

---

[420] Auto de procesamiento causa rol 144.127-2013 de la Corte de Apelaciones de Valparaíso, instruido por el ministro en visita extraordinario Jaime Arancibia Pinto, pp. 2-4. Cfr. Merino, op.cit., , pp. 235-244. Huidobro, *op. cit.*, pp. 237-245.

[421] Magasich. *Los que dijeron "No"...*, *op. cit.*

[422] Pérez, *op. cit.*, p. 152.

costa de la ciudad de Caldera, donde se encontrarían con la flota norteamericana para participar del ejercicio conjunto de la Operación Unitas XIV. Las operaciones Unitas son ejercicios de entrenamientos navales conjuntos de seguridad hemisférica iniciados en 1959, coordinados por las Conferencias Navales Interamericanas en el marco del Tratado Interamericano de Asistencia Recíproca (TIAR)[423]. Por ese motivo, el movimiento hacia el norte iniciado a las 06:00 h. del lunes 10 de septiembre no despertó sospechas.

No obstante, a las 05:30 h. del martes 11, la Escuadra retornó a sus objetivos militares en diversas localidades de la I Zona Naval, arribando a las 8:00 h., aproximadamente. El Cochrane fue emplazado frente al puerto de San Antonio, el Simpson fue destinado a la bahía de Laguna Verde, el Blanco Encalada y el Orella frente al puerto de Quintero. Finalmente, los buques Prats y Sargento Aldea fueron enviados al puerto de Valparaíso, frente a la Intendencia.

La parte ofensiva a cargo de las fuerzas terrestres dependió del contralmirante Sergio Huidobro Justiniano, quien procedió a acuartelar la infantería de marina a las 02:00 h., iniciando las operaciones a las 05:00 h., ocupando los principales edificios de la administración pública, silenciando las radios oficialistas de la región y ocupando el edificio de la Intendencia[424].

Todas las acciones de la CAJSI I ZN fueron coordinadas por el almirante Merino desde su cuartel general en la Academia de Guerra Naval. De modo paralelo, el Plan Cochayuyo implicó una serie de operaciones en la CAJSI de la II ZN en el departamento de Talcahuano y Tomé, las cuales estuvieron a cargo del almirante Jorge Paredes Wetzer[425].

---

[423] Paúl Latorre, Adolfo (capitán de fragata). "Unitas y la seguridad hemisférica", *Revista de Marina*, núm. 764, 1985, pp. 439-448.
[424] Huidobro, *op. cit.*, pp. 245-250.
[425] Pérez, *op. cit.*, p. 153.

Plan A-1 de la guarnición de Santiago de la CAJSI II División de Ejército

La capital contó con la mayor preparación y movilización de contingente. El Plan de Seguridad Interior de la CAJSI de la Guarnición de Santiago "(...) dividía a la ciudad en sectores y en cada uno de ellos ubicaba una unidad. Era un dispositivo estático o defensivo, que si bien servía para una situación de desórdenes y de anarquía, no era el más adecuado para una revolución, en la que se ocupan objetivos"[426]. Por este motivo, con posterioridad al Tanquetazo, se ajustó la planificación de seguridad de parte del EMDN, ya que "(...) habría que transformar paulatinamente la concepción defensiva del Plan de Seguridad Interior en otra de carácter ofensivo"[427].

Para estos efectos, el coronel de inteligencia Uroc Domic, del Estado Mayor, recuerda que "(...) el Departamento de Inteligencia del Ejército entregó a los oficiales de la Academia de Guerra, toda la información subversiva que había actualizado a partir del año 72"[428], sobre todo por la información obtenida en los operativos en el marco de la Ley de Control de Armas. Fue desde la Acague que finalmente se delineó el tramo final de la Plan A-1 cuyo carácter era operatyivo. La ejecución del Plan fue coordinada por el general Hernán Brady, jefe de la guarnición de Santiago. Para tales efectos, la ciudad se dividió en zonas. El general César Raúl Benavides operó con sus tropas desde Avenida Vicuña Mackenna al oriente; al general Sergio Arellano, le correspondió operar con las fuerzas en el sector poniente y centro; al general Javier Palacios, el centro cívico y el Palacio de La Moneda. El sector sur, desde

---

[426] Pinochet, *op. cit.*, p. 78.

[427] Pinochet, *op. cit.*, p. 78.

[428] Uros Domic se integró en 1972 al depto. de inteligencia del Estado Mayor del Ejército, ocupando el cargo de jefe de Contrainteligencia. Desde ese cargo, su accionar se abocó a levantar información estratégica sobre la sociedad civil y los partidos políticos de la época. Domic señala que se abocó a actualizar la información "subversiva", tal como identificación de los dirigentes de los partidos, sus direcciones, teléfonos, todo lo cual permitió elaborar los primeros bandos militares con las personas buscadas. Entrevista realizada por David Pérez Carrillo al coronel Uros Domic, el 15 de septiembre de 1996. Pérez, *op. cit.*, p. 157.

avenida Departamental hasta San Bernardo, al general de la FACH Mario Viveros. Al sur, la Escuela de Infantería de San Bernardo. En la zona norte, las tropas del Regimiento Maipo a cargo del coronel Felipe Geiger (ver capítulo siguiente).

Plan Australis de la CAJSI Región Militar Austral

En la CAJSI de la Región Militar Austral (RMA), los oficiales golpistas desde los meses de marzo y abril de 1973 comenzaron un proceso de deliberación con el objetivo de iniciar un movimiento contra el Gobierno que arrastrara por la vía de los hechos al resto de las guarniciones de las CAJSI. Para ello, el movimiento buscaba cuestionar las políticas de requisiciones de Dirinco y declarar la zona como una "región antidecomiso". Para tales fines, desde los meses indicados, "la oficialidad joven y media de la región austral se comenzó a reunir clandestinamente, haciendo extensiva la invitación a los respectivos jefes de los estados mayores institucionales presentes en la región"[429].

Favoreció esta planificación el aislamiento geográfico y el hecho de contar en la zona con una gran presencia militar de las tres ramas de las FF. AA. Para la CAJSI de la Región Militar Austral, la planificación de seguridad interior se desarrolló sobre la base de todos los operativos efectuados en el marco de la Ley de Control de Armas y Explosivos, los que permitieron acumular información estratégica e inteligencia sobre las fuerzas políticas de la UP. Así lo declaró el general de división (R) Manuel Torres de la Cruz en el año 2002:

> Aquí [en Magallanes] se elaboró un plan de acción. Así como los marinos tenían el plan Martillo, y en la III división había un plan Tijera, aquí, en la V División se llamaba plan Australis. Este tenía un anexo de inteligencia en el cual con profundo estudio, profunda calma, con gran detenimiento y con gran acuciosidad, estableció qué

---

[429] Ibid., p. 155.

personas era necesario detener el día que se produjera el pronunciamiento, para evitar que cometieran desmanes y toda esa gente, a partir del 11 de septiembre, fue detenida y confinada en centros de detención, que no eran de tortura, en Bahía Catalina por parte de los aviadores, en río de los Ciervos por parte de los marinos y en el Regimiento Pudeto, por parte del Ejército[430].

El plan fue comandado por el general de división Manuel Torres de la Cruz, en compañía del contralmirante Horacio Justiniano Aguirre y el general de brigada aérea José Berdichevsky. El 5 de agosto, la CAJSI de la RMA puso en marcha el Plan Australis con motivo del allanamiento practicado en Lanera Austral y que resultó con dos obreros asesinados por personal de la FACH[431].

Plan Tijera de la CAJSI III División de Ejército

Esta planificación se desarrolló en la CAJSI de la III División de Ejército, cuya jurisdicción abarcaba desde la provincia de Ñuble al norte hasta el Biobío por el Sur, con excepción de los departamentos de Talcahuano y Tomé que correspondían a la jurisdicción de la CAJSI de la II Zona Naval. El nombre de la planificación se debe a que la información fue compartimentada y a cada componente de las operaciones, se le entregó una sección de la planificación de la seguridad recortada con tijeras, donde se precisaban los objetivos militares de cada comando.

La planificación fue desarrollada por el Estado Mayor de la CAJSI comandando por el general Washington Carrasco, a partir de junio de 1973[432]. Según el general Carrasco, en dicho mes

---

[430] "Entrevista al General Manuel Torres de la Cruz", *El Magallanes*, 31 de diciembre de 2002.
[431] Pérez, *op. cit.*, p. 157.
[432] Entrevista efectuada por David Pérez Carrillo al general Washington Carrasco, 18 de julio de 1995. Pérez, *op. cit.*, p. 154. Cfr. Monsalves, Danny. "Violencia y Represión en un dispositivo local: Concepción, 11 de septiembre de 1973", *Revista de Historia y Geografía*, núm. 26, 2012, pp. 57-80.

encomendó al jefe de su Estado Mayor, coronel Luciano Díaz Neira, la actualización del plan de seguridad interior construido en 1970 en base a la planificación del Plan Ariete.

El foco de la acción contrasubversiva se abocó en contra del MIR, motivo por el cual el coronel Neira solicitó al capitán (R) Víctor Mora que lo ayudase con la información de dicha estructura partidaria en la zona. Mora, colaborador del Tacnazo de Roberto Viaux, fue pasado a retiro junto al grupo sedicioso. El capitán (R) Mora fue quien levantó al Regimiento Tacna el 21 de octubre de 1969, siendo pasado a retiro tras el fallido conato golpista. Desde ese momento, Mora residió en Concepción, siendo subgerente de la Forestal Arauco y, durante el Gobierno de Allende, vicepresidente de la multigremial de Concepción y coordinador de las juventudes de oposición. Para tales propósitos, desde fines de junio entabló relaciones con el movimiento PL, para recabar la mayor cantidad de información política sobre el MIR en la región, contando con la colaboración del abogado Fernando Saenger y Hernán Jiménez Serrano[433].

Plan Trueno de la FACH y su Compañía de Contrainsurgencias

Al alero de este Plan de Seguridad Interior, la FACH desarrolló sus propios planes de defensa y contingentes militares contrasubversivos como, por ejemplo, la Compañía de Antinsurgencias. De manera articulada al Plan Lautaro, la FACH elaboró el 1 de agosto de 1973 el Plan Trueno, como señala la información del Consejo de Guerra causa rol 1-73: "El Estado Mayor General de la Fuerza Aérea elaboró, con fecha 1 de agosto de 1973, el Plan Trueno como consta en fs. 3570 cuyo objetivo era enfrentar una emergencia derivada de la subversión interna por extremistas de cualquier tendencia".

---

[433] Ídem.

Sobre esta planificación general de la FACH, se elaboraron planes específicos: en el caso de la base aérea de Cerrillos, se elaboró el Plan de Defensa 1-73. Este plan contemplaba una respuesta contrasubversiva a una eventual acción subversiva de parte de los Cordones Industriales de la zona. En dicho plan se señalaba que "las fuerzas enemigas" atacantes estarían conformadas por "fuerzas irregulares dirigidas por activistas entrenados especialmente para dirigir masas y con profundo conocimiento de nuestras fuerzas y debilidades"[434].

La FACH, por su parte, adecuó una compañía especial para la contrasubversión a comienzos de agosto. Según la información entregada por el general de aviación Wolfram Celedón Mecketh, jefe de Estado Mayor General de la FACH en 2011, en agosto de 1973 existía registro en la Base Aérea de El Bosque de la conformación de una compañía de contrainsurgencia que tenía la siguiente destinación y estructura (ver ilustración 18).

Como se puede observar, estos planes de seguridad interior corresponden a adaptaciones regionales de planificaciones de seguridad nacional establecidas por el Plan Lautaro para el conjunto de la zonificación establecida por las CAJSI, las que contemplaban una estrategia de copamiento territorial de las jurisdicciones asignadas, de las instituciones públicas, planes de defensa y control de la infraestructura de comunicaciones y telecomunicaciones. Además de aquello, disponía de información de inteligencia respecto de los enemigos internos: militantes de partidos de izquierda; organizaciones sociales, gremiales y sindicales; autoridades de Gobierno y simpatizantes. Al respecto, el contralmirante Sergio Huidobro manifiesta que los servicios de inteligencia tenían un trabajo sistemático respecto a los militantes de izquierda: "Los servicios de inteligencia de las Fuerzas Armadas tenían detectados a todos los cabecillas de la violencia. Conocían sus claves, sistemas de comunicaciones y sus enlaces"[435].

---

[434] Causa rol 1-73, *op. cit.*
[435] Huidobro, *Decisión...*, *op. cit.*, p. 272.

Ilustración 18. Compañía Antinsurgencias de la FACH

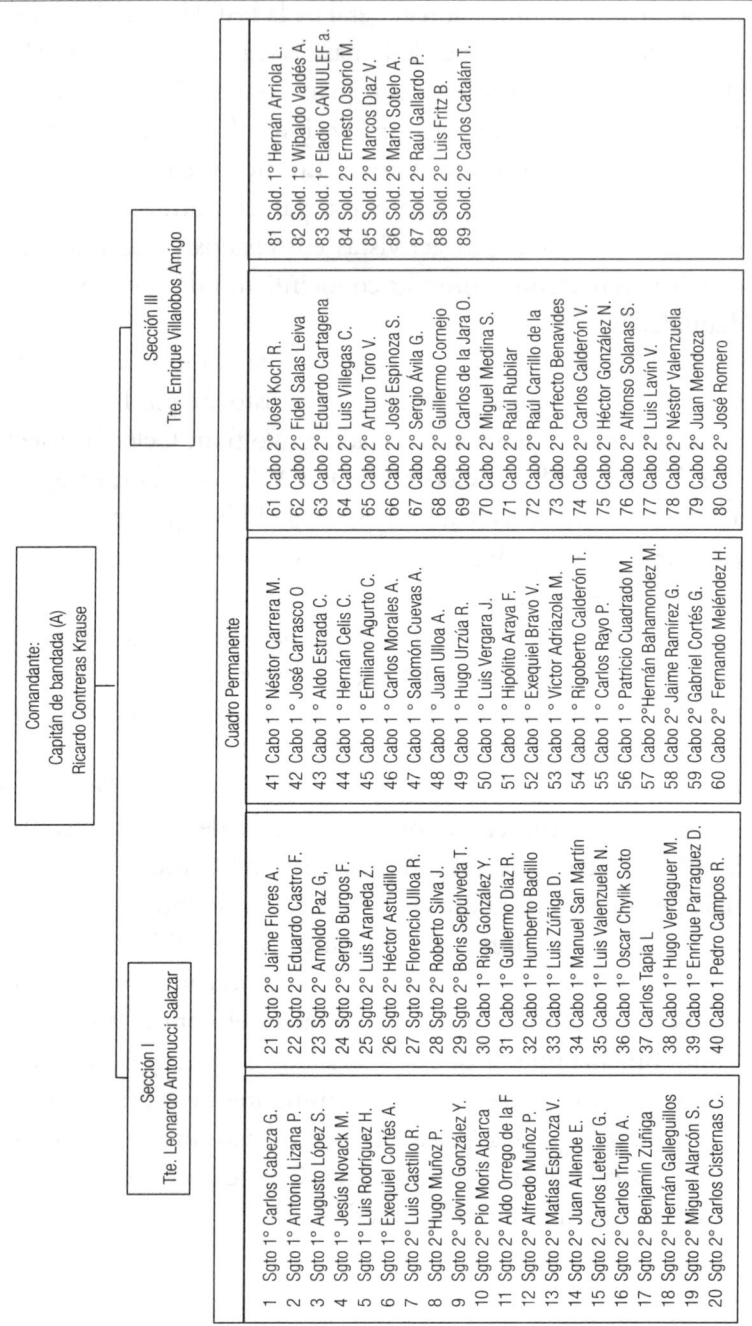

Comandante:
Capitán de bandada (A)
Ricardo Contreras Krause

Sección I
Tte. Leonardo Antonucci Salazar

Sección III
Tte. Enrique Villalobos Amigo

Cuadro Permanente

1	Sgto 1° Carlos Cabeza G.
2	Sgto 1° Antonio Lizana P.
3	Sgto 1° Augusto López S.
4	Sgto 1° Jesús Novack M.
5	Sgto 1° Luis Rodríguez H.
6	Sgto 1° Exequiel Cortés A.
7	Sgto 2° Luis Castillo R.
8	Sgto 2° Hugo Muñoz P.
9	Sgto 2° Jovino González Y.
10	Sgto 2° Pio Moris Abarca
11	Sgto 2° Aldo Orrego de la F
12	Sgto 2° Alfredo Muñoz P.
13	Sgto 2° Matías Espinoza V.
14	Sgto 2° Juan Allende E.
15	Sgto 2. Carlos Letelier G.
16	Sgto 2° Carlos Trujillo A.
17	Sgto 2° Benjamín Zúñiga
18	Sgto 2° Hernán Galleguillos
19	Sgto 2° Miguel Alarcón S.
20	Sgto 2° Carlos Cisternas C.
21	Sgto 2° Jaime Flores A.
22	Sgto 2° Eduardo Castro F.
23	Sgto 2° Arnoldo Paz G,
24	Sgto 2° Sergio Burgos F.
25	Sgto 2° Luis Araneda Z.
26	Sgto 2° Héctor Astudillo
27	Sgto 2° Florencio Ulloa R.
28	Sgto 2° Roberto Silva J.
29	Sgto 2° Boris Sepúlveda T.
30	Cabo 1° Rigo González Y.
31	Cabo 1° Guillermo Díaz R.
32	Cabo 1° Humberto Badillo
33	Cabo 1° Luis Zúñiga D.
34	Cabo 1° Manuel San Martín
35	Cabo 1° Luis Valenzuela N.
36	Cabo 1° Oscar Chyiik Soto
37	Carlos Tapia L
38	Cabo 1° Hugo Verdaguer M.
39	Cabo 1° Enrique Parraguez D.
40	Cabo 1 Pedro Campos R.
41	Cabo 1° Néstor Carrera M.
42	Cabo 1° José Carrasco O
43	Cabo 1° Aldo Estrada C.
44	Cabo 1° Hernán Celis C.
45	Cabo 1° Emiliano Agurto C.
46	Cabo 1° Carlos Morales A.
47	Cabo 1° Salomón Cuevas A.
48	Cabo 1° Juan Ulloa A.
49	Cabo 1° Hugo Urzúa R.
50	Cabo 1° Luis Vergara J.
51	Cabo 1° Hipólito Araya F.
52	Cabo 1° Exequiel Bravo V.
53	Cabo 1° Víctor Adriazola M.
54	Cabo 1° Rigoberto Calderón T.
55	Cabo 1° Carlos Rayo P.
56	Cabo 1° Patricio Cuadrado M.
57	Cabo 2°Hernán Bahamondez M.
58	Cabo 2° Jaime Ramírez G.
59	Cabo 2° Gabriel Cortés G.
60	Cabo 2° Fernando Meléndez H.
61	Cabo 2° José Koch R.
62	Cabo 2° Fidel Salas Leiva
63	Cabo 2° Eduardo Cartagena
64	Cabo 2° Luis Villegas C.
65	Cabo 2° Arturo Toro V.
66	Cabo 2° José Espinoza S.
67	Cabo 2° Sergio Avila G.
68	Cabo 2° Guillermo Cornejo
69	Cabo 2° Carlos de la Jara O.
70	Cabo 2° Miguel Medina S.
71	Cabo 2° Raúl Rubilar
72	Cabo 2° Raúl Carrillo de la
73	Cabo 2° Perfecto Benavides
74	Cabo 2° Carlos Calderón V.
75	Cabo 2° Héctor González N.
76	Cabo 2° Alfonso Solanas S.
77	Cabo 2° Luis Lavin V.
78	Cabo 2° Néstor Valenzuela
79	Cabo 2° Juan Mendoza
80	Cabo 2° José Romero
81	Sold. 1° Hernán Arriola L.
82	Sold. 1° Wibaldo Valdés A.
83	Sold. 1° Eladio CANIULEF a.
84	Sold. 2° Ernesto Osorio M.
85	Sold. 2° Marcos Díaz V.
86	Sold. 2° Mario Sotelo A.
87	Sold. 2° Raúl Gallardo P.
88	Sold. 2° Luis Fritz B.
89	Sold. 2° Carlos Catalán T.

Elaboración Propia. Fuente: Estado Mayor General de la Fuerza Aérea de Chile. Oficio Reservado núm. 335 del 17 de agosto de 2011.

Por ende, la construcción del golpe de Estado como una operación militar conjunta se fraguó desde meses antes del 11 de septiembre, tomando como base el dispositivo organizacional establecido por las CAJSI y dotando de información estratégica, de inteligencia y contrainteligencia en el marco de los operativos practicados por el dispositivo de la Ley de Control de Armas. Este proceso favoreció el desarrollo de un tipo de acción militar con características contrasubversivas: es decir, de copamiento militar del territorio, planificación centralizada de los objetivos generales de la represión, pero una ejecución descentralizada de la misma de acuerdo a las características de cada CAJSI y sus guarniciones militares. Todo ello explica el tipo de acción miliar contrasubversiva desarrollada, las variaciones y matices regionales y los problemas que evidenciará la misma hacia mediados de octubre de 1973 cuando se adopte la estrategia contrasubversiva hacia el desarrollo de una guerra encubierta contra el marxismo visto como el principal blanco político-militar.

CAPÍTULO IV
LA GUERRA CONTRASUBVERSIVA DE LAS FF. AA.
DEL COPAMIENTO MILITAR DEL TERRITORIO
A LA GUERRA CLANDESTINA
(SEPTIEMBRE A NOVIEMBRE DE 1973)

> Hay algunos chilenos, no muchos por suerte, que piensan que las soluciones deben ser de fuerza. Ya les dije que cada país tiene sus propias características. En Chile, esa es una solución sin destino. ¿A qué conduciría? A una dictadura. Tendría que ser implacablemente represiva. Para ello, las FF. AA. tendrían que transformarse en una policía especializada y refinada y significará convertir al pueblo en *tupamaros*. A la semana siguiente de los aplausos del dictador, los políticos de los bandos más encontrados estarían unidos, gritando "gorilas" y pidiendo elecciones[1].

La legitimación del golpe de Estado

Cuando se inicia el golpe de Estado y el derrocamiento del Gobierno de la Unidad Popular (UP), regía la Constitución de 1925, formando un régimen institucional basado en la división de poderes, la supervisión recíproca de su accionar y la subordinación de los cuerpos e instituciones del Estado al ordenamiento jurídico construido. La Junta de Gobierno que se conformó con los Comandantes en Jefe de la Fuerza Aérea (FACH), la Armada, el Ejército y el director general de Carabineros, señaló que asumía el "Mando Supremo de la Nación", entendiendo por ello la concentración de los poderes ejecutivo, legislativo y constituyente[2].

---
[1] General Carlos Prats González, comandante en jefe del Ejército. Entrevista dada en noviembre de 1972. En: Prats, Carlos. *Memorias. Testimonio de un soldado*. Santiago: Pehuén, 1985, p. 328.
[2] Comisión Nacional Sobre Prisión Política y Tortura. *Informe de la Comisión Nacional Sobre Prisión Política y Tortura*. Santiago de Chile: La Nación S.A., 2005, p. 161.

Al momento del golpe de Estado se instaló al interior de las Fuerzas Armadas (FF. AA.) y policiales lo que se denomina un "consenso de término" del régimen de la UP[3] y no un consenso en torno a un proyecto político específico[4]. Esto implicó un acuerdo mínimo en erradicar la situación anterior y asumir las consecuencias de la acción golpista, lo cual supuso un consenso mínimo respecto a una serie de operaciones militares y de seguridad interior carente de un acuerdo sobre el proyecto político, económico y social a instaurar, pese a que en algunos sectores existían planificaciones y articulaciones programáticas previas como en el grupo que elaboró un programa económico de estabilización y reforma macroeconómica conocido como "El ladrillo"[5]. Pese a ello, ciertos elementos del imaginario político de los oficiales golpistas dotaron de legitimidad el accionar y de coherencia interna al escenario de guerra a construir, los cuales quedaron influenciados por la concepción de las operaciones militares de seguridad interior a desarrollar en el contexto de una guerra no convencional y del enemigo a confrontar: el marxismo y sus agentes.

Como han señalado diversas investigaciones, la dimensión civil constituye uno de los factores centrales en la instalación de los regímenes autoritarios, permitiendo dotar de legitimidad a los poderes fácticos en un contexto de falta de control estatal y de rendición de cuentas de las autoridades[6]. Como destaca el trabajo de Pablo Policzer, constituyen el espacio desde el cual el carácter

---

[3] Garretón, Manuel Antonio; Garretón, Roberto; y Garretón, Carmen. *Por la fuerza sin la razón. Análisis y textos de los bandos de la dictadura militar*. Santiago: Lom ediciones, 1998, p. 3.
[4] Álvarez, Rolando. ¿Represión o Integración? La política sindical del Régimen Militar, 1973-1980", *Historia*, núm. 43, vol. II., junio-diciembre, 2010, p. 331. Valdivia, Verónica. *El golpe después del golpe. Leigh. vs. Pinochet. Chile, 1960-1980*, Santiago: Lom ediciones, 2003, pp. 97-149.
[5] González, Mónica. *La conjura. Los mil y un días del golpe*. Santiago: Ediciones B, 2000, pp. 159-170. Varios Autores. *El ladrillo. Bases de la política económica del Gobierno militar*. Santiago: Centro de Estudios Públicos, 1992, pp. 7-12.
[6] O'Donnell, Guillermo. *El Estado burocrático autoritario. Triunfos, derrotas y crisis*. Buenos Aires: Editorial Belgrano. 1996 [1982]. Tapia, Jorge. *El Terrorismo de Estado: la Doctrina de Seguridad Nacional en el Cono Sur*. México D.F.: Nueva Imagen-Nueva Sociedad, 1980. Arriagada, Genaro y Garretón, Manuel Antonio. "Doctrina de Seguridad Nacional y regímenes militares". *Estudios Sociales Centroamericanos*, núm. 20, 1978, pp. 129-153.

instrumental de la política represiva de los regímenes autoritarios es sometido a control interno y externo, colocando límites al ejercicio de la represión y dotándole de un cariz específico al tipo de régimen autoritario[7]. En la práctica, el tipo de restricción o apoyo a las acciones del poder fáctico demarca los límites de su legitimidad y constituye el marco normativo (ético-moral) desde el cual evaluar y/o justificar la acción represiva.

En el caso de la dictadura chilena, podemos evaluarla a la luz de tres ámbitos: el primero, de la relación entre el poder judicial y la Junta Militar, sobre todo de la omisión y subordinación del poder judicial a la acción de los Tribunales Militares bajo la ficción jurídica del estado de sitio entendido como estado en "Tiempo de Guerra". Esta subordinación quedará consolidada cuando, a mediados de septiembre, la Junta señale que los delitos cometidos bajo estado de sitio no constituyen espacio de jurisdicción de los tribunales de la justicia civil, sino que de los tribunales militares. Por otra parte, la legitimidad política y civil de las acciones de la Junta Militar permitió otorgar una justificación a la represión como una medida necesaria contra un enemigo interno construido en el discurso público. Finalmente, desde el imaginario contrasubversivo de la oficialidad militar, se construyó una representación específica del enemigo a combatir que implicaba un doble esfuerzo por convencer a las propias filas del escenario de guerra no convencional a desarrollar en contra del marxismo y, a la vez, un esfuerzo hacia la población civil por instalar la necesidad de la acción restauradora de la Junta Militar.

Recién a comienzos de octubre, la problemática de un programa doctrinario comenzó a emerger al interior del círculo de poder de la Junta, quedando registrado en el acta de la Junta de Gobierno en los siguientes términos: "Se acuerda que el [Estado Mayor de la Defensa Nacional] EMDN estudie en el más breve plazo la "Doctrina de la Junta de Gobierno" a fin de poder fijar con

---

[7] Policzer, Pablo. *Represión e información en Chile bajo la Dictadura Militar*. Santiago: Lom ediciones, 2016, pp. 35 y 57.

claridad las líneas generales para los diversos planes a desarrollar"[8]. Al no existir un programa de acción política que dotara de unidad a las FF. AA., el factor militar y la represión unificaron en las primeras semanas al movimiento golpista. En los primeros años, el movimiento adoptó la lógica de una guerra de ocupación militar en clave contrasubversiva, por ende, de marcado acento ideológico contra un enemigo constituido por el marxismo internacional y sus agentes locales: los partidos políticos identificados con el ideario comunista y socialista, los dirigentes sociales y activistas y aquellas personas identificadas con el Gobierno de la UP. Pese a ello, dicha definición del enemigo demostró una plasticidad que permitió ir transformándola y modificándola con el paso de las semanas, los meses y luego los años, de acuerdo con los objetivos que la Junta Militar de Gobierno se iba atribuyendo en la coyuntura. Esto implicó que, en un primer momento, la justificación de la acción golpista se enarboló en torno a la existencia de un enemigo militar específico (la supuesta existencia de un ejército clandestino de extranjeros formado por millares de efectivos equipados con armamento de guerra y parapetados en las expresiones de poder popular) para con posterioridad transformarse en un adversario ideológico (el marxismo internacional y sus agentes) y finalmente político-coyuntural (cualquier persona o institución que cuestionase la política de la Junta de Gobierno)[9].

Previo y con posterioridad al golpe de Estado, el movimiento golpista centró su acción coordinada en derrocar lo más rápido posible al Gobierno de la UP, tomar el control del territorio, copar burocráticamente las diversas instituciones del Estado y evitar rupturas en las propias filas que implicasen un enfrentamiento armado[10]. Había que evitar una guerra civil a toda costa. Para ello

---

[8] Junta de Gobierno. *Acta núm. 15*, 4 de octubre de 1973.
[9] Constable, Pamela y Valenzuela, Arturo. *Una nación de enemigos. Chile bajo Pinochet*. Santiago: Ediciones UDP, 2013, p. 39. Huneeus, Carlos. *El régimen de Pinochet*. Santiago: Taurus, 2016, p. 66.
[10] Según el testimonio del propio general de aviación Gustavo Leigh. Varas, Florencia. *Gustavo Leigh. El general disidente*. Santiago: Ediciones Aconcagua, 1979, pp. 127-128.

fue necesario instalar un escenario de guerra interna y justificar la acción golpista mediante una acción defensiva de las FF. AA. y policiales en relación con la salvaguarda de la integridad del Estado y la Constitución Política de 1925. Esto implicó que el movimiento tuvo que, de manera simultánea, iniciar labores sistemáticas de represión en el territorio y dotarse de una legitimidad política, moral e institucional. Para lo primero, adoptaron las planificaciones de seguridad interior elaboradas en los últimos años (1969-1973), ajustadas con la información de inteligencia recopilada por los servicios de inteligencia de las FF. AA. y policiales en el marco de los allanamientos efectuados gracias a la Ley de Control de Armas en cada uno de las CAJSI. Para lo segundo, tuvieron que poner por escrito las instrucciones de las autoridades militares y las justificaciones de estas, generando una elaboración de las motivaciones, argumentos y fines que guiaban la acción restauradora de la Junta Militar.

Legalización del golpe de Estado a través de bandos militares y decretos leyes

El mecanismo utilizado para ello en los primeros días de la represión fueron los bandos militares, a través de los cuales la Junta Militar de Gobierno declaró que asumía el "Mando Supremo de la Nación", por lo cual concentraría los poderes ejecutivo, legislativo y constituyente. Mediante bandos cerraron el Congreso, proscribieron partidos, conculcaron las libertades y derechos consagrados constitucionalmente bajo la instauración de excepciones constitucionales. A través de estos detuvieron personas, las sometieron a procesos en la justicia militar e informaron de sus ejecuciones en falsos enfrentamiento en base a la aplicación de la "Ley de Fuga". Con posterioridad, algunas de las instrucciones emitidas por estos bandos militares fueron legalizadas a través de una serie de Decretos Ley en un intento por dotar de legitimidad jurídica las decisiones adoptadas. Por ello, como primera expresión discursiva de la Junta, los bandos militares dan cuenta de una triple función: ideológica-programática, normativa-institucional e informativa-propagandística[11].

Al momento del golpe de Estado, los bandos militares eran edictos penales y administrativos que mediaban la relación de las FF. AA. y policiales con la población civil. Estos no poseían regulación constitucional, pero estaban contemplados en el Código de Justicia Militar (artículos 77 y 78) y en la Ley de Seguridad Interior del Estado (artículo 34). Su existencia estaba contemplada en situaciones de excepción constitucional, para gobernar y ordenar las tropas militares y regular la relación de estas con la población civil. En la práctica también se utilizaron para conculcar las libertades y derechos civiles y políticos. Como señala Robert Barros, a través de bandos se instauró el toque de queda, se notificaron las detenciones de los partidarios del Gobierno de la UP y se prohibieron las reuniones públicas. Pero también permitieron "autorizar ejecuciones sumarias de individuos involucrados en actos de resistencia armada, instituir la censura previa a la prensa y suspender emisiones de radio, disolver el Congreso y justificar la intervención de las Fuerzas Armadas"[12].

Los primeros bandos militares fueron de carácter informativo-propagandístico, tanto hacia las autoridades de la UP para que depusiesen sus puestos de Gobierno y hacia la población civil, para que colaborasen con el movimiento golpista. El primer bando que da cuenta de una dimensión ideológica-programática mayor de justificación del golpe de Estado, es el bando núm. 5, que reúne el cuerpo del argumento político, jurídico y de seguridad nacional esbozado al momento del golpe.

En primera instancia, el bando en cuestión hace un análisis de la situación política, económica y social del país. En los primeros considerandos, señala que el Gobierno ha caído en la ilegitimidad por

---

[11] Garretón et al., *op. cit.*, p. 14.
[12] Barros, Robert. *La Junta Militar. Pinochet y la Constitución de 1980*. Santiago: Editorial Sudamericana, 2004, p. 68.

cuanto ha vulnerado derechos fundamentales, tales como: "(...) de libertad de expresión, libertad de enseñanza, derecho a la huelga, derecho de petición, derecho de propiedad, y derecho en general a una digna y segura subsistencia", lo que "(...) ha quebrantado la unidad nacional, fomentando artificialmente una lucha de clases estéril y en muchos casos cruenta (...) llevando a una lucha fratricida y ciega, tras las ideas extrañas a nuestra idiosincrasia, falsas y probadamente fracasadas". Sumando a aquello, en los considerandos siguientes (núm. 4, 5 y 6) que el "(...) Gobierno se ha colocado al margen de la Constitución en múltiples oportunidades usando arbitrios dudosos e interpretaciones torcidas e intencionadas, o en forma flagrante en otras, las que, por distintos motivos, han quedado sin sanción", que "(...) reiteradamente han quebrado el mutuo respeto que se deben entre sí los Poderes del Estado, dejando sin efecto las decisiones del Congreso Nacional, del Poder Judicial y de la Contraloría General de la República, con excusas inadmisibles o sencillamente, sin explicaciones"; que el poder ejecutivo se ha extralimitado en sus atribuciones a través de la imposición de la política de resquicios legales.

Como corolario para las FF. AA., este escenario ponía en riesgo la integridad del Estado: "(...) todos los antecedentes consignados en los números anteriores son suficientes para concluir que están en peligro la seguridad interna y externa del país, que se arriesga la subsistencia de nuestro Estado independiente y que la mantención del Gobierno es inconveniente para los altos intereses de la República y su Pueblo Soberano". Todos estos elementos implicaban una justificación del accionar, señalando en sus últimos considerandos:

12. Que estos mismos antecedentes son, a la luz de la doctrina clásica que caracteriza nuestro pensamiento histórico, suficientes para justificar nuestra intervención para deponer al Gobierno ilegítimo, inmoral y no representativo del gran sentir nacional, evitando así los mayores males que el actual vacío del poder pueda producir, pues para lograr esto no hay otros medios de razonamiento exitosos,

siendo nuestros propósitos restablecer la normalidad económica y social del país, la paz, la tranquilidad y seguridad perdidas.

13. Por todas estas razones someramente expuestas, las Fuerzas Armadas han asumido el deber moral que la Patria les impone de destituir al Gobierno que aunque inicialmente legítimo ha caído en la ilegitimidad flagrante, asumiendo el Poder por el solo lapso que las circunstancias exijan, apoyado en la evidencia del sentir de la gran mayoría nacional, lo cual de por sí, ante Dios y ante la Historia, hace justo su actuar y por ende, las resoluciones, normas e instrucciones que se dicten para la consecución de la tarea de bien común y alto interés patriótico que se dispone cumplir.

14. En consecuencia, la legitimidad de estas normas se colige su obligatoriedad para la ciudadanía, las que deberán ser acatadas y cumplidas por todo el país y especialmente las autoridades[13].

La retórica bélica dominó los discursos y bandos militares en los primeros días del golpe de Estado. La construcción de la guerra interna en lo militar tenía un correlato en lo simbólico y en lo psicológico, como han demostrado otras investigaciones en contextos dictatoriales[14]. Por ello, la triple funcionalidad de los bandos militares (ideológica-programática, normativa-institucional e informativa-propagandística) operó tanto hacia los receptores al interior de las FF. AA. y policiales como en el ámbito civil. En el caso de los bandos destinados hacia las propias filas, el discurso fue marcadamente bélico y acentuó el perfil del adversario: el marxismo. Así, por ejemplo, en el bando núm. 6, de distribución de las tropas al interior de cada CAJSI, señala que "Las Fuerzas Armadas y el Cuerpo de Carabineros, reitera al pueblo de Chile la absoluta unidad de sus mandos y tropas y su decisión inquebrantada [sic] de luchar hasta las últimas consecuencias para derrocar al Gobierno Marxista", enfatizando, a modo de autoconvencimiento, que "(…) la lucha no es contra el pueblo de Chile, sino que en defensa de ese

---

[13] Junta Militar de Gobierno, *Bando núm. 5*, distribución Según Plan "B". 11 de septiembre de 1973.

[14] Feitlowitz, Marguerite. *Un léxico del terror*. Buenos Aires: Prometeo, 2015.

pueblo que ama la libertad. En defensa de la mayoría absoluta que repudia el marxismo"[15].

Dado que los bandos militares no tenían rango constitucional y, en la práctica, la Junta Militar de Gobierno se atribuyó los poderes ejecutivo, legislativo y constituyente, las nuevas autoridades de facto se apresuraron a dotar de un ropaje de legalidad las decisiones adoptadas, pese a las contradicciones que con posterioridad se generarán y que la Junta Militar de Gobierno regularizará a través del Decreto núm. 788 publicado en el *Diario Oficial* el 4 de diciembre de 1974. En este se precisó el carácter de reforma constitucional de ciertos decretos que "(...) han tenido y tienen la calidad de normas modificatorias, ya sea de carácter expreso o tácito, parcial o total, del correspondiente precepto de dicha Constitución"[16].

A través del Decreto Ley núm. 1 del 11 de septiembre de 1973, publicado en el *Diario Oficial* el 18 de septiembre, se oficializó el acta de constitución de la Junta de Gobierno. A diferencia del Bando núm. 5, el acta fue más acotada en su justificación. En primera instancia, señaló como un considerando que la fuerza pública constituida por las tres ramas de las FF. AA. y Carabineros "representan la organización que el Estado se ha dado para el resguardo de su integridad física y moral y de su identidad histórica y cultural". Señala como segundo factor que la misión de la fuerza pública es "(...) asegurar por sobre toda consideración, la supervivencia de dichas realidades y valores, que son los superiores y permanentes de la nacionalidad chilena". Finalmente, como un considerando de guerra contrasubversiva, sentencia que "(...) Chile se encuentra en un proceso de destrucción sistemática e integral de estos elementos constitutivos de su ser, por efecto de la intromisión de una ideología dogmática y excluyente, inspirada en los principios foráneos del marxismo-leninismo"[17].

---

[15] Junta Militar de Gobierno, *Bando núm. 6*, distribución Según Plan "B". 11 de septiembre de 1973.

[16] Junta de Gobierno de la República de Chile, Decreto Ley núm. 788, dicta normas sobre el Ejercicio del poder constituyente, 2 de diciembre de 1974.

[17] "Acta de constitución de la Junta de Gobierno", Decreto Ley núm. 1 del 11 de septiembre de 1973. *Diario Oficial de la República de Chile*, núm. 26.653, 18 de septiembre de 1973, p. 1.

En tres escuetos artículos, se decretó que la Junta de Gobierno asumió "el Mando Supremo de la Nación, con el objetivo patriótico de restaurar la chilenidad, la justicia y la institucionalidad quebrantadas". En segundo lugar, designó al comandante en jefe del Ejército como presidente de la Junta. Finalmente, señaló que la Junta "garantizará la plena eficacia de las atribuciones del Poder Judicial y respetará la Constitución y las leyes de la República, en la medida en que la actual situación del país lo permita para el mejor cumplimiento de los postulados que se propone".

Si bien la fórmula de la designación del "Mando Supremo de la Nación" en el papel era acorde a las pretensiones políticas refundacionales de la Junta de Gobierno, en la práctica no señalaba atribuciones ni funciones claras. Era solo un calificativo pomposo, cuyo titular quedaba sin poderes reglamentados constitucionalmente. Por ello, con posterioridad, mediante el Decreto Ley núm. 128 se precisó que, por el "Mando Supremo de la Nación", se entendía "(...) el ejercicio de todas las atribuciones de las personas y órganos que componen los Poderes Legislativos y Ejecutivo, y en consecuencia el Poder Constituyente que a ellos corresponde".

La elección de Pinochet como presidente de la Junta fue una decisión tomada sobre el desarrollo de las acciones. Dado que los preparativos del golpe centraron su foco en lo represivo y lo militar, el poder ejecutivo del movimiento golpista no fue una problemática a resolver, sino hasta el momento de suscribir el acta de la Junta. Si bien Pinochet no constituyó la primera línea de la trama golpista, el hecho de estar a la cabeza de la rama de las FF. AA. más grande y antigua, junto con el hecho de ser el más antiguo en su cargo, inclinaron la balanza a su favor bajo la lógica del *primus inter pares*. Se optaría por una presidencia rotativa, cuya modalidad sería un "acuerdo de caballeros", que no quedaría consignado en esos términos en el acta de constitución de la Junta[18].

---

[18] El contralmirante Sergio Huidobro, ferviente anticomunista con formación en las escuelas norteamericanas de Fort Benning en la década de 1950 y en el Comando Sur de los EE. UU. en la zona del Canal de Panamá entre 1965 y 1968, estuvo a cargo de la Infantería de Marina en Chile entre 1971 y 1975. Fue de los articuladores de la primera línea del golpe de Estado

Pese a este acuerdo, la lógica de la concentración de los poderes ejecutivo, legislativo y constituyente y la designación de un presidente en la figura de Pinochet, no solucionaron el problema práctico del poder ejecutivo. Por ello, en el Decreto Ley núm. 128 que aclaró el alcance de la fórmula del "Mando Supremo de la Nación", se prefiguró la primera división de poderes al interior del cenáculo de poder: el poder ejecutivo radicaría en la presidencia de la Junta de Gobierno y se materializaría a través de Decretos Supremos, mientras que el poder legislativo y constituyente recaería en los cuatro miembros de la Junta de Gobierno y requeriría de unanimidad para la creación de nuevas disposiciones legales.

Legitimación estatal: el poder judicial y la Contraloría General de la República

Sorteado el proceso de legalización inicial del golpe de Estado, la Junta Militar procedió a disolver, a través de bandos militares, el Congreso Nacional y los partidos políticos. Para ello debió oficializar sus decisiones, motivo por el que en la segunda reunión de la Junta de Gobierno del 13 de septiembre se recibió al Contralor General de la República, Héctor Humeres Magnan. En la cita, el contralor "presentó su saludo y adhesión al nuevo Gobierno, junto con ofrecer su cooperación más decidida en todos los aspectos de su especialidad"[19]. En el encuentro, el Contralor se comprometió a entregar un completo informe sobre el estado financiero del país, además de ofrecer la asesoría técnica de los profesionales de la institución a los nuevos jefes de los servicios del Estado. No obstante,

---

en la Marina. En su autobiografía, consigna este episodio de la siguiente manera: "El día 12 se produjo la primera reunión formal de la Junta, revisando el Acta de constitución, se agregaron dos artículos. Uno, en el que se designaba presidente de la Junta al General Pinochet y otro para declarar que se garantizaba la independencia del Poder Judicial. Se habló de incluir un tercer artículo referente a que la Presidencia de la Junta sería rotativa, pero el General Pinochet pidió que ello no se incluyera, por considerar que correspondía a un acuerdo de caballeros. Pronto se decidiría que la rotación resultaría impracticable". Huidobro, Sergio. *Decisión Naval*. Valparaíso: Imprenta de la Armada, 1990, p. 268.

[19] Junta de Gobierno. *Acta núm. 2*, 13 de septiembre de 1973, punto 19.

el motivo central de la reunión era resolver cómo dar un hálito de legalidad a las decisiones fácticas de la Junta de Gobierno, materializada a través de decretos leyes.

El contralor presentó las dos alternativas posibles. La primera, tomar razón, lo que implicaba hacer el examen de legalidad de las decisiones adoptadas, lo que "podría obligar a su organismo en determinados casos a devolverlos por tener vicios legales producto de la rapidez con que deberán elaborarse". La segunda, solo registrar los decretos, "para la historia, sin pronunciarse, lo que le da una gran libertad de acción a la Junta para desenvolverse"[20]. El acuerdo entre la Junta Militar y el Contralor implicó adoptar la segunda alternativa: dar libertad de acción a la Junta y un traje de legalidad a la medida, sin pronunciarse sobre la legalidad de las acciones de la dictadura.

Al día siguiente del golpe de Estado, el presidente de la Corte Suprema, ministro Enrique Urrutia, en declaración pública, manifestó su total y completa adhesión al golpe de Estado, señalando: "El presidente de la Corte Suprema, en conocimiento del propósito del nuevo Gobierno de respetar y hacer cumplir las decisiones del Poder Judicial sin examen administrativo previo (…) manifiesta públicamente por ello su más íntima complacencia en nombre de la Administración de Justicia de Chile y espera que el Poder Judicial cumpla con su deber como lo ha hecho hasta ahora"[21]. Al día siguiente, el pleno de la Corte Suprema suscribió la declaración de su presidente, acordando "ratificar la declaración del presidente del Tribunal dada a conocer por los medios informativos del Gobierno" y "disponer que los distintos tribunales de justicia de la nación continúen cumpliendo sus labores ante la certeza de que la Autoridad Administrativa respectiva les prestará la garantía necesaria en el desempeño normal de sus funciones"[22].

---

[20] Ídem.
[21] "Complacencia señala nota de la Suprema", *La Tercera de La Hora*, 14 de septiembre de 1973, p. 2.
[22] *El Mercurio*, 14 de septiembre de 1973. Cfr. Matus, Alejandra. *El libro negro de la justicia chilena*. Santiago: Planeta, 1999, p. 283.

El 24 de septiembre, el nuevo ministro de Justicia de la dictadura, Gonzalo Prieto, informó de la reunión sostenida con el máximo tribunal de justicia, destacando la "forma extremadamente favorable como fue recibido en pleno por la Corte Suprema"[23]. Al día siguiente, la Junta Militar de Gobierno fue recibida por la Corte Suprema en pleno en el Tribunal de Justicia. En el discurso de bienvenida, el presidente de la corte, el ministro Enrique Urrutia Manzano, profirió un discurso en el que señaló la satisfacción del poder judicial con el movimiento golpista[24], enfatizando que solo unas semanas atrás existía el temor creciente de que los tribunales fueran avasallados por el antiguo régimen. Pinochet, en la oportunidad, manifestó que "sin ley no hay justicia", recordando el enfrentamiento político-judicial que el poder judicial y el ejecutivo habían generado durante el año 1973. El punto más álgido de esa crisis se había registrado en junio de 1973, cuando la Corte Suprema remitió un oficio al presidente Salvador Allende reprochándole que el jefe de Estado buscaba "cambiar el pedestal del Poder Supremo en que la ciudadanía y, por consiguiente, esta Corte lo tenía colocado, por la precaria posición de militante contra el órgano jurisdiccional superior del país, que por imperativo del deber, tiene que contrariar a veces en sus fallos los deseos más fervientes del poder ejecutivo"[25]. Por ello, en la instancia, el general Pinochet manifestó que "no se podía olvidar el llamado de atención que este tribunal hizo al país para representar el quebrantamiento jurídico en el que había caído el antiguo régimen"[26].

Semanas más tarde, en una serie de recursos presentada por abogados por la actuación de los Consejos de Guerra, la Corte Suprema

---

[23] Junta de Gobierno, *Acta núm.º 8*, 24 de septiembre de 1974, punto 22.

[24] "General Pinochet dijo en la Corte Suprema: "Sin Ley no hay justicia". *La Tercera de La Hora*, 26 de septiembre de 1973, p. 21.

[25] Corte Suprema. *Respuesta al presidente de la República, Libro de Actas de Acuerdos del Pleno de la Corte Suprema*. 33, Santiago, 25 de junio de 1973, p. 53. Citado por: Amunátegui, Andrés. "El protagonismo político del Poder Judicial entre los años 1965 y 1973", *Revista de Derecho de la Pontificia Universidad Católica de Valparaíso*, XXXVI, Valparaíso, 2011, pp. 619-663.

[26] General Pinochet dijo en la Corte Suprema: "Sin Ley no hay justicia". *La Tercera de La Hora*, 26 de septiembre de 1973, p. 21.

ratificará mediante fallos unánimes que en tiempos de guerra no poseía jurisdicción sobre los tribunales militares[27]. La justicia quedó al margen de la acción de la Junta Militar a través de las CAJSI y de las fiscalías militares de cada jurisdicción, allanando el camino para la comisión de una serie de irregularidades procesales por parte de la justicia militar y del accionar represivo e ilegal de los servicios de seguridad, que implicó a la postre una omisión del poder judicial sobre las violaciones sistemáticas de los derechos humanos cometidos por los agentes y civiles colaboradores de la dictadura militar.

Legitimación civil y política del golpe de Estado y la dictadura militar

A primera hora del 13 de septiembre, los principales gremios que se movilizaron en contra del Gobierno de la UP depusieron sus movilizaciones e hicieron llamados a retomar el trabajo tras manifestar públicamente su satisfacción con el golpe de Estado[28]. Ninguna de sus demandas gremiales fue acogida ni solucionada por la Junta en lo inmediato, ya que el trasfondo político de la movilización era generar las condiciones sociopolíticas para que las FF. AA. y policiales dieran el golpe de Estado.

León Vilarín, presidente de la Confederación de Dueños de Camiones –el principal gremio opositor contra el Gobierno de Allende–, así lo transparentó al declarar que "lo que todo el país esperaba, la decisión de las Fuerzas Armadas se acaba de producir", agregando más adelante que "Los dueños de camiones reanudaremos ahora nuestras actividades. Hemos triunfado. Chile necesita que normalice de inmediato el transporte terrestre en este nuevo Gobierno"[29]. El 19 de septiembre, Vilarín se reunió con la Junta

---

[27] "Suprema no tiene jurisdicción sobre los Consejos de Guerra", *La Tercera de La Hora*, 14 de noviembre de 1973, p. 17.

[28] "Gremios vuelven a la normalidad", *La Tercera de La Hora*, 13 de septiembre de 1973, p. 17.

[29] "Camioneros regresan hoy a las carreteras", *La Tercera de La Hora*, 13 de septiembre de 1973, p. 17.

de Gobierno y se acordó que "dicha organización proponga personal idóneo para que desempeñe las actividades de dirigentes de cada gremio y cooperen con cada Ministerio en materias específicas a fin de solucionar con agilidad los problemas que puedan presentarse"[30]. Una situación similar sucedió en el gremio de los taxis y autobuses, agrupados en la Confederación Nacional de Transporte Terrestre, la cual, a través de su presidente Juan Jara, hizo un llamado a retomar a sus puestos de trabajo a sus afiliados: "el esfuerzo y el coraje de nuestro gremio, que ha hecho todos los sacrificios, se halla hoy coronado por la satisfacción de haber contribuido a un mejor camino para nuestra patria"[31].

La Sociedad de Fomento Fabril (Sofofa), dirigida por el presidente del gremio de la Asociación de Industriales Metalúrgicos, Orlando Sáenz –férreo opositor del Gobierno de la UP y financista de Patria y Libertad (PL)–, manifestó su "Adhesión y apoyo irrestricto a las tareas de reconstrucción nacional que desde hoy iniciamos todos los industriales con todos nuestros esfuerzos"[32]. Con posterioridad, Orlando Sáenz se integrará como asesor económico del Ministerio de Relaciones Exteriores y embajador de Chile ante la Asamblea General de la Organización de las Naciones Unidas (ONU) y el Fondo Monetario Internacional (FMI), hasta su renuncia a finales de 1974. Entre sus labores efectuadas, estuvo a cargo de la renegociación de la deuda externa chilena[33].

Situación similar sucedió con otros gremios como la Agrupación de Dueños de Carnicerías. Por su parte, la Confederación Nacional Única de la Pequeña Industria y Artesanado (Conupia), presidida por Luis Zanzi, manifestó su "absoluta fe y confianza en que el nuevo Gobierno realizará en Chile una exitosa labor de reconstrucción nacional que devolverá a nuestra patria los valores

---

[30] Junta de Gobierno. *Acta núm. 5*, 19 de septiembre de 1973, punto 17.
[31] "Viene un mejor camino para Chile", *La Tercera de La Hora*, 13 de septiembre de 1973, p. 17.
[32] "Gremios y Ciudadanía apoyan gestión de la junta Militar", *La Tercera de La Hora*, 13 de septiembre de 1973, p. 17.
[33] Junta de Gobierno. *Acta núm. 18*, 9 de octubre de 1973, punto 1.

que había perdido y para lo cual debe contar con el apoyo de todos los sectores ciudadanos"[34].

El gremio del comercio detallista, agrupado en la Confederación Nacional de la Pequeña Industria y el Comercio Detallista de Chile, presidido por Rafael Cumsille, también hizo un llamado a colaborar con las nuevas autoridades, conminando a sus asociados a asumir la responsabilidad "para la reconstrucción nacional del país"[35]. Días más tarde, Cumsille se reunió con la Junta Militar para oficializar su colaboración, la que quedó registrada en las actas secretas de la Junta de Gobierno el 24 de septiembre de 1973: "Se recibe la visita de los representantes nacionales de todo el país del comercio detallista, encabezados por su Pdte. Sr. Cumsille, para saludar a la Junta, expresar su adhesión y manifestar que han iniciado una recolección de fondos para cooperar a la reconstrucción nacional"[36].

Los colegios de profesionales también apoyaron el golpe de Estado y la Junta Militar. El presidente de la Confederación Única de Profesionales de Chile (Cuproch) fue mucho más claro al reconocer que las movilizaciones iniciadas contra el Gobierno del presidente Allende tenían como "(...) único objetivo conseguir el cambio de la condición política del país", declarando que "adherimos con respeto y decisión a la Junta Militar de Gobierno y estamos seguros de representar a la unanimidad de nuestros afiliados a ofrecer a los nuevos gobernantes todas las capacidades que tienen nuestras organizaciones afiliadas"[37].

Diversos colegios profesionales se sumaron en apoyo al golpe de Estado y a la Junta de Gobierno en específico. Por ejemplo, el Colegio de Ingenieros Agrónomos de Chile, a través de un escueto comunicado, manifestó su "Adhesión irrestricta a la Junta Militar

---

[34] "Terminó paro de los pequeños industriales", *La Tercera de La Hora*, 13 de septiembre de 1973, p. 17.
[35] "El comercio retorna a sus actividades", *La Tercera de La Hora*, 13 de septiembre de 1973, p. 17.
[36] Junta de Gobierno, *Acta núm. 8*, 24 de septiembre de 1973, punto 12.
[37] "Cuproch pone fin al paro", *La Tercera de La Hora*, 13 de septiembre de 1973, p. 14.

de Gobierno" e hizo un llamado a los colegiados a retornar a sus puestos de trabajo en el campo. Por su parte, el consejo provincial del Colegio Médico Veterinario de Chile también manifestó su "apoyo irrestricto a la Junta de Gobierno"[38]. Días más tarde, el 22 de septiembre, una comitiva de dirigentes de diecinueve colegios liderados por Eduardo Arriagada, presidente del Colegio de Ingenieros, se reunió con la Junta de Gobierno y manifestó su apoyo y colaboración a la Junta Militar[39].

A comienzos de octubre, Julio Bazán, como presidente del Cuproch, se reunió de manera oficial con la Junta de Gobierno, manifestando la posición del organismo profesional respecto a una serie de problemáticas que quedaron registradas en las actas de la Junta de Gobierno. En ellas, dentro de los diversos temas que Julio Bazán y la Junta discutieron, destaca la opinión de la Confederación de profesionales respecto a la clase trabajadora y sus organismos gremiales. Respecto a lo primero, Bazán planteó la necesidad de un "Reajuste económico y ofrecimiento de la clase trabajadora", situación que puede ser entendida por la necesidad de efectuar un reajuste económico que grave los ingresos de los trabajadores –como efectivamente ocurrió con posterioridad–. Respecto a la central sindical de los trabajadores, manifestó la necesidad de su "Desaparecimiento [sic] de la CUT y rumores que ya circulan sobre actividades subterráneas que podrían realizar sus dirigentes". Además de aquello, abordó la "conveniencia de intensificar las relaciones públicas hacia el exterior aprovechando los organismos laborales" y la necesidad de adoptar "medidas inmediatas a tomar para reemplazar a la CUT"[40]. En efecto, la disolución de la CUT fue una de las primeras medidas adoptadas por la Junta Militar mediante bando militar legalizado a través del Decreto Ley

---

[38] "Agrónomos apoyan a Junta de Gobierno", *La Tercera de La Hora*, 13 de septiembre de 1973, p. 18.
[39] "Colegios profesionales ofrecen ayuda al Gobierno", *La Tercera de La Hora*, 23 de septiembre de 1973, p. 8.
[40] Junta de Gobierno. *Acta núm. 12*, 1 de octubre de 1973, punto 11.

núm. 12 del 17 de septiembre, que canceló su personalidad jurídica y liquidó todos sus bienes[41].

La colaboración de los gremios de profesionales no solo se restringió a apoyar la dictadura a través de la labor de la Junta de Gobierno, sino que también en la asistencia técnica en áreas sensibles. En el área de la vivienda, el Colegio de Arquitectos, en enero de 1974, se reunió con la Junta para entregar una propuesta de trabajo en área de vivienda, equipamiento y desarrollo urbano: "El señor presidente del Colegio de Arquitectos expresan [sic] que, deseando ayudar a la Junta, se permite hacer entrega de un documento que ha preparado el Colegio de Arquitectos con el propósito de colaborar con el Supremo Gobierno en las materias propias de su especialidad, la vivienda, el equipamiento y el desarrollo urbano principalmente"[42].

La colaboración de los gremios de profesionales también se efectuó a través de respaldo público internacional, como fue el caso del Colegio Químico-Farmacéutico de Chile, que a mediados de noviembre remitió a una serie de colegios de químicos del mundo un panegírico a la dictadura militar que la prensa pomposamente calificó de "Libro Blanco Propio" (ver apartado de operaciones psicológicas)[43]. La carta remitida fue firmada por su directiva, formada por los profesionales Gerold Klein, Raúl Bravo y Renzo Picasso.

Desde el ámbito político, el Partido Nacional (PN) fue el primer conglomerado en apoyar el golpe de Estado sin ambages. La justificación de este para el PN radicaba en que el Gobierno de la UP había provocado un escenario de confrontación, al enfrentar a los poderes del Estado, situando al presidente al margen de la Constitución y las leyes. A juicio de Sergio Onofre Jarpa, el presidente Allende había "traspasado su facultad a las directivas

---

[41] Decreto Ley 12 del 17 de septiembre de 1973, publicado en el *Diario Oficial de la República de Chile* el 24 de diciembre de 1973.

[42] Junta de Gobierno. *Acta núm. 78*, 22 de enero de 1974, punto 1.

[43] "Libro Blanco Propio difunde gremio químico-farmacéutico", *La Tercera de La Hora*, 9 de noviembre de 1973, p. 8.

políticas de los partidos marxistas y creado poderes paralelos y grupos militarizados ajenos a la organización institucional". En base a ello, en una declaración de dos puntos manifestaba:

1) Su apoyo irrestricto a toda acción encaminada a superar la crisis moral y material que vive Chile, y devolver a los chilenos la seguridad para vivir y trabajar en paz, haciendo posible el progreso y el desarrollo social y económico en un clima de unidad nacional.
2) El Partido Nacional llama a todos los chilenos a respaldar sin reservas la acción rectificadora de la Junta Militar de Gobierno y a empeñarse desde este momento, sin odios ni revanchismo, en la reconstrucción de la patria[44].

Por su parte, la posición del Partido Demócrata Cristiano (PDC) fue de claro apoyo a la dictadura. Patricio Aylwin, en una declaración emitida el 12 de septiembre, manifestó que la responsabilidad de la situación política actual era de la UP, eximiéndose de responsabilidad en el escenario creado: "Los hechos que vive Chile son consecuencia del desastre económico, el caos institucional, y la violencia armada y la crisis moral a que el Gobierno depuesto condujo al país, que llevaron al pueblo chileno a la angustia y a la desesperación", agregando que el golpe de Estado llevado adelante por las FF. AA. y policiales se justificaba para "evitar los graves peligros de destrucción y totalitarismo que amenazaban a la Nación chilena". Manifestó, finalmente, que "Los propósitos de restablecimiento de la normalidad institucional, de paz y unidad entre los chilenos expresados por la Junta Militar de Gobierno interpretan el sentimiento general y merecen la cooperación patriótica de todos los sectores. Su logro requiere de la acción justa y solidaria, respeto de los derechos de los trabajadores, sin odios ni persecuciones que conjugue el esfuerzo colectivo en la tarea nacional de construir el porvenir de Chile"[45].

---

[44] "Apoyo expresó el Partido Nacional", *La Tercera de La Hora*, 13 de septiembre de 1973, p. 18.
[45] "Posición del PDC", *La Tercera de La Hora*, 13 de septiembre de 1973, p. 14.

Pese este pronunciamiento a favor del golpe de Estado como una intervención necesaria del restablecimiento del orden institucional, un grupo de trece militantes del PDC firmó una declaración de oposición al golpe de Estado. La declaración emitía una condena categórica al golpe de Estado: "Condenamos categóricamente el derrocamiento del presidente constitucional de Chile, señor Salvador Allende, de cuyo Gobierno, por decisión de la voluntad popular y de nuestro partido, fuimos invariables opositores. Nos inclinamos respetuosos ante el sacrificio que él hizo de su vida en defensa de la Autoridad Constitucional"[46]. Además, efectuaban una evaluación autocrítica en las responsabilidades de todos los sectores en el escenario de crisis generado, tanto del dogmatismo de la UP, de la acción de la derecha económica y política y de la propia incapacidad del PDC en suscribir acuerdos que evitasen el golpe.

Esta declaración, que solo tuvo publicidad a través de algunas redes militantes, gatilló que el Consejo Nacional del PDC se reuniera de emergencia para analizar la situación, acordando respaldar la declaración emitida por la directiva y reiterando públicamente que era la única instancia autorizada para emitir pronunciamientos partidarios[47]. A los días, Patricio Aylwin fue más claro y despejó toda ambigüedad posible. El golpe de Estado no solo era un golpe para restablecer el quebrantamiento del orden institucional, sino que sobre todo había sido un golpe contrasubversivo para evitar un supuesto autogolpe de la UP: "El Gobierno de Allende había agotado, en el mayor fracaso, la "vía chilena hacia el socialismo" y se aprestaba a consumar un autogolpe para instaurar por la fuerza la dictadura comunista"[48]. Con posterioridad, nuevamente ratificó esta posición ante corresponsales de

---

[46] Declaración Pública, 13 de septiembre de 1973.
[47] "Respaldan declaración de Democracia Cristiana", *La Tercera de La Hora*, 14 de septiembre de 1973, p. 12.
[48] "Fracaso marxista condujo a la intervención militar", *La Tercera de La Hora*, 18 de septiembre de 1973, p. 8.

prensa internacional, enfatizando además la disposición del PDC a colaborar con la dictadura militar a través de técnicos[49].

A comienzos de octubre, la prensa afín a la dictadura informó que la directiva del PDC se reunió con la Junta en un primer encuentro protocolar[50]. Dicha reunión fue mucho más que una mera presentación. En el punto núm. 6 del acta secreta núm. 19 quedaron registrados los acuerdos y conversaciones suscritos por el PDC a través de su presidente. En primer lugar, el PDC manifestó el "rol que tienen los Partidos Políticos democráticos en la lucha antimarxista, especialmente el Democratacristiano". Con ello, el PDC se plegaba políticamente al carácter contrasubversivo y antimarxista del golpe de Estado. Junto con posicionarse como un partido antimarxista, la directiva dio su apoyo a la Junta de Gobierno y al golpe de Estado, dando una "(…) interpretación del "pronunciamiento militar" del 11 de septiembre como de legítima defensa, ante la actitud de las fuerzas de Gobierno armadas ilegalmente". Finalmente, manifestaron algunos reparos con las detenciones, la situación de los prisioneros políticos y la vulneración de la autonomía universitaria. Pese a ello, ratificaron "la "disposición de los democratacristianos a cooperar individualmente a la tarea de la Junta"[51].

A mediados de noviembre, Patricio Aylwin viajó al congreso de la Unión Demócrata Cristiana de Alemania Occidental realizado en Hamburgo, para informar la posición del PDC respecto al apoyo a la dictadura militar y para informar sobre la responsabilidad del Gobierno de la UP en el golpe de Estado[52].

El apoyo del PDC al golpe de Estado no solo se quedó en eso. Un agente informante de la CIA, que pertenecía a las filas del

---

[49] "DC dispuesta a colaborar con la Junta a través de técnicos", *La Tercera de La Hora*, 22 de septiembre de 1973, p. 12.
[50] "Directiva del PDC se reunió con la Junta", *La Tercera de La Hora*, 11 de octubre de 1973, p. 3.
[51] Junta de Gobierno. *Acta núm.19*, 10 de octubre de 1973, punto 6.
[52] "Aylwin fustigó el régimen de opresión que vivió Chile", *La Tercera de La Hora*, 28 de noviembre de 1973, p. 3.

PDC, hizo las gestiones para obtener financiamiento para el viaje de una comitiva de ex parlamentarios por Europa, con el objetivo de dar a conocer la visión del partido ante la comunidad internacional respecto al golpe de Estado, sus causas y sus responsables. El agente "Fuermine-5" así lo reconoció en un cable de inteligencia de la estación de Santiago de la CIA, a raíz de las revelaciones que hizo el periodista Seymour Hersh para el *New York Times* en septiembre de 1974, respecto del financiamiento de la CIA a civiles y partidos políticos para provocar el golpe de Estado[53]. En el cable, el agente de la CIA se refirió al viaje que realizaron los ex parlamentarios Juan de Dios Carmona, Pedro Jesús Rodríguez, Juan Hamilton y Enrique Krauss por una serie de países de Europa para publicitar la versión del PDC sobre el golpe de Estado[54].

A su retorno a Chile, el grupo de ex parlamentarios se reunió con la Junta Militar de Gobierno, entregando un completo reporte de sus gestiones, el que quedó registrado en las Actas Secretas de la Junta de Gobierno:

> Se recibe en audiencia a los exparlamentarios señores Juan de Dios Carmona, Juan Hamilton y Enrique Krauss, quienes dan una información general de la impresión que han podido recoger en su visita a Europa en relación con los últimos acontecimientos ocurridos en el país. A su juicio, Roma es el centro de la propaganda mundial en contra de Chile y donde se estarían reuniendo los ex embajadores que no regresarían al país, estimando que la situación con Italia no podrá arreglarse antes de 4 o 5 meses, lo cual puede repercutir en alto grado en los embarques y desembarques de productos de Chile, muy en especial en lo referente al cobre.
> En síntesis, consideran que esta intensa campaña en contra de Chile será mantenida a toda costa a fin de transformar nuestra situación como un Vietnam publicitario[55].

---

[53] Hersh, Seymour. "C.I.A. Is Linked to Strike In Chile Thay Beset Allende", *New York Times*, 20 de septiembre de 1974. http://www.nytimes.com [consultado el 29 de julio de 2020].
[54] CIA, TOR01218062 sep. 1974, p. 2.
[55] Junta de Gobierno. *Acta núm. 29*, 6 de noviembre de 1973, punto 1.

El expresidente Eduardo Frei también fue categórico en su apoyo al golpe de Estado y a la dictadura militar. En una entrevista dada al medio español ABC, afirmó que "La Junta fue la Salvación de Chile". En ella, con convicción, Frei señaló que "Allende vino a instaurar el comunismo por medios violentos, no democráticos y cuando la democracia engañada, percibió la magnitud de la trampa, ya era tarde. Ya estaban armadas las masas de guerrilleros y bien preparado el exterminio de los jefes del Ejército"[56].

La legitimación civil al golpe de Estado y el apoyo público de la Junta no se agotaron en estas expresiones. Una gran cantidad de profesionales se integró en posiciones directivas y en calidad de asesores a los diversos servicios del Estado, como el caso del gremialista Jaime Guzmán en el Comité Asesor Jurídico (COAJ) y el periodista Federico Willoughby en la Secretaría General de Gobierno (Segegob). También hubo otros casos de bajo perfil, pero con una alta responsabilidad en la construcción de campañas psicológicas hacia la población como el caso del psicólogo Hernán Tuane Escaff a cargo del Departamento de Psicología de la Dirección de Relaciones Humanas de Segegob (ver apartado de campaña psicológica).

Para los gremialistas, existió una plena conciencia de las graves violaciones a los derechos humanos que se estaban cometiendo por la dictadura; pese a ello, no dudaron desde los primeros días del régimen en colaborar a través de la delación y sugiriendo políticas específicas hacia sectores políticos. Por ejemplo, el Frente Gremialista de la Universidad de Concepción remitió el 24 de septiembre una completa minuta a la Junta Militar, explicando –desde su óptica conservadora– las causas de la decadencia moral universitaria y las responsabilidades de los partidos políticos de centro y de izquierda, así como de los docentes identificados con el ideario de transformación y reforma social[57].

---

[56] "Frei: La Junta fue la Salvación de Chile", *La Tercera de La Hora*, 11 de octubre de 1973, portada.

[57] Frente Gremialista Universidad de Concepción, "Situación de los Universidad de Concepción; grupos de poder presentes y pasados; su responsabilidad en el proceso de decadencia universitaria; intentos de rectificación; resolución por la cual se la declara en reorganización; conclusiones". 24 de septiembre de 1973. Archivo Fundación Jaime Guzmán.

Específicamente sobre violaciones a los derechos humanos, Jaime Guzmán remitió una minuta privada desde el Comité Creativo a la Junta de Gobierno en la que manifestaba una visión relativista del respeto de los derechos humanos, señalándole que solo el paso del tiempo permitiría que la sociedad evalúe desde otra óptica moral la violencia represiva:

> El éxito de la Junta está directamente ligado a su dureza y energía, que el país espera y aplaude. Todo complejo o vacilación a este propósito será nefasto. El país sabe que afronta una dictadura y lo acepta. Solo exige que esta se ejerza con justicia y sin arbitrariedades. Véase si no la increíble pasividad con que se ha recibido por el estudiantado la intervención de las Universidades, medida que en todas partes ha suscitado violenta resistencia. Transformar la dictadura en "dictablanda" sería un error de consecuencias imprevisibles. Es justamente lo que el marxismo espera desde las sombras[58].

También hubo civiles que se hicieron parte activa de la represión. Algunos eran ex militantes de PL, otros ex militares y civiles nacionalistas de extrema derecha. Un grupo importante de ellos participó en los operativos cívico-militares durante los primeros meses del golpe de Estado, en la represión en el marco del copamiento militar del territorio en zonas rurales y a través de la delación en las zonas urbanas[59]. Otro grupo, los más fervorosos anticomunistas, se integraron como civiles a las FF. A.A y fueron enviados en comisiones a los servicios de seguridad de la dictadura

---

[58] "Memorándum. De: Comité Creativo A: H. Junta de Gobierno", nota 5, c/129. El documento tiene siete páginas y trata los siguientes temas: I. La Junta y su opción como destino histórico. Implicancias próximas. II. Algunas ideas sobre la imagen que debe proyectar la Junta. III. Apoyo a la política económica del Gobierno. IV. Forma de trabajo del Comité. El documento no tiene fecha, probablemente fue preparado a fines de septiembre de 1973. Archivo Fundación Jaime Guzmán.
[59] Rebolledo, Javier. *A la sombra de los cuervos. Cómplices civiles de la dictadura.* Santiago: Planeta, 2013. Villagrán, Fernando; Agüero, Felipe; Salazar, Manuel; y Délano, Manuel. *Represión en dictadura: el papel de los civiles.* Santiago: Lom ediciones, 2005.

en la Dirección de Inteligencia Nacional (DINA) y en el Comando Conjunto Antisubversivo[60]. Otro grupo importante participó como delatores en sus espacios de trabajo[61] o en los lugares de estudio por revanchismo, para obtener beneficios propios o para acceder a redes clientelares en espacios restringidos de acceso social[62]. Así, por ejemplo, quedó consignada una delación en las actas de la Junta de Gobierno de apoderados del prestigioso colegio Saint George: "Se informa al Sr. [ministro de Defensa Nacional] MDN sobre situación de cinco sacerdotes del Colegio Saint George que serían marxistas. Se acuerda declararlos personas no gratas y ponerlos a disposición de su Embajada"[63]. Finalmente, una masa mayoritaria, simplemente normalizó la violencia represiva, los Estados de Excepción constitucional y las violaciones a los derechos humanos, justificándolos como un mal necesario[64], todo lo cual deja abierta la pregunta sobre la responsabilidad moral de los civiles en relación a los crímenes cometidos por los agentes de la dictadura militar, así como las condiciones de posibilidad en el ámbito sociocultural que llevaron a

---

[60] González, Mónica y Contreras, Héctor. *Los secretos del Comando Conjunto*. Santiago: Ediciones Ornitorrinco, 1991.

[61] Fuentes, Miguel y Matamoros, Christian. "Dejaron al gato cuidando la carnicería. El delator en el sindicato de panificadores de La Serena, 1973-1987", *Universum*, Talca, vol. 27.2, 2012, pp. 81-98.

[62] Guerrero, Manuel. "Cuando la población se hace parte de la producción social de la violencia: el caso de la colaboración mediante denuncias". En: Ximena Poo (Ed). *La dictadura de los sumarios (1974-1985). Universidad de Chile intervenida*. Santiago: Ediciones Universitarias, 2016, pp. 171-193.

[63] Junta de Gobierno. *Acta núm. 7*, 21 de septiembre de 1973.

[64] Para el caso de la dictadura argentina, existen interesantes trabajos que han indagado la cotidianidad en la dictadura militar y el rol de la población a través de la omisión de los crímenes cometidos por los agentes de Estado. Cfr. Lvocih. Daniel. "Vida cotidiana y dictadura militar en la Argentina: un balance historiográfico", *Estudios Ibero-Americanos*, Pontificia Universidade Católica do Rio Grande do Sul, vol. 3, 2017: DOI: 10.15448/1980-864X.2017.2.25184 [consultado el 29 de julio de 2020]. A nivel internacional, el polémico estudio de Daniel Goldhagen sobre la participación y complicidad moral de los alemanes comunes y corrientes en relación con las políticas genocidas y crímenes de lesa humanidad del régimen nazi. Cfr: Goldhagen, Daniel. *Los verdugos voluntarios de Hitler. Los alemanes corrientes y el holocausto*. Madrid: Taurus, 2019. Sobre los cuestionamientos a este trabajo: Moreno, Javier. "El debate Goldhagen: los historiadores, el Holocausto y la identidad nacional alemana", *Historia y Política*, núm. 1, abril 199, pp. 135-159.

que un alto porcentaje de la población considerara la solución eliminadora de la dictadura militar en contra de la oposición política, representada como un enemigo interno, como una posibilidad deseable, razonable y en algunos casos justificable.

Una guerra interna en clave contrasubversiva: la organización de la represión en las primeras semanas de la dictadura militar

> Por cada inocente que caiga serán ajusticiados diez elementos marxistas indeseables, de inmediato, y con arreglo a las disposiciones que el Código de Justicia Militar establece en Tiempo de Guerra[65].

Estados de Excepción y subdivisión militar del territorio en las CAJSI

Resuelto el primer esbozo de división del poder al interior de la Junta de Gobierno y la legitimación (legal, civil y política), se procedió a legalizar los mecanismos represivos en el territorio. La guerra contra el marxismo sería implacable, como señaló el general Gustavo Leigh ante la prensa en la tarde del 11 de septiembre. Había que "exterminar el cáncer marxista hasta las últimas consecuencias", haciendo un llamado abierto a la ciudadanía para que delataran a los dirigentes de la UP y colaboraran con la Junta. El imaginario contrasubversivo construido previo al golpe de Estado por sectores de las FF. AA. y policiales, permitió leer la crisis del sistema político chileno como un problema de subversión comunista, ante lo cual era necesario llevar adelante una guerra sin cuartel contra el marxismo. Para ello se tomó como referencia las Planificaciones de Seguridad Interior elaboradas por las FF. AA. en los últimos años, perfeccionadas con la aplicación de los Estados

---

[65] Intendencia de la Zona de Cautín, *Bando Militar núm. 30*, 17 de septiembre de 1973.

de Excepción constitucional y por los operativos de allanamientos en el marco del dispositivo de la Ley de Control de Armas. La incertidumbre sobre una eventual respuesta armada y organizada desde los grupos de choque de la UP, era una preocupación al interior de las FF. AA. y policiales. La oposición política desde el Parlamento y desde el mundo gremial, fustigó durante años sobre la existencia de un ejército popular en formación en torno a los embriones de organización popular de base y con presencia territorial, el cual era apoyado por miles de ciudadanos extranjeros provenientes de los países de la órbita socialista y de América Latina. En las ciudades, el foco de preocupación eran los cordones industriales y los comandos comunales; en las zonas rurales, los predios bajo control campesino y su organización en comandos campesinos. A esta imagen de un ejército popular en formación, contribuyó la existencia de una retórica de extrema izquierda que fustigó sobre un enfrentamiento militar inminente como elemento de resolución de la crisis de poder generada en la sociedad chilena.

Por estos factores de orden interno, la Junta procedió a poner la maquinaria represiva en todo el territorio y perfeccionar los principales dispositivos de seguridad del Estado: la Ley de Control de Armas y la Ley de Seguridad Interior del Estado. Inicialmente se procedió a declarar el estado de sitio mediante el Decreto Ley núm. 3 del 11 de septiembre[66], tomando como consideración "La situación de conmoción interior que vive el país". Para efecto de establecer la responsabilidad de las acciones militares, a través del único artículo decretó la responsabilidad colegiada de la Junta de Gobierno como "(...) Jefe de las Fuerzas que operará en la Emergencia". Al día siguiente, la Junta de Gobierno aclaró a través del Decreto Ley núm. 5, que el estado de conmoción interna en el marco de la declaración del estado de sitio debía entenderse como "Estado en Tiempo de Guerra", tomando en consideración que esto era necesario para "reprimir en la forma más drástica posible

---

[66] Decreto Ley núm. 3 del 11 de septiembre de 1973, *Diario Oficial de la República de Chile*, núm. 26.653, 18 de septiembre de 1973, p. 2.

las acciones que se están cometiendo contra la integridad física del personal de las Fuerzas Armadas, de Carabineros y de la población en general", dotar de mayores herramientas a los "tribunales militares en la represión de algunos de los delitos de la Ley núm. 17.798 de Control de Armas" y "prevenir y sancionar rigurosamente y con mayor celeridad los delitos que atenten contra la seguridad interior, el orden público y la normalidad de las actividades nacionales". El resultado fue la introducción en la ley de una serie de penas y agravantes de responsabilidades.

No obstante, la figura del estado de sitio no permitía una presencia efectiva de las FF. AA. y policiales en el territorio, ya que solo entregaba en la práctica el mando y la responsabilidad de las acciones militares a la Junta de Gobierno. Por ello, a continuación, se declaró el estado de emergencia, figura de excepción que permitía la puesta en marcha de los jefes de Zona de Emergencia que reunía las atribuciones de las AJSI y permitía la constitución de sus Comandancias: las CAJSI (ver tabla 9).

Desde ese momento, la puesta en marcha de la represión quedará legalizada en su arquitectura general y en su cadena de mando. Pese a ello, a los días del golpe, dado el dinamismo de los acontecimientos y la necesidad de coordinación entre la Junta de Gobierno y las CAJSI, la Junta de Gobierno acordó efectuar las coordinaciones entre estos organismos con el Ministerio de Interior y Ministerio de Defensa: "Se acuerda, en lo sucesivo, para una mejor coordinación de las Misiones que se impartan a las CAJSI, estas deben hacerse por intermedio de los Ministerios de Interior y Defensa Nacional"[67]. Desde este punto de vista, las CAJSI en el territorio jurisdiccional cumplieron la función de la Junta Militar en lo concerniente a las atribuciones ejecutivas y de seguridad interior.

---

[67] Junta de Gobierno. *Acta núm. 3*, 16 de septiembre de 1973, p. 2.

Tabla 9. Distribución jurisdiccional del territorio de las CAJSI

Jefe militar en la Zona de Emergencia	Área jurisdiccional	CAJSI
General de Brigada Carlos Forestier Haengsen	Provincia de Tarapacá (excepto departamento de Arica)	VI División del Ejército
Coronel Odlanier Mena	Departamento de Arica	
General de Brigada Joaquín Lagos Osorio	Provincia de Antofagasta (excepto departamento El Loa)	I División de Ejército
Coronel Eugenio Rivera Desgroux	Departamento de El Loa	
Teniente coronel Óscar Haag Blaschke	Provincia de Atacama (excepto departamento de Huasco y Freirina)	
Contralmirante Adolfo Walbaum Wieber	Provincia de Valparaíso	I Zona Naval
General de Brigada Hernán Brady Rochhe	Provincia de Santiago	Cuartel General Santiago
Teniente coronel Ariosto Lapostol Orrego	Provincia de Coquimbo y depto. de Huasco y Freirina	II División de Ejército
Coronel Héctor Orozco Sepúlveda	Provincia de Aconcagua	
Teniente coronel Cristián Ackerknecht San Martín	Provincia de O'Higgins	
Coronel Hernán Brantes Martínez	Provincia de Colchagua	
Contralmirante Jorge Paredes Wetzer	Departamentos de Talcahuano y Tomé	II Zona Naval
Teniente coronel Sergio Angelotti Cádiz	Provincia de Curicó	III División de Ejército
Teniente coronel Efraín Jaña Girón	Provincia de Talca	
Coronel Gabriel del Río Espinoza	Provincia de Linares	
Teniente coronel Gabriel Castillo Whyte	Provincia de Maule	
Coronel Juan Toro Dávila	Provincia de Ñuble	
General de Brigada Washington Carrasco Fernández	Provincia de Concepción (excepto departamentos de Talcahuano y Tomé)	
Coronel Alfredo Rehren Pulido	Provincia de Biobío	
Teniente coronel Elio Bacigalupo Soracco	Provincia de Malleco (excepto Depto. de Angol)	División de Caballería
Teniente coronel Alejandro Morel Donoso	Depto. De Angol	
Coronel Hernán Ramírez Ramírez	Provincia de Cautín	
Teniente coronel Pablo Iturriaga Marchesse	Depto. De Temuco	
General de Brigada Héctor Bravo Muñoz	Provincia de Valdivia	
Teniente coronel Lizardo Simón Maggi	Provincia de Osorno	
Coronel de Aviación Sergio Leigh Guzmán	Llanquihue y Chiloé	III Base Aérea FACH
Coronel Humberto Gordon Rubio	Provincia de Aysén	Guarnición Coyhaique
General de División Manuel Torres de la Cruz	Provincia de Magallanes	Región Militar Austral

Elaboración propia en base a Decreto Ley núm.4, interpretación de Bandos Militares, sentencias judiciales y documentación del Archivo Jenadep -Bridehu- PDI.

Además de aquello, se acordó una primera división represiva de las FF. AA. y policiales en la guerra contra el marxismo: "a fin de poder abordar con mayor dinamismo los múltiples problemas que se verá avocada la Junta de Gobierno, se acuerda repartirse entre sus integrantes, la coordinación de cada uno de los frentes más importantes por ahora". Para esos efectos, se utilizaría la distribución de los esfuerzos en los diversos frentes en el argot militar. El frente interno quedó a cargo del general Gustavo Leigh de la FACH y el director general de Carabineros César Mendoza. El frente económico a cargo del almirante José Toribio Merino de la Armada y el frente externo-bélico a cargo de los cuatro[68].

El motivo de esta distribución respondía a los énfasis de cada rama. La Armada desde el grupo de la cofradía náutica y desde el cónclave de Lo Curro venía articulándose con el grupo de economistas de la Sofofa que Orlando Sáenz había solicitado la elaboración del programa económico para poner en marcha el proceso de estabilización y reformas económicas[69]. Por su parte, la FACH desde agosto de 1973 había ajustado sus planes de seguridad y dispuesto la creación de la Compañía de Contrainsurgencias (ver capítulo anterior). Carabineros, por otro lado, constituía un importante y numeroso contingente de policía militarizada en prácticamente todo el territorio nacional. Finalmente, el Ejército veía con preocupación la constante adquisición de material bélico de los vecinos del norte y, en sus hipótesis de conflictos y en sus apreciaciones de situación, una eventual guerra con Perú y Bolivia parecía como el escenario externo de conflicto más posible.

De manera inmediata a la puesta en marcha del movimiento golpista, las autoridades militares mediante bandos procedieron a conminar a los dirigentes de la UP y a diversas autoridades del Gobierno derrocado a rendirse y entregarse a las autoridades de la Junta Militar en las diversas guarniciones militares. A través del Bando núm. 10, la Junta de Gobierno llamó a entregarse de

---

[68] Ídem.
[69] González. *La conjura...*, *op. cit.*, pp. 159-209.

manera voluntaria en las dependencias del Ministerio de Defensa a un grupo de personas, bajo la amenaza de que "la no presentación le significará que se ponen al margen de lo dispuesto por la Junta de Comandantes en Jefe con las consecuencias fáciles de prever"[70]. La misma instrucción fue repetida por el Bando núm. 19, como complemento al bando núm. 10[71].

Como medida preventiva, el toque de queda fue establecido en todo el territorio nacional. De modo paralelo se estableció que el toque de queda "regirá a partir de esta fecha, en las horas que estime conveniente en todas las Áreas Jurisdiccionales de Seguridad Interior", agregando que "Las CAJSI de provincias emitirán sus propios bandos con las instrucciones de acuerdo con la situación que se viva"[72]. Así, por ejemplo, mediante bando militar núm. 5, el comandante de la CAJSI Guarnición Coyhaique, coronel Humberto Gordon Rubio, informó de la declaración de estado de sitio y el toque de queda: "por disposición de la Junta de Comandantes en Jefe, establece el Estado de Sitio para todo el territorio nacional y toque de queda de las 15:00 hasta las 8:00 h."[73].

Represión e inteligencia en las CAJSI en las primeras semanas

Los enfrentamientos militares entre las FF. AA. y policiales y las fuerzas de la UP fueron escasos. Salvo la resistencia armada del dispositivo de seguridad presidencial (GAP) en el Palacio de La Moneda, en sus inmediaciones y algunas escaramuzas en los sectores aledaños de la fábrica SUMAR en la comuna de San Joaquín[74], no hubo enfrentamientos ni oposición de los partidarios de Gobierno. Las FF. AA. tomaron el control de la situación en

---

[70] Junta de Gobierno, *Bando núm. 10*, 11 de septiembre de 1973.
[71] Junta de Gobierno, *Bando núm. 19*, 12 de septiembre de 1973.
[72] Junta de Gobierno, *Bando núm. 16*, 11 de septiembre de 1973.
[73] V División de Ejército, *Bando núm. 5*, Coyhaique, 11 de septiembre de 1973.
[74] Leiva, Sebastián y Garcés, Mario. *El golpe en la Legua. Los caminos de la historia y la memoria.* Santiago: Lom ediciones, 2005.

las diversas ciudades del país, copando militarmente el territorio de manera rápida. La provincia de Valparaíso, en base al "Plan Cochayuyo", fue controlada antes de las 8:00 h. La misma situación ocurrió en la ciudad de Concepción, una ciudad simbólicamente asociada a la izquierda radical, y en la zona minera de Lota y Coronel, históricamente asociada al PCCH. El contralmirante Sergio Huidobro lo registró así en sus memorias:

> Cuando el operativo militar comenzó a actuar, Concepción fue controlada sin disparar un tiro y lo mismo Talcahuano. Igual cosa ocurrió con los centros mineros de Lota, Coronel y Chuquicamata. Solo hubo brotes aislados de resistencia en algunas ciudades (…). En Santiago, el control de la ciudad se consiguió en escasas horas. Hubo únicamente escaramuzas aisladas en algunos recintos universitarios y fábricas estatizadas y en las poblaciones periféricas. Solo en el centro de Santiago se ofreció la lucha un reñido fuego con los francotiradores apostados en los edificios más destacados, tales como la Torre Entel, a la cual se le disparó con artillería; la construcción nueva del diario "El Clarín" (…). En el sector alto de la ciudad solo hubo resistencia en Tomás Moro, El Cañaveral y casas de los más cercanos colaboradores del régimen[75].

Pese a ello, las FF. AA. y policiales realizaron una serie de operativos de allanamientos en fábricas y en poblaciones previamente identificadas como focos de insurgencia. Todas estas acciones formaban parte de los planes de seguridad interior ideados para establecer el control militar del territorio. El soporte organizacional para el ejercicio de estos planes fueron las CAJSI a lo largo del territorio, motivo por el que en los primeros días después del golpe de Estado las guarniciones militares fueron los lugares donde trasladaron a los prisioneros y detenidos por las FF. AA. y policiales.

Para ello, cada CAJSI se estructuró emulando los Estados Mayores Conjuntos de las FF. AA., adoptando una estructura que

---

[75] Huidobro, *op. cit.*, pp. 272-273.

era comandada por la autoridad jurisdiccional designada por la Junta de Gobierno en la Zona de Estado de Emergencia. De él dependían directamente la Fiscalía Militar encargada de llevar adelante los procesos en contra de los reos y detenidos por infracción del Código de Justicia Militar y los Centros de Inteligencias Regionales (CIRE), también referidos en las causas judiciales como Servicios de Inteligencia Regional (SIRE). Estos espacios de inteligencia y contrainteligencia se constituyeron de facto, sin estar normados legalmente, no obstante estar precisados en reglamentos internos de las FF. AA. Estos dispositivos de carácter operativo y de análisis nutrían las decisiones tomadas por el Estado Mayor en la jurisdicción, subdividiendo la CAJSI en departamentos de operaciones, personal, inteligencia y logística (ver ilustración 19). Los CIRE estaban formados por contingente de todas las FF. AA. y policiales (Carabineros y contingente de Investigaciones) en el territorio, variando su composición de acuerdo con el arma con mayor presencia en el territorio.

Ilustración 19. Estructura básica de una CAJSI

Elaboración propia en base a interpretación de sentencias, procesos judiciales y documentos de la PDI.

Las CAJSI fueron los núcleos de toma de decisiones sobre la represión en las primeras semanas del golpe; desde ahí se emitieron los bandos militares, se decidió a qué personas detener, a quiénes procesar, a quiénes ejecutar y presentar como muertos producto de falsos enfrentamientos. Eran los lugares de toma de decisión que dispusieron de la utilización de la infraestructura de las guarniciones militares, inmuebles fiscales y particulares para detener personas, someterlas a interrogatorios en su mayoría bajo tortura y apremios ilegítimos.

Así, por ejemplo, en la zona central del país donde operaron las CAJSI de la II División de Ejército y de la I Zona Naval, se utilizaron las guarniciones militares y las sedes de las Comandancias como centros de detención transitorios. En la CAJSI de la II División del Ejército (CAJSI II DE), en la Guarnición de Santiago, las detenciones fueron efectuadas en el subterráneo del Ministerio de Defensa, frente al Palacio de La Moneda, donde se constituyó desde la madrugada del 11 de septiembre el primer centro clandestino de detención[76]. Luego de ello, los detenidos serían llevados a diversas instalaciones en la provincia, usando para ello la infraestructura militar en el territorio, siendo los principales el Regimiento Tacna (Regimiento de Artillería núm. 21 Tacna), el Regimiento de Infantería núm. 1 Buin, la Escuela de Infantería de San Bernardo[77] y la Base Aérea El Bosque. En la Guarnición Coquimbo de la CAJSI II, las personas detenidas fueron llevadas al Regimiento de Infantería núm.2 Arica de La Serena (actual Regimiento núm. 21 Coquimbo).

El Plan Lautaro en la Región Metropolitana posibilitó la conformación de la CAJSI Santiago[78], que quedó comandada por el general de Ejército Herman Brady. El general Brady se desempeñó como comandante de la II División del Ejército y de la Guarnición de Santiago, siendo designado jefe de la Zona en Estado de Emergencia. Ejerció, además, las funciones de juez militar de Santiago.

---

[76] Comisión Nacional Sobre Prisión Política y Tortura, *op. cit.*, p. 449.

[77] Causa rol N° 03-02 F "San Bernardo", a la que se acumuló la causa rol N° 04-02-F "Paine", al igual que la "San Bernardo I, II, III y V", llevada adelante por el ministro de fuero Héctor Solís Montiel. Cfr.: Ahumada, Manuel. *Derechos humanos y justicia en Chile: Cerro Chena. Campo de Prisioneros*. Valencia: Publicacions de la Universitat de València, 2013.

[78] Informe Policial núm. 537 del 5 de noviembre de 2004, causa rol 126.461.

En estas labores fue apoyado por un Estado Mayor a cargo del coronel Orlando Ibáñez.

Esta organización contempló cuatro departamentos o secciones: 1° de personal, 2° de inteligencia, 3° de operaciones y 4° de logística. El conjunto del territorio metropolitano fue dividido en cuatro zonas: CAJSI norte, a cargo del comandante del Regimiento Buin; CAJSI sur, a cargo del comandante de la Base Aérea El Bosque; CAJSI oriente a cargo del comandante de los Institutos Militares con asiento en la Escuela Militar, y CAJSI centro, a cargo del general Sergio Arellano Stark, con su cuartel en la Academia de Guerra del Ejército. Finalmente, contempló una agrupación de reserva a cargo del general del Ejército Sergio Palacios Ruhman. Dada la envergadura territorial e importancia de la CAJSI centro en Santiago, se organizó un Estado Mayor para el mismo, emulando los cuatro departamentos contemplados en la estructura metropolitana (ilustración 20).

Específicamente, en la CAJSI de Santiago, se realizó una gran cantidad de allanamientos y operativos conjuntos de FF. AA. y policiales. Para llevar adelante estos operativos, el plan de acción de la Junta contempló el traslado de guarniciones militares del norte y sur del país para reforzar la CAJSI de la II DE. La batalla de Santiago era crucial y debía ser ganada en poco tiempo. Desde el norte se movilizaron, el 12 de septiembre, tropas de la Primera Compañía de Fusileros del Regimiento Esmeralda de Antofagasta, a cargo del teniente Alexander Hananías Barrios. Al día siguiente, otro contingente de la Segunda Compañía de Fusileros del Regimiento Esmeralda, al mando del capitán Jorge Durand González, llegaba a reforzar el trabajo en la capital. Finalmente, desde la CAJSI de la Región Militar Austral, llegó un contingente militar del Regimiento Pudeto, a cargo del capitán Roberto Letelier Escoda.

Ilustración 20. Estructura CAJSI Santiago

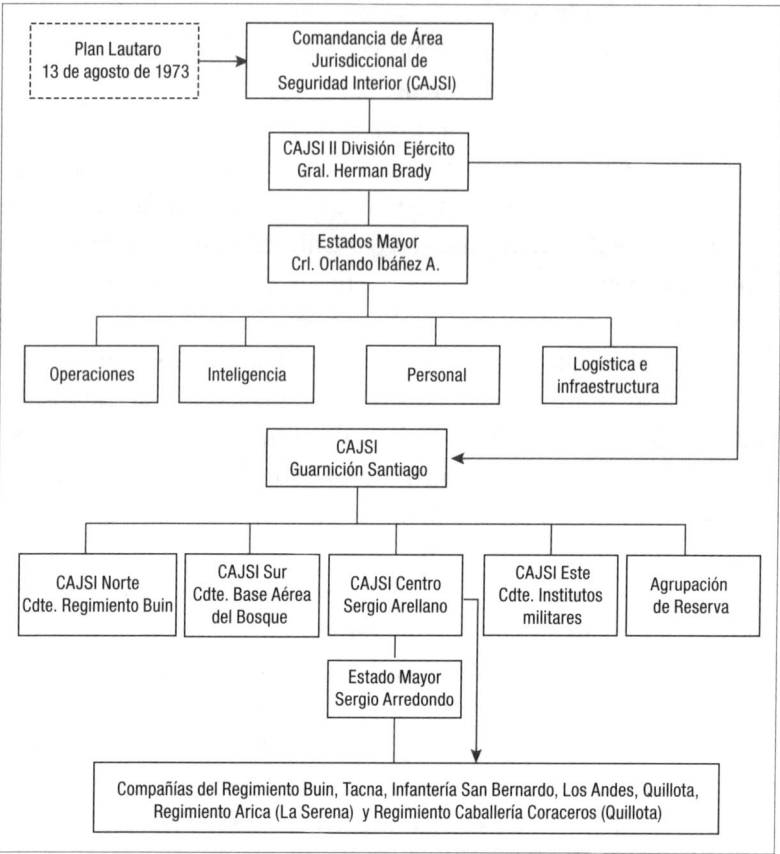

Elaboración propia. Fuente: declaraciones de oficiales de Alto Mando procedentes de unidades policiales de la Policía de Investigaciones de Chile[79].

---

[79] Al respecto: Informe Policial núm. 537 del 5 de noviembre de 2004, causa rol 126.461-MG, sustanciado por el ministro Miguel Vásquez Plaza, foja 5.050 e Informe Policial Brigada de Inteligencia Policial Metropolitana núm. 11 de 29 de abril de 2005, causa rol 126.461, foja 6225. Informe Policial núm. 846 del 27 de mayo de 2008, causa rol 38.483 "Episodio Boinas Negras", foja 4650. Informe Policial núm. 16 del 15 de diciembre de 2003, causa rol 2182-98, "Charles Horman", foja 2685. Archivo Jenadep-Bridehu-PDI.

Este contingente vino a reforzar las tropas de Santiago denominadas como "Agrupación Alfa"[80] y se dividieron en tres labores: seguridad en el Estadio Chile, mientras fue utilizado como centro de detención entre el 12 y el 22 de septiembre; como tropas de seguridad en el Estadio Nacional entre el 11 y el 12 de noviembre, mientras fue utilizado como el mayor campo de prisioneros de guerra del país; finalmente, como tropas en allanamientos en diversas partes de la capital.

Mediante el bando núm. 26, la Junta informó de los principales operativos realizados el 11 de septiembre en Santiago. Estos se dirigieron al centro cívico y las principales instituciones de Gobierno (Palacio de Gobierno, Banco Chile, Banco Central, Banco Estado, Banco Nacional del Trabajo, Ministerio de Obras Públicas, Servicio de Seguro Social), medios de comunicación (Diarios *La Nación*, *Clarín*, Revista *Punto Final*, editorial Quimantú), sectores obreros de los cordones San Joaquín y Cerrillos (Cristales Chile, Industrias Hirmas, Sumar, ex Yarur, Pizarreño, Viña Santa Carolina, Maestranza Corfo), puentes e infraestructura de telecomunicaciones y el Teatro Septiembre. A los operativos señalados, se agregó el allanamiento y ocupación de la Universidad Técnica del Estado donde, según la Junta, "(…) después de resistencia armada con rendición de aproximadamente 600 personas e indicación de gran cantidad de armamento y extranjeros"[81].

Una vez acordonado el territorio, se procedía a empadronar y someter a control a la población. Personas con delitos menores u órdenes de aprensión pendientes fueron ejecutadas de manera directa, muchas de las cuales no están contempladas por el *Informe de la Comisión Nacional de Verdad y Reconciliación* (Informe Rettig). Estos hechos forman parte de lo que el historiador Sebastián Leiva denominó "la represión que no importó"[82]. Por ejemplo, un

---

[80] Bonnefoy, Pascal. *Terrorismo de Estado. Prisioneros de guerra en un campo de deportes*. Santiago: Editorial Latinoamericana, 2016, pp. 16-17.

[81] Junta de Gobierno de las FF. AA. y Carabineros, *Bando núm. 26*, 12 de septiembre de 1973.

[82] Al respecto, ver las investigaciones del Colectivo de Memoria Histórica y de Sebastián Leiva, que entregan información contundente y fidedigna de diversos operativos en la Región

caso elocuente es el acontecido en el departamento de San Bernardo, donde el gobernador militar y director de la Escuela de Infantería del Ejército, Leonidas Konig, realizó una serie de operativos de limpieza social: "queremos hacer una limpieza de todos estos elementos en nuestra zona y, para ello, el personal militar está trabajando sin descanso"[83].

Pero el proceso represivo en las primeras semanas también evidenció un fuerte componente de violencia simbólica, por cuanto fueron atacados los símbolos culturales y patrimoniales asociados al régimen depuesto en el llamado "golpe estético" y la censura a la producción cultural[84]. Por ejemplo, a través de la destrucción del monumento público al "Che" Guevara en la comuna de San Miguel[85], la producción editorial (con las masivas quemas de libros en espacios públicos), la resignificación del edificio de la Unctad III (utilizado como sede de la Junta de Gobierno y rebautizado como Diego Portales) y la eliminación de los murales de edificios y espacios públicos (como el mural "El primer gol del pueblo chileno", de Roberto Matta y de la Brigada Ramona Parra).

La planificación de los operativos militares no previó la situación de los prisioneros, ni la infraestructura necesaria para dar abasto a la gran cantidad de detenidos que se fueron reuniendo en las principales ciudades del país. El 13 de septiembre, en la segunda sesión de la Junta de Gobierno, se planteó este problema: "Se estudió el problema de los Prisioneros de Guerra y se decidió que era fundamental resolver esta situación a la brevedad. Para ello se acordó crear una comisión calificadora de detenidos con

---

Metropolitana. Por ejemplo, en las poblaciones Santa Julia, El Pinar, La Castrina, Malaquías Concha, Pablo de Rokha, La Bandera, La Victoria, José María Caro, Roosevelt, Los Nogales, La Pincoya, Quinta Bella, Lo Hermida, Juan Francisco Fresno, Nuevo Amanecer (ex Nueva Habana) y 14 de Enero.

[83] Abarca, Luis. "En San Bernardo Gobernador Militar inicia batida contra delincuentes", *La Tercera de La Hora*, 5 de noviembre de 1973, p. 6.

[84] Donoso, Karen. *Cultura y dictadura. Censuras, proyectos e institucionalidad cultural en Chile, 1973-1989*. Santiago: Ediciones Universidad Alberto Hurtado, 2019. Leiva, Gonzalo y Errázuriz, Luis. *El golpe estético: dictadura militar en Chile*. Santiago: Ocho Libros, 2012.

[85] "Derribada estatua del Che Guevara", *La Tercera de La Hora*, 15 de septiembre de 1973, p. 8.

los siguientes departamentos: jurídico, logístico-construcciones, sanidad, inteligencia"[86]. Dado que la FACH se estaba avocando al Frente Interno, se acordó encomendar la misión para elaborar dicha comisión al general de Brigada Aérea Francisco Herrera Latoja, uno de los militares conjurados de primera línea[87]. Junto con ello, se acordó que la confección del Decreto Ley para esta comisión quedaría a cargo del almirante Rodolfo Vio Valdivieso. La comisión tendría entre sus principales focos de atención: "selección, tratamiento, proposición: expulsión, remisión de tribunales militares y libertad". Se acordó, además, que el organismo dependería del Ministerio de Defensa Nacional.

El resultado de estas gestiones será la creación del Centro Coordinador de Detenidos que, con posterioridad, se transformaría en la Secretaría Nacional de Detenidos (Sendet), la fachada legal de la represión política. Pero, además, sería un organismo que permitiría centralizar la información sobre los detenidos y conectarla con el quehacer de la Junta de Gobierno a través del Ministerio de Defensa. El Centro Coordinador de Detenidos era el espacio encargado de llevar adelante el registro y relación de inteligencia de los detenidos a través de sus diversos departamentos. Se desconoce el modo de relación entre este centro con los recintos de detención en todo el país, pero sí se conoce la relación con el Campo de Prisioneros del Estadio Nacional (ver ilustración 21).

El 16 de septiembre, el ministro del Interior, general Óscar Bonilla, informó sobre esta situación, señalando que en pocos días estarían en "condiciones de entregar una lista de detenidos y también instalar (...) un servicio de informaciones que permita a sus parientes informarse sobre el estado de sus familiares"[88], agregando, unos días más tarde, que: "En las próximas horas se tendrá una nómina completa de todos los detenidos que aún permanecen en el Estadio Nacional, lo cual permitirá que sean visitados por

---

[86] Junta de Gobierno, *Acta núm. 2*, 13 de septiembre de 1973, p. 1. "Con mucha energía partió la campaña de la limpieza", *La Tercera de La Hora*, 18 de septiembre de 1973, p. 3.
[87] González. *La conjura, op. cit.*, pp. 159-170.
[88] *El Mercurio*, 17 de septiembre de 1973, p. 15.

sus parientes y se les pueda llevar algunos elementos de abrigo o alimento"[89]. Pese a ello, esta situación nunca se regularizó del todo.

Ilustración 21. Centro Coordinador de Detenidos, Estadio Nacional y Ministerio de Defensa

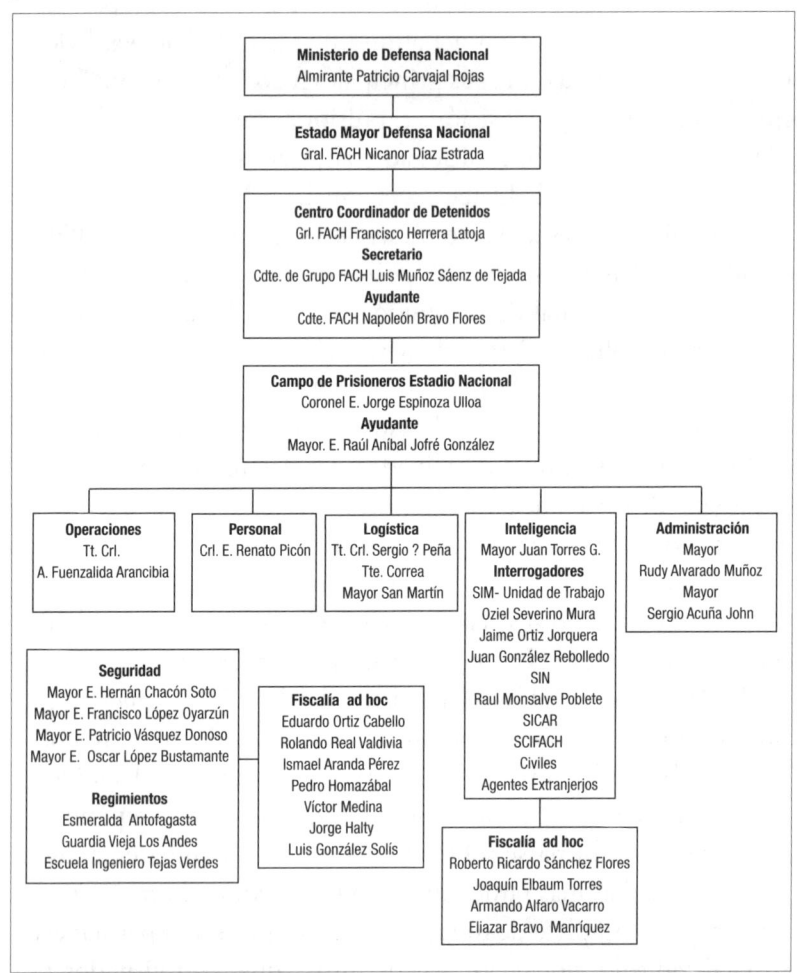

Elaboración propia. Fuente: Documento del Programa Continuación Ley 19.123 del 6 de diciembre de 2012. Archivo Jenadep-PDI.

---

[89] *El Mercurio*, 22 de septiembre de 1973, p. 22. "Necesitamos silencio político para cicatrizar el odio en Chile", *La Tercera de La Hora*, 22 de septiembre de 1973, p. 2.

A los días, la Junta solicitó la colaboración al Colegio de Abogados para tratar la situación de los prisioneros de guerra, que crecía en número: "Se acuerda pedir al Colegio de Abogados cooperación de profesionales a fin de que asesoren al Sr. Gral. (FACH) Herrera en la interrogación de los [Prisioneros de Guerra] PP.GG. que ya por su número están creando un problema muy delicado y urge aligerar la sustanciación de las causas"[90]. Los prisioneros en Santiago aumentaban en número a medida que se profundizaban los operativos y allanamientos en las poblaciones del Gran Santiago.

El 19 de septiembre, al interior de la Junta se discutió la imagen militarizada que se estaba proyectando a nivel internacional a raíz de las ejecuciones y los campos de prisioneros. Así quedó registrado en las actas: "El Sr. Almirante Merino informa del impacto que ha causado en la política mundial el derrocamiento del régimen comunista de Chile, caso único del mundo. Ello ha traído consigo la reacción del comunismo internacional a fin de que no ocurra lo mismo en otros países comunistas haciendo lo posible por desfigurar esta imagen[91]". Para revertir esta imagen, el 22 de septiembre la Junta citó a la prensa nacional e internacional, para que revisaran las condiciones en la que los prisioneros estaban detenidos[92]. El efecto fue el contrario al deseado y la imagen del campo de deportes utilizado como campo de prisioneros, posicionó la imagen de un campo de concentración y una guerra de ocupación sin cuartel.

Misma situación estaba generando el problema de los asilados políticos en las embajadas y la negativa de la Junta a otorgarles salvoconductos para salir del país. El 26 de septiembre, la Junta acordó agilizar la salida al exilio de aquellas personas con la que los servicios de inteligencia no tuviesen objeciones: "El Sr. Ministro de RR. EE. da a conocer el grave problema que se está produciendo con el Asilo Político en Embajadas y los Salvoconductos

---

[90] Junta de Gobierno, *Acta núm. 7*, 21 de septiembre de 1973, punto 6.
[91] Junta de Gobierno, *Acta núm. 5*, 19 de septiembre de 1973.
[92] "Periodistas y Cruz Roja visitaron a detenidos en Estadio Nacional. Hay entre 3.500 y 4.000", *La Tercera de La Hora*, 23 de septiembre de 1973, p. 2.

que deben extenderse en el más breve plazo y que en algunos casos no se ha estado cumpliendo. Ello está perjudicando la imagen de Chile en el exterior estimándose que debe solucionarse a la brevedad (…) Se acuerda proceder como lo propone el Ministro de RR. EE. con aquellos que no están procesados y/o no tenga objeciones el SIM"[93].

Para solucionar el problema del Estadio Nacional, la Junta inicialmente evaluó la factibilidad de construir un campo de prisioneros en la Isla Santa María, en el golfo de Arauco, comuna de Coronel[94]. No obstante, el 12 de octubre se inclinaron por trasladar a los prisioneros a la Oficina salitrera de Chacabuco, en el norte del país: "Se informa que dentro del mes podrían ser trasladados a la Oficina de Chacabuco los detenidos en el Estadio de Antofagasta, lugar que reúne muy buenas condiciones y con pequeños arreglos puede acomodarse"[95], situación que comenzó a hacerse efectiva en las próximas semanas hasta el 11 de noviembre en que se desocupó el Estadio Nacional. El grueso de los detenidos fue trasladado a los campos de prisioneros de Chacabuco, pero este no dio abasto y tuvo que reabrirse el Estadio Chile (Estadio Víctor Jara)[96].

En la CAJSI de la I Zona Naval (CAJSI I ZN) correspondiente a Valparaíso, los detenidos fueron trasladados en primera instancia a la Academia de Guerra Naval, al Cuartel Almirante Silva Palma[97] y a algunos buques como el Lebu, el Maipo y la Esmeralda[98]. La Comandancia de la CAJSI se estableció en la Academia de Guerra

---

[93] Junta de Gobierno, *Acta núm. 10*, 26 de septiembre de 1973, punto 10.
[94] "Conveniencia de informar que el Penal que se va a habilitar en la Isla Sta. María va a ser para desalojar el Estadio Nacional", Junta de Gobierno, *Acta núm. 14*, 3 de octubre de 1973.
[95] Junta de Gobierno, *Acta núm. 19-A*, 12 de octubre de 1973.
[96] San Francisco, Alexander; Fuentes, Miguel; y Sepúlveda, Jairo. "Hacia una arqueología del Estadio Víctor Jara: campo de detención y tortura masiva de la dictadura en Chile (1973-1974", *Revista de Arqueología Histórico Argentina y Latinoamericana*, Buenos Aires, 2010, pp. 91-116.
[97] Jorge Magasich. *Los que dijeron no. Historia del movimiento de los marinos antigolpistas*. Santiago: Lom ediciones, 2008, p. 378. Joui Joui, Sadi. *Chacabuco: y otros lugares de detención*. Valparaíso: Arte & Gráfica, 2003.
[98] "Más de 500 detenidos hay a bordo de los mercantes Maipo y Lebu", *La Tercera de La Hora*, 24 de septiembre de 1973, p. 7.

Naval, donde comenzó a trabajar el servicio de inteligencia de la CAJSI que, con posterioridad, formará el CIRE. En declaración judicial de Gilda Mercedes, se reconoce esta situación: "En marzo de 1974 fui destinada al Servicio de Inteligencia de la Comandancia de Área Jurisdiccional de la Seguridad Interior (SICAJSI), cuyas dependencias se ubicaban en el cuarto piso de la Academia de Guerra Naval, donde comencé a desempeñarme como secretaria. Entre el personal que trabajaba en la SICAJSI estaba el teniente oficial de mar Julio Faune, teniente Alberto Badilla, capitán de corbeta Carlos Bastías, capitán de corbeta Juan Guillermo Mackay, capitán de corbeta Hernán Jijena que era oficial de abastecimiento, entre otros".

Respecto a la organización de servicio de inteligencia, estableció que

> El SICAJSI se dividía en departamentos, el departamento núm. 1°, "Análisis", donde trabajaba personal de la Armada, de Carabineros y Ejército, de los cuales solo recuerdo al teniente de Carabineros Enrique Corrales; el departamento núm. 2, no recuerdo qué función cumplía; el departamento núm. 3° "Operaciones", donde trabajaba el teniente de la Armada Alberto Badilla, un oficial de Ejército de apellido Williams (...) pudo haber sido teniente y un Oficial de la Armada de Reserva de nombre Guillermo Morera y el departamento núm. 4° "Banco de datos"... Todos los funcionarios sin excepción vestíamos de civil y utilizábamos chapas o apodos, en mi caso me decían "la chica Tati". Mi función como secretaria en la SICAJSI se limitó únicamente a la tramitación de documentación interna que hacía la Comandancia en Jefe de la Primera Zona Naval... nunca al interior del piso donde funcionaba la SICAJSI vi la presencia de detenidos, pero sí vi que había personas detenidas en el Cuartel "Silva Palma" (...)", agregando que "En el año 1974... la SICAJSI pasó a denominarse Centro de Inteligencia Regional (CIRE), pero utilizábamos las mismas dependencias[99].

---

[99] Declaración judicial de Gilda Mercedes Ulloa Valle, fs. 540 y 828, Sentencia causa rol 2.182-98, episodio "José Alberto Salazar Aguilera", dictada por el ministro de fuero Leopoldo Llanos Sagristá, 19 de noviembre de 2013.

Esta situación es ratificada por declaración de Rafael Guillermo Mackay Backler, quien señala que:

Al llegar a la Academia de Guerra Naval nos percatamos que operaba una agrupación que se denominaba Servicio de Inteligencia de la Comandancia de Área Jurisdiccional de Seguridad Interior (SICAJSI), de la cual era jefe el Capitán de Navío Sergio Barra Von Krestchmann. Esta unidad tenía como finalidad detectar a todos los grupos subversivos contrarios al régimen militar, identificándolos e informar al Jefe de Estado Mayor C. N. Aldoney, quien posteriormente ordenaba a un grupo operativo… a cargo de un Capitán de Fragata de apellido Naval y entregó esas facultades a un grupo especial de funcionarios de la Armada, algunos eran de Ejército, Carabineros e Investigaciones de Chile (…) todo el personal que se desempeñaba al interior de la Academia de Guerra pertenecía a una estructura denominada Servicio de Inteligencia de la Comandancia de Área Jurisdiccional de Seguridad Interior (SICAJSI)que dependía del comandante en jefe de la Primera Zona Naval[100].

El Departamento de San Antonio, bajo jurisdicción de la Escuela de Ingenieros de Tejas Verdes del Ejército, quedó bajo la Comandancia del teniente coronel Juan Manuel Contreras Sepúlveda que, con posterioridad, será el director de la policía política de la dictadura militar. Jurisdiccionalmente dependía del CAJS II DE, dado que, en la regionalización anterior a la reforma de la dictadura, el departamento de San Antonio y Melipilla dependía administrativamente de la Provincia de Santiago. En el lugar se habilitó, desde los primeros días del golpe de Estado, un campo de prisioneros (el campo de prisioneros núm. 2) y se utilizó las dependencias del casino de oficiales de la escuela como centros de detención y torturas[101]. De modo paralelo comenzó a idear los

---

[100] Asertos de Rafael Guillermo Mackay Backler fs.583 y 820, Sentencia causa rol 2.182-98, episodio "José Alberto Salazar Aguilera", dictada por el ministro de fuero Leopoldo Llanos Sagristá, 19 de noviembre de 2013.
[101] Causa rol 2182-98, "Tejas Verdes" instituida por el ministro Alejandro Solís. Cfr.:

antecedentes de su anhelo de años: la creación de una policía política (capítulo siguiente).

Al norte, en la CAJSI VI División de Ejército (CAJSI VI DE), por su carácter fronterizo, estableció una distinción al interior de la Provincia de Tarapacá, que quedó a cargo del general de brigada Carlos Forestier Haengsen y el Departamento de Arica, que quedó a cargo del coronel de inteligencia Odlanier Mena, comandante del Regimiento Reforzado núm. 4 Rancagua. Mena, quien rivalizó con el teniente coronel Manuel Contreras en materia de inteligencia desde la Dirección de Inteligencia del Ejército (DINE) en los años siguientes y que asumirá el mando de la Central Nacional de Informaciones (CNI) en 1977 tras la destitución de Contreras, será procesado por el juez Guzmán en 2004 por las muertes de Óscar Ripoll Codoceo, Manuel Donoso y Julio Valenzuela por efectivos del Regimiento Rancagua. Para las detenciones transitorias también fue utilizado el Batallón Logístico núm. 6 y como principal campo de prisioneros el sitio de Pisagua[102].

En la CAJSI I División de Ejército (CAJSI I DE) fue designado como jefe del estado de emergencia y comandante de la CAJSI el general de brigada Joaquín Lagos Osorio a excepción del departamento de El Loa, que quedó a cargo del coronel Eugenio Rivera Desgroux, comandante del Regimiento núm.15 Calama.

En Tocopilla los detenidos eran conducidos a la comisaría de Carabineros o a la cárcel, siendo lugares de detención transitorio para luego ser trasladados hacia recintos militares de Antofagasta. Los casos de Chuquicamata y Calama tuvieron un tratamiento especial por ser espacio estratégico de la economía cuprífera nacional.

Rebolledo, Javier. *El despertar de los cuervos. Tejas Verdes, el origen del exterminio en Chile.* Santiago de Chile: Editorial Planeta, 2016 [2013].

[102] Lillo Muñoz, Francisco. *Fragmento de Pisagua. La historia de los presos políticos en el Campo de Concentración Pisagua.* Santiago: autoedición, 1991. Jo Frazier, Lessie."The detention camps in Pisagua remembered (1948, 1973, 1990) and forgotten (1943, 1956, 1984)". *Salt in The Sand. Memory, violence and the National-State in Chile, 1890 to the present.* Durkham-London: Duke University Press, pp. 158-189. Para un detalle de todos los centros de detención en la región: Olmos, Karina; Olmos, Sebastián; Rojas, Rodolfo; y Coronil, Jaime. *Lugares y sitios. Memorias de un patrimonio negado.* Iquique: Editorial Navaja, 2019.

Los prisioneros fueron llevados a una comisaría de Carabineros y a un recinto de la Empresa Nacional de Explosivos (Enaex- ex Dupont). Con posterioridad, eran trasladados a la cárcel de Calama o a algún recinto de interrogatorios como el cuartel del Servicio de Inteligencia de Carabineros (Sicar) de Antofagasta[103], la Base Aérea Cerro Moreno o al Regimiento de Infantería, donde funcionaba la fiscalía militar.

En la zona sur, por ejemplo, en la CAJSI III Base Aérea de la FACH correspondiente a la Provincia de Llanquihue y Chiloé, quedó a cargo del general de aire Sergio Leigh Guzmán, hermano del comandante en jefe de la FACH. Esta fue la única CAJSI que estuvo a cargo de la FACH y que subordinó bajo su accionar al Ejército, Carabineros e Investigaciones. Como se ha establecido en el marco de la causa rol 10.872 del Juzgado del Crimen de Puerto Montt, sus dependencias quedaron instaladas en la Intendencia, donde se constituyó CIRE y el grupo de interrogadores. El ex carabinero Alfredo Miranda así lo señaló: "Debo indicar que, a partir del 11 de septiembre de 1973, específicamente al interior del cuartel de la Policía de Investigaciones de Puerto Montt, comenzó a funcionar el Servicio de Inteligencia Regional (SIRE), en el cual participaban funcionarios de todas las ramas de las FF. AA. y de orden, siendo el único funcionario de Carabineros que yo conocía, el Mayor Caupolicán Arcos Albarracín"[104] (ilustración 22).

---

[103] Suárez, Rodrigo. *Memorias subterráneas: el caso de la Divina Providencia en Antofagasta.* Tesis. Santiago: Universidad Alberto Hurtado, 2015.
[104] Declaración Judicial Alfredo Miranda Maldonado, causa rol 10.872 del Juzgado del Crimen de Puerto Montt – Episodio: Cuartel de la PDI", foja 58. Debo agradecer a Sebastián Carreño Que, en el contexto de su tesis de licenciatura en historia, buscó esta información en el marco de una investigación conjunta que estamos realizando para el expediente de declaratoria como sitio de memoria del cuartel de Egaña 60.

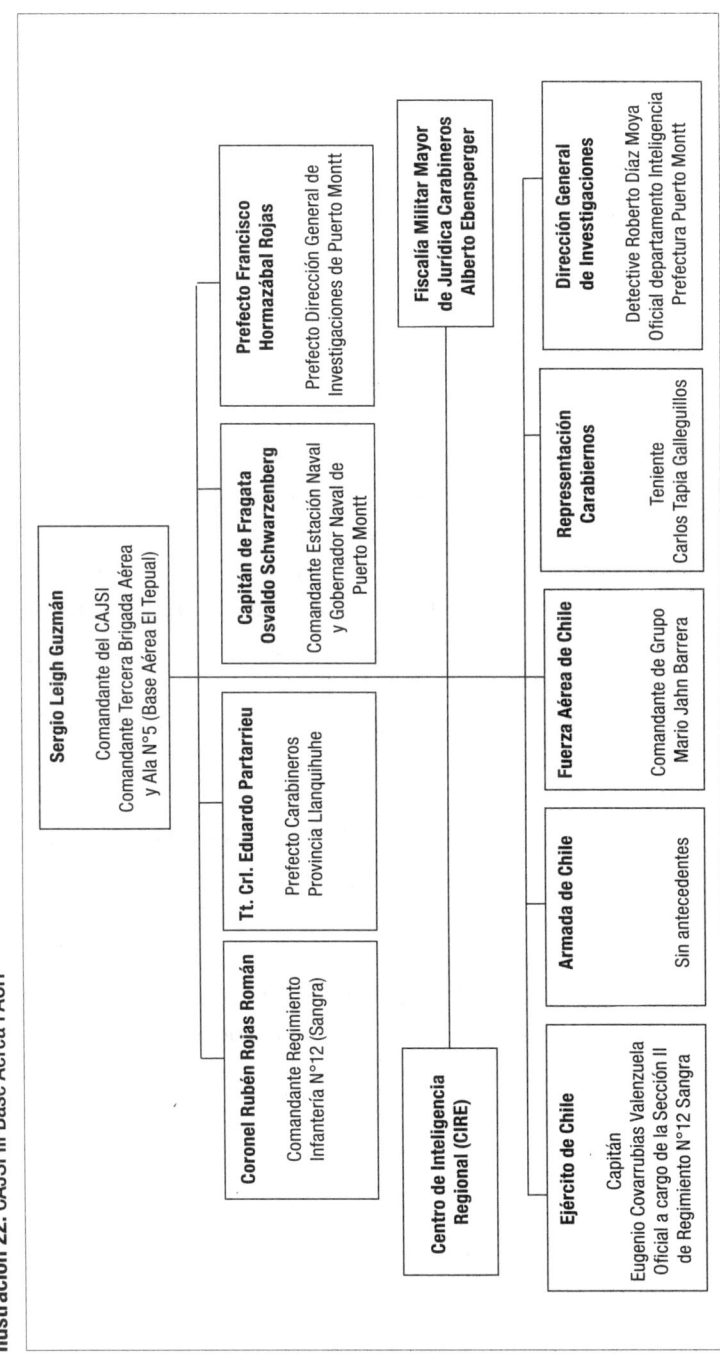

Ilustración 22. CAJSI III Base Aérea FACH

Elaboración propia. Fuente: Investigación efectuada con Sebastián Carreño para el expediente de declaración de sitio de memoria del centro de detención Egaña 60.

En las primeras semanas, Coyhaique dependió administrativamente de la Región Militar Austral. Luego de un tiempo, se constituyó como una CAJSI independiente. La Comandancia de la CAJSI recayó en el general Humberto Gordon, comandante del Regimiento Reforzado núm. 14 Aysén, formado en la Escuela de las Américas entre 1954 y 1957 y que, con posterioridad, será director de la CNI (1980-1986) y miembro de la Junta Militar de Gobierno (1986-1988). En la región se dividió la jurisdicción territorial entre el Ejército y Carabineros. El Ejército tomó el control en las ciudades de Coyhaique y Cochrane, mientras que Carabineros tomó el control de Puerto Aysén y localidades más pequeñas como Puyuhuapi, Chile Chico y Puerto Cisnes, entre otras. La fiscalía militar de la CAJSI recayó en Gustavo Rivero y se instaló en las dependencias del regimiento en la ciudad de Coyhaique. De modo paralelo, se habilitó un campo de prisioneros políticos en el Criadero de las Bandurrias (Campo de Prisioneros de las Bandurrias), además de los recintos carcelarios y los cuarteles de investigaciones[105].

Así lo declaró a la justicia un ex conscripto del Regimiento núm.14:

(...) El servicio de inteligencia del regimiento dependía directamente de la comandancia y sus instalaciones estaban ubicadas detrás del casino de suboficiales y pabellón de armamento de la época, a metros de la guardia y que cuando regresó a Coyhaique, entre el 15 o 20 de octubre de 1973, después de haber integrado una compañía que se embarcó con destino a Santiago, ya habían personas detenidas en el interior del gimnasio del regimiento entre los que recuerda a Benedicto Scheffer y a otros que estaban en el Criadero Las Bandurrias entre los que estaban Leal, Soto y Alinco, aclarando que los

---

[105] Real Hermosilla, Joaquín. *Prisioneros de Guerra en Aysén*. Valdivia: Ediciones Kultrún, 2014. Agrupación de DD. HH.DD. HH. Coyhaique. *Aysén: muertes en dictadura. Historias de ausencias y memorias*. Santiago: Impreso en Lom, 2017. Sentencia 30 de octubre de 2010, causa rol 16.996 A y B, en la que se acumularon los roles 16.209 del Segundo Juzgado del Crimen de Coyhaique, causa rol 2182-98 y 16.996-B del primer Juzgado del Crimen de Coyhaique.

detenidos que quedaban en el gimnasio eran los que infringían el toque de queda o bien eran sorprendidos bebiendo en la vía pública, los que eran liberados prontamente pero los que permanecían en Las Bandurrias eran los que tenían una importancia política en la región y su detención era más prolongada[106].

A diferencia de otras regiones no se constituyó un CIRE al alero de la CAJSI, ya que dichas funciones fueron asumidas por el Servicio de Inteligencia Militar (SIM), ya que el Ejército era la única arma con una presencia considerable en el territorio. Como señaló el ex oficial del Ejército Daniel Gastón Frez Arancibia: "las funciones primarias del mando son Operaciones, Inteligencia, Personal y Logística, son labores asesoras del mando, y en el caso del Regimiento núm. 14 Aysén se refundían Operaciones e Inteligencia en una sola, a cargo de la Oficina de Operaciones"[107] (ilustración 23).

Este ejercicio de la represión con un enfoque contrasubversivo repercutió en la práctica en un tipo de represión que tuvo grandes variaciones y matices regionales, dependiendo del énfasis y cariz de cada autoridad militar en el territorio. En la CAJSI de la Región Militar Austral (CAJSI RMA), comandada por el general de división Manuel Torres de la Cruz, uno de los pocos oficiales destinado en comisión de estudios en la Academia de Guerra Superior Francesa a finales de la década de 1950[108] y uno de los fustigadores de primera línea del golpe de Estado, la represión adoptó un alto grado de sistematicidad, planificación y enfoque contrasubversivo. Desde agosto de 1973 las FF. AA. y policiales venían practicando allanamientos y controles hacia la población en el marco de la Ley

---

[106] Testimonio de Óscar René Álvarez Álvarez, conscripto en el Regimiento núm. 14. Fojas 481 y 482, causa rol 16.996-AyB, a la que se le acumularon las roles N° 16.209 del Segundo Juzgado del Crimen de Coyhaique, rol 2.182-98 y la rol 16.996-B, del Primer Juzgado del Crimen de Coyhaique.

[107] Declaración Judicial de Daniel Gastón Frez Arancibia, foja 4132, causa rol 16.996-AyB, a la que se le acumularon las roles 16.209 del Segundo Juzgado del Crimen de Coyhaique, Rol 2.182-98 y 16.996-B, del Primer Juzgado del Crimen de Coyhaique.

[108] Departamento de Historia Militar, "El Ejército Francés en el Ejército Chileno", *Cuaderno de Historia Militar*, núm. 1, mayo de 2005, pp. 29-56.

de Control de Armas, los que permitieron perfeccionar los trabajos de inteligencia y contrasubversión con posterioridad al golpe de Estado.

Ilustración 23. CAJSI Cuartel General de Coyhaique

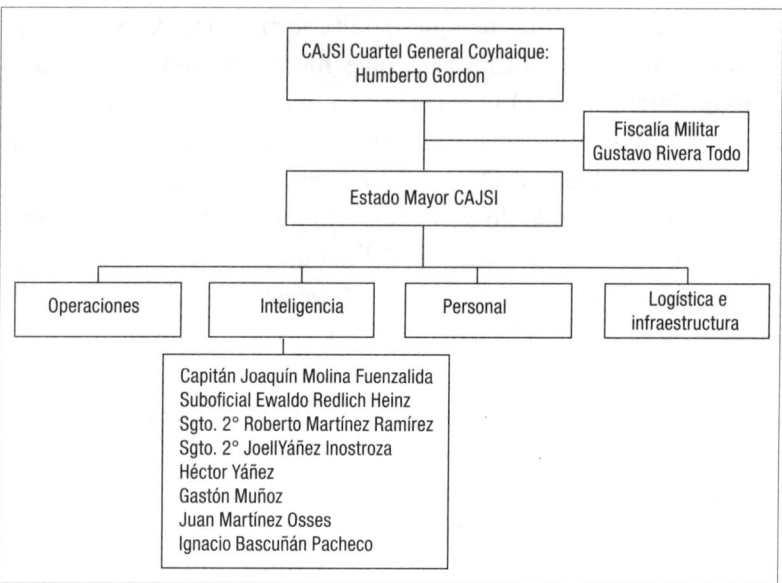

Elaboración propia. Fuente: Investigación efectuada para la declaración como monumento histórico de la 2ª Comisaría de Puerto Aysén.

En la CAJSI RMA, el principal organismo de inteligencia regional fue el Servicio de Inteligencia de la Región Militar Austral (Sirma). El Sirma fue un servicio ad hoc no reglamentado, que integró como una suerte de Comando Conjunto a las direcciones y servicios de inteligencia de las tres ramas de las FF. AA.: el Servicio de Inteligencia Naval (SIN), el Servicio de Inteligencia de la Fuerza Aérea (SIFA) y el Servicio de Inteligencia Militar (SIM) de la Dirección de Inteligencia del Ejército[109]. Los operativos de

---

[109] Comisión Nacional Sobre Prisión Política y Tortura, *op. cit.*, p. 419.

carácter conjunto fueron practicados por las FF. AA. y policiales bajo el comando de la CAJSI. Desde el punto de vista de las detenciones iniciales, la infraestructura de las guarniciones militares fue el principal espacio de detención para luego ser trasladados hacia la Isla Dawson, donde se dispuso del campo de prisioneros de Río Chico, con el objetivo de trasladar a las altas autoridades del Gobierno de la UP y las dependencias de la Compañía de Ingenieros de la Infantería de Marina (Compingim), para los líderes de izquierda y detenidos de la Región de Magallanes[110].

Los mismos aires de guerra estuvieron presentes en la zona de Cautín a cargo del coronel Hernán Ramírez Ramírez. Entre las Provincias del Biobío a la cordillera y Osorno, se conformó una de las AJSI que presentó una gran cantidad de ejecutados: la CAJSI IV División de Ejército o División de Caballería del Ejército, comandado de manera conjunta por el teniente coronel Pablo Iturriaga Marchesse, comandante del Regimiento Tucapel; el coronel de aviación Andrés Pacheco Cárdenas, comandante de la Base Aérea de Maquehue (hermano del coronel de Carabineros Conrado Pacheco Cárdenas, jefe desde junio de 1974 del Campo de Prisioneros Políticos Tres Álamos), y el coronel de Carabineros José San Martín. La región adoptó una política contrasubversiva dura. Los operativos fueron practicados de manera conjunta por Carabineros, Ejército y FACH, con gran violencia y un alto saldo de víctimas fatales[111] (ver ilustración 24).

---

[110] Bitar, Sergio. *Isla 10*. Santiago: Pehuén, 1987. Lawner, Miguel. *La vida a pesar de todo. Isla Dawson, Ritoque, Tres Álamos*. Santiago: Lom ediciones, 2018.

[111] La región de la Araucanía registró 191 muertes, de las cuales 123 son desaparecidos y 68 son ejecutados. Centro de Investigación y promoción de los Derechos Humanos (CINPRODH). *Nunca nada volvió a ser como antes. Tortura, desaparición y muerte en La Araucanía, 1973-1989*. Santiago: Ceibo Ediciones, 2018.

Ilustración 24. CAJSI IV División de Ejército o División de Caballería

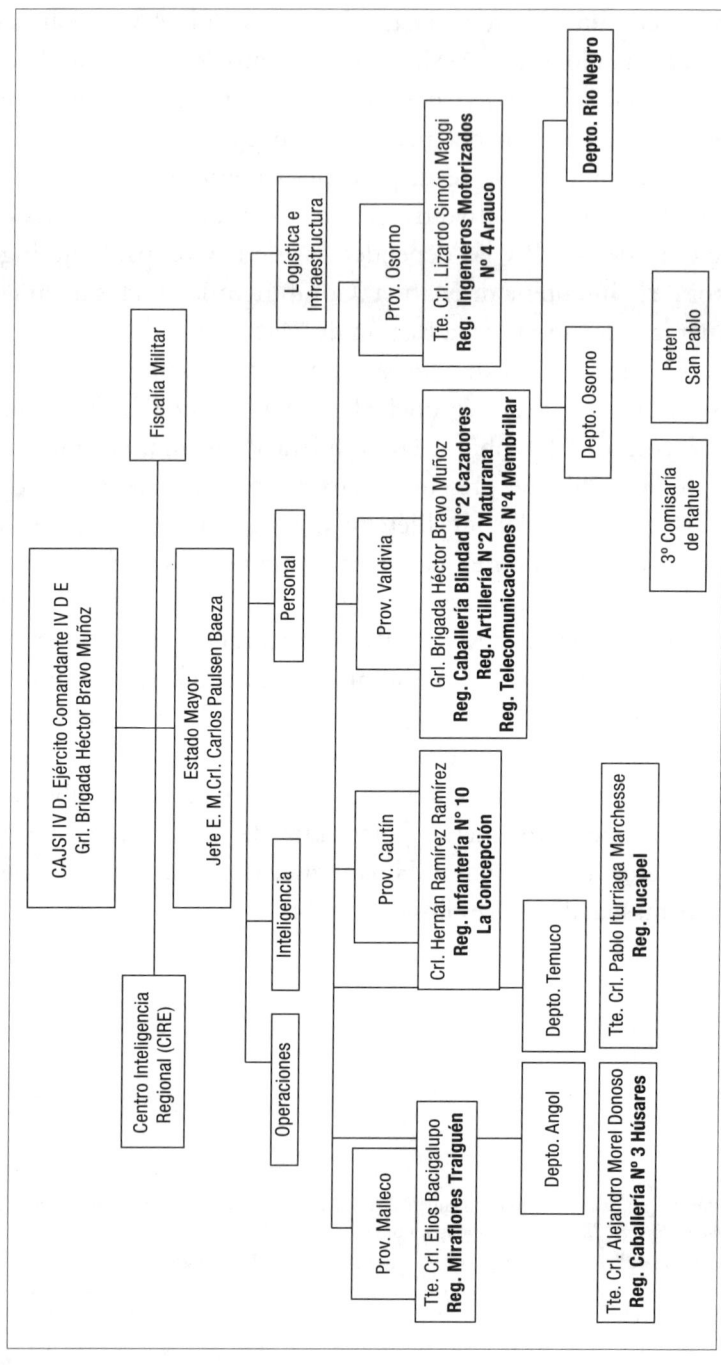

Elaboración propia. Investigación efectuada para la declaración como monumento histórico del Sitio de Memoria Puente y Memorial de Pilmaiquén.

En un bando militar dado a conocer el 17 de septiembre, el comandante de la CAJSI se dirigió en los siguientes términos a la población:

2. Se advierte a la población que cualquier manifestación de rechazo a la acción de las Fuerzas Armadas o de Carabineros, ya sea durante un allanamiento o mientras cumplan trabajos de vigilancia y control de orden público, de palabra o de hecho, será repelido de inmediato con el uso de armas de Servicio.
3. Cualquier acción de resistencia de parte de grupos extremistas, obliga a las Fuerzas Armadas a adoptar las más drásticas sanciones, no solo respecto a los agresores sino que también contra quienes permanecen detenidos o sometidos a arresto domiciliario y vigilancia.
4. Las Fuerzas Armadas y de Carabineros serán enérgicas en el mantenimiento del orden público en bien de la tranquilidad de todos los chilenos. Por cada inocente que caiga serán ajusticiados diez elementos marxistas indeseables, de inmediato, y con arreglo a las disposiciones que el Código de Justicia Militar establece en Tiempo de Guerra[112].

Como contrapunto de esta dinámica contrasubversiva, en el caso de la guarnición de Talca, dependiente de la CAJSI III División de Ejército (CAJSI III DE), la situación fue distinta. La guarnición de la provincia quedó a cargo del teniente coronel Efraín Jaña Girón, un militar moderado a cargo del Regimiento núm. 16 "Talca", quien el 30 de septiembre al entregar un informe positivo del estado de la situación al general Sergio Arellano Stark en el marco de la comitiva que dirigió a diversas guarniciones militares del país conocido como Caravana de la Muerte, fue duramente reprendido (ver más adelante). En la oportunidad, Sergio Arellano preguntó por la situación de la guarnición, a lo cual Jaña respondió que se encontraba sin novedades ni bajas. Ante aquello, Arellano en un tono duro espetó: "¡Acaso no sabe que estamos en guerra!",

---

[112] Intendencia de la Zona de Cautín, Bando Militar núm. 30, 17 de septiembre de 1973.

a lo que Jaña respondió en tono irónico: "¡No sé de qué guerra me habla, mi general!"[113].

Sergio Arellano llevaba en sus manos un bando militar de la guarnición de Talca, en el que Jaña hacía un llamado a la reconciliación: "Era un bando en el que yo llamaba a la ciudad de Talca al reencuentro, a reconciliación, en que pedía que nos olvidáramos de posiciones antagónicas, que el pueblo se uniera a sus FF. AA. para así mantener la paz interna. El general Arellano me rechazó la explicación. Estaba muy enojado. Después entendí: yo estaba llamando a la amistad cívico-militar en un momento en que no calzaba con los planes superiores, justo cuando se buscaba exacerbar la furia militar contra la izquierda usando el llamado Plan Zeta. Pero Talca no calzaba con el plan. Estaba todo tranquilo, justo cuando se requerían muchos presos y procesados para acusarlos por el Plan Zeta"[114]. Por estos hechos, Jaña será con posterioridad destituido, torturado y encarcelado por "traición a la patria" durante años, para luego partir al exilio.

En síntesis, la lógica de la represión bajo una óptica contrasubversiva adoptó en estas primeras semanas una dinámica de planificación centralizada de copamiento militar del territorio en el marco de las planificaciones de seguridad de las FF. AA., pero delegando en cada CAJSI el ejercicio de la represión y la inteligencia. Es decir, primó una concepción de la represión acorde a las premisas básicas de las orientaciones contrasubversivas. A saber: (i) establecimiento de Estados de Excepción constitucional que permitiesen un copamiento militar del territorio; (ii) el establecimiento de áreas jurisdiccionales de seguridad bajo control de una única autoridad militar en el territorio que comandase el control y la represión de manera conjunta; (iii) el ejercicio de una represión basado en control visible hacia la población y un ejercicio selectivo, más agresivo y brutal hacia los enemigos políticos del

---

[113] Verdugo, Patricia. *Los zarpazos del puma. La Caravana de la Muerte. El libro que llevó a los generales Pinochet y Arellano al banquillo de los acusados.* Santiago: Cesoc, 2001 [1989], pp. 24-29.

[114] Testimonio de teniente coronel (R) Efraín Jaña Girón. En: Verdugo, *op. cit.*, p. 27.

régimen militar: personas, agrupaciones e instituciones asociadas al marxismo. Finalmente, (iv) el desarrollo de campañas de guerra psicológica hacia la población civil.

La radicalización de la guerra contrasubversiva: guerra psicológica y operativos contrasubversivos

La propia planificación militar de la contrasubversión evidenció algunos problemas. En la práctica, como las decisiones sobre los blancos e intensidad de la represión recaían en las autoridades militares jurisdiccionales en el territorio, la intensidad de la guerra contrasubversiva no era homogénea. Esto generaba algunas problemáticas, ya que en ciertas zonas las guarniciones militares tendieron a normalizar las relaciones con la población civil, despejando el clima de guerra que se buscaba imprimir desde las altas autoridades de la Junta. El caso de la guarnición del Maule es un ejemplo de aquello. Por otra parte, la Junta buscaba acelerar los operativos y allanamientos en búsqueda del ejército clandestino que pregonaban como justificación del golpe de Estado, lo que los llevó a profundizar las políticas de allanamientos, detenciones y ejecuciones en el territorio. Pero esta situación, lejos de solucionar el problema, lo profundizó. Los operativos de allanamientos en base al control territorial y el registro completo de la población eran aparatosos, visibles, generaban muchas repercusiones negativas y no daban con el supuesto ejército popular clandestino de la UP, sus bases de operaciones, ni su armamento. Así quedó registrado en las actas de la Junta: "Se analiza en detalle la inquietud que representa el hecho de que se haya encontrado solo un escaso número de armas largas, en circunstancias que existe la plena seguridad de que por lo menos debe haber enterradas o circulando, cinco o diez mil armas más"[115].

---

[115] Junta de Gobierno, *Acta núm. 17*, 8 de octubre de 1973, punto 7.

En clave contrasubversiva, era necesario evitar que el marxismo se reagrupara en su retaguardia: la población civil. Para ello era necesario llevar adelante operaciones de guerra psicológica para ganar a la población civil. El primero de octubre, la Junta acordó solicitar al director de Inteligencia del Ejército elaborar, en conjunto con los diversos organismos de inteligencia del Estado, un completo plan de propaganda y contrapropaganda para evitar la penetración marxista en la población: "Al Director de Inteligencia del Ejército se le imparten instrucciones precisas a fin de que impulse la organización y desarrollo del Plan de Propaganda y Contrapropaganda a nivel nacional"[116]. Pero, al mismo tiempo, era necesario fortalecer y construir un escenario de guerra hacia las propias filas de las FF. AA. y policiales. Para este último fin, inicialmente modificaron las disposiciones del Código de Justicia Militar para posibilitar que los comandantes de las CAJSI pudiesen dictar condenas por penas de muerte: "La Junta acuerda derogar el Art. 75 inciso 2° del Código de Justicia Militar relacionado con la pena de muerte a fin de que los Cdtes. de las CAJSI tengan esta atribución"[117].

Junto con ello, el presidente de la Junta Militar, el general Augusto Pinochet Ugarte, dispuso de una comitiva especial comandada por el general Sergio Arellano Stark con un mandato que lo facultaba para "uniformar criterios de administración de justicia" bajo la investidura ad hoc de "oficial delegado del presidente de la Junta de Gobierno y comandante en jefe del Ejército". La misión era recorrer las guarniciones del Ejército al sur y al norte del país, para ejecutar a dirigentes de izquierda y dar un claro mensaje tanto a las propias filas como a la población civil: Chile estaba en guerra contra el marxismo. Por ende, la misión de Arellano iba encaminada a construir ese escenario de guerra que reforzaría la campaña de guerra psicológica en curso. En esa misma sintonía, el Ejército montó a finales de septiembre y comienzos de octubre una

---

[116] Junta de Gobierno, *Acta núm. 12*, 1 de octubre de 1973, punto 14.
[117] Ibid., punto 4.

operación de contrasubversión rural a través de la recientemente creada "Compañía Antiguerrilla", formada por contingentes de paracaidistas y fuerzas especiales para ser llevados a la precordillera de Valdivia, en la zona del Complejo Forestal y Maderero Panguipulli (Cofomap)[118]. Con posterioridad a la comitiva de Arellano, a lo largo de las diversas CAJSI se llevará adelante una serie de operativos en búsqueda de guerrilleros que culminó con una gran cantidad de ejecutados y detenidos desaparecidos en un período que ha sido nombrado por las investigaciones como "período de endurecimiento".

Estos dos componentes (guerra psicológica y las medidas de endurecimiento) son clave para entender el énfasis contrasubversivo de la guerra librada por las FF. AA. contra el marxismo. Desde el ámbito de la campaña de guerra psicológica, existen registros de tres operaciones: la construcción del Plan Zeta, el *Libro Blanco del Cambio de Régimen* y la Campaña de Penetración Masiva en la población civil, organizada desde la Secretaría General de Gobierno (Segegob).

El principal argumento de la legitimación civil y política del golpe de Estado era la constatación del quebrantamiento de la legalidad de parte de la UP a través de diversas acciones del ejecutivo, que enfrentaron a los poderes legislativo, judicial y a la Contraloría General de la República que quedó sellada en la declaración del 22 de agosto. Junto con ello, el otro argumento de peso era el supuesto desarrollo de un poder militar creado a partir de los órganos de poder popular que cobijaban campos de entrenamiento paramilitar, donde se desarrollaba un verdadero ejército popular de millares de efectivos paramilitares equipados con armamento de guerra y formado por contingentes de extranjeros provenientes de países de América Latina y de la órbita comunista. Por ello, desde julio de 1973, las FF. AA. y policiales profundizaron los allanamientos en

---

[118] Escalante, Jorge. "Labbé y el asesinato de 15 campesinos en Liquiñe a manos de los boinas negras", *El Mostrador*, 12 de octubre de 2012. http://www.elmostrador.cl [consultado el 29 de julio del 2020]. "Militares sobre el complejo", *El Correo de Valdivia*, 16 de septiembre de 1973, p. 1.

el marco del dispositivo de la Ley de Control de Armas para dar con los supuestos arsenales y escuela de guerrillas (ver capítulo III). No obstante, estos procedimientos arrojaron un saldo negativo de armas (en su mayoría armas cortas). Finalmente, el temor de parte de las FF. AA. a la penetración ideológica en las propias filas los llevó a desarrollar operativos de contrainteligencia contra sus propios camaradas de armas, siendo los casos más emblemáticos el de los marinos constitucionalistas, procesados por sedición en agosto de 1973, la ejecución de ocho boinas negras y la desaparición de otros tres en la Escuela de Paracaidistas y Fuerzas Especiales de Peldehue[119] y el proceso llevado adelante por la FACH contra sus propios oficiales y tropa por sedición y traición a la patria a través del Consejo de Guerra causa rol 1-73 de la Fiscalía de Aviación[120].

Plan Zeta: la justificación para asesinar al enemigo

La relación entre estas dimensiones (operaciones psicológicas, represión y contrainteligencia) estaba dada por el carácter de la guerra contrasubversiva a implementar, ante la constatación de la baja resistencia militar al golpe de Estado de parte de las fuerzas de izquierda y de la UP. La construcción de la guerra era un imperativo que la campaña de guerra psicológica debía desarrollar, tanto hacia la población como al interior de las tropas[121]. Para ello se le encomendó al director de Inteligencia Militar del régimen que ideara un plan de propaganda y contrapropaganda nacional para instalar la sensación de estado de guerra en la población y en las propias filas[122].

---

[119] Causa rol 38.483 episodio Peldehue Boinas Negras, dictada por el ministro en visita extraordinario Mario Carroza Espinoza.
[120] Villagrán, Fernando. *Disparen a la bandada*. Santiago: Planeta, 2002.
[121] El Plan Zeta como justificación de la guerra contrasubversiva es algo que se reitera en las memorias, incluso de los mismos soldados conscriptos: Cfr. Passmore, Leith. *War inside Chile's barracks. Remembering military service under Pinochet*. Wisconsin: University of Wisconsin Press, 2017, pp. 3-23.
[122] Junta de Gobierno, *Acta núm, 3*, 16 de septiembre de 1973, punto 15.

En dicha campaña se enmarcó la operación de contrapropaganda conocida como Plan Zeta, ideada por los servicios de inteligencia, en particular el SIN[123]. Esta campaña, ampliamente difundida por la prensa que no fue clausurada con posterioridad al golpe de Estado, fue recogida en el *Libro Blanco del Cambio de Gobierno en Chile* (1973), que la misma Junta de Gobierno encomendó elaborar al coronel (R) Raúl Toro y que fue presentada a la opinión pública en octubre de 1973. La Junta Militar consignó esto en los siguientes términos: "Se acuerda designar al coronel (R) Raúl Toro del EMGE para que proceda a elaborar el Libro Blanco sobre el problema chileno actual y su gestación. Deberá tomar contacto con el Sr. almirante Merino a la brevedad"[124]. Para ello, la Junta encomendó la colaboración del almirante Merino, quien hizo el anuncio público, señalando que la Junta preparaba la elaboración del material indicado[125].

Desde mediados de septiembre comenzó a publicarse en los medios de comunicación una serie de notas que daba cuenta de un supuesto plan articulado por los partidos políticos de la UP para dar un autogolpe de Estado. Semana tras semana, los hechos se fueron ampliando y lo que surgió como una planificación conspirativa en la Provincia de Arica, rápidamente se fue ampliando hasta contemplar el asesinato del presidente Salvador Allende, los altos mandos de las FF. AA. y políticos de la oposición a la UP. Llegando, incluso, a presentar antecedentes de lo que sería la nueva bandera de la "República Socialista Popular de Chile"[126] a instaurarse y listados de personas que supuestamente serían ejecutados por la UP en diversas partes del país[127]. Los medios regionales comenzaron a reproducir públicamente secciones locales de la "macabra planificación de la izquierda" que implicaba el asesinato

---

[123] Magasich, *op. cit.*
[124] Junta de Gobierno, *Acta núm. 6*, 20 de septiembre de 1973, punto 17.
[125] "Se prepara Libro Blanco con las inmoralidades del antiguo régimen", *La Tercera de La Hora*, 19 de septiembre de 1973, p. 5.
[126] "Esta iba a ser la bandera patria del Estado Marxista", *La Segunda*, 3 de octubre de 1973.
[127] "Algunas de las personas que iba a matar la ex UP", *La Tercera de La Hora*, 24 de noviembre de 1974, p. 11.

en masa de personalidades locales, familiares de militares y los sectores conservadores[128].

El plan, reproducido en el *Libro Blanco del Cambio de Gobierno en Chile (Libro Blanco)*, sintetizó todos los hechos recabados hasta el momento de su publicación por el macabro "Plan de movilizaciones y operaciones para el golpe de Estado. Nombre de código: Plan Zeta"[129], pese a que con posterioridad a su publicación las minucias del macabro Plan Zeta seguían ampliándose semana a semana. La fecha de elaboración indicada en el documento reproducido por el *Libro Blanco*: 25 de agosto de 1973. Los objetivos del supuesto plan eran: descabezar a los mandos superiores y unidades de las FF. AA., retener a las unidades militares descabezadas en sus asientos en la capital y en provincias; controlar el acceso caminero, ferroviario y aéreo a Santiago, Valparaíso, Concepción y Antofagasta; ocupación y defensa de centros estratégicos; y cerco, hostigamiento y aniquilamiento de casos sediciosos, y detención de sediciosos".

Señala el *Libro Blanco* que los hechos incluían: "1) un autogolpe para mediados de septiembre, preferiblemente durante las festividades de conmemoración de la independencia (18 y 19)", agregando que "Este autogolpe se daría con equipos terroristas y paramilitares escogidos, en todo el país, y en especial en Santiago. El más organizado de los equipos era, naturalmente, el GAP (Grupo de Amigos Personales), dispositivo de seguridad del propio señor Allende, compuesto por unos doscientos hombres de selección, bien entrenados y perfectamente armados", agregando que para efectos de dicha operación, "se acumuló una inmensa cantidad de armamento, guardada en lugares imposibles de pesquisar (como el Palacio de La Moneda y la residencia privada del señor Allende en calle Tomás Moro)". Para los fines de la formación de

---

[128] "Números muertos por actitud de los extremistas", *El Correo de Valdivia*, 16 de septiembre de 1973, p. 1. "UP iba a dar ayer un Golpe de Estado", *El Correo de Valdivia*, 18 de septiembre de 1973, pp.1 y 4.

[129] Secretaría General de Gobierno. *Libro Blanco del Cambio de Gobierno en Chile*, Santiago: Editorial Lord Cochrane, 1973, pp. 53-65.

este virtual ejército paralelo, señala que "el adiestramiento de los contingentes se hacía en diversas escuelas de guerrillas", para lo que se necesitaban "expertos en guerrillas, que vinieron de todas partes del mundo y, en especial, de Cuba, Brasil, Argentina, etc., reclutados entre los terroristas de esos países. Se calcula que su número oscilaba entre los diez mil y los trece mil"[130].

Agrega, más adelante, que el plan implicaba subvertir la marinería de la Armada. Que para esos objetivos se habían reunido Miguel Enríquez, secretario general del MIR; el senador Carlos Altamirano, secretario general del PS; y el diputado Óscar Guillermo Garretón, secretario general del MAPU[131]. Finalizando, afirma que, para evitar las consecuencias de este autogolpe, las FF. AA. intervinieron. Es decir, el Plan Zeta era la justificación inmediata de la acción del golpe de Estado.

Al poco tiempo, esta operación de guerra psicológica se transformó en una verdad oficial que permitió movilizar la maquinaria represiva en las diversas regiones en localidades tan contrapuestas entre sí, como Colchagua[132], Concepción[133], Los Ángeles[134], Valparaíso[135], Antofagasta y Valdivia. En general, en todas las localidades en las que durante los meses de octubre, noviembre y diciembre hubo ejecuciones sumarias, existió una versión local del Plan Zeta como una forma de justificar los asesinatos y el odio desatado en

---

[130] Ibid., p. 21.

[131] Ibid., p. 25.

[132] "En un calabozo de Investigaciones mapucista que reclutaba jóvenes para formar cuadros paramilitares", *La Región*, martes 9 de octubre de 1973. "Metralletas del Plan Z", *La Región*, 16 de octubre de 1973. "Preso el proveedor dinamitero de los terroristas del Plan Z", *La Región*, 25 de octubre de 1973.

[133] "Ajusticiados 4 cabecillas del Plan Z, en sede del PS encontraron arma con que mataron al cabo Arova. También una lista de gente que sería asesinada", *La Tercera de La Hora*, 18 de septiembre de 1973, p. 7. "600 personas iba a asesinar la UP en Concepción", *La Tercera de La Hora*, 23 de septiembre, p. 5.

[134] "Desbaratado Plan Terrorista en la Zona", *La Tribuna de Los Ángeles*, 20 de septiembre de 1973, p. 1.

[135] "Con las horas contadas los capos del Plan "Z" porteño", *La Tercera de La Hora*, 2 de noviembre de 1973, p. 6. "Los más buscados de Valparaíso por Plan Z", *La Tercera de La Hora*, 11 de noviembre de 1973, p. 2. "Identificados otros dos extremistas del Plan "Z" porteño", *La Tercera de La Hora*, 6 de diciembre de 1973, p. 6.

contra de los militantes de los partidos de la UP y todos aquellos identificados como agentes del marxismo.

El Plan Zeta no solo sirvió como una manera de instalar en la opinión pública la necesidad de la campaña de guerra contrasubversiva en curso, sino que también sirvió para dar unidad de acción a las propias filas militares. Por ejemplo, podemos señalar el caso del testimonio del ex agente DINA Samuel Enrique Fuenzalida Devia que, para septiembre de 1973, se encontraba efectuando su servicio militar en el Regimiento de Infantería Motorizada de Montaña Reforzado núm. 15 de Calama (Compañía de Ingenieros). Hacia finales de septiembre de 1973, por orden del suboficial del SIM del regimiento Carlos Minoletti, efectivos del regimiento allanaron el domicilio del gerente general de Cobrechuqui David Silverman, quien con posterioridad sería ejecutado y desaparecido en el marco de la Caravana de la Muerte. Según el testimonio de Fuenzalida: "En esa oportunidad, teníamos instrucciones de ubicar literatura de carácter marxista, armas y cualquier cosa relacionada con el famoso Plan Zeta"[136]. Es decir, la instrucción dada por el Servicio de Inteligencia era buscar antecedentes de los partidos políticos de la UP que pudiesen servir para construir el Plan Zeta con posterioridad.

Pese a que las notas de prensa eran contradictorias entre sí respecto a las fechas de inicio de las operaciones, los nombres clave y los alcances, de manera progresiva, comenzaron a replicarse por la prensa afín al régimen[137]. En muchas partes se reprodujeron versiones locales y se ampliaron los hechos. Por ejemplo, en Valdivia la prensa local informó que el Plan Zeta regional se ejecutaría un día antes de los hechos consignados por el mismo documento falso reproducido en el *Libro Blanco*. En la nota que se informó de estos hechos se señaló que "donde los detalles adquieren una

---

[136] Declaración Extrajudicial Samuel Enrique Fuenzalida Devia, 4 de junio de 1993, p. 3.
[137] Incluso en un mismo periódico, las versiones del plan eran contradictorias entre sí. "Revelan "Plan Z" para desatar guerra civil en nuestro país", *La Tercera de La Hora*, 22 de septiembre de 1973, p. 10. "Desde el Parque O'Higgins iban a neutralizar el Tacna", *La Tercera de La Hora*, 22 de septiembre de 1973, p. 7. "Hasta hijos de oficiales figuraban en la lista negra", *La Tercera de La Hora*, 25 de septiembre de 1973, contraportada. "Otro cuartel del Plan Z fue descubierto en Ñuñoa", *La Tercera de La Hora*, 11 de noviembre de 1973, p. 29.

dimensión diabólica es en la forma cómo pensaban aniquilar a los cabecillas de unidades militares y jefes de partidos políticos a todo nivel, incluso el poblacional para instaurar una dictadura marxista. Esto fue descubierto en varias provincias". A las semanas, el mismo medio publicó un reportaje titulado "Siniestro Plan "Z" de Valdivia"[138]. En la noticia, sin ambages, se señaló:

> Las versiones dadas en circular últimamente señalaban el comienzo del operativo en la noche del domingo 16 con la colaboración directa de alrededor de un millar de cubanos ilegalmente introducidos en el país y cuya misión sería la ocupación Militar del Cuartel Bueras. La acción se iniciaría con el desembarque de estos cubanos en la zona costera, los que serían trasladados a Valdivia, al amparo de la noche, en lancheros.
> Les correspondería a estos, junto a una fuerza no mayor de 800 personas seleccionadas de entre los cordones industriales, la inutilización del diario *El Correo* y radioemisoras de oposición y la ejecución de sus respectivos personales.
> Una radioemisora socialista sería la encargada de operar permanentemente y la característica para la movilización sería una canción. Simultáneamente, otro comando procedería a operar muy de madrugada ocupando el Coliseo Municipal donde serían mantenidos como rehenes conseguidos, también muy a mañana, en los distintos colegios, los hijos de los oficiales de más alta graduación en Valdivia. A través de la radioemisora se procedería luego de este operativo, simultáneo al del control de poblaciones, al llamado de los oficiales para que, desarmados, concurrieran al Coliseo a buscar a sus hijos. Para ello había un plazo a cumplir siendo la vida de los menores puesta en juego para el supuesto que el oficial llamado no se presentase a reclamar a sus hijos. Y cuando así ocurriese, el militar sería ajusticiado en el mismo sitio donde se mantenía como rehén a sus hijos[139].

---

[138] Siniestro Plan "Z" de Valdivia, *El Correo de Valdivia*, 9 de octubre de 1973, pp. 1 y 3.
[139] "Siniestro Plan "Z" de Valdivia, *El Correo de Valdivia*, 9 de octubre de 1973, p. 3.

No obstante, la operación no se acotó en eso y a los días nuevamente señalaron que el desembarco de los cubanos no solo sería en Valdivia, sino que de modo paralelo en Mejillones, Corral, Valparaíso y Talcahuano[140]. El Plan Zeta permitió, en dicha región, justificar las detenciones y torturas con posterioridad en contra de líderes políticos como fue el caso de Uldaricio Figueroa, secretario regional de Valdivia del PS[141]. Justificar, además, la dureza desplegada en contra de la zona y la gran cantidad de ejecutados que dejaron los operativos militares de la "Compañía Antiguerrillas", que recorrió de norte a sur el Cofomap, ejecutando una gran cantidad de personas en Liquiñe, Choshuenco y Chihuio.

Pero no solo en Valdivia, sino que en diversas localidades, el Plan Zeta fue el argumento que permitió presentar los operativos militares y las ejecuciones posteriores como elementos de justificación defensiva de las FF. AA. y policiales. Por ejemplo, en Concepción, la detención del abogado Pedro Enríquez Barra a comienzos de octubre, militante del MIR, fue la justificación de los allanamientos, detenciones y torturas practicadas en la Villa San Pedro. La prensa de Santiago informó el caso en los siguientes términos: "Su detención permitió, asimismo, ubicar a un verdadero comando de terroristas que pretendían poner en práctica el siniestro "Plan Zeta" en la Villa San Pedro, al otro lado del Biobío"[142]. Semanas más tarde, informaron que en un bosque que unía las localidades de Lota y Colcura había sido encontrado un armamento, "destinadas en su uso al "Plan Z" que se iba a desarrollar en la zona del carbón a partir del 17 de septiembre"[143].

En Antofagasta, los ejecutados por orden de Sergio Arellano Stark fueron presentados como miembros locales del Plan Zeta.

---

[140] "Cubanos desembarcarían en Mejillones, Corral, Valparaíso y Talcahuano", *El Correo de Valdivia*, 16 de octubre de 1973.
[141] "Cabeza del "Plan Zeta". Detenido Uldaricio Figueroa", *El Correo de Valdivia*, 20 de octubre de 1973.
[142] "En Concepción detenido un "cerebro" del Mir", *La Prensa de Santiago*, 9 de octubre de 1973.
[143] "En un bosque encontraron gran arsenal", *La Tercera de La Hora*, 7 de noviembre de 1973, p. 11.

Fueron los casos de cuatro dirigentes del Partido Socialista: Mario Silva Iriarte, Eugenio Ruiz Tagle Orrego, Washington Muñoz Donoso y Miguel Manríquez Díaz. En el comunicado emitido, se señalaba que el "plan, de acuerdo con la documentación recogida, consulta una fase inicial consistente en el asesinato a altos oficiales de las Fuerzas Armadas y Carabineros y de personajes de la oposición y también de la Unidad Popular que propiciaban el diálogo y rechazaban la vía violenta", agregando que, para conducir las acciones, utilizarían los cordones industriales organizados por Mario Silva[144].

La trama del Plan Zeta no solo se quedó en sus capítulos locales. A lo largo de noviembre y diciembre, a medida que se efectuaba un operativo de allanamiento o ejecución, el Plan Zeta servía como una justificación para asesinar. Hacia comienzos de diciembre, se acusó directamente como autor intelectual y responsable del supuesto plan al ex gerente general del Banco Central, Jaime Berríos[145].

Al paso de los meses y tras ser consagrado como verdad oficial, el Plan Zeta quedó registrado en los manuales de historia. Como destaca el historiador Jorge Magasich, ese fue el caso de la publicación utilizada en la enseñanza media *Manual de Historia de Chile*, de Francisco Frías Valenzuela, publicado en 1974. En el capítulo "Hacia el autogolpe", detalla que: "el día 17 [de septiembre], unos 13.000 hombres bien armados, entrenados y decididos, de todas las nacionalidades, atacarían de improviso a las tropas mientras desfilaban en Parque [O'Higgins], desarticulándolas y dando muerte a sus jefes y oficiales. En la noche de ese mismo día, los extremistas asesinarían a los civiles adversarios al régimen. Semejante exterminio masivo era llamado "Plan Zeta" en cuya gestación y puesta en marcha tuvieron papel decisivo un ministro de Fidel Castro y el jefe de su policía secreta"[146].

---

[144] "Ejecutados 4 extremistas que montaron el Plan "Z"", *La Prensa de Santiago*, 25 de octubre de 1973.

[145] "Fue identificado el redactor del Plan Z", *La Tercera de La Hora*, 9 de diciembre de 1973, p. 2.

[146] Frías Valenzuela, Francisco. *Manual de Historia de Chile*. Santiago: Ed. Nascimiento, 1974.

La tergiversación de parte de la prensa oficialista y de la Junta de Gobierno fue parte de las campañas de guerra psicológica. Así lo reconoce el *Informe de la Comisión Nacional de Verdad y Reconciliación*:

> Cooperó el ambiente de venganza política, y a las muertes indicadas en los dos acápites anteriores, la profusa difusión del llamado "Plan Z" del cual la opinión pública solo conoció un facsímil publicado en el *Libro Blanco del Cambio de Gobierno en Chile*, el año 1973. El documento reproducido allí es general, no específico ni detallado; no parece –por lo menos a los ojos de hoy día– realista ni fácilmente realizable; se refiere solo a Santiago y no hay mayor información sobre su autor o autores, ni sobre el grado de avance en materializarlo. Sin embargo, el Plan Z por la vía del rumor y de la noticia intencionada se convirtió en una minuciosa lista de personas opositoras a la Unidad Popular, que debían ser eliminadas, con variantes regionales y locales, y nuevas nóminas de esas personas, ya para cada pueblo, por pequeño que fuese. Se alimentó así una justificación interna de matar, o permitir o por lo menos condonar la muerte del adversario, atribuyéndole iguales intenciones[147].

Estos hechos también son reconocidos por el *Informe de la Comisión Nacional Sobre Prisión Política y Tortura* (Informe Valech):

> Los esfuerzos de propaganda del régimen buscaron crear –con el apoyo de los medios de comunicación partidarios, que amplificaban la versión oficial de los hechos– un clima de opinión favorable a la aplicación de acciones punitivas. Resulta ilustrativo el presunto *Plan Z*, que habría definido genéricamente las víctimas en la mira de la izquierda abocada a la conquista del poder total por medio de la fuerza, y que evidencia, por parte de los militares y de sus colaboradores civiles, la pretensión de disculpar las medidas represivas,

---

[147] Comisión Nacional de Reconciliación y Reparación. *Informe de la Comisión Nacional de Verdad y Reparación*. Tomo I, Santiago: Andros Impresores, 1996, p. 115.

así presentadas como actos de legítima defensa. El *Plan Z* destacaba entre los alarmantes hallazgos consignados en el *Libro blanco del cambio de Gobierno en Chile*, obra redactada para suscitar apoyo emocional al golpe militar y sus consecuencias, ilustrada con fotos del "armamento de guerra pesado y liviano encontrado por las fuerzas militares y de orden en los arsenales de la Unidad Popular". Este libro, cuyas revelaciones nunca han podido ser validadas empíricamente, presentaba al *pronunciamiento militar* como la oportuna y justa reacción al inminente *autogolpe* de la Unidad Popular. La "parte más siniestra de dicho *operativo* –se informaba a la desprevenida población del país– era el exterminio simultáneo, en todo el país, de los altos oficiales de las Fuerzas Armadas y de Carabineros, así como de dirigentes políticos y gremiales opositores. Se perseguía, con este golpe criminal, que debía iniciarse el 17 de septiembre, paralizar por el terror toda resistencia a la dictadura de la Unidad Popular, que se implantaría de inmediato": Debe consignarse que el *Libro blanco* serviría como prueba inculpatoria en procesos llevados a cabo por tribunales militares, lo que constituía una violación a las normas imperantes de admisibilidad de los medios de prueba. Entre los partidarios del golpe militar, tampoco debe desestimarse su papel legitimador de la violencia política, acompañada de indulgencia ante los atropellos al imperio del Derecho, incluso al interior del poder judicial[148].

Los autores del *Libro Blanco del Cambio de Régimen* tienen una responsabilidad histórica en los crímenes cometidos por los agentes de Estado y en los operativos montados por la dictadura para encubrirlos, en particular, el coronel (R) Raúl Toro, los periodistas que replicaron los comunicados emitidos por las comandantes de las CAJSI y el historiador Gonzalo Vial Correa, quien en el año 2002 reconoció su autoría sobre el texto. Pese a ello, en diversas entrevistas siempre afirmó que, a su juicio, el Plan Zeta era cierto, porque él lo vio en un documento que le entregaron los servicios

---

[148] Comisión Nacional Sobre Prisión Política y Tortura, *op. cit.*, p. 162-163.

de inteligencia de la Armada. Ante la pregunta del periodista a Vial Correa si es que cree en la veracidad del Plan Zeta, este responde:

> Yo creo en la veracidad del Plan Zeta. ¿Por qué creo? Un ministro dijo que el Plan Zeta no lo creen ni los que lo inventaron. Entonces tengo que entregar mi versión, pero no por interés en la política, sino en la historia. Tengo razones para creer que el Plan Zeta es auténtico. El Libro Blanco (...) salió en octubre de 1973, cuando un grupo de personas que éramos partidarias del golpe (...) le dijimos a la gente de Gobierno que había que hacer el Libro Blanco sobre por qué había cambiado el Gobierno de Chile. Para contrarrestar lo que se estaba diciendo en el extranjero. Nos encontraron razón y nos encargaron su elaboración. Es un documento oficial[149].

Más adelante, ante le pregunta que le hace el periodista respecto a cuál es su criterio, para diferenciar qué es un material auténtico y no una farsa, señala: "Apareció este documento y nos encontramos con nuestro contacto, que era un oficial de la Armada. Tuvimos que movernos mucho, hacer incontables diligencias para que nos permitieran publicar la fotocopia del Plan Zeta. Esto para mí es un antecedente de que es auténtico"[150].

No obstante, los cuestionamientos al mismo surgieron desde el interior de las propias filas militares y de los civiles colaboradores durante la propia dictadura. A mediados de la década de 1980, el destituido ex comandante en jefe de la FACH general del aire Gustavo Leigh, en una entrevista dada a revista *Análisis*, nuevamente remitió la autoría del plan a la Armada, ya que fue el vicealmirante Patricio Carvajal, ministro de Defensa, el que remitió una copia del plan a la Junta: "Del Plan Zeta dio cuenta a la Junta el actual ministro de Defensa, Patricio Carvajal, incluso nos llevó copias sueltas (...) no sé dónde. Eran hojas con grandes números al centro de la página. No tengo pruebas de su legitimidad, pero todos

---

[149] *La Tercera de La Hora*, 24 de marzo de 2002.
[150] Ídem.

lo vimos. Se hablaba de que el 19 de septiembre se iba a producir una degollinada de generales y almirantes y lo creí de pie juntillas. ¿Que quién debe responsabilizarse por esto? Bueno, Carvajal tendrá que decir de dónde llegó a sus manos"[151].

Por su parte, Federico Willoughby MacDonald, primer vocero de prensa de la Junta, confesó en entrevista en 2003 en relación con el Plan Zeta:

> Fue una gran maniobra de guerra sicológica. Yo no sabía la existencia del Plan Zeta y era funcionario de la Junta de Gobierno y, por lo tanto, tendría que haber sabido. Cuando vi el *Libro Blanco* que contiene el Plan Zeta, no me interesó mirarlo porque reconocí que eran papeles y fotos que había visto con posterioridad al 11 de septiembre en el Ministerio de Defensa. Eran todos los documentos que se habían juntado en todos los allanamientos en las sedes de los partidos políticos en Santiago. Estaban en una pieza llena de fotos de actas de los partidos marxistas. De allí se debe haber seleccionado un material especial… Yo tengo la impresión que la gente encargada de las operaciones de inteligencia discernieron que era conveniente generar un elemento de justificación del pronunciamiento militar para convencer a la población civil que los habían salvado. Entonces, se hizo este libro y se produjo –incluso– un efecto social. Había gente que decía con cierto orgullo: Ah, yo estaba en la lista de los que iban a matar y eso generaba un cierto estatus… Este libro, le repito, es producto de una campaña de guerra sicológica[152].

Finalmente, el *Informe Hinchey* de la CIA de septiembre de 2000 ante las consultas sobre eventuales responsabilidades de la agencia en la producción de la campaña de guerra psicológica, remite la autoría intelectual del plan al grupo de oficiales de la

---

[151] "Entrevista exclusiva: Leigh y el Comando Conjunto", *Revista Análisis*, núm. 135, del 24 al 31 de marzo de 1986, p. 27.
[152] Sohr, Raúl. "Secretario de prensa de la Junta Militar sobre el Plan Z: "Fue una gran maniobra de guerra psicológica". *The Clinic*, 2 de septiembre de 2013: https://www.theclinic.cl/2013/09/02/el-plan-z-la-mentira-que-ensangrento-a-chile/ [consultado el 29 de julio de 2020].

Armada que, desde antes del golpe de Estado, venía conjurando contra Allende y mantenía contacto con la agencia: es decir, el grupo del vicealmirante Patricio Carvajal:

> Tras el golpe de septiembre de 1973, la CIA suspendió la financiación para nuevas operaciones encubiertas, pero continuó con algunos proyectos de propaganda ya en marcha, incluyendo ayuda para los medios de comunicación comprometidos en generar una imagen positiva de la Junta Militar. Individuos chilenos que habían colaborado con la CIA pero que no actuaban bajo la dirección de la misma contribuyeron a la preparación del *Libro Blanco*, un documento con el que se buscaba justificar el derrocamiento de Allende. Contenía la alegación de que los militantes de izquierda tenían un Plan secreto, el "Plan Zeta", para asesinar al alto mando en los meses anteriores al golpe, cosa que la CIA creyó ser probablemente una desinformación proveniente de la Junta (…).

Agregando, más adelante:

> La CIA también recibió información sobre el "Plan Zeta", supuestamente elaborado por la coalición de la Unidad Popular de Allende en el último período del Gobierno de Allende para asesinar a importantes personas políticas y militares opuestas a su agenda izquierdista. Cuando surgieron las acusaciones de la existencia del "Plan Zeta", la CIA señaló que probablemente la desinformación fue manipulada por la Junta para mejorar su imagen y justificar sus actividades. Las acusaciones de que los informes sobre el "Plan Zeta" formaban parte de una operación conjunta de la CIA y Chile son inexactas, aunque los oficiales militares con quienes la CIA tuvo contacto antes del golpe de 1973 estuvieron involucrados en la redacción del "Libro Blanco", en el que las acusaciones del "Plan Zeta" fue una característica principal[153].

---

[153] Hinchey Report on CIA activities in Chile, 18 de septiembre de 2000. Recuperado de: Equipo Nizkor: http://www.derechos.org/nizkor/chile/doc/hinchey-e.html [consultado el 29 de julio de 2020].

A comienzos de 1974, el Consejo de Defensa del Estado (CDE) fue citado por solicitud del Ministerio de Justicia ante la Junta de Gobierno. En la oportunidad, se buscaba esclarecer eventuales responsabilidades sobre la tardanza de parte del CDE respecto a cargos por traición a la patria, malversación y sedición en contra de los líderes políticos de la UP. Para ello, la Junta inicialmente se decantó por la hipótesis de establecer responsabilidades individuales de cada uno de los líderes. No obstante, era mucho más rentable políticamente hacer un "verdadero enjuiciamiento a un sistema que había llevado al país a un descalabro económico, a la total desmoralización y desmotivación de los ciudadanos y, más que nada, al borde de la guerra civil con el significado que eso tiene en la destrucción de un Estado"[154]. También, por otra parte, buscaban acelerar los procesos de investigación y de enjuiciamiento, por el costo político internacional que tenía el efecto de someter a Consejos de Guerra a personas sin delitos claros.

En un punto de la discusión, el ministro del Interior, general Óscar Bonilla, propuso que el argumento del enjuiciamiento girase en torno al problema de la seguridad interior y la contrasubversión, considerando que el problema "podría tomarse desde otro ángulo. Como algo concreto está la internación de armas a gran escala, las escuelas de guerrillas, el Plan Zeta, los cordones industriales. Se podría empezar por formular esos cargos, que no podían ser desconocidos por la plana mayor directiva de la nación, iniciando un proceso con esos antecedentes, sin perjuicio de que el resto de las investigaciones siga caminando en forma más lenta"[155]. Ante aquello, el presidente del CDE, Lorenzo de la Maza, le respondió que el conocimiento que tenía la institución de esos antecedentes y de la existencia de escuelas de guerrillas solo lo había "obtenido por los diarios", ya que ningún documento específico sobre ese tema se le había remitido por las FF. AA. para hacer una investigación y que sirviese como argumento de peso para enjuiciar a

---

[154] Junta de Gobierno, *Acta núm. 76*, 21 de enero de 1974, punto 1.
[155] Ídem.

los responsables, proponiéndose para revertir esa situación, una "necesaria coordinación constante entre los Servicios de Inteligencia y el Consejo sobre procesos militares que se estén incoando". No obstante, y pese a ello, esa coordinación no se realizó y dichos antecedentes no fueron remitidos al CDE.

Un año más tarde, mediante un oficio del Ministerio de Relaciones Exteriores (Minrel) dirigido a Segegob, se informó que desde la cancillería la dictadura estaba tratando de influenciar positivamente en sectores académicos de las universidades norteamericanas. En específico, se señaló una investigación sobre el proceso político reciente que estaba realizando el académico Paul Sigmund. Para esos efectos, el profesor Sigmund solicitó que se le remitiera una serie de antecedentes para poder ser considerados entre las causas del quiebre del sistema democrático chileno. En específico, solicitó antecedentes para "saber más sobre el Plan Zeta fuera de lo que publicó el Libro Blanco. Sigmund cree que el Plan Zeta fue exagerado por el Gobierno chileno para justificarse a sí mismo"[156]. Solicitó, además, información sobre los allanamientos efectuados entre el 29 de junio y el 11 de septiembre, y la evidencia "sobre la relación de cubanos con el GAP de Allende". El libro fue publicado en los años siguientes y establece una serie de dudas sobre la veracidad del documentos y de la vinculación de este con la política de los partidos de la UP[157].

Operaciones contrasubversivas, operativos cívico-militares y Caravana de la Muerte

Hacia finales de septiembre, la situación estaba totalmente controlada y las relaciones entre los jefes de plaza de las CAJSI con la población retomaban ciertos niveles de normalidad, pese a que había prisioneros políticos recluidos en las cárceles o en los regimientos.

---

[156] RR. EE. (Dinex) Ord. núm. 9016 del 14 de mayo de 1975.
[157] Sigmund, Paul. *The overthrow of Allende and the politics of Chile, 1964-1976*. Pittsburgh: University of Pittsburgh Press, 1977, pp. 240-258.

Muchos de ellos fueron sometidos a Consejos de Guerra o estaban a la espera de ser juzgados. La mayoría, ante la inexistencia de delitos, fue condenado a penas bajas que contemplaban prisión efectiva. En regiones no había aires de guerra, la situación se estaba normalizando y pese al estado de sitio la población estaba retomando sus actividades. En respuesta a aquello, el general Sergio Arellano Stark, por orden del comandante en jefe del Ejército, Augusto Pinochet Ugarte, lideró un operativo nacional conocido como Caravana de la Muerte[158] hacia las CAJSI que estaban bajo Comandancia del Ejército (VI, I, II, III y División de Caballería del Ejército) y que dio inicio al "período de endurecimiento" de octubre de 1973, el cual desató violentos operativos de civiles, carabineros y militares que recorrieron las zonas rurales, deteniendo, torturando, ejecutando e inhumando a centenares de personas.

La Caravana de la Muerte fue un operativo militar formado por un selecto grupo de oficiales que recorrió diversas ciudades del sur y norte del país, dejando a su paso 97 víctimas fatales. Con posterioridad, el grueso de este grupo se integró a las filas de la DINA. El objetivo era "uniformar los criterios de administración de justicia y acelerar los procesos" en contra de los prisioneros de guerra. En la práctica, se trató de ejecuciones sumarias contra diversos militantes de los partidos socialista, comunista y activistas previamente identificados. También era un mensaje para las propias filas del Ejército en contra de los denominados "blandos", aquellos militares seguidores de la doctrina "Prats-Schneider", que pregonaba la no deliberación política y la subordinación de los militares al poder civil constitucional.

La Caravana de la Muerte partió desde el aeródromo de Tobalaba el 30 de septiembre y se dirigió hacia las ciudades de Rancagua, Curicó, Talca, Linares, Cauquenes, Concepción, Temuco, Valdivia y Puerto Montt. Uno de los hechos de mayor repercusión pública aconteció en Valdivia, donde prisioneros del Cofomap, que estaban detenidos en la ex cárcel pública de Isla Teja, fueron

---

[158] Verdugo. *Los zarpazos...*, *op. cit.*

ejecutados en el predio militar de Llancahué el 3 de octubre. El grupo retornó a Santiago el 6 de octubre, dejando un saldo de 26 víctimas fatales. La segunda parte de la comitiva partió diez días más tarde a las ciudades de La Serena, Copiapó, Antofagasta, Calama, Iquique, Pisagua y Arica, dejando a su paso 71 personas ejecutadas[159].

Este operativo coincidió con los operativos cívico-militares conducidos por militares, carabineros y civiles en diversas localidades rurales del país desde finales de septiembre y comienzos de octubre. En Paine, Región Metropolitana, durante semanas fueron detenidos y trasladados trabajadores, estudiantes y campesinos a la comisaría de Paine y a las dependencias del Cuartel núm. 2 de la Sección de Inteligencia de la Escuela de Infantería de San Bernardo. En el lugar fueron sometidos a torturas para luego ser ejecutados e inhumados en el lugar y en otros sitios, como la cuesta Barriga. Como saldo de estas acciones, 70 personas fueron ejecutadas e inhumadas. En la localidad de Lonquén, una comitiva de carabineros detuvo, ejecutó y posteriormente inhumó a 15 campesinos en unos antiguos hornos de cal. Por su parte, en la zona centro sur del país, en Laja y San Rosendo, el 18 de septiembre carabineros ejecutaron a 19 personas, en su mayoría campesinos, los que posteriormente fueron inhumados en las cercanías del Puente Perales[160]. En Mulchén, en el valle de Pemehue, formado por el curso del río Renaico, militares y carabineros recorrieron los fundos El Morro, Carmen-Maitenes y Pemehue, deteniendo, torturando,

---

[159] En las diversas ciudades por donde pasó la Caravana de la Muerte, los familiares de las víctimas han impulsado, desde la década de 1970, intensos procesos de conmemoración de estos hechos. En dictadura, estas prácticas de conmemoración fueron de carácter privado y se efectuaron en los lugares identificados como los sitios donde fueron inhumados los cuerpos (por ejemplo, en la fosa del Cementerio Público de La Serena). A comienzos de la década de 1990, se efectuaron conmemoraciones públicas luego de los hallazgos de las primeras fosas de inhumación y posterior exhumación ilegal de los cuerpos, como los casos emblemáticos de las fosas de Pisagua y de Calama. El sitio de Pisagua es monumento histórico, mientras que en Calama, el Estado, en colaboración con las agrupaciones de derechos humanos, construyó en el lugar un memorial.

[160] "Descubrieron plan para dinamitar planta el Toro", *La Tercera de La Hora*, 4 de noviembre de 1973, p. 2.

ejecutando e inhumando a 18 trabajadores agrícolas y forestales de la localidad entre los días 5, 6 y 7 de octubre. En la Región de Los Ríos, lo mismo ocurrió en las localidades de Liquiñe, donde fueron ejecutadas 15 personas y en Chihuío 18. Más al sur, en la Región de Los Lagos, misma suerte corrió un número indeterminado de personas que fue acribillado en el puente Pilmaiquén durante septiembre y octubre de 1973.

Campaña de penetración psicológica en la población para contrarrestar la acción marxista

Pero la campaña de guerra psicológica no se agotaría con el Plan Zeta y el *Libro Blanco*. En noviembre de 1973, al interior de la Segegob, se conformó el Departamento de Relaciones Humanas, en el que participó el psicólogo Hernán Tuane Escaff, profesor universitario que tuvo un polémico paso por la Universidad de Chile, donde fue acusado de enseñar tortura a la policía política[161]. Hacia finales de 1969, Tuane se desempeñó como jefe del Departamento Criminológico de la Dirección General de Investigaciones y como docente universitario en la escuela de psicología de la Universidad de Chile, generándose una polémica por la organización de un seminario de interrogatorio policial en base al "método del desconcierto"[162].

El 19 de noviembre se remitió a la Junta un documento titulado *Preparación Psicológica de la Población para contrarrestar la Acción Marxista*, que fue elaborado por una asesoría civil del Departamento de Relaciones Humanas y Conducta Social de la Segegob. El documento parte afirmando que las "organizaciones marxistas, solo han sido desorganizadas, pero no destruidas", por dos razones: una externa coercitiva, "el pronunciamiento militar, que las obliga

---

[161] ¿Psicólogo o policía? *Punto Final*, Año III, núm. 74, martes 11 de febrero de 1969, p. 8

[162] Carmona, Augusto. "La policía política aguza la inteligencia", *Punto Final*, Año III, núm. 72, martes 14 de enero, pp. 2-4.

a desintegrarse y replegarse"; y otra interna, dada las propias características organizacionales de "las organizaciones políticas y grupos extremistas, como forma de defensa instintiva y táctica". Es decir, el paso a la clandestinidad[163].

El documento continúa afirmando que, pasado el momento represivo (el temor paralizante coercitivo), la reagrupación de los núcleos marxistas no solo es una posibilidad, sino que un hecho político. Para ello, señala que "harán una aparición en forma paulatina, aumentando con ello su grado de peligrosidad", adoptando dos facetas y perfiles: la pacífica de perfil concientizador y el violento de perfil guerrillero. En clave contrasubversiva, ambas se reforzarían y comenzarían a realizar un trabajo comunicacional para capitalizar el descontento, establecer metas de lucha idealistas, tales como "la libertad", "justicia social", derrota del "militarismo", "lucha contra el estado policial", "no aceptación del estado fascista", etcétera. Finalmente, señala que este trabajo lo harán a través de "infiltración en los partidos políticos, organizaciones estudiantiles, centros de padres, gremiales, religiosos, deportistas, etcétera. En general, toda organización que les permita cierto poder de masa"[164].

El documento sostiene que la meta del marxismo sería el retorno al poder. Por ello, la asesoría sugiere el diseño de una campaña de guerra psicológica en dos niveles: contra el movimiento UP en general; por otra, contra "el extremismo y la guerrilla", reforzando dos ideas: "realzar su carácter internacionalista y antichileno (que atenta contra Chile y su progreso)" y "que sus ejecutores se encuentran al servicio, de intereses foráneos (mercenarios), por lo tanto, son traidores a la Patria que se escudan en supuestos ideales"[165]. Como síntesis, proponen reforzar las siguientes asociaciones (ver tabla 10):

---

[163] Secretaría General de Gobierno. Asesoría Civil. Depto. Relaciones Humanos y Conducta Social, *Preparación psicológica de la población para contrarrestar la acción marxista*, 19 de noviembre de 1973, p. 1.

[164] Ibid., p. 3.

[165] Ibid., p. 5.

Tabla 10. Síntesis asociaciones propuesta para las facetas de reorganización del marxismo

Faceta pacífica- perfil concientizador	Marxismo (UP)	Equivalente a mentira
	Marxismo (UP)	Igual a traición
	Marxismo (UP)	Igual a corrupción
Faceta violenta- perfil guerrillero	Extremismo	Igual antichileno
	Extremismo	Igual mercenarios
	Extremismo	Igual inseguridad
	Extremismo	Igual peligro
	Extremismo	Igual pérdida de la libertad
	Extremismo	Igual carece de perspectivas futuras

Elaboración propia en base a asociaciones propuestas por: Campaña de preparación psicológica de la población para contrarrestar la acción marxista.

Todos estos antecedentes reforzarán la idea al interior del círculo de poder de la dictadura militar de la necesidad de ajustar los métodos contrasubversivos. En noviembre, la Junta Militar de Gobierno se percató de las dificultades que implicaban los allanamientos públicos, de la visibilidad del campo de prisioneros del Estadio Nacional y de la represión masiva llevada adelante por las fuerzas conjuntas de militares, carabineros y civiles. La presión internacional de diversos Estados y organismos multilaterales, sumada a la conformación del Comité de Cooperación para la Paz en Chile (Copachi) el 6 de octubre, contribuyeron a dar un vuelco a la estrategia represiva de la Junta. Este debate quedó registrado en sus actas del 16 de noviembre de 1973, en la cual señala que "se analiza lo inconveniente de continuar con los allanamientos indiscriminados por las consecuencias que ello puede tener en el prestigio de la Junta, como ha ocurrido con los efectuados en los domicilios de los exparlamentarios Osvaldo Olguín y José Musalem"[166]. Esto repercutió en un viraje en la estrategia represiva del Gobierno, optando por una radicalización de la lectura contrasubversiva del tipo de guerra que las FF. AA. y policiales chilenas estaban afrontando.

---

[166] Junta de Gobierno, *Acta núm. 36*, 16 de noviembre de 1973, punto 1.

CAPÍTULO V
La profundización de la guerra contrasubversiva: de los servicios de inteligencia en las CAJSI al surgimiento de la DINA

> La actividad clandestina es impuesta por dos circunstancias: El deseo de realizar algo y el hecho de que este algo no pueda realizarse abiertamente (...). El [Servicio Secreto] SS debe aprovechar que la gente piensa que la ley no será vulnerada. Esta credibilidad nos da la ventaja de vulnerar la ley. Lo interesante es que al actuar clandestinamente hay que saber hacerlo al objeto de mantener esta credibilidad. Ahora bien, la Ley también ofrece una serie de garantías, las cuales deben ser explotadas con habilidad y en nuestro provecho.
>
> Dirección de Inteligencia Nacional (DINA)[1].

La guerra clandestina de los servicios de inteligencia

Los orígenes de la represión selectiva en base a un trabajo conducido por los servicios de inteligencia se sitúan al interior de las Comandancias de Áreas Jurisdiccionales de Seguridad Interior (CAJSI) en las primeras semanas del golpe de Estado. Cada uno de los servicios impulsó su trabajo de contrainteligencia en el marco de sus jurisdicciones, poniendo en marcha sus agrupaciones contrasubversivas y desplegando su trabajo de inteligencia de manera coordinada en el marco de los servicios de inteligencia que antecedieron a los Centros de Inteligencia Regional (CIRE) de cada CAJSI. En noviembre, junto con el cierre del campo de prisioneros y del centro de detención del Estadio Nacional y la reapertura

---

[1] Dirección de Inteligencia Nacional. *Curso C-01/02-76 Básico de Inteligencia para SS.OO. Ramo: Operaciones Secretas. Tema: Generalidades, características y objetivos del Servicio Secreto y los Agentes Secreto*. 1976.

del Estadio Chile, los prisioneros políticos fueron trasladados a la ciudad puerto de Pisagua, donde se habilitó un campo de prisioneros en el sector portuario, y a la oficina salitrera Chacabuco; ambos recintos quedaron a cargo del Ejército de Chile. En paralelo, la Junta de Gobierno oficializó la creación de la comisión DINA, el antecedente directo de la DINA. Si bien las comisiones de verdad y reconciliación indican el inicio de la DINA con la publicación del Decreto Ley núm. 521 de 1974, la represión de carácter selectivo y clandestino se desarrolló desde los primeros días del golpe de Estado. En ese sentido, convivió, durante los primeros meses, la represión selectiva con un tipo de represión masiva organizada y distribuida territorialmente por las CAJSI.

En los primeros días del golpe de Estado, el Servicio de Inteligencia de la Fuerza Aérea (SIFA) y el Servicio de Inteligencia Naval (SIN) desarrollan con fuerza la represión selectiva conducida por criterios de inteligencia y contrainteligencia. En particular fue la FACH la que condujo los operativos contrasubversivos con mayor intensidad, ya que la Junta Militar acordó que fuese esta la que se abocase al frente interno. El general de aviación Nicanor Díaz Estrada sería el encargado de las coordinaciones desde su cuartel general en la Academia de Guerra Aérea (AGA)[2].

Después se sumaron los efectivos de inteligencia de la Escuela de Infantería de San Bernardo y, en paralelo, los oficiales de inteligencia y un grupo de choque ideado por Manuel Contreras en la Escuela de Ingenieros Militares de Tejas Verdes. En el caso del SIFA, la represión se orientó a las propias filas de la institución, en lo que fue el Consejo de Guerra 1-73 de la Fiscalía de Aviación. Para ello utilizaron para interrogar y torturar las dependencias del subterráneo de la AGA, ubicada en Avenida Las Condes. Destaca el caso del general de Brigada Aérea Alberto Bachelet, quien murió producto de las torturas. Con posterioridad, estos agentes, más un contingente de civiles del disuelto movimiento nacionalista

---

[2] Villagrán, Fernando. *Disparar a la bandada. Una crónica secreta de la FACH*. Santiago: Planeta, 2002.

Patria y Libertad (PL), incorporados como oficiales de reserva a la FACH y destinados a la SIFA, conformaron el Comando Conjunto, que operó en diversos recintos entre 1974 e inicios de 1977. Por su parte, el SIN comenzó a operar en las áreas de sus jurisdicciones establecidas por las CAJSI: las provincias de Valparaíso y los departamentos de Talcahuano y Tomé. En dichas provincias utilizaron la infraestructura disponible para someter a detenciones selectivas. En Talcahuano, las dependencias fueron el Fuerte Borgoño, el Fuerte el Morro e Isla Quiriquina, y el CIRE regional fue bautizado como Ancla II[3], mientras que en Valparaíso utilizaron como centros clandestinos de detención y tortura la Academia de Guerra Naval, el buque escuela Esmeralda, los cargueros Lebu y Maipo y el cuartel Almirante Silva Palma, donde ya estaban detenidos los marinos procesados en agosto de 1973[4]. No obstante, la entrada en el terreno de la Comisión DINA marcó una inflexión, al radicalizar la racionalidad contrasubversiva desarrollada por un sector de la oficialidad de las FF. AA. y disputar el trabajo contrasubversivo que venía desarrollando el SIFA.

La emergencia de la comisión DINA, a mediados de noviembre de 1973, marcó una inflexión al interior de la dinámica de seguridad interior desarrollada por las CAJSI, estructurada en torno al copamiento militar del territorio, el desarrollo de operativos represivos conjuntos por las FF. AA. y policiales en base a allanamientos en diversas poblaciones y la conducción de labores de inteligencia de los CIRE. Si bien esta distribución jurisdiccional del territorio no desapareció, como tampoco la labor de coordinación de los servicios de inteligencia de los CIRE, se evidenció un viraje en la estrategia represiva en base a ciertos argumentos contrasubversivos que se fueron desarrollando al interior de la Junta Militar. Visto desde ese punto de vista, la DINA no implicó una ruptura histórica con el desarrollo de la lógica contrasubversiva desarrollada por

---

[3] Sentencia en primera instancia causa rol 24.776 del Ex Primer Juzgado del Crimen de Talcahuano, dictada por el ministro Carlos Aldana Fuentes, 15 de diciembre de 2009.

[4] Sentencia en primera instancia, causa rol 2.182-98, episodio "José Alberto Salazar Aguilera", dictada por el ministro de fuero Leopoldo Llanos Sagristá, 19 de noviembre de 2013.

las FF. AA., sino que la radicalizó. Este proceso de radicalización fue conducido por oficiales profesionales de las FF. AA., que se formaron en cursos de inteligencia y contrainteligencia en Estados Unidos (EE. UU.), pero también a partir de las colaboraciones transnacionales efectuadas con otros servicios de inteligencia, en específico el del ejército brasileño.

Estos factores pueden ser entendidos como la condición de posibilidad al interior de las propias FF. AA., las que reforzaron la respuesta política de la Junta de Gobierno en el marco de la coyuntura política. En efecto, desde el ámbito de la contingencia, hacia mediados de octubre, los principales partidos de izquierda emitieron declaraciones y entrevistas, haciendo llamados en diversos ámbitos de acción contra la dictadura. Esto reforzó la convicción desarrollada por las FF. AA. en base a diversos reportes y asesores de inteligencia que el enemigo declarado de la Junta no había sido derrotado, sino que solo se había replegado. Por otra parte, la presión internacional e interna en torno a los operativos militares y a las ejecuciones sumarias, hizo que se tornara urgente buscar medidas más silenciosas para ejecutar la represión, que dejasen menos huellas en la opinión pública nacional e internacional.

En el ámbito político, el Movimiento de Izquierda Revolucionario (MIR), por ejemplo, desde el comienzo de la dictadura, adoptó una política de confrontación a través del desarrollo de una resistencia popular. El secretario general del MIR, en una entrevista dada el 8 de octubre en la clandestinidad, señaló que: "Chile es hoy, un país sometido por sus FF. AA. a un régimen similar al de un país ocupado por Fuerzas Extranjeras. El país bajo "Estado de Sitio", todas las ciudades bajo "toque de queda", Tribunales Militares sin apelación, bajo el código militar "en tiempos de guerra", encarcelamiento masivo a la población, pogromo contra los extranjeros, etcétera. El cuerpo de oficiales de las FF. AA. de Chile ha declarado la guerra al pueblo de Chile", haciendo un llamado al conjunto de la izquierda y a los sectores democráticos "a unir a toda la izquierda y a todo sector democrático dispuesto a impulsar la lucha contra la dictadura, reorganizar el movimiento de masas en nuevas formas y desarrollar la Resistencia Popular a la dictadura en todas sus formas a lo largo del país". Agregó, para finalizar, que "quienes declararon la guerra fueron los altos oficiales fascistas de las FF. AA. y no nosotros. Ellos han puesto las reglas del juego. Han llegado al extremo de establecer una norma, la más sanguinaria y no establecida en ningún tipo de guerra: todo el que se resiste es ejecutado, que en otras palabras no es sino una guerra a muerte, una guerra sin prisioneros"[5].

A diferencia del MIR, el Partido Comunista de Chile (PCCH), desde el comienzo de las acciones militares golpistas, se replegó en la clandestinidad y desplegó ajustes en su estructura organizacional para tales efectos. Pese a ello, a las semanas cayó detenido Luis Corvalán, su secretario general[6]. No obstante, la dirección en la clandestinidad siguió en funcionamiento. El 11 de octubre emitieron una declaración titulada "La voz de orden es la unidad", en la que el PCCH denunciaba las prácticas represivas de la Junta Militar, llamaba a organizar al movimiento popular y defender el derecho a la vida de las personas: "Cada acto de la Junta Militar es la negación completa de lo que la oposición al Gobierno Popular dijo defender. Hablaban de democracia e imponen la dictadura. Hablaban de libertad y han instaurado los campos de concentración. Hablaban de respeto a la persona humana y han hecho del fusilamiento sin juicio el pan de cada día. Decían defender el pluralismo y la autonomía de las Universidades y las han intervenido militarmente (...)", agregando que "Todas las libertades públicas han sido liquidadas. No hay libertad de reunión, de asociación ni de expresión oral o escrita. Las operaciones punitivas han alcanzado grados de brutalidad increíbles". Respecto al movimiento popular, enfatizaron la necesidad de trabajar en su organización y desarrollo de conciencia democrática, finalizando con un llamado humanitario a defender la vida: "la voz de orden de la hora presente es la de la unidad

---

[5] Enríquez, Miguel. "Conferencia de Prensa", 8 de octubre de 1973. Archivo CEME.
[6] "Sin oponer resistencia cayó Luis Corvalán", *La Tercera de La Hora*, 29 de septiembre de 1973.

más amplia del pueblo. Unidad para defender el derecho a la vida y poner fin a la represión y la muerte"[7].

Bajo estas consideraciones, Pinochet en diversas entrevistas manifestó que el enemigo no estaba derrotado. A comienzo de mes señaló que "El grupo de fanáticos y extremistas no se ha dado por vencido y puede alterar el orden, para ello estamos preparados y no tememos ningún tipo de reacción del marxismo internacional" (…), agregando de manera amenazante: "sepan que estos delincuentes van a recibir y están recibiendo el castigo que se merecen"[8]. En el mismo tenor, hacia finales de noviembre en una visita a la CAJSI de la Región Militar Austral (CAJSI RMA), Pinochet manifestó ante un gimnasio con 800 soldados que: "La guerra no ha terminado, porque aún quedan traidores dentro y fuera de la patria". Al finalizar su discurso, enfatizó que "debemos ser implacables contra todos aquellos que traicionen los intereses de Chile y persistan en volver a lo que nosotros, con nuestro sacrificio, con la sangre de nuestros hombres, hicimos por la patria el 11 de septiembre"[9].

Desde el ámbito de la monitorización interna del accionar de la Junta Militar, dos organismos surgidos a las semanas del golpe tuvieron un rol de asistencia a las víctimas y de denuncia importante. La Comisión Nacional de Refugiados (Conare), surgido al alero del sistema de Naciones Unidas, y el Copachi, también conocido como Comité pro-Paz. Este último fue creado el 6 de octubre con los representantes de las Iglesias evangélicas (metodista, bautista, evangélica, luterana, ortodoxa y metodista pentecostal), la comunidad israelita y el Consejo Mundial de Iglesias.

---

[7] PCCH, "La voz de orden es la Unidad", *Desde Chile hablan los comunistas. Partido Comunista de Chile*. Santiago: Ediciones Colo-Colo, 1976. Citado por: Hertz, Carmen; Ramírez, Apolonia y Salazar, Manuel. *Operación Exterminio. La represión contra los comunistas chilenos (1973-1976)*. Santiago: Lom ediciones, 2016, pp. 110-111.

[8] General Augusto Pinochet: "no deseo a ningún país lo de Chile en los últimos años", *La Tercera de La Hora*, 7 de noviembre de 1973, p. 3.

[9] "La guerra no ha terminado porque aún quedan traidores", *La Tercera de La Hora*, 1 de diciembre de 1973, p. 3.

La motivación de su creación fue dar una respuesta ante la profundización de la acción represiva de la Junta Militar:

> El Comité fue respuesta a una situación social. El 11 de septiembre de 1973, tras el golpe de Estado, se clausuraron las cámaras legislativas y se instauró el estado de guerra interior, quedando en consecuencia la justicia ordinaria encargada de solo causas menores. Se suponía en un primer momento que la "guerra" terminaba una vez que el "enemigo" estuviera militarmente derrotado. Pero no fue así. Después de las pocas horas en que se terminó con todo foco de resistencia armada al nuevo Gobierno militar, se continuó deteniendo a miles de personas que eran sometidos al tratamiento de prisioneros de guerra. Chile vivía una situación similar a la de un país ocupado. Patrullas militares recorrían las calles, imperaba el toque de queda y las garantías individuales estaban suspendidas. En este contexto, había que intentar la pacificación. Era necesario que quienes no estaban en guerra, hicieran algo por instaurar la paz (…) solo las iglesias estaban en condiciones de tomar las banderas de la Paz[10].

De parte del sistema internacional e interamericano, organizaciones de la sociedad civil como *Amnesty International* y la Cruz Roja, y los organismos multilaterales como la Comisión Interamericana de Derechos Humanos (CIDH) de la Organización de Estados Americanos (OEA) y la Organización de las Naciones Unidas (ONU), comenzaron a efectuar pronunciamientos en torno a la situación de violación a los derechos humanos en Chile de manera progresiva. En octubre de 1973, la OEA suscribió una resolución en la que se instó al Gobierno chileno a "intensificar la adopción y aplicación de las medidas necesarias para preservar y asegurar efectivamente la plena vigencia de los derechos humanos en Chile"[11].

---

[10] Arzobispado de Santiago. *El Comité de Cooperación para la Paz en Chile. Crónica de sus dos años de labor solidaria.* Santiago, diciembre de 1975, p. 4.
[11] Asamblea General de la OEA emitió la Resolución 443 (IX-0/79) "Informe Anual de la Comisión Interamericana de Derechos Humanos".

La situación internacional, pese al reconocimiento de EE. UU. y sus aliados internacionales, era delicada. La acción de los organismos internacionales no gubernamentales estaba generando molestia al interior de la Junta. En la sesión del 5 de noviembre, esto quedó consignado en los siguientes términos: "Organismos internacionales no oficiales, tales como Amnesty International, que han venido a Chile a imponerse de la situación del país y se han entrevistado con diferentes personalidades. Conviene decidir si se va a continuar o no con estas verdaderas revistas inspectivas que, a la larga, dan resultados negativos y que indirectamente representan una intromisión en la política interna del país. La Junta acuerda terminar definitivamente con estas visitas"[12], situación que en las siguientes reuniones de la Junta fue ratificada respecto a los organismos multilaterales, acordando no aceptar en el futuro visitas de organismos no gubernamentales: "El señor Ministro de Relaciones Exteriores expresa que lo visitó el señor Jiménez y que se le informó que Unesco y Flacso son instituciones que cobijan marxistas. Se estima que la visita no tendrá un informe favorable, razón por la cual se propone no aceptar más visitas de inspección. La Junta resuelve no aceptar más visitas inspectivas"[13].

Junto con ello, en Naciones Unidas se estaba fraguando una situación compleja en base a los cuestionamientos que estaban efectuando algunos países de la órbita socialista respecto a la situación de los Derechos Humanos (DD. HH.) en Chile. Por ejemplo, la República Democrática Alemana así lo consignó en la sesión núm. 1.998: "Falta de respeto a los Derechos Humanos de la Junta Militar que derrocó al Gobierno Legítimo de Chile"[14]. Además, hacia finales de 1973, se discutía en el órgano ejecutivo de la ONU un proyecto de resolución sobre imprescriptibilidad de los crímenes de guerra y delitos de lesa humanidad que comprometía directamente al régimen en los crímenes cometidos desde el

---

[12] Junta de Gobierno, *Acta núm. 28*, 5 de noviembre de 1973, punto 1.
[13] Junta de Gobierno, *Acta núm. 32*, 9 de noviembre de 1973, punto 2.
[14] Misión Permanente de Chile Ante las Naciones Unidas. OIN núm. 1466/426 del 17 de octubre de 1973. Archivo Minrel.

golpe de Estado en adelante[15]. El tema de fondo era la figura de la imprescriptibilidad, a la cual también se oponía Turquía que, a comienzos del siglo XX, llevó adelante el genocidio contra el pueblo armenio[16].

Todos estos aspectos implicaron que, hacia mediados de noviembre de 1973, la Junta tomase la decisión de iniciar un nuevo capítulo en la guerra contrasubversiva: la profundización de la guerra encubierta, para lo cual se necesitaba desarrollar tres grandes instrumentos. Por una parte, un servicio de inteligencia y contrasubversión unificado, con capacidad de coordinar en este campo a todas las FF. AA. y policiales. Por otra parte, acentuar la guerra psicológica a través del desarrollo de operaciones encubiertas y campañas orientadas a incidir en la opinión de la población civil y neutralizar la acción de la propaganda marxista. Finalmente, construir una institucionalidad que dotara de legalidad los procedimientos represivos efectuados y que evitara que el cuestionamiento a la arbitrariedad a los prisioneros y detenidos creciese por la opinión pública nacional e internacional.

La Comisión DINA

La DINA representó una radicalización de la racionalidad contrasubversiva desarrollada al interior de las FF. AA. por su cuerpo profesional, expresando la materialización de los principales principios de la doctrina de guerra contrasubversiva y la influencia de la doctrina de seguridad nacional. La DINA se constituyó en torno a la Comisión DINA y a un grupo de oficiales del Ejército de la Escuela de Ingenieros Militares de Tejas Verdes en la comuna de San Antonio, específicamente de su secretaría de estudios, formados en las prácticas de la guerra contrasubversiva y en la doctrina

---

[15] Misión Permanente de Chile Ante las Naciones Unidas. OIN núm. 1942/469 del 13 de noviembre de 1973.

[16] Akçam, Taner. *Un acto vergonzoso. El genocidio armenio y la cuestión de la responsabilidad turca*. Buenos Aires: Colihue, 2010.

de seguridad nacional impulsada por Estados Unidos (EE. UU.) para América Latina[17].

Con anterioridad al golpe de Estado, al interior del Ejército, un grupo de oficiales fue articulando una red de colaboración que decantó en una concepción determinada de las prácticas de guerra de contrainsurgencia (doctrina de guerra contrainsurgente francesa) y una noción determinada de la seguridad hemisférica (escuela norteamericana), que ha sido conceptualizada como doctrina de seguridad nacional[18]. Dicha concepción no se articuló como un cuerpo doctrinario sistemático, sino más bien se configuró en torno a elementos de un discurso anticomunista y a una concepción de la seguridad nacional vista desde una óptica neocolonial. Es decir, un enfoque de lectura de la realidad que representó las particularidades del proceso de politización del movimiento popular y del ascenso electoral de sus partidos de izquierda como un problema de Guerra Fría, entendida como una confrontación ideológica encubierta entre EE. UU. y la Unión de Repúblicas Socialistas Soviética (URSS). Bajo esta concepción que permite concebir a los propios ciudadanos como enemigos del Estado, las operaciones de inteligencia, contrainteligencia, sicológica y la tortura son concebidas como medios legítimos para el resguardo de la seguridad interior del Estado y para combatir al comunismo.

Este grupo se formó a partir de la reforma de la Academia de Guerra del Ejército (Acague) en la década de 1950 y participaron en los cursos de inteligencia de la Escuela de las Américas a través de los Programas de Asistencia Militar (*Military Assistance Programs*), coordinados por el comando sur de las FF. AA. de Estados Unidos. Según los datos del observatorio de las Escuelas de las Américas, por estas aulas pasaron al menos 1.200 militares chilenos formados en una determinada concepción de la inteligencia, la

---

[17] Salazar, Manuel. *Las letras del horror: tomo I. La DINA*. Santiago: Lom ediciones, 2011. Amorós, Mario. "La DINA el puño de Pinochet", *53° Congreso Internacional de Americanistas*, México D.F, julio de 2009.

[18] Tapia, Jorge. *El Terrorismo de Estado: la Doctrina de Seguridad Nacional en el Cono Sur*. México DF: Nueva Imagen-Nueva Sociedad, 1980.

contrainteligencia y la represión contrainsurgente (ver capítulo I)[19]. De la reforma de dicha academia en la década de 1950 y de la formación de la Escuela de Paracaidistas y Fuerzas Especiales de Ejército en 1965, provino el grueso de la oficialidad que conformó los diversos Servicios de Inteligencia, algunos de los cuales se desempeñaron como instructores de inteligencia en el ex Balneario Popular de Rocas de Santo Domingo[20], usado por los oficiales de la Escuela de Ingenieros de Tejas Verdes para formar a los primeros agentes de la DINA[21].

Al momento de efectuarse el golpe de Estado, un grupo de oficiales conformó el "Comité de coroneles" o "Grupo DINA", el cual el 12 de noviembre de 1973 pasó a formar la "Comisión DINA", dirigidos por el teniente coronel del Ejército Juan Manuel Guillermo Contreras Sepúlveda (Manuel Contreras)[22]. En esa oportunidad, Contreras fue recibido por la Junta Militar para presentar su proyecto de creación de una policía política contrasubversiva, siendo aprobada su propuesta:

> Se recibe al teniente coronel de Ejército señor Manuel Contreras, quien hace una detallada exposición sobre la organización de la

---

[19] No hay acuerdo respecto a las cifras. Manuel Salazar señala que fueron 1.262. Salazar. *Las letras...*, *op. cit.*, p. 51. Magdalena Garcés también destaca esta influencia. Garcés, *op. cit.*, 45-47. El historiador Lesley Gill señala que 1.560 militares chilenos pasaron por sus aulas entre 1970 y 1976. Gill, Lesley. *Escuela de las Américas. Entrenamiento militar, violencia política e impunidad en las Américas*, Santiago de Chile, Lom ediciones, 2005, p. 112.

[20] Los balnearios populares fueron una de las medidas de los programas de Gobierno de la UP en colaboración con la Central Única de Trabajadores (CUT) para la construcción de una serie de conjuntos habitacionales destinados a trabajadores en diversas playas del país. Oficialmente llamada "Villas de Turismo Social", fueron una política contemplada en el programa de gobierno de la UP en la medida núm. 29 que consagró el derecho al descanso y la recreación: "Fomentaremos la educación física y crearemos campos deportivos en las escuelas y todas las poblaciones. Toda escuela y toda población tendrá su cancha. Organizaremos y fomentaremos el turismo popular". Se construyeron en diversos balnearios y contempló diecinueve centros entre los que destacan: Chacaya, Ritoque, Puchuncaví, Rocas de Santo Domingo, Loncura, Pichidegua, Peñuelas, Las Cruces, Duao Cfr. Segovia, Alejandro. *Un verano Feliz*. 23 min. 1972.

[21] Sentencia judicial causa rol 2.182-98 episodio "Tejas Verdes" instruida por el ministro Alejandro Solís, 9 de agosto de 2010.

[22] Spooner, Mary Helen. *Soldier in a Narrow Land: The Pinochet Regimen in Chile*. Berkeley: University of California Press, 1999, p. 115. Citada por: Kornbluh, Peter. *Pinochet: Los Archivos Secretos*, Madrid: Barcelona, 2013, p. 119.

Dirección Nacional de Inteligencia, ante la Junta, el Ministro de Defensa Nacional, el Jefe del E.M.D.N., Jefes de E.M. y Directores de Personal de las cuatro Instituciones, Director de Investigaciones y Director de Inteligencia del Ejército. Se acuerda que antes de materializar su organización, los Directores de Personal de las Instituciones deben reunirse para determinar la forma de obtener el numeroso personal que se necesita[23].

No obstante, los antecedentes del grupo DINA se remontan a los primeros días de septiembre de 1973, al puerto de San Antonio, específicamente la Escuela de Ingenieros Militares de Tejas Verdes, dirigida por Manuel Contreras. Este fue uno de los impulsores de una concepción del terrorismo de Estado sin ambages, como una estrategia para combatir al enemigo interno formado por el comunismo, quien articuló y racionalizó una concepción personal de la inteligencia, las prácticas de muerte y el exterminio de la población civil como un instrumento de guerra contrasubversiva.

La contrasubversión en clave neocolonial

La creación de la DINA fue producto de una instrucción directa dada por el general Augusto Pinochet al entonces teniente coronel Juan Manuel Contreras. Sin ser un oficial de inteligencia, estuvo en destinación en Estados Unidos en *Fort Belvoir* (en el Estado de Virginia) entre 1967 y 1969[24]. Fue seleccionado por Pinochet para materializar la creación de una policía política que llevase adelante una guerra clandestina contra la subversión por la estrecha confianza que tenía Pinochet en Contreras[25]. Manuel Contreras manifestó a la justicia así esta situación:

---

[23] Junta de Gobierno, *Acta núm. 12*, 12 de noviembre de 1973, punto 8.
[24] Dinges, John y Landau, Saul. *Asesinato en Washington: el caso Letelier*. México: Lasser Press, 1982, p. 132.
[25] Amorós, Mario. *Pinochet. Biografía Militar y Política*. Santiago: Ediciones B, 2019, p. 295.

Recibí, siendo teniente coronel del Ejército de Chile, por parte del presidente de la Junta de Gobierno de la época, General de Ejército y comandante en jefe de la institución, Augusto Pinochet Ugarte, la delicada misión de crear una estructura organizacional, a base de una acabada selección de los mejores integrantes de las instituciones armadas y de orden de nuestra Patria, destinada a neutralizar la incontrolable anarquía, violencia y terror entronizada en Chile y de esa forma permitir el accionar y desarrollo, lo más normal posible, del resto de las instancias necesarias para reconstruir el país y la dignidad nacional[26].

La misión era llevar la guerra contrasubversiva de las FF. AA. hacia otro terreno. Desde finales de octubre, se instaló la convicción, al interior del círculo de poder de la dictadura, de que la guerra subversiva no había terminado. Acabar con el marxismo y la subversión exigiría de un despliegue mayor de fuerzas, tanto en lo comunicacional como desde el punto de vista de los aparatos de seguridad. En una entrevista dada en 1977, Manuel Contreras así lo reconoció: "la DINA nació como el resultado de la necesidad de desarticular la enorme infraestructura secreta dejada por el marxismo para llevar a Chile a una guerra de guerrillas del *mismo estilo de la desarrollada en Vietnam* (énfasis propio)", agregando, en línea con el argumento esgrimido por las operaciones de guerra psicológica desarrolladas tras el golpe por los servicios de inteligencia que, en Chile, "en 1973 había 15 mil extranjeros que pasaron junto a una enorme cantidad de extremistas chilenos a la clandestinidad"[27].

Esta convicción permitió desarrollar en un sector de la oficialidad de las FF. AA. chilenas una interpretación del proceso de

---

[26] Contreras Sepúlveda, Manuel. *Introducción a la entrega de documentos que demuestran las verdaderas responsabilidades de las instituciones de la Defensa Nacional en la lucha contra el terrorismo en Chile*. Santiago, 2005. Notario Público núm. Sergio Carmona Barrales. Ingresado al Consejo de Defensa del Estado el 13 de mayo de 2005.

[27] Arthur, Blanca. "General (R) Manuel Contreras. Un hombre de "inteligencia"". *Ercilla*, 20 de junio de 1979, p. 14.

politización del movimiento popular y del ascenso electoral de los partidos políticos de izquierda como un conflicto ideológico internacional, de Guerra Fría. En el caso de Manuel Contreras, su interpretación del conflicto chileno fue en clave neocolonial, es decir, el entendimiento de un conflicto sociopolítico particular como parte de un proceso contemporáneo de redefinición de la relación entre una metrópolis (en este caso EE. UU.) y un territorio subalterno, vista desde la óptica de los intereses metropolitanos. Desde esta perspectiva, la propuesta política de la Unidad Popular (UP), al representar una ruptura con ese alineamiento estratégico, suponía la penetración del comunismo en el país. Si bien el proceso de la UP planteaba en la práctica un derrotero democrático de tránsito a un Estado socialista, la especificidad de este proceso, de parte de este sector de las FF. AA., solo era concebido como una operación sicológica para neutralizar a la sociedad civil y así poder capturar mediante una acción armada el "poder total". Bajo ese prisma neocolonial, como señaló Manuel Contreras en la entrevista citada, el proceso político chileno podía ser leído bajo la lógica de la guerra de Vietnam. Es decir, como una disputa de occidente contra el comunismo desde la guerra de Indochina (1946-1956), hasta el conflicto con EE. UU. (1955-1975).

La elaboración intelectual de Manuel Contreras sobre este tipo de conflictos podemos encontrarla como antecedente en una serie de escritos sobre marxismo, subversión y contrainsurgencia. Un caso específico fue el trabajo "Estrategia en la Guerra de Vietnam"[28], en el que, en base a la distinción de las fases de la guerra moderna y la lucha contra las guerrillas elaborada por Roger Trinquier, Contreras reconocía las siguientes fases del conflicto:

1. La *infiltración*, proceso mediante el cual los agentes de guerrilla se infiltran y establecen las primeras fases o células en la población.

---

[28] Contreras Sepúlveda, Manuel (mayor). "Estrategia en la Guerra de Vietnam", *Memorial del Ejército*, núm. 331. Mayo-junio de 1966, pp. 68-95.

2. El *terror*, proceso que permite neutralizar a los habitantes de una región y organizar e instruir a las primeras guerrillas.
3. La *organización de la población*, proceso que permite obtener el control físico de la población por la formación de jerarquías paralelas. Se incitan los ataques esporádicos, el sabotaje y la emboscada. Las jerarquías paralelas constituyen un doble control que se ejerce sobre los pobladores. En el primero, el control sigue la vía jerárquica: familia, grupo de familia, aldea, grupo de aldeas, distritos, regiones. En el segundo o jerarquía paralela, el control se ejerce sobre los pobladores normalmente agrupados por oficios, por edades o por sexos.
4. El *ataque de las guerrillas organizadas*.
5. La *constitución del Ejército Regular*, que permitirá la conquista del poder[29].

Como una conclusión en este tipo de conflictos, Contreras sostendrá que la política debe subordinarse a la estrategia militar y que, en el terreno militar, la guerrilla se vence exterminándola. Afirma Contreras que los EE. UU. "(...) han aprendido la lección al dejar de lado la política de tratar de ganar la buena voluntad y corazón de la población del Vietnam. La guerra de guerrillas se gana matando guerrilleros y conquistando a sangre y fuego sus guaridas, sometiendo a estricta vigilancia a la población que es la base de la cual la guerrilla vive y crece"[30]. Cabe destacar que estas mismas conclusiones fueron republicadas en un artículo que Manuel Contreras publicó en conjunto con el teniente coronel Agustín Toro Dávila[31].

Años más tarde, Manuel Contreras ratificará esta lectura esquemática y neocolonial de la realidad político-nacional al momento

---

[29] Ibid., pp. 85-86.
[30] Ibid., p. 93.
[31] Dávila, Agustín Toro (teniente coronel) y Contreras Sepúlveda, Manuel (mayor). "Panorama político-estratégico del Asia suroriental", *Memorial del Ejército*, núm. 344. Julio-agosto de 1968, p. 65.

de efectuarse el golpe de Estado y poner en marcha la guerra clandestina, al afirmar que "Los militares combatieron en una guerra clandestina, guerra sucia e invisible, por cuanto en ella, solo se conocen sus efectos, pero no se ven los combatientes. Toda guerra tiene muertos, heridos y desaparecidos", agregando más adelante que Chile se encontraba en pleno desarrollo de la cuarta fase subversiva, en la que "El Ejército Guerrillero es clandestino, no usa uniforme y se oculta dentro de la población civil (...). La iniciativa de la Guerra Subversiva la tiene el marxista clandestino, quien ataca cuando y donde quiere, oculto en la impunidad y buscando la sorpresa para causar el mayor daño (...). El guerrillero trata de simular que es un ciudadano normal, honesto y correcto y engaña hasta a su familia (...). En la guerra subversiva, como en toda guerra, habrá muertos, heridos y desaparecidos"[32].

La DINA, desde ese punto de vista militar contrasubversivo, tendrá una triple funcionalidad. En primer lugar, será la herramienta necesaria para asesorar en el ámbito estratégico y de políticas públicas a la Junta Militar y, en específico, al comandante en jefe del Ejército, Augusto Pinochet. En segundo lugar, será la herramienta que diseñará y coordinará la política de control masivo sobre la población. Finalmente, será el ejército secreto que combatirá de manera clandestina, usando todas las herramientas de la legalidad y los repertorios de la para-estatalidad, a los enemigos del régimen constituido por los militantes de los partidos de la UP y el MIR, concebidos por el prisma contrasubversivo de la dictadura como guerrilleros clandestinos, agentes del marxismo internacional.

En una minuta remitida a Manuel Contreras a finales de 1973, por el médico militar Augusto Schuster Cortés, titulada "Política a seguir con los miembros de la Unidad Popular", estos principios exterminadores quedan reforzados. En ella –en un ejercicio de reduccionismo sociológico–, subdividía en cinco tipologías a

---

[32] Contreras, Manuel. *La verdad histórica. El Ejército Guerrillero I*. Santiago de Chile: Editorial Encina Ltda., 2000, p. 16.

los militantes de la UP y de los partidos de izquierda de la época, en base al atributo "recuperable/irrecuperable" en relación con la condición política de cada perfil:

Se cree que el contingente de la Unidad Popular en el país alcanzó, en el periodo de su auge, un porcentaje cercano al 50 % de los votantes, cantidad esta que fue progresivamente disminuyendo hasta que alcanzó el 43,5 % en las elecciones de marzo de 1973.
Aquellos que tomaron parte de este contingente pueden ser clasificados, en orden decreciente de peligrosidad y activismo, en varias categorías: En primer lugar tenemos a los *extremistas, elementos fanáticos, desequilibrados, altamente peligrosos* por su agresividad y capaces de matar sin titubeos. Pueden ser extranjeros o chilenos. Tienen serias inestabilidades mentales y carecen de espíritu de autocrítica, así como de una clara comprensión de sus acciones. Generalmente no son inteligentes y no poseen buena preparación técnica. Son irrecuperables.
El segundo grupo está compuesto por *activistas de alta peligrosidad e inteligencia*, que son técnicamente dotados y ejercen una influencia enloquecedora sobre sus grupos de trabajo. En un momento dado pueden llegar a ser violentos. Son irrecuperables.
El tercer grupo está compuesto por *activistas ideológicos*, quienes, mientras reflejan características de los grupos antes descritos en cuanto a peligrosidad, odian la violencia directa, prefiriendo ejercerla a través de terceros. Este grupo debiera ser analizado meticulosamente para determinar cuáles de ellos podrían ser usados técnicamente, sobreentendiéndose que deben estar bajo estricta vigilancia.
El cuarto grupo está compuesto por *los militantes de los partidos de la Unidad Popular*, los cuales aun cuando no son inmediatamente recuperables, es posible que con el tiempo puedan apaciguarse. Constituyen ellos una fuente de trabajo que es altamente aprovechable para el país.
El quinto grupo es aquel de *los simpatizantes de la UP que sin ninguna peligrosidad*, y con más razón que el grupo mayoritario, pueden ser ganados con una inteligente y exitosa política.

A nadie cabe duda alguna acerca de la aplicación absoluta de la norma que establece que cualquier jefe de servicio identificado con la UP, cualquiera sea el grado de su compromiso, debería ser removido de su cargo.

Si deseamos una patria fraternalmente unida, sin ganadores ni perdedores, ocupada exclusivamente en su rápida restauración, no deben permanecer en el país o libres por mucho tiempo, extremistas o activistas, sean chilenos o extranjeros[33].

Surgida desde la CAJSI II División de Ejército en la Escuela de Ingenieros Militares de Tejas Verdes de San Antonio

Entre 1967 y 1969 Manuel Contreras estuvo destinado en comisión de servicio en *Fort Benning* en Georgia, EE. UU. A su retorno en 1969 fue destinado como secretario de estudio de la Escuela de Ingenieros Militares de Tejas Verdes[34]. Desde esa destinación, Contreras comenzó a impartir un curso de inteligencia bajo la fachada del "Curso avanzado de oficial subalterno". Uno de los asistentes a dicho curso, teniente Gastón Aubry Tormen, explicó en una entrevista dada al periodista Manuel Salazar que, en dicho curso, Contreras comenzó a ensayar una serie de operaciones de inteligencia y contrasubversión en un escenario de guerra interna, sometiendo a los estudiantes a desarrollar labores de técnicas de contacto de espionaje, desciframiento de código e infiltración de instalaciones enemigas[35].

Durante la UP, en 1970 Contreras fue designado como secretario del Estado Mayor del Ejército y luego en 1971 destinado a

---

[33] Citado por: Salazar, Manuel. *Las letras del horror. Tomo I. La DINA*. Santiago: Lom ediciones, 2014, pp. 92-93. También citado por: Guerrero, Manuel. "Cuando la población se hace parte de la producción social de la violencia: el caso de la colaboración mediante denuncias". En: Ximena Poo (Ed). *La dictadura de los sumarios (1974-1985)*. Universidad de Chile intervenida. Santiago: Ediciones Universitarias, 2016, pp. 171-193, pp. 186-187.

[34] Dinges, John y Landau, Saul. *Asesinato en Washington. El caso Letelier*. México: Lasser Press, 1982, p. 132.

[35] Salazar, Manuel. *Contreras. Historia de un intocable*. Santiago: Uqbar ediciones, 2014, p. 43.

Osorno para asumir el mando del Regimiento de Ingenieros núm. 4 Arauco, dependiente de la División de Caballería del Ejército. Finalmente, en 1972 fue destinado al mando de la dirección de la Escuela de Ingenieros Militares de Tejas Verdes. Esto implicó que, al momento de comenzar a ser utilizados de manera sistemática los Estados de Excepción constitucional a través de la aplicación de los estados de emergencia en el marco de la política de copamiento militar del territorio previo al golpe de Estado, Contreras se encontraba a la cabeza de la jurisdicción del departamento de San Antonio y Melipilla, en la que se ubicaba el "puerto rojo"[36].

Al momento de ajustar la planificación de seguridad interior en 1973, tomando como base la estructuración de las CAJSI, el mando de la jurisdicción recayó en Manuel Contreras como autoridad delegada dependiente del CAJS II DE en el departamento de San Antonio. Esto permitió que, en la Escuela de Ingenieros Militares de Tejas Verdes, el teniente coronel Juan Manuel Contreras pusiera en marcha desde julio una serie de prácticas contrasubversivas que, con posterioridad, decantará en la creación de la Comisión DINA. El dispositivo utilizado para ese momento fue la Ley de Control de Armas, que posibilitó el desarrollo de operativos de copamiento militar del territorio en la jurisdicción del departamento de San Antonio, sin estar decretado un Estado de Excepción Constitucional. Entre el Tanquetazo y el golpe de Estado, durante julio y agosto, Contreras condujo una serie de operativos en contra de asentamientos campesinos y organizaciones sindicales que eran vistos como focos subversivos[37]. Su atención se centraba en los trabajadores de Pesquera Arauco y en el movimiento sindical portuario, sobre todo en el combativo gremio de los estibadores.

---

[36] Vega, Constanza. "Historia local y poder popular: la experiencia de la intervención obrera en la fábrica textil Rayonhil, San Antonio, 1970-1973". Ponencia presentada en: *XIX Jornadas de Historia Regional de Chile*. Castro, 12 al 16 de noviembre de 2018.

[37] "Expectación en San Antonio por allanamientos de las FF. AA.", *La Tercera de La Hora*, 23 de julio de 1973, p. 2. "Arbitrariedades de oficial reaccionario", *Punto Final*, año VII, núm. 189, martes 31 de julio de 1973, pp. 10-11. "Descubren un campamento de entrenamiento de extremistas", *La Tercera de La Hora*, 30 de agosto de 1973, p. 2.

No obstante, para septiembre, el modo de operar se modificó en el marco del estado de sitio, entendido como estado en "Tiempos de Guerra", y entró en funcionamiento la utilización de grupos de choque que, con posterioridad, el Copachi refirió como Brigadas de Interrogatorio y Arresto (BIA). Es decir, un procedimiento paraestatal en base a la utilización de grupos de militares de civil que procedían a efectuar detenciones sin procedimientos judiciales, con el objetivo de someter a los detenidos a interrogatorios bajo apremios y torturas, para extraer la mayor información posible sobre la organización de la oposición. Finalmente, la ejecución de las personas identificadas como blancos de relevancia política bajo la fachada de falsos enfrentamientos.

En los primeros días tras el golpe de Estado, Manuel Contreras en su calidad de autoridad jurisdiccional, dispuso de amplias atribuciones para emprender acciones en contra de los líderes de la UP y de los partidos de izquierda en la localidad. En clave contrasubversiva, la atención se dirigiría hacia los principales blancos de la retaguardia de los partidos marxistas: las expresiones organizadas del movimiento popular (campesinos, estudiantes y trabajadores) y sus líderes políticos y gremiales.

El sistema concentracionario que dispuso en el regimiento contó de tres instancias: un campo de prisioneros, un centro clandestino de torturas y un campo de entrenamiento para el futuro contingente de la DINA. Para tales efectos, dispuso de la habilitación de un campo de prisioneros en el predio del regimiento, en una zona destinada al almacenamiento de materiales de guerra a un kilómetro de las instalaciones de la guarnición. El lugar fue nombrado Campo de Prisioneros núm. 2, el cual inicialmente fue destinado a prisioneros de la jurisdicción de San Antonio y Melipilla, pero que con posterioridad fue utilizado para detenidos traídos desde la CAJSI de la II DE de la guarnición de Santiago, para ser sometidos a interrogatorios por el grupo DINA. En segundo lugar, el centro clandestino utilizado para torturar y someter a interrogatorios de inteligencia a los detenidos, fue el subterráneo del casino de oficiales del Regimiento. Finalmente, el predio utilizado por el

LA PROFUNDIZACIÓN DE LA GUERRA CONTRASUBVERSIVA

ex Balneario Popular Rocas de Santo Domingo fue utilizado como escuela para el contingente que, desde octubre, comenzó a llegar a ser instruido en interrogatorios y torturas, para luego formar parte de la Comisión DINA oficializada en noviembre. En base a este sistema concentracionario, solo en el año 1973 estuvieron en condición de prisioneros de guerra en el campo de prisioneros núm. 2 del regimiento 183 detenidos, de los cuales 165 eran hombres y 18 mujeres[38].

Ilustración 25. Estructura Escuela de Ingenieros Tejas Verdes

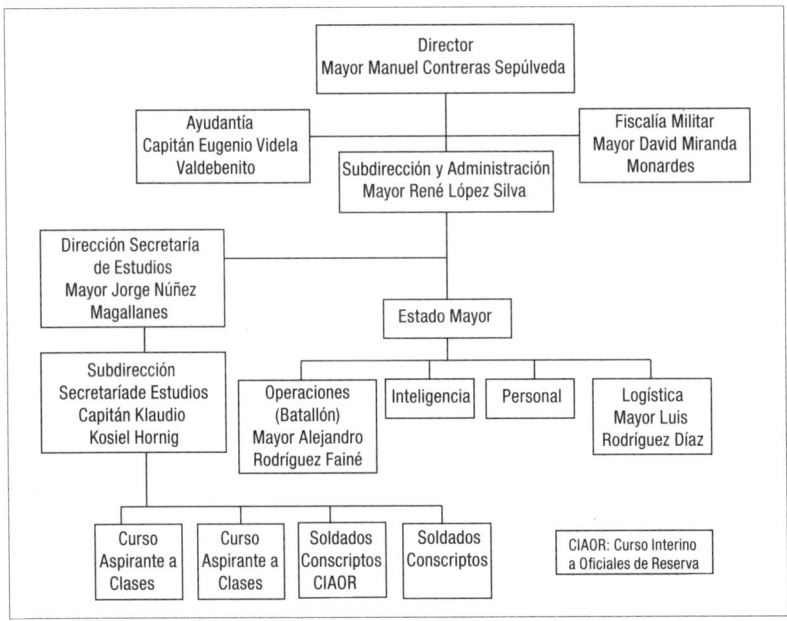

Elaboración propia. Fuente: Oficio Reservado Ejército. Archivo Jenadep-Bridehu-PDI.

---

[38] Estadísticas publicadas para el año 1973 en: Contreras. *La Verdad Histórica, op. cit.*, 347-597.

457

Para llevar adelante la experimentación para la posterior formación de su grupo de choque, Contreras dispuso de la colaboración de las distintas jefaturas del Regimiento, tanto para la organización de las instalaciones (sección IV de Logística del Estado Mayor dirigida por el mayor Luis Rodríguez Días), interrogatorios (subdirección de la secretaría de estudios a cargo del capitán Klaudio Kosiel Hornig) y de la fiscalía militar para aquellos casos que serían sometidos a Consejo en "Tiempo de Guerra" (a cargo del mayor David Miranda Monardes, ver ilustración 25). Específicamente para el año 1973, en la Escuela de Ingenieros Militares se impartió el "Curso Básico de Oficial Subalterno", a cargo de Manuel Contreras, quien dictó el curso de "Informaciones", entre otros cursos dados por oficiales[39].

Para afrontar la situación en materia de seguridad se dispuso la creación de dos agrupaciones: Bronce y Hierro. Estas surgieron al momento de efectuarse el golpe de Estado. Bronce quedó conformada por el batallón de instrucción de la Escuela y se trasladó a Santiago para reforzar la seguridad de la capital. Esta agrupación quedó al mando del mayor Alejandro González Faine. Por su parte, la agrupación Hierro, conformada por personal de planta de la Secretaría de Estudio y reforzada con algunos alumnos, personal de la banda y los conscriptos de la Compañía de Combate del batallón de instrucción, un enfermero de la sección sanidad de la Escuela, al mando del mayor Jorge Núñez Magallanes, emprendió labores de patrullaje y control en San Antonio. De modo paralelo, la contrainteligencia fue reforzada con efectivos de investigaciones de San Antonio, que se integraron a los oficiales de la Secretaría de Estudio para practicar los primeros interrogatorios bajo tortura[40].

---

[39] Ministerio de Defensa Nacional, Subsecretaría de Guerra, Dirección de Persona II núm. 826 del 2 de noviembre de 1973.
[40] Sentencia causa rol 2.182-98 episodio Tejas Verdes, dictada por el ministro de fuero de la Corte de Apelaciones de Santiago Alejandro Solís, 9 de agosto de 2010, p. 135.

Curso de inteligencia en Rocas de Santo Domingo

Desde octubre de 1973 y tras la creación de la Comisión DINA, se asentó en la localidad el primer curso teórico y práctico sobre inteligencia, contrainteligencia e interrogatorios para agentes del nuevo servicio en formación[41]. Este primer grupo, terminado su proceso de formación, se dirigió a las dependencias del cuartel núm. 1, en el subterráneo de la Plaza de la Constitución, dependiente del SICAR[42], y en el Cuartel Yucatán (Londres 38). Al mismo tiempo se conformó la Brigada Femenina a cargo de la agente Ingrid Olderock, ex oficial de Carabineros, a quien se le encomendó el reclutamiento de un contingente de mujeres entre las postulantes rechazadas de las diversas FF. AA. y policiales[43].

El curso de Rocas de Santo Domingo de octubre de 1973 tuvo una duración que varió entre tres semanas a dos meses, dependiendo de los contingentes que fueron siendo enviados, entre octubre y diciembre de 1973[44]. El equipo de docentes del curso de inteligencia quedó formado por el propio Manuel Contreras Sepúlveda, a cargo de Informaciones; César Manríquez Bravo, a cargo del curso de inteligencia; el oficial de la escuela de paracaidistas y FF.EE. Cristián Labbé, a cargo de preparación física; y el oficial Miguel Krassnoff Martchenko, a cargo de técnicas de combate cuerpo a cuerpo, guerrilla urbana y suburbana[45]. Con posterioridad, Krassnoff será enviado en comisión de servicio entre el 7 de

---

[41] Testimonio ex Agente DINA, José Nibaldo Jiménez Castañeda. Declaración judicial de abril de 2008, causa rol 2182-98, "Insunza Bascuñán y Otros-Villa Grimaldi", foja 1413. Este curso también es referido por la agente Ingrid Olderock. Guzmán, *op. cit*, pp. 220-222. Sentencia judicial causa rol 2182-98 episodio "Tejas Verdes" instruida por el ministro Alejandro Solís, 9 de agosto de 2010.

[42] Sentencia causa rol 2182-98 "Operación Colombo-Jorge Grez" del 7 de mayo de 2014, pp.120 y 156.

[43] Guzmán, Nancy. *Ingrid Olderock. La mujer de los perros*. Santiago: Ceibo Ediciones, 2015.

[44] Garcés, Magdalena. *Terrorismo de Estado en Chile: la campaña de exterminio de la DINA contra el MIR*. Tesis doctoral. Madrid: Universidad de Salamanca, 2016, p. 220.

[45] Declaración Samuel Fuenzalida Devia, en causa rol 2182-98 "Operación Colombo-Jorge Grez", fs. 177 y 178. Declaración Extrajudicial Samuel Fuenzalida Devia, 4 de junio de 1993, Archivo Jenadep-PDI.

enero y el 14 de febrero de 1974 a la Escuela de las Américas para efectuar el curso de "Operaciones de contrainsurgencia urbana"[46].

Según el testimonio del agente DINA Heriberto del Carmen Acevedo, recabado por la investigación de Magdalena Garcés, en el curso fueron instruidos en las principales características organizacionales de los partidos políticos considerados subversivos y que constituirían el blanco de la represión de la DINA. El agente declara que, "en noviembre de 1973, fueron llevados a Rocas de Santo Domingo en un bus; fueron recibidos por Manuel Contreras, 'el Mamo', quien les dijo que harían un curso de inteligencia básico para reprimir la subversión del MIR, Partidos Comunista, Socialista y Democracia Cristiana". Agrega el agente que, en el curso, les enseñaron "cómo interrogar, cómo hacer una investigación para detener a esa gente de esos partidos, hacer seguimientos, puntos. Se les enseñó el modo de actuar de esos partidos políticos, tales como las casas de seguridad, el sistema de puntos, la forma como ocultaban los armamentos y los barretines"[47].

Por su parte, Samuel Fuenzalida señala que cada curso se componía de treinta alumnos y que en total se graduaron unos 600 agentes: "al finalizar este curso, recuerdo que se graduaron algo así como seiscientos alumnos, ya que al pasar lista me correspondió el número quinientos y tanto, y seguía la enumeración"[48].

Con posterioridad, este primer grupo de agentes será destinado al Cuartel núm. 1, bajo la Plaza de la Constitución, y al cuartel Yucatán, en calle Londres 38. En estos primeros días, la forma de operar adoptada se conformó en grupos de tareas denominadas BIA. No hay certeza respecto al tiempo al que fueron denominados de

---

[46] Entre el 7 de enero y el 14 de febrero efectuaron el curso de "Operaciones de Contrainsurgencia Urbana": el capitán Patricio Acevedo Trujillo, el mayor Hernán Cortés Álvarez y los tenientes Miguel Krassnoff Martchenko, Luis Ahumada Montenegro, Roberto Parra Morales, Víctor Rojas Martínez y Guillermo Salinas Torres. Fuente: base de datos SOA.

[47] Sentencia causa rol 2182-98 Operación Colombo-Teobaldo Tello, considerando primero núm. 28. Dictada por el ministro de fuero don Hernán Crisosto Greisse, el 7 de octubre de 2015, pp. 19 y 20 de la sentencia. Citada por Garcés, *Terrorismo...*, *op. cit.*, pp. 220 y 221.

[48] Declaración Extrajudicial Samuel Fuenzalida Devia, 4 de junio de 1993, p. 4. Archivo Jenadep-PDI.

esta manera los grupos operativos. Al respecto, el Copachi señaló: "Al parecer la estructura de la DINA no es la misma hoy que la que pone en práctica inicialmente (...). Esta situación se pretender subsanar, al parecer, transformando esas varias brigadas en una sola, la Brigada de Interrogatorios y Arrestos"[49]. Los agentes de inteligencia adoptaron un modo de funcionamiento clandestino, procediendo a generar los arrestos sin previa orden judicial y siendo los detenidos trasladados hacia el campo de prisioneros para, con posterioridad, ser interrogados bajo tortura por los equipos de inteligencia.

Este primer grupo constituyó la red principal de agentes de inteligencia a la que luego se sumaron los integrantes de la comitiva de la Caravana de la Muerte, constituyendo el núcleo central de la red DINA. La conformación de la DINA como un servicio de inteligencia política, que combinó un repertorio legal con el desarrollo de un amplio repertorio de acciones secretas y encubiertas, tuvo diversas consecuencias. Lo primero es que, a diferencia de los servicios de inteligencia militar dependientes de la rama específica de las FF. AA., la DINA se constituyó en un organismo de inteligencia del Gobierno. Como señaló el Departamento V de asuntos internos de la PDI, la DINA fue "un organismo de Inteligencia de Gobierno a diferencia de sus congéneres que eran servicios de inteligencia de las distintas ramas de las Fuerzas Armadas y de Orden. Tenía, por tanto, una mayor capacidad de acción centralizada, recursos y medios estatales"[50]. En segundo lugar, a lo largo del período, organizacionalmente tuvo una cara legal, visible y un repertorio ilegal, clandestino y compartimentado. Tercero, su estructura organizacional nunca se mantuvo intacta, siendo constantemente reorganizada en función de los objetivos político-coyunturales que se le fueron definiendo. Finalmente, implicó una permanente disputa con los diversos servicios de inteligencia de las

---

[49] Comité de Cooperación para la Paz en Chile, *Servicios de Inteligencia del Gobierno Militar*, manuscrito, 1975, p. 7.
[50] Policía de Investigaciones. Depto. V "Asuntos Internos", borrador de Informe Policía. Santiago, 19 de julio de 2000.

FF. AA., con los cuales tuvo relaciones de colaboración, disputa y abierto enfrentamiento. No obstante, estas distinciones no rompieron con la lógica contrasubversiva que desarrollaron otros servicios de inteligencia con capacidad operativa, como fue el Comando Conjunto –el brazo operativo de la Comunidad de Inteligencia–, durante el mes de noviembre, cuando se constituyó el antecedente de la Comunidad de Inteligencia de manera paralela a la Comisión DINA, con asiento en el inmueble de calle Juan Antonio Ríos núm. 6, en la comuna de Santiago. No existe certeza en torno a la fecha de inicio del accionar de la Comunidad de Inteligencia, ya que algunos investigadores la sitúan en 1974[51], así como su vínculo institucional con el Ministerio de Defensa Nacional y la Junta Militar de Gobierno. En el archivo desclasificado del Departamento de Inteligencia Americana, un mensaje del 28 de diciembre informa respecto a la creación de una nueva organización de inteligencia militar paralela a la Comisión DINA[52]. Con posterioridad, con fecha 2 de febrero de 1974, el Departamento de Inteligencia Americana señala que dicha organización se constituyó en el Centro de Contrainteligencia de las FF. AA. (Cecifa). Esta organización, dependiente del Ministerio de Defensa Nacional, no solo rivalizó con la comisión DINA en términos de los métodos y el tratamiento de los detenidos, sino que también en los alcances y en los estrechos vínculos de la DINA con el poder personal de Augusto Pinochet. Según esta fuente, el jefe de dicho servicio fue el capitán de corbeta Raúl Monsalve Poblete, quien fue "(…) un fuerte opositor de los métodos empleados por la DINA y un crítico de la subordinación de esta al General Pinochet"[53].

---

[51] González, Mónica y Contreras, Héctor. *Los secretos del Comando Conjunto*. Santiago: Ediciones Ornitorrinco, 1991.

[52] "New Chilean Military Intelligence Organization", *Department of Defense. National Military Command Center*, 28 de diciembre de 1973.

[53] *"The Chief of Cecifa, LCDR Raúl Monsalve, has strongly opposed the methods employed by the DINA and critical of its subordination to General Pinochet vice […] Ministry of Defense"*. Department of Defense Intelligence, "DINA & Cecifa, Internal Conflicts and the Treatment of Detainees", 2 de febrero de 1974.

Esto implicó que, a pesar de que en noviembre se da paso a la creación de la Comisión DINA con el objetivo de centralizar las labores de inteligencia, los equilibrios y disputas de poder al interior de la Junta de Gobierno, la falta de una definición programática de la misma y la necesidad por presentar conquistas en el frente interno en la guerra contra la subversión, tendieron a recalcar el componente militar de la represión, el que se ajustó a los requerimientos de la coyuntura del cenáculo del poder: la Junta Militar. Esto significó la entrada en un derrotero de profesionalización contrasubversiva. Todas las ramas de las FF. AA. y policiales comienzan a desarrollar labores de inteligencia y de operaciones clandestinas, proliferando publicaciones de oficiales sobre seguridad nacional y contrasubversión, a efectuarse reformas a las mallas curriculares de enseñanza de las escuelas de oficiales y a crear institutos especializados sobre la temática. El tránsito, por ende, fue hacia una institucionalización doctrinaria de la contrasubversión como política de Estado.

Ajustes en la guerra contrasubversiva

Hacia finales de 1973, el funcionamiento de la represión pasó progresivamente a estar conducido por las labores de inteligencia política, sobre la base del copamiento militar del territorio a través de las CAJSI, las cuales estuvieron en disputa entre la DINA y el Cecifa. El Copachi observó al respecto que "(…) ya hacia finales de 1973 la acción propiamente militar cede lugar notoriamente a la de los Servicios de Inteligencia"[54]. A pesar de aquello, no existió una coordinación activa entre la DINA y el Cecifa, generándose fuertes cuestionamientos a los métodos de tortura empleados por las BIA de la Comisión DINA, siendo descritos por el agente informante del Cecifa como propios de la Inquisición

---

[54] Comité de Cooperación para la Paz en Chile, "Los servicios de inteligencia del gobierno militar y los derechos humanos fundamentales (Informe sobre la DINA y otros Servicios de Inteligencia)", manuscrito, 1975, p. 2.

española[55]. Por los métodos de tortura empleados por la DINA y el fuerte crecimiento que experimentó desde comienzos de 1974, esta fue llamada el "Monstruo"[56].

Según las estadísticas disponibles por el Ministerio de Defensa Nacional y el Ministerio del Interior para 1973, probablemente elaboradas por el Centro Coordinador de Detenidos y que con posteridad quedaron en poder de la DINA, existían en el país 14.907 prisioneros de guerra, de los cuales 13.925 correspondían a hombres y 982 a mujeres, en las diversas CAJSI (Ver tabla 11). Al respecto, cabe observar que, según el discurso contrasubversivo de legitimación del golpe de Estado, en el país existía un Ejército Popular clandestino, formado por 14.000 efectivos, entrenados y equipados con armamento profesional de guerra. Esos prisioneros de guerra en su mayoría eran militantes de partidos políticos, simpatizantes y dirigentes de las organizaciones del movimiento popular chileno. De ello se puede sostener que la guerra contrasubversiva de la FF. AA. era una guerra contra la politización del movimiento popular, vista como una amenaza insurgente.

Tabla 11. Prisioneros de guerra por CAJSI, 1973

CAJSI	Hombres	Mujeres	Total
Cuartel General Santiago	8.377	529	8.906
División de Caballería	1	Sin información	1
Guarnición Coyhaique	10	Sin información	10
I División de Ejército	277	22	299
I Zona Naval	1.233	152	1.385
II División de Ejército	1.737	204	1.941
II Zona Naval	352	18	370
III Base Aérea FACH	605	23	628
III División de Ejército	475	20	495
Región Militar Austral	311	3	314
VI División de Ejército	547	11	558
Total	13.925	982	14.907

Elaboración propia. Fuente: Estadística Ministerio de Defensa publicada por Manuel Contreras.

---

[55] *"Source said that the their [DINA] technique are straight out of the Spanish Inquisition and often have the person interrogated with visible bodily damage"*, DINA & Cecifa, Internal Conflicts and the Treatment of Detainees", *op. cit.*

[56] Ídem.

El sello de la comisión DINA: la detención de Bautista Van Schouwen Vasey y la Operación Leopardo

Dado que el énfasis militar en el discurso de la Junta fue la contrasubversión y la guerrilla marxista, se requería presentar ante la opinión pública enfrentamientos que diesen cuenta de la pervivencia del estado de guerra que daba coherencia interna a la dictadura militar. No obstante, dichos enfrentamientos, salvo algunas escaramuzas, no se generaron. Para ello, la estrategia contrasubversiva que comenzó a operar la Comisión DINA desde noviembre en adelante, estuvo marcada por el cambio del discurso y por el énfasis del tipo de guerra a combatir, en el que las operaciones de guerra psicológica tuvieron un componente principal, que permitió presentar los hechos y los asesinatos cometidos por la dictadura como parte de una guerra contrasubversiva. La Comisión DINA comenzó de manera sistemática a construir montajes en la opinión pública, en la que los asesinatos y desapariciones de los opositores fueron presentados como bajas de la guerra contrasubversiva. Cabe destacar que, mientras comienza a desarrollarse la acción clandestina de la Comisión DINA, esta se articula con la acción represiva propia de las CAJSI, ya que durante los primeros meses la agencia en formación careció de los recursos e infraestructura suficiente para emprender operativos propios.

En diciembre se efectuaron golpes al MIR y al PCCH, respectivamente, que darán cuenta de la entrada en combate de la DINA contra la subversión. El primero de ellos se efectuó el 13 de diciembre en la Iglesia de los Capuchinos, donde fueron detenidos Bautista Van Schouwen, miembro de la comisión política del MIR, y Patricio Munita Castillo. Fueron detenidos en un operativo conjunto entre Carabineros, FF. AA., y agentes de la recién creada Comisión DINA. Al día siguiente, fueron ejecutados en la vía pública por una patrulla del Ejército comandada por el oficial Orlando Carter Cuadra y, con posterioridad, sepultados en el Patio 29, en el Cementerio General. En la investigación llevada adelante por el ministro Mario Carroza, Marcelo Moren Brito, agente de la

DINA e integrante de la Caravana de la Muerte de Sergio Arellano Stark, señala que la instrucción "la recibí de Manuel Contreras, quien dio la orden de proceder a la detención de Van Schouwen, lo cual concreta en un bus institucional y apoyado por fuerzas de Carabineros...". Se detiene a Van Schouwen y dos personas más, una de ellas era un sacerdote capuchino, quien queda en libertad porque era él quien había entregado el dato de dichas personas. Van Schouwen y una persona de apellido Munita quedan a disposición de la DINA, que se hizo cargo de ellos, pero no recuerda a quién de la DINA los entregó. En la investigación se acreditó que el autor material del crimen fue el oficial Orlando Carter Cuadra[57].

Un caso que permite ilustrar este viraje contrasubversivo propio de la DINA es el montaje conocido como "Operación Leopardo", de fines de diciembre de 1973, de responsabilidad de agentes de comisión de la DINA, en el que fueron ejecutados cinco militantes del comité "Galo González" del PCCH de la población La Legua: Carlos Alberto Cuevas Moya, Luis Alberto Canales Vivanco, Alejandro Patricio Gómez Vega, Pedro Patricio Rojas Castro y Luis Emilio Orellana Pérez. Estos militantes fueron detenidos entre el 18 y el 21 de diciembre en un operativo conjunto entre agentes de la Comisión DINA y contingente policial y militar de la CAJSI de la Guarnición de Santiago, que prestó el apoyo y cobertura del operativo en diversas partes de Santiago[58]. Con posterioridad fueron trasladados al Cuartel Yucatán (Londres 38), para ser torturados y, posteriormente, ejecutados en un falso enfrentamiento al que se le dio gran publicidad por la prensa.

Mediante Boletín de prensa núm.112, del Departamento de Relaciones Públicas de la Comandancia en Jefe del Ejército, se informó de la ejecución de este grupo de personas en las cercanías

---

[57] Sentencia causa rol 2.182 -1998, episodio "Carlos Cuevas", dictada por el ministro Joaquín Baillard Acuña, dictada el 11 de agosto de 2006.

[58] "En diciembre de 1973 se practicó un operativo en la Población la Legua junto a Carabineros, Investigaciones y personal militar". Declaración policial de Julio Fernando Francisco Donoso Daroch, causa rol 2182-1998 episodio "Carlos Cuevas", sentencia del 11 de agosto de 2006, dictada por el ministro de fuero Joaquín Billard Acuña, foja 221.

de la Población Violeta Parra, en lo que en ese momento correspondía a la comuna de Quinta Normal, en el límite con la comuna de Barrancas (Pudahuel) y Cerro Navia. En la nota se informó que los comunistas habían sido ejecutados en el contexto de la implementación del Plan Leopardo, que contenía "un completo plan de sabotaje y terrorismo que incluía la destrucción mediante explosivos de las torres de alta tensión, claves en el sistema de abastecimiento de energía eléctrica en la capital"[59].

El Boletín no solo se remitía a informar respecto a los "supuestos hechos", sino que, además, aprovechaba la oportunidad de dar un completo encuadre político a la coyuntura al señalar que "la lucha contra el extremismo y la delincuencia marxista no ha terminado", resaltando que "todos los chilenos tienen que darse cuenta de que esto efectivamente así sucede, leyendo la prensa diaria tanto nacional como extranjera". En ese sentido, el mismo boletín de prensa explicitaba el sentido ejemplificador de la existencia de la subversión que justificaba la acción de las FF. AA. y policiales contra el marxismo. Por eso, el mismo comunicado caracterizaba el tipo de guerra que la Junta estaba afrontando al señalar que "el 11 de septiembre del presente año, los grupos extremistas fueron desorganizados y quedaron incapacitados para enfrentarse abiertamente a las fuerzas de orden, llegando a la guerra civil como eran sus propósitos"; por ello, el comunicado señala que el marxismo ha desarrollado un nuevo tipo de acción: "la subversión, la lucha clandestina que preconizan los movimientos Tupamaros, montoneros y otras organizaciones extremistas como el MIR, y que se caracteriza por su forma insidiosa y oculta hasta llegar a una reorganización total, recibir ayuda desde el exterior y lanzarse, finalmente, a la guerrilla urbana y rural, al asesinato y al terrorismo"[60].

Agrega el comunicado, para finalizar y justificar los operativos militares, que la Jefatura Militar desde la CAJSI ha comprobado la existencia de: (i) "reuniones clandestinas destinadas a organizar

---

[59] "Cinco extremistas muertos al enfrentarse contra el Ejército", *La Tercera de La Hora*, 23 de diciembre de 1973, pp. 4-5.
[60] Ídem.

células y comandos", (ii) "propaganda en forma de panfletos, billetes marcados, pintura de murallas y muchas otras formas llamando a la subversión y tratando de amedrentar a los tradicionales opositores del marxismo", (iii) "funcionamiento de algunas escuelas de guerrillas y lugares de adiestramiento terrorista", (iv) "atentados contra personas, civiles o uniformados", (v) "amedrentamiento y organización subversiva en poblaciones o campamentos, donde se reúnen los extremistas y tratan de formar bases desde donde operar mediante el terrorismo, el sabotaje e incluso, el asesinato", finalizando que "todo esto no pasa desapercibido a las autoridades y es por eso que se han continuado realizando operaciones militares que permitan mantener el control absoluto de la situación"[61].

Por estos hechos, la dirección clandestina del PCCH emitió una declaración pública el 3 de enero titulada "El Plan Leopardo del asesino Arellano Stark", en la que se denunciaba que los cinco jóvenes comunistas habían sido secuestrados por FF. AA. con el apoyo de Carabineros y haciendo uso de camiones frigoríficos de la empresa Bresler, cuya planta industrial estaba en las inmediaciones de la población La Legua, agregando que "el día 22 de diciembre la Comandancia en jefe del Ejército emitió un comunicado informando de un supuesto intento fallido de sabotaje de torres de alta tensión, en el sector de Cerro Navia, Quinta Normal-Barrancas". Según el comunicado, una patrulla militar habría descubierto y enfrentado a los cinco jóvenes aludidos, agregando, más adelante, que "toda es una burda mentira. No ha habido enfrentamiento. No se ha producido el intento de sabotaje. No existe el llamado "Plan Leopardo" de que habla el comunicado de la Comandancia en jefe"[62].

La sentencia judicial de 2006 acreditó la responsabilidad judicial de los agentes de la DINA Marcelo Moren Brito, José Mario Friz Sparza y de Manuel Contreras Sepúlveda en la detención y posterior desaparición de los cinco comunistas[63]. No obstante, no

---

[61] Ídem.
[62] PCCH, "El Plan Leopardo del asesino Arellano Stark", 3 de enero de 1974.
[63] Sentencia judicial, causa rol 2.189-1998 y 2182-1998 episodio "Carlos Cuevas", del 11 de agosto de 2006, dictada por el ministro de fuero Joaquín Billard Acuña.

estableció relaciones con los mandos de la CAJSI Santiago de la
II DE, a cargo de Sergio Arellano Stark, porque la justicia hasta la
fecha no ha establecido las relaciones entre las operaciones psicológicas y las ejecuciones por falsos enfrentamientos como parte de
una misma estrategia contrasubversiva.

La Secretaría Nacional de Detenidos (Sendet)

Junto con el desarrollo de una estrategia contrasubversiva basada en
la acción encubierta, la dictadura institucionalizó el Centro Coordinador de Detenidos dependiente del Ministerio de Defensa, a
través del Decreto Supremo núm. 517 que creó la Secretaría Ejecutiva Nacional de Detenidos (Sendet) en diciembre del año 1973.
Tras el cierre del campo de prisioneros políticos del Estadio Nacional y la rehabilitación del campo de prisioneros del Estadio Chile[64],
comenzó un proceso de reorganización de los prisioneros políticos,
cerrándose los campos de prisioneros transitorios y habilitándose
nuevas instalaciones. Entre noviembre de 1973 y junio de 1974 se
cerraron los campos de prisioneros de isla Dawson para los altos
funcionarios del Gobierno de la Unidad Popular[65], el campo de
prisioneros de Las Bandurrias en Aysén[66], el campo de prisioneros
núm. 2 de la Escuela de Ingenieros de Tejas Verdes, el campo de
prisioneros del cerro Chena dependiente de la Escuela de Infantería
de San Bernardo. A la vez, se habilitaron desde noviembre de 1973,
el campo de prisioneros políticos en la ex oficina salitrera Chacabuco, en los ex Balnearios Populares de Ritoque, Puchuncaví[67], la

---

[64] "2.935 personas quedaron en libertad en Estadio Nacional", *La Tercera de La Hora*, 10 de octubre de 1973, p. 13. "Trasladaron a presos del Estadio Nacional", *La Tercera de La Hora*, 8 de octubre de 1973.

[65] Lawner, Miguel. *La vida a pesar de todo. Isla Dawson, Ritoque, Tres Álamos*, Santiago de Chile. Sergio Bitar, *Isla 10*, Santiago de Chile: Pehuén, 1987.

[66] Real Hermosilla, Joaquín. *Prisioneros de Guerra en Aysén*. Valdivia: Ediciones Kultrún, 2014. Agrupación de DD. HH. Coyhaique. *Aysén: muertes en dictadura. Historias de ausencias y memorias*. Santiago: Impreso en Lom, 2017.

[67] Lawner, Miguel. *La vida a pesar de todo. Isla Dawson, Ritoque, Tres Álamos*. Santiago: Lom ediciones, 2018.

ciudad-puerto de Pisagua[68] y el campo de prisioneros políticos de Tres Álamos en Santiago en junio de 1974[69].

En estos recintos estuvieron prisioneros aquellos detenidos procesados, condenados y/o a la espera de ser sometidos a un Consejo de Guerra por infracción del estado de sitio "en tiempos de guerra". Estos espacios constituyeron la cara visible de la represión: los prisioneros de guerra. Para hacerse cargo de esta situación, la Junta de Gobierno creó la Sendet al alero del Ministerio de Defensa Nacional sobre el trabajo avanzado por el Centro Coordinador de Detenidos que dirigía el general Francisco Herrera Latoja de la FACH. El fin del nuevo servicio era "coordinar con los diversos Ministerios las materias que digan relación con las personas que hayan sido privadas de su libertad en virtud de las facultades que confiere el Estado de Sitio"[70]. Junto con ello, para legalizar el procedimiento de las detenciones que desde ese momento comenzarían a practicarse, la Junta Militar dictó el Decreto Ley núm. 228, publicado en enero de 1974, por el cual se declararon ajustados a la ley los arrestos practicados desde el 11 de septiembre de 1973, señalando que, en lo sucesivo, solo podrá arrestarse a las personas por Decreto Supremo del Ministerio del Interior, dictado a nombre de la Junta.

La estructura de la Sendet quedó conformada por un departamento estadístico, uno administrativo, otro logístico y, finalmente, el departamento de inteligencia –la fachada legal de la Comisión DINA y el primer intento por legalizar un *modus operandi* de la represión guiado por labores de inteligencia–. El objetivo de dicho departamento fue: "fijar las normas por las cuales se realizarán los

---

[68] Jo Frazier, Lessie. *Salt in the sand. Memory, violence, and the nation-state in Chile, 1890 to the present*, Durham y London, Duke University Press, 2007.

[69] Comité de Cooperación para la Paz en Chile, *Informe sobre Comité de Cooperación para la Paz en Chile, Informe sobre condiciones de vida en el Campamento Tres Álamos*, manuscrito, 1975. Comité de Cooperación para la Paz en Chile, *Situación de los detenidos de Pisagua*, manuscrito, 1975. Comité por la Paz en Chile, *Informe acerca de la situación de los detenidos en el Campamento Pisagua*, manuscrito, 9 de febrero de 1975. Comité de Cooperación para la Paz en Chile, *Visita del Comité para la Paz a la Oficina Chacabuco*, manuscrito, s/a.

[70] Artículo 1, Decreto Supremo núm. 517 del 31 de diciembre de 1973.

interrogatorios o re-interrogatorios de los detenidos; determinar el grado de peligrosidad de estos y mantener una coordinación permanente con los Servicios de Inteligencia de las Fuerzas Armadas, Carabineros e Investigaciones, con el fin de mantener al día las informaciones de que dispongan"[71].

La creación de la Sendet y la publicación del Decreto Ley núm. 228 buscaron institucionalizar la represión, legalizando de manera ex post los procedimientos efectuados y dotar de un aparente marco legal las detenciones y los interrogatorios a realizarse en lo sucesivo. Como señala el Copachi: "Este departamento de Inteligencia se crea para paliar los efectos de una todavía insuficiente coordinación de los servicios de inteligencia, y al margen de las funciones puramente normativas, asesoras y de coordinación, que la ley le entrega, se transformará, en las etapas siguientes, en un nuevo y el más importante y desarrollado, servicio de inteligencia"[72].

En estos meses, la represión y las detenciones ilegales no se detuvieron y tendieron a perfeccionarse, adoptando un modus operandi clandestino, selectivo y guiado por labores de inteligencia. La Sendet se asentó en las dependencias del ex Congreso Nacional en Santiago; la comisión DINA, bajo la fachada del departamento de inteligencia, se asentó en el 2° piso. Con posterioridad se trasladó al cuartel general, al local confiscado a las Juventudes Comunistas, en calle Marcoleta núm. 90, comuna de Santiago[73]. No hay certeza del momento en el que, finalmente, la dirección de la DINA se asentó en calle Belgrado 11 (actual calle Periodista José Carrasco Tapia), pero sí, que ambas dependencias quedaron conectadas por un pasillo interior[74].

---

[71] Artículo 2, Decreto Supremo núm. 517 del 31 de diciembre de 1973.

[72] Corporación de Cooperación para la Paz en Chile, *Descripción de las acciones de los servicios de inteligencia del gobierno militar*, feb. 1975, p. 3.

[73] Poblete, Francisco. "Con metralleta en la mano, la DINA expropió edificio de 500 mil dólares", *La Época*, 14 de febrero de 1988.

[74] *"When DINA was first setting-up operations, their headquarters were located in the house on Belgrado Street in Santiago (near the intersection of Vicuña Mackenna and Rancagua), Department of Defense, Directorate of National Intelligence (DINA) Expands Operations and Facilities"*, 10 de abril de 1975, p. 3.

Durante estos primeros meses, los grupos operativos emularon la organización de las BIA, utilizando como cuarteles clandestinos el subterráneo del casino de oficiales de la Escuela de Ingenieros de Tejas Verdes, el cuartel núm.1 en el subsuelo de la actual Plaza de la Constitución, cerca del Palacio de la Moneda, y el cuartel Yucatán (Londres núm. 38), el primer centro clandestino masivo de detención y torturas.

A comienzos de enero de 1974, Augusto Pinochet Ugarte informó vía Oficio Secreto núm. 121 de la creación de la DINA a diversas autoridades militares. En este documento, identificó los objetivos de asesoramiento en materia de seguridad, solicitó la colaboración de las diversas FF. AA. y policiales, y los exhortó a mantener el accionar de la DINA en secreto:

1.- Pongo en conocimiento de Usía que se ha creado la Dirección de Inteligencia Nacional (DINA) con personal de las Instituciones Armadas y Policiales de la República, organismo que asesorará a la Junta Militar en todas las materias referidas a la Seguridad Interior y Exterior del Estado, para lo cual dependerá exclusivamente de la Junta que honro presidir.
2.- Dadas las delicadas materias que el organismo asesor deberá tratar en las diferentes actividades del acontecer nacional, se solicita a Usía disponer que los medios de su dependencia presten la máxima colaboración de los miembros de la DINA cuando los sea requeridos, a la vez que guarden el más absoluto secreto de las investigaciones que les corresponda participar.
3.- Por obvias razones de elemental seguridad, las personas de los servicios de la dependencia de Usía, no podrán hacer comentarios o difundir lo obrado por los funcionarios de la DINA, e incluso les queda prohibido dar a conocer su existencia[75].

---

[75] Oficio DINA (S) núm. 121, del 5 de enero de1974. "Solicita apoyo nuevo organismo nacional".

Pese a que a través del Decreto núm. 228 se estipularon los alcances de las detenciones y los procesos de investigación, en la práctica, la DINA se extendió hasta el punto de que: "puede establecer cortes en el curso legal de un caso, dejando sin recursos de acción a las Cortes Judiciales y otras agencias ejecutivas"[76].

En el mismo tenor, se remitió una circular confidencial del Ministerio del Interior, en la que se explicitó el procedimiento a seguir en la fachada legal de la represión a raíz de la publicación del decreto de la Sendet y el de legalización de las detenciones (Decreto núm. 22). El general Óscar Bonilla, titular de la cartera, informó en los siguientes términos a sus subalternos:

1) La detención de personas en uso de facultades del estado de sitio es única y exclusivamente privativa de la Junta Militar de Gobierno y se ejercerá a través de Decretos del Ministerio del Interior. 2) La detención de personas por la Justicia Militar solo podrá llevarse a efecto en virtud de una orden emanada de un Tribunal competente y de acuerdo a las normas legales vigentes. 3) Ninguna autoridad está autorizada para practicar detenciones al margen de las presentes disposiciones; lo mismo se aplica a los Servicios de Inteligencia Militar de cualquier institución, que también deberán someterse obligatoriamente a tales normas. Lo expresado es sin perjuicio del cumplimiento de órdenes dispuestas por la autoridad competente y en los casos en que la Ley Penal autorice la detención respecto de personas sorprendidas in fraganti. (…). 6) El Ministerio de Defensa dispondrá que todos los CAJSI envíen una lista completa de las personas que se encuentren detenidas a la fecha, conforme a esta facultad constitucional, indicando la fecha en que fueron detenidas. Esta lista deberán enviarla al Ministerio de Defensa Nacional en el plazo de diez días después de recibidas las instrucciones que ese Ministerio disponga, las que se harán llegar por intermedio de la Sendet al Ministerio del Interior (…). 10) El Ministerio de Defensa Nacional

---

[76] Department of Defense Intelligence, "DINA, Its Operations and Power", 8 de febrero de 1974.

dará las órdenes pertinentes para el inmediato cumplimiento de estas instrucciones. Saluda atentamente a US[77].

El trasfondo de estas contradicciones estaba dado por el hecho de que la Junta Militar, junto con seguir adelante con las acciones de la guerra contrasubversiva contra el marxismo, debía dotarse de procedimientos de legalidad que evitasen que los espacios de monitorización interna y externa siguiesen cuestionando las violaciones a los derechos humanos cometidas por el régimen. Dicha situación era imperiosa, ya que durante el año 1974, al mismo tiempo que se ajustaban a legalidad las acciones de los Consejos de Guerra y las detenciones practicadas por las CAJSI y los servicios de inteligencias de las FF. AA. y policiales, comenzaba el capítulo de la guerra clandestina contra el marxismo, inflexión que marcaría un paso a la clandestinidad de la acción represiva contra los partidos políticos de izquierda, al mismo tiempo que se intentaba contener la situación de cuestionamiento internacional por la situación de las violaciones a los derechos humanos que, desde 1974 en adelante, se transformaron en una situación permanente y que implicó a la postre un completo aislamiento internacional de la Juntar Militar de Gobierno.

La Declaración de Principios del Gobierno de Chile: un Estado antimarxista y de seguridad nacional

La guerra contrasubversiva de las FF. AA. siguió siendo el factor que unificó a la Junta Militar en la coyuntura previa y con posterioridad a la declaración de principios del 11 de marzo de 1974, al conmemorarse los primeros seis meses de la dictadura. En esa oportunidad, la Junta Militar se declaró oficialmente como antimarxista y apuntó hacia un horizonte de construcción de un orden político basado en la exclusión del comunismo del espacio político

---

[77] Ministerio del Interior. *Circular confidencial núm. 22* del 22 de enero de 1974.

pero, a la vez, garante de los derechos humanos, fundando institucionalmente la paradoja que recorrió a la dictadura militar a lo largo de los diecisiete años de su Gobierno: para reconstruir la noción conservadora de chilenidad que impulsaban como proyecto sociocultural los militares bajo la noción de la unidad de la identidad cultural chilena, era necesario fundar un orden político de pluralismo limitado, que garantizase los derechos humanos de la comunidad pero, al mismo tiempo, excluyese y combatiera militarmente a los marxistas y a la oposición comunista a través de detenciones, torturas, ejecuciones selectivas y desapariciones forzosas; por ende, violara abiertamente los derechos humanos de dicho grupo sociopolítico para fundar un orden de "respeto" de los derechos humanos.

En el acto realizado el 11 de marzo de 1974, ante un auditorio repleto del edificio Diego Portales, el general Augusto Pinochet leyó la declaración de Principios del Gobierno de Chile. Esta constituye una síntesis ideológica de los principales grupos de poder tras el movimiento golpista y la Junta Militar, ya que articula principios conservadores, católicos e hispanistas en lo cultural identitario, como crítica cultural al materialismo de las sociedades occidentales y al estatismo del proyecto socialista. Articuló aspectos propios de la doctrina militar en el ámbito de la seguridad nacional y la contrasubversión como expresión del nacionalismo. Finalmente, aspectos propios de la doctrina liberal y del gremialismo político, como síntesis articuladora que garantizaría el derecho a la propiedad individual como plataforma del desarrollo individual y de los cuerpos intermedios apolitizados (gremialismo) como una manera de articular un Gobierno autoritario, fuerte e impersonal con la sociedad civil.

La declaración parte reconociendo un diagnóstico sobre la situación internacional cruzada por la lucha entre capitalismo y socialismo: "la alternativa de una sociedad de inspiración marxista debe ser rechazada por Chile, dado su carácter totalitario y anulador de la persona humana, todo lo cual contradice nuestra tradición cristiana e hispánica. Además, la experiencia demuestra que el marxismo tampoco engendra bienestar, porque su carácter sofisticado y estadista no es apto para un adecuado desarrollo económico"[78]. La crítica desde el prisma católico y conservador se fraguaría en torno al materialismo de la sociedad consumista occidental y al "totalitarismo estatista" del proyecto socialista, que pondrían en un segundo lugar los valores inherentes del ser humano, ya que "son derechos que arrancan de la naturaleza misma del ser humano, por lo que tienen su origen en el propio Creador. El Estado debe reconocerlos y reglamentar su ejercicio, pero no siendo él quien los concede, tampoco podría jamás negarlos"[79].

Respecto a la articulación entre "individuo y Estado", la declaración sostiene que el principio de subsidiariedad constituye la herramienta que permite normar los derechos y libertades del individuo, a la vez que el mecanismo que permitiría una correcta relación entre sociedad, Estado e individuo; es decir, la subsidiariedad se constituiría en un mecanismo de solidaridad social, en términos sociológicos, que fundaría el orden social y establecería el marco ético-normativo que inspirarían la acción del Estado: "El respeto al principio de subsidiariedad representa la clave de la vigencia de una sociedad auténticamente libertaria. Casi podría decirse que es el barómetro principal para medir el grado de libertad de una estructura social"[80].

Uno de los aspectos que interesa destacar para efectos de dar cuenta del proceso de institucionalización de la represión con enfoque contrasubversivo, es la declaración oficial de que el Estado chileno bajo el Gobierno de la Junta Militar se constituirá en un Estado antimarxista. Esta concepción de un Estado antimarxista se desprende de dos premisas articuladas que fundan una paradoja en términos de derechos humanos: el rechazo cultural y político de las ideologías extranjeras, y el respeto y garantía

---

[78] Declaración de Principios del Gobierno de Chile. Santiago, 11 de marzo de 1974. Archivo CEME. "Hay que tener absoluta fe de que el país saldrá adelante", *La Tercera de La Hora*, 12 de marzo de 1974, pp. 4-5.
[79] Ídem.
[80] Ídem.

de los derechos humanos. La paradoja de aquello es que la dictadura militar consideraba que para respetar los derechos humanos y defender la identidad cultural chilena (católica, conservadora e hispanista) se requería declarar la guerra al marxismo, institucionalizando un Estado contrasubversivo, ya que para el objetivo de la reconstrucción de la "unidad nacional" se debían cumplir dos condiciones: la primera, "rechazar el mesianismo ideológico y la prédica de odios mezquino", ya que "conspiran en contra de esta unidad las ideologías foráneas, el sectarismo partidista, el egoísmo o antagonismo deliberado entre clases sociales y la invasión cultural extranjerizante"[81]; por otra parte, garantizar el respeto a los derechos humanos como marco para el actual Gobierno.

El argumento se esgrime de la siguiente forma: la existencia del orden jurídico constitucional que construyó la democracia chilena es la expresión del respeto por la dignidad espiritual de la persona humana y, por consiguiente, de sus derechos humanos. Desde la perspectiva de la Junta Militar, esa convivencia democrática, en base a un "pluralismo mal entendido", propició que en su interior se construyeran "grupos organizados que auspician la violencia guerrillera para alcanzar el poder, o que fingiendo aceptar las reglas de la democracia, sustentan una doctrina y una moral cuyo objetivo es el de construir un Estado totalitario. En consecuencia, los partidos y movimientos marxistas no serán admitidos nuevamente en la vida cívica"[82], agregando:

> De ello se desprende que Chile no es neutral frente al marxismo. Se lo impide su concepción del hombre y de la sociedad, fundamentalmente opuesta a la del marxismo. Por lo tanto, el actual Gobierno no teme ni vacila en declararse antimarxista. Con ello no adopta una postura "negativa", porque es el marxismo el que en verdad niega los valores más fundamentales de toda auténtica civilización. Y en política o en moral, lo mismo que en matemáticas, la negación de

---

[81] Ídem.
[82] Ídem.

una negación encierra una afirmación. Ser antimarxista involucra, pues, afirmar positivamente la libertad y la dignidad de la persona humana.

Respecto a los plazos propuestos por las FF. AA. y policiales, la declaración fue enfática en señalar que no tienen plazo para la gestión de Gobierno, "porque la tarea de reconstruir moral, institucional y materialmente al país, requiere de una acción profunda y prolongada. En definitiva, resulta imperioso cambiar la mentalidad de los chilenos", agregando que con posterioridad a ello y en base a las reglas que la nueva Constitución predefina, "Las Fuerzas Armadas y de Orden asumirán, entonces, el papel de participación específicamente institucional que la nueva Constitución les asigne, y que será el que debe corresponder a los encargados de velar por la Seguridad Nacional, en el amplio significado que dicho concepto tiene en la época actual"[83].

Ajuste en la campaña de guerra psicológica contra el marxismo, de la Segegob

A comienzos de enero, el departamento de relaciones humanas ubicado al interior de la Segegob se constituyó en dirección, quedando a cargo del psicólogo Hernán Tuane Scaff. El objetivo de la nueva dependencia: construir de manera sistemática la campaña de propaganda que desde este ministerio se emprendería en contra del marxismo. El 5 de enero de 1974 Tuane remitió una circular interna a los funcionarios del departamento en la que reiteró las directrices del trabajo a realizar, entre las que destacó el más completo secreto, compartimentación entre funcionarios y hermetismo de las labores de la dirección: "por la índole de las labores que se desarrollan en esta oficina, los componentes de los diferentes grupos, deberán respetar —entre ellos— el secreto del trabajo que se

---

[83] Ídem.

realiza", agregando, más adelante, que "se reitera a los funcionarios que deberán mantener la máxima reserva de los trabajos que se les encomienden; no pudiendo retirar documentos de ninguna índole de la oficina, al mismo tiempo que guardarán el correspondiente cuidado de no dejarlos al alcance de personas ajenas a la Dirección de Relaciones Humanas"[84]. Este comenzó el espacio desde donde la Segegob articuló el trabajo de propaganda y contrapropaganda para construir una base social de adhesión a la Junta.

Esto quedó reflejado el 17 de enero cuando la Segegob planteó en reunión de la Junta de Gobierno la necesidad de construir una base social de apoyo para la dictadura: "Se trata de obtener una masa ciudadana organizada para el apoyo de la Junta cuando sea necesario. En estos momentos, de acuerdo a encuestas, habría un apoyo del 85% de la población. Esto hay que cuidarlo y organizarlo en los tres campos principales: las mujeres, los gremios y la juventud"[85]. En sintonía con ello, en 1976 al dar rango de Ministerio a la Segegob, se crearon las dos divisiones del Ministerio: Secretaría de Comunicaciones (Secom) y la División de Organizaciones Civiles. De esta última, dependían la Secretaría Nacional de la Mujer, la Secretaría Nacional de la Juventud y la Secretaría Nacional de Gremios[86]. En esa misma reunión de la Junta Militar, se acordó que la Segegob elaborase una completa propuesta para "Disponer de medios de difusión para neutralizar la acción de la propaganda contraria" y "Disponer de un aparato capaz de recoger y organizar a la ciudad y realizar acciones de respaldo a la Junta".

Con ese mandato, la Segegob comenzó desde la Dirección de Relaciones Humanas a ajustar la campaña de guerra psicológica contra el marxismo, la que fue presentada en junio de 1974 al momento en que se oficializó la creación legal de la DINA y se publicó el reglamento de la Junta Militar. Mediante oficio reservado núm. 19 del 7 de junio de 1974, Hernán Tuane

---

[84] Segegob. Dirección de Relaciones Humanas. *Circular Interna núm. 1*. Santiago, 25 de enero de 1974.
[85] Junta de Gobierno, *Acta núm.º 72*, 17 de enero de 1974, punto 6.
[86] Decreto Ley núm. 1.365 de la Junta de Gobierno.

Scaff remitió al general Pedro Ewing Hodar, secretario general de Gobierno, un documento titulado: "Sobre la necesidad de realizar una campaña psicológico-masiva tendiente a destruir al marxismo como ideología"[87]. En este documento, a través de un análisis del efecto psicológico de la acción del Gobierno de la UP, se propuso desarrollar una acción sistemática de campaña propagandística para destruir la ideología marxista con el objetivo explícito de "aclarar a la ciudadanía, a los niños que, dentro de diez o quince años participarán en política, el sentido destructivo, mistificador que lleva la ideología en referencia"[88]. Como la Junta a través de su Declaración de Principios había establecido objetivos, no plazos, la guerra contrasubversiva de las FF. AA. a través de la Junta Militar debía destruir al enemigo en lo psicológico y en lo organizacional. De ahí la relación entre los servicios de seguridad como la DINA y la campaña de guerra psicológica. En base a un análisis de la acción marxista desplegada durante el Gobierno de la UP, el documento propone realizar una completa y "prolongada campaña tendiente a destruir la ideología marxista y concientizar, después, en un sentido positivo y de acuerdo a los postulados o principios del Gobierno de Chile"[89]. Es decir, tomar como base la Declaración de Principios y efectuar una agresiva campaña comunicacional tendiente a instalar asociaciones subliminares en la población en torno a los efectos del marxismo (en términos negativos) y de respaldo a la Junta (en términos positivos). En base a la distinción entre una acción basada en la solidaridad, entendida como una adhesión circunstancial y un acto basado en una necesidad (egoísta, en el sentido de la búsqueda de la satisfacción personal), la estrategia propuesta planteó releer la máxima cristiana (amarás a tu próximo como a ti mismo) para ofrecer una estrategia basada en una acción solidaria egoísta. Para ello, era necesario instalar y explotar de manera subliminal una serie de asociaciones, siguiendo

---

[87] Segegob. Dirección Relaciones Humanas. Of. REM. núm. 19 del 7 de febrero de 1974.
[88] Dirección de Relaciones Humanas. *Sobre la necesidad de realizar una campaña psicológica-masiva tendiente a destruir el marxismo como ideología*, 6 de junio de 1974, p. 8.
[89] Ídem, p. 3.

la hoja de ruta de una planificación hecha en abril de 1974, pero ajustada a los nuevos énfasis que se buscaban dar.

La legalización de la DINA

La creación de facto de la DINA antecede a su creación legal a través del Decreto núm. 521 de junio de 1974, por lo que su accionar represivo parte ya desde octubre de 1973. Entre ese período y la posterior creación legal de la DINA, las BIA se organizaron en pequeños grupos operativos, centrando su accionar en los focos de la resistencia del MIR y del PS. Durante este período, la persecución en contra del MIR se tornó crítica y en la Región Metropolitana fue disputada por la DINA y el SIFA. Con posterioridad al desarrollo del proceso de inteligencia efectuado al interior de las filas de la Fuerza Aérea, el SIFA logró infiltrarse en la red clandestina del Partido Comunista en la comuna de San Bernardo y en el aparato de seguridad de la Fuerza Central del MIR.

Esto aceleró la creación legal de la DINA dadas las tensiones entre estos servicios secretos, la que se materializó a través del Decreto Ley núm. 521 de junio de 1974. A través de este documento legal, La DINA fue definida como:

> (...) un organismo militar de carácter técnico profesional, dependiente directamente de la Junta de Gobierno y cuya misión será la de reunir toda la información a nivel nacional, proveniente de los diferentes campos de acción, con el propósito de producir la inteligencia que se requiera para la formación de políticas, planificación y para la adopción de medidas que procuren el resguardo de la seguridad nacional y el desarrollo del país[90].

En su artículo segundo creó el cargo de director nacional de Inteligencia y lo facultó para impartir instrucciones internas y

---

[90] Decreto Ley núm. 521 del 14 de junio de 1974, Crea la Dirección de Inteligencia Nacional.

resoluciones ante el resto de las instituciones para el funcionamiento de la institución. En relación con su organización interna, el artículo 3 estableció que "la organización, estructura institucional interna y deberes de la Dirección de Inteligencia Nacional serán establecidos por un Reglamento Orgánico Dictado [sic] a propuesta del director". En relación a su personal, se estableció en el mismo artículo que estaría formada por una planta de personal proveniente de las diversas instituciones de la Defensa Nacional y por personal civil, previa aprobación mediante decreto supremo del Ministerio de Hacienda.

En relación a las atribuciones del Director Nacional, el artículo 4 en la práctica le consagró un poder sin contrapesos: "el Director de Inteligencia Nacional podrá requerir de cualquier servicio del Estado, municipalidades, personas jurídicas creadas por ley o de las empresas o sociedades en que el Estado o sus empresas tengan aportes de capital, representación o participación, los informes o antecedentes que estime necesario para el eficaz cumplimiento de sus cometidos", enfatizando que las normas que establecen reserva o secreto a la información producida por el Estado en algunas reparticiones, no serían aplicables a la DINA.

Desde el punto de vista del financiamiento, el artículo 6 permitió una total ausencia de fiscalización en los gastos del servicio en la medida en que sus montos solo fueron estipulados en sumas globales con cargo al Ministerio de Hacienda. En ese mismo plano, todas las importaciones y despachos efectuados por la DINA quedaron exentos de pago de aranceles. En síntesis, como señaló el Copachi, este Decreto Ley en la práctica dejó a la DINA en inmejorables condiciones para desarrollarse. A través de esta "institucionalización", se le entregó un presupuesto global no sujeto a fiscalización, se le otorgaron franquicias aduaneras, se le permitió contratar el personal que estimase pertinente para el desarrollo de sus funciones, se le entregó infraestructura para su funcionamiento y se le otorgaron las atribuciones para hacerse con la información que estimase conveniente[91].

---

[91] Comité de Cooperación para la Paz en Chile, *Los servicios de inteligencia...*, *op. cit.*

Finalmente, un artículo único transitorio al final del decreto estipuló que los artículos 9, 10 y 11 serían adjuntados al *Diario Oficial* en "un anexo de circulación restringida". Pese a que dichos artículos fueron de carácter reservado, la base de la CIA en Santiago logró acceder al contenido completo del Decreto 521, siendo adjuntado en un expediente remitido con antecedentes sobre la solicitud de extradición de Manuel Contreras a raíz del atentado y asesinato de Orlando Letelier y Ronnie Moffitt en Washington en 1976. En información desclasificada por el Congreso de Estados Unidos respecto a las acciones encubiertas de inteligencia en Chile, se adjuntó una copia del Decreto Ley 521 íntegro que creó la DINA:

Artículo 9. El director de Inteligencia Nacional y los jefes de los servicios de Inteligencia dependientes de las Instituciones de la Defensa Nacional, podrán coordinar directamente sus actividades para el cumplimiento de misiones específicas. Sin perjuicio de lo anterior, y cuando lo reclame la necesidad imperiosa de la defensa del régimen institucional del Estado, la Junta de Gobierno podrá disponer la participación o coordinación de todos los organismos de Inteligencia anteriormente mencionados en funciones propias de la Dirección de Inteligencia Nacional.

Artículo 10. Para el ejercicio de las facultades de traslado y arresto de personas, que se conceden por la declaración del Estado de Sitio u otras que puedan otorgarse por las circunstancias de excepción previstas en la Constitución Política, la Junta de Gobierno podrá disponer que las diligencias de allanamiento y aprehensión, si fueren necesario, sean cumplidas además por la Dirección de Inteligencia Nacional.

Artículo 11. La Dirección de Inteligencia Nacional será la continuadora legal de la comisión denominada "DINA", organizada en el mes de noviembre de 1973[92].

---

[92] Decreto 521 de 1974. *Supporting Documents submitted with Manuel Contreras Brief Following Close of Sumario. Letelier/ Moffitts Assassination*, pp. 6-7.

Estos artículos secretos son fundamentales para dimensionar el proceso de institucionalización de la represión, así como la cadena de mando de la estructura organizacional de la DINA. Lo primero que evidencia este marco legal es que la DINA comenzó a operar de manera clandestina desde noviembre de 1973. Lo segundo es que el artículo 9° reconoció en la práctica la disputa de los diversos servicios de inteligencia de las FF. AA., los cuales quedaron subordinados a la DINA y esta a la Junta Militar de Gobierno, la cual pasó a estar presidida desde junio por Augusto Pinochet[93].

Al respecto, la CIA señaló que la DINA se constituyó en "(...) una organización de espionaje apta para todo tipo de servicios, semejante a una gendarmería militar"[94].

Ilustración 26. Timbre oficial y firma director de la DINA

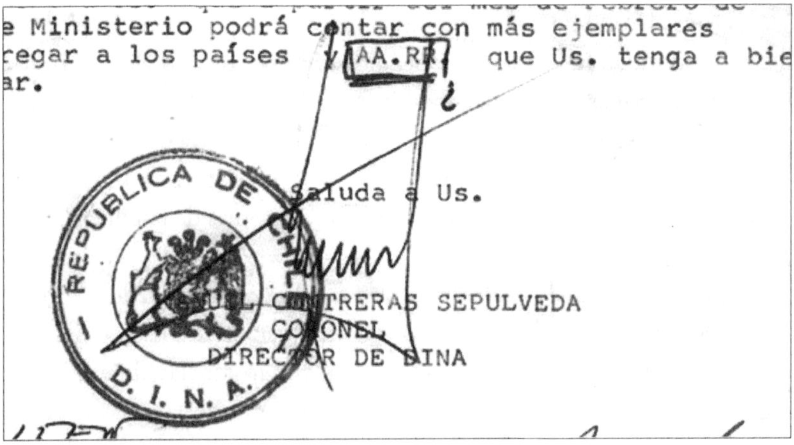
e Ministerio podrá contar con más ejemplares
regar a los países y AA.RR. que Us. tenga a bie
ar.

Saluda a Us.

CONTRERAS SEPULVEDA
CORONEL
DIRECTOR DE DINA

REPUBLICA DE CHILE
D. I. N. A.

Fuente: Archivo Minrel.

[93] Decreto Ley del Ministerio del Interior núm. 527 del 17 de junio de 1974.

[94] Kornbluh, *op. cit.*, p. 119.

CAPÍTULO VI
La DINA: una policía secreta al servicio de Augusto Pinochet[1]

> Combatiremos en las sombras para que nuestros hijos puedan vivir al sol.
> Lema privado de los agentes de la Dirección de Inteligencia Nacional (DINA)[2]

La DINA y sus vínculos con Augusto Pinochet

Como estableció el Decreto núm. 521 que formalizó la creación de la DINA, esta fue concebida como un organismo militar de carácter técnico-profesional dependiente directamente de la Junta de Gobierno. De modo paralelo a la creación legal de la DINA, una semana más tarde la Junta Militar promulgó su Estatuto Orgánico a través del Decreto núm.527 del 26 de junio de 1974. En este se formalizó la primera división formal del poder de la dictadura, que para algunos investigadores constituye un indicio de restricción legal del ejercicio del poder monopólico de la Junta[3]. Si bien desde el ámbito meramente formal esta interpretación puede ser

---

[1] Una parte de este capítulo fue presentada a las IX Jornadas de Historia Reciente de Argentina, bajo el título "La Brigada de Inteligencia Metropolitana de la Dirección de Inteligencia Nacional. Desafíos para la investigación en torno a sus recintos de detención, organización interna y racionalidad del servicio de inteligencia de la dictadura militar en Chile. 1973-1976". Fue publicado con posterioridad en la *Revista Izquierda*, bajo el título de: "La organización de la represión y la Inteligencia en la dictadura militar chilena. Del copamiento militar del territorio a la emergencia de la Dirección de Inteligencia Nacional, 1973-1977", *Izquierdas*, núm. 49, 2020.
[2] Constable, Pamela y Valenzuela, Arturo. *Una nación de enemigos. Chile bajo Pinochet.* Santiago: Ediciones Universidad Diego Portales, 2013, p. 95.
[3] Barros, Robert. *La Junta Militar. Pinochet y la Constitución de 1980.* Santiago: Editorial Sudamericana, 2004.

plausible, desde un punto de vista del ejercicio real y discrecional del poder ejecutivo es errónea.

El estatuto de la Junta estableció en su artículo núm. 7 que "El poder ejecutivo es ejercido por el presidente de la Junta de Gobierno quien, con el título de presidente de la República de Chile, administra el Estado y es el Jefe Supremo de la Nación, con las facultades, atribuciones y prerrogativas que este mismo Estatuto le otorga", agregando, más adelante, que "El cargo de presidente de la Junta corresponde al integrante titular de ella que ocupe el primer lugar de precedencia de acuerdo con las reglas que fija el Título IV". En ellas, la Junta estableció un orden de prelación dado por la antigüedad y el tamaño de las FF. AA. y policiales, dejando el poder ejecutivo concentrado en el Ejército, seguido de la Armada, la Fuerza Aérea y Carabineros. Junto con ello estableció en el artículo 9 que, dentro de las diversas atribuciones y deberes del poder ejecutivo, le compete sobre todo "la administración y Gobierno del Estado, y su autoridad se extiende a todo cuanto tiene por objeto la conservación del orden público interno y la seguridad exterior de la República, de acuerdo con el presente Estatuto, la Constitución y las leyes".

Como se puede sostener de la lectura cruzada de los decretos 521 y 527, el general Pinochet al transformarse en presidente de la Junta, de hecho, dispuso la asesoría de la DINA, la que se constituyó en el organismo técnico-militar asesor del ejecutivo, específicamente con el "propósito de producir la inteligencia que se requiera para la formulación de políticas, planificación y para la adopción de medidas que procuren el resguardo de la seguridad nacional y el desarrollo del país"[4]. La concentración en las manos de Pinochet del poder militar de la guerra contra la subversión, fue paralela a la concentración del poder ejecutivo de la Junta Militar, siendo su condición de posibilidad. Conducir con éxito la guerra contra la subversión permitía dar una respuesta histórica al rol atribuido al golpe de Estado por las FF. AA. y policiales, al

---

[4] Artículo 1, Decreto núm. 521 del 14 de junio de 1974.

mismo tiempo que legitimar, pese al cuestionamiento de sus pares, el poder del Ejército frente al Estado.

En lo práctico, esta relación implicó que la DINA no solo se transformó en un ejército clandestino contra la subversión, sino que también en una policía política que extendió el conjunto de sus redes a diversos ámbitos de la administración del Estado y de la seguridad nacional.

Cada mañana, Manuel Contreras, director de la DINA, remitía una síntesis informativa diaria de inteligencia, informándole al general Pinochet de los diversos antecedentes en la guerra contra la subversión y en los diversos ámbitos del quehacer político del Estado. Así lo reconoció ante la justicia el ex agente DINA Rolf Wenderoth:

> ...la DINA tenía como como cara visible al director nacional de Inteligencia que era el coronel Manuel Contreras, pero no desconozco que todos los días hábiles el coronel se reunía con el presidente de la República y comandante en jefe el general del Ejército Augusto Pinochet (...) cuando yo estaba en el Cuartel General de calle Belgrado (...) era obligación de la persona de turno preparar un informe escrito de las novedades que se tomaba conocimiento en el turno de 24 horas y era obligación mandar a la casa del director un vehículo con el original de este memorando (...) hasta determinada hora era recibida por el señor Contreras, y él llevaba esa información al general Pinochet. Nadie más que el director participaba en esta reunión (...) lo que conversaba era absolutamente privado y tal es así que el coronel Contreras iba en su auto a buscar al general Pinochet y en su casa lo esperaba, y cuando este salía se embarcaba en el auto del general Pinochet y partía rumbo al Diego Portales... el Estado Mayor de la DINA asesoraba en lo genérico o en lo programático, ya que los controles los manejaba directamente Contreras[5].

---

[5] Declaración Judicial Rolf Wenderoth, causa rol 2.182-98 "Cuaderno Mireya Pérez Vargas", fojas2257-2259.

Como señaló Manuel Contreras en 2005, "la cúpula de la DINA (...) se debe adjudicar en primer lugar, al presidente de la República (...) y a los integrantes de la Junta Militar de Gobierno y comandantes en jefe de sus respectivas instituciones armadas y de orden (...) a los ministerios que trataban directa o indirectamente materias relacionadas con la Inteligencia Nacional (...) y finalmente a mí, como director ejecutivo de la Dirección (...)"[6]. Para el cumplimiento de las diversas misiones que les fueron encomendadas, tuvo que desarrollar distintas estructuras burocráticas en diferentes ámbitos.

La DINA tuvo una faceta múltiple que la constituyó desde sus orígenes: por una parte, tuvo organismos (brigadas y agrupaciones) visibles y conocidos, a la vez que, en su propio interior, desplegó agrupaciones secretas dependientes directamente de las diversas direcciones de operaciones interiores, exteriores y del director del servicio. Por ende, para poder entender su fisonomía, es preciso comprender la relación de la DINA como una burocracia de inteligencia convencional, una burocracia de contrainteligencia y una policía secreta. Es decir, no solo realizó misiones y operaciones para producir información estratégica en el interior y en el exterior (la inteligencia propiamente tal), sino que realizó operaciones en contra de diversos blancos identificados como objetivo de la DINA y de la Junta de Gobierno (operaciones de contrainteligencia) y misiones secretas de alta repercusión pública (propias de un servicio secreto, asesinatos selectivos, terrorismo político).

Por ello es necesario aproximarnos a cómo la propia DINA se organizó, qué perfiles de agentes e informantes formaron parte de sus filas, cómo desplegó su racionalidad organizacional y qué recintos e infraestructura utilizaron para ello. En el presente capítulo, abordamos los propios fundamentos que la DINA se dio para estructurar su organización. En segundo lugar, damos cuenta de

---

[6] Contreras Sepúlveda, Manuel. *Introducción a la entrega de documentos que demuestran las verdaderas responsabilidades de las instituciones de la Defensa Nacional en la lucha contra el terrorismo en Chile*. Santiago, 2005. Notario Público núm. 36 Sergio Carmona Barrales. Ingresado al Consejo de Defensa del Estado el 13 de mayo de 2005, pp. 9-10.

cómo la propia lógica burocrático-legal y paraestatal dentro de su dinámica y razonamiento organizacional implicó una constante transformación de su fisonomía. En tercer lugar, identificamos la infraestructura y recintos que fueron utilizados para desplegar de manera sistemática el terror de Estado de parte de esta organización militar de inteligencia política.

La organización de la represión

La racionalidad organizacional de la DINA vista desde sus propias concepciones: manual de Operaciones Secretas

Tomando como referencia el manual *Operaciones Secretas* de la Escuela Nacional de Inteligencia (ENI) de la DINA del año 1976, creada para formar a sus propios agentes en materias de inteligencia, podemos aproximarnos al caracterizar a la DINA como un servicio secreto de inteligencia política. Según la propia definición acuñada por la DINA, un servicio secreto es aquel que realiza "(...) todo tipo de operaciones de inteligencia, en el país y en el extranjero mediante maniobras ocultas y clandestinas que no produzcan comprometimiento al Estado o a sus autoridades y que permita aprovechar sus resultados en beneficio de los intereses nacionales y de la propia organización"[7].

Para ello contempló el desarrollo de operaciones secretas, entendidas como "la suma de acciones o misiones clandestinas materializadas por técnicas secretas y realizadas con medios especializados del Servicio Secreto"[8]. Los principios del servicio secreto se estructuran en torno al manejo compartimentado de la información, el secreto de las operaciones, centralización y coordinación del mando, el cálculo del riesgo político de las operaciones, la previsión

---

[7] Dirección de Inteligencia Nacional, *Curso C-1/02-76, Básico de Inteligencia para SS.OO. Ramo: Operaciones secretas. Tema: Generalidades, características y objetivos del Servicio Secreto y los Agentes Secretos*, 1976, p. 1.
[8] Ídem.

y el desarrollo de sus operaciones de inteligencia y contrainteligencia, combinando la clandestinidad con la legalidad: "El S.S. debe aprovechar que la gente piensa que la ley no será vulnerada. Esta credibilidad nos da la ventaja de vulnerar la ley. Lo interesante es que al actuar clandestinamente hay que saber hacerlo a objeto de mantener esta credibilidad. Ahora bien, la ley también ofrece una serie de garantías, las cuales deben ser explotadas con habilidades y en nuestro provecho"[9].

Esto supone comprender que todas las operaciones del servicio de inteligencia están sujetas a una planificación, coordinación y autorización de los mandos superiores del organismo y un cálculo de oportunidades: "Una operación mal dirigida o mal ejecutada puede traer comprometimientos. De acuerdo a esto, cada operación debe ser analizada paso a paso y establecer claramente las proyecciones, alcances o inconvenientes que ella acarrea"[10].

Uno de los rasgos que define a la DINA como un servicio de inteligencia está dado por "el deseo de realizar algo y el hecho que este algo no pueda realizarse abiertamente"[11]. Esa dimensión es la que prefigura los objetivos de la organización, los cuales quedan sujetos a los fines establecidos por la dirección del mismo servicio. El o los objetivos del servicio de inteligencia, por ende, son concebidos como un fin que a su vez constituye un medio para la realización de objetivos de Gobierno y de espacios del Estado. Desde este punto, el o los objetivos "(…) es cualquier cosa hacia la cual dirige sus esfuerzos el S.S. Por ejemplo, un individuo, un grupo de individuos, una organización, una ciudad, etc."[12]. Los objetivos son diversos, tanto en extensión (diversas áreas del quehacer político, económico, social y cultural) como en profundidad (en una misma dimensión, por ejemplo, dentro de una estructura de una organización política infiltrada). Por este motivo, la DINA señala que las diversas operaciones de una misión encuadrada en

---

[9] Ibid., p. 4.
[10] Ibid., p. 3.
[11] Ídem.
[12] Ídem.

un objetivo deben ser sometidas a un riguroso cálculo de riesgo: "por lo anterior es que tratándose de S.S. adquiere gran importancia el "cálculo de riesgos" [sic], que se debe efectuar en la planificación de una operación"[13].

Por este rasgo, el servicio se estructura en diversas redes de agentes e informantes en diversos campos sociales, organizacionales e institucionales, dependiendo de los objetivos estratégicos y coyunturales de la organización. Por ende, la DINA entendía que "las redes del S.S. se extienden en todas direcciones, hacia las profundidades y alcanzando todos los niveles. Cuando más densas y profundas son estas, se obtiene la información más rápidamente. Una permanente preocupación de la organización debe ser la de desarrollar las redes, las cuales nunca son suficientes"[14]. No obstante, la clave de la organización está dada por los perfiles de los agentes y los informantes que permitirán estructurar las diversas redes secretas de las brigadas, grupos y dirección de la estructura organizacional.

Respecto a esto, la DINA entiende por agente secreto a "un miembro de una agencia de la organización que oculta su identidad oficial, para obtener información, ejecutar ciertos actos o promover determinadas acciones en objetivos que le interesa a la organización a la cual pertenece". Estos se estructuran en cuatro categorías jerárquicas: los agentes, agente de control, agente director y agente director de operaciones. Los "agentes" son los que poseen la instrucción básica en inteligencia y contrainteligencia, actuando como integrantes de las redes o equipos bajo el control de un agente director de operaciones, agente director o de control. Realizan operaciones solos o en combinación con otros agentes o informantes de la red clandestina. Los "agentes de control" son los que bajo las órdenes del "agente director" operan objetivos determinados, manejando un número reducido de agentes secretos o informantes, cumpliendo con misiones específicas que forman

---

[13] Ibid., p. 5.
[14] Ibid., p. 4.

parte de operaciones mayores estructuradas por el servicio y sus cargos directivos. El "agente director" es el que tiene la responsabilidad del manejo de un determinado número de agentes de control de forma permanente, para tareas específicas del servicio secreto. Finalmente, los "agentes directores de operaciones" son "agentes secretos altamente especializados y que han sido facultados para ejecutar todo tipo de misiones u operaciones secretas, en cualquier tiempo y lugar, por sí mismos o dirigiendo equipos o unidades de la organización"[15]. Estos agentes se diferencian en: interior, exterior, especial y residente. Los agentes directores de operaciones interior incluyen al personal con experiencia y conocimiento en contrainteligencia. Los exteriores son los que están facultados, poseen el conocimiento y la experiencia para actuar en el extranjero. Los especiales, "incluye el más amplio y completo conocimiento de todas las materias, técnicas y procedimientos de inteligencia nacional"[16]. Finalmente, los residentes son aquellos "de cualquier nivel o categoría y que tienen bajo su responsabilidad un área jurisdiccional permanente"[17].

La utilización de informantes por parte de una organización de inteligencia política es una consecuencia de los diversos ámbitos de acción en los que esta se desarrolla. Si bien el ideal de la organización secreta es poder contar con una organización compuesta exclusivamente de agentes, el alto costo económico de la misma y la diversidad de los objetivos que la policía política se va planteando, tornan necesario que la organización adopte vínculos con diversos tipos de informantes. Los informantes pueden ser utilizados en un sinfín de operaciones: "Los informantes se usan en el trabajo de Inteligencia, tanto para operaciones ofensivas como defensivas, ya sea dentro o fuera del país"[18].

---

[15] Dirección de Inteligencia Nacional, *Curso C-1/02-76, Básico de Inteligencia para SS.OO. Ramo: Operaciones secretas. Tema: Generalidades, características y objetivos del Servicio Secreto y los Agentes Secretos*, 1976, p. 8.
[16] Ídem.
[17] Ídem.
[18] Dirección de Inteligencia Nacional, *Curso C-1/02-76. Básico de Inteligencia para SS.OO. Curso: Operaciones Secretas. Tema: informantes, conceptos, tipos y selección*, p. 1.

Dentro de la organización se contemplan diversos tipos de informantes, entre los que destacan los accidentales, el informante por obligación, reclutados y los informantes dobles. Los accidentales corresponden a aquellos individuos que entregan información de manera ocasional y que no tienen intenciones de entregar información de manera permanente. Los por obligación corresponden a "aquellas personas que en virtud de su posición oficial están obligados y se espera que den información. Aquí se consideran a los miembros de las FF. AA., Carabineros, Investigaciones, altos puestos de Gobierno, etc."[19].

Los reclutados son los informantes captados y entrenados por la organización con el fin de desempeñar distintos tipos de misiones; por ello, poseen diversos perfiles: el ordinario, el que extrae información a partir del quehacer de su rutina cotidiana en diversos niveles sociales; el de penetración corresponde a la "persona seleccionada, entrenada y colocada en un objetivo, con el propósito de realizar una actividad específica en favor de la organización. Su selección se efectúa, principalmente de acuerdo a su acceso al objetivo. Si no se logra lo anterior se prepara el informante y gradualmente se lo introduce en dicho objetivo"[20]; y el permanente, el que solo trabaja para la organización con la misión de aproximarse a un objetivo específico.

La estructura de los servicios de inteligencia se caracteriza por desplegar su accionar en torno a redes de agentes y de informantes. La organización en redes es una consecuencia estructural de la función organizacional y de los perfiles de los agentes e informantes que conforman la red: "La organización operativa es una consecuencia estructural. Se estructura la organización en redes, distribuyendo y ubicando a personal de acuerdo a su capacidad especializada e idoneidad a objeto de dar satisfacción a la necesidad de la organización, equilibrando la eficacia con la seguridad"[21]. En

---

[19] Ibid., p. 2.
[20] Ídem.
[21] Dirección de Inteligencia Nacional, *Curso C-1/02-76. Básico de Inteligencia para SS.OO. Curso: Operaciones Secretas. Tema: Organización operativa (redes de informantes y redes de agentes)*, 1976, p. 1.

torno a este principio, se conforman las unidades permanentes, que contemplan las "redes que son estables en su estructura de A.S. [Agentes Secretos], que realizan sus tareas en zonas jurisdiccionales preestablecidas o trabajos muy especializados"[22]. Los componentes de las unidades permanentes son: a) la red de enlace, b) la de reconocimiento y control, c) las redes interiores, d) exteriores, y e) las especiales.

La red de enlace está constituida por agentes secretos que dependen directamente de la dirección de la organización y que realizan contactos, oficiales, semioficiales y clandestinos con diversas autoridades, organizaciones y personalidades. La red de reconocimiento y control está formada por agentes secretos de dotación de la dirección de la organización, que efectúan reconocimientos preliminares a "objetivos especialmente delicados o ejercen control de la organización sobre redes operativas (Brigadas o Unidades Operativas) o permanentes o sus elementos, en circunstancias especiales"[23].

Las redes interiores están constituidas por un agente director de red y un número variable de agentes secretos. Estos cubren un área "cuya extensión está de acuerdo con la importancia de los centros vitales que comprenden el número de agentes secretos disponibles", destacándose el hecho que estas no están autorizadas para tomar contacto con autoridades sin la previa autorización del agente director de operaciones. Por su parte, las redes exteriores tienen la misma lógica de jerarquización y dependencia de sus agentes directores, pero acotadas a la misión y el área jurisdiccional que se les haya predefinido. Finalmente, el servicio de inteligencia contempla redes especiales, "de constitución variable y bajo la dependencia de la dirección de la organización. Su acción es tanto dentro como fuera del país"[24]. En síntesis, las unidades interiores son aquellas dedicadas a la contrainteligencia. Las exteriores,

---

[22] Ídem.
[23] Ibid., p. 2.
[24] Ídem.

dedicadas a la producción de inteligencia y las especiales, dedicadas a realizar trabajos especiales, tanto de inteligencia como de contrainteligencia.

Como se señaló, la organización como una consecuencia estructural de la organización clandestina se configura en torno a los principios de la compartimentación y la jerarquización. La DINA definió la compartimentación como "(...) la organización y dirección de una organización clandestina, de tal forma que los miembros de un grupo conozcan solamente lo imprescindible respecto al personal, organización o actividad de otro grupo"[25], enfatizando que la compartimentación "(...) puede existir también entre operaciones, entre ramificaciones de una operación o entre fases de una misma operación. También puede existir entre los escalones superiores e inferiores de la misma organización"[26].

Por su parte, el principio de jerarquización apunta hacia la definición de la cadena de mando: "La cadena de mando, desde el escalón más elevado al más bajo, deberá estar claramente definida y conocida por todos los interesados. Una organización bien establecida deberá evitar contactos innecesarios entre elementos del mismo nivel"[27].

Finalmente, en torno al modo de recopilar, sistematizar y organizar la información, los servicios secretos conforman dos tipos de enlaces: las redes de control directo y las redes de control indirecto. Las primeras se caracterizan porque "el informante es directamente responsable del agente de control"[28]. Las segundas, "el informante clave o principal es una persona que trabaja bajo el control y la vigilancia directa del agente de control y que a su vez controla directamente uno o más de los informantes reclutados"[29].

---

[25] Dirección Inteligencia Nacional, *C-1/02-76 Básico de Inteligencia para oficiales. Ramo: Operaciones Secretas. Tema: Medios para evadir la oposición activa*, 1976.
[26] Ídem.
[27] Ídem.
[28] Ídem.
[29] Ídem.

La estructura y organización de la DINA

Bajo las premisas organizacionales señaladas, la estructura y organización de la DINA se fue modificando en relación con las transformaciones de los objetivos estratégicos del régimen, sus adversarios y la necesidad de controlar las acciones del conjunto de la sociedad. Este modelo de servicio secreto de inteligencia política marcó una inflexión con el modelo de organización de la represión y la inteligencia estipulado por las FF. AA. a través de las CAJSI en base a una distribución jurisdiccional del territorio geográfico. En las CAJSI las labores de inteligencia, de represión y de control se efectuaban de manera acotada por las tropas de las secciones II de inteligencia del comando a cargo de cada una de las zonas geográficas organizadas en los CIRE. Pero también marcó una diferencia con los servicios de inteligencia de las propias FF. AA.; como señaló la PDI, la DINA "fue un organismo de inteligencia de Gobierno, a diferencia de sus congéneres, que eran servicios de inteligencia de las distintas ramas de las Fuerzas Armadas y de Orden. Tenía, por tanto, una mayor capacidad de acción centralizada, recursos y medios estatales"[30].

Para ello, la DINA implementó un modelo que combinó una distribución geográfica jurisdiccional para las labores represivas, con distribuciones sectoriales para labores de control e inteligencia y acciones clandestinas secretas de carácter estrictamente confidencial. De ese modo, los grupos operativos de carácter represivo operaron de manera compartimentada según objetivos predefinidos por la Dirección Nacional al interior de una determinada jurisdicción territorial. Los grupos y brigadas abocados a las labores de control e inteligencia operaron de manera escindida al interior de un mismo sector, articulando densas redes de delación y espionaje (por ejemplo, en el caso de la Brigada de Inteligencia Económica o la Brigada de Inteligencia Ciudadana). Por su parte, las brigadas

---

[30] Parte núm. 412 Departamento V Asuntos Internos Policía de Investigaciones, 26 de octubre del 2000, p. 2.

secretas (por ejemplo, la Brigada Mulchén) operaron escindidas de las estructuras burocráticas de control interno, dependiendo directamente de la dirección de la DINA.

Al respecto, la PDI puntualizó que la DINA sobrepasó abiertamente la legalidad y todo control estatal en el cumplimiento de sus objetivos estratégicos asignados por el presidente de la Junta de Gobierno: "aún ese conjunto de normas que entregaba a las fuerzas de seguridad una extraordinaria latitud de acción era sobrepasada en la práctica por la Dirección de Inteligencia Nacional y por otros organismos. La legalidad formal en esa materia no sometió a la DINA a la ley sino que facilitó, en ciertos aspectos, la acción de un organismo que estuvo en la práctica por encima de la Ley"[31]. Fue precisamente ese carácter paraestatal de la represión desplegada por la DINA, sumada al imaginario contrasubversivo construido por los oficiales de los servicios de seguridad nacional que interpretaron el conflicto político nacional en clave neocolonial, lo que llevó la guerra contrasubversiva de la DINA hacia la ilegalidad y la clandestinidad. Al respecto, la PDI enfatiza: "debe caracterizarse a la DINA como un organismo con facultades políticas omnímodas, lo que permitía afectar los derechos básicos de las personas e incluso emplear su poder para ocultar sus actuaciones y asegurar su impunidad. Estos poderes y además las concepciones de la DINA sobre la seguridad interna, la naturaleza y peligrosidad del enemigo y el carácter irredimible que atribuía a algunos militantes políticos de izquierda, se sumaron para originar la gravísima práctica de desaparición forzada de personas"[32].

Por estas características, el agente de inteligencia norteamericana Gerard Brechta, al momento de la legalización de la comisión DINA, señaló que el servicio de inteligencia se constituyó en la práctica en "(...) una fuerza policial semejaste a la Gestapo [...] otorga amplios poderes al director, Manuel Contreras [...] no parece haber restricción alguna a las operaciones de inteligencia que

---

[31] Ídem.
[32] Ídem.

pueda emprender el director. En resumen, el Decreto Ley supone la aprobación legal y oficial de una organización que se encuentra ya en plena actividad, y potencialmente representa un golpe para otras organizaciones de espionaje"[33].

Mirada desde el punto de vista de los objetivos trazados hacia los enemigos del régimen, la DINA inicialmente se abocó al combate del Movimiento de Izquierda Revolucionaria (MIR) entre 1973 y 1975. Paralelamente comenzó su seguimiento al Partido Socialista (1974-75) y, finalmente, se abocó con mayor ahínco contra el Partido Comunista (1975-1976)[34]. Como afirma Magdalena Garcés, "con la experiencia adquirida en su combate al MIR, la DINA fue "profesionalizándose", por lo cual sus acciones represivas se tornaron más selectivas y dejaron menos huellas, generando un mayor grado de compartimentación"[35].

Esto implicó que las principales transformaciones de su estructura organizacional se observaron a nivel de sus grupos operativos, identificándose al menos cuatro grandes momentos: el de la formación de las Brigadas de Interrogación y Arresto (BIA) al alero de la Comisión DINA, del cual se tiene muy poca información documental. El grupo que con posterioridad conformará la DINA se constituyó en torno a la Escuela de Ingenieros de Tejas Verdes, al desarrollo del campo de Prisioneros núm. 2 anexo y al balneario Rocas de Santo Domingo. En Santiago, por su parte, utilizaron dos cuarteles secretos para efectuar detenciones: cuartel Yucatán (Londres 38) y el Cuartel núm. 1, en el subsuelo de la Plaza de la Constitución, cerca del Palacio de La Moneda. Por su parte, la Brigada Femenina fue trasladada al recinto confiscado al Movimiento de Acción Popular Unitaria en calle Santa Lucía 162, en el que con posterioridad funcionará la Brigada de Sanidad en la Clínica Santa Lucía (Ilustración 27).

---

[33] *Official Decree on the Creation of the National Intelligence Directorate (DINA)*, 2 de julio de 1974, p. 5.
[34] Carmen Hertz, Apolonia Ramírez y Manuel Salazar. *Operación exterminio. La represión contra los comunistas chilenos (1973-1976)*. Santiago de Chile, Lom ediciones, 2016.
[35] Garcés, Magdalena. *Terrorismo de Estado en Chile: la campaña de exterminio de la DINA contra el MIR*. Tesis doctoral. Madrid: Universidad de Salamanca, 2016, p. 225.

La DINA: una policía secreta al servicio de Augusto Pinochet

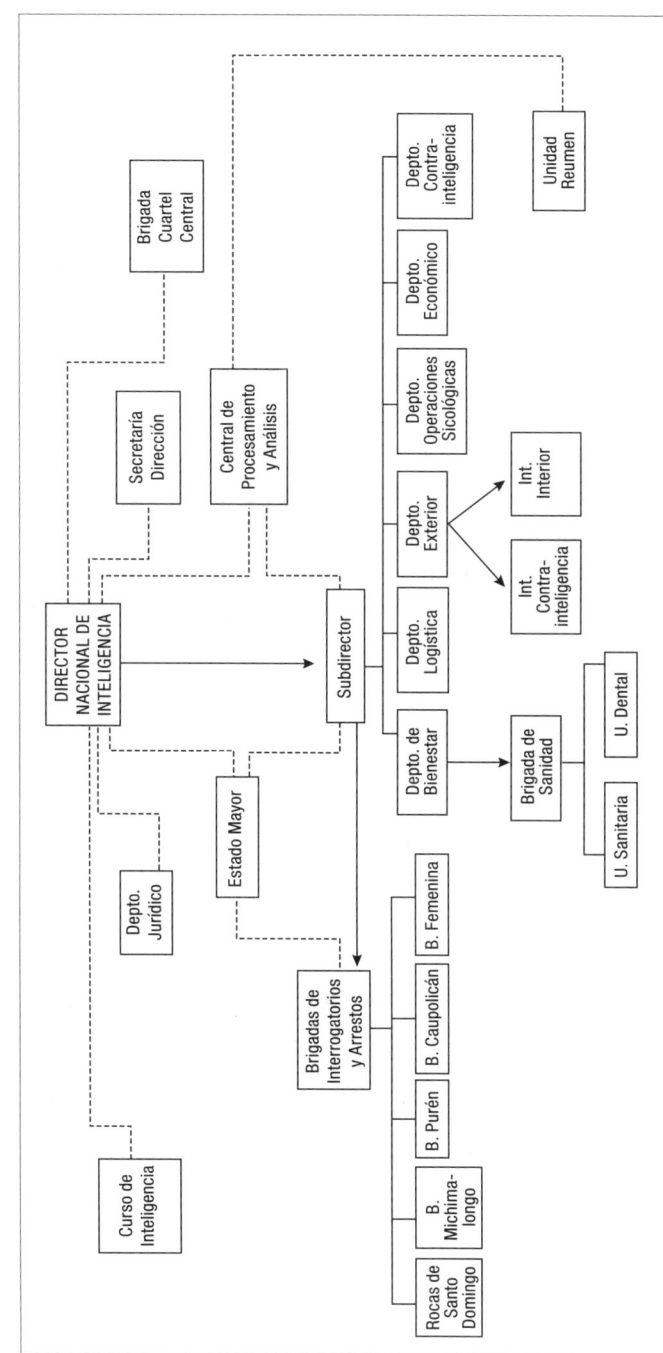

Ilustración 27. La estructura DINA, enero-junio de 1974

Elaboración propia. Fuente: interpretación partes policiales, bibliografía y fuentes judiciales.

El segundo momento va desde su institucionalización en la Sendet hasta su legalización a través del Decreto Ley núm. 517, en el cual la estructura organizacional diferenció las labores represivas, llevadas adelante por equipos operativos bajo la figura de agrupaciones compartimentadas a cargo de un "analista de inteligencia" que conformaba parte de un Estado Mayor y las labores de Inteligencia, encomendadas a una Central de Procesamiento de información que compartía la información con el Estado Mayor, pero estaba directamente subordinada al director nacional. En este momento, el director se traslada al segundo piso del ex Congreso y, con posterioridad, al local confiscado a las Juventudes Comunistas (Marcoleta 90), el que será ampliado y trasladado a Belgrado 11. Los recintos clandestinos de este período fueron los mismos del período anterior, al que se agregó el ex fundo de la Universidad de Chile en Rinconada, donde se asentó la creada Brigada de Inteligencia Metropolitana (BIM).

En el tercer momento se observa la reorganización más importante de la DINA con la desarticulación del Estado Mayor y la conformación de sus principales departamentos en dirección y subdirecciones, siendo las más relevante, la Dirección de Operaciones. Temporalmente va desde la legalización de la DINA con la publicación del Decreto Ley núm. 521 del 14 de junio de 1974 hasta la reorganización de la Brigada de Inteligencia Metropolitana hacia finales de 1975 y comienzos de 1976, marcado por la creación de la Brigada Lautaro. Junto con ello, en ese período, las principales brigadas operativas y de inteligencia pasan a ser organizadas en divisiones, creándose la División de Inteligencia Metropolitana (DIM) y la Dirección de Inteligencia Regional (DIR).

El Departamento de Defensa de Estados Unidos adjuntó en 1975 un diagrama con la estructura organizacional de la DINA[36], el cual ha sido reproducido sin cuestionamientos por algunas investigaciones[37] (ver ilustración 28).

---

[36] Department of Defense, "Organizational Diagram of The Directorate of National Intelligence" (DINA), 16 de junio de 1975.

[37] Ian Bradley Bob Lyles. *The rise and fall of the DINA, 1973-1977*, University of Texas at Austin, 2001, p. 48.

Ilustración 28. Diagrama DINA según Departamento de Defensa EE. UU.

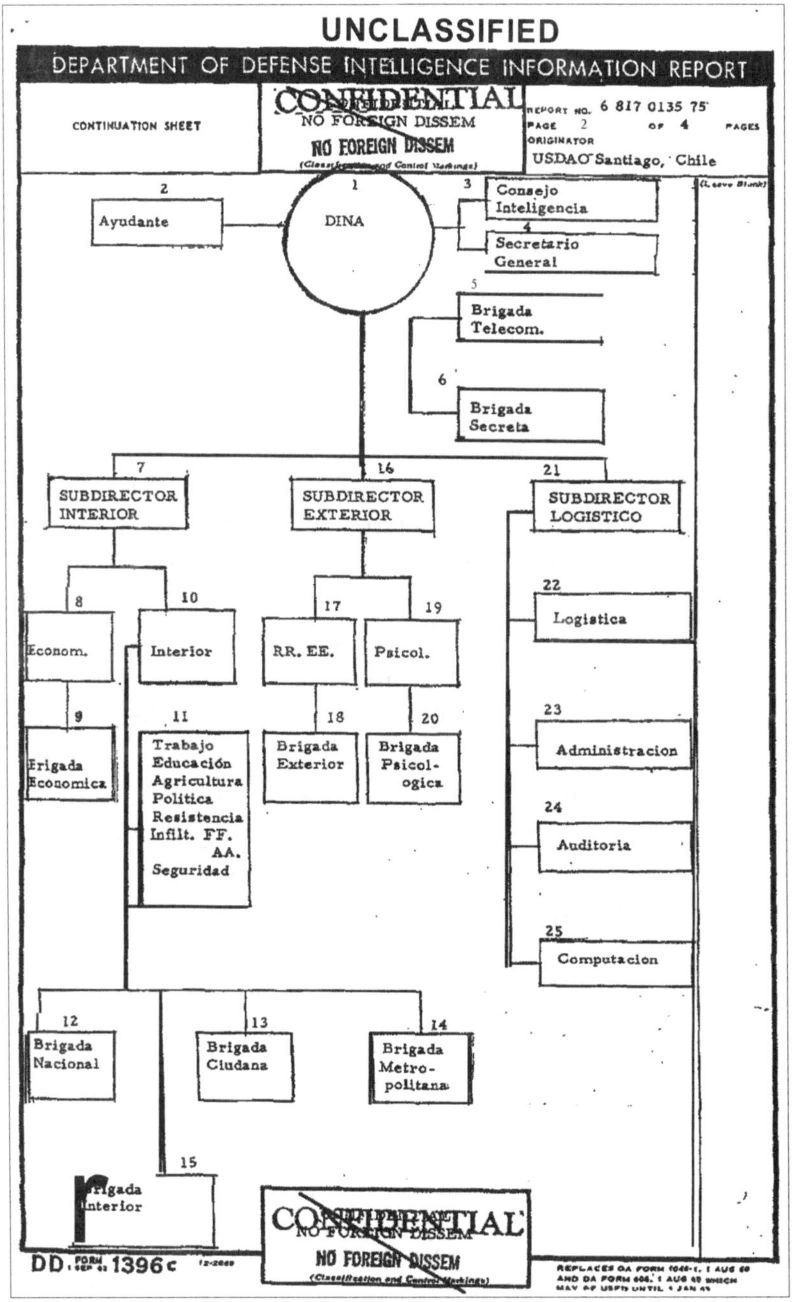

Fuente: Freedom of Information Act.

Organizacionalmente, en la cúspide de la estructura, estaba la "Dirección Nacional", apoyada por el "departamento jurídico", el "ayudante de director" y el equipo de seguridad, la "Brigada Lautaro. Bajo ellos se situaba el subdirector y operaban las Subdirecciones de Inteligencia Interior, la Subdirección de Inteligencia Exterior, Subdirección de Sanidad, Operaciones Sicológicas, Telecomunicaciones, Intendencia, Departamento de Personal y la Dirección de Operaciones. De la Subdirección de Inteligencia Interior dependían las Brigadas de Inteligencia Económica y la Brigada de Inteligencia Electrónica. Desde el punto de vista de los recintos clandestinos, este momento está caracterizado por la emergencia del cuartel Ollagüe[38] (José Domingo Cañas 1367), el cierre progresivo del cuartel Yucatán (Londres 38), la apertura del cuartel Tacora (conocido también como Venda Sexy, en calle Irán 3037) y la apertura del cuartel Terranova –el cuartel central de la Brigada de Inteligencia Metropolitana, hacia finales de 1974 (Villa Grimaldi).

La estructura operativa de represión más importante fue la Dirección de Operaciones, la que actuaba al interior del país. Para ello, el territorio fue dividido en Brigadas con límites jurisdiccionales. Al norte operó la Brigada Arica-Iquique y la Brigada Coquimbo-La Serena. En la zona centro operó la Brigada Rocas de Santo Domingo. En la zona centro sur operó la Brigada Regional Sur, también conocida como Michimalongo, con asiento en Parral y una Brigada con jurisdicción en Temuco-Valdivia. Por la importancia regional y por constituirse en el enlace con la Colonia Dignidad, el cuartel de Parral (en calle Ignacio Carrera Pinto 262) se constituyó en el cuartel regional más importante después de la BIM[39].

---

[38] Sobre su existencia y distribuciones espaciales, véase: Informe Pericial Planimétrico 1670/99, causa rol 2182-98.

[39] Sobre la existencia del cuartel Parral, véase: causa rol 2182-98, "Parral", tomo 5, foja 2 y siguiente. Causa rol 2182-98 "Álvaro Vallejos Villagrán" tomo 2ª, foja 628 y siguientes. Sentencia en causa rol 28.888 (Adán Valdebenito Olavarría) del 15 de junio de 2010, p. 28. Corte de Apelaciones de Santiago, Sentencia en causa rol 2182-98 "Juan Maino" del 23 de enero de 2012, p. 19. Declaración judicial de Ana del Carmen Lillo Gutiérrez del 20 de abril

Dentro de las brigadas orientadas a las labores de inteligencia y control, se encuentra la Brigada de Inteligencia Ciudadana. Según la inteligencia norteamericana, esta Brigada civil llegó a contar en 1975 con 2.100 agentes, tanto remunerados como no[40], con una red cercana a los 9.000 informantes. Su rol fue constituir una densa red de espionaje y delación en las diversas instituciones y dependencias del Estado, como Ministerios, Universidades y empresas públicas. Pero también en las diversas organizaciones sociales, sindicales, gremiales y en los grupos de oposición. Hacia el año 1975, el rol de esta Brigada fue controlar y vigilar todas las dependencias del Estado, hasta el punto que ninguna contratación de un funcionario en el Estado podía ser materializada sin el visado de la DINA, como ratifica la Circular del Ministerio del Interior de 1975: "Su Excelencia (Pinochet) ha dispuesto que a partir de esta fecha ningún funcionario público sea contratado sin que previamente se adjunte a sus antecedentes un informe DINA respecto a las actividades que el interesado pudo haber realizado"[41].

Una situación similar ocurre con las Brigadas Tucapel y Ongolmo, de las que su funcionamiento y recintos aún son objeto de investigación y que, al parecer, poseyeron estructura de agrupación más que de brigada, al igual que la Brigada Lautaro.

Siguiendo los criterios operativos de la estructura organizacional de la DINA, la compartimentación de los grupos operativos implicó que, en la práctica, una serie de brigadas y unidades especiales, con competencia en la Región Metropolitana, no quedara bajo el alero de la Brigada de Inteligencia Metropolitana. En declaración judicial, Pedro Espinoza Bravo señaló que: "Había unidades que aparecían en su desempeño visible en cuanto a sus mandos y

---

de 1992. Corte de Apelaciones de Santiago, rol 2182-98 "Parral" tomo 5c, foja 254 y siguientes. Corte de Apelaciones de Santiago, Sentencia en causa rol 49-2004 del 15 de octubre de 2015, pp. 48-50.

[40] "The 2.100 civilians (only some of wich are paid their services) constitute a subordinate unit to DINA named Brigada Inteligencia Ciudadana (Citizens Intelligence Brigade)", Department of Defense Intelligence, "Directorate of National Intelligence (DINA) Expand Operations and Facilities", 15 de abril de 1975, p. 2.

[41] Ministerio del Interior, Circular Reservada núm. 35 f-151 de 1975.

a su ubicación en la Región Metropolitana, y había otras desconocidas, incluso por mí, que dependían directamente del director; me refiero al Cuerpo de Inteligencia Secreto, la unidad antisubversiva denominada Lautaro y operaciones clandestinas denominada Mulchén" (ilustración 29)[42].

Finalmente, el cuarto momento organizacional de la DINA se sitúa temporalmente entre los años 1975 y mediados de 1976, cuando surge una brigada escindida de la DIM, dependiente directamente del director de Inteligencia: la Brigada Lautaro[43].

---

[42] Declaración Judicial Pedro Espinoza Bravo del 20 de julio de 2007, causa rol 2182-98, calle Conferencia, foja 3443 Tomo 12. Sentencia del 30 de noviembre de 2018, causa rol 2182-98, Episodio "Conferencia C" o "Conferencia".

[43] Sentencia del 30 de noviembre de 2018, causa rol 2182-98, Episodio "Conferencia C" o "Conferencia 1", pp. 122-124. Hertz, Ramírez y Salazar, *op. cit.*

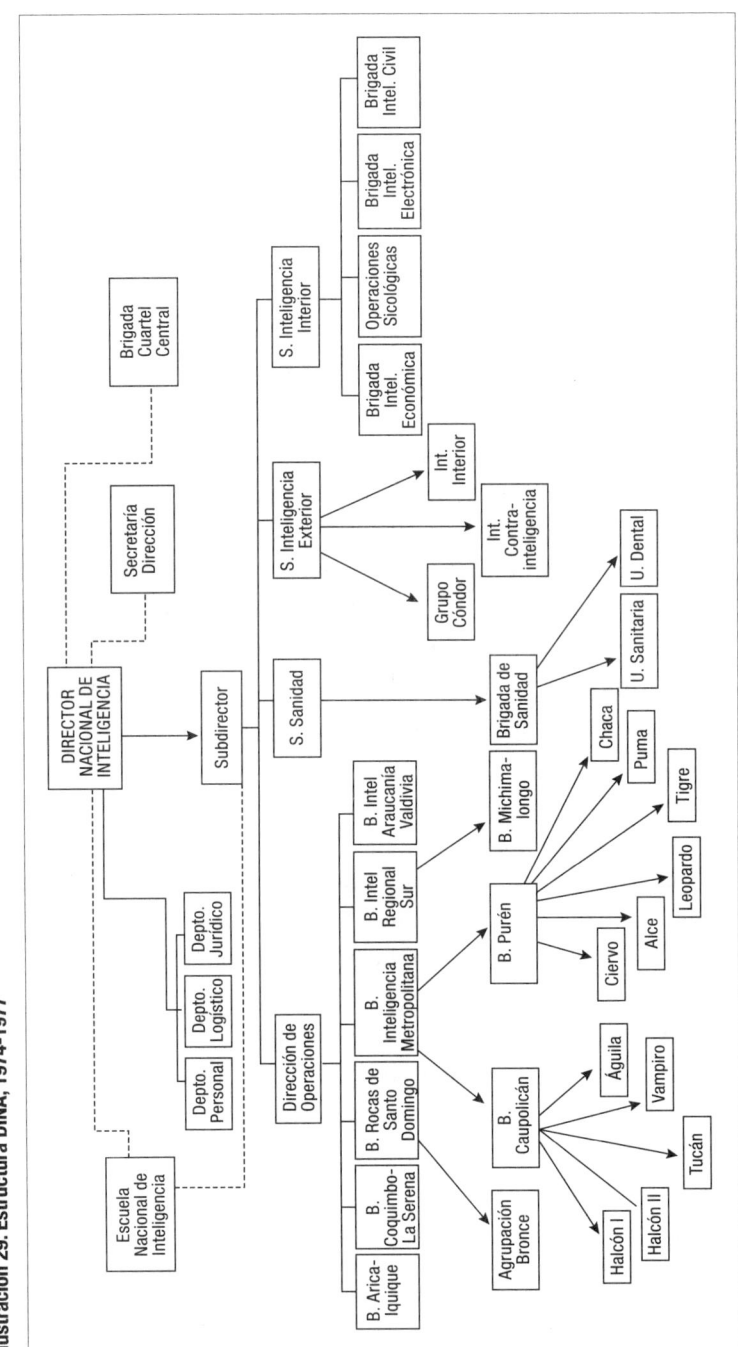

Ilustración 29. Estructura DINA, 1974-1977

Elaboración propia. Fuente: interpretación partes policiales, bibliografía y fuentes judiciales.

Brigadas y grupos especiales

De la Brigada de Inteligencia Metropolitana (BIM) a la División de Inteligencia Metropolitana (DIM)

En la zona metropolitana operó la Brigada de Inteligencia Metropolitana (BIM), la que concentró la mayor cantidad de recursos, agentes e infraestructura y de la que se poseen mayores antecedentes. Inicialmente se estableció en el fundo Rinconada de Maipú, perteneciente a la Universidad de Chile. Con posterioridad se trasladó al Cuartel Terranova, conocido como Villa Grimaldi. La BIM quedó conformada por dos brigadas: Caupolicán y Purén. Por su parte, cada brigada quedó conformada por diversos grupos operativos. De Caupolicán dependieron los grupos: Halcón 1 y 2, Águila, Tucán y Vampiro. Por su parte, Purén quedó conformada por los grupos operativos: Alce, Chacal, Leopardo, Tigre, Ciervo y Puma. A partir de investigaciones judiciales, académicas, reportajes y testimonios se ha podido avanzar en el conocimiento de diversos recintos de detención[44].

Inicialmente la brigada funcionó entre enero y finales de abril en el Fundo de Experimentación Agrícola de la Universidad de Chile, en el sector de Rinconada Maipú. Durante ese período inicial, la BIM estuvo a cargo del agente director de operaciones teniente coronel César Manríquez Bravo y contaba con una plana mayor formada por tres suboficiales del Ejército: el suboficial Matamala, a cargo de logística (armamento y vehículos); y los suboficiales Caballero y Barrales, a cargo de ayudantía. Contó en ese momento con dos estafetas: el soldado Ávalos de la FACH y Letelier del Ejército[45]. Con posterioridad, el cuartel general se trasladó hacia el Cuartel Terranova (Villa Grimaldi), en Av. Arrieta 8.401,

---

[44] Comité de Cooperación para la Paz en Chile. *Informe Sobre Condiciones de Vida en el Campamento Tres Álamos*. Sin fecha. Comité de Cooperación para la Paz en Chile. *Campamento "Tres Álamos". Sección mujeres*, 17 de junio de 1976.

[45] Declaración Extrajudicial Samuel Fuenzalida, 4 de junio de 1993, p. 4. Archivo Jenadep -PDI.

comuna de Peñalolén. Manríquez Bravo estuvo a cargo de la BIM hasta noviembre de 1974, cuando fue herido de bala y reemplazado por el mayor Pedro Espinoza Bravo a comienzos de enero de 1975 hasta el mes de diciembre cuando fue destinado en comisión de inteligencia a un curso de inteligencia y contrasubversión en Brasil. Finalmente, desde diciembre de 1975 a diciembre de 1976, la BIM fue comandada por el teniente del Ejército Carlos López Tapia[46].

Sobre el cambio de agrupación a brigada, Miguel Krassnoff señala: "Yo presté servicios en la BIM y en la Caupolicán, cuando esta tenía el rango de agrupación y no de brigada en el período en que yo estuve en Villa Grimaldi"[47]. La Brigada Purén quedó comandada por el mayor de Ejército Eduardo Iturriaga Neuman. Por su parte, la Brigada Caupolicán estuvo comandada por el mayor de Ejército Marcelo Moren Brito y, con posterioridad, por Rolf Wenderoth Pozo.

Organizacionalmente, la BIM dependió del director de Operaciones de la DINA, brigadier de Ejército Pedro Espinoza. Según el testimonio de María Alicia Uribe Gómez (alias Carola), exmilitante del MIR y, luego, agente DINA-CNI:

> ...el Director de Operaciones de la DINA, que estuvo a cargo de todas las unidades de inteligencia, operativas, represivas, de contrainsurgencia durante 1976, esto es, las brigadas Caupolicán y Purén. El Brigadier Espinoza, fue el jefe de operaciones y trabajó en el cuartel General, lo que no impidió que se constituyera en los cuarteles donde se encontraban las unidades de su dependencia, especialmente en Villa Grimaldi. La Brigada de Inteligencia Metropolitana, dependió de Pedro Espinoza, cuyo centro de operaciones estuvo en

---

[46] Sentencia causa rol 2.182-98 episodio "Miguel Ángel Sandoval Rodríguez", acumulada al Episodio Villa Grimaldi (Tomos LXIII, LXIV y LXV) del 14 de abril de 2003, dictada por el ministro de fuero Alejandro Solís. El Parte Policial de la PDI 1654 del 14 de mayo de 2003 señala que el teniente Carlos López Tapia dirigió la BIM entre marzo y diciembre de 1976. Archivo Jenadep-PDI.

[47] Declaración Miguel Krassnoff, causa rol 2.182-98, episodio Villa Grimaldi-Carlos Guerrero Gutiérrez, Tomo I, foja 53.

Villa Grimaldi, cuyo jefe en esa época, fue el comandante Carlos López Tapia, oficial del cual, dependieron las brigadas Caupolicán y Purén. Todos los días el comandante Carlos López Tapia acudía al cuartel general de la Dina a entregar sus informes al Brigadier Espinoza, informes que daban cuenta de las investigaciones, de listados de detenidos, de los antecedentes que se obtenían para ubicar a otras personas, lo que involucraba tanto a las actividades de la Purén como de la Caupolicán. Las órdenes de allanamiento y detenciones salían de la Dirección de Operaciones con el visto bueno de Contreras[48].

En 1976, cuando el brigadier Pedro Espinoza asumió la dirección de operaciones y creó la Central de Operaciones en el Cuartel General, las brigadas jurisdiccionales con límites geográficos se transformaron en divisiones, creándose la División de Inteligencia Metropolitana y la División de Inteligencia Regional (DIR)[49].

La Brigada de Inteligencia Regional Sur (Birsur) y los vínculos con la Colonia Dignidad

Esta brigada dependió de la Brigada de Inteligencia Regional que en 1976 pasó a constituirse en División. De las brigadas de la zona norte del país existe poca información, a diferencia de la Birsur, a raíz de las investigaciones por los crímenes de Colonia Dignidad. La Birsur tuvo jurisdicción desde las provincias de Curicó hasta Concepción, incluyendo la zona de Los Ángeles (Provincias de Curicó, Maule, Linares, Ñuble, Talca, Concepción y Biobío). Esta brigada estuvo formada por el agente residente coronel de Ejército Fernando Gómez Segovia desde 1974 hasta 1977, cuando fue reemplazado por el teniente coronel de Ejército Guy Neckelmann

---

[48] Testimonio de María Alicia Uribe Gómez, 21 de abril de 2008. Archivo Jenadep-PDI.
[49] Declaración Judicial Pedro Espinoza, Sentencia causa rol 2.182-98 Episodio "Conferencia C" o "Conferencia 1", dictada por el ministro Miguel Eduardo Vásquez de la Corte de Apelaciones de Santiago, 30 de noviembre de 2018, p. 132.

Schütz. Contó con al menos tres agentes por provincias, las que formaron agrupaciones específicas. En la provincia de Curicó, operó la agrupación cien, en la provincia de Maule la agrupación doscientos, en la provincia de Linares la agrupación trescientos, en la provincia de Ñuble la agrupación cuatrocientos, en la provincia de Talca la agrupación quinientos, en la provincia de Concepción la agrupación seiscientos y, al parecer, en la provincia de Biobío, la agrupación setecientos. En todas las provincias efectuó labores de inteligencia y de contrainteligencia, salvo en la provincia de Concepción por expresa petición del director de la DINA Manuel Contreras.

Al respecto, la sentencia de la Corte de Apelaciones de Concepción señala que:

> f) Los dichos de Fernando Gómez Segovia, que, en lo pertinente indica, a fs. 435, que a finales de 1973, siendo funcionario de la DINA, el propio General Contreras le destinó internamente a prestar servicios de inteligencia, otorgándole como zona jurisdiccional desde Curicó hasta Concepción, incluyendo toda la provincia así como la de Los Ángeles; que sus órdenes eran otorgadas directamente por el Coronel Contreras Sepúlveda, las cuales eran de recoger información, que se le asignó personal que eran dos o tres funcionarios del Ejército y Carabineros, por provincia, con las que se reunía personalmente, una vez por semana, y que aunque el Coronel Contreras Sepúlveda le comunicó personalmente, a expresa petición del General Nilo Floody, que la DINA no actuara operacionalmente en la Provincia de Concepción, lo anterior no obstó a que la DINA, a su cargo en esa provincia, efectuara labores de inteligencia. Agrega que en Parral, y con autorización del General Contreras, ocupó una casa de dos pisos, ofrecida por Paul Shaeffer, que quedaba justo en frente del cuartel de la Policía de Investigaciones en Parral, en calle Unión, lugar que paulatinamente se fue convirtiendo en el Cuartel de la DINA, contando con personal y medios, como secretarias, una central de radio e inventario; que el grupo de Concepción lo bautizó

como el "Equipo seiscientos", tal como de Curicó, por ejemplo, era el grupo "cien"; que el nombre de Héctor Norambuena le suena como conocido, funcionario de la DINA[50].

Brigada Lautaro

La Brigada Lautaro se creó en abril de 1974 para prestar seguridad al jefe de la DINA, Manuel Contreras, su familia, y autoridades militares y civiles. Durante 1974, esta brigada utilizó un inmueble de la Remodelación Parque San Borja, torre 5, piso 19. Durante ese período estuvo a cargo del agente de operaciones capitán de Ejército José Octavio Zara Holger, quien tras un breve período entregó el mando al capitán de Ejército Juan Hernán Morales Salgado. Durante agosto de 1975, la brigada se trasladó al cuartel de Av. Simón Bolívar 8630, comuna de La Reina, a pocas cuadras de la casa del director de la DINA Manuel Contreras[51].

A comienzos de 1976, según la DINA, tomó la decisión de refundir diversas agrupaciones de la BIM bajo la Comandancia de la Brigada Lautaro, surgiendo con ello la Agrupación Delfín, creada ex profeso para exterminar la dirección clandestina interior del Partido Comunista de Chile. El jefe de la agrupación fue el capitán de Ejército Germán Barriga Muñoz y el segundo al mando, el teniente de Carabineros Ricardo Lawrence Mires: "Los grupos que participaron en el proceso de represión y exterminio de los militantes del Partido Comunista fueron liderados por Germán Barriga, Lawrence Mires y Juan Morales Salgado"[52].

---

[50] Corte de Apelaciones de Concepción, Sentencia en causa rol 28.888 (Adán Valdebenito Olavarría) del 15 de junio de 2010, p. 28. Cfr. Coordinadora de Familiares de Detenidos Desaparecidos y Ejecutados Políticos de Talca, Linares y Parral. *Solicitud de Declaratoria Monumento Nacional Casa Ignacio Carrera Pinto (Ex Calle Unión) 262*, comuna de Parral, VII Región del Maule, 2017, pp. 13-14. Archivo CMN.

[51] Informe Policial núm. 907 del 30 de julio de 2009, PDI, causa rol 2.189-98 "Episodio Conferencia 1". Archivo Jenadep-PDI.

[52] Ídem.

Según el testimonio judicial del agente DINA Carlos Ramón Rinaldi Suárez, "La agrupación de Germán Barriga fue trasladada a un cuartel ubicado en calle Simón Bolívar, donde funcionaba la Brigada Lautaro y, paralelamente, llegó la agrupación a cargo del capitán Ricardo Lawrence. Ignora cuál fue el objetivo de unir a las agrupaciones de Morales [Brigada Lautaro], Barriga [agrupación Tigre de la Brigada Purén] y Lawrence [agrupación Águila de la Brigada Caupolicán], pero siempre el objetivo de su agrupación fue la represión, detención y desarticulación del Partido Comunista, por lo que presume se continuó con esa línea"[53].

Desde 1976, el jefe de la Brigada Lautaro fue el capitán de Ejército Germán Barriga Muñoz y el segundo, el teniente de Carabineros Ricardo Lawrence Mires. En 2007, un miembro de esta brigada represiva de la dictadura de Pinochet se decidió a denunciar ante la justicia una sección secreta de la policía política de la dictadura. Bajo órdenes del juez Víctor Montiglio, la Brigada de Asuntos Especiales y Derechos Humanos de la Policía de Investigaciones comenzó las detenciones durante enero y febrero de 2007. Poco a poco reconoció que muchos dirigentes de la Izquierda de Chile fueron llevados al cuartel de la Avenida Simón Bolívar 8630 para ser asesinados. Fue el caso de Víctor Díaz López, jefe del PCCH en la clandestinidad hasta mayo de 1976, cuando fue arrestado y desaparecido hasta la actualidad. En este lugar fueron asesinados otros dirigentes comunistas, quienes integraron las direcciones clandestinas del PCCH de mayo y diciembre de 1976. Entre ellos, Jorge Muñoz, el esposo de Gladys Marín; Fernando Ortiz, padre de Estela Ortiz, y Waldo Pizarro, esposo de la fallecida dirigente de la Agrupación de Familiares de Detenidos Desaparecidos (AFDD), Sola Sierra, y padre de su actual presidenta, Lorena Pizarro.

---

[53] Sentencia en primera instancia, causa rol 2.189-98 Episodio "Conferencia 1" o "Conferencia C" dictada por el ministro de fuero de la Corte de Apelaciones de Santiago Miguel Vásquez Plaza, 30 de noviembre de 2018, p. 82.

Brigada Mulchén (J-7)

Esta brigada constituyó una brigada secreta que operacionalmente no dependió de la Dirección de Operaciones, sino que directamente de la Dirección de la DINA. Físicamente, la Brigada se ubicó en Av. Eleodoro Yáñez y en el cuartel general de calle Belgrado 11. Fue conformada a finales de 1975 con el objetivo de contribuir como segundo de seguridad al general Augusto Pinochet bajo el nombre en código J-7 y estuvo bajo la Comandancia del capitán Guillermo Salinas y del teniente coronel Eduardo Iturriaga Neuman[54]. Pese a ello, su nombre fue modificándose cada tres meses por motivos de seguridad, siendo la denominación de Brigada Mulchén el nombre informal que prevaleció en el tiempo. Como señaló el exagente y comandante de la Brigada Mulchén: "Cuando llegó a esta agrupación de seguridad se denominaba J-7 o 5, esta unidad en algún momento se denominó también Mulchén, pero no puede precisar cuándo, cree que pudo ser a fines del 76 o comienzos del año 77. La misma unidad tuvo otras denominaciones ya que se cambiaban más o menos cada dos o tres meses por un sistema de seguridad de inteligencia"[55].

Constituyó una brigada secreta, como señala el exdirector de operaciones de la DINA Pedro Espinoza: "en la DINA existían estructuras orgánicas secretas, cuyos integrantes dependían exclusiva y directamente del director de la época, coronel Manuel Contreras, dedicadas al cumplimiento de misiones "especiales""[56]. En declaración judicial por el asesinato del diplomático español Carmelo Soria, el ex agente de la Brigada Mulchén Jorge Hernán Vial Collado lo ratifica: "Esta brigada dependía directamente del coronel Contreras y luego pasó a depender del general Odlanier Mena"[57].

---

[54] Declaración de Michael Tonwley, 13 de marzo de 1978. Archivo Jenadep-PDI.
[55] Sentencia causa rol 1-1993 del 13 de marzo de 2019, dictada por el ministro de fuero de la Corte Suprema Lamberto Cisternas Rocha, p. 125.
[56] Declaración Pedro Espinoza, causa rol 2.182-98, Villa Grimaldi "Episodio Carlos Guerrero Gutiérrez", tomo IV, C.
[57] Sentencia causa rol 1-1993 del 13 de marzo de 2019, dictada por el ministro de fuero de la Corte Suprema Lamberto Cisternas Rocha, p. 78.

En declaración de Michael Tonwley: "en principios de 1976 se formó una nueva Brigada llamada 'Mulchén', de la cual mi grupo formaba parte como 'Agrupación Avispa'. La Brigada Mulchén estaba a las órdenes del capitán Guillermo Salinas, quien recibía sus órdenes directamente del coronel Contreras (El comandante Iturriaga tenía el comando nominal pero se encontraba en un curso de Economía en la U. de Chile, así que el capta. Salinas lo llevaba como subrogante. Esta Brigada Mulchén fue formada para cumplir misiones secretas de eliminación y otras misiones de exclusiva orden del Sr. director cononel Manuel Contreras Sepúlveda. Después del desarrollo y producción de sarín en abril de 1976"[58].

Michael Tonwley, en el marco del proceso por el atentado y asesinato del excanciller Orlando Letelier en Washington, reconoció la existencia de dos agrupaciones: agrupación avispa y agrupación alacrán. La agrupación avispa estuvo bajo el mando de Tonwley y su misión secreta fue desarrollar gas sarín, un arma biológica de destrucción masiva desarrollada por los alemanes en la Segunda Guerra Mundial. En palabras de Tonwley: "tuve la dirección del proyecto para desarrollar 'sarín' una sustancia altamente venenosa descubierta por los alemanes en la Segunda Guerra y de la familia Organofosforados (existe una copia completa de este trabajo en poder de mi abogado en EE. UU. que tiene instrucciones de entregarlo a las autoridades de EE. UU. caso de mi muerte por circunstancias como los descritos)"[59].

En el marco de la investigación desarrollada por el ministro en visita Alejandro Madrid en el marco del asesinato del expresidente Eduardo Frei Montalva, se ha logrado acreditar la participación de una serie de integrantes de la brigada secreta. Entre ellos se menciona a los entonces oficiales Guillermo Salinas Torres (su primer comandante), Pablo Belmar Labbé, Jaime Lepe Orellana, Raúl Eduardo y Alfredo Iturriaga Neumann, Patricio Quiloth Palma,

---

[58] Declaración de Michael Tonwley del 14 de marzo de 1978. Archivo Jenadep-PDI.
[59] Declaración de Michael Tonwley del 13 de marzo de 1978. Archivo Jenadep-PDI.

Manuel Pérez Santillán, Juan Delmas Ramírez, Rolf Wenderoth Pozo y los suboficiales José Remigio Ríos San Martín, José Aqueveque Pérez, Jorge Hernán Vial Collao y Bernardino del Carmen Ferrada Moreno[60].

Entre los crímenes de esta brigada se ha acreditado el asesinato de León Zenteno (1976), Conservador de Bienes Raíces de Santiago; el asesinato del diplomático español Carmelo Soria (1976), y la muerte del agente de la Brigada Lautaro cabo de Ejército Manuel Leyton (1977), por filtración de información.

Brigada de salubridad

La Brigada de salubridad de la DINA se constituyó a comienzos de 1974 por orden del director Manuel Contreras. Administrativamente, dependió del Departamento de Bienestar a cargo del coronel de Ejército Lautaro Villar Requena. La brigada quedó a cargo de Werner Zanghellini y se conformó con dos unidades: una dental, a cargo del comandante Dámaso González, y otra de sanidad, a cargo de Zanghellini. La brigada inicialmente estuvo ubicada en el fundo de Rinconada de Maipú, pero en marzo de 1975 se trasladó definitivamente al inmueble de Santa Lucía 162, donde se conformó la "Clínica Santa Lucía" de la DINA. Si bien, como declaró Manuel Contreras a la justicia en 1985, el recinto "actuó como una clínica para la atención médica de funcionarios de la DINA y para los detenidos que requerían servicio"[61], en la práctica funcionó, de modo paralelo, como centro de detención, tortura y exterminio, donde fueron trasladados detenidos que estaban siendo sometidos a torturas y requerían de asistencia médica para mantenerlos con vida y seguir sometiéndolos a tortura

---

[60] Sentencia causa rol 1-1993 del 13 de marzo de 2019, dictada por el ministro de fuero de la Corte Suprema Lamberto Cisternas Rocha, p. 72.

[61] Declaración Judicial Juan Manuel Contreras Sepúlveda, Segunda Fiscalía Militar, septiembre de 1985. Citada por: Ampuero, Romina. *Recinto DINA Clínica Santa Lucía. Dossier de Investigación*. Santiago: manuscrito, 2018, p. 4.

y así recabar información. Como señala Romina Ampuero: "La sistematización de los recintos en sus vínculos y conexiones hace reconocible la forma de operar de la clínica al ser no solo el centro médico, sino que la base desde la cual se desplazan equipos para cumplir funciones operativas a través de sus visitas reiteradas a la Villa Grimaldi"[62].

Para efectos del establecimiento de la brigada fueron reclutados una serie de profesionales civiles con los que Dámaso González y Eugenio Zanghellini tenían contactos previos. En el caso de la unidad dental comandada por González, reclutó al odontólogo Pablo Oyanguren Plaza, con quien compartía labores de docencia en la Facultad de Medicina de la Universidad de Chile y Carlos Ullrich Dunner, odontólogo y ex alumno de González. Con posterioridad se sumaron la cirujana dentista Milena Zulic Loli y el endodoncista Sebastián Oyanguren Plaza, también ex alumnos de González. De modo simultáneo, el capitán Werner Zanghellini reclutó para la unidad de sanidad al doctor Eugenio Fantuzzi Alliende, médico otorrinolaringólogo; Camilo Azar Saba, médico traumatólogo; Eduardo Contreras Valcarce, médico cirujano, y Cristian Emhart, otorrinolaringólogo.

Junto con ello, fue llamado a conformar esta brigada sanitaria el agente que estuvo a cargo de los detenidos y prisioneros de la Escuela de Ingenieros Militares de Tejas Verdes: el médico Vittorio Orvieto Tiplizky, y la enfermera Eliana Bolumburu Taboada, cercana a Manuel Contreras. El personal civil que se integró a esta brigada generó boletas de honorarios a la empresa ficticia "Elissalde & Poblete y Cía.", los cuales fueron supervisados por el coronel de Ejército Arturo Elissalde Müller y el abogado Miguel Ángel Armando Poblete Rodríguez.

La brigada de sanidad prestó colaboración con los agentes operativos de la BIM y de las brigadas especiales, participando en las sesiones de tortura, asistiendo a los detenidos y evitando que se murieran mientras eran sometidos a tortura. También está acreditado

---

[62] Ibid., p. 30.

judicialmente la participación de algunos de sus miembros suministrando "pentotal sódico" a los detenidos para someterlos a tortura y, en algunos casos, para asesinarlos.

Los cuarteles de la represión

Escuela de Agronomía Universidad de Chile

Fue utilizado como cuartel de la Brigada de Inteligencia Metropolitana entre enero y mayo de 1974, según el testimonio del ex agente DINA Samuel Fuenzalida: "la Rinconada de Maipú funcionó como centro del BIM, hasta finales de abril o principios de mayo de 1974, y luego continuó como centro de adiestramiento y como clínica o consultorio. Hasta esa época los funcionarios solteros de DINA habitábamos allí, también el personal sin familia en Santiago, hasta que los funcionarios se iban instalando en forma normal. Pese a habitar en ese lugar, trabajábamos básicamente en Santiago"[63]. En este recinto, también participó la Brigada Sanitaria durante los primeros meses de 1974. Desde 1975 fue utilizada como sede de la Escuela Nacional de Inteligencia (ENI)[64].

Cuartel General (Calle Belgrado 11)

Recinto ubicado en calle Belgrado 11, en la comuna de Santiago. Fue el cuartel general de la DINA, donde se estableció la plana mayor del Servicio de Inteligencia de la dictadura: dirección, subdirección, departamentos jurídicos, dirección de operaciones y central de operaciones. Las subdirecciones de inteligencia interior, exterior, económica; subdirección de personal; departamentos

---

[63] Declaración Extrajudicial Samuel Fuenzalida, 4 de junio de 1993, p. 5. Archivo Jenadep-PDI.
[64] Testimonio de Marcia Alejandra Merino. Archivo Jenadep-PDI.

de operaciones psicológicas, inteligencia electrónica, sanidad, intendencia, logística, finanzas, computación y archivo y kárdex. Constituyó el principal centro de toma de decisiones respecto a las operaciones a efectuar, como las víctimas de la DINA. Estuvo custodiado por la Compañía Cuartel Central.

Cuartel núm. 1

Si bien este cuartel dependió del Servicio de Carabineros (Sicar), fueron destinados a sus instalaciones los primeros agentes formados en el curso de inteligencia de Tejas Verdes durante el año 1973 y comienzos de 1974. Previo al golpe de Estado, en las dependencias del subterráneo de la Plaza de la Constitución, funcionó la Sección Investigadora de Accidentes de Tránsito (SIAT). Con posterioridad comenzó a articular una sección de inteligencia y contrainteligencia al alero de la Secretaría General de la Dirección General de Carabineros, posteriormente llamado Servicio de Inteligencia de Carabineros (Sicar) y renombrado como Dirección de Inteligencia de Carabineros (Dicar).

En octubre de 1973 comenzó a funcionar el antecedente directo de la DINA, conocido como "comisión DINA", dirigido por Manuel Contreras, director de la Escuela de Ingenieros de Tejas Verdes. En ese contexto, se realizó la primera Escuela de Inteligencia en Rocas de Santo Domingo. En ella participaron mayoritariamente funcionarios de Carabineros. Un primer grupo de agentes instruidos por la DINA fue destinado inicialmente al Cuartel núm. I en la Plaza de la Constitución y con posterioridad al Cuartel Yucatán (Londres 38).

En el accionar represivo del Sicar se evidenció una estrecha coordinación con la DINA. Los detenidos llevados al cuartel núm. 1, conocido como el "hoyo" eran, luego de ser torturados e interrogados, trasladados hacia otros recintos DINA, como Londres 38 o Cuatro Álamos. El cuartel estuvo operativo entre 1973 y 1974, siendo trasladadas a sus instalaciones cerca de treinta personas. Se caracterizó por centrarse en la detención del PS y por practicar torturas y vejámenes sexuales a las mujeres detenidas en el recinto. El Sicar se conformó a partir de la Sección de Inteligencia de la Secretaría General de la Dirección General de Carabineros. Quedó formado por dos grupos administrativos, el departamento de análisis y archivo y kárdex, y dos operativos, el de operaciones y el departamento de contrainteligencia. Este último estuvo a cargo del capitán Alfredo Esquivel Caballero quien, con posterioridad, se integró como agente del Comando Conjunto. El mando operativo del departamento recayó en el teniente Manuel Muñoz Gamboa, quien estuvo a cargo de un grupo de once agentes de inteligencia.

La identificación del recinto se enmarcó en la causa rol 629-2010 de la Corte de Apelaciones de Santiago. A través de los informes periciales generados por la Policía de Investigaciones, se logró determinar el sitio específico donde fueron ejecutadas las torturas sexuales en contra de las prisioneras del recinto y donde fueron detenidos e incomunicados los prisioneros. Además de la sentencia causa rol 2182-98 episodio "Villa Grimaldi", Cuaderno "Iván Insunza Bascuñán y otros", del 21 de julio de 2017. Sobre los usos del recinto: Policía de Investigaciones. Laboratorio de Criminalística. Informe Pericial Fotográfico. núm. 49/2017, causa rol 629-2010. Policía de Investigaciones. Laboratorio de Criminalística. Informe Pericial Planimétrico núm. 109/2017, causa rol 629-2010.

Cuartel Yucatán (Londres 38)

Al momento de efectuarse el golpe de Estado, el recinto quedó a cargo de la BIM[65]. Inicialmente fue utilizado por la Comisión DINA y, con posterioridad, por la DINA, cuando fue formalizada su creación a mediados de 1974. Su período de mayor actividad se

---

[65] Figueroa, Melissa. *Memoria abierta y para el presente. Una caracterización de la construcción de memorias en Londres 38.* Santiago: Tesis, 2014, p. 24.

evidenció entre mayo y septiembre de 1974, siendo parcialmente abandonado en 1975. Durante los primeros años, su existencia fue negada por diversas autoridades de Gobierno hasta 1980, década en la que comienzan las primeras denuncias públicas contra el recinto.

Este recinto se constituyó en uno de los primeros centros clandestinos de detención, tortura y exterminio utilizado por la dictadura cívico-militar. En este recinto, la DINA puso a prueba sus técnicas de interrogatorio y tortura, bajo un período indeterminado, sin que prevaleciera una claridad en torno a los límites y objetivos de las mismas. El recinto fue utilizado durante un período en el que no se había reunido información suficiente sobre la actividad política clandestina que se buscaba reprimir. En ese sentido, los métodos represivos no estaban depurados y la DINA carecía de la infraestructura y coordinación que, con posterioridad, llegó a contar[66].

Este recinto se caracterizó por constituirse en la primera pieza de la cadena represiva de los aparatos de inteligencia de la dictadura militar en la Región Metropolitana. Fue conocido en la jerga militar como el Cuartel Yucatán, Palacio de la Risa y/o Casa de las Campanas, por su proximidad con la Iglesia San Francisco. También fue conocido como La Silla, "por la forma en que se mantenían a los detenidos, con los ojos vendados, amarrados de pies y manos, sentados en una silla de día y de noche"[67].

Desde Londres 38 se inició la práctica de torturas amparados en el accionar de la "guerra contrainsurgente" (secuestros, torturas irrestrictas e ilimitadas en recintos de detención clandestinos y desapariciones forzadas y/o ejecuciones extrajudiciales). Tras ser detenidos en el recinto, los prisioneros eran sometidos a interrogatorios constantes y diversas torturas. Según el informe Valech:

---

[66] Comisión Nacional de Verdad y Reconciliación. *Informe de la Comisión Nacional de Verdad y Reconciliación*. Tomo II, Santiago: La Nación S.A., reedición, enero 2007, p. 464.
[67] Comisión Nacional Sobre Prisión Política y Tortura, *Informe de la Comisión Nacional Sobre Prisión Política y Tortura*. Santiago: La Nación S.A., 2005, p. 528.

Durante los interrogatorios los prisioneros fueron torturados con golpes, en ocasiones hasta causarles fracturas; *pau de arara*, el submarino seco y el mojado, con aplicación de electricidad en la parrilla, colgamiento, quemaduras con cigarrillos, el teléfono; fueron sometidos a la ruleta rusa; se les administraban drogas; estaban expuestos a ruidos molestos durante la noche para impedirles dormir, especialmente música a todo volumen. Eran obligados a escuchar y presenciar torturas a otros detenidos; fueron objeto de vejaciones y violaciones sexuales, de simulacros de fusilamiento, de amenazas y manipulación psicológica[68].

Luego de algunos días que podían llegar hasta un mes, los prisioneros eran trasladados hacia otros recintos de detención como el Cuartel Tacora (Venda Sexy-Discoteque), el Cuartel Ollagüe (José Domingo Cañas), Cuartel Terranova (Villa Grimaldi), Tejas Verdes e incluso Colonia Dignidad. Los prisioneros eran trasladados en vehículos con o sin patente, o en camiones frigoríficos.

Entre el 16 de octubre y marzo de 1975, alrededor de 98 personas que ingresaron al recinto como detenidos fueron desaparecidos y/o ejecutados. Entre el 20 de mayo de 1974 y marzo de 1975 la DINA hizo desparecer y/o ejecutó, como promedio, un prisionero por día, y entre los meses de julio y agosto de 1974, un prisionero cada dieciséis horas. Entre ellos se cuentan 84 hombres y 14 mujeres, de la cuales dos estaban embarazadas. En términos de militancias políticas, 64 de ellos pertenecían al MIR, 18 al Partido Comunista, 10 al Partido Socialista y 6 de ellos no tenían militancia política. La mayoría de ellos tenía menos de 30 años[69].

Pese a las denuncias que, desde diversos organismos de Derechos Humanos, familiares y sobrevivientes, se efectuaron sobre el recinto, las autoridades de la época negaron sistemáticamente la existencia de este. Muchos de los crímenes que se cometieron

---

[68] Informe de la Comisión Nacional Sobre Prisión Política y Tortura, *op. cit.*, p. 529.
[69] Escobar, América. *Memoria y Materialidad. Londres 38 un estudio de caso*. Tesis para optar al título profesional de antropólogo. Universidad de Concepción, Concepción, 2011, p. 58.

al interior de Londres 38 y en coordinación con el resto del aparato represivo de la dictadura cívico-militar, se efectuaron con la complicidad de los medios de comunicación, como lo fue el caso de la Operación Colombo y el tristemente célebre titular de *La Segunda*, alusivo a dicho montaje, en el que tituló "Exterminados como ratones. 59 miristas chilenos caen en operativo militar en Argentina"[70].

Los usos y espacios del recinto de detención

Los detenidos eran ingresados vendados por el portón de acceso. Según los testimonios de algunos sobrevivientes del recinto, al caminar recuerdan la forma de los adoquines situados por calle Londres: "No sé si era por lo débil que me encontraba, o el desnivel de la calle, que me hacía tambalear. Por la brisa helada supe que estábamos en el exterior, ya habíamos dejado el cuartel. Mis pies rozaban cada adoquín con la punta primero hasta llegar al talón"[71].

Por el portón de acceso se ingresaba al patio de estacionamiento, donde uno de los atributos más destacable era la baldosa ajedrezada. En ese lugar se ubicaba un mesón donde se ingresaban los datos del detenido: "(...) y a través de la cinta adhesiva en los ojos pude ver las baldosas blanco y negro y un mesón a la entrada donde mujeres jóvenes hacían preguntas de rigor"[72].

En el primer piso del inmueble, el salón principal que daba hacia la calle Londres era utilizado como oficina. Tras este salón y en torno al hall central, se ubicaba una sala común de detenidos. Un pequeño pasillo a un costado conectaba a un sótano, donde se aislaba a los detenidos. Detrás de su acceso, se encontraba el baño de los detenidos y la escalera de caracol, que conectaba la planta del primer piso con la de la segunda. Al fondo del primer piso

---

[70] *La Segunda*, 24 de julio de 1975.
[71] Flores Durán, Jorge. *Londres 38 (un número desaparecido)*. Santiago: Editorial Auco, 2003, p.96.
[72] Testimonio. Citado en Tania Tamayo y Claudia Lagos. "Casas de tortura y centros de detención: arquitectura del espanto". Revista *Rocinante*, núm. 57, julio, 2003.

existía un patio de luz, con una llave de agua donde se les permitía a algunos prisioneros asearse[73].

Las oficinas del segundo piso fueron utilizadas como salas de interrogatorio y tortura, además de una pequeña sala para aquellos prisioneros políticos que, producto de las torturas, requerían de algún tratamiento médico menor. De la misma forma, el altillo en el tercer piso se utilizó para torturar e interrogar: "Y había un entrepiso, que también usaban para interrogar"[74].

Cuartel Ollagüe (José Domingo Cañas 1367)

La casa de José Domingo Cañas 1367, ubicada en un barrio residencial, funcionó como "Cuartel Ollagüe" de la DINA durante los meses de agosto a diciembre del año 1974. Posterior al año 1977, el recinto estuvo a cargo de la Central Nacional de Informaciones (CNI) hasta el año 1987, fecha en que se promulga una ley que impedía que la CNI tuviera recintos de detención. Entre 1987 y 1989 la casa queda en poder del Ministerio de Bienes Nacionales y semi abandonada. Se estima que 42 detenidos pasaron por esa casa, antes de su desaparición forzosa. La casa fue desmantelada y destruida por su propietario durante la semana entre Navidad y Año Nuevo del año 2002.

En los meses subsiguientes al golpe de Estado de 1973, se lleva a efecto una estrategia de represión política organizada por el Estado y que podemos dividir en diferentes ciclos. Estos presentan características particulares y diferenciados en lo que concierne al número y perfil de las víctimas, los organismos involucrados, los recintos de detención, las normas jurídicas aplicadas como pretexto e instrumento de la privación de la libertad y, finalmente, los métodos de tortura[75]. En este contexto, el cuartel Ollagüe se sitúa

---

[73] Para una mayor profundización sobre los usos del recinto, Escobar, *op. cit.*, pp. 85-99.
[74] Testimonio de Erika Hennigs. Escobar, *op. cit.*, p. 99.
[75] Comisión Nacional sobre Prisión Política y Tortura *op. cit.*, p. 227.

en el comienzo de una segunda etapa marcada por la acción institucionalizada de la DINA y el funcionamiento de centros clandestinos de detención y tortura:

> Hasta el 11 de septiembre de 1973, la casa era habitada por el brasileño socialista, Theotonio Dos Santos, quien se fue de Chile después del golpe militar debido a que era perseguido por el régimen. Este la entregó a la embajada de Panamá para que esta pudiera albergar a cientos de personas que solicitaban asilo. Una vez que cumplió su función, la casa fue ocupada por la DINA, para ser usada como recinto de reclusión hasta noviembre de 1974 y luego pasar a formar parte de la infraestructura de la Central Nacional de Informaciones[76].

Durante este período, los sujetos de persecución y detención fueron los cuadros directivos del MIR y de los partidos Comunista y Socialista, "a fin de impedir la rearticulación clandestina de redes opositoras a la dictadura"[77]. En esta dirección, a partir de diversos testimonios, se pudo concluir que en este centro se coordinaron acciones destinadas a desarticular y eliminar a militantes del MIR. Un número importante de los detenidos entre los meses de septiembre y noviembre del año 1974 "fueron interrogados y torturados en José Domingo Cañas. Varios de ellos desaparecieron en poder de la DINA, siendo algunos llevados a Cuatro Álamos, lugar donde fueron vistos por última vez"[78]. Con todo, las acciones represivas "selectivas", ejecutadas en la casa de José Domingo Cañas, estuvieron dirigidas por "Ciro Torré, oficial de Carabineros, que fue luego reemplazado por Francisco Ferrer Lima, Capitán del Ejército. Se sabe también por testimonios de las personas sobrevivientes, que le correspondió una activa participación a diversos uniformados como Miguel Krassnoff, Ricardo Lawrence Mires, Gerardo Godoy

---

[76] Juvenal Figueroa y José Antonio Palma, *Centro Cultural Ollagüe*, Tesis para optar al Título Técnico de Nivel Superior en Decoración y Proyectos de Espacios Interiores, Santiago de Chile, Instituto Umbrales, 2000, p. 22.
[77] *Informe Comisión Nacional sobre Prisión Política y Tortura*, op. cit., p. 241.
[78] Comisión Nacional de Verdad y Reconciliación, *op. cit.*, p. 785.

García, Fernando Lauriani Maturana, entre muchos otros". Con respecto a este punto, el informe Rettig refiere lo siguiente:

> En los últimos días de agosto, los equipos operativos de la DINA trasladaron el grueso de su operación al recinto de José Domingo Cañas donde se continuaba con un intenso ritmo de detenciones. Es en este período que los esfuerzos de la DINA se centraron en la ubicación de Miguel Enríquez Espinosa, secretario general del MIR en la clandestinidad, lo que lograron en octubre de 1974. La mayor parte de los detenidos que cayeron en el proceso de búsqueda del secretario general del MIR permanecieron en el recinto de José Domingo Cañas[79].

Los testimonios recibidos por el informe Valech permitieron establecer que "a los detenidos los conducían encapuchados hasta el garaje, donde el personal de guardia los enrolaba y los registraba. Después los llevaban por el interior, al segundo piso del edificio. Los interrogatorios se realizaban en el tercer piso del edificio y en la casa que se comunicaba con este"[80]. La casa de José Domingo Cañas fue uno de los lugares en que la DINA torturó, asesinó e hizo desaparecer a 57 personas (una gran mayoría de ellos del MIR). No obstante lo señalado, una treintena de personas sobrevivieron a su paso por ella, dejando testimonio fehaciente de las torturas perpetradas en el lugar[81].

Cuartel Tacora – Venda Sexy (Irán 3037)

Este recinto fue uno de los cuarteles de la DINA que estuvo operativo durante el período selectivo de las violaciones a los Derechos Humanos, iniciado tras el cierre de los recintos masivos de

---

[79] Ibid., 785.
[80] Comisión Nacional sobre Prisión Política y Tortura, *op. cit*, p. 530.
[81] Arenas, Sady. *La sorda Justicia. El "Hoyo" de José Domingo Cañas, Cuartel Ollagüe de la DINA*. Santiago: Fundación 1367, 2016.

detención y que está marcado por el surgimiento de la Dirección de Inteligencia Nacional. Junto a José Domingo Cañas (Cuartel Ollagüe), Villa Grimaldi (Cuartel Terra Nova), Londres 38 (Cuartel Yucatán), la Clínica Santa Lucía y 4 Álamos, cierra el principal circuito de centros de detención clandestino de la DINA en la Región Metropolitana en 1974. Funcionó entre los años 1974 y 1975, estando a cargo del mayor del Ejército Gerardo Ulrich, dependiente de la Brigada Purén de la BIM de la DINA, dirigida por el mayor del Ejército Raúl Iturriaga Neuman. En el recinto, operaban las agrupaciones Chacal, dirigida por el oficial de Carabineros Miguel Hernández; y la agrupación Ciervo, a cargo del oficial del Ejército Manuel Carevic Cubillos, en conjunto con la mayor de Carabineros Ingrid Olderock[82].

La casa fue arrendada por el agente de la DINA Miguel Hernández al hermano del doctor Héctor Domingo Muñoz, bajo el pretexto de servir como alojamiento a funcionarios de provincia de la institución de Carabineros[83]. Bajo esa fachada de tranquilo chalé de esquina, al centro de un apacible barrio residencial, en la intersección de av. Los Plátanos con Irán, se instaló el centro de detención, tortura y exterminio de la dictadura. En palabras de un sobreviviente del recinto, "una de las razones que ha hecho que haya menos declaraciones públicas sobre la Venda es que el sistema de terror que aplicaron ahí sobrepasó todas las posibilidades de hacer daño a las personas"[84].

El recinto concentró sus operaciones entre agosto y octubre de 1974, pese a que en junio de 1974 llegó el primer detenido del recinto, Luis Lecaros Munita, militante del MIR. Las acciones en este centro clandestino se focalizaron en la detención de estudiantes universitarios del MIR y del PS, específicamente del GPM5 del MIR y de las fracciones de izquierda del PS. La mayoría de las detenciones se efectuó durante el mes de septiembre de 1974. Por

---

[82] Guzmán, Nancy. *Olderock. La mujer de los perros*. Santiago: Ceibo Ediciones, 2014, p. 76.
[83] Causa rol 2182-98, episodio Luis Dagoberto San Martín Vergara, foja 644.
[84] Ibid., p. 77.

este recinto, se les perdió el rastro a veintisiete prisioneros políticos detenidos desaparecidos, vinculados con posterioridad a la Operación Colombo y al asesinato de 119 detenidos políticos bajo el pretexto de un falso enfrentamiento en Argentina[85].

El recinto recibió las denominaciones de "Discoteque" y de "Venda Sexy". Discoteque, por el alto volumen de la música que sonaba durante el día, para ocultar los ruidos producidos durante las torturas a las que se sometían a las prisioneras y prisioneros. Venda Sexy, porque las detenidas y los detenidos llegaban vendados, eran en su mayoría jóvenes y sufrieron violaciones y diversas torturas sexuales. Se caracterizó por ser un centro de detención al que llegaban detenidos que serían asesinados y/o desaparecidos con posterioridad, caracterizándose en ese sentido como un centro clandestino de exterminio. En este recinto, la maldad y la tortura fueron llevadas al límite, deshumanizando en el trato a los prisioneros políticos e identificándolos como la personificación de un enemigo que era necesario exterminar en su integridad moral, física y síquica.

Según el testimonio de Elías Padilla, este recinto se distinguió del resto, ya que en él los agentes de la DINA operaban en horario de oficina (de 08:00 a 18:00 h.) y realizaban todas las acciones de la cadena represiva de la tortura: eran agentes operativos que efectuaban detenciones, torturadores y se encargaban de asesinar y hacer desaparecer a los detenidos políticos. A su juicio, "En esas tareas participaban todos los que estaban allí y por eso intentan sistemáticamente desconocer su paso por la Venda"[86].

Pese a que Naciones Unidas, en su informe del Consejo Económico y Social del 8 de octubre de 1976, denunciaba la existencia de un centro clandestino de detención denominado "Discoteque", en la calle Irán en Santiago[87], la dictadura a través

---

[85] Parte Policial PDI 1 de junio de 2010, causa rol 2.182-98 "Operación Colombo". Archivo Jenadep-PDI.
[86] Guzmán, *op. cit.*, p. 75.
[87] Naciones Unidas. *Informe del Consejo Económico y Social. Protección de los derechos humanos en Chile. Nota del secretario.* 8 de octubre de 1976, p. 55.

de sus autoridades negó su existencia. En 1979, el ministro del Interior Sergio Fernández señaló a la opinión pública que la existencia del recinto no pudo ser comprobada, ya que no fue incluida en las actas de entrega de la DINA a la Central Nacional de Informaciones el año 1977, tras su disolución. Pese a ello, en enero de 1980, Manuel Contreras declaró ante un juzgado que, como esta propiedad era un cuartel operativo de la DINA y dado que la disolución de la DINA y posterior creación de la CNI se efectuaron en un mismo decreto administrativo, no fue necesario efectuar acta de entrega.

Los usos del recinto de detención

Las prisioneras y prisioneros eran ingresados en automóviles que aparcaban en el patio y eran escuchados al ingresar por el sonido de las ruedas en la gravilla. En el primer piso del inmueble, el living era utilizado como sala de recepción y de identificación a los detenidos. Luego eran separados según sexo en dos habitaciones, a los costados de la escalera que da al segundo piso. Al lado de la escalera está el baño utilizado por las detenidas y detenidos. En las piezas del segundo piso, se realizaban las violaciones y torturas.

En el subterráneo, al que se accede por el patio posterior a través de la cocina, o desde el patio delantero, fue el lugar donde se propinaban torturas y violaciones con un perro pastor alemán adiestrado por Ingrid Olderock, quien lo denominó "Volodia", en directa referencia al dirigente del PCCH, Volodia Teitelboim. En palabras de la periodista de investigación, Nancy Guzmán, nombrarlo así dejaba "expuesta la ideología de genocida que deshumanizaba a las categorías sociales y políticas que la dictadura buscaba eliminar, despojándolos de sus características humanas con el fin de aislarlos del resto de la sociedad sometida a la dominación"[88].

---

[88] Guzmán, *op. cit.*, p. 86.

La tortura

Después de una sesión de parrilla, amarrado desnudo con los brazos y piernas abiertas sobre un catre metálico para reforzar el efecto de las descargas eléctricas, le colocaron una pistola en la sien, le inyectaron pentotal y fue colgado con las manos amarradas atrás mientras era golpeado y quemado con cigarros. El lugar de tortura se llamaba Venda sexy. La víctima perdió la consciencia y no recuerda el tiempo que fue torturada, aunque, por lo que contaron luego, las sesiones duraban entre una o dos horas[89].

Los métodos de tortura aplicados en este recinto se diferenciaron del resto en la medida en que el énfasis estuvo puesto en las vejaciones y violencia de tipo sexuales, contra hombres y mujeres, propinada por los torturadores y por un perro amaestrado para tales fines. Las violaciones de las detenidas y la violencia contra el conjunto de los detenidos fue una práctica cotidiana por parte de los torturadores y los celadores. Las intensidades de la violencia sexual eran administradas con fines de obtención de información. Sin embargo, en los períodos terminales de los detenidos que posteriormente serían desaparecidos, esta se aplicó sin un objetivo aparente más que causar daño y degradar a los detenidos en los últimos minutos de vida.

Según el testimonio de una sobreviviente de este recinto, la mayoría de los torturadores eran hombres, salvo Ingrid Olderock: "Los torturadores eran casi puros hombres. Básicamente eran hombres. La única mujer que allí había –o que por lo menos yo recuerdo– es Ingrid Olderock. La recuerdo como una mujer muy ronca. Incluso, al principio, yo pensé que era un hombre por lo ronco de su voz y por lo voluminoso de su cuerpo. Yo no la vi, porque estaba vendada, pero uno sentía que la persona que estaba allí ocupaba gran parte de ese lugar. Ella a mí me torturó con perros"[90].

---

[89] "El horror en Venda Sexy", *El País*, 16 de enero de 2001.
[90] Guzmán, *op. cit.*, p. 69.

Pese a estar sometidas a esta constante agresión, hubo momentos en que las prisioneras demostraron resistencia a los embates de los agentes de la DINA. En el testimonio de otra sobreviviente del recinto: "Nos violaban constantemente, tanto así, que llegó un momento en que las presas nos organizamos, descubrimos que los tipos eran asquientos a las mujeres que andaban con la regla, no las violaban. Así que cuando alguna compañera estaba con la menstruación, tenía que ensuciar los pañitos que eran pedazos de vestidos o pañuelos, para que el resto se los pusiera. De esa manera, cuando nos desnudaban, parecía que estuviéramos con la regla, hasta que un día se dieron cuenta y dijeron: "¡Estas hueonas están todas con la menstruación!", lo peor para ellos es que a pesar del terror, habíamos construido un tipo de organización dentro de ese terrible lugar. Pero allí todas las torturas eran basadas en aberraciones sexuales, por eso cuesta que la gente hable de sus experiencias. Fue terrible"[91].

El Informe Valech señaló, al respecto, que: "En este recinto se practicó con especial énfasis la tortura sexual. Eran frecuentes las vejaciones y violaciones sexuales de hombres y mujeres, para lo que se valían, además de un perro adiestrado"[92].

Cuartel Terranova (Villa Grimaldi)

Ubicado en Avenida José Arrieta 8401, comuna de Peñalolén, Región Metropolitana. De acuerdo a los procesos de investigación judicial y reportes oficiales sobre procesos de violación a los derechos humanos ocurridos entre 1973 y 1990, Villa Grimaldi fue conocido dentro de los servicios de inteligencia como Cuartel Terranova, siendo sede de la BIM. Se sabe que, entre 1973 y 1978, este lugar fue centro de detención, tortura y muerte, y se estima que alrededor de 4.500 personas fueron mantenidas detenidas en

---

[91] Ibid., p. 78.
[92] Comisión Nacional sobre Prisión Política, *op. cit.*, p. 530.

el recinto, 226 desaparecieron y 18 fueron ejecutadas al interior del lugar.

A fines de 1973, Emilio Vasallo, propietario del inmueble, fue obligado a entregar la propiedad a la DINA, quienes en diciembre de 1973 lo inauguraron como Cuartel Terranova, centro clandestino de detención, tortura y exterminio, situado estratégicamente cerca del Comando de Telecomunicaciones del Ejército de Chile.

Si bien su actividad comenzó en diciembre de 1973, su uso se oficializó en 1974, funcionando de forma sistemática hasta el año 1978. Desde un principio, el Cuartel Terranova se desempeñó como un centro selectivo de detención, tortura y desaparición de personas. Similar en funcionamiento fueron Londres 38, José Domingo Cañas e Irán 3037.

Se estima que alrededor de 4.500 personas fueron mantenidas en el recinto, registrando el mayor número de detenidos entre fines de 1974 y principios de 1975. En ese momento, "el Cuartel Terranova pudo contener unas ciento cincuenta o doscientas personas sometidas a inmovilidad y tortura"[93]. Se estima que del total de hombres y mujeres que pasaron por el centro, 226 fueron desaparecidos y/o ejecutados[94].

En el Cuartel Terranova, operó la BIM[95], encargada de la represión interna de la ciudad de Santiago y, por ende, en su interior, se apostaron los equipos operativos de la BIM; las brigadas Caupolicán y Purén. La BIM tenía un director o jefe, el que contaba con una planta mayor encargada de labores generales de inteligencia y una sección de logística[96]. El primer jefe fue el mayor del Ejército César Manríquez Moyano, quien se mantuvo en el cargo hasta septiembre de 1974. El segundo al mando fue el teniente coronel del

---

[93] Salazar, Gabriel. *Villa Grimaldi (Cuartel Terranova). Historia, testimonio, reflexión Vol. I.* Santiago: Lom ediciones, 2013, p. 113.

[94] Corporación Parque por la Paz Villa Grimaldi. *Seminario Internacional "Un museo en Villa Grimaldi: Espacio para la Memoria y la Educación de Derechos Humanos.* Santiago, 2005.

[95] Ministerio del Interior. *Informe de la Comisión Nacional de Verdad y Reconciliación Tomo II.* Santiago, 2007, p. 723.

[96] Comisión Nacional de Verdad y Reconciliación, *op. cit.*, p. 723.

Ejército Pedro Espinoza Bravo, conocido como "Rodrigo Terranova". También integró la Comandancia del cuartel el coronel del Ejército Marcelo Moren Brito, conocido como "El Ronco".

De todos los cuarteles utilizados transitoriamente por la DINA, existe un consenso en que el Cuartel Terranova fue el más importante de los recintos clandestinos de detención, "por ser el de mayor tamaño físico, por haber albergado allí a los oficiales de la BIM (…), por haber sido el cuartel con el mayor número de detenidos, de torturados y el mayor número de asesinados y desaparecidos. Allí, por tanto, se observó en su forma más directa y masiva el carácter específico (casi inédito) de la "guerra" emprendida por la DINA y por su máxima comandancia"[97].

Se sabe que los prisioneros de Villa Grimaldi provenían de otros recintos de la DINA de Santiago y/o regiones[98]. A su vez, los detenidos "más afortunados" no eran liberados, sino que trasladados al Campo de Prisioneros 3 y 4 Álamos. A la Villa Grimaldi "se llevaban a los prisioneros para sus primeros interrogatorios después de la detención y se mantenían lugares y artefactos especialmente dispuestos para las distintas formas de tortura; allí también se mantenía a los prisioneros a quienes ya no se torturaba, a veces por largos períodos, a la espera de posibles nuevos interrogatorios o de la decisión sobre su suerte futura"[99].

En un comienzo, durante el período que va desde julio de 1974 a diciembre de 1975, la persecución estuvo dirigida contra militantes del MIR, con gran participación de la brigada Caupolicán[100]. A partir de 1976, la DINA concentró sus fuerzas contra militantes del PCCH, período en que habrían llegado 95 militantes en calidad de detenidos[101]. Los equipos operativos del cuartel Terranova también enfocaron su persecución contra el Partido Socialista, sobre todo en 1975, en el que fueron detenidos

---

[97] Salazar, *Villa Grimaldi…*, *op. cit.*, pp. 97-98.
[98] Comisión Nacional Sobre Prisión Política y Tortura, *op. cit.*, p. 532.
[99] Comisión Nacional de Verdad y Reconciliación, *op. cit.* p. 735.
[100] Salazar, *op. cit.*, p. 113.
[101] Ibid., p. 113.

113 militantes. Del resto de movimientos de resistencia, como el Movimiento de Acción Popular Unitaria (MAPU), Izquierda Cristiana (IC), Democracia Cristiana (DC) y Ejército de Liberación Nacional (ELN), se registró un número menor de detenidos[102].

En 1976, con la disolución de la DINA, la propiedad pasó a manos de la CNI. El 7 de agosto de 1980, la CNI compra Villa Grimaldi al Servicio de Vivienda y Urbanismo (Serviu). El 21 de septiembre de 1987, el último director de la CNI, General Hugo Salas Wenzel, vende la propiedad a la Sociedad Constructora EGPT Ltda.[103], evidenciando un hecho que había sido sistemáticamente negado: la vinculación entre la DINA y la Villa Grimaldi. La empresa demuele el recinto, derribando la casona. Solo quedó el muro exterior rojo, el portón de fierro, partes de una pileta, partes del pavimento interior, la piscina y parte de los antiguos camarines, además de un muro semicircular en donde los prisioneros de las "Casas Chile" se sentaban a comer.

Usos del recinto

En 1974, con el fin de implementar una represión sistemática, la DINA habilitó el lugar con una infraestructura que contó con artefactos especialmente dispuestos para distintas formas de torturas a los detenidos. Allí también se mantenía a prisioneros que ya no eran torturados pero que permanecían detenidos, a veces por largos períodos, a la espera de posibles nuevos interrogatorios o de la decisión sobre futuro.

A medida que llegaban más detenidos y detenidas y que el número iba aumentando, se fueron habilitando otros espacios para su permanencia, los que aparentemente se encontraban diferenciados según la "calidad" en que se encontraba el detenido.

Por una parte, estaba la antigua casona que sirvió a la DINA para habilitar recintos de tortura y celdas; por otra, en el terreno

---

[102] Ibid., p. 197.
[103] Ministerio de Vivienda y Urbanismo. *Memorias de la ciudad*, Santiago, 2009, p. 44.

se apostó una serie de instalaciones sólidas para albergar a la gran cantidad de detenidos que iban llegando a la Villa: las Casas Corvi, las Casas Chile y la Torre. "Cuando la población de detenidos superó la capacidad física máxima de las instalaciones sólidas (treinta o cuarenta en la celda para hombres, diez o quince en la de mujeres y otros veinte, probablemente, en otros lugares), la DINA decidió crear un campamento de mediaguas para albergar a la población flotante, cada una diseñada con economía de material y costo, pero también para inmovilizar a los detenidos en un espacio techado mínimo. Tal campamento estuvo constituido por las llamadas "Casas Corvi" (exteriores) y las llamadas "Casas Chile" (bajo techo)"[104].

Las Casas Corvi correspondían a ocho construcciones de madera destinadas al aislamiento de los detenidos que debían permanecer incomunicados. Constituyeron "verdaderos ataúdes"[105], de un tamaño tan estrecho que los prisioneros, hasta cuatro por celda, debían permanecer de pie e inmóviles durante varios días. De acuerdo a los testimonios, en las Casas Corvi permanecían los detenidos sometidos a duros regímenes de interrogatorios y torturas con el fin de "ablandarlos".

Luego se encontraban las Casas Chile, nueve pequeñas celdas de madera, un poco más grandes que las Casas Corvi, a las cuales eran llevados los detenidos después de las sesiones de tortura. En cada celda había un camarote al que eran encadenados hasta cinco prisioneros.

Muy cerca de las Casas Chile se encontraba la celda de mujeres. Testimonios declaran que las mujeres recibieron un trato brutal, sin ningún tipo de consideración, llegando a ser objeto de vejaciones sexuales y en algunos casos de violaciones[106]. Próximo a la celda de mujeres, había un barril de 200 litros de agua semi descompuesta, el cual era utilizado para aplicar el "submarino húmedo",

---

[104] Salazar, *op. cit.*, p. 113.
[105] Minuta para ceremonia en Monumento Histórico Parque por la Paz Villa Grimaldi. 11 diciembre de 2004. Consejo de Monumentos Nacionales, p. 1.
[106] Comisión Nacional Sobre Prisión Política y Tortura, *op. cit.*, p. 532.

un sistema de tortura consistente en hundir la cabeza hasta provocar la asfixia del prisionero.

Finalmente, La Torre es una de las instalaciones más importantes del Cuartel Terranova. De acuerdo a las investigaciones, la torre tenía cuatro niveles, cada uno con salas para practicar diversos tipos de tortura. El primer piso habría sido utilizado como sala de parrilla (camarote metálico en el que se aplicaba electricidad) y de colgamiento. En el segundo y tercer piso se ubicaban las celdas de aislamiento (cajoneras de 70x70 cm de ancho y 2 m de alto). Por último, el cuarto nivel tenía un depósito de agua y era ocupado por un guardia de la DINA. Las celdas tenían una puerta pequeña en la parte baja por la que se debía entrar de rodillas. En cada una de las celdas se mantenía entre una y dos personas en un régimen de encierro permanente. "Aparentemente las personas llevadas a la Torre eran detenidos de cierta relevancia que habían terminado su etapa de interrogatorios intensos. A muchos de los detenidos que permanecieron en la torre no se les volvió a ver"[107].

De acuerdo a los procesos de investigación judicial y reportes oficiales sobre procesos de violación a los derechos humanos ocurridos entre 1973 y 1990, y de acuerdo a los testimonios de los sobrevivientes del recinto, la vida de los prisioneros al interior de Villa Grimaldi se caracterizó por extremas condiciones de insalubridad, malos tratos generalizados, deficiente e insuficiente alimentación. Por lo general, los detenidos no accedían a asearse ni cambiarse de ropa. Las idas al baño eran en horas fijas y siempre estaban vendados y sometidos a sesiones de interrogación y tortura.

En declaración extrajudicial, el agente Samuel Enrique Fuenzalida Devia, que se desempeñó como jefe de la BIM y de diversos cuarteles de la DINA, reconoció lo siguiente respecto al destino de los detenidos desaparecidos del cuartel: "era comentario entre los guardias y agentes operativos que los presos de La Torre (Villa Grimaldi) tenían destino "Puerto Montt" o "Moneda", o se referían

---

[107] Comisión Nacional de Verdad y Reconciliación, *op. cit.*, p. 736.

del traslado de ellos en esos términos. Este destino lo vi escrito en un kárdex de los presos que estaba en la Plana Mayor de la BIM, donde trabajaba Wenderoth y que era el responsable de esos detenidos. Tiempo después, deduje que el término "Puerto Montt" significaba morir en tierra, mientras que "Moneda" significaba morir en el mar y para lo cual lanzaban a los presos desde un helicóptero (...)"[108].

Cuartel Rocas de Santo Domingo

Pocos días después de la ascensión del presidente Salvador Allende en 1971, el Programa Presidencial de la Unidad Popular, a través del Fondo Nacional de Bienestar Social de los Trabajadores, elaboró un proyecto destinado a la construcción de una red de dieciséis Balnearios Populares "... para ser utilizado[s] como lugar de veraneo de obreros y pobladores humildes, con sus familias"[109]. "Fueron concebidos mediante un ingenioso sistema de paneles prefabricados de madera y se instalaron en las mejores playas de nuestro país, desde Arica hasta Lota. Su diseño, construcción y montaje estuvo a cargo de la Dirección de Equipamiento Comunitario Minvu, cumpliendo con el compromiso contraído por la Unidad Popular, de hacer realidad el derecho de los trabajadores al esparcimiento y la cultura"[110]. Entre ellos se encontraba el Balneario Popular Santo Domingo.

Cada balneario se diseñó con una capacidad para 500 personas, con módulos con ocho a diez cabañas. Cada cabaña tenía seis camas. Fuera de las cabañas se construyeron bodegas, posta de primeros auxilios, canchas deportivas y juegos infantiles, lavaderos, cocina y comedores colectivos. De esta forma, durante los veranos de 1972 y 1973, los balnearios se llenaron de vida. En el caso del

---

[108] Depto. V Asuntos Internos- PDI. Parte núm. 101 del 19 de julio de 1993, p. 7. Archivo Jenadep-PDI.
[109] Comité de Cooperación para la Paz en Chile, s/f, p. 3.
[110] Lawner, Miguel. *Breve historia de los Balnearios Populares (1970-1973)*, s/a.

Balneario de Santo Domingo, fue disfrutado por familias asociadas a la Central Unitaria de Trabajadores (CUT).

Miguel Lawner evoca: "Es impresionante recordar la atmósfera de solidaridad y alegría que reinó entre quienes tuvieron la oportunidad de tomar un período de vacaciones en estos balnearios, muchos de los cuales pudieron disfrutar, por primera vez, de un derecho tan elemental. Para qué decir la cantidad de niños y adultos que conocieron el mar por primera vez. Cada grupo de veraneantes tomó la iniciativa de organizar sus propias actividades, además de las programadas oficialmente. Se hicieron habituales las fogatas encendidas a la hora del crepúsculo, animando los cantos, bailes o relatos que se prolongaban normalmente hasta la medianoche"[111].

Tras el golpe de Estado del 11 de septiembre de 1973, la Junta Militar, bajo la consigna de que los balnearios populares eran "escuelas de guerrillas o de adoctrinamiento político", los clausuraron como campos de veraneo, y muchos de ellos fueron apropiados y repartidos entre distintas secciones de las FF. AA. y organismos de inteligencia. En este escenario, la Armada se apropió del balneario popular de Puchuncaví y el Ejército de Pichidangui. Por su parte, entre 1974 y 1975, Santo Domingo y Ritoque fueron convertidos en Campos de Concentración de presos políticos. "Se alambró su entorno, se levantaron torres de vigilancia y se artillaron para cumplir un objetivo tan contrario a los fines humanistas con que fueron concebidos"[112].

El Campo de Concentración Rocas de Santo Domingo estuvo en manos de la DINA quienes, además de utilizarlo para prisión y tortura de los presos políticos, lo convirtieron en el primer campo de adiestramiento en técnicas de tortura y exterminio para sus miembros. Aquí, los futuros agentes fueron adiestrados

---

[111] Expediente de solicitud de declaración como Monumento Nacional en la categoría de Monumento Histórico, del Balneario Popular situado en Rocas de Santo Domingo, Quinta Región. Chile, Santiago, 2013.

[112] Expediente de solicitud de declaración como Monumento Nacional en la categoría de Monumento Histórico, del Balneario Popular situado en Rocas de Santo Domingo, Quinta Región. Chile, Santiago, 2013, p. 11.

en técnicas de tortura, que después pusieron en práctica en todo Chile. Los agentes de la DINA "vivían ahí entre tres semanas y tres meses, recibiendo instrucción de parte de Cristián Labbé, Miguel Krassnoff y Manuel Contreras, entre otros. Prácticamente todos los célebres agentes de la DINA se formaron ahí"[113]. Al mando del recinto estaba el mayor del Ejército César Manríquez Bravo.

Este balneario operó de modo paralelo al centro de interrogatorio clandestino que funcionó en el Regimiento Tejas Verdes, unidad militar al mando de Manuel Contreras. En Tejas Verdes se efectuaban los interrogatorios y torturas, a cargo del capitán Mario Jara Seguel. En Rocas de Santo Domingo los detenidos eran mantenidos en estado de prisión, a la espera de las sesiones de tortura e interrogación realizadas en su campo homólogo.

Según los reportes oficiales, los prisioneros, desde el instante de su arresto, fueron violentamente golpeados y maltratados. "Durante toda su detención permanecían amarrados de pies y manos con alambres y con los ojos vendados o encapuchados, frecuentemente eran sacados de sus celdas para interrogarlos y torturarlos. Afirman que eran arrojados al suelo de una celda y que se les mantenía privados de comidas, abrigo, sueño y de servicios higiénicos"[114].

Los relatos de los detenidos y detenidas aluden a haber permanecido por mucho tiempo desnudos, amarrados de pies y manos, siempre con los ojos vendados o encapuchados mientras eran duramente interrogados. "Durante mi estadía en el recinto estuve todo el tiempo vendada y amarrada, solo se me soltaba para comer e ir al baño y cuando comíamos se nos soltaba una sola mano (…) Después a mí me pasaron a una pieza en la cual se me amarró a una cama o camarote, en la cual permanecí el resto de mi detención"[115].

---

[113] Cossio, Héctor y González, Patricio. "Destrucción de cabañas de entrenamiento de la DINA: ¿qué hacer con los símbolos de la violencia política?". *El Mostrador*. Web. 27 de enero 2017.
[114] *Informe de la Comisión Nacional de Prisión Política…, op. cit.*, p. 380.
[115] "Testimonio de Ana, sobreviviente de este centro de concentración". *Memoria Viva*. Web. 25 enero de 2017.

El Campo de Prisioneros Rocas de Santo Domingo funcionó hasta 1976, año a partir del cual el recinto se transformó en campamento de veraneo para agentes de la DINA, y tras su disolución, para los agentes de la CNI, quedando, finalmente, tras un traspaso irregular, bajo la administración del Ejército.

Cuartel Venecia

Correspondió a una antigua casa de seguridad del MIR que fue abandonada tras un enfrentamiento con efectivos de la DINA, ubicada en calle Venecia 1722, comuna de Independencia. Inicialmente fue utilizado como lugar de residencia para el personal soltero de la DINA, pero con posterioridad, a mediados de 1975, registró acciones operativas a cargo del teniente de ejército Ricardo Lawrence Mires[116].

Sobre su uso como centro de detención y torturas clandestino, no existen registros de su utilización de manera sistemática. No obstante aquello, en el mes de marzo de 1976, el personal de la DINA llevó hasta sus dependencias al exdiputado y dirigente de la CUT, Bernardo Araya Zuleta y su esposa, María Flores Barraza, quienes fueron torturados en el lugar y con posterioridad ejecutados y desaparecidos[117].

Cuartel Rafael Cañas

Inmueble de tres pisos ubicado en calle Rafael Cañas 214, comuna de Providencia. El primer piso del recinto estaba destinado a la guardia, un baño, un living-comedor y una cocina. En el segundo piso estaban las habitaciones: una de ellas, para el comandante o jefe de recinto, el mayor de Ejército Juan Zanzani Tapia, que

---

[116] Informe Policial PDI del 16 de agosto de 2009, causa rol 2182-98 "Operación Colombo Aedo Carrasco y otros".
[117] Parte Policial PDI del 1 de junio de 2010. Causa rol 2182-98 "Operación Colombo", p. 18.

dirigía la Brigada Tucapel. En el tercer piso, se encontraban las habitaciones utilizadas como dormitorios del personal soltero de la brigada y se guardaba el polvorín de armas, con fusiles Ak-47[118].

Cuartel Simón Bolívar

El recinto de "Simón Bolívar", de calle Simón Bolívar 8630, comuna de La Reina, contó con una sola entrada por un portón metálico, una casa de material ligero, un gimnasio con tres camarines, una caseta de guardia, un casino, una cancha de baby fútbol y estacionamientos. Constituyó el asiento de la brigada "Lautaro", la que en sus inicios solo veló por la seguridad del general Manuel Contreras, su entorno familiar y labores de índole investigativo, relacionadas con denuncias. Se formó con personal de las distintas ramas de las FF. AA., que luego fueron trasladados a dependencias de calle Diagonal Paraguay, Torre 5, en la Remodelación San Borja y, a mediados de 1975, por el cambio de residencia de Manuel Contreras a La Reina, al cuartel ubicado en calle Simón Bolívar donde permanecieron hasta el primer trimestre de año 1977, traslado que se efectuó bajo el mando del capitán de Ejército Juan Hernán Morales, quien estuvo a cargo de la Brigada tanto en la "Torre 5", como en "Simón Bolívar". Se reconoce al cuartel Simón Bolívar como de exterminio, dado que la totalidad de los detenidos son desaparecidos en la actualidad, de tal manera que los cadáveres de prisioneros políticos que pasaron por dicho lugar fueron tirados al mar o a la cuesta Barriga[119].

El cuartel se vio alterado a mediados de 1976 con la llegada desde Villa Grimaldi del grupo del capitán de Ejército Germán Barriga y del teniente de Carabineros Ricardo Lawrence Mires, los que se instalaron en dependencias del casino, llamándolos, según algunos, bajo el nombre de "Mehuín". Los grupos de Barriga y

---

[118] Ibid., p. 20.
[119] Informe Policial núm. 907 del 30 de julio de 2009, PDI, causa rol 2.189-98 "Episodio Conferencia 1". Archivo Jenadep-PDI.

Lawrence gozaron de cierta autonomía para realizar sus labores, sin perjuicio del grupo de confianza del capitán Morales, denominado "Los míos" e integrado por varios infantes de marina que colaboraron regularmente en los procedimientos operativos realizados por los agentes de Barriga y Lawrence. No obstante la autonomía de la que gozaron, la gran mayoría de los agentes coincide en sindicar que tanto Barriga como Lawrence recibieron órdenes del capitán Morales Salgado. Desde la llegada de este nuevo grupo de agentes, se produjo una trasformación del cuartel desde una brigada de seguridad a un centro de exterminio.

La principal misión de los oficiales Barriga y Lawrence fue la eliminación de la cúpula del Partido Comunista y de sus militantes, por lo que se realizaron operativos coordinados por Morales Salgado con la activa participación de los agentes de Barriga y Lawrence.

El cuartel empezó a recibir prisioneros, trasladados principalmente en camionetas marca Chevrolet, modelo C-10, que ingresaban con la vista vendada a los camarines, acondicionados como celdas, en los que esperaban sus interrogatorios, efectuados por los oficiales Morales, Barriga y Lawrence. Producto de los interrogatorios, los prisioneros eran sometidos a brutales sesiones de tortura, las que consistían en la aplicación de electricidad "La Parrilla", "Submarino Seco" y "Golpizas", todas las cuales tenían como fin obtener información acerca de las misiones, recursos, integrantes y organigramas de las organizaciones políticas. Producto de las torturas, los detenidos morían, sin haber indicios de sobrevivientes, atribuyéndosele la calidad de centro de exterminio de la DINA. Varios detenidos, con posterioridad a las torturas, eran inyectados con "Pentotal" para provocarles la muerte.

Los cuerpos de los detenidos se sujetaban a un trozo de riel con alambres, se envolvían en trozos de polietileno y en sacos paperos, nuevamente asegurados con alambres y, en la noche, trasladados al Regimiento de Paracaidistas del Ejército de Chile en "Peldehue", Colina, en el que se subían a helicópteros "Puma", pertenecientes al Comando de Aviación del Ejército, para ser lanzados al mar. Otros cuerpos se llevaron a una mina abandonada en el sector de

"Cuesta Barriga" y se arrojaron en piques profundos y otros, según indica Jorgelino del Carmen Vergara Bravo, se llevaron a sectores del Cajón del Maipo y se arrojaron en los acantilados[120].

Centro Quetropillán (Lo Curro)

Inmueble ubicado en Vía Naranja 4925, sector Lo Curro, Vitacura. Se constituyó como domicilio particular de Michael Tonwley y sede de la Agrupación Avispa de la Brigada Mulchén. Fue adquirido en 1975 por orden de Manuel Contreras para el establecimiento del Centro de Investigación y Desarrollo Técnico Quetropillán que desarrollaría el gas sarín y otras armas biológicas destinadas a las brigadas secretas de la DINA. La casa fue comprada a Ángel Vidaurre por una sociedad ficticia formada por Diego Castro Castaneda (alias del comandante Eduardo Iturriaga Neuman) y por Rodolfo Schmidt (alias del mayor Rolando Acuña). Según los testimonios de Tonwley:

> Tuve la dirección del proyecto para desarrollar "Sarín", una sustancia altamente venenosa descubierta por los alemanes en la Segunda Guerra y de la familia Orguno fosforados (existe una copia completa de este trabajo en poder de mi abogado en USA, que tiene instrucciones de entregarla a las autoridades de USA en caso de mi muerte por circunstancias como los descritos). De todos modos los equipos y elementos fueron comprados a través de mis padres sin que supieran para qué eran[121].

---

[120] Sentencia en primera instancia, causa rol 2.189-98 Episodio "Conferencia 1" o "Conferencia C" dictada por el ministro de fuero de la Corte de Apelaciones de Santiago Miguel Vásquez Plaza, 30 de noviembre de 2018.
[121] Declaración Michael Tonwley del 13 de marzo de 1978. Archivo Jenadep-PDI.

Cuartel Birsur (Ignacio Carrera Pinto 262)

El desarrollo de este recinto se vincula al accionar de la ex Colonia Dignidad y de los vínculos con la DINA en el desarrollo de acciones represivas. Estos hechos están acreditados en la sentencia del 12.04.2014 causa rol 2.182-98, episodio Asociación Ilícita ex Colonia Dignidad de la Corte de Apelaciones de Santiago, en la sentencia en primera instancia del 15 de abril de 2013 causa rol 10-2004 (Adriana Bórquez Adriazola) de la Corte de Apelaciones de Santiago, la sentencia del 27.11.2008 causa rol 12.293-2005 por homicidio calificado en contra de Miguel Ángel Becerra Hidalgo de la Corte de Apelaciones de Santiago, sentencia del 23.01.2012 causa rol 2.182-98, episodio Juan Bosco Maino Canales, de la Corte de Apelaciones de Santiago.

En ellas se acredita que la Colonia Dignidad participó activamente en planificaciones conjuntas de los altos mandos del ejército y la DINA para el desarrollo de acciones represivas, proveyó recursos humanos, materiales, técnicos y financieros para el desarrollo de las acciones represivas, fue utilizada como campo de entrenamiento de agentes de la DINA, desarrolló un sistema de inteligencia y contrainteligencia propio, fue utilizada como centro clandestino de detención y torturas, participó en el tráfico de armamento y en desarrollo de proyecto de invención de armas de destrucción masiva de carácter químico y colaboración de manera activa en el secuestro, tortura, asesinato, desaparición, inhumación y exhumación de víctimas de violaciones a los derechos humanos.

Este cuartel fue la sede de la Brigada de Inteligencia Regional Sur, con jurisdicción entre Rancagua y Temuco. Su grupo operativo fue la Brigada Michimalongo, que llegó a contar con cincuenta agentes. En el cuartel trabajaban unas dieciséis personas en el primer piso, ya que el segundo piso fue el domicilio particular de Fernando Gómez Segovia entre 1974 y 1977. Con posterioridad, fue reemplazado por Eduardo Guy Neckelmann en 1977 hasta la disolución de la DINA en ese mismo año. En las instalaciones trabajaban secretarias, radioperadoras, centinelas y se coordinaba el trabajo de los equipos operativos. Según el Informe Valech:

> Numerosos testimonios se refieren a las experiencias de detención bajo las condiciones de la DINA. Se ha establecido que la DINA utilizó un recinto conocido como Casa de Parral, a cargo de la Brigada de Inteligencia Regional (BIR), ubicada en la calle Ignacio Carrera Pinto 262, en la ciudad de Parral. Hay testimonios de algunos detenidos que estuvieron en ese recinto y fueron trasladados a Colonia Dignidad. Otros testimonios indican, además, que la DINA utilizó el Regimiento de Infantería núm. 16 de Talca como recinto de tránsito de prisioneros hacia Santiago o hacia Colonia Dignidad. Si bien Colonia Dignidad no pertenecía a la DINA, fue utilizada por este organismo para interrogar a presos políticos de la región[122].

Clínica Santa Lucía (Santa Lucía 162)

El inmueble tuvo un uso residencial hasta junio de 1972, cuando fue adquirido por Jaime Gazmuri Mujica, secretario general del MAPU. Fue adquirido para ser utilizado como sede del Regional Metropolitano y de la Dirección Nacional del partido, siendo utilizado como tal hasta el golpe de Estado en 1973. Tras ello, el recinto fue allanado y ocupado por las fuerzas de seguridad y orden. Amparados en el Decreto Ley núm. 77 de la Junta Militar del 8 de octubre de 1973, el inmueble pasó a manos del Estado, siendo utilizado por los agentes de la dictadura desde 1973 hasta 1977. Durante este período fue utilizado como infraestructura de apoyo sanitario, médico y logístico de los centros de detención y tortura de la Región Metropolitana. Se registró a favor del fisco en 1975.

Tras el cierre del recinto de detención, tortura y exterminio Tejas Verdes, ubicado en San Antonio, en abril de 1974, parte

---

[122] Comisión Nacional Sobre Prisión Política y Tortura *op. cit.*, p. 351.

del personal fue trasladado a Santiago. Inicialmente el recinto fue utilizado por la agente de la DINA Ingrid Olderock, funcionando como dormitorio de la sección femenina de las agentes en proceso de formación[123]. Con posterioridad a ello, el grueso de los agentes de la DINA fue enviado al recinto clandestino conocido como "Cuartel Yucatán" (Londres 38)[124], trasladando la sección de sanidad al recinto de Santa Lucía, conformando la posterior "Brigada Sanitaria" de la DINA. Por este motivo, se reconoce a este recinto como la "Ex Clínica de la DINA", que antecedió a la posterior Clínica London, ubicada en calle Almirante Barros, demolida el año 2011.

Entre 1974 y 1977 y bajo la consigna de ser un centro de salud para los funcionarios y agentes de la DINA, este recinto contó con un equipo médico completo, enfermeros, doctores, cirujanos, pediatras, siquiatras y técnicos de apoyo administrativo. Los especialistas en medicina fueron civiles que la DINA contrató para participar en este proyecto, a fin de cubrir todas las necesidades que se proponía abarcar. La orgánica interna se dividía en dos grandes áreas: por una parte, estaba el área odontológica, dirigida por el cirujano-dentista Dámaso González y, a su vez, la especialidad de medicina general se encontraba a cargo del cardiólogo Werner Zanghellini, quien encabezaba la clínica en general y tenía directa relación con el general Manuel Contreras.

El plantel no solo contaba con el personal médico, sino que también funcionarios de las distintas ramas de las FF. AA. Un contingente perteneciente a la Fuerza Aérea, la Brigada de Investigaciones y Carabineros en mayor número.

La coordinación entre este centro de detención y el resto de la infraestructura de inteligencia de la DINA en Santiago, está documentada en los testimonios de los sobrevivientes de este centro. Se reconoce una coordinación entre el centro conocido como la

---

[123] Guzmán. *Ingrid Olderock...*, op. cit.
[124] Rebolledo, Javier. *El despertar de los cuervos. Tejas Verdes, el origen del exterminio en Chile.* Santiago de Chile: Ceibo Ediciones, 2012.

"Venda Sexy" o "La Discoteque" (Irán 3037), el "Cuartel Yucatán" (Londres 38), el "Cuartel Terranova" (Villa Grimaldi), "el Cuartel Ollagüe" (José Domingo Cañas) y "3 y 4 álamos". Muchos de los sobrevivientes señalan la existencia de un radiotransmisor utilizado para mantener las comunicaciones y efectuar torturas a los prisioneros del recinto en coordinación con otros centros de detención.

Según un testimonio recopilado en el expediente técnico, un detenido sobreviviente del recinto señala:

(…) Yo venía de Villa Grimaldi, me subieron en una frazada, en calidad de bulto literalmente, hasta el piso en donde me instalaron hacia el ala de allá (parte trasera de la casa), la primera vez. Yo no estoy seguro si en septiembre u octubre, no estoy seguro si estuve dos o tres veces, ni siquiera estoy seguro de la cantidad de veces que estuve. Después estuve en marzo y ahí me acuerdo muy bien, porque habiendo caído en septiembre de 1975, en marzo de 1976 a mí me operan de un testículo y me llevan de Villa Grimaldi al Hospital San Juan de Dios,… no, perdón, de 4 Álamos al Hospital y de ahí me traen acá. Entonces, ahí yo ya estaba en condiciones de saber dónde estaba, incluso me acuerdo que la primera vez, que era hacia el ala de allá (fondo de la casa), y me acuerdo por la comunicación que hacían por radio, que torturaban a mi mujer y a mis compañeros, a mí acá y a ellos allá, y nos hacían escuchar por radio hacia el ala de allá y cuando me traen después de la operación me colocan al lado de acá (balcón) porque yo veía el cerro. Entonces yo sé, lo que pasó, los lugares, circunstancias (…)[125].

Existen denuncias de que a muchos detenidos de los recintos se les inoculó pentotal. Según la información generada por las organizaciones de DD. HH. vinculadas a este sitio, el último paradero conocido de doce detenidos posteriormente desaparecidos fue la clínica Santa Lucía.

---

[125] Expediente Clínica Santa Lucía. Archivo CMN.

Denuncia y reconocimiento internacional del recinto

En la Asamblea General de las Naciones Unidas del 8 de octubre de 1976, se reconoció a este y otros inmuebles como centros de detención clandestinos, lo que dio pie a una campaña internacional de solidaridad con las víctimas de la violencia política y al comienzo de una campaña internacional de denuncia de las violaciones de los Derechos Humanos por parte de la dictadura militar liderada por el general Augusto Pinochet Ugarte. Según se consigna en el Informe Valech, la Clínica Santa Lucía:

> Estaba ubicada en la calle Santa Lucía núm. 162. Era una casa antigua, de cuatro pisos, con más de diez piezas; casi sin iluminación natural. Según las denuncias, en el último piso, en forma de buhardilla, se mantenían algunas celdas. La principal función de este recinto fue la atención de salud del personal de la DINA y de sus familias. Algunos detenidos dijeron que los llevaron a esa clínica para recibir tratamiento luego de haber sufrido torturas. Los testimonios señalan que los detenidos permanecían vendados, amarrados a la cama, constantemente sometidos a amenazas y a presión psicológica. Posteriormente desde aquí eran devueltos a los recintos de origen o trasladados a Cuatro Álamos[126].

Usos del recinto de detención

El primer piso del inmueble fue utilizado como sala de control e ingreso y salas de atención pediátrica de los agentes de la DINA y sus familiares. El segundo piso funcionó como celdas de prisioneros.

En el tercer piso funcionó una oficina administrativa que se presume fue utilizada por Ingrid Olderock, un radiotransmisor y una sala de tortura. El cuarto piso fue utilizado como celdas de prisioneros, una oficina personal de Manuel Contreras y una sala

---

[126] Comisión Nacional Sobre Prisión Política y Tortura, *op. cit.*, pp. 532-533.

de tortura en el altillo, con una ventana que daba hacia el patio interior del inmueble.

Las dependencias del inmueble han sido las mismas antes y después del golpe cívico-militar; actualmente se mantiene la configuración espacial interior original, distribución y espacialidad de los recintos.

Campo de prisioneros de 3 Álamos y Centro Clandestino 4 Álamos

El recinto que albergó al Campamento de Prisioneros Políticos de 3 y 4 Álamos perteneció al Seminario de los Oblatos de María Inmaculada, que adquirió el predio en 1955. En 1971 el terreno fue vendido al Estado para ser destinado a la Casa Nacional de Menores. Entre 1974 y 1977 el recinto fue entregado en administración a Carabineros de Chile. El recinto comenzó a ser utilizado como campo de prisioneros políticos desde el 23 de junio de 1974, cuando se efectúa el cierre del campo de prisioneros políticos del Estadio Chile y los detenidos son trasladados hacia el Campo de Prisioneros de la Oficina Salitrera Chacabuco y hasta 3 y 4 Álamos. Estuvo operativo hasta el 14 noviembre del año 1976, siendo cerrado en conjunto con el Campo de Prisioneros Melinka en la comuna de Puchuncaví, Región de Valparaíso[127].

La Sendet fue la responsable directa del campo de prisioneros y encargó a Carabineros la supervisión del recinto. 3 Álamos estaba a cargo del coronel de Carabineros Conrado Pacheco Cárdenas. Al ser removido de sus funciones, asumió el mayor de Carabineros Domingo Zabaleta, cercano a Pacheco. Por su parte, 4 Álamos estaba a cargo de la DINA, siendo desde 1976 reconocido junto al campamento de prisioneros de Melinka y 3 Álamos como recintos oficiales de detención de la DINA[128]. Sin embargo, como señala el

---

[127] Miqueles, Gloria. "Mi paso por Cuatro y Tres Álamos". *Yo también estuve en 3 y 4 Álamos*. Santiago de Chile: Editorial Senda/ Senda Förlag I Stockholm, 2015, p. 27.
[128] Decreto Supremo núm. 146 del 25 de febrero de 1976.

Informe Valech: "Si bien el recinto estaba bajo custodia de Carabineros, en la práctica estaba bajo el mando de la DINA, que lo controlaba junto con Cuatro Álamos"[129].

Los prisioneros que llegaban a 4 Álamos venían desde otros recintos de detención. Eran ingresados de noche, cubiertos de cambuchos en sus cabezas y cintas adhesivas en los ojos. Por lo general, no se reconocía oficialmente la detención de las personas que estaban en el recinto[130]. El tiempo que permanecían en él era indeterminado, pudiendo ser trasladados hacia otros recintos constantemente. Según el testimonio de un sobreviviente, fue detenido en Talca y llevado al Regimiento Chorrillos. Luego de unos días fue llevado hacia Colonia Dignidad, donde estuvo cerca de cinco semanas siendo duramente torturado. Tras eso fue llevado al pabellón de incomunicados de 4 Álamos, donde estuvo unos días recuperándose de los rasgos visibles de la tortura. Ahí fue obligado a firmar un documento en el que se indicaba que no fue torturado. Pasó a los pabellones de hombres del campamento 3 Álamos. Tras un año de detención, fue trasladado al campamento de prisioneros políticos de Melinka, en la comuna de Puchuncaví. Finalmente, desde ese recinto partió al exilio[131].

En la jerga de la época, 4 Álamos era considerado un lugar de tránsito en la cadena represiva de la dictadura. Los prisioneros, tras recuperarse de las secuelas de las torturas, eran trasladados a 3 Álamos u otro recinto oficialmente reconocido y eran obligados a firmar un documento, donde se afirmaba que no habían sido sometidos a torturas[132]. Sin embargo, muchos prisioneros de 4 Álamos nunca más fueron vistos con vida. Según información

---

[129] *Informe de la Comisión Nacional Sobre Prisión Política...*, op. cit., p. 532.
[130] Ídem.
[131] Treskov, Iván. "Mi permanencia en Cuatro y Tres Álamos", *Yo también estuve en 3 y 4 Álamos*, op. cit., pp. 12-18.
[132] El Informe del Copachi, con fecha del 10 de mayo de 1976, afirma que 70 de las 93 reclusas de la sección femenina de Tres Álamos fueron obligadas a firmar un documento de estas características. Comité de Cooperación para la Paz en Chile. *Informe Sobre Tres Álamos*. Sin edición. 10 de mayo de 1976, p. 4.

entregada por la Subsecretaría de Derechos Humanos, desde el pabellón de 4 Álamos al menos 108 detenidos fueron detenidos y/o ejecutados con posterioridad a su paso por este recinto[133].

Hay antecedentes que señalan que al menos catorce detenidos de 4 Álamos y Villa Grimaldi fueron presionados para firmar un contrato de servicios con la DINA, en el cual el detenido "pasaba a ser funcionario del Ministerio de Defensa con el cargo de agente auxiliar". En los mismos antecedentes, se señala que otros detenidos fueron obligados a firmar otro documento de fidelidad a la Junta Militar[134].

Los detenidos que pasaban a 3 Álamos eran aquellos que la DINA no necesitaba volver a utilizar para interrogatorios o para practicar delaciones. Desde ese momento, los prisioneros eran oficialmente reconocidos, integrándose al régimen interno del campamento y a su condición judicial: "Los detenidos en Tres Álamos son presos políticos en virtud de la Ley de Estado de Sitio sin cargo ni proceso alguno, cuya situación permanece estacionaria, en algunos casos desde Septiembre de 1973"[135]. Se estima que unas 6.000 personas estuvieron detenidas en 3 Álamos en los años en que estuvo operativo[136].

Pese a que inicialmente la dictadura negó la existencia del recinto, producto de las constantes denuncias, la presión internacional y las visitas de la OEA en 1975 y de ONU en 1976, finalmente fue reconocido[137].

Con motivo de la visita de la OEA en junio de 1975, las prisioneras de 4 Álamos, así como la sección femenina del campamento

---

[133] Oficio. núm. 7 de 2017. Subsecretaría de Derechos Humanos.

[134] *Informe Confidencial. Visitas del presidente de la Corte Suprema y del Ministerio de Justicia a los Campos de Detención*, 11 de abril de 1976, p. 6.

[135] Comité de Cooperación para la Paz en Chile, *Informe Sobre Condiciones de Vida en el Campamento Tres Álamos*. Sin fecha, p. 6.

[136] "Este campo de prisioneros sustituyó en sus funciones a centros como el Estadio Chile. Alrededor de 6.000 personas pasaron por sus dependencias". Oficio . núm. 7 de 2017. Subsecretaría de Derechos Humanos.

[137] Decreto Supremo Ministerio del Interior núm. 146 del 10 de febrero de 1976.

de 3 Álamos, fueron trasladadas hacia un recinto de veraneo de Soquimich en la comuna de Pirque[138].

En el año 1976, el Consejo Económico y Social de Naciones Unidas se constituyó en el país efectuando una visita al recinto. En el primer informe que emanaron se señaló:

> los testimonios recogidos por el Grupo en los últimos meses indican que la Villa Grimaldi sigue siendo utilizada como centro de interrogatorio donde se practica tortura. Inmediatamente después de su detención se suele llevar a los detenidos a ese centro, y si son trasladados a Cuatro Álamos o a Tres Álamos pueden ser devueltos en todo momento a la Villa Grimaldi para ser sometidos a más interrogatorios y torturas[139].

La organización interna de los prisioneros

Uno de los aspectos que caracterizó al Campamento de Prisioneros Políticos de 3 y 4 Álamos fue la organización interna de la que se dotaron. Pese a ello, fueron constantemente sometidos a hostigamiento y castigos producto de la misma, algunos de los cuales eran trasladados hacia 4 Álamos o eran enviados al chucho, una celda de aislamiento y castigo[140].

En los pabellones de hombres y mujeres se organizaron Consejos de Ancianos, máxima instancia de representación. Además, existían diversos talleres de oficios, espacios de formación y economato, especie de almacén formado con los productos que los familiares llevaban a los prisioneros. En los talleres de oficio se confeccionaban ropas bordadas, "negros josés" y "soporopos". Al respecto, la Copachi señaló que en la sección femenina "Gracias a

---

[138] Palominos Rojas, Eva. *Vuelo de mariposa*. Concepción: Escaparate Ediciones, 2007.
[139] *Informe del Consejo Económico y Social. Protección de los derechos humanos en Chile. Nota del secretario general*. 8 de octubre de 1976, p. 54.
[140] Ibid., p. 87.

la organización que ellas se han dado, pueden tener un pequeño taller de bordados y tejidos, lo cual les permite subsistir"[141].

Esta organización fue destacada por los mismos sobrevivientes. En el testimonio de una ex prisionera de la sección femenina de 3 Álamos, señala: "Desde el primer día me di cuenta que existía un gran nivel de organización en el campamento, con su consejo de ancianas que, si no recuerdo mal, tenía entre otras la tarea de representar y llevar la voz de todas las prisioneras a quien correspondiera"[142].

Producto de los cuestionamientos en torno a la existencia de los campamentos de los prisioneros políticos y la presión internacional a la que estaba siendo sometida la dictadura militar, producto de los casos de violaciones a los derechos humanos, los campos de prisioneros comenzaron a ser cerrados en 1976. El campamento de 3 y 4 Álamos comenzó a ser cerrado en septiembre de 1976, efectuándose una masiva liberación de detenidos en noviembre del mismo año.

Espacios y usos del recinto de detención

En la década de 1970, el recinto correspondía a un predio de unas dos hectáreas, en el que aún se reconocían restos de viñedos y de árboles[143]. En el inmueble se identificaban las dependencias centrales o casa de la administración, que corresponde a un inmueble de dos plantas con una torre y un subterráneo, el chucho. En estas dependencias se encontraban la cocina, las oficinas del personal superior y otros servicios. El chucho, según los testimonios de los sobrevivientes, era un lugar lúgubre y húmedo, con desperdicios y ratones. La torre era utilizada como una celda de aislamiento donde estaban prisioneros personeros del Gobierno depuesto o

---

[141] Comité de Cooperación para la Paz en Chile, *Campamento "Tres Álamos". Sección mujeres.* 17 de junio de 1976.
[142] Miqueles, Gloria. "Mi paso por Cuatro y Tres Álamos. *Yo también estuve en 3 y 4 Álamos, op. cit.*, p. 24.
[143] Uno de los atributos más destacado por los testimoniantes sobrevivientes del recinto era el gran árbol que estaba frente a la barraca de las mujeres.

militantes de alto rango de los partidos de la UP, donde destacaba Luis Corvalán.

El recinto estaba formado por una barraca correspondiente a la sección femenina y tres pabellones longitudinales, formado por habitaciones corridas cuyas puertas daban a un corredor cubierto donde se encontraban los dos pabellones de hombres y el pabellón de aislamiento, conocido como 4 Álamos. Este recinto estaba formado por doce celdas contiguas, una gran celda y oficinas[144]. Las celdas pequeñas estaban formadas por dos camarotes con capacidad para cuatro personas. Existía un sector conocido como Terminal Pesquero, donde los prisioneros provenientes de otros recintos de detención eran bañados y limpiados, antes de ingresar a las celdas. Dentro del corredor, estaba un sector de "duchas", contiguo al "Terminal pesquero" y baños, donde destacaban unos "lavaderos" de hormigón empotrados a los muros.

La sección de hombres se ubicaba contigua a 4 Álamos y estaba formada por dos pabellones. Cada pabellón contaba con 9 piezas de las cuales 7 tenían una dimensión de 2,5 por 3 metros, en las que se encontraban dos camarotes con cuatro camas. Cada pabellón tenía un patio de 35 por 15 m., donde había lavadores de hormigón empotrados a los muros.

La sección de mujeres estaba hacia el fondo del recinto; era una gran barraca de madera, rodeada con alambre de púas. Según el testimonio de una sobreviviente de la sección, "vi la barraca de madera con una sola entrada y sin ventanas, era imposible no saber que era campo de concentración"[145].

La cotidianidad del recinto de 3 Álamos estaba dada por el inicio de la jornada a las 07:00 h. cada día. Los prisioneros eran formados fuera de los pabellones y se pasaba la lista. A cada prisionero se le entregaba una taza de té tibio y un pan. A las 12:00 h. se les servía el almuerzo, consistente en un plato de comida caliente carente de los nutrientes necesarios. Con posterioridad a la dictación del

---

[144] Comisión Nacional de Verdad y Reconciliación, *op. cit.*, pp. 463-464.

[145] Miqueles, Gloria. "Mi paso por Cuatro y Tres Álamos. *Yo también estuve en 3 y 4 Álamos*, *op. cit.*, p. 23.

decreto núm. 187 y tras la visita de Naciones Unidas la comida mejoró[146]. A las ocho de la tarde se les servía otro plato de comida y pan, luego de lo cual los prisioneros eran llevados a sus celdas.

Hacia 1976 los prisioneros podían recibir visitas de hasta cuatro familiares por detenido. Los horarios habilitados para ello eran dos veces a la semana en días laborales y bajo régimen diferido según secciones, entre las 14:00 y las 17:30 h., además de los domingos entre 9:00 y 12:00 h. Las visitas debían formar una fila por la actual calle Canadá y esperar su turno, luego de lo cual ingresaban, eran revisados y podían acceder al patio de visita, contiguo a la casa de administración.

---

[146] Comité de Cooperación para la Paz en Chile. *Informe sobre condiciones de vida en el campamento Tres Álamos*, sin fecha, p. 3.

Conclusiones

La organización del grupo de oficiales y generales conjurados que pusieron en marcha el golpe de Estado de septiembre de 1973 desarrolló su planificación y su accionar al interior de instituciones y organizaciones burocráticas normadas legalmente. Esto supone que los marcos normativos que dotaron de legitimidad interna (ante la propia tropa) y externa (ante la sociedad) su accionar, se construyeron al interior de sus instituciones en contextos históricos específicos. La justificación del golpe de Estado no solo tomó sentido en el interior de los cuerpos armados en la coyuntura producto de la crisis política y social del país, de la debilitación del sistema político y la fragilidad del sistema institucional para resolver los conflictos de poder que cruzaban la sociedad chilena a comienzos de la década de 1970, sino que también producto de dimensiones internas a la propia institución y al desarrollo de dispositivos legales que permitieron ir posicionando a los militares como un factor de poder en diversas labores de seguridad interior y política nacional. Esta situación se materializó a través de cuatro factores. En primer lugar, la decretación del estado de emergencia y zona de catástrofe mediante la ficción jurídica de la "calamidad pública" en el período 1970-1973. En segundo lugar, la adopción de responsabilidad ministerial en los períodos de crisis política. En tercer lugar, mediante la aplicación de la Ley de Control de Armas en los meses anteriores al golpe de Estado, que permitió una consolidación de la militarización de la función policial, entregando el control del territorio a las FF. AA. a través de las Áreas Jurisdiccionales de Seguridad Interior (AJSI). Finalmente, mediante el desarrollo de las planificaciones de seguridad interior y el desarrollo de apartados de inteligencia y contrainteligencia que se adjuntaron en cada Comandancia de Área Jurisdiccional de Seguridad Interior (CAJSI).

Todos estos elementos contribuyeron al perfeccionamiento de la doctrina militar contrasubversiva. Desde el punto de vista interno a las propias FF. AA., esto implicó el desarrollo de discursos, prácticas y experiencias organizacionales que permitieron ir instalando como un horizonte de posibilidad una intervención militar en el sistema político y en el conjunto del Estado bajo ciertas circunstancias, pese al intento por consolidar una doctrina de profesionalismo militar y no intervención a través de la Doctrina Schneider. Esto implicó la construcción de una imagen propia en torno al rol y función de los militares en relación con el Estado y la nación construida y desarrollada desde los comienzos de sus procesos de formación, institucionalización y de deliberación que fueron modificando el desarrollo de la profesión militar construida a lo largo del siglo XX.

La legitimación interna de la intervención militar se desarrolló a través de discursos y prácticas de la seguridad nacional y la contrasubversión, desarrollados por el cuerpo de oficiales de las FF. AA. con posterioridad a la Segunda Guerra Mundial. La legitimación externa decantó del posicionamiento que los diversos actores de la sociedad chilena de la época hicieron de las FF. AA. como un actor que propició la resolución del conflicto sociopolítico, tanto a través de su progresiva utilización como estabilizadores del sistema político en materia de orden público como de seguridad en materia de contrasubversión.

La legitimación interna se construyó sobre el discurso de seguridad nacional y de la recepción de la doctrina de guerra contrasubversiva, que se articuló con las nociones anticomunistas de la profesión militar desarrolladas desde comienzos del siglo XX. El proceso de profesionalización militar iniciado desde principios del siglo XX, desarrolló una concepción organicista del Estado, que implicó la elaboración de un pensamiento anticomunista que se institucionalizó. Por otra parte, la existencia de un discurso político-militar que otorgaba a los militares una función de seguridad en relación con el Estado en el contexto geopolítico de la Guerra Fría y el escenario geoestratégico latinoamericano, permitió reforzar los procesos de recepción doctrinaria de las FF. AA. norteamericanas y aliadas.

Los acontecimientos de insubordinación de la década de 1960, evidenciados al interior de las FF. AA., daban cuenta de un proceso más complejo de resistencia al cambio social de un sector de la sociedad, que veía en el proceso de transformación política y social iniciado con el Gobierno del Partido Demócrata Cristiano (PDC) y luego potenciado en el Gobierno de la Unidad Popular (UP), una amenaza al Estado, a la institución y a sus estilos de vida. Visto desde ese punto de vista, la acción golpista para muchos militares fue entendida como una guerra necesaria y legítima, cuya justificación se extraía del propio discurso profesional de las FF. AA., del rol atribuido a las mismas en relación con el Estado y la nación –es decir, la sociedad–. Estos elementos, por su parte, son los que permiten comprender con posterioridad al golpe de Estado cómo logró institucionalizarse la dictadura como un régimen autoritario, personalista y policial con participación de las mismas FF. AA. Las burocracias de inteligencia y represión creadas para ello, si bien constituyeron una inflexión en las características de las burocracias similares desarrolladas al interior de las FF. AA. en las décadas anteriores, constituyen el corolario de la racionalidad organizacional de los cuerpos burocráticos de seguridad, adaptada a un discurso de contrasubversión en el contexto de crisis política, constituyéndose, por tanto, en un punto de llegada de un discurso y práctica de seguridad y contrasubversión que se fue desarrollando con anterioridad a la década de 1960, que se reelaboró y reforzó en el contexto geoestratégico chileno en el marco de la Guerra Fría y del desarrollo de los acontecimientos políticos internos durante los gobiernos del PDC y la UP.

Los componentes de esta racionalidad se desarrollaron al interior de las propias FF. AA. a través de la creación de un discurso y práctica de la seguridad nacional, en la que convergieron elementos del pensamiento y doctrina militar de la guerra contrasubversiva, de la influencia de la seguridad hemisférica norteamericana y un anticomunismo militante desarrollado desde los orígenes del proceso de profesionalización militar a comienzos del siglo XX. Ese anticomunismo de las FF. AA. posibilitó el desarrollo de una concepción del orden social y el Estado entendidos como un organismo vivo, diferenciado funcionalmente en sus diversos estratos y clases sociales, integrado por lazos de solidaridad y con una identidad sociocultural que los dota de homogeneidad (la identidad nacional y la idea de "raza chilena"). De este imaginario, se desprende una interpretación moral de los conflictos sociales, que permitió una recepción y elaboración del discurso comunista como una amenaza moral para el individuo y la sociedad, provocada por agitadores externos cuyo objetivo era la destrucción del modo de vida nacional. Visto desde esa óptica, el discurso anticomunista produjo un imaginario presente en conceptos, símbolos y estereotipos modeladores de las representaciones sociales que se tornaron realidad a través de las decisiones de los actores y las instituciones.

El problema de la situación interna dentro de los Estados comenzó a tornarse en una preocupación permanente de las FF. AA. En el plano internacional, la experiencia de la Primera Guerra Mundial y los procesos revolucionarios, sobre todo en el caso soviético, comenzaron a instalar la preocupación de un escenario de guerra en relación con el frente interno y con el sistema político. De ahí que comenzó a acuñarse una concepción de guerra total. Esta noción se modificará con posterioridad a la Segunda Guerra Mundial, generándose una transformación del pensamiento militar, adoptándose nuevas concepciones estratégicas de los conflictos bélicos y del rol de los militares en la sociedad. Esta reelaboración estratégica será fuertemente influenciada por las modalidades de los conflictos adoptados en las guerras de liberación nacional y en los procesos de descolonización, tanto de orientación comunista como nacionalista, y de la difusión de guerras de baja intensidad. La guerra no convencional (también referida como guerra de baja intensidad o guerrilla) constituía una modalidad del conflicto bélico desarrollada desde hace siglos. La novedad de los nuevos enfrentamientos con posterioridad a la Segunda Guerra Mundial radicaba en el carácter ideológico atribuido a las mismas en el contexto internacional caracterizado por un clivaje geoestratégico entre el Occidente liberal, democrático y capitalista, y el Oriente, comunista, marxista y autoritario.

Si bien el concepto de guerra total tenía un desarrollo ya presente a comienzos de la década de 1940, el problema de la subversión comunista permitió releerlo desde el "frente interno", transformándolo en un problema de seguridad y defensa nacional. Esto permitió que la oficialidad reelaborara la importancia de la participación militar como factor de estabilización del sistema democrático, pero desde el punto de vista contrasubversivo. Es decir, al factor moral del discurso anticomunista, se le agregó una apreciación política y militar. La doctrina de guerra contrasubversiva francesa actualizó el anticomunismo institucionalizado y la noción de guerra total de las FF. AA. a los requerimientos de la guerra contrasubversiva que exigía el escenario de la Guerra Fría. El centro de su análisis era que, en la guerra no convencional o guerra revolucionaria, la población civil (el frente interno, en la terminología militar) tiene un rol central. Este factor, sumado a una compleja organización clandestina de parte de los "subversivos", dificultó el combate directo y abierto por las FF. AA., lo que propició que estas desarrollaran una táctica en la que el principal escenario del conflicto fue psicológico y encubierto: la batalla por el control psicológico y los desplazamientos de la población se tornaron en un elemento central desarrollado por las FF. AA. para derrotar la subversión.

La recepción de la doctrina de guerra contrasubversiva francesa de parte de los ejércitos latinoamericanos tiene en el caso argentino y brasileño referencias importantes. En 1961, Chile junto a trece países de América participaron en el Primer Curso Interamericano de Guerra Contrasubversiva en Argentina. De igual modo, existen antecedentes de la formación de oficiales chilenos en la Escuela Superior de Guerra francesa creada en 1947. En particular, en la década de 1950, cuatro oficiales de Ejército fueron destinados a la Escuela Superior de Guerra. Pese a estos antecedentes, la principal red de recepción de la doctrina de guerra contrasubversiva se generó por la adaptación que realizó de esta doctrina el Ejército de EE. UU. en el marco de su política de seguridad hemisférica, específicamente hacia América Latina, al enfatizar los factores psicológicos, contrasubversivos y de inteligencia. En efecto, como revisamos a lo largo del capítulo I, la convergencia de la práctica y elaboraciones estratégicas de la guerra contrasubversiva francesa con el enfoque se seguridad hemisférico norteamericano fue lo que dio cuerpo a la Doctrina de Seguridad Nacional (DSN).

En síntesis, la DSN planteó que en el continente americano no existían posibilidades reales de una invasión extranjera en el marco de la Guerra Fría, motivo por el cual la expresión de dicho conflicto se haría en el espacio interno de los Estados en base a la penetración comunista a través del sistema político o mediante el desarrollo de focos subversivos que buscarían derrocar los gobiernos constituidos. Bajo la égida de los Estados nacionales, la DSN enfatizó tres dimensiones importantes: 1) la lucha contra la subversión en el frente interno a través de la influencia de la población, ya sea mediante campañas cívico-militares, acción encubierta o acción psicológica; 2) el desarrollo de una estrategia y táctica específica para contrarrestar la guerra subversiva a través de la contrasubversión; y 3) posicionar a los militares como un elemento central y articulador de desarrollo económico, político y social de los Estados nacionales, en un contexto de crisis institucional y de vacíos de poder.

Este proceso de adopción de la DSN se desarrolló con fuerza entre 1945 y 1970, tanto por la influencia norteamericana como por las colaboraciones entre los ejércitos latinoamericanos. Estos factores posibilitarán que las FF. AA. chilenas elaboren una adaptación propia del tema de la seguridad nacional vista desde el problema de la seguridad interior y de la amenaza subversiva comunista, pero en clave reformista y desarrollista, al menos hasta los primeros años de la dictadura militar. En las páginas de las revistas institucionales de las FF. AA. a lo largo de las décadas de 1950, 1960 y 1970, se publicaron una serie de reflexiones sobre seguridad nacional, frente interno, guerra psicológica, subversión y contrasubversión, que daban cuenta de parte del pensamiento de la oficialidad de las FF. AA. en el período.

Esta perspectiva de la seguridad nacional entroncaba con una concepción del desarrollo y la planificación nacional, como una temática transversal al Estado a ser impulsada por las élites técnicas, burocráticas, políticas y culturales. Esta concepción tecnocrática, elitista y desarrollista de la seguridad nacional elaborada por algunos sectores de la oficialidad de las FF. AA. se articuló con una concepción de la seguridad interna en base a la noción de la contrasubversión, la cual era entendida como una estrategia necesaria de implementar para evitar la amenaza comunista.

Ello implicó que estas concepciones sobre contrasubversión y de guerra total llevasen a que el problema de la defensa nacional involucrara a toda la población y que les correspondiera a los militares permear a la sociedad con este sentido de urgencia nacionalista ante el riesgo de la amenaza subversiva. No obstante, esta articulación del discurso demostró una gran plasticidad y maleabilidad, constituyéndose en un discurso flexible, que permitió construir un imaginario en el que la coyuntura política, social y económica del país fue concebida bajo una problemática amplia de seguridad. Dicha amplitud posibilitó leer los problemas políticos y sociales de la sociedad chilena de la época, bajo una concepción ideológica permeada del anticomunismo de la política hemisférica norteamericana y de las elaboraciones contrasubversivas de la doctrina francesa. Desde ese punto de vista, la seguridad nacional encontraba en el frente interno un espacio de desarrollo central.

El discurso de seguridad nacional, instaló al interior de la oficialidad de las FF. AA. la necesidad de elaborar una política de seguridad en el ámbito interno, tanto en lo policial como en lo militar. Para un cumplimiento cabal de esta política de seguridad, se implementaron dispositivos de seguridad basados en la guerra psicológica, contrapropaganda hacia la población civil y operativos conjuntos de seguridad abocados al control territorial del Estado y de la población, a través de políticas represivas y del desarrollo de acciones ofensivas en situaciones de inestabilidad política. El resultado de aquello fue un proceso progresivo de militarización de la función policial y de desarrollo de funciones policiales de parte de las FF. AA., las cuales comenzaron progresivamente a ser utilizadas bajo situaciones de excepción constitucional.

La crisis del sistema político chileno de la década de 1960, acentuada por la acción encubierta norteamericana y la propia incapacidad de los partidos políticos que formaron la coalición de Gobierno de la Unidad Popular (UP), propiciaron que las FF. AA. se constituyeran en un actor del sistema político y un recurso de estabilización de las relaciones de poder. Pese al discurso de la profesionalización del Ejército impulsado por el alto mando para superar las reiteradas situaciones de insubordinación militar y deliberación generadas desde mediados de la década de 1960, prevaleció la formación contrasubversiva y anticomunista instalada en el mismo discurso profesional de las FF. AA., acelerado con la recepción de la doctrina de guerra contrasubversiva y de seguridad hemisférica norteamericana.

En el período 1970-1973, las FF. AA. se decantaron hacia la óptica de seguridad interior y la contrasubversión como resultado de su progresiva utilización de parte del poder ejecutivo para contener situaciones de orden interno a través de la militarización de la función policial. Si bien es cierto que las FF. AA. y policiales utilizaron los propios recursos organizacionales y jurisdiccionales para la organización del golpe de Estado, cediendo a las presiones de los grupos de poder empresarial, de extrema derecha y la influencia norteamericana, rompiendo con ello con su mandato constitucional y el profesionalismo militar, no deja de ser un hecho a constatar que las condiciones de posibilidad del accionar golpista se construyeron sobre los dispositivos organizacionales y las tácticas de copamiento militar desarrollados durante los tres años de la UP. Es decir, en la coyuntura previa al golpe de Estado, la oficialidad de las FF. AA. decantó su accionar contra el poder ejecutivo, fundado en la racionalidad contrasubversiva ante la constatación –ante los propios institutos armados y bajo el asedio opositor– de una "guerra subversiva" en curso.

Históricamente, en esta investigación se identificaron cuatro momentos del rol militar y policial en labores de seguridad interior y defensa nacional durante el Gobierno del presidente Salvador Allende: un primer momento de intento de institucionalización y construcción de una doctrina que sintetizara el profesionalismo militar que permitiera revertir la percepción represiva de las FF. AA. y de insubordinación por parte del sistema, en un contexto de presiones políticas de actores institucionales y de poder por movilizar a las FF. AA. como un recurso de poder político que impidiese la investidura de Salvador Allende como presidente por el Congreso Pleno. Un segundo momento, que se inició con el desarrollo de la crisis política que implicó el quiebre de la posibilidad política de establecer un diálogo entre el PDC y la UP, tras el asesinato de Edmundo Pérez Zujovic en 1971, que puso en marcha un perfeccionamiento de los dispositivos de seguridad interior y que acentuaron la militarización de la función policial y que continúa con la arremetida de masas de la oposición a través de la marcha de las cacerolas vacías en 1971. El tercer momento marca una inflexión desde el punto de vista de la subordinación política de las FF. AA. en el marco de operativos de seguridad interior, que está cruzado por la aprobación de la Ley de Control de Armas y la grave crisis que azotó al país en el paro de octubre de 1972. Finalmente, un cuarto momento que va desde el desarrollo de la ofensiva contrasubversiva con posterioridad al fallido Tanquetazo de junio de 1973, para finalizar con el desarrollo del copamiento militar del territorio en el marco de las AJSI. A lo largo de todo este período, las FF. AA. y policiales fueron perfeccionando su organización, planificación y recursos militares, como recabando el conjunto de la información de inteligencia y contrainteligencia para dar el golpe de Estado del 11 de septiembre de 1973. El golpe se configuró desde antes del golpe, pese a que su planificación final fue el resultado de la trama de un pequeño grupo de conjurados.

El proceso electoral del año 1970 estuvo marcado por una reorganización del sistema político y de la conformación de tres tercios electorales con proyecto propio. En ese contexto, el debate público sobre el profesionalismo militar y la militarización de la función policial tuvo un rol relevante en el repertorio de acción de los actores institucionales y extrainstitucionales, en consideración de los hechos represivos contra el movimiento popular y algunos hechos de insubordinación militar ocurridos durante el Gobierno de Arturo Alessandri Rodríguez y Eduardo Frei Montalva. En ese escenario de trasfondo, en la coyuntura electoral de 1970, las coaliciones abordaron la problemática del orden público, el rol de las policías y los militares.

El triunfo de Salvador Allende el 4 de septiembre con el 36,62 % del electorado abrió un escenario de inestabilidad política, que fue percibido por los diversos actores del sistema político y de los grupos de poder. Dado que ninguno de los candidatos obtuvo la mayoría absoluta del electorado, el presidente debía ser proclamado por parte del Congreso Pleno entre las dos mayorías absolutas. En torno a esa posibilidad, se abrió una serie de escenarios políticos por parte de la derecha y de los grupos opositores al proyecto político de la UP.

Ese escenario fue analizado en primera instancia por el comandante en jefe del Ejército, general René Schneider, y el jefe del Estado Mayor de la Defensa Nacional, el general Carlos Prats. Para los militares, el curso de acción se fue cerrando en torno al período previo a la ratificación del presidente por el Congreso Pleno el 24 de octubre y su eventual investidura el 4 de noviembre. Conscientes del escenario crítico y de las presiones que serían objeto las FF. AA., se desarrolló el Plan de Seguridad Interior Lautaro ante la eventualidad que se abriera un escenario de crisis insurreccional.

De modo paralelo, el Gobierno norteamericano con el respaldo del Comité 40 encomendó a la CIA el desarrollo de una serie de operaciones encubiertas encaminadas a evitar la elección de Allende en la presidencia, para lo cual se destinaron dos operaciones: Track I y Track II. El Track I apuntaba a crear las condiciones para que pudiera llevarse a cabo la "maniobra Frei", consistente en que el Congreso escogiera a Alessandri en noviembre, con el respaldo de la DC. Con posterioridad, Alessandri renunciaría y se convocarían elecciones a las que se presentaría nuevamente el presidente Frei. Para efectuarla, la CIA, dirigida por el Comité 40, se movilizó en una campaña simultánea de acción política, económica y de propaganda. El Track II contemplaba una acción autónoma de la CIA e implicaba el desarrollo de un golpe de Estado preventivo. Esta acción mandatada directamente por el presidente Richard Nixon debía llevarse a cabo sin colaboración ni involucramiento de la embajada norteamericana en Chile, ni el Departamento de Estado y Defensa. En Chile, ambos escenarios fueron puestos en marcha con colaboración de sectores civiles de extrema derecha, algunos agentes informantes de la CIA que militaban en los partidos PDC, PN y una agresiva campaña psicológica hacia la población y los militares.

Como telón de fondo, la CIA asesoró la formación y asistencia técnica del grupo paramilitar de extrema derecha Patria y Libertad (PL), el cual comenzó desde la segunda semana de septiembre de 1970 una campaña de atentados terroristas en diversas partes del país con el objetivo de presionar a las FF. AA. para que dieran un golpe de Estado preventivo. Sin embargo, en lo político, el camino del Track I se cerró por cuanto el PDC y la UP suscribieron el Pacto de Garantías Democráticas que aseguró el respaldo democratacristiano en la elección del Congreso Pleno.

Pese a ello, se tomó la decisión del comando formado por el exgeneral Roberto Viaux e integrantes de PL de atentar contra la vida del comandante en jefe del Ejército René Schneider el 22 de octubre. El atentado causó conmoción inmediata y rechazo público, decretándose estado de emergencia. El general Carlos Prats asumió la Comandancia en Jefe del Ejército y se puso en marcha el Plan Ariete. Se restringieron los medios de comunicación, se instauró toque de queda y vigencia de la ley marcial. Pese a que las condiciones estaban dadas para implementar la acción por parte de los complotados, esta fue abortada y el complot desactivado, siendo electo el presidente Allende, quien asumió el 4 de noviembre de 1970.

Al fragor de la trama golpista y los recientes hechos, la construcción de la Doctrina Schneider fue la respuesta institucional ante las presiones de los actores del sistema político y de grupos de poder de la sociedad, para que evitasen el arribo del Gobierno de Salvador Allende. Con posterioridad, dicho discurso se fue reforzando como una manera de responder institucionalmente a las presiones de los diversos actores a lo largo de la coyuntura, para evitar el quiebre de la democracia, el desconocimiento de la Constitución de 1925 y una eventual guerra civil. Pero convivió al interior de las FF. AA. con los discursos contrasubversivos desarrollados al alero del proceso de profesionalización. Por ello, en los próximos años, este discurso se fue profundizando en los diversos momentos de crisis política y en aquellos momentos en los que las FF. AA. tuvieron que cumplir roles de seguridad nacional y control de orden público, a través de las Declaraciones de Estados de Emergencia, la designación de Jefaturas de Plaza en las AJSI y sus respectivas Comandancias (CAJSI). Junto con estas medidas, el involucramiento en labores de inteligencia por parte de las FF. AA. también comenzó a ser requerido con mayor frecuencia ante los hechos de terrorismo político, que decantó en la creación de comisiones de inteligencia y el constante aumento en la opinión pública sobre la existencia de grupos guerrilleros paramilitares fustigados sobre todo por el PDC, el PN y DR.

Los primeros meses de la administración del presidente Allende estuvieron marcados por una ofensiva de la UP, que fue posibilitada por la desarticulación de la oposición rupturista representada por el PN, DR y una apertura al diálogo del PDC como una oposición moderada. Este escenario político fue propiciado por el rechazo público que generó el asesinato del general Schneider, así como la constatación de la implicación de sectores alessandristas y la CIA en la trama golpista. Por su parte, la reciente suscripción del Estatuto de Garantía Constitucionales le otorgó al PDC elementos de fondo para sostener una política de oposición democrática a las medidas impulsadas por el programa de Gobierno de la UP. No obstante, hubo dos flancos por los cuales la oposición comenzó a rearticularse: el primero, en torno al ascenso de la movilización en los sectores rurales, tanto de campesinos como de obreros forestales; la segunda, sobre la supuesta existencia de grupos guerrilleros que estaban actuando e incitando hechos de violencia en los espacios rurales y urbanos, los que fueron atribuidos a una serie de indultos presidenciales otorgados a izquierdistas presos y procesados por Ley de Seguridad Interior del Estado (los "jóvenes idealistas").

Todos estos elementos venían configurando una oposición dentro de los sectores conservadores del PDC, los cuales presionaban por cambiar la estrategia partidaria frente a la UP. Pese a ello, la posición del partido solo comenzó a cambiar respecto al problema de la seguridad interior y los grupos guerrilleros cuando fue ejecutado, en un acto de terrorismo político, Edmundo Pérez Zujovic por un comando de la VOP en junio de 1971. Esta situación generó una fuerte controversia en la opinión pública y en el campo político, tensando las relaciones entre el PDC y la UP, y a la postre marcó el inicio del quiebre en las relaciones. También implicó la puesta en marcha de un modo de afrontar las situaciones de inestabilidad política que afectaban la seguridad nacional que, con posterioridad, se replicará en otras coyunturas. A saber: (1) la declaración de Zona de Estado de Emergencia, arguyendo una situación de "calamidad pública", (2) la conformación de comisiones de seguridad e inteligencia de los diversos servicios de inteligencia de las FF. AA. y (3) el desarrollo de operativos de seguridad conjuntos entre Carabineros, Dirección General de Investigaciones y FF. AA.

Este *modus operandi* del Estado fue el resultado de la articulación del mecanismo de excepción constitucional a través de la declaración del estado de emergencia y de la designación de las

Jefaturas de Plaza en las AJSI. Esto permitió entregar el mando de la seguridad interior en un marco de excepción constitucional a las guarniciones militares destinadas para tal efecto y subordinar al conjunto del contingente militar y policial bajo el comando de la autoridad del jefe de plaza. En ese sentido, bajo esta figura se desplegó un tipo específico de operaciones de control de la seguridad interior que combinó el trabajo de la Dirección General de Investigaciones, Carabineros, FACH, Armada y Ejército. Bajo esta articulación, la responsabilidad política de los operativos de seguridad recayó en el ministro de Defensa y, por ende, en el ejecutivo, que delegaba estas atribuciones en las FF. AA. y policiales. No obstante, la constatación en los hechos de la existencia de grupos armados con capacidad operativa, permitió a la oposición fustigar al ejecutivo en torno a sus responsabilidades en relación con el resguardo de la seguridad interior, en particular a la formación de cuerpos armados paralelos a las burocracias de seguridad y policiales.

Entre el espacio de tiempo que transcurrió entre el asesinato de Pérez Zujovic y el paro de octubre de 1972, el ejecutivo recurrió en siete oportunidades a la utilización de la Declaración de Zona de Estado de Emergencia, cuatro de las cuales se justificaron por un terremoto que azotó a la zona centro del país el 8 de julio de 1971 con epicentro en Illapel. Las otras tres fueron en la marcha de las cacerolas vacías y en los fallidos intentos de golpe de Estado llevados adelante por un grupo liderado por el general Alfredo Canales, PL y sectores civiles de la oposición, financiado por la CIA entre agosto y septiembre de 1972, denunciado por la UP como "Plan Septiembre" y ratificados en el archivo desclasificado norteamericano como "programa septiembre".

Los efectos de la "marcha de las cacerolas vacías" fueron en diversas temporalidades. Al corto plazo, implicó el viraje de la táctica de la oposición que pasó a la ofensiva en contra del ejecutivo y a tomarse las calles, lo que inauguró un período durante el cual la violencia en las calles de Santiago fue utilizada de forma recurrente y sistemática con fines políticos. A mediano plazo permitió un reordenamiento al interior de la propia oposición, con los sectores más duros y reacios a las negociaciones con la UP. En esa misma temporalidad, la marcha marcó un hito desde el punto de vista de la irrupción de una modalidad de acción política en la que el copamiento del espacio público, el enfrentamiento callejero y la violencia política propiciada por el sector de oposición fueron utilizados como un argumento para sostener una crisis de autoridad desde el punto de vista del orden público, fustigando la existencia de grupos paramilitares a través de la opinión pública y el Congreso, como una manera de presionar a las FF. AA. para actuar en contra del Gobierno.

Todos estos aspectos se evidenciarán de manera clara en la acusación constitucional en contra del ministro del Interior, José Tohá, quien finalmente fue destituido. Esto permitió abrir un escenario complejo para el ejecutivo, por cuanto el PDC y el PN en los hechos configuraron un frente opositor. Estos argumentos, en el contexto de la aprobación en febrero de 1972 de la Reforma Constitucional impulsada por los senadores Hamilton y Fuentealba (Reforma Hamilton-Fuentealba), marcaron un conflicto entre los poderes ejecutivo y legislativo, que terminó fisurando a los partidos de la UP, favoreciendo el alineamiento entre el PDC y el PN, y generando un escenario de enfrentamiento entre el poder ejecutivo, la Contraloría General de la República (CGR) y el Parlamento, que a la postre será el argumento de forma dado por la Junta Militar para legitimar el golpe de Estado.

En el mes de abril de 1972, el senador del PDC Juan de Dios Carmona impulsó la Ley de Control de Armas, instalando la idea de un vacío de poder por parte del ejecutivo en relación con el control de la seguridad interior, reiterando los términos de la acusación constitucional formulada en contra del exministro del Interior José Tohá. Por ello, la apelación en ese contexto a la autoridad de las FF. AA. permitía destrabar dicho vacío de poder. A lo largo del trámite constitucional, el ejecutivo manifestó su desacuerdo con los términos de la reforma por cuanto implicaba involucrar a las FF. AA. en materia de política contingente al margen de la autoridad del poder ejecutivo, que detentaba dicha atribución constitucional. Pese a ello, la reforma prosiguió su tramitación y fue promulgada en octubre de 1972 en las mismas semanas en las que la oposición, con el apoyo del Gobierno norteamericano a través de la CIA, desarrolló el paro gremial de los transportistas.

La movilización de octubre de 1972 fue diseñada por la oposición para generar un escenario interno de crisis que llevase a los militares a dar un golpe de Estado preventivo. No obstante, la incorporación de los militares al gabinete del presidente Allende inclinó la balanza de poder entre ejecutivo y oposición hacia las fuerzas de Gobierno. Esto generó reacciones opuestas entre los actores del sistema político, los cuales en términos generales evaluaron que las posibilidades de que las FF. AA. dieran un golpe de Estado se cerraban. La situación de equilibrio de poder que se generó con los militares en el gabinete del presidente Allende, se constituyó en una garantía política de aseguramiento de condiciones mínimas para la seguridad interior del país de manera transitoria, previo al desarrollo de las elecciones parlamentarias de 1973.

Pese a ello, el nuevo mecanismo de la Ley de Control de Armas, sumado a la existencia de organizaciones de extrema derecha y de izquierda que desarrollaron acciones armadas y posicionaron discursos de ruptura con el orden institucional, permitieron justificar el accionar en contra de esta y, a la vez, llevó a las FF. AA. a perfeccionar las planificaciones de seguridad interior para un escenario de conflicto político interno durante el año 1973.

Los intensos operativos desarrollados con posterioridad al Tanquetazo permitieron desarrollar la capacidad operativa de las FF. AA. en el territorio, desarrollando una suerte de campaña contrasubversiva llevada adelante desde julio hasta el golpe de Estado. En lo político, las FF. AA. se vieron involucradas en labores de seguridad interior con mayor regularidad, sujetas a presiones de diversos actores, políticos y gremiales. En lo militar, a través de estos operativos, pudieron recopilar y producir información estratégica respecto a la capacidad real de respuestas del movimiento popular ante una situación de enfrentamiento, ajustando las planificaciones de seguridad interior a la situación real en cada AJSI.

Conclusiones

Los efectos del Tanquetazo fueron diversos y marcaron un punto de no retorno en las relaciones políticas de la UP y la oposición, sobre todo con el PDC, el cual profundizó su línea de no colaboración con el Gobierno. Desde el punto de vista de los preparativos de la trama golpista, los efectos prácticos del Tanquetazo abrieron una nueva coyuntura para el involucramiento de las FF. AA. en las labores de seguridad interior en el ámbito psicológico, de inteligencia y táctico-militar. Con posterioridad a sus hechos, comenzaron a desarrollarse con fuerza las articulaciones de la oficialidad golpista en lo que se conoció como el grupo de los 15, que remitió una primera minuta sugiriendo reformas al poder ejecutivo, a la vez que constituyó una primera coordinación de las ramas de las FF. AA. para desarrollar operativos simultáneos de allanamientos en el marco de la Ley de Control de Armas.

En las semanas posteriores al Tanquetazo, se efectuó una serie de allanamientos en las principales ciudades del país. Las condiciones políticas fueron generadas a partir de las denuncias efectuadas por un grupo de parlamentarios, diputados y senadores del PDC, previas denuncias efectuadas por la Sofofa. La mayoría de los operativos se dirigió a los sectores más combativos del movimiento popular urbano, pero también en las zonas rurales, donde comenzó a generarse en un escenario de copamiento militar del territorio. La oposición, y en particular el PDC, entregaron información estratégica sobre la composición del movimiento popular de la época, la cual con posterioridad permitirá a las FF. AA. reforzar las planificaciones de seguridad interior en cada CAJSI. La prensa de oposición aprovechó para señalar que la respuesta de la UP y la iniciativa del pueblo a través de los órganos de poder popular como los cordones industriales y los comandos comunales estaban siendo utilizadas como plataformas para la constitución de un ejército popular paralelo, señalando, según las denuncias de los parlamentarios de oposición, que el Gobierno estaba repartiendo armas en los puestos de trabajo.

En los allanamientos practicados no se encontraron armamentos, lo que generó un escenario de polarización en la que sectores de la UP pedían públicamente que se reformara esta nueva "Ley Maldita" y, por su parte, la oposición fustigara que con ello se buscaba dar cobijo al ejército popular desarrollado por la UP para desarrollar una guerra civil en el país y tomarse el poder. Pese a estas graves denuncias de entrega de armamento por parte de la oposición, en ninguno de los casos se entregaron mayores detalles, ni los nombres de los implicados. No obstante, esto contribuyó a profundizar el escenario de enfrentamiento. La respuesta de las FF. AA. fue la profundización de los allanamientos en diversas partes del país, los cuales se efectuaron de manera coordinada y simultánea.

Estos operativos llevados adelante tuvieron varios efectos prácticos y contribuyeron a la generación de un clima, en la opinión pública, favorable a las intervenciones de los militares en la política en materia de seguridad interior. Desde el punto de vista militar, los allanamientos contribuyeron a potenciar un clima de deliberación al interior de las FF. AA., por cuanto la iniciativa de los operativos fue una atribución discrecional de las autoridades militares de cada CAJSI, previa evaluación de una denuncia efectuada por terceros. En los allanamientos, a su vez, se pudo recopilar información de inteligencia por las secciones II de inteligencia de los Estados Mayores de las respectivas AJSI, lo que permitió perfeccionar los planes de defensa de las diversas áreas, como se verá más adelante. Por otra parte, el progreso de operativos conjuntos favoreció la coordinación de las diversas ramas de las FF. AA., lo que les permitió desarrollar en lo táctico aprendizajes organizacionales para el desarrollo de operativos de seguridad interior.

Desde el punto de vista político, la campaña de guerra psicológica permitió generar en las FF. AA. la idea de una amenaza política para la seguridad interior del Estado y, por ende, para la soberanía nacional. Por otra parte, la militarización del enfrentamiento político propiciado con fuerza por el PDC y el PN abrió el camino para que los profesionales de la guerra deliberaran sobre la envergadura de la amenaza para el Estado y la nación.

Sobre este escenario, se profundizó el desarrollo del copamiento militar del territorio, la suspensión de facto de los derechos constitucionales, el desarrollo de allanamientos, detenciones selectivas y la práctica de torturas por parte de las FF. AA. y policiales. Con todos estos antecedentes, desde el punto de vista represivo y de vulneración de los derechos fundamentales, agosto de 1973 puede ser considerado como el inicio de la represión en un contexto de confrontación de los poderes del Estado (confrontación entre el poder judicial, el ejecutivo, el Parlamento y la Contraloría General de la República), quiebre de la institucionalidad democrática (declaración de ilegitimidad del Gobierno suscrita por el Parlamento el 23 de agosto) y de libre curso de la asonada golpista por parte de las FF. AA. (aumento de los operativos militares y allanamientos). El copamiento militar del territorio, el proceso contra los marinos y los allanamientos en el marco de la Ley de Control de Armas permitieron recopilar la información estratégica necesaria para ajustar las planificaciones de seguridad de las CAJSI, la creación de batallones y agrupaciones de combate específicas para combatir la subversión y formar las planificaciones de seguridad y operativas para las distintas CAJSI.

Todos estos procesos favorecieron que, en la práctica, se generara una suspensión progresiva del régimen democrático, a través de la aplicación de los Estados de Excepción constitucional mediante el uso de los estados de emergencia y la entrega del mando del territorio a las autoridades militares, mediante la utilización de las Jefaturas de Plaza. Permitieron, por otra parte, que las FF. AA. desarrollaran y perfeccionaran las labores de recopilación de información estratégica y la producción de inteligencia asociada en cada CAJSI como corolario de los operativos y allanamientos militares.

Como demuestra esta investigación, las CAJSI y la Ley de Control de Armas constituyen la clave para interpretar la dinámica represiva previa y con posterioridad al golpe de Estado desde la práctica y los discursos de la contrasubversión, permitiendo entender cuáles fueron las condiciones históricas que posibilitaron que las FF. AA. desarrollaran una dinámica de copamiento militar del territorio en base a las planificaciones de seguridad interior centralizada por el Alto Mando de las FF. AA., que contempló una planificación centralizada de la seguridad en la subdivisión del territorio en cada CAJSI y una ejecución descentralizada de la represión como una facultad de cada comandante de las CAJSI.

Las CAJSI ejercieron funciones político-administrativas, represivas, de orientación contrasubversiva y acciones de inteligencia en cada provincia del país. Como espacios de coordinación de las diversas FF. AA., tuvieron un rol preponderante en la planificación y desarrollo de la organización de la represión durante los primeros días del golpe de Estado y permitieron que la planificación de este y el copamiento militar de los principales núcleos urbanos se efectuasen de manera coordinada.

Las CAJSI se constituyeron en un dispositivo de seguridad estructurado, jerarquizado, y con reglas de funcionamiento definidas por la autoridad central, que tenían como misión cumplir las órdenes del comandante de las AJSI relacionadas con la seguridad interior, dirigidas a la eliminación, investigación y paralización de cualquier acción delictual contra la seguridad del Estado.

Las funciones de las CAJSI estaban orientadas a la administración y seguridad interior del Estado en el territorio bajo su jurisdicción. Las CAJSI emularon las formas de organización de los estados mayores de las FF. AA., contemplando una sección de personal, una de inteligencia, una de operaciones, otra de logística y, en algunos casos, agrupaciones de reserva. Entre sus labores inmediatas se contempló la detención de personas, allanamientos de moradas, desarrollar tareas de inteligencia para identificar áreas de conflicto, coordinar patrullajes y efectuar diligencias operativas con participación de integrantes de las diversas ramas de las FF. AA., fundamentalmente tras la búsqueda de armas y explosivos.

Sobre estos dispositivos se montaron los principales planes de seguridad que se pusieron en marcha a comienzos del golpe de Estado, bajo el diseño general de Plan Lautaro para el conjunto del país; Plan A-1 para la CAJSI de la II División de Ejército; Plan Cochayuyo para la CAJSI de la I Zona Naval; Plan Tijeras, para la CAJSI de la III División de Ejército, y Plan Australis para la CAJSI de la Región Militar Austral. Estos planes de seguridad interior correspondieron a adaptaciones regionales de planificaciones de seguridad nacional establecidas por el Plan Lautaro para el conjunto de la zonificación establecida por las CAJSI, las que contemplaron una estrategia de copamiento territorial de las jurisdicciones asignadas, de las instituciones públicas, planes de defensa y control de la infraestructura de comunicaciones y telecomunicaciones. Además de aquello, disponía de información de inteligencia respecto a los enemigos internos: militantes de partidos de izquierda; organizaciones sociales, gremiales y sindicales; autoridades de Gobierno y simpatizantes.

Por ende, la construcción del golpe de Estado como una operación militar conjunta se fraguó desde antes del 11 de septiembre, tomando como base el dispositivo organizacional establecido por las CAJSI y dotando de información estratégica, de inteligencia y contrainteligencia en el marco de los operativos practicados por el dispositivo de la Ley de Control de Armas. Este proceso favoreció el desarrollo de un tipo de acción militar con características contrasubversivas, es decir, de copamiento militar del territorio, planificación centralizada de los objetivos generales de la represión, pero una ejecución descentralizada de las mismas de acuerdo a las características de cada CAJSI y sus guarniciones militares. Todo ello explica el tipo de acción militar contrasubversiva desarrollada, las variaciones y matices regionales y los problemas que evidenciará la misma hacia mediados de octubre de 1973 cuando se adopte la estrategia contrasubversiva hacia el desarrollo de una guerra encubierta contra el marxismo, visto como el principal blanco político-militar.

Previo y con posterioridad al golpe de Estado, el movimiento golpista centró su acción coordinada en derrocar lo más rápido posible al Gobierno de la UP, tomar el control del territorio, copar burocráticamente las diversas instituciones del Estado y evitar rupturas en las propias filas que implicasen un enfrentamiento armado. Para ello fue necesario instalar un escenario de guerra interna y justificar la acción golpista mediante una acción defensiva de las

FF. AA. y policiales en relación con la salvaguarda de la integridad del Estado y la Constitución Política de 1925. Esto implicó que el movimiento tuvo que, de manera simultánea, iniciar labores sistemáticas de represión en el territorio y dotarse de una legitimidad política, moral e institucional. Para lo primero, adoptaron las planificaciones de seguridad interior elaboradas en los últimos años (1969-1973), ajustadas con la información de inteligencia recopilada por los servicios de inteligencias de las FF. AA. y policiales en el marco de los allanamientos efectuados gracias a la Ley de Control de Armas en cada uno de las CAJSI. Para lo segundo, tuvieron que poner por escrito las instrucciones de las autoridades militares y las justificaciones de estas, generando una elaboración de las motivaciones, argumentos y fines que guiaban la acción restauradora de la Junta Militar.

Por esos motivos, al comenzar el golpe de Estado y ponerse en marcha la maquinaria represiva, la lógica que guio las acciones militares en las primeras semanas fue en base a la planificación de seguridad interior y a una estrategia de copamiento militar del territorio que posibilitaron las CAJSI. Este diseño de la seguridad interior se basó en una planificación centralizada de la misma en base a la zonificación y subdivisión del territorio nacional y una ejecución descentralizada de la represión en cada área jurisdiccional, como una facultad de cada jefe de las CAJSI.

Este diseño de la seguridad interior permitió a los militares tomar el control en el territorio a las horas pero generó sus propias contradicciones, ya que la repuesta contrasubversiva en las diversas CAJSI no fue homogénea. Mientras que en algunas zonas la represión fue cruenta desde el inicio de las acciones, en otros lugares se evidenció una tendencia hacia el restablecimiento de la normalidad previa al golpe de Estado. La Junta Militar careció de un proyecto político previo que unificara en los propósitos al movimiento golpista. Por ello, el carácter propiamente bélico-militar unificó y dotó de coherencia interna a la Junta en los primeros meses hasta la declaración de principios de marzo de 1974 y el posterior establecimiento de los estatutos de la Junta Militar en el mes de junio.

Fue ese factor bélico-militar el que implicó un esfuerzo de elaboración sobre el tipo de guerra que las FF. AA. y policiales estaban llevando adelante: es decir, una guerra contrasubversiva, operación de desplazamiento que concibió a los militantes de organizaciones sociales como partisanos y a los militantes de los partidos de la izquierda chilena como cuadros militares de un ejército popular comunista.

Al interior del movimiento golpista se instaló la convicción alimentada por la oposición política a la UP (sobre todo el Partido Nacional y el Partido Demócrata Cristiano), los medios de comunicación, los sectores de oposición de la sociedad civil y la oficialidad golpista en torno a la existencia de un supuesto ejército guerrillero clandestino, formado por un contingente de millares de extranjeros y cuadros políticos de los partidos de izquierda, apoyados por las organizaciones gremiales del movimiento popular y armado con equipamiento profesional de guerra. Dado que prácticamente en ninguna parte hubo una resistencia armada al golpe de Estado, ni armamento como reconoció la misma Junta Militar en sus actas secretas a mediados de noviembre de 1973, esto reforzó la convicción de que el marxismo y los subversivos darían paso a una guerra clandestina, secreta y subversiva sin cuartel. Para ello, por lo tanto, era necesario alimentar psicológicamente el escenario de guerra interna y reforzar los aparatos de seguridad para ese tipo específico de guerra. De ahí que de modo paralelo a la comitiva del general Sergio Arellano Stark a las diferentes guarniciones y CAJSI bajo jurisdicción del Ejército (VI, I, II, III y División de Caballería del Ejército), conocida como Caravana de la Muerte con la misión de "uniformar los criterios de administración de justicia", se desarrolló una serie de operaciones de guerra psicológica, se acrecentaron las ejecuciones sumarias en diversas guarniciones militares y se tomó la decisión de crear la DINA. Esta investigación demuestra que ese viraje represivo, más que una ruptura con la racionalidad contrasubversiva, es la materialización de esta en un escenario de guerra distinto. Por ende, no hay ruptura histórica con la racionalidad contrasubversiva de las FF. AA. Por el contrario, esta racionalidad llevada hasta sus últimas consecuencias es la condición de posibilidad para que se llevase adelante la guerra sucia contrasubversiva que necesitaba la Junta Militar para dotarse de coherencia histórica y razón de ser, en una coyuntura inicial en el que el factor bélico-militar la dotó de cohesión interna ante la falta de un proyecto político definido.

Los orígenes de la represión selectiva en base a un trabajo conducido por los servicios de inteligencia, se sitúan al interior de las CAJSI en las primeras semanas del golpe de Estado. Cada uno de los servicios impulsó su propio trabajo de contrainteligencia en el marco de sus propias jurisdicciones, poniendo en marcha sus propias agrupaciones contrasubversivas y desplegando su trabajo de inteligencia de manera coordinada en el marco de los servicios de inteligencia que antecedieron a los CIRE de cada CAJSI. En noviembre, junto con el cierre del campo de prisioneros y del centro de detención del Estadio Nacional y la reapertura del Estadio Chile, los prisioneros políticos fueron trasladados al puerto de Pisagua, donde se habilitó un campo de prisioneros en el sector portuario y la oficina salitrera Chacabuco, ambos recintos a cargo del Ejército de Chile. En paralelo, la Junta de Gobierno oficializó la creación de la comisión DINA, el antecedente directo de la Dirección de Inteligencia Nacional (DINA).

La emergencia de la comisión DINA a mediados de noviembre de 1973 marcó una inflexión al interior de la dinámica de seguridad interior desarrollada por las CAJSI, estructurada en torno al copamiento militar del territorio, el desarrollo de operativos represivos conjuntos por las FF. AA. y policiales en base a allanamientos en diversas poblaciones y la conducción de labores de inteligencia de los CIRE. Si bien esta distribución jurisdiccional del territorio no desapareció, como tampoco la labor de coordinación de los servicios de inteligencia de los CIRE, se evidenció un viraje en la estrategia represiva en base a ciertos argumentos contrasubversivos que se fueron desarrollando al interior de la Junta Militar. Visto desde ese punto de vista, la DINA no implicó una ruptura histórica con el desarrollo de la lógica contrasubversiva desarrollada por las FF. AA., sino que la radicalizó. Este proceso de radicalización fue conducido por oficiales profesionales de las FF. AA. que se formaron en cursos de inteligencia y contrainteligencia en EE. UU., pero también a partir de las colaboraciones transnacionales efectuadas con otros servicios de inteligencia. En específico, el del ejército brasileño.

Estos factores pueden ser entendidos como la condición de posibilidad al interior de las propias FF. AA., las que reforzaron la respuesta política de la Junta de Gobierno en el marco de la coyuntura política. En efecto, desde el ámbito de la contingencia, hacia mediados de octubre los principales partidos de izquierda emitieron declaraciones y entrevistas haciendo llamados, en diversos ámbitos de acción, contra la dictadura. Esto reforzó la convicción desarrollada por las FF. AA. en base a diversos reportes y asesores de inteligencia que el enemigo declarado de la Junta no había sido derrotado, sino que solo se había replegado. Por otra parte, la presión internacional e interna en torno a los operativos militares y a las ejecuciones sumarias hizo que se tornara urgente buscar medidas más silenciosas para ejecutar la represión, que dejasen menos huellas en la opinión pública nacional e internacional.

En el año 1974, la guerra contrasubversiva de las FF. AA. siguió siendo el factor que unificó a la Junta Militar en la coyuntura previa y con posterioridad a la declaración de principios del 11 de marzo de 1974, al conmemorarse los primeros seis meses de la dictadura. En esa oportunidad, el Gobierno se declaró antimarxista y apuntó hacia un horizonte de construcción de un orden político basado en la exclusión del marxismo y el comunismo del espacio político y de las garantías y resguardo de los derechos humanos. Fundando institucionalmente la paradoja que recorrió la dictadura militar a lo largo de los diecisiete años de su Gobierno, para reconstruir la chilenidad, la unidad de la identidad cultural chilena, era necesario instaurar un orden político de pluralismo limitado, que garantizase los derechos humanos de la comunidad pero, al mismo tiempo, excluyese y combatiera militarmente al marxismo y el comunismo a través de detenciones, torturas, ejecuciones selectivas y desaparición forzosa; por ende, violara abiertamente los derechos humanos de dicho grupo sociopolítico para fundar un orden de respeto de los derechos humanos.

Durante el mes de junio, al mismo tiempo en que se publicó el estatuto de la Junta Militar y que nombró presidente al general Augusto Pinochet, se creó legalmente la DINA con el objetivo de centralizar las labores de inteligencia y coordinar las labores represivas a través de diversas agencias e instituciones del Estado. Pese a ello, en la práctica disputó estas funciones con los diversos servicios de inteligencia de las FF. AA. y policiales, y con los aparatos represivos paraestatales con los que sostuvo relaciones de colaboración, disputas y confrontación a lo largo del período, lo que se evidencia sobre todo entre los años 1974 y 1976. No obstante, la DINA no fue el único servicio de inteligencia y contrasubversión que tuvo una faceta operativa. La propia Fuerza Aérea de Chile (FACH), desde agosto de 1973, creó su "Compañía de Antinsurgencias" y desde las primeras horas del golpe, por acuerdo de la Junta Militar, se abocó a través del Servicio de Inteligencia de la Fuerza Aérea (SIFA) con todas sus fuerzas al "frente interno", es decir, la propia población nacional, para lo cual requirió efectuar operaciones de contrainteligencia, detener personas y efectuar interrogatorios de inteligencia bajo tortura, todo con la connivencia e instrucciones dadas por su alto mando.

El general Pinochet, al transformarse en presidente de la Junta, de hecho dispuso de la asesoría de la DINA, la que se constituyó en el organismo técnico-militar del poder ejecutivo, específicamente con el propósito de producir la inteligencia que se necesitara para la formulación de políticas, planificación y adopción de medidas que procuraran el resguardo de la seguridad nacional y el desarrollo del país. La concentración en las manos de Pinochet del poder militar de la guerra contra la subversión, fue paralelo a la concentración del poder ejecutivo de la Junta Militar, siendo su condición de posibilidad. Conducir con éxito la guerra contra la subversión permitía dar una respuesta histórica al rol atribuido al golpe de Estado por las FF. AA. y policiales, al mismo tiempo que legitimar, pese al cuestionamiento de sus pares, el poder del Ejército frente al Estado. En lo práctico, esta relación implicó que la DINA no solo se transformó en un ejército clandestino contra la subversión, sino que también en una policía política que extendió el conjunto de sus redes en diversos ámbitos de la administración del Estado y de la seguridad nacional, llevando la guerra contra la subversión hasta las últimas consecuencias: la detención, tortura, ejecución y desaparición de miles de ciudadanos chilenos considerados como enemigos del Estado.

Referencias

Archivos consultados

Centro de Estudios Miguel Enríquez (CEME): https://www.archivochile.com/
Archivo Comisión Provincial por la Memoria -Fondo de la Dirección de Inteligencia de la Policía de Buenos Aires: archivo de inteligencia argentino que contiene información de los vínculos de la DIPBA con la DINA e información referida al Plan Cóndor. http://www.comisionporlamemoria.org
Archivo de la Brigada Investigadora de Delitos Contra las personas y los Derechos Humanos de la Policía de Investigaciones de Chile.
Archivo desclasificado de la Inteligencia norteamericana en Chile, disponible en internet: https://foia.state.gov/Search/Search.aspx.
Archivo Fundación Jaime Guzmán: https://archivojaimeguzman.cl/.
Archivo Fundación Patricio Aylwin: http://www.archivopatricioaylwin.cl/.
Archivo Nacional de la Administración (1973-1977). Fondos: Ministerio del Interior, Ministerio de Defensa Nacional, Ministerio de Relaciones Exteriores, Ministerio Secretaría General de Gobierno, Junta de Gobierno.
Biblioteca del Congreso Nacional (1973-1977): Fondo: Actas Junta de Gobierno.
Biblioteca Nacional. Sección prensa y microformatos y sección hemeroteca: http://www.bncatalogo.gob.cl/.
Centro de Documentación Corporación Parque por la Paz Villa Grimaldi: http://www.museovillagrimaldi.info/cedoc/opac/.
Centro de Documentación Fundación de Ayuda Social de Iglesias Cristinas: http://fasic.cl/wp/cedoc/.
Centro de Documentación Fundación Documentación y Archivo de la Vicaría de la Solidaridad: http://www.vicariadelasolidaridad.cl/node/41.

Centro de Documentación Museo de la Memoria y los Derechos Humanos: https://cedoc.museodelamemoria.cl/.

Museo de la Justicia, Centro de Documentación y Archivo para la Defensa de los Derechos Humanos. Fondo: Operación Cóndor: https://www.pj.gov.py/contenido/132-museo-de-la-justicia/334.

Sentencias judiciales: digitalizadas por el Proyecto Fondecyt Nº 1151528, consistente en todas las sentencias judiciales dictadas por tribunales por causas de derechos humanos. http://expedientesdelarepresion.cl/.

Diarios, periódicos y revistas

Análisis (1977-1992)
APSI (1976-1995)
Cauce (1983-1989)
Causa Marxista Leninista (1970)
Diario Oficial de la República de Chile (1970-1977)
El Austral (1973)
El Magallanes (1973)
El Mercurio de Valparaíso (1973)
El Mercurio (1970-1977)
El Mostrador (2013)
El Siglo (1970-1973)
Fortín Mapocho (1991)
G-80 (2008)
Hoy (1978-1988)
La Época (1990-1991)
La Nación (1970-1973)
La Prensa Austral (1973)
La Prensa de Santiago (1973)
La Región (1973)
La Segunda (1970-1977)
La Tercera de La Hora (1970-1977)
La Tribuna de Los Ángeles (1973)
Le Monde Diplomatique (2006)
Memorial del Ejército (1958-1977)
Patria y Libertad (1970-1973)
Política y Espíritu (1970-1973)
Prensa Austral (1973)
Principios (1970-1973)

Punto Final (1970-1973)
Qué pasa (1973-1990)
Revista Academia de Guerra Naval (1960-1977)
Revista de la Fuerza Aérea (1960-1977)
Revista de Marina (1960-1976)
Revista Ercilla (1970-1990)
Revista Solidaridad (1976-1990)
Revista Vea (1970-1973)
The Clinic (2013)
Tribuna (1973)
Última Hora (1973)

Documentos y manuscritos

Acusación Constitucional contra el Ministro del Interior José Tohá. Cámara de Diputados. Cuenta en sesión 32. Legislación extraordinaria 1971-1972. 28 de diciembre de 1971.
Alessandri Volverá. Santiago: documento sin edición, 1970.
Ampuero, Romina. *Recinto DINA clínica Santa Lucía. Dossier de Investigación*, manuscrito, 2018.
Arzobispado de Santiago. *El Comité de Cooperación para la Paz en Chile. Crónica de sus dos años de labor solidaria*. Santiago, diciembre de 1975.
Asamblea General de la OEA, Resolución 443 (IX-0/79) "Informe Anual de la Comisión Interamericana de Derechos Humanos".
Biblioteca del Congreso Nacional. "Informe Comisión de Constitución", *Historia de la Ley 17.798. Establece control de armas*.
Central Intelligence Agency, *Kubark Counterintelligence Interrogation*, manuscrito, julio de 1963.
Comité de Cooperación para la Paz en Chile, "Los servicios de inteligencia del Gobierno militar y los derechos humanos fundamentales. (Informe sobre la DINA y otros Servicios de Inteligencia)", manuscrito, 1975.
Comité de Cooperación para la Paz en Chile, *Descripción de las acciones de los servicios de inteligencia del Gobierno militar*, febrero de 1975.
Comité de Cooperación para la Paz en Chile. *Informe sobre condiciones de vida en el Campamente Tres Álamos*, manuscrito, 1975.
Comité de Cooperación para la Paz en Chile, *Informe Sobre Condiciones de Vida en el Campamento Tres Álamos*. Sin fecha.
Comité de Cooperación para la Paz en Chile. *Campamento "Tres Álamos". Sección mujeres*, 17 de junio de 1976.

Comité de Cooperación para la Paz en Chile, *Servicios de Inteligencia del Gobierno Militar*, manuscrito, 1975.

Comité de Cooperación para la Paz en Chile, *Situación de los detenidos de Pisagua*, manuscrito, 1975.

Comité de Cooperación para la Paz en Chile, *Visita del Comité para la Paz a la Oficina Chacabuco*, manuscrito, s/a.

Comité de Cooperación para la Paz en Chile, *Informe acerca de la Situación de los Detenidos en el Campamento Pisagua*, manuscrito, 9 de febrero de 1975.

Constitución Política de la República de Chile. Santiago: Imprenta Universitaria, 1925.

Contreras Sepúlveda, Manuel. *Introducción a la entrega de documentos que demuestran las verdaderas responsabilidades de las instituciones de la Defensa Nacional en la lucha contra el terrorismo en Chile*, Santiago, 2005. Notario Público N° 36 Sergio Carmona Barrales. Ingresado al Consejo de Defensa del Estado el 13 de mayo de 2005.

Coordinadora de Familiares de Detenidos Desaparecidos y Ejecutados Políticos de Talca, Linares y Parral. *Solicitud de Declaratoria Monumento Nacional Casa Ignacio Carrera Pinto (Ex Calle Unión) N° 262*, comuna de Parral, VII Región del Maule, 2017, pp. 13-14. Archivo CMN.

Corporación Parque por la Paz Villa Grimaldi. *Seminario Internacional "Un museo en Villa Grimaldi: Espacio para la Memoria y la Educación de Derechos Humanos*. Santiago, 2005.

Cuadernos de Osvaldo Romo.

Cuadernos de Pedro Matta.

Dirección de Inteligencia Nacional, *Curso C-1/02-76, Básico de Inteligencia para SS.OO. Ramo: Operaciones secretas. Tema: Generalidades, características y objetivos del Servicio Secreto y los Agentes Secretos*, 1976.

Dirección de Inteligencia Nacional, *Curso C-1/02-76. Básico de Inteligencia para SS.OO. Curso: Operaciones Secretas. Tema: informantes, conceptos, tipos y selección*, 1976.

Dirección de Inteligencia Nacional, *Curso C-1/02-76. Básico de Inteligencia para SS.OO. Curso: Operaciones Secretas. Tema: Organización operativa (redes de informantes y redes de agentes)*, 1976.

Dirección de Inteligencia Nacional. *C-1/02-76 Básico de Inteligencia para oficiales. Ramo: Operaciones Secretas. Tema: Medios para evadir la oposición activa*, 1976.

Dirección de Inteligencia Nacional. *Partido Socialista, 1975. Elaborado por Grupo Tigres y Agrupación Cobra*. Agosto de 1975.

Referencias

Dirección de Relaciones Humanas. *Sobre la necesidad de realizar una campaña psicológica-masiva tendiente a destruir el marxismo como ideología*, 6 de junio de 1974.

Ejército de Chile. *Presentación del Ejército de Chile a la Comisión Nacional de Verdad y Reconciliación*. Tomo I, II, III y IV. Santiago, 1990.

Expediente de solicitud de declaración como Monumento Nacional en la categoría de Monumento Histórico, del Balneario Popular situado en Rocas de Santo Domingo, Quinta Región. Chile, Santiago, 2013.

Hinchey Report on CIA activities in Chile, 18 de septiembre de 2000. Recuperado de: Equipo Nizkor: http://www.derechos.org/nizkor/chile/doc/hinchey-e.html [consultado el 29 de julio de 2020].

Informe Confidencial. Visitas del Presidente de la Corte Suprema y del Ministerio de Justicia a los Campos de Detención, 11 de abril de 1976.

Informe de la Comisión Especial de consulta de la Organización de Estados Americanos, sobre seguridad contra la acción subversiva del comunismo internacional: el proceso marxista leninista en Chile. Washington: EE. UU., 1974.

La Primeras 40 medidas del Gobierno Popular, *El programa que respaldan los trabajadores*. Suplemento de la Edición núm. 113, *Punto Final*, Año V, 15 de septiembre de 1970.

Lawner, Miguel. *Breve historia de los Balnearios Populares (1970-1973)*, s/a.

Marini, Ruy. *¿Transición o Revolución?*, 1973; *Dos estrategias en el proceso chileno*, 1974; *Economía Política de un golpe militar"*, 1974; *La pequeña burguesía y el problema del poder*, 1976 [recopilación personal de los textos. Sin edición].

Matta Lemoine, Pedro. Recopilación e investigación preliminar del Comando Conjunto Antisubversivo. Realizada por Pedro Alejandro Matta Lemoine, 1995- 1996. *Centro de Documentación 1636*. Archivo de la Vicaría de la Solidaridad.

Naciones Unidas. *Informe del Consejo Económico y Social. Protección de los derechos humanos en Chile. Nota del Secretario*. 8 de octubre de 1976.

Partido Comunista de Chile. "La voz de orden es la Unidad", *Desde Chile hablan los comunistas. Partido Comunista*. Santiago: Ediciones Colo-Colo.

Plaza, Camilo. *El Servicio de Investigaciones y la Policía Política en Chile (1933-1970)*, manuscrito.

Quimantú. *El caso Schneider. Documentos Especiales*. Santiago: Quimantú, octubre de 1972.

Secretaría General de Gobierno. Asesoría Civil. Depto. Relaciones Humanas y Conducta Social, *Preparación psicológica de la población para contrarrestar la acción marxista*, 19 de noviembre de 1973.

Secretaría General de Gobierno de la República de Chile. *Libro Blanco del cambio de Gobierno en Chile*. Santiago: Editorial Lord Cochrane, 1973.

Unidad Popular. *Programa básico de Gobierno de la Unidad Popular*. Santiago de Chile, 1969.

United Stated Senate. *Cover Action in Chile*. Washington: U.S. Government Printing Office, 1975.

Documentos audiovisuales

Cahn, Guillermo. *No nos trancarán el paso*. 1972, 16 min.

Guzmán, Patricio. *La batalla de Chile. Parte 1. La insurrección de la burguesía*.1976, 97 min.

Guzmán, Patricio. *La batalla de Chile. Parte 2. La lucha de un pueblo sin armas*. 1976, 87 min.

Guzmán, Patricio. *La batalla de Chile. Parte 3. El poder popular*. 1976, 79 min.

Robin, Marie-Monique (Dir.). *Escuadrones de la Muerte*. 2003, 60 min.

Segovia, Alejandro. *Un verano Feliz*. 23 min. 1972

Televisión Nacional de Chile. *Cuando Chile cambió de golpe*. 5 capítulos, 2003.

Bibliografía

Agamben, Giorgio. *Lo que queda de Auschwitz. El archivo y el testigo. Homo Sacer III*. Barcelona: Pre-textos, 2002.

Agrupación de DD. HH. Coyhaique. *Aysén: muertes en dictadura. Historias de ausencias y memorias*. Santiago: Impreso en Lom, 2017.

Águila, Ernesto y Maldonado, Carlos. "Orden Público en el Chile del siglo XX: Trayectoria de una policía militarizada". Peter Waldman (ed). *Justicia en la calle. Ensayo sobre policía en América Latina*. Buenos Aires: Konrad Adenauer Stiftung, 1996, pp. 73-97.

Águila, Gabriela. "La represión en la Historia Reciente Argentina: fases, dispositivos y dinámicas regionales". En: Gabriela Águila y Luciano Alonso (comps). *Procesos represivos y actitudes sociales: entre la España franquista y las dictaduras del Cono Sur*. Buenos Aires: Prometeo, 2013, pp. 97-121.

Águila, Gabriela. "La represión en la Historia Reciente Argentina: perspectivas de abordaje, conceptualizaciones y matrices explicativas". *Contenciosa*, Año 1, núm. 1, 2013, pp. 2-14.

Águila, Gabriela. "Estudiar la represión: entre la historia, la memoria y la justicia. Problemas de conceptualización y método". En: Patricia Flier (comp.). *Dilemas, apuestas y reflexiones teórico-metodológicas para los abordajes en Historia Reciente*. La Plata: Universidad Nacional de La Plata, 2014, pp 20-55.

Águila, Gabriela. "La represión en la historia reciente como objeto de estudio: problemas, novedades y derivas historiográficas". En: Gabriela Águila, Laura Luciani, Luciana Seminara y Cristina Viano (comps.). *La historia reciente en Argentina. Balances de una historiografía pionera en América Latina*. Buenos Aires: Imago Mundi, 2018, pp. 55-72.

Águila, Gabriela. "Violencia política y dictadura: historizar y debatir sobre los alcances de un concepto elusivo". En: Águila, Gabriela; Garaño, Santiago; y Scatizza, Pablo (coords.). *La represión como política de Estado. Estudios sobre la violencia estatal en el siglo XXI*. Buenos Aires: Imago Mundi, 2020, pp. 83-94.

Aguilera, Carolina. *El retorno del monumento. Forma urbana y espacio vivido de la memoria pública de la violencia política en ciudades posconflicto: el caso de Santiago de Chile*. Tesis para optar al grado de doctora en Arquitectura y en Estudios Urbanos. Santiago: Pontificia Universidad Católica, 2016.

Ahumada, Eugenio. *Chile la memoria prohibida*. 3 Tomos. Santiago: Pehuén, 1989.

Ahumada, Manuel. *Derechos humanos y justicia en Chile: Cerro Chena. Campo de Prisioneros*. Valencia: Publicacions de la Universitat de València, 2013.

Akçam, Tener. *Un acto vergonzoso. El genocidio armenio y la cuestión de la responsabilidad turca*. Buenos Aires: Colihue, 2010.

Alonso, Luciano. "Definiciones y tensiones en la formación de una historiografía sobre el pasado reciente en el campo académico argentino". En: Juan Andrés Bresciano (comp.). *El tiempo presente como campo historiográfico: ensayos teóricos y estudios de caso*. Montevideo: Ediciones Cruz del Sur, 2010, pp. 41-64.

Alonso, Luciano. "La lucha por los derechos humanos. Logros y perspectivas de sus estudios". En: Gabriela Águila, Laura Luciani, Luciana Seminaria y Cristina Viano (comps.). *La historia reciente en Argentina. Balances de una historiografía pionera en América Latina*. Buenos Aires: Imago Mundi, 2018, pp. 109-128.

Álvarez, David. "Fuerzas Armadas en Chile: entre la configuración de nuevos roles y la normalización de las relaciones cívico-militares. Informe final del concurso". En: David Álvarez, Juan Carlos Vergara, Loreta Tellería y María Paz Fiuminara. *El papel de las fuerzas armadas en América Latina y el Caribe. Seguridad Interna y Democracia*. Buenos Aires: Clacso, 2012, pp. 63-103.

Álvarez, Rolando. *Desde las sombras: una historia de la clandestinidad comunista (1973-1980)*. Santiago: Lom ediciones, 2003.

Álvarez, Rolando. "¿Represión o Integración? La política sindical del Régimen Militar, 1973-1980", *Historia*, núm. 43, vol. II, junio-diciembre, 2010.

Amorós, Mario. *La memoria rebelde: testimonios sobre el exterminio del MIR: de Pisagua a Malloco: 1973-1975*. Concepción: Escaparate Ediciones, 2008.

Amorós, Mario. "La DINA el puño de Pinochet". Ponencia presentada al *53° Congreso Internacional de Americanistas*, julio de 2009, México D.F.

Amorós, Mario. *Pinochet. Biografía militar y política*. Santiago: Ediciones B, 2019.

Amunátegui, Andrés. "El protagonismo político del Poder Judicial entre los años 1965 y 1973", *Revista de Derecho de la Pontificia Universidad Católica de Valparaíso*, XXXVI, Valparaíso, 2011, pp. 619-663.

Arce, Luz. *El infierno*. Santiago: Tajamar Ediciones, 2017.

Archer, Margareth. *Teoría social realista: el enfoque morfogenético*. Santiago: Ediciones Universidad Alberto Hurtado, 2009.

Arenas, Sady. *La sorda justicia. El "Hoyo" de José Domingo Cañas, Cuartel Ollagüe de la DINA*. Santiago: Fundación 1367, 2016.

Aróstegui, Julio. "Violencia, sociedad y política. La definición de la violencia". *Ayer*, núm. 13, 1994.

Aróstegui, Julio (coord.). *Franco, la represión como sistema*. Barcelona: Flor de Viento, 2012.

Arriagada, Genaro. *De la "vía chilena a la vía insurreccional"*. Santiago: Editorial del Pacífico S.A., 1974.

Arriagada, Genaro. *El pensamiento político de los militares*. Santiago: CISEC, 1980.

Arriagada, Genaro. *La política militar de Pinochet*. Santiago: Salesianos, 1985.

Arriagada, Genaro. *Por la razón o la fuerza. Chile bajo Pinochet*. Santiago: Editorial Sudamericana, 1998.

Arriagada, Genaro y Garretón, Manuel Antonio. "Doctrina de Seguridad Nacional y regímenes militares". *Estudios Sociales Centroamericanos*, núm. 20, 1978, pp.129-153.

Arriagada, Genaro; Balbontín, Ignacio; Daitreaux, Carlos y Wingertter, Rex. *Subversión y contrasubversión*. Santiago: CISEC, 1978.

Baño, Rodrigo. *Lo social y lo político: un dilema clave del movimiento popular*. Santiago: Flacso, 1985.

Barros, Robert. *La Junta Militar. Pinochet y la Constitución de 1980*. Santiago: Editorial Sudamericana, 2004, p. 68.

Bastías, Manuel. *Sociedad civil en dictadura. Relaciones trasnacionales, organizaciones y socialización política en Chile*. Santiago: Ediciones Universidad Alberto Hurtado, 2013.

Bawden, John. *The Pinochet Generation. The chilean military in the twenty century*. Tuscaloosa: The University of Alabama Press, 2016.

Becket, Ian. *Modern Insurgencies and counter-insurgencies. Guerrillas and their opponents since 1750*. London and New York: Routledge, 2001.

Bernasconi, Oriana (ed). *Documentar la atrocidad. Resistir al terrorismo de Estado*. Santiago: Ediciones Universidad Alberto Hurtado, 2020.

Bertrand, Michel y Lemercier, Claire. "Introducción: ¿en qué punto se encuentra el análisis de redes en Historia?". Redes. *Revista hispana para el análisis de redes sociales*, Vol. 21, núm. 1, 2011, pp.1-12.

Bitar, Sergio. *Isla 10*. Santiago: Pehuén, 1987.

Bitar, Sergio y Pizarro, Crisóstomo. *La caída de Allende y la huelga de El Teniente*. Santiago: Ediciones el Ornitorrinco, 1987.

Bize, Cristóbal. *El otoño de los raulíes. Poder popular en el Complejo Forestal y Maderero Panguipulli (Neltume, 1967-1973)*. Santiago: Tiempo Robado Editoras, 2017.

Bonnefoy, Pascal. *Terrorismo de Estadio. Prisioneros de guerra en un campo de deportes*. Santiago: Editorial Latinoamericana, 2016.

Borón, Atilio. "El fascismo como categoría histórica: en torno al problema de las dictaduras en América Latina". *Revista Mexicana de Sociología*, núm. 39(2), 1977, pp. 481-528.

Bourdieu, Pierre. *Razones prácticas*. Barcelona: Anagrama, 1994.

Bourdieu, Pierre. *Meditaciones pascalianas*. Barcelona, Anagrama, 1999.

Bourdieu, Pierre. *Sobre el Estado*. Barcelona: Anagrama, 2014.

Bradley, Ian. *The rise and fall of the DINA, 1973-1977*. Texas: University of Texas at Austin, 2001.

Brandes, Ulrik, Kenis, Patrick y Raab, Jörg. "La explicación a través de la visualización de redes". *Redes. Revista hispana para el análisis de redes sociales*. Vol. 9, núm. 1, 2011, pp. 1-11.

Bravo Aguilera, José. *De Carranco a Carrán. Las tomas que cambiaron la historia*. Santiago: Lom ediciones, 2012.

Brevis, Katherine. *Represión política en cuatro comunas rurales de la Provincia de Biobío durante el primer año de la dictadura militar*. Santiago: Instituto Nacional de Derechos Humanos, 2012.

Brodeur, Jean Paul. *Las caras de la policía*. Buenos Aires: Prometeo, 2011.

Browning, Christopher. *Aquellos hombres grises. El batallón 101 y la solución final*. Buenos Aires: Edhasa, 2019.

Cáceres, Iván. *Detenidos desaparecidos en Chile. Arqueología de la muerte negada*. Tesis para optar al título de arqueólogo. Santiago: Universidad de Chile, 2011.

Calveiro, Pilar. *Poder y desaparición*. Buenos Aires: Colihue 2014 [1997].

Cancino, Hugo. *La problemática del Poder Popular en el proceso de la vía chilena al socialismo, 1970-1973*. Denmark: Arthur University Press, 1988, pp. 172-189.

Canessa, Julio. *Quiebre y recuperación del orden institucional en Chile. El factor militar, 1924-1973*. Santiago: Emérida Ediciones, 1995.

Cárcamo, Mindy; Castillo, Cristina, y Oliva, Yennifer. *Palacio de las sonrisas: preservación de la memoria histórica de los sucesos acaecidos en 1973 en Punta Arenas*. Tesis para optar al título de profesor de historia. Punta Arenas: Universidad de Magallanes, 2013.

Carnovale, Vera. "El historiador del pasado reciente y los relatos consagrados: empatía, incomodidades y desafíos del campo historiográfico frente a los usos políticos del pasado". *Ciencia e Investigación*. Tomo 68, núm. 4, 2018, pp. 19-35.

Carranza, Mario. *Fuerzas Armadas y Estado de Excepción en América Latina*. México DF: Siglo XXI Editores, 1978.

Carreño, Sebastián. *Terrorismo de Estado y violaciones a los derechos humanos en la Provincia de Llanquihue. La represión en el Cuartel de la Dirección de investigaciones de Puerto Montt, 1973-1975*. Tesis de pregrado. Universidad Austral de Chile, 2021.

Casals, Marcelo. *El alba de una revolución. La izquierda y el proceso de construcción estratégica de la "vía chilena al socialismo". 1956-1970*, Santiago: Lom ediciones, 2011.

Casals, Marcelo. *La creación de la amenaza roja. El surgimiento del anticomunismo en Chile a la "campaña del terror" de 1964*. Santiago: Lom ediciones, 2016.

Cavallo, Ascanio y Serrano, Margarita. *Golpe. 11 de septiembre de 173. Las 24 horas más dramáticas del siglo XX*. Santiago: Uqbar, 2013.

Centro de Investigación y promoción de los Derechos Humanos (CINPRODH). *Nunca nada volvió a ser como antes. Tortura, desaparición y muerte en La Araucanía, 1973-1989*. Santiago: Ceibo Ediciones, 2018.

Cerda, René. *La masacre de El Salvador. Huelgas, represión y solidaridad obrera en los Campamentos Mineros del Cobre, 1965-1966*. Diego de Almagro: Municipalidad Diego de Almagro, 2014.

Chateau, Jorge. *Seguridad nacional y guerra antisubversiva*. Santiago: Documento de Trabajo. Programa Flacso-Santiago, núm. 185, 1983.

Cofré, Loreto; Larenas, María Dolores; Oraeguí, María Teresa, y Romero, Carolina. *Asesinato de Edmundo Pérez Zujovic. Una barrera de sangre y hierro*. Tesis para optar al grado de licenciado en Comunicación Social. Santiago: Universidad Diego Portales, 2001.

Collins, Cath; Hite, Katherine y Joignant, Alfredo. *Las políticas de la memoria en Chile: desde Pinochet a Bachelet*. Santiago: Ediciones Universidad Diego Portales, 2013.

Comisión Nacional de Reconciliación y Reparación. *Informe de la Comisión Nacional Sobre Verdad y Reparación*. Tomo I, Santiago: La Nación, 1996.

Comisión Nacional Sobre Prisión Política y Tortura. *Informe de la Comisión Nacional Sobre Prisión Política y Tortura.* Santiago: Imprenta La Nación S.A., 2005.

Constable, Pamela y Valenzuela, Arturo. *Una nación de enemigos. Chile bajo Pinochet.* Santiago: Ediciones Universidad Diego Portales, 2013.

Correa, Raquel y Subercaseaux, Elizabeth. *Ego sum Pinochet.* Santiago: Zig-Zag, 1989, pp. 87-92.

Cortés Rencoret, Gerardo (coronel). "Introducción a la Seguridad Nacional". *Cuadernos del Instituto de Ciencias Políticas*, Universidad Católica, núm. 2, febrero, 1976.

Corvalán, Luis. *Los partidos políticos y el golpe del 11 de septiembre. Contribución al estudio del contexto histórico*, Santiago: Ediciones Usach, 2016.

Corvalán Márquez, Luis. *La secreta obscenidad de la historia de Chile contemporáneo. Lo que dicen los documentos norteamericanos y otras fuentes documentales, 1962-1976.* Santiago: Ceibo Ediciones, 2012.

Crenzel, Emilio. *Historia política del nunca más. La memoria de los desaparecidos en la Argentina.* Buenos Aires: Siglo XXI Editores, 2009.

Crenzel, Emilio. "Ideas y estrategias de justicia ante la violencia política y las violaciones a los derechos humanos en la transición política argentina (1982-1983)". En: Claudia Field y Marina Franco (ed.). *Democracia hora cero. Actores, políticas y debates en los inicios de la posdictadura.* Buenos Aires: Fondo de Cultura Económica, 2015, pp. 81-114.

Da Silva Catela, Luciana. "El mundo de los archivos". En: Luciana da Silva Catela y Elizabeth Jelin. *Los archivos de la represión: documentos, memoria y verdad.* Buenos Aires: Siglo XXI Editores, 2002.

Del Pozo, José. *Allende: cómo su historia ha sido relatada. Un ensayo de historiografía ampliada.* Santiago: Lom ediciones, 2017.

Del Pozo, José; Monsálvez, Danny y Valdés, Mario. "Los estudios sobre la Unidad Popular en Chile en el nuevo milenio. ¿Están en deuda los historiadores?". *Radical Americas*, 6 (1), 2021, 1-31.

Delgado, Higinio. *Recuerdos de la guerra que no fue.* Valdivia: Editorial Fértil Provincia, 2016.

Departamento de Historia Militar, "El Ejército Francés en el Ejército Chileno", *Cuaderno de Historia Militar*, núm. 1, mayo de 2005, pp. 29-56.

Dinges, John. *The condor years. How pinochet and his allies brought terrorism to three continents.* New York: New Press, 2004.

Dinges, John. *Los años del cóndor. Operaciones internacionales de asesinato en el cono sur.* Santiago: Debate, 2021.

Dinges, John y Landau, Saul. *Asesinato en Washington: el caso Letelier.* México: Lasser Press, 1982.

Dirección de Inteligencia del Ejército (DINE). *La inteligencia militar en Chile. 100 años de la Dirección de Inteligencia del Ejército*. Santiago: Instituto Geográfico Militar, 2001.

Donoso, Karen. ""Los zarpazos del León". La censura política contra la prensa en el segundo Gobierno de Arturo Alessandri. Chile, 1933-1938". *Revista Tiempo Histórico*, Año 7, núm. 12, 2016, pp. 109-1934.

Donoso, Karen. *Cultura y dictadura. Censuras, proyectos e institucionalidad cultural en Chile, 1973-1989*. Santiago: Ediciones Universidad Alberto Hurtado, 2019.

Duhalde, Emilio. *El Estado terrorista argentino*. Buenos Aires: Colihue 2013 [1983].

Durán, Cristina. *La requisición de la industria durante la Unidad Popular en relación a un concepto republicano de propiedad*. Memoria de grado para optar al grado de licenciada en Ciencias Jurídicas y Sociales. Santiago: Facultad de Derecho, Universidad de Chile, 2014, p.49.

Echeverría, Mónica. *Krassnoff: arrastrado por su destino*. Santiago: Catalonia, 2010.

Ejército de Chile. *Historia de la Academia de Guerra fundada en 1886*. Santiago: Instituto Geográfico Nacional, 2006.

Escobar, América. *Memoria y materialidad. Londres 38 un estudio de caso*. Tesis para optar al título profesional de antropólogo. Concepción: Universidad de Concepción, 2011.

Estado Mayor del Ejército de Chile. *Historia del Ejército de Chile*. Santiago: Vicuña Impresores, Tomo IX y X, 1985.

Feierstein, Daniel. *Terrorismo de Estado y genocidio en América Latina*. Buenos Aires: Prometeo. 2009.

Feitlowitz, Marguerite. *Un léxico del terror*. Buenos Aires: Prometeo, 2015.

Fermandois, Joaquín. *Chile y el mundo. La política exterior de la UP, 1970-1973*. Santiago: Ediciones Pontificia Universidad Católica de Chile, 1988.

Figueroa Vilches, Andrea. *Memoria abierta y para el presente. Una caracterización de la construcción de memorias en Londres 38 (2008-2013)*. Tesis para optar al grado de licenciado en historia mención Estudios Culturales, Universidad Academia de Humanismo Cristiano, Santiago de Chile, 2014.

Figueroa, Juvenal y Palma, José Antonio. *Centro Cultural Ollagüe*. Tesis para optar al título técnico de nivel superior en Decoración y Proyectos de Espacios Interiores, Santiago de Chile, Instituto Umbrales, 2000.

Figueroa, Melissa. *Memoria abierta y para el presente. Una caracterización de la construcción de memorias en Londres 38*. Santiago de Chile, 2014.

Fisher, Eva. *Colaboraciones transnacionales de los Servicios de Inteligencia en el Cono Sur en los años 1970 y 1980. El papel de Brasil en el contexto de la Operación Cóndor*. Santiago: Documento de Trabajo, Museo de la Memoria y los Derechos Humanos, 2015.

Flier, Patricia (comp.). *Dilemas, apuestas y reflexiones teórico-metodológicas para los abordajes en Historia Reciente*. La Plata: Universidad Nacional de La Plata, 2014.

Flores Durán, Jorge. *Londres 38 (un número desaparecido)*. Santiago de Chile: Editorial Auco, 2003.

Foxley, Alejandro. *Para una democracia estable: economía y política*. Santiago de Chile: Aconcagua, Cieplan, 1985.

Franco, Marina. *Un enemigo para la nación. Orden interno, violencia y "subversión", 1973-1976*. Buenos Aires: Fondo de Cultura Económica, 2012.

Franco, Marina. "La "Teoría de los dos demonios" en la primera etapa de la posdictadura". En: Claudia Field y Marina Franco. *Democracia hora cero. Actores, políticas y debates en los inicios de la posdictadura*. Buenos Aires: Fondo de Cultura Económica, 2015, pp. 23-80.

Franco, Marina y Levin, Florencia. "El pasado cercano en clave historiográfica. En: Marina Franco y Florencia Levin (comp.). *Historia reciente. Perspectivas y desafíos para un campo en construcción*. Buenos Aires: Paidós, 2006, pp. 31-65.

Fraenkel, Ernst. *The dual state. A contribution to the theory of dictatorship*. Oxford: Oxford University Press, 2017[1941].

Frühling, Hugo. "Fuerzas armadas, orden interno y derechos humanos". En: Hugo Frühling, Carlos Portales y Augusto Varas. *Estado y Fuerzas Armadas*. Santiago: Flacso, 1982, pp. 35-58.

Fuentes, Manuel. *Memorias secretas de Patria y Libertad*. Santiago: Grijalbo, 1999.

Fuentes, Miguel y Matamoros, Christian. "Dejaron al gato cuidando la carnicería. El delator en el sindicato de panificadores de La Serena, 1973-1987". *Universum*, Talca, Vol. 27.2, 2012, pp. 81-98.

Fuentes, Pablo. "Los trágicos días del poeta Roberto Meza en Isla Más Afuera. Prisionero político durante la dictadura de Carlos Ibáñez". *Izquierdas*, núm. 49, 2020, pp.79-89.

Fuenzalida, Nicole. "Cuartel Terranova. Análisis de la configuración espacial en relación a las estrategias de represión y control de los detenidos y torturados". *La Zaranda de Ideas. Revista de Jóvenes Investigadores en Arqueología*, 2011, pp. 49-63.

Fuenzalida, Nicole. Apuntes para una arqueología de la dictadura chilena. *Revista Chilena de Antropología*, 35, 2017, pp. 131-147.

Galula, David. *Pacification in Algeria, 1956-1958*. California: Rand. Corp., 1963.

Galula, David. *Counterinsurgency Warfare, Theory and Practice*. New York: Prager ed., 1964.

Garaño, Santiago. "Pabellones de la muerte: los límites difusos entre la represión legal y la clandestina". *Revista Entrepasados*, 34, 2008, pp. 33-53.

Garay, Cristián. "En un entorno difícil: la existencia de la Academia de Guerra entre 1947 y 1970". En: Alejandro San Francisco (ed.). *La Academia de Guerra del Ejército de Chile, 1886-2006*. Santiago: Centro de Estudios Bicentenario, 2006, pp. 143-170.

Garay, Cristián. *Entre la espada y la pared. Allende y los militares. 1970-1973*. Santiago: Centro de Estudios Bicentenario, 2014.

Garay, Cristián. *La estrategia de la guerra fría. La política internacional y la defensa de González Videla*. Santiago: Idea, 2017.

Garay, Cristián. "Doctrina Schneider-Prats: la crisis del sistema político y participación militar". *Política. Revista de Ciencia Política*, núm. 10, 2019, pp. 71-177.

Garay, Cristián y Díaz, José. "Frente Nacionalista Patria y Libertad (1970-1973). Caracterización de una identidad política". *Amérique Latine Histoire et Mémoire. Les Cahiers ALHIM* [En línea], 32, 2016.

Garcés, Magdalena. *Terrorismo de Estado en Chile: la campaña de exterminio de la DINA contra el MIR*. Tesis doctoral. Madrid: Universidad de Salamanca, 2016.

Garcés, Mario. *El movimiento obrero y el Frente Popular (1936-1939)*. Santiago, Lom ediciones, 2018.

Garcés, Mario y de la Maza, Gonzalo. *La explosión de las mayorías. Protesta Nacional, 1983-1984*. Santiago: Eco, 1985.

García de Leigh, Gabriela. *Leigh. El general republicano*. Santiago: Salesianos Impresores S.A, 2017.

Garretón, Manuel Antonio. *El proceso político chileno*. Santiago: Flacso, 1983.

Garretón, Manuel Antonio; Garretón, Roberto; y Garretón, Carmen. *Por la fuerza sin la razón. Análisis y textos de los bandos de la dictadura militar*. Santiago: Lom ediciones, 1998.

Gaudichaud, Franck. *Poder popular y cordones industriales. Testimonios sobre el movimiento popular urbano, 1970-1973*. Santiago: Lom ediciones, 2014.

Gaudichaud, Franck. *Chile, 1970-1973. Los mil días que estremecieron al mundo. Poder popular, cordones industriales y socialismo durante el Gobierno de Salvador Allende*. Santiago: Lom ediciones, 2017.

Goffman, Erving. "The dissolution of identities. Characteristics of Total Institution". En: Maurice Stein, Arthur Vidich y David White. *Identity and anxiety. Survival of the person in mass society*. New York: The Free Press, 1960.

Goicovic, Igor. "Temas y debates en la historia de la violencia política en Chile". *Contenciosa*, Año II, núm. 3, 2014.

Goldhagen, Daniel. *Los verdugos voluntarios de Hitler. Los alemanes corrientes y el holocausto*. Madrid: Taurus, 2019.

Gómez Leyton, Juan Carlos. "Democracia versus propiedad privada. Los orígenes político-jurídicos de la dictadura militar chilena". En: Caetaneo, Gerardo (comp.). *Sujetos sociales y nuevas formas de protesta en la historia recuente de América Latina*. Buenos Aires: Clacso, 2006, pp. 171-212.

Gómez, León. *Que el pueblo juzgue. Historia del Golpe de Estado*. Santiago: Terranova Editores, 1988.

Gómez, León. *Tras las huellas de los desaparecidos*. Santiago: Ediciones Caleuche, 1990.

González, Martín. *La influencia militar de Estados Unidos en la doctrina del Ejército de Chile en el periodo de la post Segunda Guerra Mundial*. Universidad Adolfo Ibáñez: Magíster de Humanidades, 2004.

González Calleja, Eduardo. *Asalto al poder. La violencia política organizada y las ciencias sociales*. Madrid: Siglo XXI, 2017.

González Pino, Miguel. "Cinco Proyectos para Gobernar Chile. Documentos". *Estudios Públicos*, núm. 32, 1988.

González, Mónica. *La conjura. Los mil y un días del golpe*. Santiago: Ediciones B, 2000.

González, Mónica y Contreras, Héctor. *Los secretos del comando conjunto*. Santiago: Editorial Ornitorrinco, 1991.

Grandin, Greg. "Living in Revolutionary Time. Comming Terms with The Violence of Latin America's Long Cold War". En: Greg Grandin y Joseph Gilbert (eds.). *A century of Revolutions. Insurgent and Counterinsurgent Violence During Latin America's Long Cold War*. Durham y Londres: Duke University Press, 2010, pp. 1-42.

Green, Thomas Nicholls (ed.). *The Guerrilla and how to fight him*. New York: Praeger, 1962.

Guerrero, Manuel. "Cuando la población se hace parte de la producción social de la violencia: el caso de la colaboración mediante denuncias". En: Ximena Poo (ed). *La dictadura de los sumarios (1974-1985). Universidad de Chile intervenida*. Santiago: Ediciones Universitaria, 2016, pp. 171-193.

Gutiérrez, Cristian. *La contrasubversión como política. La doctrina de guerra revolucionaria francesa y su impacto en la FF. AA. de Chile y Argentina*. Santiago: Lom ediciones, 2018.

Gutiérrez, Omar. *Sociología Militar. La profesión militar en la sociedad democrática*. Santiago: Editorial Universitaria, 2002.

Guzmán, Nancy. *Ingrid Olderock. La mujer de los perros*. Santiago: Ceibo Ediciones, 2015.
Guzmán, Nancy. *El Fanta, historia de una traición*. Santiago: Ceibo Ediciones, 2016.
Habermas, Jürgen. *El discurso filosófico de la modernidad*. Madrid: Taurus, 1989.
Handal, Schafik. "El fascismo en América Latina". *Revista América Latina*, núm. 4, 1976, pp. 121-146.
Harmer, Tanya. *El Gobierno de Allende y la Guerra Fría Interamericana*. Santiago: Ediciones Universidad Diego Portales, 2013.
Harmer, Tania y Riquelme, Alfredo (ed.). *Chile en la Guerra Fría Global*. Santiago: Ril Editores, 2014.
Harrington, Edwin y González, Mónica. *Bomba en una calle de Palermo*. Santiago: Editorial Emisión, 1987.
Hertz, Carmen; Ramírez, Apolonia y Salazar, Manuel. *Operación exterminio. La represión contra los comunistas chilenos*. Santiago: Lom ediciones, 2016.
Horowitz, Irvingn. "El militarismo en América Latina". *Revista de Ciencias Políticas*, 1966, núm. 45-46, 1966, pp. 133-178.
Huerta, Ismael. *Volvería a ser marino*. Santiago: Editorial Andrés Bello, 1988.
Huidobro, Sergio. *Decisión Naval*. Valparaíso: Imprenta de la Armada, 1998.
Huneeus, Carlos. *El régimen de Pinochet*. Santiago: Taurus, 2016.
Huntington, Samuel. *The Soldier and the State. The theory and politics of civil-military relations*. New York: Vintage Book, 1957.
Ian Bradley Bob Lyles. *The rise and fall of the DINA, 1973-1977*. Texas: University of Texas at Austin, 2001.
Janowits, Morris. *The professional soldier. A social and Political Portrait*. New york: The Free Press, 1971.
Jelin, Elizabeth. *La lucha por el pasado. Cómo construimos la memoria social*. Buenos Aires: Siglo XXI Editores, 2017.
Jo Frazier, Lessie. "The detention camps in Pisagua remembered (1948, 1973, 1990) and forgotten (1943, 1956, 1984)". *Salt in The Sand. Memory, violence and the National-State in Chile, 1890 to the present*. Durkham-London: Duke University Press, pp. 158-189.
Johnson, John. *Militares y sociedad en América Latina*. Buenos Aires: Solar-Hachette, 1966.
Joui Joui, Sadi. *Chacabuco: y otros lugares de detención*. Valparaíso: Arte & Gráfica, 2003.
Joxe, Alain. *Las fuerzas armadas en el sistema político de Chile*. Santiago: Editorial Universitaria, 1970.
Kalyvas, Stathis. *La lógica de la violencia en la guerra civil*. Madrid: Akal, 2010.

Kershaw, Ian. *La dictadura nazi. Principales controversias en torno a la era de Hitler*. Buenos Aires: Siglo XXI, 2015 [1985].

Klein, Emilio. *Antecedentes para el estudio de conflictos colectivos en el campo, 1967-1971*. Santiago: ICIRA, 1972.

Kogón, Eugen. *The theory and practice of hell. The german concentration camps and the system behind them*. New York: Farrar, Strauss and Giraux, 2006.

Kornbluh, Peter. *Pinochet. Los archivos secretos*. Barcelona: Crítica, 2013.

Krischke, Jair. "Brasil y la operación cóndor". *Primer encuentro de museos de la memoria del Mercosur*, 2008.

Lacheroy, Charles. *Discours et conférences*, Universite Lorraine, 2012.

Lawner, Miguel. *La vida a pesar de todo. Isla Dawson, Ritoque, Tres Álamos*. Santiago: Lom ediciones, 2018.

Leal, Francisco. "La Doctrina de Seguridad Nacional: materialización de la Guerra Fría en América del Sur". *Revista de Estudios Sociales*, núm. 15, 2003, pp.74-87.

Leiva, Gonzalo y Errázuriz, Luis. *El golpe estético: dictadura militar en Chile*. Santiago: Ocho Libros, 2012.

Leiva, Sebastián. *Revolución Socialista y Poder Popular. Los casos del MIR y el PRT-ERP, 1970-1976*. Concepción: Escaparate Ediciones, 2010.

Leiva, Sebastián y Garcés, Mario. *El golpe en la Legua. Los caminos de la historia y la memoria*. Santiago de Chile: Lom ediciones, 2005.

León, Marco Antonio. *Encierro y corrección. La configuración de un sistema de prisiones en Chile (1800-1911)*. Tomo I. Santiago: Universidad Central de Chile, 2003.

Lesley, Gill. *Escuela de las Américas. Entrenamiento militar, violencia política e impunidad en las Américas*, Santiago de Chile: Lom ediciones, p. 112.

Lillo Muñoz, Francisco. *Fragmento de Pisagua. La historia de los presos políticos en el Campo de Concentración Pisagua*. Santiago: autoedición, 1991.

Llambías, Jaime. *Chilean Armed Forces and the coup d' Etat in 1973*. Tesis Master of Art. Montreal: Mc Gill University, 1978.

López, Loreto. "Lugares de memoria de las violaciones a los derechos humanos: más allá de sus límites". En: Universidad de Chile. Centro de Estudios Culturales Latinoamericanos y Fundación Heinrich Böll. *Recordar para pensar memoria para la democracia*. Santiago: Ediciones Böll Cono Sur, 2010, pp. 57-65.

López, Loreto. *Lugares de la memoria de la represión. Contrapunto entre dos ex centros de detención recuperados en Chile y Argentina: Villa Grimaldi y el Olimpo*. Tesis Magíster. Santiago: Universidad de Chile, 2013.

Loveman, Brian y Lira, Elizabeth. *Las ardientes cenizas del olvido: vía chilena de Reconciliación Política, 1932-1994*. Santiago: Lom ediciones, 2000.

Loveman, Brian y Lira, Elizabeth. *Arquitectura Política y Seguridad Interior del Estado 1811-1990. Fuentes para la Historia de la República. Vol. XIX*. Santiago: Centro de Investigación Diego Barros Arana, 2002.
Loveman, Brian y Lira, Elizabeth. *Los actos de la dictadura. Comisión Investigadora, 1931. Fuentes para la Historia de la República. Volumen XXVII*. Santiago: Centro de Investigaciones Diego Barros, 2006.
Luhmann, Niklas. *Sociología política*. Barcelona: Trotta editorial, 2014.
Lvocih, Daniel. "Vida cotidiana y dictadura militar en la Argentina: un balance historiográfico". *Estudios Ibero-Americanos*, Pontificia Universidade Católica do Rio Grande do Sul, Vol. 3, 2017.
Magasich, Jorge. *Los que dijeron "No". Vol. I. Historia del movimiento de los marinos antigolpistas de 1973*. Santiago: Lom ediciones, 2008.
Maldonado, Carlos. *Entre Reacción Civilista y Constitucionalismo Formal: Las Fuerzas Armadas Chilenas en el periodo 1931-1938*. Santiago: Flacso, 1988.
Marín, Juan Carlos. *El ocaso de una ilusión.1967-1973*. Buenos Aires: Picaso/ INEDH/Colectivo Ediciones, 2007.
Martínez, Javier y Tironi, Eugenio. *Las clases sociales en Chile*. Santiago: Sur, 1985.
Matus, Alejandra. *El libro negro de la justicia chilena*. Santiago: Planeta, 1999.
Mayorga, Patricia. *El cóndor negro. El atentado a Bernardo Leighton*. Santiago: El Mercurio-Aguilar, 2003.
Mazzei, Daniel. *Bajo el poder de la caballería. El Ejército argentino (1962-1973)*. Buenos Aires: Eudeba, 2012.
Mazzei, Daniel. La misión militar francesa en la Escuela Superior de Guerra y los orígenes de la Guerra Sucia, 1957-1962. *Revista de Ciencias Sociales*, 13, 2002, pp. 105-137.
McSherry, Patrice. *Los Estados depredadores: la Operación Cóndor y la Guerra encubierta en América Latina*. Santiago: Lom ediciones, 2005.
Melfi, Domingo. *Dictadura y mansedumbre*. Santiago: Editorial Universitaria, 1931.
Merino, Marcia. *Mi verdad... "Más allá del horror, yo acuso"*. Santiago: A.T.G.S.A.
Meza, Roberto. *Los trágicos días de Más Afuera*. Santiago: Lom ediciones, 2006.
Miller, Thomas. "Ránquil: Violence and Peasant Politics on Chile's". En: Greg Grandin y Gilbert Joseph (ed.). *A Century of Revolution. Insurgent and Counterinsurgent violence during Latin America's Long Cold War*. Durham y London: Duke University Press, 2010, pp. 121-162.
Milos, Pedro y Garcés, Mario, *Cuadernos de historia popular: serie Historia del movimiento obrero*, Santiago, CETRAL/CEAL, núm. 1, 1983.

Milos, Pedro. *Historia y memoria. 2 de abril de 1957*. Santiago: Lom ediciones, 2007.

Ministerio de Vivienda y Urbanismo. *Memorias de la ciudad*, Santiago, 2009.

Miqueles, Gloria. "Mi paso por Cuatro y Tres Álamos". *Yo También estuve en 3 y 4 Álamos*. Santiago de Chile: Editorial Senda/ Senda Förlag I Stockholm, 2015.

Monckeberg, María Olivia; Camus, María Eugenia; Jiles, Pamela. *Crimen bajo estado de sitio*. Santiago: Editorial Emisión, 1986.

Moniz Bandeira, Luis. *Fórmula para el caos. La caída de Salvador Allende (1970-1973)*. Santiago: Debate, 2008.

Monsálvez, Danny. "Violencia y Represión en un dispositivo local: Concepción, 11 de septiembre de 1973". *Revista de Historia y Geografía*, núm. 26, 2012, pp. 57-80.

Monsálvez, Danny. "La historia reciente en Chile: un balance desde la nueva historia política". *Historia 396*, Vol. 6, núm. 1, 2016, pp. 111-139.

Morales, José Luis. "El MIR en las movilizaciones de obreros agrícola-forestales en la precordillera de la provincia de Valdivia". Tesis para optar al título de profesor de Historia y Ciencias Sociales". Valdivia: Universidad Austral de Chile, 2015.

Moreno, Javier. "El debate Goldhagen: los historiadores, el Holocausto y la identidad nacional alemana". *Historia y Política*, núm. 1, abril 1999, pp. 135-159.

Moulian, Tomás. *Chile actual: anatomía de un mito*. Santiago: Lom ediciones, 1998.

Moulian, Tomás. "La vía chilena al socialismo: itinerario de la crisis de los discursos estratégicos de la Unidad Popular". En: Julio Pinto (coord.). *Cuando hicimos Historia. La experiencia de la Unidad Popular*. Santiago: Lom ediciones, 2005, pp. 35-56.

Moulian, Tomás. *Fracturas. De Pedro Aguirre Cerda a Salvador Allende (1938-1973)*. Santiago: Lom ediciones, 2006.

Moulian, Tomás. *Contradicciones del desarrollo político chileno*, 1920-1990. Santiago: Lom ediciones, 2012.

Muzzopappa, Eva y Villalta, Carla. "Los documentos como campo. Reflexiones teórico-metodológicas sobre un enfoque etnográfico de archivos y documentos estatales". *Revista Colombiana de Antropología*, 47 (1), 2011, pp. 13-42.

Navarrete, Jaime. *Movimiento Campesino Revolucionario: entre la reivindicación territorial y el Proyecto Socialista (Cautín, 1970-1973)*. Tesis para optar al grado de magíster en historia. Universidad de Chile, 2017.

Navarrete, Jaime. *Movimiento Campesinos Revolucionarios*. Concepción: Escaparate Ediciones, 2018.

Navia, Patricio y Osorio, Rodrigo. "Las encuestas de opinión pública en Chile antes de 1973". *Latin American Review*, Vol. 50, núm. 1, 2015, pp. 117-139.
Nina, Andrés. "La doctrina de seguridad nacional y la integración latinoamericana". *Nueva Sociedad*, núm. 27, 1979, pp. 33-50.
O'Donnell, Guillermo. *El Estado burocrático autoritario. Triunfos, derrotas y crisis*. Buenos Aires: Editorial Belgrano, 1996 [1982].
Olmos, Karina; Olmos, Sebastián; Rojas, Rodolfo y Coronil, Jaime. *Lugares y sitios. Memorias de un patrimonio negado*. Iquique: Editorial Navaja, 2019.
Oppenheimer, Franz. *El Estado. Su historia y evolución desde un punto de vista sociológico*. Madrid: Unión Editorial, 2014.
Osiel, Mark. "Perder la perspectiva, distorsionar la historia". *Revista Estudios Socio-Jurídicos*, 7, 2005, pp. 43-112.
Ostrovsky, Víctor y Hoy, C. *By way of deception. The making and unmaking of a Mossad officer*. New York: St. Martin's Press, 1990.
Pacheco, Máximo. *Lonquén*. Santiago: Editorial Aconcagua, 1980.
Pallieraki, Eugenia. "Las manifestaciones callejeras y la experiencia de la Unidad Popular (1970-1973)". *Pensamiento Crítico. Revista electrónica de historia*, núm. 3, 2003, p.17.
Palma, Daniel. "La "revolución de la chaucha". Santiago de Chile, 16 y 17 de agosto de 1949", *Revista Trimestral del Instituto de Ciencias Alejandro Lipschutz*, 2005, pp. 49-52.
Palominos Rojas, Eva. *Vuelo de mariposa*. Concepción: Escaparate Ediciones, 2007.
Passmore, Leith. *War inside Chile's barracks. Remembering military service under Pinochet*. Wisconsin: University of Wisconsin Press, 2017.
Patto Sá Motta, Rodrigo. *En guardia contra el peligro rojo. El anticomunismo en Brasil (1917-1964)*. Buenos Aires: Universidad Tres de Febrero, 2019, pp. 53-89.
Pavilack, Jody. *Mining for the Nation, The Politics of Chile's Coal Communities from the Popular Front to the Cold War*. United States, Pennsylvania State University Press, 2011.
Peñaloza, Carla. *El camino de la memoria. De la represión a la justicia en Chile, 1973-2013*. Santiago: Cuarto Propio, 2015.
Pérez Carrillo, David. *La fronda militar: el 11 de septiembre*. Santiago: Universidad de Chile-Departamento de Ciencia Política, Documento de Trabajo núm. 82, septiembre de 2006.
Pérez, Francisco y Villalobos, Mauricio. "El movimiento obrero en la encrucijada: la huelga carbonífera de 1947 y el Estado de Sitio en Lota y Coronel (1947-1949)", *manuscrito*.

Péries, Gabriel. "La doctrina militar contrainsurgente como fuente normativa de un poder *de facto* exterminador basado sobre la excepcionalidad". En: Daniel Feirstein (comp.). *Terrorismo de Estado y genocidio en América Latina*. Buenos Aires: Prometeo, 2009, pp. 221-247.

Pinochet, Augusto. *El día decisivo. 11 de septiembre de 1973*. Santiago: Empresa Periodística La Nación, 1979.

Pinto, Julio. "¡La Cuestión Social debe terminar! La dictadura de Carlos Ibáñez del Campo en clave populista, 1927-1931". *Historia*, núm. 53, 2020, Vol. II, pp. 591-630.

Piper, Isabel y Hevia, Evelyn. *Espacio y recuerdo. Archipiélago de memorias en Santiago de Chile*. Santiago: Ocho Libros, 2012.

Plaza, Camilo. "Gobernar es sospechar": La policía política del Frente Popular, 1938-1941. *Meridional. Revista Chilena de Estudios Latinoamericanos*, núm. 14, 2020, pp. 101-134.

Plaza, Camilo. *El servicio de investigaciones y la policía política en Chile*. Manuscrito inédito.

Policzer, Pablo. *Los modelos del horror. Represión e información en Chile bajo la dictadura militar*. Santiago: Lom ediciones, 2014.

Polloni, Roberto. *Las fuerzas armadas de Chile en la vida nacional. Compendio cívico-militar*. Santiago: Editorial Andrés Bello, 1972.

Ponce, Karina. *El bandejazo. Un caso de indisciplina y amotinamiento militar en la Escuela de Ingeniería Naval de Viña del Mar. Mayo de 1961*. Seminario de Título. Valparaíso: Universidad de Playa Ancha, 2012.

Portales, Felipe. *Los mitos de la democracia chilena. vol. II. Desde 1925 a 1938*. Santiago: Catalonia, 2006, pp. 78-79.

Powers, Thomas. *The man who kept the secret: Richard Helms and the CIA*. New York: Washington Square Press, 1980.

Prats, Carlos. *Memorias. Testimonio de un soldado*. Santiago de Chile: Pehuén, 1985.

Quiroga, Patricio. *Compañeros del GAP: la escolta de Allende*. Santiago: Aguilar, 2011.

Quiroga, Patricio y Maldonado, Carlos. *El prusianismo en las FF. AA. chilenas. Un estudio histórico, 1885-1945*. Santiago: Ediciones Documentas, 1988.

Ramírez Necochea, Hernán. *Las Fuerzas Armadas y la política en Chile*. México: Casa de Chile en México, 1984.

Ranalletti, Mario. "Contrainsurgencia, catolicismo intransigente y extremismo de derecha en la formación militar argentina. Influencias francesas en los orígenes del terrorismo de Estado (1955-1976)". En: Daniel Feierstein (comp.). *Terrorismo de Estado y genocidio en América Latina*. Buenos Aires: Prometeo, 2009, pp. 249-280.

Ranalletti, Mario. "Las formas y las lógicas de la represión clandestina: planificación centralizada, autonomía operativa de los grupos de tarea y violencia extrema". *II Jornadas de Trabajo de la Red de Estudios sobre Represión*, 2016.

Real, Joaquín. *Prisionero de guerra en Aysén*. Valdivia: Kultrún Ediciones, 2014.

Rebolledo, Javier. *A la sombra de los cuervos. Cómplices civiles de la dictadura*. Santiago: Planeta, 2013.

Rebolledo, Javier. *El despertar de los cuervos. Tejas Verdes, el origen del exterminio en Chile*. Santiago: Planeta, 2016.

Redondo, Jesús Ángel. "Las tomas de fundos en la provincia de Cautín (Chile), 1967-1973". *Cuadernos de Historia*, núm. 42, Santiago, junio 2015.

Ricoeur, Paul. *Fase documental: la memoria archivada. La memoria, la historia, el olvido*. Buenos Aires: Fondo de Cultura Económica, 2004.

Rincón, Tatiana. "La verdad histórica: una verdad que se establece y legitima desde el punto de vista de las víctimas". *Revista Estudios Socio-Jurídicos*, 7, 2005, pp. 331-354.

Riquelme, Pablo. *Profesionalismo militar y represión en Chile: el caso de la Dirección de Inteligencia Nacional (DINA), 1973-1977*. Tesis de Maestría en Estudios Latinoamericanos. Universidad de Leiden, 2011.

Rivas, Fernando y Elisabeth, Reimann. *Las Fuerzas Armadas de Chile: un caso de penetración imperialista*. La Habana: Editora de Ciencias Sociales, 1976.

Rivas, Pedro y Rey-García, Pablo. "La Dirección de Inteligencia Nacional (DINA) chilena y la *hybris* autoritaria". *Presente, pasado y futuro de la democracia*, 2009, pp. 667-676.

Robin, Marie-Monique. *Escuadrones de la muerte: la escuela francesa*. Buenos Aires: Sudamericana, 2004.

Roitman, Marcos. *Tiempos de oscuridad. Los Golpes de Estado en América Latina*. Santiago: Ediciones Radio Universidad de Chile, 2016.

Rouquié, Alain. *El Estado militar en América Latina*. Buenos Aires: Siglo XXI Editores, 1984.

Ruttlant, Natalia. *(Re) significaciones de un lugar en la ciudad, a partir del caso de la ex Cárcel Pública de San Fernando*. Tesis para optar al grado de Antropóloga Social. Santiago: Universidad Alberto Hurtado, 2018.

Salazar, Gabriel. *La violencia política popular en las grandes alamedas*. Santiago: Lom ediciones, 2006.

Salazar, Gabriel. *Movimientos sociales en Chile. Trayectoria histórica y proyección política*. Santiago: Uqbar editores, 2006.

Salazar, Gabriel. *Villa Grimaldi (Cuartel Terranova). Vol. I. Historia, testimonio, reflexión*. Santiago: Lom ediciones, 2013.

Salazar, Gabriel. *El Ejército de Chile y la soberanía popular. Ensayo histórico.* Santiago: Debate, 2019.

Salazar, Manuel. *Roberto Thieme: el rebelde de Patria y Libertad.* Santiago: Mare Nostrum, 2007.

Salazar, Manuel. *Las letras del horror: tomo I. La DINA,* Santiago: Lom ediciones, 2011.

Salazar, Manuel. *Las Letras del Horror. Tomo II. La CNI.* Santiago: Lom ediciones, 2012.

Salazar, Manuel. *Contreras. Historia de un intocable.* Santiago: Uqbar editores, 2014.

San Francisco, Alexander; Fuentes, Miguel, y Sepúlveda, Jairo. "Hacia una arqueología del Estadio Víctor Jara: campo de detención y tortura masiva de la dictadura en Chile (1973-1974". *Revista de Arqueología Histórico Argentina y Latinoamericana,* Buenos Aires, 2010, pp. 91-116.

Sánchez, Felipe. "Violencia política en la Provincia de Llanquihue durante la Reforma Agraria de la Unidad Popular, 1970-1973. *Atenea,* núm. 518, dic. de 2018, pp. 75-95.

Sarrabayrouse, María José. "Reflexiones metodológicas en torno al trabajo de campo antropológico en el terreno de la historia reciente". *Cuadernos de Antropología Social,* 29, 2009, pp. 61-83.

Sarrabayrouse, María José. "El caso de la morgue judicial". En: Juan Pablo Bohoslavsky (ed.). U*d. también, Doctor?" Complicidad judicial durante la dictadura.* Buenos Aires, Siglo XXI, 2015, pp. 147-161.

Schneider, Víctor. *General Schneider. Un hombre de honor, un crimen impune.* Santiago: Ocho Libros editores, 2010.

Seguel, Pablo. "Prácticas de poder de las clases subalternas en el desarrollo del poder popular en Chile, 1967-1973". *Izquierdas,* núm. 27, abril 2016, pp. 161-199.

Seguel, Pablo. "Politización, inmunización y excepción de la violación del Estado de derecho. Reflexión teórica a partir de los discursos sobre el quiebre de la democracia en Chile, 1973-1990". *Astrolabio,* 16, 2016, pp. 219-244.

Seguel, Pablo. *Derechos humanos y patrimonio. Historias/memoria de la represión (para)estatal en Chile.* Santiago: Subdirección de Investigación Servicio Nacional del Patrimonio Cultural, 2019.

Seguel, Pablo. "La organización de la represión y la inteligencia en la dictadura militar chilena. Del copamiento militar del territorio al surgimiento de la Dirección de Inteligencia Nacional: Región Metropolitana, 1973-1977". *Izquierdas,* 49, 2020, pp. 767-796.

Seguel, Pablo. "Historia reciente en el cono sur americano. Aportes teórico-metodológicos para la investigación de la represión en la dictadura cívico-militar en Chile, 1973-1990". *Divergencias*. Aceptado para su publicación.

Sepúlveda, Alberto. "El militarismo desarrollista en América Latina". *Foro Internacional*, XIII, 1, 1972, pp. 45- 65.

Sigmund, Paul. *The overthrow of Allende and the politics of Chile, 1964-1976*. Pittsburgh: University of Pittsburgh Press, 1977.

Silva, Robinson. *Resistencia política y origen del movimiento social anti dictatorial en Chile (1973-1988)*. Tesis doctoral. Barcelona: Universitat de Barcelona, 2014.

Simon, Roberto. *O Brasil contra a demcoracia. A ditadura o golpe no Chile e a Guerra Fria na America do Sul*. Editorial Companhias das Letras, 2021.

Slatman, Melisa. "Contrarrevolución en el cono sur de América Latina. El ciclo de Dictaduras de Seguridad Nacional (1964-1990)". En: Gustavo Guevara (coord.). *Sobre las Revoluciones Latinoamericanas*. Buenos Aires: Newen Mapu, 2013, 15 pp.

Slatman, Melisa. "Dictaduras de seguridad nacional en Chile y Argentina. Estudio comparativo y relacional de sus estrategias represivas". *Aletheia*, v. 7, 13, 2016.

Sofsky, Wolfgang. *La organización del terror. Los campos de concentración*. Buenos Aires: Prometeo, 2016.

Spooner, Mary Helen. *Soldier in a Narrow Land: The Pinochet Regimen in Chile*. Berkeley: University of California Press, 1999.

Stern, Steve. *Luchando por mentes y corazones. Las batallas de la memoria en el Chile de Pinochet*. Santiago: Ediciones Universidad Diego Portales, 2013 [2009].

Suárez, Rodrigo. *Memorias subterráneas: el caso de la Divina Providencia en Antofagasta*. Tesis para optar al título de sociólogo. Santiago: Universidad Alberto Hurtado, 2015.

Tamayo, Jorge. "La modernización de la Policía en la Dictadura de Ibáñez: funciones y tareas asignadas a la Policía a principios del siglo XX". *Revista Divergencias*, Año 2, núm. 1, julio-diciembre de 2012, pp. 125-134.

Tamayo, Tania y Lagos, Claudia. "Casas de tortura y centros de detención: arquitectura del espanto". *Revista Rocinante*, núm. 57, julio, 2003.

Tapia, Jorge. *El Terrorismo de Estado: la Doctrina de Seguridad Nacional en el Cono Sur*. México D.F.: Nueva Imagen-Nueva Sociedad, 1980.

Thielemann, Luis. "Donde se mezcla la esquizofrenia con el crimen y el extremismo: Caracterización y crítica comunista a la izquierda rupturista en la coyuntura del asesinato de Pérez Zujovic (1971)". *Revista Izquierdas*, Santiago, núm. 16, 2013, pp.156-16.

Timmermann, Freddy. *El factor Pinochet. Dispositivos de Poder-Legitimación-Elites.* Chile, *1973-1980*. Santiago: Ediciones Universidad Católica Silva Henríquez, 2005.

Toribio Merino, José. *Bitácora de un Almirante.* Santiago: Editorial Andrés Bello, 1999 [1998].

Tótoro, Dauno. *La cofradía blindada. Autonomía, negocios e insubordinación de las fuerzas armadas chilenas.* Santiago: Planeta, 2017.

Treskov, Iván. "Mi permanencia en Cuatro y Tres Álamos", *Yo también estuve en 3 y 4 Álamos.* Santiago de Chile: Editorial Senda/ Senda Förlag I Stockholm, 2015, pp. 12-18.

Valdivia, Verónica. *El golpe después del golpe. Leigh vs. Pinochet. Chile, 1960-1980.* Santiago: Lom ediciones, 2003, pp. 57-60.

Valdivia, Verónica. "Chile: ¿un país de excepción? La Ley de Control de Armas y la máquina represiva puesta en marcha". En: Julio Pinto (ed.). *Fiesta y drama: nuevas historias de la Unidad Popular.* Santiago: Lom ediciones, 2014, pp. 205-230.

Valdivia, Verónica. "Todos juntos seremos la historia: Venceremos. Unidad Popular y Fuerzas Armadas". En: Julio Pinto (coord. y ed.). *Cuando hicimos historia. La experiencia de la Unidad Popular.* Santiago: Lom ediciones, 2017, pp. 177-202.

Valdivia, Verónica. *Subversión, coerción y consenso. Creando el Chile del siglo XX (1918-1938).* Santiago de Chile: Lom ediciones, 2017.

Valdivia, Verónica. "Gritos, susurros y silencios dictatoriales. La historiografía chilena y la dictadura pinochetista". *Tempo & Argumento,* 10(23), 2018, pp. 167-203.

Valdivia, Verónica. *Pisagua, 1948. Anticomunismo y militarización política en Chile.* Santiago: Lom ediciones, 2021.

Valenzuela, Arturo. *El quiebre de la democracia en Chile.* Santiago: Flacso, 1988.

Valenzuela, Emiliano. *La generación fusilada. Memorias del nacismo chileno (1932-1938).* Santiago: Editorial Universitaria, 2017.

Varas, Augusto. *Los militares en el poder. Régimen y Gobierno Militar en Chile, 1973-1986.* Santiago: Pehuén Editores, 1987.

Varas, Augusto y Agüero, Felipe. *El proyecto político militar.* Santiago: Flacso, 1984.

Varas, Florencia. *Conversaciones con Viaux.* Santiago: s.n., 1972.

Varas, Florencia. *Gustavo Leigh. El general disidente.* Santiago: Ediciones Aconcagua, 1979, pp. 127-128.

Varios autores. *El ladrillo. Bases de la política económica del Gobierno militar.* Santiago: Centro de Estudios Públicos, 1992.

Varios autores. *Archivo y memorias de la represión en América Latina (1973-1990)*. Santiago: Lom ediciones, 2015.

Vega, Constanza. "Historia local y poder popular: la experiencia de la intervención obrera en la fábrica textil Rayonhil, San Antonio, 1970-1973". Ponencia presentada en: *XIX Jornadas de Historia Regional de Chile*. Castro, 12 al 16 de noviembre de 2018.

Verdugo, Patricia. *André de la Victoria*. Santiago: Editorial Aconcagua, 1985.

Verdugo, Patricia. *Los zarpazos del puma. La Caravana de la Muerte. El libro que llevó a los generales Pinochet y Arellano al banquillo de los acusados*. Santiago: CESOC, 2001 (1989), pp. 24-29.

Vergara, Sergio. *Historia social del Ejército de Chile*. Santiago: Editorial Universitaria, 1994.

Vidal, Hernán. *El Movimiento Contra la Tortura "Sebastián Acevedo"*. Santiago: Mosquito Editores, 2002.

Villagrán, Fernando. *Disparen a la bandada. Una crónica secreta de la FACH*. Santiago: Planeta, 2002.

Villagrán, Fernando; Agüero, Felipe; Salazar, Manuel, y Délano, Manuel. *Represión en dictadura: el papel de los civiles*. Santiago: Lom ediciones, 2005.

Warren, Dean. "Latin American golpes and economic fluctuations, 1823-1966". *Social Science Quartely*, Vol. 51, núm. 1, 1970, pp. 70-80.

Weber, Max. *Economía y sociedad*. México D.F: Fondo de Cultura Económico, 2014.

Wieviorka, Michel. *La violencia*. Buenos Aires: Prometeo, 2018.

Winn, Peter. *Los tejedores de la revolución*. Santiago de Chile: Lom ediciones, 2004.

Winn, Peter. "The Furies of the Andes: Violence and Terror in the Chilean Revolution and Counterrevolution". En: Greg Grandin y Gilbert Joseph (ed.). *Insurgent and Counterinsurgent violence during Latin America's Long Cold War*. Durham y Londres: Duke University Press, 2010, pp. 239-275.

Anexos

Tabla 12. Equivalencia escalafón de oficiales en las FF. AA. 1973

OFICIALES		
Ejército	Armada	Fuerza Aérea
Comandante en jefe Ejército	Almirante	General de Aviación
General de División	Vicealmirante	General del Aire
General de Brigada	Contralmirante	General de Brigada Aérea
Coronel	Capitán de Navío	General de Aviación
Teniente coronel	Capitán de Fragata	Comandante de grupo
Mayor	Capitán de Corbeta	Comandante de Escuadrilla
Capitán	Teniente 1°	Capitán de Bandada
Teniente	Teniente 2°	Teniente
Subteniente	Subteniente	Subteniente

Elaboración propia. Fuente: Polloni, Alberto. *Las Fuerzas Armadas de Chile en la vida nacional.* Santiago: Andrés Bello, 1972, p. 291.

Tabla 13. Equivalencia escalafón de suboficiales en las FF. AA. 1973

SUBOFICIALES		
Ejército	Armada	Fuerza Aérea
Suboficial mayor	Suboficial mayor	Suboficial mayor
Suboficial	Suboficial	Suboficial
Sargento 1°	Sargento 1°	Sargento 1°
Sargento 2°	Sargento 2°	Sargento 2°
Cabo 1°	Cabo 1°	Cabo 1°
Cabo 2°	Cabo 2°	Cabo 2°
Soldado 1°	Marinero 1°	Soldado 1°
Soldado 2°	Marinero 2°	Soldado 2°

Elaboración propia. Fuente: Polloni, Alberto. *Las Fuerzas Armadas de Chile en la vida nacional.* Santiago: Andrés Bello, 1972, p. 291.

Tabla 14. Decretos de estados de emergencia durante el Gobierno de la Unidad Popular, 1970-1973

Decreto	Fecha	Motivación	Jurisdicción	Jefe militar
146	08/06/1971	Calamidad pública con ocasión del criminal atentado de que fue víctima el ex vicepresidente de la República y exministro de Estado Edmundo Pérez Zujovic, lo que constituye un recrudecimiento de los actos de violencia que sufrió el país durante el mes de octubre de 1970	Provincia de Santiago	General de división Augusto Pinochet Ugarte
165	09/07/1971	-Situación de calamidad pública con motivo de un fuerte sismo	Provincia de Santiago	General Augusto Pinochet Ugarte
166	09/07/1971	-Situación de calamidad pública con motivo de un fuerte sismo	Provincia de Valparaíso	Contralmirante Luis Eberhard Escobar
167	09/07/1971	-Situación de calamidad pública con motivo de un fuerte sismo	Provincia de Aconcagua	Coronel Jorge Yochum Jiménez
168	09/07/1971	-Situación de calamidad pública con motivo de un fuerte sismo	Provincia de Coquimbo	Teniente coronel Pedro Ewing Hodar
246	02/12/1971	-Actos de violencia marcha de mujeres -Calamidad pública	Provincia Santiago	General Augusto Pinochet Ugarte
196	21/08/1972	-Negativa del comercio de Magallanes para llegar a entendimiento con los delegados de Gobierno -Desabastecimiento	Provincia de Magallanes	General de División Manuel Torres de la Cruz
197	21/08/1972	-Cierre del comercio local -Desabastecimiento de la población	Provincia de Santiago	General de Brigada Héctor Bravo Muñoz
231	11/10/1972	-Paro ilegal de la Confederación Nacional Transporte Terrestre -Corte de rutas y caminos -Desabastecimiento	Provincias de Curicó y Talca	Teniente coronel Rafael Ortiz Navarro
232	12/10/1972	-Paro ilegal de la Confederación Nacional Transporte Terrestre -Corte de rutas y caminos -Desabastecimiento	Provincias de Linares y Maule	Coronel José Ramos Albornoz
234	12/10/1972	-Paro ilegal de la Confederación Nacional Transporte Terrestre -Corte de rutas y caminos -Desabastecimiento	Provincia de Valparaíso y Depto. de San Antonio	Vicealmirante José Merino Castro
235	12/10/1972	-Paro ilegal de la Confederación Nacional Transporte Terrestre -Corte de rutas y caminos -Desabastecimiento	Provincia de Santiago	General de Brigada Héctor Bravo Muñoz
236	12/10/1972	-Paro ilegal de la Confederación Nacional Transporte Terrestre -Corte de rutas y caminos -Desabastecimiento	Provincias de O'Higgins y Colchagua	Coronel Enrique Morel Donoso
237	12/10/1972	-Paro ilegal de la Confederación Nacional Transporte Terrestre -Corte de rutas y caminos -Desabastecimiento	Provincia de Ñuble	Coronel Luciano Díaz Neira

238	12/10/1972	-Paro ilegal de la Confederación Nacional Transporte Terrestre -Corte de rutas y caminos -Desabastecimiento	Provincias de Concepción, Arauco y Cautín	General de Brigada Ervaldo Rodríguez Theodor
239	12/10/1972	-Paro ilegal de la Confederación Nacional Transporte Terrestre -Corte de rutas y caminos -Desabastecimiento	Departamentos de Tomé y Talcahuano	Contraalmirante Carlos Chubretovich
240	12/10/1972	-Paro ilegal de la Confederación Nacional Transporte Terrestre -Corte de rutas y caminos -Desabastecimiento	Provincia del Biobío	Coronel Alfredo Rehren Pulido
241	13/10/1972	-Paro ilegal de la Confederación Nacional Transporte Terrestre -Corte de rutas y caminos -Desabastecimiento	Provincias de Valdivia, Osorno	Coronel Guillermo López Vargas
242	13/10/1972	-Paro ilegal de la Confederación Nacional Transporte Terrestre -Corte de rutas y caminos -Desabastecimiento	Provincias de Llanquihue y Chiloé	Coronel de Aviación Sergio Leigh Guzmán
245	16/10/1972	-Paro ilegal de la Confederación Nacional Transporte Terrestre -Corte de rutas y caminos -Desabastecimiento	Provincia Aconcagua	Coronel Orlando Ibáñez Álvarez
246	17/10/1972	-Paro ilegal de la Confederación Nacional Transporte Terrestre -Corte de rutas y caminos -Desabastecimiento	Provincia de Malleco	Teniente coronel Elio Bacigalupo Soracco
248	19/10/1972	-Paro ilegal de la Confederación Nacional Transporte Terrestre -Corte de rutas y caminos -Desabastecimiento	Provincia de Aysén	Coronel Jaime Díaz Donoso
151	10/05/1973	-La paralización de las faenas de parte de un sector de sus trabajadores, representa para la economía nacional un impacto de tal magnitud que su prolongación significa para el país una situación de calamidad pública -Que en la provincia de O'Higgins, ciudad de Rancagua, se ha subvertido el orden público, todo lo cual agrava de por sí el conflicto existente	Provincia de O'Higgins	Teniente coronel Cristián Ackerknecht San Martín
162	23/05/1973	Reemplaza al jefe de Zona de Estado de Emergencia	Provincia de O'Higgins	Coronel de Ejército Orlando Ibáñez Álvarez
195	27&06/06/1973	-Clima de violencia que existe en la provincia que ha logrado –por su periodicidad– provocar pánico e intranquilidad en la población -Hecho atentatorio contra la persona del comandante en jefe del Ejército -Imposibilidad de prever las consecuencias genera calamidad pública	Provincia de Santiago	Coronel Mario Sepúlveda Squella

284	29/06/1973	- Los graves hechos que se iniciaron en la mañana de hoy por miembros de una Unidad de Ejército de la Guarnición de Santiago - Este hecho, aún difícil de conocer en toda su magnitud, está amenazando la normalidad constitucional en todo el país - La imposibilidad de prever las consecuencias que puedan derivarse de la actual situación, constituye calamidad pública	Provincia de Tarapacá (excepto Depto. de Arica)	General de Brigada Carlos Forestier Haensgen
			Depto. de Arica	Coronel Odlanier Mena Salinas
			Provincia de Antofagasta (excepto Depto. El Loa)	General de Brigada Joaquín Lagos Osorio
			Departamento El Loa	Coronel Eugenio Rivera Desgroux
			Provincia de Atacama (exc. Depto. Huasco y Freirina)	Teniente coronel Óscar Haag Blanschke
			Provincia de Coquimbo y Depto. Huasco y Freirina	Teniente coronel Ariosto Lapostol
			Provincia de Aconcagua	Coronel Héctor Orozco Sepúlveda
			Provincia de Valparaíso	Vicealmirante José Merino Castro
			Provincia de Santiago	General de Brigada Mario Sepúlveda Squella
			Provincia de O'Higgins	Coronel Orlando Ibáñez Álvarez
			Provincia de Colchagua	Teniente coronel Hernán Brantes Martínez
			Provincias de Curicó y Talca	Teniente coronel Efraín Jaña Girón
			Provincias de Linares y Maule	Coronel Gabriel del Río Espinoza
			Provincia de Ñuble	Coronel Juan Toro Dávila
			Provincias de Concepción y Arauco (exc. Deptos. Talcahuano y Tomé)	General de Brigada Washington Carrasco Fernández
			Deptos. Talcahuano y Tomé	Contraalmirante Jorge Paredes Wetzer
			Provincia de Biobío	Coronel Alfredo Reheren Pulido
			Provincia de Malleco	Coronel Elios Bacigalupo Soracco
			Provincias de Cautín, Valdivia y Osorno	General de Brigada Héctor Bravo Muñoz
			Llanquihue y Chiloé	Coronel de Aviación Sergio Leigh Guzmán
			Provincia de Aysén	Coronel Humberto Gordon Rubio
			Provincia de Magallanes	General de División Manuel Torres de la Cruz

Elaboración propia. Fuente: Diario Oficial de la República de Chile.

Este libro se terminó de imprimir
en el mes de marzo de 2022,
en los talleres de CyC Impresores Ltda.,
ubicados en San Francisco 1434,
Santiago de Chile